조명애의

한 권으로 끝내는
스페인어 회화

조명애 지음

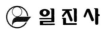 일진사

머·리·말

투우와 플라멩코의 나라, 기독교도들의 레꽁끼스타(Reconquista), 포르투갈과 함께 대항해시대를 열고 황금세기를 향유한 나라, 20세기에는 내전과 40년에 걸친 프랑코 독재체제를 경험한 나라, 세르반테스의 『돈키호테』, 벨라스케스·고야·달리·미로·피카소를 배출한 나라, 가우디의 사그라다 파밀리아 성당, 프라도미술관, 빌바오의 구겐하임미술관 등.

일반적으로 '스페인' 하면 떠오르는 피상적 이미지나 단편적 지식들이다.

하지만 스페인 근대사 연구의 대가인 존 H. 엘리엇은, "종교와 가정생활, 그리고 정치와 사회 조직에서 스페인적 가치와 스페인의 전통은 지구상의 광대한 지역에 깊고도 광대한 흔적을 남겨놓았으며", 또한 "스페인적 유산은 조형예술과 문학에서, 또 세계를 인식하고 사유하는 방법에서 뚜렷하고 거대한 영향력을 행사하고 있다"고 말한 바 있다.

'스페인적 유산의 거대한 영향력 행사'가 현재 진행형이라는 사실은 유엔의 6개 공용어 중 하나인 스페인어의 전 세계 사용인구수에도 잘 드러난다. 언어 관련 공식적 통계 자료를 제공하는 〈에스놀로그(Ethnologue)〉에 따르면, 2018년 현재 스페인어 사용인구는 전 세계에서 가장 많은 중국어 사용인구에 뒤이어 2위를 차지함으로써, 3위인 영어 사용인구보다도 더 많다.

※ 레꽁끼스타(Reconquista): 711년부터 1492년까지 약 800년 동안 이베리아반도를 점령했던 이슬람교도들로부터의 국토회복운동

앵글로아메리카에 속하는 미국 내에서도, 과거에는 인종 주류가 단순히 백인과 흑인의 형태였지만 현재는 히스패닉계 이민자들과 인구증가로 제3의 주류세력이자 장차 흑인을 제치게 될 인종집단으로 부상하면서, 스페인어가 영어 다음으로 가장 많이 사용되고 있으며 또 그 사용자들도 빠르게 증가하고 있다.

이런 맥락에서 볼 때, 스페인과 라틴아메리카를 아우르는 히스패닉 세계가 향후 지구상에서 차지하게 될 비중과 중요성은 더욱 커질 것으로 예상되며, 세계화 시대를 사는 한국인에게 그 지역의 문화와 전통을 포함한 모든 것에 대한 올바른 이해는 점점 더 필수불가결하게 될 것이다.

그리고 바로 그 올바른 이해의 첫걸음이 스페인어 학습임은 두말할 필요도 없을 것이다.

이 책에서 저자는 스페인어 회화에 도움이 되는 유용하고 실용적인 표현들을 학습자가 최대한 많이 접할 수 있도록, 상황별로 같은 뜻이지만 약간의 뉘앙스 차이가 있는 문장들을 가능한 한 여럿 소개하고자 노력했다. 일종의 데이터베이스라고 생각하고, 이 저장고에서 만나게 되는 다양한 표현들을 잘 익혀 효율적으로 활용할 수 있길 바란다.

외국어 실력은 그 학습에 투자된 시간과 노력을 결코 배반하지 않는다는 사실을 믿고 묵묵히 우직하다 싶을 정도로 성실하게 스페인어 학습에 임하는 모든 이에게 도움이 되는 책이 되었으면 한다.

조 명 애

Tabla de Contenido

PARTE I 기본적 의사소통

PARTE **II** 상황별 의사소통

PARTE **III** **부록**

1. f : 순치음(아랫입술과 윗니 사이에서 나는 소리) 'f'의 발음은 한글로 정확한 표기가 어려워 기본적으론 양순음(두 입술 사이에서 나는 소리) 'p'의 발음과 동일한 '**프**'로 표기했지만, 때로는 'f'가 순치음임을 강조하기 위해 달리 표기하기도 했음을 밝혀둔다.

–fa	**파**	예 gafa 가파 / garrafa 가라파
–fa / fá	**화**	예 favor 화보르 / fácil 화씰 / tarifa 따리화
–fe	**페**	예 café 까페
–fe / fé	**훼**	예 fuerza 후에르싸 / fútbol 훗볼
		perfectamente 뻬르훽따멘떼
–fi	**피**	예 Sofía 쏘피아
–fi / fí	**휘**	예 final 휘날 / difícil 디휘씰
–fo / fó	**포**	예 foto 포또 / formar 포르마르 / tifón 띠폰
–fu	**푸**	예 función 푼씨온
–fu / fú	**후**	예 fuego 후에고 / perfumería 뻬르후메리아
–fue	**후에**	예 fuera 후에라
–fui	**후이**	예 fuina 후이나

2. h : 항상 묵음(默音)으로 발음되지 않는다.

　예 ahora 아오라 / hacha 아차 / heno 에노 / higo 이고 / hotel 오뗄 / humo 우모

3. 쎄쎄오(seseo) : 'z'나 'c'가 모음 'e'와 'i' 앞에 올 때 /s/로 발음되는 것을 지칭한다. 스페인어에서 z+e, z+i 그리고 c+e, c+i일 때 'z'와 'c'는 모두 치간음(혀끝이 윗니와 아랫니 사이에 놓여 이 사이에서 마찰되어 나는 소리) /θ/로 발음되는데, 중남미에서는 모두 치경음(혀끝과 윗잇몸이 닿아서 나는 소리) /s/로 발음하여 ze, zi와 ce, ci가 동일하게 발음된다.

	스페인		중남미	
−ze	/θ/	→	/s/	예 zenit(=cenit), zen, zeina
−zi	/θ/	→	/s/	예 zinc(=cinc), nazi, zigzag

	스페인		중남미	
−ce	/θ/	→	/s/	예 centro, cemento, cena, cero
−ci	/θ/	→	/s/	예 cielo, cima, fácil, difícil

* 'z'의 경우, 남방 스페인과 중남미 여러 나라에서는 일반적으로 /s/로 발음하고 있다.

−z	/θ/	→	/s/	예 lápiz, feliz, cáliz
−za	/θ/	→	/s/	예 zapatos, zafiro, zanahoria
−zo	/θ/	→	/s/	예 zorro, corazón, marzo
−zu	/θ/	→	/s/	예 zumo, azul, zurdo

가능한 한 빨리, 되도록 빨리	lo más pronto posible/cuanto antes 로 마쓰 쁘론또 뽀씨블레/ 꾸안또 안떼스
간단히 말해서, 요약해서 말하자면	en resumen/resumiendo/en suma/sumariamente/en breve/ con brevedad/en compendio/abreviadamente/ en una palabra/en pocas palabras/en resumidas cuentas/ brevemente dicho 엔 레수멘/ 레수미엔도/ 엔 쑤마/ 쑤마리아멘떼/ 엔 브레베/ 꼰 브레베닫/ 엔 꼼뻰디오/ 아브레비아다멘떼/ 엔 우나 빨라브라/ 엔 뽀까스 빨라브라스/ 엔 레수미다스 꾸엔따스/ 브레베멘떼 디초
게다가	y además 이 아데마쓰
(상대방을 재촉하여) 그래서 (다음은)?	¿Y después? 이 데스뿌에쓰?
그러나	pero 뻬로
그러면	entonces/pues/bien/bueno/en ese caso/en tal caso/ conque 엔똔쎄쓰/ 뿌에스/ 비엔/ 부에노/ 엔 에쎄 까소/ 엔 딸 까소/ 꽁께
그러므로, 따라서	por eso/por[en] consecuencia/por consiguiente 뽀르 에소/ 뽀르[엔] 꼰쎄꾸엔씨아/ 뽀르 꼰씨기엔떼
그런 다음에, 그리고 나서	y entonces 이 엔똔쎄쓰
그런데, ~.	Pero, ~ 뻬로, ~
(문장 앞에서) 그럼, 그러면	Pues, ~ 뿌에스, ~
그렇게	así 아씨
그리고	y 이 *i-와 hi-로 시작되는 단어 앞에서는 'e(에)'가 됨. 단, 의문문과 감탄문의 맨 앞과 다음 단어가 y-와 hie-로 시작될 때는 y를 그대로 사용함
그뿐만 아니라, ~.	No sólo eso, sino ~. 노 쏠로 에소, 씨노 ~

글쎄요, ~.	No sé, ~. 노 쎄, ~
글쎄 뭐랄까요, ~.	No sé, lo que quiero decir es que ~. 노 쎄, 로 께 끼에로 데씨르 에스 께 ~
급히, 긴급히, 서둘러	con premura 꼰 프레무라
다시, 재차, 다시 한 번	otra vez/de nuevo/nuevamente/una vez más 오트라 베스/ 데 누에보/ 누에바멘떼/ 우나 베스 마쓰
다행히, 다행히도	afortunadamente/por suerte/felizmente/dichosamente/ por fortuna/por dicha 아포르뚜나다멘떼/ 뽀르 수에르떼/ 휄리스멘떼/ 디초사멘떼/ 뽀르 포르뚜나/ 뽀르 디차
달리 말하면, 바꿔 말하면	en otras palabras/en otros términos 엔 오트라스 빨라브라스/ 엔 오트로스 떼르미노스
~ 때문에, ~ 로 인하여, ~로 말미암아	por ~/a causa de ~/debido a ~ 뽀르 ~/ 아 까우사 데 ~/ 데비도 아 ~ 예 폭풍우 때문에 por[a causa de/debido a] la tormenta 뽀르[아 까우사 델/데비도 알] 라 또르멘따
만일	si 씨
말하자면	es un decir/vamos al decir/voy al decir 에스 운 데씨르/ 바모스 알 데씨르/ 보이 알 데씨르
무엇보다도 먼저, 제일 먼저, 최우선	antes de todo/antes que nada/ante todo 안떼스 데 또도/ 안떼스 께 나다/ 안떼 또도
불행히, 불행히도	desafortunadamente/por desgracia/desgraciadamente 데사포르뚜나다멘떼/ 뽀르 데스그라씨아/ 데스그라씨아다멘떼
빨리, 신속히	con diligencia 꼰 딜리헨씨아
자주, 종종	a menudo 아 메누도
사실은	a decir verdad/en realidad/en el fondo/a la verdad 아 데씨르 베르닫/ 엔 레알리닫/ 엔 엘 폰도/ 알 라 베르닫

솔직히 말하면	francamente hablando 프랑까멘떼 아블란도
실은, 저	Es que, ~. 에스 께, ~
실은, 사실은, 정직하게 말하면 ~.	La verdad es que ~. 라 베르닫 에스 께 ~
실제로, 사실상	con[en] efecto 꼰[엔] 에훽또
아마	Quizás/Tal vez/Probablemente 끼싸스/ 딸 베스/ 프로바블레멘떼
아시다시피, ~.	Como sabe usted, ~. 꼬모 싸베 우스뗃, ~
어쨌든, 여하튼, 하여간	de todos modos/de todas maneras/de cualquier modo/ de cualquier manera/en cualquier caso 데 또도스 모도스/ 데 또다스 마네라스/ 데 꾸알끼에르 모도/ 데 꾸알끼에르 마네라/ 엔 꾸알끼에르 까소
예를 들면	por ejemplo 뽀르 에헴쁠로
요컨대, 결국	en resumen/en suma/en una palabra/en fin/ después de todo 엔 레수멘/ 엔 쑤마/ 엔 우나 빨라브라/ 엔 휜/ 데스뿌에쓰 데 또도
있잖아요, ~.	Perdona, ~. 뻬르도나, ~
전자와 후자	el primero y el último/el aquél y el éste 엘 쁘리메로 이 엘 울띠모/ 엘 아껠 이 엘 에스떼
조금씩	poco a poco 뽀꼬 아 뽀꼬
즉, 다시 말하면	o sea/es decir/a saber/dicho de otro modo 오 쎄아/ 에스 데씨르/ 아 싸베르/ 디초 데 오트로 모도
처음엔	Al principio 알 쁘린씨삐오 ⑩ 처음엔 이렇지 않았습니다. **Al principio no estaba así.** 알 쁘린씨삐오 노 에스따바 아씨
최소한, 적어도	al menos 알 메노스

천리 길도 한 걸음부터

Poco a poco se anda todo. / Las cosas se hacen poco a poco. / Quien va poco a poco hace buena jornada.

뽀꼬 아 뽀꼬 세 안다 또도/ 라스 꼬사쓰 세 아쎈 뽀꼬 아 뽀꼬/ 끼엔 바 뽀꼬 아 뽀꼬 아쎄 부에나 호르나다

노력 없이 성과는 없다.

No hay miel sin hiel. / No hay atajo sin trabajo. / El que algo quiere, algo le cuesta.

노 아이 미엘 씬 이엘/ 노 아이 아따호 씬 트라바호/ 엘 께 알고 끼에레, 알골 레 꾸에스따

고생 끝에 낙이 온다.

No hay mal que dure cien años. / Hay placer después de la dificultad.

노 아이 말 께 두레 씨엔 아뇨스/ 아이 쁠라쎄르 데스뿌에쓰 델 라 디휘꿀딸

뜻이 있는 곳에 길이 있다.

Donde hay voluntad, hay camino.

돈데 아이 볼룬딸, 아이 까미노

뜻이 있는 곳에 수단이 있다.

Donde hay gana hay maña.

돈데 아이 가나 아이 마냐

안 하는 것보다는 늦게라도 하는 게 더 낫다.

Más vale tarde que nunca.

마쓰 발레 따르데 께 눈까

끝이 좋으면 모든 것이 좋다.

Bien está lo que bien acaba.

비엔 에스딸 로 께 비엔 아까바

낫 놓고 기역자도 모른다.

No sabe [ni / una / ni una] jota. / No entender el abecé. / No saber el abecé. / No saber ni hacer la o con un canuto.

노 싸베 [니/ 우나/ 니 우나] 호따/ 노 엔뗀데르 엘 아베쎄/ 노 싸베르 엘 아베쎄/ 노 싸베르 니 아쎄를 라 오 꼰 운 까누또

15

울면서 배워라 그러면 웃으면서 얻을 것이다.

Aprender llorando; reirás ganando.

아프렌데르 요란도; 레이라스 가난도

매를 아끼면 아이를 망친다, 자식을 귀여워하면 불효자식이 된다.

Niño mimado, niño ingrato.

니뇨 미마도, 니뇨 인그라또

오늘 할 수 있는 일을 내일로 미루지 마라.

No dejes[guardes] para mañana lo que puedas hacer hoy.

노 데헤스[구아르데스] 빠라 마냐나 로 께 뿌에다스 아쎄르 오이

시간은 돈이다.

El tiempo es oro.

엘 띠엠뽀 에스 오로

시간을 낭비하는 것은 돈을 낭비하는 것보다 더 나쁘다.

Desperdiciar el tiempo es peor que el dinero.

데스뻬르디씨아르 엘 띠엠뽀 에스 뻬오르 께 엘 디네로

쥐구멍에도 볕들 날이 있다.

A cada pajarillo le llega su veranillo. / A cada santo le llega su día de fiesta

아 까다 빠하리요 레 예가 쑤 베라니요/ 아 까다 싼또 레 예가 쑤 디아 데 휘에스따

하늘이 무너져도 솟아날 구멍이 있다.

La esperanza es el pan del alma. / Se puede vivir siempre que haya esperanza.

라 에스뻬란사 에스 엘 빤 델 알마/ 세 뿌에데 비비르 씨엠쁘레 께 아야 에스뻬란사

가는 말이 고와야 오는 말이 곱다.

Cortesía de boca, gana mucho y poco cuesta. / Más apaga la buena palabra que caldera de agua. / Buenas palabras para buenas palabras.

꼬르떼씨아 데 보까, 가나 무초 이 뽀꼬 꾸에스따/ 마쓰 아빠갈 라 부에나 빨라브라 께 깔데라 데 아구아/ 부에나스 빨라브라스 빠라 부에나스 빨라브라스

입은 화의 근원

En boca cerrada, no entran moscas.

엔 보까 쎄라다, 노 엔트란 모스까스

침묵은 금

El silencio es oro./Más vale callar que mal hablar.

엘 씰렌씨오 에스 오로/ 마쓰 발레 까야르 께 말 아블라르

낮말은 새가 듣고 밤말은 쥐가 듣는다.

Las paredes tienen ojos./Las paredes oyen./En consejas las paredes han orejas.

라스 빠레데스 띠에넨 오호스/ 라스 빠레데스 오옌/ 엔 꼰쎄하슬 라스 빠레데스 안 오레하스

콩 심은 데 콩 나고 팥 심은 데 팥 난다.

Quien mal siembra, mal coge[recoge]./Lo que el hombre siembre, eso mismo cosechará./Quien siembra vientos, recoge tempestades./Aunque la mona se vista de seda, mona se queda./De rabo de puerco nunca buen viote.

끼엔 말 씨엠브라, 말 꼬헤[레꼬헤]/ 로 께 엘 옴브레 씨엠브레, 에소 미스모 꼬세차라/ 끼엔 씨엠브라 비엔또스, 레꼬헤 뗌뻬스따데스/ 아운껠 라 모나 세 비스따 데 쎄다, 모나 세 께다/ 데 라보 데 뿌에르꼬 눈까 부엔 비오떼

싼 게 비지떡

Barato sale[cuesta] caro.

바라또 쌀레[꾸에스따] 까로

큰 방죽도 개미구멍으로 무너진다.

Por un clavo se pierde una herradura./Por una herradura, un caballo.

뽀르 운 끌라보 세 삐에르데 우나 에라두라/ 뽀르 우나 에라두라, 운 까바요

약속은 하기는 쉬우나 지키기는 어렵다.

Las promesas son fáciles de hacer, pero difíciles de cumplir.

라스 프로메사스 쏜 화씰레스 데 아쎄르, 뻬로 디휘씰레스 데 꿈쁠리르

남의 돈 천 냥보다 제 돈 한 냥

Más vale pájaro en mano que ciento volando./Más vale pájaro en mano que buitre volando.

마쓰 발레 빠하로 엔 마노 께 씨엔또 볼란도/ 마쓰 발레 빠하로 엔 마노 께 부이트레 볼란도

남의 고기 한 점이 내 고기 열 점보다 낫다.

La gallina de mi vecina pone más huevos que la mía./Gusta lo ajeno, más por ajeno que por bueno.

라 가이나 데 미 베씨나 뽀네 마쓰 우에보스 껠 라 미아/ 구스딸 로 아헤노, 마쓰 뽀르 아헤노 께 뽀르 부에노

누울 자리 봐 가며 발을 뻗는다.

Extender la pierna hasta donde llega la sábana./Cada uno extiende a pierna como tiene la cubierta.

엑쓰뗀데르 라 삐에르나 아스따 돈데 예갈 라 싸바나/ 까다 우노 엑스띠엔데 아 삐에르나 꼬모 띠에넬 라 꾸비에르따

다 된 죽에 코 풀기, 다 된 밥에 재 뿌리기

Cuando se llega a alcanzar casi todo se fracasa por el obstáculo inesperado.

꾸안도 세 예가 아 알깐사르 까시 또도 세 프라까사 뽀르 엘 옵스따꿀로 인에스뻬라도

동정을 받느니 질투를 받는 것이 낫다.

Más vale que nos tengan envidia que lástima.

마쓰 발레 께 노스 뗀간 엔비디아 껠 라스띠마

인간은 삶의 이유도 방법도 모른다.

No sabe el hombre el por qué ni el cómo de la vida.

노 싸베 엘 옴브레 엘 뽀르 께 니 엘 꼬모 델 라 비다

다른 사람의 불행을 즐거워해서는 안 된다.

No hay que gozarse en el daño ajeno.

노 아이 께 고싸르세 엔 엘 다뇨 아헤노

남의 눈에 눈물 내면 제 눈에는 피가 난다.

Quien hace a otro llorar, sangra por sus ojos.

끼엔 아쎄 아 오트로 요라르, 쌍그라 뽀르 쑤스 오호스

남에게 대접을 받고자 하는 대로 너희도 남을 대접하라.

Hagan ustedes con los demás como quieran que los demás hagan con ustedes.

아간 우스떼데스 꼰 로스 데마쓰 꼬모 끼에란 껠 로스 데마쓰 아간 꼰 우스떼데스

남의 눈 속의 티만 보지 말고 자기 눈 속의 대들보를 보라.

Ver la paja en el ojo ajeno, y no la viga en el nuestro./Hay quien en el ojo de su vecino ve una paja, y en el suyo no ve una tranca.

베를 라 빠하 엔 엘 오호 아헤노, 이 놀 라 비가 엔 엘 누에스트로/ 아이 끼엔 엔 엘 오호 데 쑤 베씨노 베 우나 빠하, 이 엔 엘 쑤요 노 베 우나 트랑까

친구는 옛 친구가 좋고, 옷은 새 옷이 좋다.

Amigo, el más antiguo y traje, el más nuevo.
아미고, 엘 마쓰 안띠구오 이 트라헤, 엘 마쓰 누에보

가까운 친구가 먼 형제보다 낫다.

Más vale un amigo cercano que un hermano lejano.
마쓰 발레 운 아미고 쎄르까노 께 운 에르마노 레하노

가까운 친구가 먼 친척보다 낫다.

El amigo íntimo es mejor que el pariente lejano.
엘 아미고 인띠모 에스 메호르 께 엘 빠리엔떼 레하노

가까운 이웃이 먼 형제보다 낫다.(잠언 27:10)

Mejor es el vecino cerca que el hermano lejos./Más vale vecino cercano que hermano lejano./Más vale vecino cercano que hermano distante.
메호르 에스 엘 베씨노 쎄르까 께 엘 에르마노 레호스/ 마쓰 발레 베씨노 쎄르까노 께 에라마노 레하노/ 마쓰 발레 베씨노 쎄르까노 께 에르마노 디스딴떼

정들면 고향(故鄕)

A cada pajarillo, parécele bien su nido.
아 까다 빠하리요, 빠레쎌레 비엔 쑤 니도

가까운 무당보다 먼 데 무당이 영하다.

La intimidad reduce fama./El nuevo vale más que el conocido.
라 인띠미닫 레두쎄 화마/ 엘 누에보 발레 마쓰 께 엘 꼬노씨도

가난 구제는 나라도 못한다.

La pobreza es incurable.
라 뽀브레사 에스 인꾸라블레

소 잃고 외양간 고친다.

Después del caballo hurtado, cerrar la caballeriza./Una vez muerto el burro, la cebada al rabo./Después de ido el pájaro, apretar la mano./A buenas horas mangas verdes.
데스뿌에쓰 델 까바요 우르따도, 쎄라를 라 까바예리사/ 우나 베스 무에르또 엘 부로, 라 쎄바다 알 라보/ 데스뿌에쓰 데 이도 엘 빠하로, 아프레따를 라 마노/ 아 부에나스 오라스 망가스 베르데스

없는 것보다 조금이라도 있는 것이 더 낫다.

Más vale algo que nada.
마쓰 발레 알고 께 나다

사람은 가지면 가질수록 더 갖고 싶어 한다.

Cuanto más se tiene tanto más se desea.

꾸안또 마쓰 세 띠에네 딴또 마쓰 세 데쎄아

다다익선(多多益善)

Cuanto más, mejor.

꾸안또 마쓰, 메호르

짚신도 짝이 있다.

Cada uno con su pareja./Tal para cual, María para Juan./
Cada oveja con su pareja./Dios los cría y ellos se juntan.

까다 우노 꼰 쑤 빠레하/ 딸 빠라 꾸알, 마리아 빠라 후안/ 까다 오베하 꼰 쑤 빠레하/ 디오슬 로스 크리아 이 에요스 세 훈딴

유유상종(類類相從)

Cada oveja con su pareja./Dios los cría y ellos se juntan./Los pájaros se juntan con
sus iguales./Dime con quién andas y te diré quién eres.

까다 오베하 꼰 쑤 빠레하/ 디오슬 로스 크리아 이 에요스 세 훈딴/ 로스 빠하로스 세 훈딴 꼰 쑤스 이구알레스/ 디메 꼰 끼엔 안다스 이 떼 디레 끼엔 에레스

우물 안 개구리[정저지와(井底之蛙)]

La rana en el pozo no conoce el océano./La rana en el fondo del pozo no sabe qué
grande es el océano.

라 라나 엔 엘 뽀소 노 꼬네쎄 엘 오쎄아노/ 라 라나 엔 엘 폰도 델 뽀소 노 싸베 께 그란데 에스 엘 오쎄아노

누이 좋고 매부 좋다.

Las ambas partes son buenas.

라스 암바스 빠르떼스 쏜 부에나스

일석이조(一石二鳥), 님도 보고 뽕도 따다, 도랑 치고 가재 잡다, 꿩 먹고 알 먹다.

Matar dos pájaros de una pedrada[un tiro].

마따르 도스 빠하로스 데 우나 뻬드라다[운 띠로]

연목구어(緣木求魚)

Pedir peras al olmo.

뻬디르 뻬라스 알 올모

어부지리(漁父之利)

A río vuelto, ganancia de pescadores.

아 리오 부엘또, 가난씨아 데 뻬스까도레스

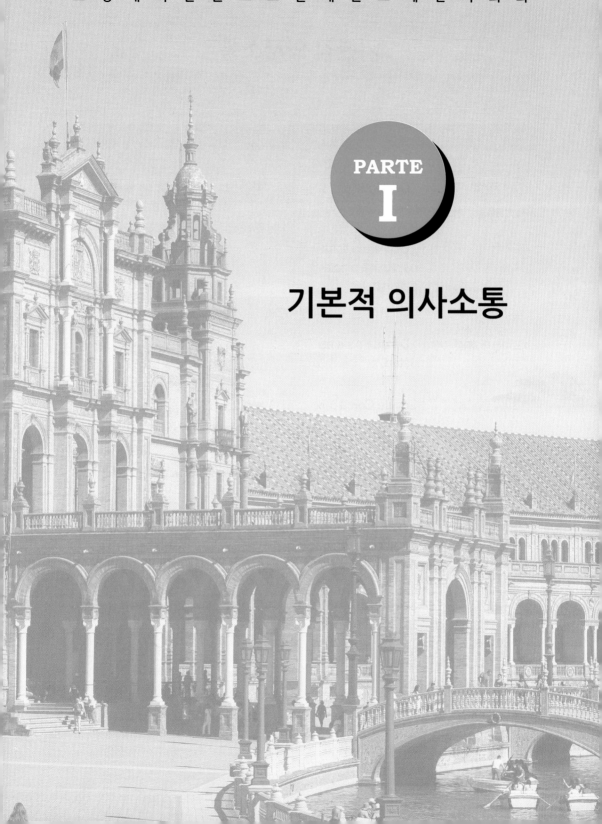

PARTE
I

기본적 의사소통

기본적 의사소통

어디서 오셨습니까?

¿De dónde es usted?

데 돈데 에스 우스뗃?

고향이 어디십니까?

¿Cuál es su tierra natal[pueblo natal / país natal]?

꾸알 에스 쑤 띠에라 나딸[뿌에블로 나딸/빠이스 나딸]?

어느 나라 태생이십니까?

¿De qué país es usted?

데 께 빠이스 에스 우스뗃?

한국에서 왔습니다.

Soy de Corea (del Sur).

쏘이 데 꼬레아 (델 쑤르)

*남한 Corea del Sur (f.) / Sudcorea (f.) 꼬레아 델 쑤르 / 쑫꼬레아, 대한민국 la República de Corea 라 레뿌블리까 데 꼬레아

*북한 Corea del Norte (f.) / Norcorea (f.) 꼬레아 델 노르떼 / 노르꼬레아, 조선민주주의인민공화국 la República Democrática Popular de Corea 라 레뿌블리까 데모크라띠까 뽀뿔라르 데 꼬레아

당신은 한국인입니까?

¿Es Ud. de Corea (del Sur)?

에스 우스뗃 데 꼬레아 (델 쑤르)?

네, 그렇습니다.

Sí, yo soy.

씨, 요 쏘이

저는 한국인입니다.

Yo soy coreano(-a)/ surcoreano(-a) / sudcoreano(-a).

요 쏘이 꼬레아노(-나)/쑤르꼬레아노(-나)/쑫꼬레아노(-나)

*(-a)는 주어의 성(性)에 따라 달라지는 여성형 어미를 나타냄

몇 살이십니까?

¿Cuántos años tiene usted?

꾸안또스 아뇨스 띠에네 우스뗃?

22세[스물두 살]입니다.

Tengo veintidós años.

뗑고 베인띠도스 아뇨스

저는 여행 중입니다.

Estoy de viaje.

에스또이 데 비아헤

이름이 무엇입니까?

¿Qué[Cuál] es su nombre?

께[꾸알] 에스 쑤 놈브레?

이름을 여쭤봐도 되겠습니까?

¿Puedo preguntarle su nombre?

뿌에도 쁘레군따를레 쑤 놈브레?

제 이름은 후안/마리솔 입니다.

Mi nombre es Juan / Marisol.
미 놈브레 에스 후안/마리솔

이름이 어떻게 되십니까?

¿Cómo se llama usted?
꼬모 세 야마 우스뗄?

＊¿Qué es su nombre? 보다 더 일반적으로 사용됨

후안/마리솔이라고 합니다.

Me llamo Juan / Marisol.
메 야모 후안/마리솔

당신 성(姓)은 무엇입니까?

¿Qué[Cuál] es su apellido? / ¿Cómo se llama de apellido?
께[꾸알] 에스 쑤 아뻬이도?/꼬모 세 야마 데 아뻬이도?

김입니다.

Mi apellido es Kim.
미 아뻬이도 에스 낌

성함(姓銜)을 말씀해 주십시오.

Por favor, dígame su nombre y apellido.
뽀르 화보르, 디가메 쑤 놈브레 이 아뻬이도

성함을 말씀해주시겠습니까?

¿Puede usted decirme su nombre y apellido?
뿌에도 우스뗄 데씨르메 쑤 놈브레 이 아뻬이도?

김후안/김마리솔이라고 불러주십시오.

Llámeme Juan Kim/ Marisol Kim.
야메메 후안 낌/마리솔 낌

당신 이름의 철자가 어떻게 됩니까?

¿Cómo se deletrea su nombre?
꼬모 세 델레트레아 쑤 놈브레?

당신 성함은 철자를 어떻게 씁니까?

¿Cómo se escribe su apellido y nombre?
꼬모 세 에스크리베 쑤 아뻬이도 이 놈브레?

제 소개를 하겠습니다.

Permítame presentarme.
뻬르미따메 쁘레쎈따르메

여러분께 미스 김을 소개하겠습니다.

Permítame presentarles a la señorita Kim.
뻬르미따메 쁘레쎈따를레스 알 라 쎄뇨리따 낌

이 분은(이) 김 선생이십니다.

Este caballero es el Sr. Kim.
에스떼 까바예로 에스 엘 쎄뇨르 낌

… 씨 ((남성))

Señor …
쎄뇨르 …

＊약자는 Sr.

… 여사, … 부인 ((기혼여성))

Señora …
쎄뇨라 …

＊약자는 Sra.

… 양(孃) ((미혼여성))

Señorita …
쎄뇨리따 …

＊약자는 Srta.

(뵙게 돼서) 매우 반갑습니다.

(Tengo) Mucho gusto (en conocerle(la)).
(뗑고) 무초 구스또 (엔 꼬노쎄를레(라))

＊상대방의 성(性)에 따라 남성이면 le, 여성이면 la

1. 기본적 의사소통　**23**

(뵙게 돼서) 반갑습니다 [처음 뵙겠습니다].	Encantado(-a) (de conocerle(la)). 엔깐따도(-다) (데 꼬노쎄를레(라)) *주어의 성(性)에 따라 남성이면 -o, 여성이면 -a
뵙게 돼서 반갑습니다 [처음 뵙겠습니다], 저는 후안/마리솔입니다.	Es un placer conocerle(la), soy Juan / Marisol. 에스 운 쁠라쎄르 꼬노쎄를레(라), 쏘이 후안/마리솔
만나 뵙게 되어 반갑습니다.	Me alegro de verle(la) (a usted). 메 알레그로 데 베를레(라) (아 우스뗃)
말씀 많이 들었습니다.	He oído mucho hablar sobre usted. / He oído hablar mucho de usted. 에 오이도 무초 아블라르 쏘브레 우스뗃 / 에 오이도 아블라르 무초 데 우스뗃
매우 뵙고 싶었습니다.	Esperaba mucho poder conocerle(la). 에스뻬라바 무초 뽀데르 꼬노쎄를레(라)
여기서 널 만나게 되어 무척 기뻐.	Me alegra mucho verte aquí. 메 알레그라 무초 베르떼 아끼
안녕하세요?, 안녕히 주무셨어요?	Buenos días. 부에노스 디아스 *아침인사
안녕하십니까?, 안녕히 주무셨습니까?	Muy buenos días. 무이 부에노스 디아스 *정중한 오전 인사
안녕하세요?, 안녕히 계세요, 안녕히 가세요.	Buenas tardes. 부에나스 따르데스 *오후·저녁 인사: 점심 후부터 해질 때까지
안녕하십니까?	Muy buenas tardes. 무이 부에나스 따르데스 *정중한 오후 인사
안녕하세요?, 안녕히 주무세요, 안녕히 계세요, 안녕히 가세요.	Buenas noches. 부에나스 노체스 *저녁·밤 인사: 해가 진 뒤
안녕히 주무십시오, 안녕히 계십시오, 안녕히 가십시오.	Muy buenas noches 무이 부에나스 노체스 *정중한 밤 인사
안녕히 주무세요!	¡Duerma bien! 두에르마 비엔!
안녕하십니까?, 어떻게 지내십니까?	¿Cómo está usted? 꼬모 에스따 우스뗃?
안녕(하세요), 예!, 어이!, 야, 잘 있었니!	¡Hola! 올라! *친한 사이의 인사
이런, 잘 오셨습니다.	¡Hola, bienvenido(-a)! 올라, 비엔베니도(-다)! *남성단수면 bienvenido, 여성단수면 bienvenida, 남성복수면 bienvenidos, 여성복수면 bienvenidas
어떻게 지내십니까?/ 지내니?	¿Qué tal está / estás? 께딸 에스따/에스따스?
다시 뵙게 되어 무척 기쁩니다.	Me alegro mucho de volver a verle(la). 메 알레그로 무초 데 볼베르 아 베를레(라)

널 다시 보게 되어 무척 기뻐.	Me alegro mucho de volver a verte. 메 알레그로 무초 데 볼베르 아 베르떼
안녕하십니까?, 어떻게 지내십니까?	¿Qué tal? 께 딸?
잘 지냅니다, 감사합니다. 당신은요? 당신은 어떻게 지내십니까?	Estoy Bien, gracias. ¿Y usted? ¿Cómo está? 에스또이 비엔, 그라씨아스. 이 우스뗻? 꼬모 에스따?
안녕, 뻬뻬! 어떻게 지내니?	¡Hola, Pepe! ¿Qué tal? 올라, 뻬뻬! 께 딸?
잘 지내. 고마워. 너는? 너는 어떻게 지내니?	Estoy Bien, gracias. ¿Y tú? ¿Cómo estás? 에스또이 비엔, 그라씨아스. 이 뚜? 꼬모 에스따스?
잘 지냅니다, 감사합니다.	Perfectamente, gracias. 뻬르훽따멘떼, 그라씨아스
항상 똑같죠.	Igual, como siempre. 이구알, 꼬모 씨엠쁘레
그럭저럭 지냅니다.	Así así. 아씨 아씨
저도 잘 지내고 있습니다, 감사합니다.	Yo también muy bien, gracias. 요 땀비엔 무이 비엔, 그라씨아스
만사 오케이입니다[별고 없습니다].	Todo va bien. 또도 바 비엔

어떻게 지내십니까?	¿Cómo se lleva usted? 꼬모 세 예바 우스뗻?
아주 잘 지내고 있습니다.	Muy bien. 무이 비엔
어떻게 지내세요? ((구어))	¿Qué hay? 께 아이? *¿Qué hay?는 '무슨 일입니까?', '무엇이 있습니까?'의 의미도 있음
그동안 별고 없으셨나요 [없었니]? ((구어))	¿Qué hay de nuevo? 께 아이 데 누에보?
별고 없습니다.	No hay nada de nuevo[particular]. 노 아이 나다 데 누에보[빠르띠꿀라르]
별고 없으신지요?	¿Cómo se encuentra usted? 꼬모 세 엔꾸엔트라 우스뗻?
몸은 어떠십니까?	¿Cómo[Qué tal] se encuentra usted? 꼬모[께 딸] 세 엔꾸엔트라 우스뗻? *환자에게
건강은 어떠십니까?	¿Cómo está [sigue/se encuentra] usted? 꼬모 에스따[씨게/세 엔꾸엔트라] 우스뗻?
저는 건강하지 못합니다. 당신은 어떠십니까?	No me encuentro bien. ¿Cómo está Vd.? 노 메 엔꾸엔트로 비엔, 꼬모 에스따 우스뗻?
건강은 어떠십니까?	¿Qué tal su salud? 께 딸 쑤 쌀룯?

1. 기본적 의사소통 **25**

저는 건강합니다.	Yo estoy en forma. 요 에스또이 엔 포르마	안녕, (우리 못 본 지) 오 랜만이네.	¡Hola! Tanto tiempo (sin vernos). 올라! 딴또 띠엠뽀 (씬 베르 노스)
저는 몸이 안 좋았습니다.	He estado enfermo(-a). 에 에스따도 엔훼르모(-마)	못 뵌지/우리 못 본지 오랜만입니다.	Tanto tiempo sin verle(la) / vernos. 딴또 띠엠뽀 씬 베를레(라)/ 베르노스
건강 괜찮으십니까?	¿Está Ud. bueno(-a)? 에스따 우스뗄 부에노(-나)?		
아니오. 저는 감기에 걸 렸습니다.	No. Me acatarro. 노, 메 아까따로	요즘 무척 바빴습니다.	Estaba mucho ocupado(-a). 에스따바 무이 오꾸빠도(-다)
유감입니다.	Lo siento. 로 씨엔또	이제 가봐야겠습니다.	Permítame marcharme ya. 뻬르미따메 마르차르메 야
오늘 기분[몸의 컨디션] 이 어떠십니까?	¿Cómo está[se siente] usted hoy? 꼬모 에스따[세 씨엔떼] 우스 뗄 오이?	실례지만 이만 물러나겠 습니다.	Con su permiso, voy a retirarme. 꼰 쑤 뻬르미소, 보이 아 레띠라르메
기분[몸의 컨디션]이 별 로 좋지 않습니다.	No me siento muy bien. 노 메 씨엔또 무이 비엔	대단히 죄송하지만, 이 제 가봐야겠습니다.	Lo siento mucho, pero debo marcharme ya. / Lo siento mucho, pero tengo que irme ya. 로 씨엔또 무초, 뻬로 데보 마 르차르메 야 / 로 씨엔또 무초, 뻬로 뗑꼬 께 이르메 야
기분[몸의 컨디션]이 나 쁩니다.	Me siento mal. 메 씨엔또 말		
저는 쉬고 싶습니다.	Quiero descansar. 끼에로 데스깐싸르		
오랜만에 뵙습니다.	Hace mucho tiempo que no le(la) veo[no le(la) vi / no le(la) he visto]. 아쎄 무초 띠엠뽀 께 놀 레(라) 베오[놀 레(라) 비 / 놀 레(라) 에 비스또]	헤어져야 할 것 같습니다.	Quizás, digo adiós. 끼싸스, 디고 아디오스
		저는 곧 가봐야 합니다 [저는 즉시 떠나야 합니다].	Tengo que marcharme en seguida. 뗑고 께 마르차르메 엔 쎄기다
오래간만입니다!	¡Tanto tiempo! 딴또 띠엠뽀! *강조	난 이제 가봐야만 해 [저는 지금 가봐야만 합 니다].	Yo tengo que ir ahora. 요 뗑꼬 께 이르 아오라

저는 가보는 게 좋겠습니다.

Más vale que me vaya.

마쓰 발레 께 메 바야

너 벌써 가니?

¿Ya te marchas?

야 떼 마르차스?

벌써 가십니까?

¿Ya se va?

야 세 바?

그렇게 서둘러서요?

¿Tanta prisa?

딴따 쁘리사?

응, 이제 가봐야만 해 [네, 지금 가봐야만 합니다].

Sí, yo tengo que ir ahora.

씨, 요 뗑고 께 이르 아오라

나중에 들리겠습니다.

Pasaré después.

빠사레 데스뿌에쓰

자, 이제 가봐야 할 [떠날] 시간입니다. 모두에게 안부 전해주십시오.

Bueno, es hora de marcharme. Déles mis recuerdos a todos.

부에노, 에스 오라 데 마르차르메. 델레스 미스 레꾸에르도스 아 또도스

좋습니다. 내일 봅시다.

Bueno. Hasta mañana.

부에노, 아스따 마냐나

알게 돼서 기뻤습니다. 안녕히 계세요[다음에 (나중에) 또 봬요].

Ha sido un placer conocerle. Hasta luego.

아 씨도 운 쁠라쎄르 꼬노쎄를레. 아스딸 루에고

알게 돼서 매우 반가웠습니다.

Estoy muy contento(-a) de haberle conocido.

에스또이 무이 꼰뗀또(-따) 데 아베를레 꼬노씨도

저도 그렇습니다, 안녕히 가세요.

Igualmente, adiós.

이구알멘떼, 아디오스

안녕!, 안녕히 가세요!, 안녕히 계세요!

¡Adiós!

아디오스!

안녕히 계세요!, 안녕히 가세요!, 다음에(나중에) 또 봬요!

Hasta luego. / Hasta la vista.

아스딸 루에고/아스딸 라 비스따

안녕히 가세요!

¡Vaya[Anda] con Dios! / ¡Que le vaya bien! / ¡Que se vaya bien!

바야[안다] 꼰 디오스!/껠 레 바야 비엔!/께 세 바야 비엔!

안녕히 가세요!, 잘 다녀오세요!, 행운을 빌어요!

¡Suerte!

수에르떼!

안녕! ((만날 때나 헤어질 때의 인사))

¡Salud!

쌀룻!

*¡Salud!'는 주로 '건배!'로 많이 사용됨

빠이빠이!

¡Adiós! / ¡Chao! / ¡Chau!

아디오스!/차오!/차우!

곧 만납시다!, 조금 후에 만납시다!, 바로 오겠습니다!, 금방 돌아오겠습니다!, 잠깐 나갔다 오겠습니다!

¡Hasta ahora! / ¡Hasta ahorita!

아스따 아오라!/아스따 아오리따!

일간 만납시다!, 머지않아 곧 만납시다!, 안녕히 계십시오!, 안녕히 가십시오!

¡Hasta pronto!

아스따 쁘론또!

다시 뵐[우리 다시 만날] 수 있기를 바랍니다.

Espero poder vernos otra vez.

에스뻬로 뽀데르 베르노스 오트라 베스

또 만납시다.

Nos veremos otra vez.

노쓰 베레모스 오트라 베스

다음에 만날 때까지 잘 지내십시오.	Cuídese hasta que nos veamos la próxima vez. 꾸이데쎄 아스따 께 노스 베아모슬 라 프록씨마 베스
건강에 주의하십시오.	Cuídese usted de su salud. / Tenga cuidado con[de] su salud. 꾸이데쎄 우스뗄 데 쑤 쌀룬 / 뗑가 꾸이다도 꼰[데] 쑤 쌀룬
박 선생님께 안부 전해 주십시오.	Recuerdos [Saludos] al Sr. Park. 레꾸에르도스[쌀루도스] 알 쎄뇨르 빡
모두에게 안부 전해주십시오.	Recuerdos [Saludos] a todos. 레꾸에르도스[쌀루도스] 아 또도스
당신 가족에게 제 안부 전해주십시오.	Recuerdos[Dé recuerdos de mi parte] a su familia. / Saludos[Dé saludos] a su familia de mi parte. / Salude usted a su familia de mi parte. 레꾸에르도스[데 레꾸에르도스 데 미 빠르떼] 아 쑤 화밀리아/쌀루도스[데 쌀루도스] 아 쑤 화밀리아 데 미 빠르떼/쌀루데 우스뗄 아 쑤 화밀리아 데 미 빠르떼
네, 그렇게 할게요.	Sí, lo haré. 씨, 로 아레

당신 가족에게 제 안부를 전해주십시오.	Dé mis recuerdos a su familia. 데 미스 레꾸에르도스 아 쑤 화밀리아
당신도요.	Igualmente. 이구알멘떼
부인에게 안부 전해주십시오.	Déle mis recados a su señora. 델레 미스 레까도스 아 쑤 쎄뇨라
후안이 안부 전해 달라고 합니다.	Saludos de parte de Juan. 쌀루도스 데 빠르떼 데 후안
네 가족에게 내 안부 전해줘.	Dale un abrazo a tu familia de mi parte. 달레 운 아브라소 아 뚜 화밀리아 데 미 빠르떼
너도.	Igualmente. 이구알멘떼
좋은 하루 보내십시오!	¡Que tenga un buen día! 께 뗑가 운 부엔 디아!
좋은 시간 보내!, 재미있게 보내!	¡Tén el buen tiempo! 뗀 엘 부엔 띠엠뽀!
주말 잘 보내십시오.	(Le deseo un) Buen fin de semana. (레 데쎄오 운) 부엔 휜 데 쎄마나

감사합니다.	Gracias. 그라씨아스	대단히 감사하고 있습니다.	Estoy muy agradecido(-a). 에스또이 무이 아그라데씨도(-다)
(대단히) 감사합니다.	(Muchas / Muchísimas / Mil) Gracias. (무차스 / 무치씨마스 / 밀) 그라씨아스	다시 감사드립니다.	Gracias de nuevo. 그라씨아스 데 누에보
(대단히) 감사합니다.	Se lo agradezco (mucho / infinito). 셀 로 아그라데쓰꼬 (무초 / 인휘니또)	어떻게 감사드려야 할지 모르겠습니다[대단히 감사합니다].	No sé cómo agradecerle. / No sé cómo agradecérselo (a usted). / No sé cómo manifestarle el agradecimiento. 노 쎄 꼬모 아그라데쎄를레 / 노 쎄 꼬모 아그라데쎄르셀로 (아 우스뗃) / 노 쎄 꼬모 마니풰스따를레 엘 아그라데씨미엔또
대단히 감사합니다.	(Estoy) Muy agradecido. / Se lo agradezco mucho. / Muchas gracias. / Muchísimas gracias. / Un millón de gracias. / Mil gracias. (에스또이) 무이 아그라데씨도 / 셀 로 아그라데스꼬 무초 / 무차스 그라씨아스 / 무치씨마스 그라씨아스 / 운 미욘 데 그라씨아스 / 밀 그라씨아스	감사드릴 말을 찾을 길 없습니다[대단히 감사합니다].	No encuentro palabras para darle (a usted) las gracias. 노 엔꾸엔트로 빨라브라스 빠라 다를레 (아 우스뗃) 그라씨아스
정말 고마워.	Te lo agradezco mucho. 뗄 로 아그라데쓰꼬 무초	친절에 감사드립니다[친절을 베풀어 주셔서 감사합니다].	Gracias por su amabilidad. 그라씨아스 뽀르 쑤 아마빌리닫
얼마나 감사한지 모르겠습니다[대단히 감사합니다].	No sabe cuánto se lo agradezco. / ¡Cuánto se lo agradezco! 노 싸베 꾸안또 셀 로 아그라데스꼬 / 꾸안또 셀 로 아그라데스꼬!	친절히 대해주셔서 감사합니다.	Gracias por ser tan amable. 그라씨아스 뽀르 쎄르 딴 아마블레
		친절한 후의에 감사드립니다.	Gracias por su amable hospitalidad. 그라씨아스 뽀르 쑤 아마블레 오스삐딸리닫

당신의 친절에 감사하고
있습니다.

Estoy agradecido(-a)
por su amabilidad.
에스또이 아그라데씨도(-다)
뽀르 쑤 아마빌리닫

천만에요. 초대해주셔서
감사합니다.

No hay de qué.
Gracias por
invitarme.
노 아이 데 께. 그라씨아스
뽀르 인비따르메

도움을 주셔서 진심으로
감사드립니다.

Le agradezco
sinceramente su
ayuda.
레 아그라데쓰꼬 씬쎄라멘떼
쑤 아유다

어제는 감사했습니다.

Gracias por lo de
ayer.
그라씨아스 뽀를 로 데 아예르

이런 친절에 어떻게 감사
드려야 할지 모르겠습니
다[대단히 감사합니다].

No sé cómo
agradecerle tal
amabilidad.
노 쎄 꼬모 아그라데쎄를레
딸 아마빌리닫

칭찬해주셔서 감사합
니다.

Gracias por
aplaudirme.
그라씨아스 뽀르 아쁠라우디
르메

이렇게 많은 호의에 어
떻게 감사해야 할지 모
르겠습니다[대단히 감사
합니다].

No sé cómo
agradecerle tantos
favores.
노 쎄 꼬모 아그라데쎄를레
딴또스 화보레스

(좋은) 선물 감사합니다.

Gracias por el
(bonito) regalo.
그라씨아스 뽀르 엘 (보니또)
레갈로

알려주셔서 감사합니다.

Gracias por la
información.
그라씨아스 뽀를 라 인포르
마씨온

즐거운 오후[저녁] 보내
게 해주셔서 대단히 감
사합니다.

Muchas gracias
por la tarde
agradable.
무차스 그라씨아스 뽀를 라
따르데 아그라다블레

경청해주셔서 감사합
니다.

Gracias por
escucharme
atentamente.
그라씨아스 뽀르 에스꾸차르메
아뗀따멘떼

재미있는 저녁[밤] 보내
게 해주셔서 대단히 감
사합니다.

Muchas gracias
por la noche
interesante.
무차스 그라씨아스 뽀를 라
노체 인떼레싼떼
*'저녁'이라도, tarde (f.)
는 어두워지기 전의 저녁,
noche (f.)는 해가 지고 밤
이 되는 때의 저녁

충고 대단히 감사합니다.

Muchas gracias por
su consejo.
무차스 그라씨아스 뽀르 쑤
꼰쎄호

기회를 주셔서 감사합
니다.

Gracias por darme
una oportunidad.
그라씨아스 뽀르 다르메 우
나 오뽀르뚜니닫

와 주셔서 감사합니다.

Gracias por venir.
그라씨아스 뽀르 베니르

귀하의 조속한 회답에
감사드립니다.

Le agradezco su
pronta respuesta.
레 아그라데쓰꼬 쑤 쁘론따
레스뿌에스따

저희와 거래해주셔서 감사합니다.	Gracias por hacer negocios con nosotros. 그라씨아스 뽀르 아쎄르 네고씨오스 꼰 노스트로스	은혜는 평생 잊지 않겠습니다.	No olvidaré nunca todo lo que ha hecho por mí. 노 올비다레 눈까 또돌 로 께 아 에초 뽀르 미
협조해주셔서 감사합니다.	Gracias por su colaboración. 그라씨아스 뽀르 쑤 꼴라보라씨온	여러모로 감사했습니다, 수고 많으셨습니다.	Gracias por todo. 그라씨아스 뽀르 또도
도와주셔서 감사합니다.	Gracias por ayudarme. 그라씨아스 뽀르 아유다르메	천만에요[별 말씀을요].	De nada./No hay de qué. 데 나다/ 노 아이 데 께 *감사에 대한 대답
그것을 찾게 도와주셔서 감사합니다.	Gracias por ayudarme a encontrarlo. 그라씨아스 뽀르 아유다르메 아 엔꼰트라를로	(그리 말씀해주시니) 감사하지만, 천만에요.	Gracias, no hay de qué. 그라씨아스, 노 아이 데 께
		제가 좋아서 한 걸요.	Lo hice con gusto. 로 이쎄 꼰 구스또
신세졌습니다.	Le debo. 레 데보	도움을 드릴 수 있었기에 기쁩니다.	Estoy alegre de haberle sido de ayuda. 에스또이 알레그레 데 아베를레 씨도 데 아유다
신세 많이 졌습니다.	Le debo mucho. 레 데보 무초		

사과 · 유감 표명과 응답

죄송합니다. (본의 아닌 실수나 실례 등을 사과할 때)	Lo siento./Perdón./Perdone (usted)./Pedóneme./Disculpe./¡Discúlpeme!/Dispense, por favor./Dispénseme./Excúseme. 로 씨엔또/ 뻬르돈/ 뻬르도네 (우스뗃)/ 뻬르도네메/ 디스꿀뻬/ 디스꿀뻬메!/ 디스뻰세, 뽀르 화보르/ 디스뻰쎄메/ 엑쓰꾸세메		
		(대단히) 죄송합니다.	Lo siento (mucho/muchísimo/infinito). 로 씨엔또 (무초/무치씨모/인휘니또)
		정말로 죄송합니다.	Lo siento de verdad. 로 씨엔또 데 베르닫
		사과드립니다.	Le pido disculpas. 레 삐도 디스꿀빠쓰

어떻게 사과드려야 할 지 모르겠습니다.	No sé cómo excusarme / No sé cómo pedirle perdón. 노 쎄 꼬모 엑쓰꾸르사르메 / 노 쎄 꼬모 뻬디를레 뻬르돈	오해를 풀고 싶습니다.	Quiero aclarar el malentendido. 끼에로 아끌라라르 엘 말엔 뗀디도
용서해주십시오.	Perdóneme. / Dispénseme. / Discúlpeme. / Excúseme. 뻬르도네메 / 디스뻰세메 / 디스꿀뻬메 / 엑쓰꾸세메	그동안 오해해서 죄송합니다.	Lo siento por haberle malinterpretado. 로 씨엔또 뽀르 아베를레 말인떼르프레따도
제발 저를 용서하십시오.	Le ruego que me perdone usted. 레 루에고 께 메 뻬르도네 우스뗃	당신 감정을 상하게 하려 는 것은 아니었습니다.	No era mi intención hacerle sentirse mal. 노 에라 미 인뗀씨온 아쎄를 레 쎈띠르세 말
너그럽게 용서해주시기 바랍니다.	Espero que usted me perdone generosamente. 에스뻬로 께 우스뗃 메 뻬르 도네 헤네로사멘떼	당신을 화나게 하려는 것은 아니었습니다.	No quise enojarle. 노 끼세 에노하를레
		대단히 죄송합니다. 그런 의도가 아니었습니다.	Lo siento mucho. No fue mi intención. 로 씨엔또 무초. 노 후에 미 인뗀씨온
용서하소서!	¡Que perdone! 께 뻬르도네!	고의로 그런 게 아닙니다.	No lo hice a propósito. 놀 로 이쎄 아 프로뽀씨또
아따, 미안해.	Oye, lo siento. 오예, 로 씨엔또		
제 말 뜻은 그게 아닙니다.	Eso no es lo que quiero decir. 에소 노에슬 로 께 끼에로 데씨르	너 그런 미묘한 것을 내 게 말하는 걸 보니 대담 하구나.	Tú tienes el atrevimiento de decirme una cosa tan delicada. 뚜 띠에네스 엘 아트레비미 엔또 데 데씨르메 우나 꼬사 딴 델리까다
오해입니다.	Es un malentendido. 에스 운 말엔뗀디도		
제 말 뜻은 그게 아니었 습니다.	No quise decir eso. 노 끼세 데씨르 에소	기분을 상하게 했다면 사과드립니다.	Le pido disculpas, si le he molestado. 레 삐도 디스꿀빠쓰, 씰 레 에 몰레스따도
당신이 오해하신 겁니다.	Lo ha malentendido. 로 아 말엔뗀디도	죄송합니다. 제 실수입니 다.	Lo siento. Es culpa mía. 로 씨엔또, 에스 꿀빠 미아

사과드립니다, 제가 실수했습니다.	Le pido disculpas, ha sido culpa mía. 레 삐도 디스꿀빠쓰, 아 씨도 꿀빠 미아
죄송합니다. 저희의 실수입니다.	Lo siento. Es culpa nuestra. 로 씨엔또, 에스 꿀빠 누에스트라 *서비스업체 종사자가 고객에게 사과하는 말로 사용 가능
제가 실수했습니다.	Ha sido mi error. 아 씨도 미 에로르
그것은 제 실수입니다.	Es un error de mi parte. 에스 운 에로르 데 미 빠르떼
회답이 이렇게 많이 늦어 부끄럽습니다.	Me avergüenzo por haber tardado tanto tiempo en contestarle. 메 아베르구엔쏘 뽀르 아베르 따르다도 딴또 띠엠뽀 엔 꼰떼스따를레
오랫동안 격조하였음을 사과드립니다.	Le ruego a usted que me perdone por mi largo silencio. 레 루에고 아 우스뗃 께 메 뻬르도네 뽀르 밀 라르고 씰렌씨오
오랫동안 격조하였음을 용서하십시오.	Perdone usted mi largo silencio. 뻬르도네 우스뗃 밀 라르고 씰렌씨오
기다리게 해서 (대단히) 죄송합니다.	Siento (mucho) haberle hecho esperar. 씨엔또 (무초) 아베를레 에초 에스뻬라르

늦어서 죄송합니다.	Siento llegar tarde./ Perdón por llegar tarde./ Lo siento por venir tarde. 씨엔또 예가르 따르데/ 뻬르돈 뽀르 예가르 따르데/ 로 씨엔또 뽀르 베니르 따르데
너 늦은 이유가 뭐니?	¿Cuál es la razón de tu tardanza? 꾸알 에슬 라 라쏜 데 뚜 따르단사?
시간을 너무 많이 빼앗아 죄송합니다.	Lo siento por haberle quitado demasiado tiempo. 로 씨엔또, 뽀르 아베를레 끼따도 데마씨아도 띠엠뽀
폐를 끼쳐 죄송합니다.	Siento las molestias./ Perdón por las molestias./ Perdone [Disculpe] la molestia. 씨엔똘 라스 몰레스띠아스/ 뻬르돈 뽀를 라스 몰레스띠아스/뻬르도네[디스꿀뻬] 라 몰레스띠아
너무 폐를 끼쳐드려 죄송합니다.	Siento haberle molestado tanto. 씨엔또 아베를레 몰레스따도 딴또
귀찮게 해드려서 죄송합니다.	Lo siento [Perdóneme] por haberle molestado. 로 씨엔또[뻬르도네메] 뽀르 아베를레 몰레스따도
폐를 끼쳐 죄송합니다 [귀찮게 해서 죄송합니다, 번거롭게 해서 죄송합니다, 실례했습니다].	Perdone usted la incomodidad. 뻬르도네 우스뗃 라 인꼬모디닫

걱정 끼쳐드려 죄송합니다.	Lo siento por haberle preocupado. 로 씨엔또 뽀르 아베를레 프레오꾸빠도	괜찮습니다[상관없습니다, 천만에요].	No importa. 노 임뽀르따
		별것 아닙니다.	No es nada. 노 에스 나다
잘 돌보아드리지 못해 죄송합니다.	Dispense que no le haya atendido bien. 디스뻰세 께 놀 레 아야 아뗀디도 비엔	좋습니다[됐습니다].	Está bien. 에스따 비엔
여러 가지로 죄송합니다.	Lo siento mucho por todo lo que ha pasado. 로 씨엔또 무초 뽀르 또돌 로 께 아 빠사도	저는 괜찮습니다[상관없습니다].	No me importa. 노 메 임뽀르따
		괜찮아[걱정 마, 미안해 할 것 없어].	No te preocupes. 노 떼 프레오꾸뻬쓰
		괜찮습니다[걱정 마십시오, 염려 마십시오].	No se preocupe. 노 세 프레오꾸뻬
다시는 그런 일 없을 겁니다.	Eso no volverá a pasar. 에소 노 볼베라 아 빠사르	그건 걱정[염려] 마십시오.	No se preocupe de eso. 노 세 프레오꾸뻬 데 에소
앞으로는 더 주의하겠습니다.	Desde ahora tendré más cuidado. 데스데 아오라 뗀드레 마쓰 꾸이다도	그런 일은 누구에게나 일어날 수 있습니다.	Eso le puede pasar a cualquiera. 에솔 레 뿌에데 빠사르 아 꾸알끼에라
당신에게 실망했습니다.	Usted me ha desilusionado. 우스뗄 메 아 데씰루씨오나도	고의가 아니니 괜찮습니다.	Ha sido sin querer, así que no pasa nada. 아 씨도 씬 께레르, 아씨 께 노 빠사 나다
변명하지 마십시오.	No dé excusas. 노 데 엑쓰꾸사스	괜찮습니다만, 다음에는 더 주의하십시오.	No pasa nada, pero tenga más cuidado la próxima vez. 노 빠사 나다, 뻬로 뗑가 마쓰 꾸이다돌 라 프록씨마 베스
그런 종류의 변명은 필요 없습니다.	No necesito ese tipo de excusas. 노 네쎄씨또 에쎄 띠뽀 데 엑쓰꾸사스		
이제 그런 변명은 안 통합니다.	Esas excusas ya no valen. 에사스 엑쓰꾸사스 야 노 발렌	부디 다음에는 더 주의하십시오.	Por favor, la próxima vez tenga más cuidado. 뽀르 화보르, 라 프록씨마 베스 뗑가 마쓰 꾸이다도
괜찮습니다.	De nada./ No pasa nada. 데 나다/ 노 빠사 나다		

다시는 그러지 마십시오.	No lo vuelva a hacer. 놀 로 부엘바 아 아쎄르
정말 안됐습니다.	Lo siento mucho. / ¡Cuánto lo siento mucho! /¡Qué lástima! 로 씨엔또 무초 / 꾸안똘 로 씨엔또 무초 / 껠 라스띠마!
정말 안됐습니다!, 유감 입니다!, 거 참 안됐군!, 참 불쌍하군!, 아이고 가 엾어라!, 유감스러운 일 이군!	¡Qué lástima! / ¡Qué pena! / ¡Cuánto lo siento! / Es un asunto lamentable. 껠 라스띠마! / 께 뻬나! / 꾸안똘 로 씨엔또! / 에스 운 아순또 라멘따블레
정말 죄송합니다[유감입 니다].	Lo siento mucho. 로 씨엔또 무초
정말 섭섭[서운]합니다.	Lo siento mucho. / Me siento mucho. 로 씨엔또 무초 / 메 씨엔또 무초

오호애재(嗚呼哀哉)라!	¡Ay, qué lástima! 아이! 껠 라스띠마!
오호통재(嗚呼痛哉)라!	¡Ay, qué lástima y rencor! 아이, 껠 라스띠마 이 렌꼬르!
체! (못마땅해 아니꼬운 때나 원통하여 탄식할 때)	¡Bah! / ¡Fuera! / ¡Qué lástima! / ¡Qué pena! / ¡Qué rabia! / ¡Qué asco! / ¡Qué fastidio! 바! / 후에라! / 껠 라스띠마! / 께 뻬나! / 께 라비아! / 께 아스꼬! / 께 화스띠디오!
울화통 터져!, 아이고 골 치야!, 정말 화가 나!	¡Qué rabia! 께 라비아!

긍정과 부정

네	Sí. 씨 ＊긍정의문문에 대한 긍정의 대답은 Sí, 부정의문문에 대 한 긍정의 대답은 No로 함 ㉠ 여기가 마음에 드십니까? ¿Le gusta aquí? 레 구스따 아끼? (긍정의문문)

– 네, 무척 마음에 듭니다.
Sí, me gusta mucho.
씨, 메 구스따 무초 (긍정의 대답)

㉠ 너는 안 가니?
¿No te vas?
노 떼 바스? (부정의문문)

– 네, 저는 안 갑니다.
No, no me voy.
노, 노 메 보이 (긍정의 대답)

물론 그렇습니다.

Claro que sí.
끌라로 께 씨 *긍정 대답

@ 그녀는 매우 예쁜가요?
¿Es ella muy bonita?
에스 에야 무이 보니따?
– 물론 그렇습니다.
Claro que sí.
끌라로 께 씨

좋습니다.

Está bien. /
Muy bien.
에스따 비엔/ 무이 비엔
*긍정 대답

@ 스케이트 타러 가시겠습니까?
¿Quiere ir a patinar?
끼에레 이르 아 빠띠나르?
–좋습니다.
¡Está bien!
에스따 비엔

@ 차 한 대 불러주십시오.
Llame un auto, por favor.
야메 운 아우또, 뽀르 화보르
– 좋습니다. 한 대 신청하겠습니다.
Muy bien. Voy a pedirlo.
무이 비엔. 보이 아 뻬디를로

좋아!, 됐어!,
오케이!, 알았어!

Sea.
쎄아
*긍정 대답

@ 우리 내일 만날까?
¿Nos veremos mañana?
노스 베레모스 마냐나?
–좋아.
Sea.
쎄아

잘 알겠습니다
[그러겠습니다].

Entendido. /
Perfectamente.
엔뗀디도 / 뻬르훽따멘떼
*동의하는 긍정 대답

@ 의심 받을 일을 하지 마라.
No hagas nada que
invite a sospecha.
노 아가스 나다 께 인비떼 아
쏘스뻬차
– 잘 알겠습니다[그러겠습니다].
Entendido.
엔뗀디도

@ 가능한 한 빨리 해주십시오.
Hágamelo lo más pronto
posible.
아가멜롤 로 마쓰 쁘론또 뽀
씨블레
– 잘 알겠습니다[그러겠습니다], 부인.
Perfectamente, señora.
뻬르훽따멘떼, 쎄뇨라

아니오.

No.
노
*긍정의문문에 대한 부정의
대답은 No로, 부정의문문에
대한 부정의 대답은 Sí로 함

@ 이 호텔이 마음에 드십니까?
¿Le gusta este hotel?
레 구스따 에스떼 오뗄? (긍정
의문문)
– 아니오, 마음에 들지 않습니다.
No, no me gusta este
hotel.
노, 노 메 구스따 에스떼 오
뗄 (부정의 대답)

@ 너는 안 가니?
¿No (te) vas?
노 (떼) 바스? (부정의문문)
– 아니오, 갑니다.
Sí, (me) voy.
씨, (메) 보이 (부정의 대답)

가부(可否)

bueno o malo/sí o no/pro o contra
부에노 오 말로/ 씨 오 노/ 프로 오 꼰뜨라

물론입니다!, 물론 그렇습니다!, 아무렴요!, 그럼요!, 그렇고말고요!, 좋고말고요!

¡Claro!/¡Por supuesto!/¡Cómo no![¿Cómo no?]
끌라로!/ 뽀르 쑤뿌에스또!/ 꼬모 노![꼬모 노?]

물론입니다[맞습니다, 분명히 그렇습니다, 확실합니다].

Cierto.
씨에르또
📌날씨가 덥지요?
Hace calor, ¿eh?
아쎄 깔로르, 에?
– 맞습니다.
Cierto.
씨에르또

옳소[그렇소]!

¡A ver!
아 베르!
＊강한 긍정 또는 명령의 예고

당신 말씀이 옳습니다.

Tiene usted razón.
띠에네 우스뗃 라쏜

찬성입니다[동의합니다, 알겠습니다].

¡De acuerdo!
데 아꾸에르도!

잘 알겠습니다.

Perfectamente.
뻬르훽따멘떼 ＊동의

좋습니다!, 됐습니다!, 알겠습니다!

Bueno.
부에노 ＊승낙
📌일등석으로 주십시오.
Yo quiero la clase primera.
요 끼에롤 라 끌라세 쁘리메라
—좋습니다.
Bueno.
부에노

좋아!, 됐어!, 오케이!

¡Vale!
발레!
📌좋아, 우리 내일 8시에 만나.
Vale, quedamos mañana a las ocho.
발레, 께다모스 마냐나 알 라스 오초

좋아!, 찬성!, 오케이!

¡Hecho!
에초!
＊동의나 의견이 일치할 때

좋습니다!, 찬성!, 오케이!, 알겠습니다!, 부탁하신 대로 이행하겠습니다!
바로 그겁니다!

¡Conforme!
꼰포르메!

¡Eso es!
에소 에스!

좋을 것 같습니다.

Me parece bien.
메 빠레쎄 비엔

(좋을/나쁠) 것 같다[것처럼 보인다].

Parece (bien/mal).
빠레쎄 (비엔/말)

제가 말하려던 게 바로 그겁니다.

Eso es lo que yo quería decir.
에소 에슬 로 께 요 께리아 데씨르

당신 생각도 저와 같습니까?

¿Piensa igual que yo?
삐엔사 이구알 께 요?

제 생각도 당신과 같습니다.

Pienso igual que usted.
삐엔소 이구알 께 우스뗃

이의 있으세요?

¿Tiene alguna objeción?
띠에네 알구나 옵헤씨온?

이의 없습니다.	No hay objeción./ No tengo objeción. 노 아이 옵헤씨온 / 노 뗑고 옵헤씨온	유감스럽지만[죄송하지만], 저는 반대합니다.	Lo siento, pero estoy en contra. 로 씨엔또, 뻬로 에스또이 엔 꼰트라
특별히 드릴 소견이 없습니다.	No hay observación especial que hacer. 노 아이 옵쎄르바씨온 에스 뻬씨알 께 아쎄르	그렇지 않습니다.	No es así. 노 에스 아씨
동의하십니까?	¿Está de acuerdo? 에스따 데 아꾸에르도?	그렇지만도 않습니다.	No todo es así. 노 또도 에스 아씨
저는 (전적으로) 동의합니다.	Estoy (totalmente) de acuerdo. 에스또이 또딸멘떼 데 아꾸에르도	당신이 틀린 것 같습니다.	Creo que usted se equivoca. 크레오 께 우스뗃 세 에끼보까
저는 찬성합니다.	Estoy a favor. 에스또이 아 화보르	그건 당신 생각입니다.	Eso es lo que usted piensa. 에소 에슬 로 께 우스뗃 삐엔사
저 역시 그 의견에 동의합니다.	Yo también estoy de acuerdo con esa opinión. 요 땀비엔 에스또이 데 아꾸에르도 꼰 에사 오삐니온	그건 당치도 않습니다.	Eso es absurdo. 에소 에스 압쑤르도
		그건 불가능합니다.	Eso es imposible. 에소 에스 임뽀씨블레
당신의 의견에 찬동합니다.	Estoy de acuerdo con usted. 에스또이 데 아꾸에르도 꼰 우스뗃	당치도 않은 말 하지 마라.	No digas bestialidades. 노 디가스 베스띠알리다데스
저는 동의하지 않습니다, 이의 있습니다.	No estoy de acuerdo. 노 에스또이 데 아꾸에르도	당치도 않다!, 말도 안 된다!, 터무니없다	¡No me diga!/ ¡Ni hablar!/ ¡Quién lo hubiera creído!/¡Nunca!/ ¡De ningún modo!/ ¡De ninguna manera!/ ¡Es un escándalo!/ ¡Ni por soñación!/ ¡Ni por ensueño! 노 메 디가!/ 니 아블라르!/ 끼엔 로 우비에라 크레이도!/ 눈까!/ 데 닝군 모도!/ 데 닝구나 마네라!/ 에스 운 에스깐달로!/ 니 뽀르 쏘냐씨온!/ 니 뽀르 엔수에뇨!
저는 (전적으로) 반대합니다.	Estoy (totalmente) en contra. 에스또이 (또딸멘떼) 엔 꼰트라		
저는 그것에 반대합니다.	Estoy en contra de eso. 에스또이 엔 꼰트라 데 에소		
저는 그렇게 생각하지 않습니다.	Yo no pienso así. 요 노 삐엔소 아씨		

더 원하시는 것이 있으십니까?

¿(Quiere) Algo más?

(끼에레) 알고 마쓰?

아무것도 더 원하지 않습니다, 감사합니다.

No, no (quiero) nada más, gracias.

노, 노 (끼에로) 나다 마쓰, 그라씨아스

이것으로도 충분합니다, 감사합니다.

Ya es suficiente, gracias.

야 에스 쑤피씨엔떼, 그라씨아스

메시지를 남기시겠습니까?

¿Quiere dejar algo dicho?

끼에레 데하르 알고 디초?

아니오, 감사합니다.

No, gracias.

노, 그라씨아스

필요 없습니다.

No es necesario.

노 에스 네쎄싸리오

저는 …하고 싶지 않습니다.

No quiero (+inf.)/ No deseo (+inf.)/ No tengo ganas de (+inf.)

노 끼에로 (+부정법)/ 노 데쎄오 (+부정법)/ 노 뗑고 가나쓰 데 (+부정법)

例 저는 그와 말하고 싶지 않습니다.

No quiero hablar con él.

노 끼에로 아블라를 꼰 엘

例 저는 지금은 먹고 싶지 않습니다.

No deseo comer ahora.

노 데쎄오 꼬메르 아오라

例 저는 오늘은 일하러 가고 싶지 않습니다.

Hoy no tengo ganas de ir a trabajar.

오이 노 뗑고 가나스 데 이르 아 트라바하르

…할 가치가 없다.

No vale la pena (de) (+inf.)

노 발렐 라 뻬나 (데) (+부정법)

例 이것에 대해 말할 가치가 없습니다.

No vale la pena (de) hablar de esto.

노 발렐 라 뻬나 (데) 아블라르 데 에스또

저는 …할 수 없습니다.

No puedo (+inf.)

노 뿌에도 (+부정법)

＊무엇을 실제로 할 줄 모르거나, 용납할 수 없는 제안을 거부 할 때

例 저는 그것을 할 수 없습니다[못하겠습니다].

No puedo hacerlo.

노 뿌에도 아쎄를로

例 죄송하지만, 저는 당신과 외출할 수 없습니다.

Lo siento, pero no puedo salir contigo.

로 씨엔또, 뻬로 노 뿌에도 쌀리르 꼰띠고

뭐라고 답해야 할지 모르겠습니다.

No sé qué contestar [responder].

노 쎄 께 꼰떼스따르[레스뽄데르]

뭐라고 당신에게 답변해야 할지 모르겠습니다.

No sé cómo responderle.

노 쎄 꼬모 레스뽄데를레

내게 그런 말 하지 마!	¡No me lo digas! 노 멜 로 디가스!	더는 묻지 마십시오.	No pregunte más. 노 쁘레군떼 마쓰
말하고 싶지 않습니다.	No quiero hablar. 노 끼에로 아블라르	이제는 더 이상 할 말이 없습니다.	Ya no tengo nada más que decir. 야 노 뗑고 나다 마쓰 께 데 씨르
그것에 대해 말하지 않 겠습니다.	No voy a hablar sobre eso. 노 보이 아 아블라르 쏘브레 에소	어찌할 바를[무엇을 해 야 할지] 모르겠습니다, 어리둥절합니다.	No sé qué hacer. 노 쎄 께 아쎄르

양보

먼저 들어가십시오.	Pase primero. 빠세 쁘리메로	당신 마음대로 하십시오.	Hágalo como quiera. 아갈로 꼬모 끼에라
감사합니다. 그럼 제가 먼저 (들어가겠습니다).	Gracias, pues con su permiso. 그라씨아스, 뿌에스 꼰 쑤 뻬 르미소	우리 조금씩 양보하는 것이 어떻겠습니까?	¿Qué le parece que cedamos un poco entre nosotros? 껠 레 빠레쎄 께 쎄다모스 운 뽀꼬 엔트레 노소트로스?
먼저 하십시오.	Usted primero. 우스뗃 쁘리메로		

스페인어를 (잘) 못한다는 표현

저는 스페인어를 (잘) 못 합니다.	No hablo (mucho) español. 노 아블로 (무초) 에스빠뇰	하지만 저는 스페인어를 공부하는 중입니다.	Pero estoy estudiando español. 뻬로 에스또이 에스뚜디안도 에스빠뇰
저는 스페인어를 아주 조금 합니다.	Hablo muy poquito [poco] español. 아블로 무이 뽀끼또[뽀꼬] 에스빠뇰		

영어/한국어를 말할 줄 아느냐고 묻는 표현

당신은 영어/한국어를 하십니까?	¿Habla Ud. inglés/ coreano? 아블라 우스뗄 잉글레스/ 꼬레아노?	여기에 영어/한국어 하시는 분 있습니까?	¿Hay alguien aquí que hable inglés/ coreano? 아이 알기엔 아끼 께 아블레 잉글레스/꼬레아노?
네, 그것을 잘합니다.	Sí, lo hablo bien. 씨, 로 아블로 비엔 *lo는 영어 또는 한국어를 받는 대명사	저는 영어와 한국어를 말할 줄 압니다.	Sé hablar inglés y coreano. 쎄 아블라르 잉글레스 이 꼬레아노
네, 영어/한국어를 조금 합니다.	Sí, hablo un poco de inglés/coreano. 씨, 아블로 운 뽀꼬 데 잉글레스/꼬레아노	저는 영어를 매우 잘합니다.	Hablo muy bien el inglés./Hablo inglés muy bien. 아블로 무이 비엔 엘 잉글레스/ 아블로 잉글레스 무이 비엔
영어/한국어를 아십니까?	¿Sabe usted inglés/coreano? 싸베 우스뗄 잉글레스/꼬레아노?	영어/한국어로 말합시다.	Vamos a hablar en inglés/coreano. 바모스 아 아블라르 엔 잉글레스/꼬레아노
네, 조금 압니다.	Sí, sé algo. 씨, 쎄 알고		

반문

무에[뭐야]?	¿Ah? 아? *되물음	((어원: 남아메리카)) (반문으로) 죄송합니다, 한 번 더 말씀해 주십시오; (대답으로) 예, 뭐요?	¿Mande? 만데?
아, 그래요?	¿Ah, sí? 아, 씨?	실례지만, 뭐라고 하셨습니까?	Perdón, ¿qué ha dicho? 뻬르돈, 께 아 디초?
뭐라고요?, 뭐라고 말씀 하셨습니까?	¿Qué?/¿Cómo?/ ¿Cómo dice?/ ¿Mande? 께?/ 꼬모?/ 꼬모 디쎄?/ 만데? *상대편의 말을 되물을 때	죄송합니다. 뭐라고 하셨습니까?	Lo siento. ¿Cómo dice? 로 씨엔또, 꼬모 디쎄?

뭐라고요? 잘 알아듣지 못했습니다. 다시 한 번 말씀해주시겠습니까?

¿Perdón? No lo he entendido muy bien. ¿Quiere Ud. decirlo otra vez?

뻬르돈? 놀 로 에 엔뗀디도 무이 비엔. 끼에레 우스뗃 데씨를로 오트라 베스?

제가 당신에게 무슨 말씀 드리길 원하십니까?

¿Qué quiere que le diga yo?

께 끼에레 껠 레 디가 요?

제가 너무 빠르게 이야기 했나요?

¿Dije demasiado rápidamente?

디헤 데마씨아도 라삐다멘떼?

네. 다시 한 번 말씀해주십시오.

Sí. Dígamelo otra vez, por favor.

씨. 디가멜로 오트라 베스, 뽀르 화보르

다시 한 번 말씀해주십시오.

(Dígamelo) Otra vez, por favor.

(디가멜로) 오트라 베스, 뽀르 화보르

다시 한 번 말해줘.

Dímelo otra vez.

디멜로 오트라 베스

좋습니다. 다시 말씀 드리겠습니다. '체중이 얼마나 나가십니까?'하고 여쭈었습니다.

Bueno. Yo repetiré. Yo dije, ¿cuánto pesa usted?

부에노. 요 레뻬띠레. 요 디헤, 꾸안또 뻬사 우스뗃?

저는 그의 친구가 되고 싶지 않다고 말했습니다.

He dicho que no quiero ser su amigo(-a).

에 디초 께 노 끼에로 쎄르 쑤 아미고(-가)

뭐라고?

¿Cómo?

꼬모? *놀라거나 화가 날 때

진짜(요)?, 정말(요)?, 진심이니(이세요)?

¿En serio?

엔 쎄리오?

정말[사실/참말]입니까?

¿Es verdad?

에스 베르닫?

정말[사실/참말]입니다.

Es verdad.

에스 베르닫

물어보기 · 이해 여부 확인

무엇을 원하십니까?, 무엇을 드릴까요?, 무엇을 도와드릴까요?, 무슨 볼일로 오셨습니까?

¿Qué desea[quiere] usted? / ¿En qué puedo servirle a usted?

께 데쎄아[끼에레] 우스뗃?/ 엔 께 뿌에도 쎄르비를레 아 우스뗃?

원하시는[필요하신] 것이 무엇입니까?

¿Qué es lo que desea[necesita] usted?

께 에슬 로 게 데쎄아[네쎄씨따] 우스뗃?

무엇이 필요하십니까?, 무엇을 원하십니까?

¿Qué necesita usted?

께 네쎄씨따 우스뗃?

원하시는[필요하신] 것을 말씀해 주십시오.

Dígame lo que desea[necesita].

디가멜 로 께 데쎄아[네쎄씨따]

원하시는[필요하신] 게 그게 전부인가요?, 용건은 그 정도입니까?

¿Es todo lo que desea[necesita] usted?

에스 또돌 로 께 데쎄아[네쎄씨따] 우스뗃?

제가 당신을 위해 무엇을 해 드리길 원하십니까?

¿Qué quiere usted que haga yo para usted?

께 끼에레 우스뗃 께 아가 요 빠라 우스뗃?

선생님, 질문이 있습니다.

Señor, tengo una pregunta.

쎄뇨르, 뗑고 우나 쁘레군따

이것/그것은 무엇입니까?

¿Qué es esto/eso?

께 에스 에스또/에소?

…은(는) 이름이 무엇입니까?

¿Cómo se llama …?

꼬모 세 야마 …?

⑩ 이 꽃은 이름이 무엇입니까?
¿Cómo se llama esta flor?
꼬모 세 야마 에스따 플로르?
– 백합입니다.
Se llama la azucena.
세 야말 라 아쑤쎄나

이것들은 튤립입니까?

¿Estas son los tulipanes?

에스따스 쏜 로스 뚤리빠네스?

네, 튤립입니다.

Sí, son los tulipanes.

씨, 쏜 로스 뚤리빠네스

…은 무슨 색깔입니까?

¿De qué color es …?

데 께 꼴로르 에스 …?

…들은 무슨 색깔입니까?

¿De qué color son …?

데 께 꼴로르 쏜 …?

…들은 빨강, 노랑, 그리고 흰색입니다.

… son rojos, amarillos, y blancos.

… 쏜 로호, 아마리요스, 이 블랑꼬스

당신 넥타이는 무슨 색깔입니까?

¿De qué color es tu corbata?

데 께 꼴로르 에스 뚜 꼬르바따?

(당신은) …을 좋아하십니까?, …이 (당신) 마음에 드십니까?
＊대상이 단수일 때

¿Le gusta (a Usted) …?

레 구스따 (아 우스뗃) …?

⑩ (당신은) 이 색깔을 좋아하십니까?, 이 색깔이 (당신) 마음에 드십니까?
¿Le gusta (a Usted) este color?
레 구스따 (아 우스뗃) 에스 떼 꼴로르?

(당신은) …들을 좋아하십니까?, …들이 (당신) 마음에 드십니까?
＊대상이 복수일 때

¿Le gustan (a Ud.) …?

레 구스딴 (아 우스뗃) …?

⑩ (당신은) 이 책들을 좋아하십니까?, 이 책들이 (당신) 마음에 드십니까?
¿Le gustan (a Ud.) estos libros?
레 구스딴 (아 우스뗃) 에스 또스 리브로스?

당신은 누구십니까?

¿Quién es usted?

끼엔 에스 우스뗃?

당신은 저를 기억하십니까?

¿Me recuerda usted?

메 레꾸에르다 우스뗃?

당신은 무엇을 생각하고 계십니까?

¿En qué piensa usted?

엔 께 삐엔사 우스뗃?

저 사람은 누구입니까?

¿Quién es aquella persona?

끼엔 에스 아께야 뻬르쏘나?

여기 자리는 비어있습니까?

¿Aquí está libre?

아끼 에스따 리브레?

이것은 무슨 뜻입니까?	¿Qué significa esto? 께 씨그니휘까 에스또?	'사랑'을 스페인어로 뭐라고 합니까?	¿Qué quiere decir sarang en español? 께 끼에레 데씨르 사랑 엔 에스빠뇰?
…은 무슨 뜻입니까?	¿Qué quiere decir …? 께 끼에레 데씨르 …?	그게 무슨 말입니까?	¿Qué quiere decir eso? 께 끼에레 데씨르 에소? ＊누가 이미 한 말을 고치게 위협하는 말로 사용 가능
스페인어로 이것을 뭐라고 합니까?	¿Cómo se dice esto en español? 꼬모 세 디쎄 에스또 엔 에스빠뇰?		
포켓용 사전이란 말이 무슨 뜻입니까?	¿Qué quiere decir un diccionario bolsillo? 께 끼에레 데씨르 운 딕씨오나리오 볼씨요?	너는 무슨 근거로 그런 말을 하니?	¿En qué te fundas para decir esto? 엔 께 떼 푼다스 빠라 데씨르 에스또?
…은(는) 무엇으로 만들어졌습니까?	¿De qué es …? 데 께 에스 …? 예 그 재킷은 무엇으로 만들어졌습니까? ¿De qué es la chaqueta? 데 께 에슬 라 차께따?	무슨 근거로 그런 의심을 하십니까?	¿En qué se funda usted para tener esas sospechas? 엔 께 세 푼다 우스뗄 빠라 떼네르 에사스 쏘스뻬차스?
		무슨 목적으로 …?, 어찌하여 …?, 왜 …?	¿Con qué objeto …? 꼰 께 옵헤또 …?
아무도 모른다!, 하느님만이 아신다!	¡Dios sabe!/¡Sabe Dios! 디오스 싸베!/ 싸베 디오스!	무슨 말씀을 하고 계신 겁니까?	¿Qué está diciendo? 께 에스따 디씨엔도?
이것은 무엇을 뜻합니까[이것은 무슨 의미입니까]?	¿Qué quiere decir esto? 께 끼에레 데씨르 에스또?	말씀하시려는 바가 무엇입니까?	¿Qué pretende decir? 께 쁘레뗀데 데씨르?
이것/그것은 스페인어로 무엇을 의미합니까?	¿Qué significa [quiere decir] esto/eso en español? 께 씨그니휘까[끼에레 데씨르] 에스또/에소 엔 에스빠뇰?	그래서, 하고 싶으신 말씀이 무엇입니까?	Entonces, ¿qué es lo que quiere decir? 엔똔쎄쓰, 께 에슬 로 께 끼에레 데씨르?
그 기호는 무엇을 뜻합니까?, 그 기호는 무슨 의미입니까?, 그것은 무슨 기호입니까?	¿Qué quiere decir ese signo? 께 끼에레 데씨르 에쎄 씨그노?	결국, 너는 그걸로 뭘 말하고 싶은 거니?	En fin, ¿qué quieres decir con eso? 엔 휜, 께 끼에레 데씨르 꼰 에소?

제 말씀은, ···.	Quiero decir, ···.
	끼에로 데씨르, ···.

떼 제 말씀은, 제 성적을 부디 재고해주시겠습니까?
Quiero decir, ¿podría reconsiderar mi nota, por favor?
끼에로 데씨르, 뽀드리아 레꼰씨데라르 미 노따, 뽀르 화보르?

제가 드리고 싶은 말씀은 ···입니다.	Lo que yo quería decirle es que ···.
	로 께 요 께리아 데씨를레 에스 께 ···.

제 의견이 어떻습니까?	¿Qué le parece mi opinión?
	껠 레 빠레쎄 미 오삐니온?

(당신은) 어떻게 생각하십니까?	¿Qué le parece (a usted)?
	껠 레 빠레쎄 (아 우스뗄)?

당신 생각[의견]에는 어떻습니까?	¿Qué le parece a usted?
	껠 레 빠레쎄 아 우스뗄?

당신은 이것을 어떻게 생각하십니까?	¿Qué le parece esto?
	껠 레 빠레쎄 에스또?

너는 이 책을 어떻게 생각하니?	¿Qué te parece este libro?
	께 떼 빠레쎄 에스뗄 리브로?

내 생각엔 ···인 것 같다.	Creo[Supongo/Me parece] que (+ind.)
	크레오[쑤뽕고 / 메 빠레쎄] 께 (+직설법)

떼 내 생각엔 폭풍우가 다가오는 것 같다.
Creo[Supongo/Me parece] que se viene la tormenta.
크레오[쑤뽕고 / 메 빠레쎄] 께 세 비에넬 라 또르멘따

떼 제 생각엔 비가 그칠 것 같습니다.
Me parece que va a escampar.
메 빠레쎄 께 바 아 에스깜빠르

···인 것 같다.	Parece[Supongo] que (+ind.)
	빠레쎄[쑤뽕고] 께 (+직설법)

떼 비가 내릴 것 같다.
Parece que va a llover.
빠레쎄 께 바 아 요베르

떼 그런 것 같다.
Supongo que es así.
쑤뽕고 께 에스 아씨

··· 인 것 같지 않다, ···인 것처럼 보이지 않는다.	No parece que (+sub.)
	노 빠레쎄 께 (+접속법)

떼 내일 비가 내릴 것 같지 않다.
No parece que llueva mañana.
노 빠레쎄 께 유에바 마냐나

··· 보다는 ~이 더 낫다.	Más vale ~ que ···.
	마쓰 발레 ~ 께 ···.

떼 없는 것보다 조금이라도 있는 것이 더 낫다. ((스페인 속담))
Más vale algo que nada.
마쓰 발레 알고 께 나다

떼 안 하는 것보다는 늦게라도 하는 게 더 낫다.
Más vale tarde que nunca.
마쓰 발레 따르데 께 눈까

떼 거짓말하기 보다는 차라리 죽는 편이 낫다.
Más vale morir que mentir.
마쓰 발레 모리르 께 멘띠르

…하는 것이 더 낫다.	**Más vale que** (+접속법) 마쓰 발레 께 (+접속법) 예 동정을 받느니 질투를 받는 것이 낫다. ((스페인 속담)) **Más vale que nos tengan envidia que lástima.** 마쓰 발레 께 노스 뗀간 엔비디아 껠 라스띠마
너 나한테 무슨 할 말 있니?	**¿Tienes algo que decirme?** 띠에네스 알고 께 데씨르메?
질문 있으십니까?	**¿Usted tiene alguna pregunta?** 우스뗄 띠에네 알구나 쁘레군따?
사적인 질문 하나 해도 되겠습니까?	**¿Le puedo hacer una pregunta personal?** 레 뿌에도 아쎄르 우나 쁘레군따 뻬르쏘날?
여쭤볼 질문이 하나 있습니다.	**Le tengo una pregunta. / Tengo una pregunta para usted.** 레 뗑고 우나 쁘레군따 / 뗑고 우나 쁘레군따 빠라 우스뗄
뭐 좀 여쭤봐도 되겠습니까?	**¿Le puedo preguntar algo?** 레 뿌에도 쁘레군따르 알고?
뭐 좀 여쭤봐야겠습니다.	**Tengo que preguntarle algo.** 뗑고 께 쁘레군따를레 알고
한 가지 여쭤보고 싶습니다.	**Yo quiero preguntarle una cosa a Ud.** 요 끼에로 쁘레군따를레 우나 꼬사 아 우스뗄
네, 선생님. 말씀하십시오.	**Sí, señor. Dígame, por favor.** 씨, 쎄뇨르. 디가메, 뽀르 화보르
네, 말씀해 보십시오.	**Adelante, tiene la palabra.** 아델란떼, 띠에넬 라 빨라브라
무엇을 찾고 계십니까?	**¿Qué busca usted?** 께 부스까 우스뗄?
문제가 있으십니까?	**¿Tiene algún problema?** 띠에네 알군 쁘로블레마?
…에 문제가 있습니까?	**¿Hay algún problema en …?** 아이 알군 쁘로블레마 엔 …? 예 사진에 문제가 있습니까? **¿Hay algún problema en la foto?** 아이 알군 쁘로블레마 엔 라 포또?
뭐가 문제입니까?	**¿Cuál[Qué] es el problema?** 꾸알[께] 에스 엘 쁘로블레마?
무슨 일입니까[일이니]?	**¿Qué ocurre? / ¿Qué se ofrece? / ¿Qué pasa? / ¿Qué hay?** 께 오꾸레? / 께 세 오프레쎄? / 께 빠사? / 께 아이? *지금 무슨 일이 일어났는가
무슨 일이었습니까[일이었나]?	**¿Qué pasó?** 께 빠쏘? *과거에 무슨 일이 일어났는가
무슨 일일까?	**¿Qué pasará?** 께 빠사라? *현재의 일에 대한 추측

무슨 일입니까?	¿Qué le pasa?/ ¿Qué tiene usted?/ ¿Qué es lo que le pasa?

껠 레 빠사?/ 께 띠에네 우스 뗃?/ 께 에슬 로 껠 레 빠사? *상대방에게 무슨 일이 생 겼는가

너 무슨 일이니?	¿Qué tienes?
께 띠에네스?

얘기하자면 깁니다.	Es una larga historia.
에스 우날 라르가 이스또리아

제 말씀을 들어보십시오.	Escúcheme./ Escuche lo que digo.
에스꾸체메/ 에스꾸첼 로 께 디고

뭐라고요? 다시 한 번 말씀해주십시오.	¿Cómo? Otra vez, por favor.
꼬모? 오뜨라 베스, 뿌르 화보르

잘 들리지 않습니다.	No le oigo bien.
놀 레 오이고 비엔

내 말이 잘 들리니?	¿Me oyes?
메 오예스?

아니, 네 말이 잘 들리지 않아.	No, no te oigo bien.
노, 노 떼 오이고 비엔

큰/작은 소리로 말씀해 주십시오.	Hable en voz alta/baja, por favor.
아블레 엔 보쓰 알따/바하, 뿌르 화보르

(더) 크게/작게 말씀해주 십시오.	Hable (más) alto/ bajo, por favor.
아블레 (마쓰) 알또/바호, 뿌 르 화보르

(더) 빨리/천천히 말씀해 주십시오.	Hable (más) rápido/ despacio, por favor.
아블레 (마쓰) 라삐도/데스빠 씨오, 뿌르 화보르

(더) 빨리/천천히 말씀해 주시겠습니까?	¿Puede hablar (más) rápido/ despacio?
뿌에데 아블라르 (마쓰) 라삐도/데스빠씨오?

제 말씀 듣고 계십니까 [이해하십니까]?	¿Me oye usted?
메 오예 우스뗄?

제 말씀을 이해하십니까?	¿Me entiende?
메 엔띠엔데?

네, 당신 말씀을 이해합니다.	Sí, le entiendo.
씨, 레 엔띠엔도

제 말 뜻을 이해하십니까?	¿Entiende lo que quiero decir?
엔띠엔델 로 께 끼에로 데씨르?

그것을 이해하시겠습니까?	¿Lo entiende?
로 엔띠엔데?

이해가 되십니까?	¿Entiende?
엔띠엔데?

네, 이해가 됐습니다.	Sí, entendido
씨, 엔뗀디도

아, 네, 이제 이해하겠습니다[알겠습니다].	Ah, sí, ahora entiendo.
아, 씨, 아오라 엔띠엔도

아, 이제 이해가 갑니다.	Ah, ya entiendo [veo].
아, 야 엔띠엔도[베오]

아, 이제는 그게 이해됩니다.	Ah, ya lo entiendo [veo].
아, 얄 로 엔띠엔도[베오]

이제 알겠습니다.	Ya comprendo. 야 꼼쁘렌도	… 할 줄 알다.	saber (+inf.) 싸베르 (+부정법)
알았다! ((구어))	¡Ya veo! 야 베오!		예 나는 기타를 칠 줄 안다. **Sé tocar la guitarra.** 쎄 또까를 라 기따라
아니오, 이해가 (썩) 잘 안 됩니다.	No, no entiendo (muy) bien. 노, 노 엔띠엔도(무이) 비엔		예 당신은 운전할 줄 아십니까? **¿Sabe usted conducir?** 싸베 우스뗃 꼰두씨르? -네, 저는 운전할 줄 압니다. **Sí, sé conducir.** 씨, 쎄 꼰두씨르
이해가 안 됩니다.	No entiendo. 노 엔띠엔도	…을 할 수 있다.	saber (+n.) 싸베르 (+명사)
전혀 이해가 안 됩니다.	No entiendo nada. 노 엔띠엔도 나다		예 그녀는 카탈루냐 말을 할 수 있다.
이해하기가 어렵습니다.	Es difícil de entender. 에스 디휘씰 데 엔뗀데르		**Ella sabe catalán.** 에야 싸베 까딸란
(저는) 모릅니다.	(Yo) No sé. 노 쎄 *saber는 …한 사실을 안다. conocer는 사람, 지역, 지 식 등을 안다는 뜻으로 쓰임	요점을 말씀 드리겠습 니다.	Voy a decir el punto esencial. 보이 아 데씨르 엘 뿐또 에센 씨알
아무것도 모릅니다.	No sé nada. 노 쎄 나다	제 요점은 … 입니다.	Mi punto es que …. 미 뿐또 에스 께 ….
그것을 (썩) 잘 모르겠습 니다.	No lo sé (muy) bien. 놀 로 쎄 (무이) 비엔	요점을 말씀드리자면, ….	Si le digo mi punto, …. 씰 레 디고 미 뿐또, ….
그것을 (전혀) 모릅니다.	No lo sé (en absoluto). 놀 로 쎄 (엔 압쏠루또)	요점을 다시 말씀해주십 시오.	Repita el punto esencial. 레삐따 엘 뿐또 에센씨알
도무지 감이 안 잡힙니다.	No capto la idea. 노 깝또 라 이데아	더 쉽게 말씀해주시길 부탁드립니다.	Por favor, dígamelo más fácil. 뽀르 화보르, 디가멜로 마쓰 화씰
저는 그것을 아주 잘 알 고 있습니다.	Yo lo sé muy bien. 욜 로 쎄 무이 비엔		
그것을 이미 알고 있습 니다.	Ya lo sé. 얄 로 쎄	더 쉽게 설명해주시길 부탁드립니다.	Por favor, explíquemelo más facilmente. 뽀르 화보르, 엑쓰쁠리께멜 로 마쓰 화씰멘떼

자세히 설명해주십시오.

Explíqueme detalladamente.
엑쓰쁠리께메 데따야다멘떼

그 부분을 다시 설명해 주시겠습니까?

¿Podría explicarme otra vez esa parte, por favor?
뽀드리아 엑쓰쁠리까르메 오 트라 베스 에사 빠르떼, 뽀르 화보르?

다른 말로 설명해주십 시오.

Explique en otras palabras, por favor.
엑쓰쁠리께 엔 오트라스 빨 라브라스, 뽀르 화보르

이유를 설명해주십시오.

Explíqueme la razón, por favor.
엑쓰쁠리께멜 라 라쏜, 뽀르 화보르

얘기를 계속해도 되겠습 니까?

¿Puedo continuar?
뿌에도 꼰띠누아르?

네, 계속하십시오.

Sí, siga por favor.
씨, 씨가 뽀르 화보르

그래서 어떻게 됐습니까?

¿Y qué pasó?
이 께 빠쏘?

그것을 빨리 말씀해 보 십시오.

Dígalo rápido.
디갈로 라삐도

주저 말고 그것을 말씀 하십시오.

No lo dude, dígamelo.
놀 로 두데, 디가멜로

이제 본론을 말씀하십 시오.

Ahora, vaya al grano.
아오라, 바야 알 그라노

본론으로 들어갑시다.

Vamos al caso.
바모스 알 까소

우리 다음 주제로 넘어 갑시다.

Pasamos al siguiente tema.
빠사모스 알 씨기엔떼 떼마

우리 어디서부터 시작할 까요?

¿Por dónde empezamos [comenzamos]?
뽀르 돈데 엠뻬싸모스[꼬멘 싸모스]?

저는 어디서부터 시작해 야 할 지 모르겠습니다.

No sé por dónde empezar[comenzar].
노 쎄 뽀르 돈데 엠뻬싸르[꼬 멘싸르]

제 말씀은 이상입니다.

He dicho. / Eso es todo lo que quiero decir.
에 디초/ 에소 에스 또돌 로 께 끼에로 데씨르

(오늘은) 이상입니다 [이것으로 전부입니다].

Nada más (por hoy). / Esto es todo (por hoy).
나다 마쓰 (뽀르 오이)/ 에스 또 에스 또도(뽀르 오이)

오늘은 여기까지.

Hasta aquí por hoy.
아스따 아끼 뽀르 오이

여기에 적어 주십시오.

Escriba aquí, por favor.
에스크리바 아끼, 뽀르 화보르

상세한 것은 …에 문의 해 주십시오.

Para mayores detalles, diríjanse a … .
빠라 마요레스 데따예스, 디 리한세 아 …

📣 상세한 것은 사무국에 문 의해 주십시오.
Para mayores detalles, diríjanse a la secretaría.
빠라 마요레스 데따예스, 디리한세 알 라 쎄크레따리아

사실 여부 확인

정말입니까?	¿Es verdad? / ¿De verdad? 에스 베르닫? / 데 베르닫?	실은[사실은/정직하게 말하면] ···.	La verdad es que ···. 라 베르닫 에스 께 ···. 예 실은 그 남자가 범인이었다. **La verdad es que ese hombre fue el autor.** 라 베르닫 에스 께 에쎄 옴브 레 후에 엘 아우또르
정말입니다!	¡Es verdad! 에스 베르닫!		
뭐라고요? 믿을 수가 없 습니다!	¿Qué? ¡No puedo creerlo! 께? 노 뿌에도 크레에를로!		
사실이 아닙니다.	No es verdad. 노 에스 베르닫	그렇다고 생각합니다[믿 습니다].	Creo que sí. 크레오 께 씨
		그렇지 않다고 생각합니 대[믿습니다].	Creo que no. 크레오 께 노

시간이 없을 때

(이제) 저는 시간이 없습 니다.	(Ya) No tengo tiempo. (야) 노 뗑고 띠엠뽀	저 (무척) 급합니다.	Tengo (mucha) prisa. 뗑고 (무차) 쁘리사
저는 그럴 시간이 없습 니다.	No tengo tiempo para eso. 노 뗑고 띠엠뽀 빠라 에소	급하니 서둘러라!	!Date prisa, que es urgente! 다떼 쁘리사, 께 에스 우르 헨떼!
저는 시간이 많지 않습 니다.	No tengo mucho tiempo. 노 뗑고 무초 띠엠뽀	너무 재촉하지 마십시오.	No me dé prisa. 노 메 데 쁘리사
(이제) 시간이 없습니다.	(Ya) no hay[queda] tiempo. 야 노 아이[께다] 띠엠뽀	너 왜 그렇게 서두르니?	¿Por qué te das tanta prisa? 뽀르 께 떼 다스 딴따 쁘리사?
시간이 없습니다. 제발 서두르십시오.	No hay tiempo. Dése prisa, por favor. 노 아이 띠엠뽀. 데쎄 쁘리 사, 뽀르 화보르	왜 그렇게 서두르십니 까?	¿Por qué se da tanta prisa? / ¿Por qué tiene tanta prisa? 뽀르 께 세 다 딴따 쁘리사? / 뽀르 께 띠에네 딴따 쁘리사?

서두르지 마십시오.
No se dé prisa. /
No tenga prisa.
노 세 데 쁘리사 / 노 뗑가 쁘리사

서두를 필요 없습니다.
Usted no necesita darse prisa.
우스뗻 노 네쎄씨따 다르세 쁘리사

잠깐만 기다려 주십시오.
Espere un momento, por favor.
에스뻬레 운 모멘또, 뽀르 화보르

얼마나 기다려야만 합니까?
¿Cuánto (tiempo) hay que esperar? /
¿Cuánto (tiempo) tengo que esperar?
꾸안또 (띠엠뽀) 아이 께 에스뻬라르? / 꾸안또 (띠엠뽀) 뗑고 께 에스뻬라르?

저는 지각할[늦게 도착할] 것 같습니다.
Creo que voy a llegar tarde.
크레오 께 보이 아 예가르 따르데

이제는[이미] 너무 늦었습니다.
Ya es demasiado tarde.
야 에스 데마씨아노 따르데

사람을 부르거나 말을 걸 때

여보세요!
¡Hola! / ¡Oiga! /
Por favor. / Perdón. /
Perdóneme.
올라! / 오이가! / 뽀르 화보르 / 뻬르돈 / 뻬르도네메

⑩ 여보세요, 저는 김이라고 합니다.
＊전화 통화 시
Oiga, aquí Kim.
오이가, 아끼 낌

⑩ 여보세요, 당신은 지갑을 떨어뜨리셨습니다.
Oiga, se le ha caído la cartera.
오이가, 셀 레 아 까이돌 라 까르떼라

여보세요!
¡Oiga! / ¡Oigame!
오이가! / 오이가메!
＊전화 거는 쪽이

여보세요!
¡Diga! / ¡Dígame! /
¿Dígame? /
((쿠바)) Oigo.
디가! / 디가메! / 디가메? / 오이고 ＊전화 받는 쪽이

여보세요!, 이봐요!, 잠깐!
¡Oiga! / ¡Oigan!
오이가! / 오이간!
＊상대방의 주의를 환기시킬 때

이봐요!, 여보세요!, 어쩌면!, 빌어먹을!
¡Oiga! / ¡Oigan!
오이가! / 오이간!
＊이상함, 노함, 비난, 놀람, 경계할 때

여보세요!, 아가씨, 아주머니!
¡Buena mujer!
부에나 무헤르!

지금 갑니다.
Ahí voy.
아이 보이
＊부를 때 대답

이봐!, 어이!, 여봐라!, 이봐요!, 여보시게, 야! 애, 얘!	¡Mira!/¡Hola!/¡Oye!/¡Che!/¡Ve!/¡Hombre!/¡Oiga!/¡Ay!/¡Ah!/¡Eh!/¡Oh!/¡Pst! 미라! / 올라! / 오예! / 체! / 베! / 옴브레! / 오이가! / 아이! / 아! / 에! / 오! / 프스트! ＊상대방을 부를 때나 주의를 환기시킬 때 ⑩ 아, 잠깐. **Oye, un momento.** 오예, 운 모멘또 ⑩ 얘, 며늘아기야! **¡Oye, nuera!** 오예, 누에라!	이봐!, 야!, 여!, 그만!, 위험해!	¡Eh! 에! ＊질문, 사람 부르기, 경멸, 질책 혹은 경고 ⑩ 아, 이 사람아! **¡Eh, tú!** 에, 뚜! ⑩ 이놈아!, 자식아! **¡Eh!** 에! ⑩ 나는 널 믿어, 알지? **Cuento contigo, ¿eh?** 꾸엔또 꼰띠고, 에? ⑩ 너 졌지[항복이지], 에? **Te das por vencido, ¿eh?** 떼 다스 뽀르 벤씨도, 에?
네, 무슨 일이세요?	Sí, ¿qué pasa? 씨, 께 빠사?		

만날 약속하기

잠깐 뵐 수 있겠습니까?	¿Puedo verle un momento? 뿌에도 베를레 운 모멘또?	통 짬이 없습니다.	No tengo ningún tiempo libre. 노 뗑고 닝군 띠엠쁠 리브레
잠시 시간을 내주실 수 있습니까?	¿Le puedo quitar un minuto? 레 뿌에도 끼따르 운 미누또?	몇 시에 시간 있으십니까?	¿A qué hora tendrá tiempo? 아 께 오라 뗀드라 띠엠뽀?
짬이 있으십니까?	¿Tiene tiempo libre? 띠에네 띠엠쁠 리브레?	3시에 괜찮으십니까?	¿Está bien a las tres? 에스따 비엔 알 라스 트레스?
현재로서는 짬이 많습니다.	Por ahora tengo mucho tiempo libre. 뽀르 아오라 뗑고 무초 띠엠쁠 리브레	우리 언제 한 번 만날까요?	¿Quedamos algún día? 께다모스 알군 디아?
		우리 언제 한 번 만납시다.	Quedemos algún día. 께데모스 알군 디아

우리 언제 만날까요?

¿Cuándo quedamos?

꾸안도 께다모스?

언제, 어디서 만날까요?

¿Cuándo y dónde quiere quedar?

꾸안도 이 돈데 끼에레 께다르?

언제든 당신이 원하실 때에요.

Cuando usted quiera.

꾸안도 우스뗃 끼에라

당신이 장소를 정하십 시오.

Elija usted el lugar.

엘리하 우스뗃 엘 루가르

너 오늘 오후에 한가하니?

¿Estás libre esta tarde?

에스따슬 리브레 에스따 따 르데?

나는 오후 3시에 제일 친한 친구와 만날 약속 이 있어.

Tengo una cita[Estoy citado] con mi mejor amigo a las tres de la tarde.

뗑고 우나 씨따[에스또이 씨 따도] 꼰 미 메호르 아미고 알 라스 트레스 델 라 따르데

너 오늘 저녁 한가하니?

¿Estás libre esta noche?

에스따슬 리브레 에스따 노체?

오후 7시에 내 약혼녀와 데이트 약속이 있어.

Tengo una cita con mi novia a las siete de la tarde.

뗑고 우나 씨따 꼰 미 노비아 알 라스 씨에떼 델 라 따르데

오늘 저녁에 친구들하고 약속이 있어.

Tengo una cita con mis amigos esta noche.

뗑고 우나 씨따 꼰 미스 아미 고스 에스따 노체

우리 내일 만날까?

¿Nos veremos mañana?

노스 베레모스 마냐나?

좋아!

Sea.

쎄아

너 내일 오후에 한가하니?

¿Estás libre mañana por la tarde?

에스따슬 리브레 마냐나 뽀 를 라 따르데?

응. 내일 오후에 한가해.

Sí, estoy libre mañana por la tarde.

씨, 에스또일 리브레 마냐나 뽀를 라 따르데

오늘 시간 있으십니까?

¿Tiene tiempo hoy?

띠에네 띠엠뽀 오이?

죄송하지만, 오늘 제 일 정이 꽉 차 있습니다.

Lo siento, pero hoy tengo la agenda completa.

로 씨엔또, 뻬로 오이 뗑골 라 아헨다 꼼쁠레따

언제 짬이 있으십니까?

¿Cuándo tiene tiempo libre?

꾸안도 띠에네 띠엠뽈 리브레?

저는 일요일 밖에 짬이 없습니다.

Fuera de los domingos no tengo tiempo libre.

후에라 델 로스 도밍고스 노 뗑고 띠엠뿔 리브레

내일 뵐 수 있을까요?

¿Pudo encontrarle mañana?

뿌에도 엔꼰트라를레 마냐나?

내일 시간 있으십니까?

¿Tiene usted tiempo mañana?

띠에네 우스뗃 띠엠뽀 마냐나?

네, 내일 오전에 한가합니다.

Sí, estoy libre mañana por la mañana.

씨, 에스또일 리브레 마냐나 뽀를 라 마냐나

댁에 계시렵니까?

¿Estará usted en casa?

에스따라 우스뗄 엔 까사?

제 사무실로 편하실 때 오십시오.

Venga a mi oficina cuando le conviene.

벵가 아 미 오휘씨나 꾸안돌 레 꼰비에네

내일 당신을 뵙고 싶습니다.

Quiero encontrarme con usted mañana.

끼에로 엔꼰트라르메 꼰 우스뗄 마냐나

죄송합니다. 내일은 무척 바쁠 겁니다.

Lo siento. Yo estaré muy ocupado mañana.

로 씨엔또, 요 에스따레 무이 오꾸빠도 마냐나

죄송하지만, 내일은 안 되겠습니다. 다른 약속이 있습니다.

Lo siento, pero mañana no voy a poder. Tengo otra cita.

로 씨엔또, 뻬로 마냐나 노 보이 아 뽀데르. 뗑고 오트라 씨따

죄송합니다. 내일 부산으로 출장을 가야 합니다.

Lo siento. Mañana tengo que ir a Busan por razones de trabajo.

로 씨엔또, 마냐나 뗑고 께 이르 아 부산 뽀르 라쏘네스 데 트라바호

그럼 다음에 합시다.

Pues, lo hacemos la próxima vez.

뿌에스, 로 아쎄모슬 라 프록씨마 베스

내일 모레는 어떻습니까?

¿Cómo le gusta el pasado mañana?

꼬몰 레 구스따 엘 빠사도 마냐나?

좋습니다.

Sería bien.

쎄리아 비엔

어디서 만날까요?

¿Dónde nos encontramos?

돈데 노스 엔꼰트라모스?

제 집에서 만납시다.

Vamos a encontrarnos en mi casa.

바모스 아 엔꼰트라르노스 엔 미 까사

우리 몇 시에 만날까요?

¿A qué hora nos encontramos?

아 께 오라 노스 엔꼰트라모스?

대략 몇 시경예요?

¿A qué hora más o menos?

아 께 오라 마쓰 오 메노스?

언제 시간이 있으십니까?

¿Cuándo es Ud. libre?

꾸안도 에스 우스뗄 리브레?

편하실 때 오십시오.

Venga cuando le conviene.

벵가 꾸안돌 레 꼰비에네

내일 오후에 가겠습니다.

Yo iré mañana por la tarde.

요 이레 마냐나 뽀를 라 따르데

주말에 뭐하십니까? 저와 만나실래요?

¿Qué hace el fin de semana? ¿Quiere quedar conmigo?

께 아쎄 엘 휜 데 쎄마나? 끼에레 께다르 꼰미고?

우리 월요일 오후 6시에 만나 차분하게 얘기하면 어떨까?

¿Qué te parece si quedamos el lunes a las seis de la tarde y charlamos tranquilamente?

께 떼 빠레쎄 씨 께다모스 엘 루네스 알 라스 쎄이스 델 라 따르데 이 차를라모스 트랑 낄라멘떼?

실례지만, 우리 약속을 변경할 수 있을까요?

Perdón, ¿podemos cambiar la cita?

뻬르돈, 뽀데모스 깜비아를 라 씨따?

우리 약속을 5시로 변경할 수 있을까요?

¿Podemos cambiar la cita para las cinco?

뽀데모스 깜비아를 라 씨따 빠랄 라스 씽꼬?

네, 괜찮습니다.

Sí, está bien.

씨, 에스따 비엔

제가 당신 스케줄에 맞추겠습니다.

Me ajustaré a su horario.

메 아후스따레 아 쑤 오라리오

부탁 · 도움 요청

(사물 · 행동) …을 부탁드립니다,
… 해주십시오[해주시길 부탁드립니다].

Por favor, …./
…, por favor.

뽀르 화보르, …/ …, 뽀르 화보르

예 커피 한 잔 부탁드립니다.

Una taza de café, por favor.

우나 따사 데 까페, 뽀르 화보르

예 다시 확인해주시길 부탁드립니다.

Por favor, compruébelo otra vez.

뽀르 화보르, 꼼프루에벨로 오트라 베스

예 그것을 복사해주시길 부탁드립니다.

Cópielo, por favor.

꼬삐엘로, 뽀르 화보르

예 이쪽에 들러 주십시오.

Por favor, pase usted por aquí.

뽀르 화보르, 빠세 우스뗄 뽀르 아끼

예 오후에 제 사무실에 들러주십시오.

Por favor, pase por mi oficina por la tarde.

뽀르 화보르, 빠세 뽀르 미 오휘씨나 뽀를 라 따르데

전등을 켜/꺼 주십시오.

Encienda/Apague la luz, por favor.

엔씨엔달/아빠겔 랄 루스, 뽀르 화보르

텔레비전을 켜/꺼주십시오.

Encienda/Apague la televisión, por favor.

엔씨엔달/아빠겔 라 뗄레비씨온, 뽀르 화보르

볼륨을 조금 높여/줄여 주십시오.	Suba/Baje un poco el volumen, por favor. 수바/바헤 운 뽀꼬 엘 볼루멘, 뽀르 화보르	제발 서둘러라!	¡Por (el) amor de Dios, date prisa! 뽀르 (엘) 아모르 데 디오스, 다떼 쁘리사!
소금 그릇을 건네주시겠습니까?	Por favor, ¿me pasa el salero? 뽀르 화보르, 메 빠사 엘 쌀레로?	잠깐만 기다려 줘, 몸단장 좀 하게.	Espérame tantito, me voy a dar una manita de gato. 에스뻬라메 딴띠또, 메 보이 아 다르 우나 마니따 데 가또
담뱃불을 꺼 주십시오.	Por favor, apague el fuego del cigarrillo. 뽀르 화보르, 아빠게 엘 후에고 델 씨가리요	부디 … 해주십시오.	Haga[Hágame] el favor de (+inf.)/ Haz[Hazme] el favor de (+inf.) 아가[아가메] 엘 화보르 데 (+부정법)/ 아쓰[아쓰메] 엘 화보르 데 (+부정법)
조용히 해주십시오.	Silencio, por favor. 씰렌씨오, 뽀르 화보르		
비켜 주십시오.	Apártese, por favor. 아빠르떼세, 뽀르 화보르		**예** 이 짐을 올려다 주십시오. **Haga el favor de subir este equipaje.** 아가 엘 화보르 데 쑤비르 에스떼 에끼빠헤
지나가게 해주십시오[비켜 주십시오].	Déjeme pasar, por favor. 데헤메 빠사르, 뽀르 화보르	부디 … 해주십시오.	Tenga la bondad[la amabilidad] de (+inf.) 뗑가 라 본닫[라 아마빌리닫] 데 (+부정법)
제발, 지금은 저를 혼자 내버려 두십시오.	Por favor, ahora déjeme solo(-a). 뽀르 화보르, 아오라 데헤메 쏠로(-라)		**예** 부디 저를 도와주십시오. **Tenga la amabilidad de ayudarme.** 뗑갈 라 아마빌리닫 데 아유다르메
저를 가만히 놔둬주십시오.	Déjeme tranquilo(-a), por favor./Déjeme en paz, por favor. 데헤메 트랑낄로(-라), 뽀르 화보르/ 데헤메 엔 빠스, 뽀르 화보르		**예** 부디 가능한 한 빨리 회답 해주십시오. **Tenga la bondad de contestarme lo más pronto posible.** 뗑갈 라 본닫 데 꼰떼스따르멜 로 마쓰 쁘론또 뽀씨블레
제발 나를 괴롭히지 마.	No me molestes, por favor. 노 메 몰레스떼스, 뽀르 화보르		**예** 저, 부디 국립대학 학장께 추천장을 하나 써주십시오.

Es que, tenga la bondad de darme una carta de recomendación para el rector de la Universidad Nacional.

에스 께, 뗑갈 라 본닫 데 다르메 우나 까르따 데 레꼬멘다씨온 빠라 엘 렉또르 델 라 우니베르씨닫 나씨오날

부디 …해주십시오.

Sírvase (+inf.)
씨르바세 (+부정법)

🔘 100달러짜리 수표를 동봉해 주십시오.

Sírvase adjuntar [acompañar] un cheque por cien dólares.

씨르바세 아드훈따르[아꼼빠냐르] 운 체께 뽀르 씨엔 돌라레스

…해 주십시오.

Mándese (+inf.)
만데세 (+부정법)

🔘 오후에 제 사무실에 들려주십시오.

Mándese pasar por mi oficina por la tarde.

만데세 빠사르 뽀르 미 오휘씨나 뽀를 라 따르데

…해주시겠습니까?

¿Podría[Puede] (+inf.)?
뽀드리아[뿌에데] (+부정법)?

＊문장 맨 앞이나 맨 끝에 'por favor'를 덧붙이면 더욱 정중한 부탁이 됨

🔘 제 짐을 맡아 주시겠습니까?

¿Podría guardar mi equipaje, por favor?

뽀드리아 구아르다르 미 에끼빠헤, 뽀르 화보르?

🔘 그것을 제게 이메일로 보내 주시겠습니까?

Por favor, ¿puede

enviármelo por correo electrónico?

뽀르 화보르, 뿌에데 엔비아르멜로 뽀르 꼬레오 엘렉트로니꼬?

…해주시겠습니까?

¿Quiere (+inf.)?
끼에레 (+부정법)?

＊문장 맨 앞이나 맨 끝에 'por favor'를 덧붙이면 더욱 정중한 부탁이 됨

🔘 이 편지를 부쳐주시겠습니까?

¿Quiere echar este correo, por favor?

끼에레 에차르 에스떼 꼬레오, 뽀르 화보르?

…하게 해주십시오.

Déjeme (+inf.)
데헤메 (+부정법)

＊문장 맨 앞이나 맨 끝에 'por favor'를 덧붙이면 더욱 정중한 부탁이 됨

🔘 지나가게 해주십시오[비켜 주십시오].

Déjeme pasar, por favor.

데헤메 빠사르, 뽀르 화보르

🔘 제가 그걸 하게 해주십시오[제게 맡겨 주십시오].

Déjeme hacerlo, por favor.

데헤메 아쎄를로, 뽀르 화보르

…하게 해주십시오.

Permítame (+inf.)
뻬르미따메 (+부정법)

＊문장 맨 앞이나 맨 끝에 'por favor'를 덧붙이면 더욱 정중한 부탁이 됨

🔘 조용히 살게 해주십시오.

Permítame vivir en paz, por favor.

뻬르미따메 비비르 엔 빠스, 뽀르 화보르

괜찮으시다면, … 해주시겠습니까?	Si no le importa, ¿puede (+inf.)? 씨 놀 레 임뽀르따, 뿌에데 (+부정법)? ⑩ 저를 그곳까지 데려다 주시겠습니까? Si no le importa, ¿puede llevarme hasta ahí? 씨 놀 레 임뽀르따, 뿌에데 예바르메 아스따 아이?	좋습니다[오케이, 알겠습니다, 부탁하신 대로 이행하겠습니다]. 알겠습니다.	¡Conforme! 꼰포르메
		알겠습니다.	De acuerdo. 데 아꾸에르도
당신 도움이 필요합니다.	Necesito su ayuda, por favor. 네쎄씨또 쑤 아유다, 뽀르 화보르	기꺼이 도와드리겠습니다.	Es un placer ayudarle. 에스 운 쁠라쎄르 아유다를레
저를 도와주시겠습니까?	¿Me puede ayudar, por favor? 메 뿌에데 아유다르, 뽀르 화보르?	무슨 일 있으십니까?	¿Qué le pasa?/ ¿Qué tiene usted?/ ¿Qué es lo que le pasa? 껠 레 빠사?/ 께 띠에네 우스뗻?/ 께 에슬 로 껠 레 빠사?
저를 도와주실 수 있습니까?	¿Se puede ayudarme, por favor? 세 뿌에데 아유다르메, 뽀르 화보르?	(당신께) 부탁이 있습니다.	Quisiera pedirle (a Ud.) un favor. 끼씨에라 뻬디를레 (아 우스뗻) 운 화보르
제가 이것을 하는 걸 도와주시겠습니까?	¿Me ayuda con esto, por favor? 메 아유다 꼰 에스또, 뽀르 화보르?	사적인 부탁이 있습니다.	Tengo que pedirle algo personal. 뗑고 께 뻬디를레 알고 뻬르쏘날
제게 이것을 해주시겠습니까?	¿Me puede hacer esto, por favor? 메 뿌에데 아쎄르 에스또, 뽀르 화보르?	무엇이든 원하는 것을 말씀해주십시오.	A su disposición./ Estoy a sus órdenes [a su disposición]. 아 쑤 디스뽀씨씨온/ 에스또 이 아 쑤스 오르데네스[아 쑤 디스뽀씨씨온]
물론입니다.	Claro./ Por supuesto. 끌라로/ 뽀르 쑤뿌에스또	할 수 있는 것은 모두 해드리겠습니다.	Haré todo lo que pueda. 아레 또도 로 께 뿌에다
기꺼이 그러겠습니다, 선생님.	Con mucho gusto, señor. 꼰 무초 구스또, 쎄뇨르	부탁을 드려도 되겠습니까[제게 호의를 베풀어주시겠습니까]?	¿Me hace el favor? 메 아쎄 엘 화보르?
		물론입니다. 무엇을 도와드릴까요?	Claro. ¿Qué puedo hacer para Ud.? 끌라로, 께 뿌에도 아쎄르 빠라 우스뗻?

| 네, 무엇을 도와드릴까요? | Sí, ¿en qué puedo ayudarle[servirle]? |
| | 씨, 엔 께 뿌에도 아유다를레[쎄르비를레]? |

| 제가 무엇을 해드리길 원하십니까? | ¿Qué quiere (usted) que haga yo para usted? |
| | 께 끼에레 (우스뗃) 께 아가 요 빠라 우스뗃? |

| 제가 도와드릴까요? | ¿Quiere usted que le ayude yo? |
| | 끼에레 우스뗃 껠 레 아유데 요? |

| 너 내 도움이 필요하니? | ¿Necesitas que te ayude yo? |
| | 네쎄씨따스 께 떼 아유데 요? |

| 실례합니다. 도와드릴까요? | Perdóneme. ¿Puedo ayudarle? [¿Me permite ayudarle?/¿Quiere que le ayude?/¿Se puede ayudarle?] |
| | 뻬르도네메. 뿌에도 아유다를레?[메 뻬르미떼 아유다를레?/ 끼에레 껠 레 아유데?/ 세 뿌에데 아유다를레?] |

| 네, 부탁드립니다. | Sí, por favor. |
| | 씨, 뽀르 화보르 |

| 도움이 필요하면 말씀해 주십시오. | Dígame si necesita ayuda./Si necesita ayuda, dígamelo. |
| | 디가메 씨 네쎄씨따 아유다/ 씨 네쎄씨따 아유다, 디가멜로 |

| 도움이 필요하면 언제든 부탁하십시오. | Pídame ayuda en cualquier momento si la necesita./ Dígame siempre que necesite ayuda. |
| | 삐다메 아유다 엔 꾸알끼에르 모멘또 씰 라 네쎄씨따/ 디가메 씨엠쁘레 께 네쎄씨떼 아유다 |

| 볼일이 있을 때는 언제든지 말씀해 주십시오. | Servidor de usted en cuanto mande. |
| | 쎄르비도르 데 우스뗃 엔 꾸 안또 만데 |

| 감사합니다. 매우 친절 하십니다. | Gracias. Es (Ud.) muy amable. |
| | 그라씨아스. 에스 (우스뗃) 무이 아마블레 |

| 도움을 드릴 수 있었기 에 기쁩니다. | Estoy alegre de haberle sido de ayuda. |
| | 에스또이 알레그레 데 아베 를레 씨도 데 아유다 |

| 제발 부탁합니다. | Se lo ruego, por Dios. |
| | 셀 로 루에고, 뽀르 디오스 |

| 부디 잘 부탁합니다. | Su servidor de usted./Para server a usted. |
| | 쑤 쎄르비도르 데 우스뗃/ 빠라 쎄르베르 아 우스뗃 |

| 재차 부탁드립니다. | Se lo vuelvo a pedir, por favor. |
| | 셀 로 부엘보 아 뻬디르, 뽀 르 화보르 |

| 저희에게 귀사의 카탈로 그를 보내 주시면 감사 하겠습니다. | Les agradeceremos que nos envíen su catálogo. |
| | 레스 아그라데쎄레모스 께 노스 엔비엔 쑤 까딸로고 |

죄송합니다. 그건 조금 어렵겠습니다.	Lo siento. Eso será un poco difícil. 로 씨엔또. 에소 쎄라 운 뽀꼬 디휘씰	저는 해야 할 일이 많습니다.	Tengo muchas cosas que hacer. 뗑고 무차스 꼬사쓰 께 아쎄르
죄송합니다. 안 되겠습니다.	Lo siento. No va a ser posible. 로 씨엔또. 노 바 이 쎄르 뽀씨블레	오늘은 제가 너무 바빠서 할 수 없습니다.	Hoy estoy demasiado ocupado(-a), y no podré hacerlo. 오이 에스또이 데마씨아도 오꾸빠도(-다), 이 노 뽀드레 아쎄를로
죄송하지만, 제가 지금 바쁩니다.	Lo siento, pero ahora estoy ocupado(-a). 로 씨엔또, 뻬로 아오라 에스또이 오꾸빠도(-다)	해야 할 일이 많습니다.	Hay muchas cosas que hacer. 아이 무차스 꼬사쓰 께 아쎄르

수단 · 방법 묻기

거기에/극장에 어떻게 갈 수 있습니까?	¿Cómo puedo[se puede] ir allí/al teatro? 꼬모 뿌에도[세 뿌에데] 이르 아이/알 떼아트로?	꼬모 뿌데모스 아비사를레, 씨 엔꼰트라모스 쑤 에끼빠헤?	
이 주소로 어떻게 갑니까?	¿Cómo se va a esta dirección? 꼬모 세 바 아 에스따 디렉씨온?	어떻게 지불하시겠습니까?	¿Cómo paga usted? 꼬모 빠가 우스뗄?
어떻게 하면 거기까지 가능한 한 최대한 싸게 갈 수 있습니까?	¿Cómo puedo ir allí lo más barato posible? 꼬모 뿌에도 이르 아이 로 마쓰 바라또 뽀씨블레?	이것을 어떻게 합니까?	¿Cómo hacer esto? 꼬모 아쎄르 에스또?
		이것은 어떻게 사용합니까?	¿Cómo usar esto? / ¿Cómo se utiliza esto? 꼬모 우사르 에스또? / 꼬모 세 우띨리싸 에스또?
당신의 짐을 찾으면 어떻게 알려드릴까요?	¿Cómo podemos avisarle, si encontramos su equipaje?	이것은 어떻게 먹습니까?	¿Cómo se come esto? 꼬모 세 꼬메 에스또?

이것은 어떻게 작동합니까?	¿Cómo funciona esto? 꼬모 푼씨오나 에스또?		enseñarme cómo formatear un disco? 뽀드리아[뿌에데] 엔쎄냐르메 꼬모 포르마떼아르 운 디스꼬?
어떻게 …하는지 가르쳐 주시겠습니까?	¿Podría[Puede] enseñarme cómo (+inf.)? 뽀드리아 엔쎄냐르메 꼬모 (+부정법)? 예 어떻게 디스켓을 포맷하는지 가르쳐주시겠습니까? ¿Podría[Puede]	제게 이것의 시범을 보여 주시겠습니까?	¿Me puede hacer una demostración de esto? 메 뿌에데 아쎄르 우나 데모스트라씨온 데 에스또?
		어디 좀 봅시다[보여 주세요].	¡A ver! 아 베르!

요구 · 희망

…해주시겠습니까?	¿Podría[Puede] (+inf.)? 뽀드리아[뿌에데] (+부정법)? ＊문장 맨 앞이나 맨 끝에 'por favor'를 덧붙이면 더욱 정중한 요구가 됨 예 서류를 팩스로 보내 주시겠습니까? Por favor, ¿podría enviarme el documento por fax? 뽀르 화보르, 뽀드리아 엔비아르메 엘 도꾸멘또 뽀르 확쓰? 예 그 방을 보여주시겠습니까? ¿Puede enseñarme esa habitación, por favor? 뿌에데 엔세냐르메 에사 아비따씨온, 뽀르 화보르?		¿Quiere darme un consejo, por favor? 끼에레 다르메 운 꼰쎄호, 뽀르 화보르?
		제가 …하게 해주십시오.	Déjeme (+inf.) 데헤메 (+부정법) ＊문장 맨 앞이나 맨 끝에 'por favor'를 덧붙이면 더욱 정중한 요구가 됨 예 진열장에 있는 저 모자를 보게 해주십시오. Déjeme mirar el sombrero de la vitrina, por favor. 데헤메 미라르 엘 쏨브레로 델 라 비트리나, 뽀르 화보르
…해주시겠습니까?	¿Quiere (+inf.)? 끼에레 (+부정법)? ＊문장 맨 앞이나 맨 끝에 'por favor'를 덧붙이면 더욱 정중한 요구가 됨 예 제게 충고를 해주시겠습니까?	제가 …하게 해주십시오.	Permítame (+inf.) 뻬르미따메 (+부정법) ＊문장 맨 앞이나 맨 끝에 'por favor'를 덧붙이면 더욱 정중한 요구가 됨 예 당신에게 입맞춤하게 해주십시오. Permítame darle un beso, por favor.

빼르미따메 다를레 운 베소, 뿌르 화보르

저는 …을 원합니다.
(사물)

Quiero[Deseo] ….
끼에로[데쎄오] …

🔊 저는 컴퓨터를 원합니다.
Quiero un ordenador.
끼에로 운 오르데나도르

🔊 저는 맛있는 디저트를 원합니다.
Deseo un sabroso postre.
데쎄오 운 싸브로소 뽀스뜨레

저는 …하고 싶습니다.
(행동)

Quiero[Deseo]
(+inf.)
끼에로[데쎄오] (+부정법)

🔊 저는 찬물 샤워를 하고 싶습니다.
Quiero darme una ducha fría.
끼에로 다르메 우나 두차 프리아

🔊 저는 외국을 여행하고 싶습니다.
Deseo viajar al extranjero.
데쎄오 비아하르 알 엑스트랑헤로

저는 …(que 이하 절의 내용)을 바랍니다.

Quiero[Deseo] que
(+subj.)
끼에로[데쎄오] 께 (+접속법)

🔊 나는 그녀가 진실을 알기 원한다.
Quiero[Deseo] que ella sepa la verdad.
끼에로[데쎄오] 께 에야 쎄빠라 베르닫

🔊 저는 당신이 즉시 오시길 바랍니다.
Quiero[Deseo] que venga usted en seguida.
끼에로[데쎄오] 께 벵가 우스뗃 엔 쎄기다

🔊 저는 여러분께서 저를 기다려 주시길 원합니다.
Quiero[Deseo] que ustedes me esperen.
끼에로[데쎄오] 께 우스떼데스 메 에스뻬렌

🔊 저는 여러분이 원만한 해결에 이르시길 바랍니다.
Quiero[Deseo] que lleguen a un arreglo amigable.
끼에로[데쎄오] 께 예겐 아 운 아레글로 아미가블레

🔊 저는 여러분이 스페인어를 배우시길 바랍니다.
Quiero[Deseo] que ustedes aprendan español.
끼에로[데쎄오]다 께 우스떼데스 아프렌단 에스빠뇰

🔊 나는 네가 스페인을 여행하기를 바라.
Quiero[Deseo] que viajes por España.
끼에로[데쎄오] 께 비아헤스 뿌르 에스빠냐

저희는[폐사(弊社)는] …
(que 이하 절의 내용)을 바랍니다.

Querríamos
[Desearíamos] que
(+subj.)
께리아모스[데쎄아리아모스] 께 (+접속법)

🔊 폐사(弊社)는 귀사가 속히 물품을 발송하길 바랍니다.
Querríamos [Desearíamos] que nos despachasen pronto las mercancías.
께리아모스[데쎄아리아모스] 께 노스 데스빠차센 쁘론또 라스 메르깐씨아스

…하지 않으시겠습니까[…하는 게 어떻겠습니까]? ((권유))

¿Por qué no …?

뽀르 께 노 …?

예 불 가까이 가지 그러니?
¿Por qué no te acercas [te arrimas] al fuego?
뽀르 께 노 떼 아쎄르까스[떼 아리마스] 알 후에고?

예 밖에서 놀지 그러니?
¿Por qué no vas a jugar al aire libre[afuera]?
뽀르 께 노 바스 아 후가르 알 아이레 리브레[아후에라]?

예 그 애는 앵돌아져 있습니다. 그 애에게 과자를 주지 않으시렵니까?
El niño está de mal humor. ¿Por qué no le da dulces?
엘 니뇨 에스따 데 말 우모르. 뽀르 께 놀 레 다 둘쎄스?

…합시다.

Vamos a (+inf.)

바모스 아 (+부정법)

예 기도합시다.
Vamos a orar.
바모스 아 오라르

예 자, 떠납시다.
Vamos a irnos.
바모스 아 이르노스

예 본론으로 들어갑시다.
Vamos al grano.
바모스 알 그라노

예 다른 것에 대해 이야기합시다.
Vamos a hablar de otra cosa.
바모스 아 아블라르 데 오트라 꼬사

보유 여부 · 존재 유무 묻기

…을 갖고 계십니까[…이 있으십니까]? ((보유 여부))

¿Tiene …?

띠에네 …?

예 100유로 있으신가요?
¿Tiene cien euros?
띠에네 씨엔 에우로스?
*ciento는 명사와 mil 앞에서 cien이 됨

예 시간 있으세요?
¿Tiene tiempo?
띠에네 띠엠뽀?

예 이의 있으세요?
¿Tiene alguna objeción?
띠에네 알구나 옵헤씨온?

…이 있습니까[있니]? ((존재 유무))

¿Hay …?

아이…?

*haber 동사의 직설법 현재 3인칭 단수형 ha의 변형으로, 뒤에 복수명사가 와도 형태는 불변임

예 이 근처에 쇼핑센터가 있습니까?
¿Hay algun centro comercial por aquí cerca?
아이 알군 쎈트로 꼬메르씨알 뽀르 아끼 쎄르까?

예 여기에 의사 분 계신가요?
¿Hay un doctor aquí?
아이 운 독또르 아끼?

예 하늘에 구름이 많이 있습니까?
¿Hay muchas nubes en el cielo?
아이 무차스 누베스 엔 엘 씨엘로?

예 책상 위에 무엇이 있니?
¿Qué hay sobre la mesa?
께 아이 소브렐 라 메사?

예 책 한 권 있어.
Hay un libro.
아이 운 리브로

예 책 몇 권이 있습니다.
Hay unos libros.
아이 우노스 리브로스

가격 묻기

이것은 얼마입니까?	¿Cuánto es[cuesta/vale] esto?/¿A cómo es esto?/¿Qué precio tiene esto? 꾸안또 에스[꾸에스따/발레] 에스또?/ 아 꼬모 에스 에스또?/ 께 쁘레씨오 띠에네 에스또?	총 얼마입니까?	¿Cuánto es[cuesta/vale] en total?/¿A cómo es en total?/¿Qué precio tiene en total? 꾸안또 에스[꾸에스따/발레] 엔 또딸?/ 아 꼬모 에스 엔 또딸?/ 께 쁘레씨오 띠에네 엔 또딸?
이것들은 얼마입니까?	¿Cuánto son [cuestan/valen] estos?/¿A cómo son estos?/¿Qué precio tienen estos? 꾸안또 쏜[꾸에스딴/발렌] 에스또스?/ 아 꼬모 쏜 에스또스?/ 께 쁘레씨오 띠에넨 에스또스?	100유로입니다.	Son cien euros. 쏜 씨엔 에우로스 *ciento는 명사와 mil 앞에서 cien이 됨
(모두) 얼마입니까?	¿Cuánto es[cuesta/vale] (todo/el total)?/¿A cómo es (todo/el total)?/¿Qué precio tiene (todo/el total)? 꾸안또 에스[꾸에스따/발레] (또도/엘 또딸)?/ 아 꼬모 에스 (또도/엘 또딸)?/ 께 쁘레씨오 띠에네 (또도/엘 또딸)?	총 100유로입니다.	Suma cien euros./Son cien euros en total. 쑤마 씨엔 에우로스/ 쏜 씨엔 에우로스 엔 또딸
		비용이 얼마입니까?	¿Cuánto cuestan los gastos? 꾸안또 꾸에스딴 로스 가스또스?
		총 5만 페소입니다.	Suman (en total) cincuenta mil pesos. 쑤만 (엔 또딸) 씽꾸엔따 밀 뻬소스

*'peso(뻬소)'는 필리핀 및 중남미 여러 나라의 현재 화폐 단위임

이 물건들은 얼마입니까? ¿Cuánto valen estas cosas?
꾸안또 발렌 에스따스 꼬사쓰?

나름입니다. Varía. / Depende.
바리아 / 데뻰데
*물건들 가격이 제각기 다르다는 뜻임

(총) 얼마 드리면 됩니까? ¿Cuánto le debo (en total)?
꾸안뜰 레 데보 (엔 또딸)?

이것을 얼마에 파십니까 [이것은 얼마에 판매됩니까]? ¿A cómo se vende esto?
아 꼬모 세 벤데 에스또?

1만 페소 이하로는 팔지 않습니다[판매되지 않습니다]. No se vende a menos de diez mil pesos.
노 세 벤데 아 메노스 데 디에스 밀 뻬소스

…의 가격은 얼마입니까? ¿Cuál es el precio de …?
꾸알 에스 엘 쁘레씨오 데 …?
예 이 휴대 전화기 가격은 얼마입니까? ¿Cuál es el precio de este móvil?
꾸알 에스 엘 쁘레씨오 데 에스떼 모빌?

이것을 제게 얼마에 파시겠습니까? ¿En[A] qué precio me vende esto?
엔[아] 께 쁘레씨오 메 벤데 에스또?

…의 가격은[값어치는] 얼마입니까? ¿Cuánto es el valor de …?
꾸안또 에스 엘 발로르 데 …?
예 이 그림/도자기의 가격은 [값어치는] 얼마입니까? ¿Cuánto es el valor de este cuadro/esta porcelana?
꾸안또 에스 엘 발로르 데 에스떼 꾸아드로/에스따 뽀르쎌라나?

장소 묻기

어디에 …이 있습니까? ¿Dónde está / estan …?
돈데 에스따/에스딴 …?
*주어의 수(數)에 따라
예 그것은 어디에 있습니까? ¿Dónde está eso?
돈데 에스따 에소?
예 그것들은 어디에 있습니까? ¿Dónde estan ellos?
돈데 에스딴 에요스?

어디에 …이 있습니까? ¿Dónde se encuentra/ se encuentran …?
돈데 세 엔꾸엔트라/세 엔꾸엔트란 …?
*주어의 수(數)에 따라
예 세상에서 가장 큰 박물관은 어디에 있습니까? ¿Dónde se encuentra el museo más grande del mundo?
돈데 세 엔꾸엔트라 엘 무쎄오 마쓰 그란데 델 문도?

		어디에 …이 있습니까?	¿Dónde pudedo hallar …?

예 바하마 제도는 어디에 있습니까?

¿Dónde se encuentran Las Bahamas?

돈데 세 엔꾸엔트란 라스 바아마스?

돈데 뿌에도 아야르 …?

예 그 악보들은 어디에 있습니까?

¿Dónde pudedo hallar esas partituras?

돈데 뿌에도 아야르 에사스 빠르띠뚜라스?

어디에 …이 있습니까?

¿Dónde se halla/ se hallan …?

돈데 세 아야/세 아얀 …?

＊주어의 수(數)에 따라

예 그 보물은/보물들은 어디에 있습니까?

¿Dónde se halla/se hallan el tesoro/los tesoros?

돈데 세 아야/세 아얀 엘 떼쏘로/로스 떼쏘로스?

어디서 …할 수 있습니까?

¿Dónde pudedo/ se puede (+inf.)?

돈데 뿌에도/세 뿌에데 (+부정법)?

예 어디서 모자를 살 수 있습니까?

¿Dónde pudedo comprar un sombrero?

돈데 뿌에도 꼼쁘라르 운 쏨브레로?

예 어디서 차를 빌릴 수 있습니까?

¿Dónde se pudede alquilar un coche?

돈데 세 뿌에데 알낄라르 운 꼬체?

어디에 …이 있습니까?

¿Dónde pudedo encontar …?

돈데 뿌에도 엔꼰트라르 …?

예 제가 원하는 대학은 어디에 있습니까?

¿Dónde puedo encontrar la universitad que quiero?

돈데 뿌에도 엔꼰트라를 라 우니베르씨땊 께 끼에로?

길 묻기와 길 안내

잠깐 여쭤 보겠습니다.

Permítame preguntarle a usted.

뻬르미따메 쁘레군따를레 아 우스뗃

…이 어디에 있는지 말씀해주시겠습니까?

¿Puede decirme dónde está …?

뿌에데 데씨르메 돈데 에스따 …?

제가 …에 어떻게 갈 수 있을까요?

¿Cómo voy a …?

꼬모 보이 아 …?

제가 …에서 ~로 어떻게 갈 수 있을까요?

¿Cómo puedo ir de … a ~?

꼬모 뿌에도 이르 데 … 아 ~?

…에 어떻게 갑니까?

¿Cómo se va a …?

꼬모 세 바 아 …?

…에 어떻게 가는지 말씀해주시겠습니까?
¿Puede decir cómo se va a …?
뿌에데 데씨르 꼬모 세 바 아 … ?

…에 가려면 어디로 해서[어디를 지나서] 가면 됩니까?
¿Por dónde se va a …?
뽀르 돈데 세 바 아 … ?

이 주소로 어떻게 갈 수 있습니까?
¿Cómo puedo llegar a esta dirección?
꼬모 뿌에도 예가르 아 에스따 디렉씨온?

이 길은 어디로 통합니까[연결됩니까/가는 길입니까]?
¿Adónde lleva este calle?
아돈데 예바 에스떼 까예?

차로/도보로 시간이 얼마나 걸립니까?
¿Cuánto se tarda en coche/a pie?
꾸안또 세 따르다 엔 꼬체/아 삐에?

택시로 가는 것과 지하철로 가는 것 중에서 어느 편이 더 빠릅니까?
¿Cuál es más rápido, ir en taxi o ir en metro?
꾸알 에스 마쓰 라삐도, 이르 엔 딱씨 오 이르 엔 메트로?

도로 상태가 좋습니까?
¿Está la carretera en buen estado?
에스딸 라 까레떼라 엔 부엔 에스따도?

고속도로가 있습니까?
¿Hay una autopista?
아이 우나 아우또삐스따?

교통량이 적은 도로가 있습니까?
¿Hay una carretera con poco tráfico?
아이 우나 까레떼라 꼰 뽀꼬 트라휘꼬?

이것은 …까지 가는 도로입니까?
¿Es esta(=ésta) la carretera hacia …?
에스 에스딸 라 까레떼라 아씨아 …?

다음 마을까지 거리가 얼마나 됩니까?
¿Qué distancia hay hasta el próximo pueblo?
께 디스딴씨아 아이 아스따 엘 프록씨모 뿌에블로?

여기에서 …까지 거리가 얼마나 됩니까?
¿Qué distancia hay desde aquí hasta …?
께 디스딴씨아 아이 데스데 아끼 아스따 …?

지도상에서 제가 어디에 있는지 가리켜주실 수 있습니까?
¿Puede enseñarme en el mapa dónde estoy?
뿌에데 엔쎄냐르메 엔 엘 마빠 돈데 에스또이?

당신은 도로를 잘못 들었습니다.
Se ha equivocado usted de carretera.
세 아 에끼보까도 우스뗄 데 까레떼라

직진하십시오.
Siga todo derecho.
씨가 또도 데레초

…로 가는 도로를 취하십시오.
Tome la carretera para ….
또멜 라 까레떼라 빠라 …

…까지 되돌아가셔야만 합니다.
Tiene que regresar hasta ….
띠에네 께 레그레싸르 아스따 …

첫 번째/두 번째 사거리로 가십시오.
Vaya al primer/ segundo cruce.
바야 알 쁘리메르/쎄군도 크루세

신호등에서 오른쪽으로 도십시오.
Doble a la derecha en el semáforo.
도블레 알 라 데레차 엔 엘 쎄마포로

다음 모퉁이에서 왼쪽으로 도십시오.	Doble a la izquierda en la próxima esquina. 도블레 알 라 이스끼에르다 엔 라 프록씨마 에스끼나	계단 조심하십시오.	Tenga cuidado con las escaleras. 뗑가 꾸이다도 꼰 라스 에스깔레라스
따라오십시오.	Sígame, por favor. 씨가메, 뽀르 화보르	발밑을 조심하십시오!	¡Cuidado con el paso! 꾸이다도 꼰 엘 빠소!
이쪽으로 오십시오.	Venga por aquí. 벵가 뽀르 아끼	앞에 조심하십시오.	Cuidado por delante. 꾸이다도 뽀르 델란떼
저쪽으로 가십시오, 선생님.	Vaya por ahí, señor. 바야 뽀르 아이, 쎄뇨르	이쪽으로 오십시오[들어가십시오].	Pase por aquí. 빠세 뽀르 아끼
오른쪽/왼쪽으로 가십시오.	Vaya a la derecha/izquierda. 바야 알 라 데레차/이스끼에르다	이쪽으로 들어오십시오.	Entre/Pase por aquí, por favor. 엔트레/빠세 뽀르 아끼, 뽀르 화보르
조금 천천히 걸어 주십시오.	Por favor, ande un poco más despacio. 뽀르 화보르, 안데 운 뽀꼬 마쓰 데스빠씨오		

거리 · 시간 · 요일 · 날짜 묻기

…는 얼마나 멉니까?	¿A qué distancia está[se encuentra] …? 아 께 디스딴씨아 에스따[세 엔꾸엔트라] …?
	예) 박물관은 얼마나 멉니까? **¿A qué distancia está[se encuentra] el museo?** 아 께 디스딴씨아 에스따[세 엔꾸엔트라] 엘 무쎄오?
…는 얼마나 멉니까[우리는 …로부터 얼마나 먼 거리에 있습니까]?	¿A qué distancia estamos de …? 아 께 디스딴씨아 에스따모스 데 …?

| …는 얼마나 멉니까[저는 …로부터 얼마나 먼 거리에 있습니까]? | ¿A qué distancia estoy de …?
아 께 디스딴씨아 에스또이 데 …? |
| | **예)** 그 상점은 얼마나 멉니까?
¿A qué distancia estoy de la tienda?
아 께 디스딴씨아 에스또이 델 라 띠엔다? |

| **예)** 역은 얼마나 멉니까?
¿A qué distancia estamos de la estación?
아 께 디스딴씨아 에스따모스 델 라 에스따씨온? |

…에서 ~까지는 얼마나 멉니까?	¿Cuánto hay desde [de] … hasta[a] ~? 꾸안또 아이 데스데[데] … 아스따[아] ~? ⑩ 여기에서 쇼핑센터까지는 얼마나 멉니까? **¿Cuánto hay desde aquí hasta centro comercial?** 꾸안또 아이 데스데 아끼 아스따 쎈트로 꼬메르씨알?
…에서 ~까지는 거리가 얼마나 됩니까?	¿Qué distancia hay desde[de] … hasta[a] ~? 께 디스딴씨아 아이 데스데[데] … 아스따[아] ~? ⑩ 서울에서 부산까지는 거리가 얼마나 됩니까? **¿Qué distancia hay de Seúl a Busan?** 께 디스딴씨아 아이 데 쎄울 아 부산?
여기서 (아주) 멉니까?	Está[Se encuentra] (muy) lejos de aquí? 에스따[세 엔꾸엔트라] (무이) 레호스 데 아끼?
실례합니다. 시간 좀 가르쳐주시겠습니까?	Disculpe. ¿Podría decirme qué hora es? [¿Podría decirme la hora?/¿Me puede decir la hora?] 디스꿀뻬, 뽀드리아 데씨르메 께 오라 에스?[뽀드리아 데씨르멜 라 오라?/ 메 뿌에 데 데씨를 라 오라?]
지금 몇 시입니까?	¿Qué hora es ahora?/¿Qué horas son ahora? 께 오라 에스 아오라/ 께 오 라스 쏜 아오라?
정확히 몇 시입니까?	¿Qué horas son en punto? 께 오라스 쏜 엔 뿐또?
정각 10시입니다.	Son las diez en punto. 쏜 라스 디에스 엔 뿐또
당신 시계로 몇 시입니까?	¿Qué hora es en su reloj? 께 오라 에스 엔 쑤 렐로흐?
실례지만, 몇 시입니까?	Perdone, ¿qué hora tiene usted? /Perdone, ¿tiene hora? 뻬르도네, 께 오라 띠에네 우스뗕?/ 뻬르도네, 띠에네 오라? ＊당신 시계로 몇 시냐는 뜻임
죄송하지만, 저는 시계가 없습니다.	Perdón, pero no tengo reloj. 뻬르돈, 뻬로 노 뗑고 렐로흐
시계가 멎어서 몇 시인지 모르겠습니다.	Se me ha parado el reloj y no sé qué hora es. 세 메 아 빠라도 엘 렐로흐 이 노 쎄 께 오라 에스
몇 시에 …?	¿A qué hora …? 아 께 오라 …? ⑩ 몇 시에 비행기가 도착합니까? **¿A qué hora llega el vuelo?** 아 께 오라 예가 엘 부엘로? ⑩ 몇 시에 식사가 있습니까? **¿A qué hora es[se sirve] la comida?** 아 께 오라 에스[세 씨르벨] 라 꼬미다?

예 아침식사는 몇 시입니까?
¿A qué hora se puede tomar el desayuno?
아 께 오라 세 뿌에데 또마르 엘 데싸유노?

···은 몇 시에 시작됩니까?
¿A qué hora se empieza[se comienza] ···?
아 께 오라 세 엠삐에싸[세 꼬미엔싸] ···?

예 영화는 몇 시에 시작됩니까?
¿A qué hora se empieza la pelicula?
아 께 오라 세 엠삐에쌀 라 뻴리꿀라?

예 모임은 몇 시에 시작됩니까?
¿A qué hora se comienza la reunión?
아 께 오라 세 꼬미엔쌀 라 레우니온?

···은 몇 시에 끝납니까?
¿A qué hora se acaba[se termina] ···?
아 께 오라 세 아까바[세 떼르미나]···?

예 강좌는 몇 시에 끝납니까?
¿A qué hora se acaba el curso?
아 께 오라 세 아까바 엘 꾸루쏘?

예 일은 몇 시에 끝납니까?
¿A qué hora se termina el trabajo?
아 께 오라 세 떼르미나 엘 트라바호?

···은 몇 시에 개장합니까?
¿A qué hora se abre ···?
아 께 오라 세 아브레 ···?

예 당신 집 근처의 슈퍼마켓은 몇 시에 개장합니까?
¿A qué hora se abre el supermercado cera de su casa?
아 께 오라 세 아브레 엘 쑤뻬르메르까도 쎄르까 데 쑤 까사?

···은 몇 시에 폐장합니까?
¿A qué hora se cierra ···?
아 께 오라 세 씨에라 ···?

예 마드리드 증권거래소는 몇 시에 폐장합니까?
¿A qué hora se cierra la bolsa de Madrid?
아 께 오라 세 씨에랄 라 볼사 데 마드릳?

(시간이) 얼마나 걸립니까?
¿Cuánto (tiempo) se tarda?
꾸안또 (띠엠뽀) 세 따르다?

예 차로/도보로 시간이 얼마나 걸립니까?
¿Cuánto se tarda en coche/a pie?
꾸안또 세 따르다 엔 꼬체/아 삐에?

···하는데 시간이 얼마나 걸립니까?
¿Cuánto (tiempo) se tarda en (+inf.)?/ ¿Cuánto tiempo se necesita para (+inf.)?
꾸안또 (띠엠뽀) 세 따르다 엔 (+부정법)?/ 꾸안또 띠엠뽀 세 네쎄씨따 빠라 (+부정법)?

예 스페인어 배우는데 시간이 얼마나 소요됩니까?
¿Cuánto (tiempo) se tarda en aprender español?
꾸안또 띠엠뽀 세 따르다 엔 아프렌데르 에스빠뇰?

…하는데 몇 시간 걸립니까?

예 사무실까지 가는데 시간이 얼마나 소요됩니까?
¿Cuánto tiempo se necesita para ir a la oficina?
꾸안또 띠엠뽀 세 네쎄씨따 빠라 이르 알 라 오휘씨나?

¿Cuántas horas se tardan en (+inf.)?/ ¿Cuántas horas se necesitan para (+inf.)?
꾸안따스 오라스 세 따르단 엔 (+부정법)?/ 꾸안따스 오라스 세 네쎄씨딴 빠라 (+부정법)?

예 쿠바까지 비행기로 가는데 몇 시간 걸립니까?
¿Cuántas horas se tardan en ir en avion a Cuba?
꾸안따스 오라스 세 따르단 엔 이르 엔 아비온 아 꾸바?

예 이 책을 읽는데 몇 시간 걸립니까?
¿Cuántas horas se necesitan para leer este libro?
꾸안따스 오라스 세 네쎄씨딴 빠랄 레에르 에스뗄 리브로?

…하는데 며칠/몇 달/몇 년 걸립니까?

¿Cuántos días/ meses/años se tardan[se necesitan para] (+inf.)?
꾸안또스 디아스/메쎄스/아뇨스 세 따르단 엔[세 네쎄씨딴 빠라] (+부정법)?

예 이 일을 끝내려면 며칠/몇 달/몇 년 걸립니까?
¿Cuántos días/meses/años se tardan en[se necesitan para] teminar este trabajo?
꾸안또스 디아스/메쎄스/아뇨스 세 따르단 엔[세 네쎄씨딴 빠라] 떼르미나르 에스떼 트라바호?

몇 시간 동안 …?

¿Cuántas horas …?
꾸안따스 오라스 …?

예 당신은 하루에 몇 시간 동안 공부하십니까?
¿Cuántas horas estudia usted al día?
꾸안따스 오라스 에스뚜디아 우스뗃 알 디아?

며칠/몇 달/몇 년 동안 …?

¿Cuántos días/ meses/años …?
꾸안또스 디아스/메쎄스/아뇨스 …?

예 당신은 일주일에 며칠 동안 일하십니까?
¿Cuántos días a la semana trabaja usted?
꾸안또스 디아스 알 라 쎄마나 트라바하 우스뗃?

예 당신은 이곳에서 몇 달 동안 체류하고 계십니까?
¿Cuántos meses lleva usted aquí?
꾸안또스 메쎄스 예바 우스뗃 아끼?

…은 얼마 동안 계속[지속]됩니까?

¿Cuánto tiempo dura …?
꾸안또 띠엠뽀 두라 …?

예 당신의 해외여행은 얼마나 지속됩니까?
¿Cuánto tiempo dura su viaje extranjero?
꾸안또 띠엠뽀 두라 쑤 비아헤 엑스트랑헤로?

예 그 영화는 상영시간이 얼마나 됩니까?

¿Cuánto tiempo dura la película?

꾸안또 띠엠뽀 두랄 라 뻴리꿀라?

…한 지 얼마나 됩니까?

¿Cuánto tiempo hace que …?

꾸안또 띠엠뽀 아쎄 께 …?

예 당신은 이곳에 사신 지 얼마나 됩니까?

¿Cuánto tiempo hace que vive usted aquí?

꾸안또 띠엠뽀 아쎄 께 비베 우스뗄 아끼?

예 그들이 농장을 가진 지 얼마나 됩니까?

¿Cuánto tiempo hace que ellos tienen la granja?

꾸안또 띠엠뽀 아쎄 께 에요스 띠에넨 라 그랑하?

…한 지 몇 시간 되었습니까?

¿Cuántas horas hace que …?

꾸안따스 오라스 아쎄 께 …?

예 그가 외출한 지 몇 시간 되었습니까?

¿Cuántas horas hace que él salió de casa?

꾸안따스 오라스 아쎄 께 엘 쌀리오 데 까사?

…한 지 며칠/몇 달/몇 년 되었습니까?

¿Cuántos días/ meses/años hace que …?

꾸안또스 디아스/메쎄스/아뇨스 아쎄 께 …?

예 당신은 이곳에 오신 지 며칠 되었습니까?

¿Cuántos días hace que vino usted aquí?

…한 지 ~ 되었다.

꾸안또스 디아스 아쎄 께 비노 우스뗄 아끼?

예 당신은 이곳에 체류하신 지 몇 년 되었습니까?

¿Cuántos años hace que lleva[permanece] usted aquí?

꾸안또스 아뇨스 아쎄 께 예배[뻬르마네쎄] 우스뗄 아끼?

Hace ~ que ….

아쎄 ~ 께 ….

예 저는 이곳에 산 지 얼마 안 되었습니다.

Hace poco que vivo aquí.

아쎄 뽀꼬 께 비보 아끼

예 그가 출발한 지 벌써 3시간이 되었습니다.

Ya hace tres horas que él salió.

야 아쎄 트레스 오라스 께 엘 쌀리오

예 그 두 사람은 결혼한 지 사흘 되었습니다.

Hace tres días que los dos se casaron.

아쎄 트레스 디아스 껠 로스 도스 세 까사론

예 저는 고향을 떠나온 지 벌써 석 달이 되었습니다.

Hace ya tres meses que yo salí de la tierra natal.

아쎄 야 트레스 메쎄스 께 요 쌀리 델 라 띠에라 나딸

예 저는 아내를 잃은 지 3년 되었습니다.

Hace tres años que perdí a mi mujer.

아쎄 트레스 아뇨스 께 뻬르디 아 미 무헤르

…하기 전에

**antes de (+inf.)/
antes (de) que (+sub.)**
안떼스 데 (+부정법)/
안떼스 (데) 께 (+접속법)

📌 차에서 내리시기 전에, 차
창들이 닫혔는지 확인하십쇼.
**Antes de salir del coche,
asegúrese de que están
las ventanillas cerradas.**
안떼스 데 쌀리르 델 꼬체,
아쎄구레세 데 께 에스딴 라
스 벤따니야스 쎄라다스

📌 그녀가 오기 전에 출발합
시다.
**Vamos a salir antes de
que venga ella.**
바모스 아 쌀리르 안떼스 데
께 벵가 에야

📌 나는 아이들이 오기 전에
집을 정리하겠다.
**Voy a darle una manita
de gato a la casa antes
de que lleguen mis hijos.**
보이 아 다를레 우나 마니따
데 가또 알 라 까사 안떼스
데 께 예겐 미스 이호스

…한 후에

**después de (+inf.)/
después (de) que
(+ind.)**
데스뿌에쓰 데 (+부정법)/
데스뿌에쓰 (데) 께 (+직설법)

📌 나는 점심을 먹고 낮잠을
잔다.
**Duermo la siesta
después de almorzar.**
두에르몰 라 씨에스따 데스
뿌에쓰 데 알모르사르

📌 아버지가 불을 끈 후에,
여자아이는 잠들었다.
**Después de que el padre
había apagado la luz, la
niña se quedó dormida.**

데스뿌에쓰 데 께 엘 빠드레
아비아 아빠가돌 랄 루스, 라
니냐 세 께도 도르미다

…하기를 끝마치다.

terminar de (+inf.)
떼르미나르 데 (+부정법)

📌 나는 책 읽기를 끝마쳤다.
**He terminado de leer
un libro.**
에 떼르미나도 델 레이르 운
리브로

방금 …하다.

acabar de (+inf.)
아까바르 데 (+부정법)
＊직설법 현재 혹은 직설법
불완료 과거에서

📌 나는 일을 방금 끝냈다.
**Acabo de terminar mi
trabajo.**
아까보 데 떼르미나르 미 트
라바호

📌 제 부친께서는 방금 외출
하셨습니다.
Mi padre acaba de salir.
미 빠드레 아까바 데 쌀리르

바야흐로 …할 참이다.

**estar a[en] punto
de + (inf.)/
estar al + (inf.)**
에스따르 애[엔] 뿐또 데
+(부정법)/
에스따르 알 +(부정법)

📌 바야흐로 내 아내가 아이
를 출산할 참이다.
**Mi esposa está a punto
de dar a luz (a) un niño.**
미 에스뽀사 에스따 애[엔] 뿐
또 데 다르 알 루스 (아) 운 니뇨

📌 바야흐로 해가 지려는 찰
나에 있다.
**El sol está en punto de
ponerse.**
엘 쏠 에스따 엔 뿐또 데 뽀
네르세

한국어	스페인어

…할 것이다[…할 예정이다].

ir a (+inf.)
이르 아 (+부정법)

⑩ 바야흐로 그는 출발하려는 참이다.
Él está al salir.
엘 에스따 알 뿐또 데 쌀리르

⑩ 열차는 정각에 발차할 것이다.
Él tren va a arrancar a la hora.
엘 트렌 바 아 아랑까르 알 라 오라

⑩ 주말에 뭐 할 거니?
¿Qué vas a hacer el fin de semana?
께 바스 아 아쎄르 엘 휜 데 쎄마나?

…할 틈이 있다.

tener tiempo de[para]…
떼네르 띠엠뽀 데[빠라]…

⑩ 나는 극장에 갈 틈이 없다.
No tengo tiempo de ir al cine.
노 뗑고 띠엠뽀 데 이르 알 씨네

⑩ 그녀는 잠 잘 겨를이 없다.
Ella no tiene tiempo para dormir.
에야 노 띠에네 띠엠뽀 빠라 도르미르

짬이 있다, 여가가 있다

tener tiempo libre[desocupado]
떼네르 띠엠뻘 리브레[데스오꾸빠도]

⑩ 이번 주말에 짬이 있으십니까?
¿Tiene tiempo libre este fin de semana?
띠에네 띠엠뻘 리브레 에스떼 휜 데 쎄마나?

(지금) 몇 시입니까?
¿Qué hora es (ahora)?/¿Qué horas son (ahora)?
께 오라 에스 (아오라)?/ 께 오라스 쏜 (아오라)?

죄송하지만, 저는 시계가 없습니다.
Perdón, pero no tengo reloj.
뻬르돈, 뻬로 노 뗑고 렐로흐

1시 5분입니다.
Es la una y cinco.
에슬 라 트레스 이 씽꼬

2시 10분입니다.
Son las dos y diez.
쏜 라스 도스 이 디에스

오후 3시 15분입니다.
Son las tres y cuarto de la tarde.
쏜 라스 트레스 이 꾸아르또 델 라 따르데

어, 제 시계는 3시 30분입니다.
Ah, pues mi reloj indica las tres y media.
아, 뿌에스 미 렐로흐 인디깔 라스 트레스 이 메디아

그 시계가 빠르네요.
Ese reloj va adelantado.
에쎄 렐로흐 바 아델란따도

제 시계가 5분 이상 빠릅니다.
Mi reloj anda rápidamente más de 5 minutos.
미 렐로흐 안다 라삐다멘떼 마쓰 데 씽꼬 미누또스

모임은 몇 시에 시작됩니까?
¿A qué hora se comienza la reunión?
아 께 오라 세 꼬미엔쌀 라 레우니온?

오후 6시에 시작됩니다.
Ella se comienza a las seis de la tarde.
에야 세 꼬미엔싸 알 라스 쎄이스 델 라 따르데

정확히 몇 시입니까?	¿Qué horas son en punto? 께 오라스 쏜 엔 뿐또?
8시 20분입니다.	Son las ocho y veinte. 쏜 라스 오초 이 베인떼
늦을 것 같습니다. 서둘러 갑시다.	Sería tarde. Vamos de prisa. 쎄리아 따르데. 바모스 데 쁘리사
아니오. 우리는 15분 이상 시간이 있습니다.	No. Tenemos más de 15 minutos. 노. 떼네모스 마쓰 데 낀쎄 미누또스
몇 시에 제가 거기로 가길 원하십니까?	¿A qué hora quiere que yo esté ahí? 아 께 오라 끼에레 께 요 에스떼 아이?
9시 15분 전에요.	A las nueve menos cuarto. 알 라스 누에베 메노스 꾸아르또
몇 시에 문 엽니까?	¿A qué hora se abre? 아 께 오라 세 아브레?
아침 9시에 엽니다.	Se abre a las nueve de la mañana. 세 아브레 알 라스 누에베 델 라 마냐나
몇 시에 문 닫습니까?	¿A qué hora se cierra? 아 께 오라 세 씨에라?
저녁 8시에 닫습니다.	Se cierra a las ocho de la noche. 세 씨에라 알 라스 오초 델 라 노체

토요일에도 문 엽니까?	¿Abre los sábados también? 아브렐 로스 싸바도스 땀비엔?
공항까지는 시간이 얼마나 걸립니까?	¿Cuánto tiempo se tarda hasta el aeropuerto? 꾸안또 띠엠뽀 세 따르다 아스따 엘 아에로뿌에르또?
30분 걸립니다.	Se tardan treinta minutos. 세 따르단 트레인따 미누또스
오래 걸리는군요. 어서 서두르십시오.	Tardará bastante. Entonces dése prisa. 따르다라 바스딴떼. 엔똔쎄쓰 데쎄 쁘리사
벌써 시간이 이렇게 됐네요!	¡Mire qué hora es ya! 미레 께 오라 에스 야!
제가 공항으로 가야 할 시간입니다.	Es hora de irme al aeropuerto. 에스 오라 데 이르메 알 아에로뿌에르또
그렇습니다. 시간이 매우 빨리 갔습니다.	Sí, el tiempo ha pasado muy rápido. 씨, 엘 띠엠뽀 아 빠사도 무이 라삐도
비행기는 언제 이륙합니까?	¿A qué hora despega el avión? 아 께오라 데스뻬가 엘아비온?
1시간 후 이륙합니다.	Despega en una hora. 데스뻬가 엔 우나 오라
우리는 예정보다 일찍 도착했습니다.	Hemos llegado antes de la hora prevista. 에모스 예가도 안떼스 델 라 오라 프레비스따

1. 기본적 의사소통 **75**

우리는 시간을 벌었습니다.	Hemos ganado tiempo. 에모스 가나도 띠엠뽀	그럼, 무슨 요일에 우리 만날까요?	Entonces, ¿qué día de la semana quedamos? 엔똔쎄쓰, 께 디아 델 라 쎄마나 께다모스?
시간이 참 안 갑니다.	El tiempo no pasa. 엘 띠엠뽀 노 빠사	다음 주 월요일이 좋습니다.	El lunes de la próxima semana está bien. 엘 루네스 델 라 프록씨마 쎄마나 에스따 비엔
저는 3시간 동안 기다렸습니다.	He esperado durante tres horas. 에 에스뻬라도 두란떼 트레스 오라스	글쎄요. 오늘이 무슨 요일입니까?	No sé, a ver. ¿Qué día es hoy? 노 쎄, 아 베르. 께 디아 에스 오이?
몇 시에 문을 엽니까/닫습니까?	¿A qué hora abren/cierran? 아 께 오라 아브렌/씨에란?	오늘은 화요일입니다.	Hoy es martes. 오이 에스 마르떼스
저희는 정오에서 2시까지 문을 닫습니다.	Cerramos desde el mediodía hasta la dos. 쎄라모스 데스데 엘 메디오디아 아스딸 라 도스	그럼, 목요일에 만납시다.	Pues quedemos el jueves. 뿌에스 께데모스 엘 후에베스
그럼, 제가 몇 시에 다시 올까요?	Entonces, ¿a qué hora vengo otra vez? 엔똔쎄쓰, 아 께 오라 벵고 오트라 베스?	오늘이 무슨 요일입니까?	¿Qué día (de la semana) es hoy? 께 디아 (델 라 쎄마나) 에스 오이?
오늘이 무슨 요일입니까?	¿Qué día (de la semana) es hoy? 께 디아 (델 라 쎄마나) 에스 오이?	오늘은 일요일입니다.	Hoy es domingo. 오이 에스 도밍고
오늘은 수요일입니다.	Hoy es miércoles. 오이 에스 미에르꼴레스	오늘이 무슨 요일입니까?	¿A qué día estamos hoy? 아 께 에스따모스 오이?
이번 주 토요일에 시간 있으십니까?	¿Tiene tiempo este sábado? 띠에네 띠엠뽀 에스떼 싸바도?	목요일입니다.	Estamos a jueves. 에스따모스 아 후에베스
우리 다른 요일에 만날 수 있을까요?	¿Podemos quedar otro día? 뿌데모스 께다르 오트로 디아?	월요일	lunes (m.) 루네스
		화요일	martes (m.) 마르떼스
		수요일	miércoles (m.) 미에르꼴레스

한국어	스페인어
목요일	jueves (m.) 후에베스
금요일	viernes (m.) 비에르네스
토요일	sábado (m.) 싸바도
일요일	domingo (m.) 도밍고
금년이 몇 년입니까?	¿En qué año estamos? 엔 께 아뇨 에스따모스?
2020년입니다.	Estamos en dos mil veinte. 에스따모스 엔 도스 밀 베인떼
서력 2020년입니다.	Estamos en (el año) dos mil veinte de la era cristiana. 에스따모스 엔 (엘 아뇨) 도스 밀 베인떼 델 라 에라 크리스띠아나
지금이 몇 월입니까?	¿En qué mes estamos? 엔 께 메쓰 에스따모스?
오늘이 몇 월입니까?	¿En qué mes estamos hoy? 엔 께 메쓰 에스따모스 오이?
2월입니다.	Estamos en febrero. 에스따모스 엔 훼브레로
오늘이 며칠입니까?	¿A qué día estamos hoy? 아 께 디아 에스따모스 오이?
오늘은 (2020년) 10월 9일입니다.	Hoy estamos a nueve de octubre (de dos mil veinte). 오이 에스따모스 아 누에베 데 옥뚜브레 (데 도스 밀 베인떼)

한국어	스페인어
오늘이 며칠입니까?	¿A cuántos estamos hoy? 아 꾸안또스 에스따모스 오이?
오늘은 (2020년) 5월 1일입니다.	Hoy estamos a 1 [primero/uno] de mayo (de dos mil veinte). 오이 에스따모스 아 [쁘리메로/우노] 데 마요 (데 도스 밀 베인떼) *1일은 서수를 사용하나, 기수도 사용 가능
오늘이 며칠입니까?	¿Qué día (del mes) es hoy?/¿Qué fecha es hoy?/ ¿Qué es la fecha de hoy? 께 디아 (델 메쓰) 에스 오이?/ 께 훼차 에스 오이?/ 께 에슬 라 훼차 데 오이?
오늘은 3월 5일입니다.	Hoy es el cinco de marzo. 오이 에스 엘 씽꼬 데 마르소
6월 4일입니다.	Es el (día de) cuatro de junio. 에스 엘 (디아 데) 꾸아트로 데 후니오
오늘은 2020년 8월 9일 일요일입니다.	Hoy es domingo el nueve de agosto de dos mil veinte. 오이 에스 도밍고 엘 누에베 데 아고스또 데 도스 밀 베인떼
오늘이 음력 며칠입니까?	¿Qué fecha es hoy según el calendario lunar? 께 훼차 에스 오이 쎄군 엘 깔렌다리올 루나르?
4월 2일입니다.	Es el dos de abril. 에스 엘 도스 데 아브릴

내일이 5월 15일입니까?	¿Es mañana el quince de mayo? 에스 마냐나 엘 낀쎄 데 마요?	우리는 내일 오전에 서울을 떠납니다.	Nos marchamos de Seúl mañana por la mañana. 노스 마르차모스 데 쎄울 마냐나 뽀르 라 마냐나
아니오, 내일은 5월 16일입니다.	No, mañana es el diez y seis [dieciséis] de mayo. 노, 마냐나 에스 엘 디에스 이 쎄이스[디에씨쎄이스] 데 마요	며칠 후에 우리는 그것을 할 건가요?	¿Cuántos días después vamos a hacer eso? 꾸안또스 디아스 데스뿌에쓰 바모스 아 아쎄르 에소?
아, 그럼 사흘 후 떠나십니까?	Entonces, ¿se marcha en tres días? 엔똔쎄쓰, 세 마르차 엔 트레스 디아스?	그 일을 하는데 며칠이 필요할까요?	¿Cuántos días harán falta para hacer ese trabajo? 꾸안또스 디아스 아란 활따 빠라 아쎄르 에쎄 트라바호?
아니오, 아직 나흘 남았습니다.	No, aún me quedan cuatro días. 노, 아운 메 께단 꾸아트로 디아스	그 일을 끝내려면 며칠이 걸릴까요?	¿Cuántos días se tardará en acabar[hacer] el trabajo? 꾸안또스 디아스 세 따르다라 엔 아까바르[아쎄르] 엘 트라바호?
며칟날 출발하십니까?	¿Qué día parte? 께 디아 빠르떼?		
12월 31일입니다.	El treinta y uno de diciembre. 엘 트레인다 이 우노 데 디씨엠브레	며칠이 걸립니까?	¿Cuántos días se tarda? 꾸안또스 디아스 세 따르다?
언제 여러분은 여름휴가를 떠나십니까?	¿Cuándo se marchan de vaccaciones de verano? 꾸안도 세 마르찬 데 바까씨오네스 데 베라노?		

높이 · 길이 · 넓이 · 깊이 · 속도 묻기

…은 얼마나 높습니까?	¿Cuál es la altura de …? 꾸알 에슬 라 알뚜라 데 …? 🌐 당신 방의 천장은 얼마나 높습니까?	¿Cuál es la altura del techo de su habitación? 꾸알 에슬 라 알뚜라 델 떼초 데 쑤 아비따씨온?

…은 얼마나 깁니까?

¿Cuál es la longitud de …?

꾸알 에슬 랄 롱히뚣 데 …?

⑩ 아마존 강은 얼마나 깁니까?

¿Cuál es la longitud del (río) Amazonas?

꾸알 에슬 랄 롱히뚣 델 (리오) 아마쏘나스?

…은 얼마나 넓습니까?

¿Cuál es la anchura de …?

꾸알 에슬 라 안추라 데…?

⑩ 아마존 강의 평균 너비가 얼마나 됩니까?

¿Cuál es la anchura media del (río) Amazonas?

꾸알 에슬 라 안추라 메디아 델 (리오) 아마쏘나스?

…은 얼마나 깊습니까?

¿Cuál es la profundidad de …?

꾸알 에슬 라 쁘로푼디닫 데 …?

⑩ 태평양의 깊이는 얼마나 됩니까?

¿Cuál es la profundidad del Océano Pacífico?

꾸알 에슬 라 쁘로푼디닫 델 오쎄아노 빠씨휘꼬?

얼마나 빠른 속도로 …?

¿A qué velocidad …?

아 께 벨로씨닫…?

⑩ 얼마나 빠른 속도로 지구는 돕니까?

¿A qué velocidad gira la tierra?

아 께 벨로씨닫 히랄 라 띠에라?

허가 · 양해 구하기

…해도 됩니까?

¿Se puede (+inf.)?/ ¿Se pueden (+inf.)?

세 뿌에데 (+부정법)?/ 세 뿌에덴 (+부정법)?

＊일반적 상황에 대한 허가나 허락을 구할 때

⑩ 여기 주차해도 됩니까?

¿Se puede aparcar aquí?

세 뿌에데 아빠르까르 아끼?

⑩ 이곳에서 사진촬영해도 됩니까?

¿Se pueden sacar fotos aquí?

세 뿌에덴 사까르 포또스 아끼?

…해도 됩니까?

¿Se permite (+inf.)?

세 뻬르미떼 (+부정법)?

＊일반적 상황에 대한 허가나 허락을 구할 때

⑩ 여기는 흡연이 됩니까?

¿Se permite fumar aquí?

세 뻬르미떼 후마르 아끼?

제가 …해도 되겠습니까?

¿Puedo[Podría] (+inf.)?

뿌에도[뽀드리아] (+부정법)?

⑩ 제가 창문을 열어도 되겠습니까?

¿Puedo abrir la ventana?

뿌에도 아브리를 라 벤따나?

제 제가 여기에 앉아도 되겠습니까?

¿Puedo sentarme aquí?

뿌에도 쎈따르메 아끼?

제 제가 한 말씀 드려도 되겠습니까?

¿Podría hacer un comentario?

뽀드리아 아쎄르 운 꼬멘따리오?

제 제가 견본을 볼 수 있겠습니까?

¿Podría ver la muestra?

뽀드리아 베를 라 무에스트라?

제가 …해도 되겠습니까?

¿Me permite (+inf.)?

메 뻬르미떼 (+부정법)?

제 제가 가도 되겠습니까?

¿Me permite ir?

메 뻬르미떼 이르?

제 제가 들어가도 되겠습니까?

¿Me permite pasar?

메 뻬르미떼 빠사르?

제가 …하도록 해주십시오.

Permítame (+inf.)/
Déjeme (+inf.)

뻬르미따메 (+부정법)/ 데헤메 (+부정법)

＊문장 맨앞이나 맨끝에 'por favor'를 덧붙이면 더욱 정중한 표현이 됨

제 제가 전화 좀 사용하도록 해주십시오.

Permítame usar su teléfono, por favor.

뻬르미따메 우사르 쑤 뗄레포노, 뿌르 화보르

제 제가 사회 보도록 해주십시오[외람되오나 제가 사회를 보겠습니다].

Permítame dirigir esta reunión, por favor.

뻬르미따메 디리히르 에스따 레우니온, 뿌르 화보르

제 제가 몇 말씀 드리도록 해주십시오.

Déjeme decir unas palabras, por favor.

데헤메 데씨르 우나스 빨라브라스, 뿌르 화보르

…을 좀 빌려 주시겠습니까?

¿Le puedo molestar para pedirle …?

레 뿌에도 몰레스따르 빠라 뻬디를레 …?

제 성냥을 좀 빌려 주시겠습니까?

¿Le puedo molestar para pedirle una cerilla?

레 뿌에도 몰레스따르 빠라 뻬르디를레 우나 쎄리야?

괜찮겠습니까?

¿Está bien?

에스따 비엔?

＊앞에 한 말에 대한 허락을 구할 때

죄송하지만, ….

Lo siento, pero …./
Perdóneme, pero ….

로 씨엔또, 뻬로 …/ 뻬르도네메, 뻬로 …

제 대단히 미안하지만, 나는 너와 외출할 수 없어.

Lo siento mucho, pero no puedo salir contigo.

로 씨엔또 무초, 뻬로 노 뿌에도 쌀리르 꼰띠고

제 죄송하지만, 저는 당신을 도와드릴 수 없습니다.

Perdóneme, pero no le puedo ayudar.

뻬르도네메, 뻬로 놀 레 뿌에도 아유다르

죄송하지만[실례지만], ….

Perdone que le moleste, pero ….／ Perdone la indiscreción, pero …. ／ Perdone [Dispense/Disculpe] mi atrevimiento, pero ….

베르도네 껠 레 몰레스떼, 뻬로 …／ 뻬르도넬 라 인디스 크레씨온, 뻬로 …／ 뻬르도네 [디스뻰세/디스꿀뻬] 미 아트 레비미엔또, 뻬로 …

귀찮게 해서 죄송합니다.

Perdone que le moleste.

뻬르도네 껠 레 몰레스떼

폐를 끼쳐 죄송하지만, 부탁 좀 드리겠습니다.

Perdone[Dispense/ Disculpe] la molestia, pero permítame que le pida un favor.

뻬르도넬[디스뻰쎌/디스꿀 뻴] 라 몰레스띠아, 뻬로 뻬르 미따메 껠 레 삐다 운 화보르

이렇게[이런 모습으로] 귀하를 맞이하게 되어 죄송합니다.

Perdone que le reciba así[con esta facha].

뻬르도네 껠 레 레씨바 아씨 [꼰 에스따 화차]

실례를 무릅쓰고 드리는 말씀인데 …입니다.

Me tomo la libertad de decirle que ….／ Me permito decirle que ….

메 또몰 랄 리베르딸 데 데씨 를레 께 …／ 메 뻬르미또 데 씨를레 께 …

⊕ 실례를 무릅쓰고 드리는 말씀인데 당신은 매우 아름 답습니다.

Me tomo la libertad de decirle que usted es muy hermosa.

메 또몰 랄 리베르딸 데 데 씨를레 께 우스뗃 에스 무이 에르모사

⊕ 실례를 무릅쓰고 드리는 말씀인데 제게 돈을 부탁하 는 것은 번지수를 잘못 찾으 신 겁니다.

Me permito decirle que ha errado el tiro viniendo a pedirme dinero.

메 뻬르미또 데씨를레 께 아 에라도 엘 띠로 비니엔도 아 뻬디르메 디네로

실례지만[무례인 줄 압 니다만], ….

Si no es una indiscreción, ….

씨 노 에스 우나 인디스크레 씨온, …

⊕ 실례지만, 연세가 어떻게 되십니까?

Si no es una indiscreción, ¿podría preguntarle a usted su edad?[¿podría preguntarle cuántos años tiene usted?]

씨 노 에스 우나 인디스크레 씨온, 뽀드리아 쁘레군따를레 아 우스뗃 쑤 에닫[뽀드 리아 쁘레군따를레 꾸안또스 아뇨스 띠에네 우스뗃]?

말씀 중 죄송합니다만, ….

Perdón por interrumpir, pero ….／ Perdone que lo interrumpa, pero ….

뻬르돈 뽀르 인떼룸삐르, 뻬 로 …／ 뻬르도네 껠 로 인떼 룸빠, 뻬로 …

(방문 때의) 실례합니다!

¡Ave María!

아베 마리아!

여기서 담배 피우시면 안 됩니다.

No puede fumar aquí.

노 뿌에데 후마르 아끼

담배꽁초를 버리지 마십시오.

No tire la colilla.

노 띠렐 라 꼴리야

불조심하십시오.

Tenga cuidado con el fuego.

뗑가 꾸이다도 꼰 엘 후에고

음주운전 하지 마십시오.

No conduzca en estado de ebriedad.

노 꼰두스까 엔 에스따도 데 에브리에닫

졸음운전 하지 마십시오.

No conduzca en estado de somnolencia.

노 꼰두스까 엔 에스따도 데 솜놀렌씨아

신호를 지키십시오.

Respete las señales.

레스뻬뗄 라스 쎄냘레스

이 구역은 차량 통행금지입니다.

Esta área está cerrada a los automóviles.

에스따 아레아 에스따 쎄라다 알 로스 아우또모빌레스

아이고, 위험해

¡Ojo!/¡Ah, cuidado!

오호!/ 아, 꾸이다도!

너무 가까이 가지 마십시오.

No se acerque mucho.

노 세 아쎄르께 무초

손대지 마십시오.

No toque.

노 또께

조용히 하십시오.

Silencio.

씰렌씨오

뛰지 마십시오.

No corra.

노 꼬라

좌석을 발로 차지 마십시오.

No patee el asiento.

노 빠떼에 엘 아씨엔또

이곳은 출입금지구역입니다.

Esta es una zona restringida.

에스따 에스 우나 쏘나 레스트링히다

여기는 사진 촬영이 금지되어 있습니다.

Aquí está prohibido tomar[sacar/tirar] fotos.

아끼 에스따 프로이비도 또마르[사까르/띠라르] 포또스

사진 촬영 엄금 ((게시))

Está terminantemente prohibido tomar fotografías.

에스따 떼르미난떼멘떼 프로이비도 또마르 포또그라휘아스

휴지를 버리지 마십시오.

No tire papeles usados.

노 띠레 빠뻴레스 우사도스

쓰레기를 버리지 마십시오.

No tire basura.

노 띠레 바쑤라

쓰레기를 주워야만 합니다.

Hay que recoger la basura.

아이 께 레꼬헤를 라 바쑤라

도로에 쓰레기 투기 엄금 ((게시))

Está terminantemente prohibido arrojar basura a la carretera.

에스따 떼르미난떼멘떼 프로이비도 아로하르 바쑤라 알 라 까레떼라

그것을 그대로 두십시오.	Déjelo. 데헬로	당신에게 실망했습니다.	Usted me ha desilusionado. 우스뗄 메 아 데씰루씨오나도
저를 가만히 둬 주십시오.	Déjeme tranquilo[en paz]. 데헤메 트랑낄로[엔 빠스]	그 생각을 버리십시오.	Deseche lo que piensa. 데쎄체 로 께 삐엔사
제게 맡겨 주십시오.	Déjelo de mi parte. 데헬로 데 미 빠르떼	창피한 줄 아십시오.	Debería tener vergüenza. 데베리아 떼네르 베르구엔싸
그것을 다음 기회로 미 뤄주십시오.	Déjelo para otra ocasión. 데헬로 빠라 오트라 오까씨온	(나중에) 당신은 이 일을 후회하게 될 겁니다.	(Luego / Después) Se va a arrepentir de esto. (루에고/데스뿌에쓰) 세 바 아 아레뺀띠르 데 에스또
그것을 모두 잘 섞고 나 서 약 15분 동안 재워 두 십시오.	Mézclelo todo bien y déjelo reposar durante unos quince minutos. 메스끌레로 또도 비엔 이 데 헬로 레뽀사르 두란떼 우노 스 낀쎄 미누또스	언젠가는 당신은 이 일 을 후회하게 될 겁니다.	Algún día se arrepentirá de esto. 알군 디아 세 아레뺀띠라 데 에스또
그것은 다른 날 해라.	Déjalo para otro día. 데할로 빠라 오트로 디아	너는 이 일을 후회하게 될 거다!	¡Te vas a arrepentir de esto! 떼 바스 아 아레뻰띠르 데 에 스또!
농담하지 마십시오.	No bromee. 노 브로메에		
저를 그만 웃기십시오.	Pare de hacerme reír. 빠레 데 아쎄르메 레이르	후회할 일은 아무 것도 하지 마라.	No hagas nada de lo que te puedas arrepentir. 노 아가스 나다 델 로 께 떼 뿌에다스 아레뻰띠르
나를 놀리지 마라.	No me tomes el pelo. 노 메 또메스 엘 뻴로		
나를 괴롭히지 마라[귀 찮게 하지 마라].	No me marees. 노 메 마레에스	이봐, 이봐, 바보 같은 [어리석은] 짓은 그만둬.	Mira, mira, déjate de tonterías. 미라, 미라, 데하떼 데 똔떼 리아스
그렇게 많은 질문을 해 서 나를 괴롭히지 마라.	Deja de marearme con tantas preguntas. 데하 데 마레아르메 꼰 딴따 스 쁘레군따스	얌전히 굴어라[마음을 잘 써라].	Sé bueno. 쎄 부에노
제게 치근거리지 마십쇼.	No me moleste usted. 노 메 몰레스떼 우스뗄	네 문제에 나를 끌어넣 지 마라!	¡No me mezcles en tus asuntos! 노 메 메스끌레스 엔 뚜스 아 순또스!

이것을 명심해라!	¡Ten presente todo esto! 뗀 쁘레쎈떼 또도 에스또!	… 해야만 한다.	tener que (+inf.)/ haber que (+inf.)/ deber (+inf.) 떼네르 께 (+부정법)/ 아베르 께 (+부정법)/ 데베르 (+부정법)
잘 봐줘!	¡Mira bien! 미라 비엔!		**예** 나는 회사에 가야만 한다. **Tengo que ir a la oficina.** 뗑고 께 이르 알 라 오휘씨나
이리 와라.	Vén aquí. 벤 아끼		**예** 인내심을 가져야 한다. **Hay que tener paciencia.** 아이 께 떼네르 빠씨엔씨아
지금 당장 와라.	Vén ahorita. 벤 아오리따		**예** 우리는 부모님께 순종해야 한다.
지금 당장 가겠습니다.	Ahorita voy / vengo. 아오리따 보이/벵고		**Debemos obedecer a nuestros padres.** 데베모스 오베데쎄르 아 누에스트로스 빠드레스
되도록 빨리 오너라.	Vén cuanto antes. 벤 꾸안또 안떼스		
되도록 빨리 귀가해라.	Vuelve a casa cuanto antes. 부엘베 아 까사 꾸안또 안떼스	… 하라고 명령하다[지시하다].	mandar (+inf.)/ mandar que (+sub.) 만다르(+부정법)/ 만다르 께 (+접속법)
침착하게 말해라.	Habla con calma. 아블라 꼰 깔마		**예** 나는 의사를 부르게 했다. **He mandado llamar al médico.** 에 만다도 야마르 알 메디꼬
뒤에 앉아라.	Siéntate atrás. 씨엔따떼 아트라스		**예** 나는 그에게 속히 귀가하라고 명령했다.
뒤[뒤쪽]을 바라봐라.	Mira hacia atrás. 미라 아씨아 아트라스		**Le mandé que volviese a casa pronto.** 레 만데 께 볼비에세 아 까사 쁘론또
앉지[착석하지] 마십시오.	No se siente (usted). 노 세 씨엔떼 (우스뗃)	예! (무엇이든지 말씀만 해달라는 뜻)	¡Mande! 만데!
…하지 마라. ((명령))	Sin (+inf.) 씬 (+부정법)	(고용인 등이) 무엇이든지 말씀해 주십시오.	Lo que mande usted. 로 께 만데 우스뗃
	예 애야, 울지 마라! **¡Oye, sin llorar!** 오예, 씬 요라르!		
	예 아직 잠자리에 들지 마라! **¡Sin acostarte todavía!** 씬 아꼬스따르떼 또다비아!	분부대로 하겠습니다, 알겠습니다.	A mandar. 아 만다르

그것은 고장이라 이용할 수 없습니다.

No se puede usarlo porque está averiado.
노 세 뿌에데 우사를로 뽀르께 에스따 아베리아도

이것은 수리 중이라 이용할 수 없습니다.

Esto no se puede usar porque está en reparación.
에스또 노 세 뿌에데 우사르 뽀르께 에스따 엔 레빠라씨온

제 TV가 고장 났습니다.

Mi televisión está descompuesta.
미 뗄레비씨온 에스따 데스꼼뿌에스따

식기세척기가 고장입니다.

El lavaplatos está descompuesto.
엘 라바쁠라또스 에스따 데스꼼뿌에스또

아, 그래요. 제가 고쳐드리겠습니다.

Ah, sí. Yo lo repararé.
아, 씨. 욜 로 레빠라레

이 시계를 고쳐주십시오.

Compóngame este reloj.
꼼뽕가메 에스떼 렐로흐

잘 알겠습니다[그러겠습니다], 부인.

Perfectamente, señora.
뻬르훽따멘떼, 쎄뇨라

언제쯤 됩니까?

¿Cuándo estará terminado?
꾸안도 에스따라 떼르미나도?

되도록 빠르면 더 좋습니다.

Cuanto antes, mejor.
꾸안또 안떼스, 메호르

적어도 일주일은 걸리겠습니다.

Al menos necesito una semana.
알 메노스 네쎄씨또 우나 쎄마나

더 빨리 고쳐주실 수 없습니까?

¿No puede arreglármelo más pronto?
노 뿌에데 아레글라르멜로 마쓰 쁘론또?

아니오, 안 되겠습니다.

No, no puedo.
노, 노 뿌에도

가능한 한 최대한 빨리 해주십시오.

Hágamelo lo más pronto posible.
아가멜롤 로 마쓰 쁘론또 뽀씨블레

잘 알겠습니다[그러겠습니다], 부인.

Perfectamente, señora.
뻬르훽따멘떼, 쎄뇨라

되도록 얼른 그것을 하겠습니다.

Lo haré cuanto antes.
로 아레 꾸안또 안떼스

나는 목이 마르다.	Tengo sed. 뗑고 쎋
나는 배가 고프다.	Tengo hambre. 뗑고 암브레
나는 배가 부르다.	Estoy lleno(-a). 에스또이 예노(-나)
나는 피곤하다.	Estoy cansado(-a). 에스또이 깐싸도(-다)
소변을 보다.	hacer aguas / hacer pis[pipi] / hacer chis 아쎄르 아구아스 / 아쎄르 삐스[삐삐] / 아쎄르 치스
용변을 보다.	hacer de vientre 아쎄르 데 비엔트레
대변을 보다.	dar de cuerpo / hacer de[del] cuerpo 《구어》 다르 데 꾸에르뽀 / 아쎄르 데[델] 꾸에르뽀
용변을 보다, 대소변을 보다.	hacer necesidades 아쎄르 네쎄씨다데스
용변을 보고 싶다.	tener ganas de hacer de vientre[del cuerpo] / sentir la necesidad 떼네르 가나스 데 아쎄르 데 비엔트레[델 꾸에르뽀] / 센띠를 라 네쎄씨닫

방귀를 뀌다.	irse de copas 《구어》 / tirar(se)[echar(se) / soltar] un pedo 이르세 데 꼬빠스 / 띠라르(세)[에차르(세) / 솔따르] 운 뻬도
생리 중이다, 생리가 있다.	tener la regla[el mes / la menstruación] / estar enferma[mala] / ponerse mala 떼네르 라 레글라[엘 메쓰 / 라 멘스트루아씨온] / 에스따르 엔훼르마[말라] / 뽀네르세 말라
나는 체중이 늘었다.	He subido de peso. 에 쑤비도 데 뻬소
나는 체중을 줄이고 싶다.	Quiero perder peso. / Quiero bajar de peso. 끼에로 뻬르데르 뻬소 / 끼에로 바하르 데 뻬소
나는 온몸에 소름이 돋았다.	A mí se me puso la piel de gallina por todo el cuerpo. 아 미 세 메 뿌솔 라 삐엘 데 가이나 뽀르 또도 엘 꾸에르뽀

저는 당신이 좋습니다. | Me gusta usted.
메 구스따 우스뗄

나는 네가 좋아. | Me gustas tú.
메 구스따스 뚜

나는 네가 마음에 들어. | Me agradas tú.
메 아그라다스 뚜

나는 널 (무척/진심으로) 사랑해. | Te quiero (mucho/ de verdad) (a ti).
떼 끼에로 (무초/데 베르닫) (아 띠)

나는 너만을 사랑해. | Te quiero sólo a ti.
떼 끼에로 쏠로 아 띠

나는 영원히 너만을 사랑할 거야. | Te amaré sólo a ti por siempre.
떼 아마레 쏠로 아 띠 뽀르 씨엠쁘레

(나는) 너를 죽도록 사랑해. | (Yo) Muero por ti.
(요) 무에로 뽀르 띠

껴안아 주세요. | Abráceme.
아브라쎄메

키스해주십시오. | Béseme.
베쎄메

당신은 오늘 기분이 어떻습니까? | ¿Cómo está[se siente] usted hoy?
꼬모 에스따[세 씨엔떼] 우스뗄 오이?

저는 오늘 기분이 별로 좋지 않습니다. | Hoy no me siento muy bien.
오이 노 메 씨엔또 (무이) 비엔

저는 기쁩니다. | Me alegro.
메 알레그로

저는 이렇게 기쁠 수가 없습니다. | No puedo ser más feliz.
노 뿌에도 쎄르 마쓰 휄리스

저는 이루 형언할 수 없을 정도로 기쁩니다. | No encuentro palabras para describir mi alegría.
노 엔꾸엔트로 빨라브라스 빠라 데스크리비르 미 알레그리아

저는 매우 만족합니다. | Estoy muy contento(-a).
에스또이 무이 꼰뗀또(-따)

아이고 좋아라! | ¡Caramba, qué bien!
까람바, 께 비엔!

야!, 굉장하구나! | ¡Anda!
안다!

궁금하군! | ¡Qué curiosidad!
께 꾸리오씨닫!

당신은/그는/그녀는/이 것은/그것은/저것은 따분합니다. | Es aburrido(-a).
에스 아부리도(-다)

저는 농담할 기분이 아닙니다. | No estoy de humor para bromear.
노 에스또이 데 우모르 빠라 브로메아르

저는 (매우) 슬픕니다. | Estoy (muy) triste.
에스또이 (무이) 트리스떼

저는 우울합니다. | Estoy melancólico(-a).
에스또이 멜랑꼴리꼬(-까)

저는 울고 싶습니다. | Quiero llorar.
끼에로 요라르

저는 속상합니다[언짢습니다].

Estoy disgustado(-a).
에스또이 디스구스따도(-다)

당신은 무슨 일로 기분이 언짢으십니까?

¿Por qué está molesto(-a)?
뽀르 께 에스따 몰레스또(-따)?

저는 화가 나서 죽겠습니다.

Me muero de ira.
메 무에로 데 이라

저는 더는 못 참겠습니다.

Ya no puedo aguantar más.
야 노 뿌에도 아구안따르 마쓰

…은 유감이다.

Es (una) lástima que (+sub.)
에스 (우나) 라스띠마 께 (+ 접속법)

⑩ 네가 참가하지 못한다니 유감이다.
Es lástima que tú no asistas.
에슬 라스띠마 께 뚜 노 아씨스따스

저는 (매우) 긴장됩니다.

Estoy (muy) nervioso(-a).
에스또이 (무이) 네르비오소(-사)

저는 긴장돼서 죽을 지경입니다.

Me estoy muriendo de nervios.
메 에스또이 무리엔도 데 네르비오스

저는 불안합니다.

Estoy intranquilo(-a).
에스또이 인트랑낄로(-라)

저는 매우 초조[불안]합니다.

Estoy muy ansioso(-a).
에스또이 무이 안씨오소(-사)

저는 초조[불안]해서 죽겠습니다.

Me muero de ansiedad.
메 무에로 데 안씨에닫

저는 무서워 죽겠습니다.

Me muero de miedo.
메 무에로 데 미에도

저는 무섭습니다.

Tengo miedo.
뗑고 미에도

저는 그것을 생각만 해도 무섭습니다.

Tengo miedo de tan sólo pensarlo.
뗑고 미에도 데 딴 쏠로 뻰싸를로

저는 그것을 생각만 해도 오싹합니다.

Con sólo pensarlo me da escalofrío.
꼰 쏠로 뻰싸를로 메 다 에스깔로프리오

당신 참 가엾군요!

¡Qué pobre es usted!
께 뽀브레 에스 우스뗃!

가엾기도 해라[불쌍도 해라]!

¡Pobrecito!
뽀브레씨또!

가엾기도 해라[아이고 가엾어라]!, 불쌍도 해라[참 불쌍하구나]!, 거참 안됐다!, 아까운 일이군!, 유감입니다!, 정말 안됐습니다!

¡Qué lástima! / ¡Qué pena!
껠 라스띠마! / 께 뻬나!

그거 안됐군!

¡Qué mal!
께 말!

그거 잘됐군!

¡Qué bien!
께 비엔!

좋아!, 됐어!, 오케이!, 알았다!

Sea.
쎄아

하 참 잘 되었다!

¡Ajá, vale!
아하, 발레!

좋습니다!, 알았습니다!, 됐습니다!, 이제 그만!, 이제 됐다!, 자[그러면] (화제 전환)	¡Bueno! 부에노!	아이, 깜짝이야!, 아이, 놀래라!	¡Qué susto! / ¡Qué sorpresa! / ¡Anda la osa! / ¡Anda qué sorpresa! / ¡Vaya qué sorpresa! 께 쑤스또! / 께 쏘르쁘레사! / 안달 라 오사! / 안다 께 쏘르쁘레사! / 바야 께 쏘르쁘레사!
아니!, 어마나!, 이런!, 저런!, 아이고 맙소사! (놀람, 실망)	¡Bueno! 부에노!		
어허 참! (실망)	!A Dios! 아 디오스!	어마나!, 아이고!, 야!, 여!, 이 사람아! (기쁨, 놀람, 달래는 듯한 표현)	¡Hombre! 옴브레! 예 야, 너를 여기서 만나다니! **¡Hombre, tú por aquí!** 옴브레, 뚜 뽀르 아끼! 예 아이고, 김 군이군! **¡Hombre, está[sí es] Kim!** 옴브레, 에스따[씨 에스] 낌!
체!, 거 참!, 어허 참!, 이 거야 참!; 천만에 말씀! (노여움, 실망, 불만 등)	¡Dios! 디오스!		
에크!, 앗 큰일이다!, 아이고 다 틀렸다!	¡Dios (mío)! / ¡Santo cielo! / ¡Diantre! / ¡Ay por Dios! / ¡Vaya por Dios! / ¡Válgame Dios! 디오스 (미오)! / 싼또 씨엘로! / 디안트레! / 아이 뽀르 디오스! / 바야 뽀르 디오스! / 발가메 디오스!	아!, 아아!, 앗!, 아하!, 아이고!, 어머나!, 아이고머니나!, 아니참!, 에구구!, 오호(嗚呼)!, 맙소사!, 저런!, 어렵쇼!, 세상에!, 하느님 맙소사! (감탄, 놀라움, 기막힘, 슬픔, 원통함, 불쾌감, 아픔, 고통, 힘듦)	¡Ah! / ¡Oh! / ¡Ay! / ¡Qué cosa! / ¡Caramba! / ¡Hombre! / ¡Madre mía! / ¡Ave María! / ¡Dios mío! / ¡Mi Dios! / ¡Válgame[Válgate] Dios! / ¡Ay por Dios! / ¡Vaya por Dios! 아! / 오! / 아이! / 께 꼬사! / 까람바! / 옴브레! / 마드레 미아! / 아베 마리아! / 디오스 미오! / 미 디오스! / 발가메[발가떼] 디오스! / 아이 뽀르 디오스! / 바야 뽀르 디오스! 예 아이고, 이제 생각났다 **¡Ah! Ahora me acuerdo.** 아! 아오라 메 아꾸에르도 예 아이고, 김 군이군! **¡Ah, pero sí es Kim!** 아, 뻬로 씨 에스 낌!
((구어)) 맙소사! (새로운 것이나 새로운 상황에 대해 놀라움이나 실망)	Dónde vamos[iremos] a parar. 돈데 바모스[이레모스] 아 빠라르		
맙소사!, 신께서 축복을 내리시길! (노여움과 위로)	¡Bendito sea Dios! 벤디또 쎄아 디오스!		
뭐라고? (놀람이나 화가 날 때)	¿Cómo? 꼬모?		
저런, 어쩌나!, 설마!, 뭐!, 그럴 리가!	¡Qué! 께!		
어머나 세상에!, 저런!, 이거 놀랐는걸!, 이럴 수가!, 어쩌면 좋아!, (놀람이나 불만에서) 지독하군요!, (무엇이든 너무 과다한 것을 볼 때) 우아!	¡Qué barbaridad! 께 바르바리닫!		

예 아이고, 공연한 짓을 했군
¡Dios mío, qué he hecho [Ah, he metido la pata]!
디오스 미오, 께 에 에초 [아, 에 메띠돌 라 빠따]!

예 아해! 그것을 깜박 잊었었네.
¡Dios mío! Se me olvidó.
디오스 미오! 세 메 올비도

아차! 아뿔사
¡Ay!/
¡Ay de mí!/
¡Mi Dios!/
¡Dios Santo!/
¡Dios mío!/
¡La hice!
아이!/ 아이 데 미!/
미 디오스! 디오스 싼또!/
디오스 미오! 라 이쎄!

예 아뿔사, 카페테리아에 우산을 두고 왔다.
¡Ay (de mí)[Ahí va/La hice]! Se me ha olvidado el paraguas en la cafetería.
아이 (데 미)[아이 바/라 이쎄]! 세 메 아 올비다도 엘 빠라구아스 엔 라 까페떼리아

오, 하느님!, 맙소사!, 아이고머니! (놀람이나 공포)
¡Oh Dios!
오 디오스!

아이고!, 아이고머니나!, 아아!, 어마나! (고통, 슬픔, 놀라움 등)
¡Ay Dios!
아이 디오스!

나 원 참!
¡Mi Dios!/¡Dios (mío)!/¡No me digas!/¡Por Dios!
미 디오스! 디오스 (미오)!/ 노 메 디가스! 뿌르 디오스!

아따!
¡Oye!/¡No me digas!/¡Bueno!/¡Bien!/¡A ver!
오예/ 노 메 디가스!/ 부에노!/ 비엔!/ 아 베르!

예 아따, 미안하다.
Oye, lo siento.
오예, 로 씨엔또

예 아따, 춥기도 하다!
¡No me digas!, ¡Qué frío!
노 메 디가스! 께 프리오!

딴은!
¡Bueno!/¡Bien!/¡De veras!/¡No me digas!/¡Ya lo creo!
부에노!/ 비엔!/ 데 베라스!/ 노 메 디가스!/ 알 로 크레오!

이키!, 아따!, 당치도 않다!, 아 정말이요?
¡No me digas!
노 메 디가스!

예 이키, 그 사람이 죽었다고?
¡No me digas! ¿Se murió él?
노 메 디가스! 세 무리오 엘?

예 아따, 춥기도 하다!
¡No me digas! ¡Qué frío!
노 메 디가스! 께 프리오!

천만의 말씀!, 이거 참!, 당치도 않다!, 안 돼!, 저런, 내 정신 좀 봐! (놀람이나 불쾌감, 분노)
¡Válgame[Válgate] Dios!/¡Por Dios!
발가메[발가떼] 디오스!/ 뿌르 디오스!

아니!, 어머나!, 이런!, 저런! (놀람, 낙담 혹은 기이함)
¡Mira!
미라!

어머!, 어머나!, 아이고머니! (놀람)
¡Anda!
안다!

애해! (기막힘이나 가소로움)
¡Mira!/¡Anda!/¡Vaya!/¿Ah, sí?/¿En serio?

아하!	미라!/ 안다!/ 바야!/ 아, 씨?/ 엔 쎄리오? ¡Vaya, vaya!/ ¡Anda!/¡Mira!/ ¡Bueno!/¡Bien! 바야, 바야!/ 안다!/ 미라!/ 보에노!/ 비엔!	애걔!, 애걔걔!, 얄라챠!, 어허!, 어이구!, 아!, 아 니!, 어머나!, 이런!, 저런!	¡Vaya!/¡Vaya, vaya!/ ¡Anda!/ ¡Anda, anda!/ ¡Caramba!/¡No me digas!/¡Oye!/¡Ay!/ ¡Ah!/¡Mi Dios! 바야!/ 바야, 바야!/ 안다!/ 안다, 안다!/ 까람바!/ 노 메 디가스!/ 오예!/ 아이!/ 아!/ 미 디오스!
에헤!	¡Caramba!/¡Dios bendito!/¡Por Dios!/¡Cómo se te ocurre!/¡Ay, no! 까람바!/ 디오스 벤디또!/ 뽀르 디오스!/ 꼬모 세 떼 오 꾸레!/ 아이, 노!	쯧쯧!	¡Vaya!/¡Vamos! 바야!/ 바모스!

상스러운 표현과 욕설   *참고로만 알아둘 것

개자식!(=(영)son of a bitch)	¡Hijo de puta! 이호 데 뿌따!	((어원: 멕시코)) 쌍년!, 상년!	¡Uta! 우따!
((어원: 콜롬비아, 코스 타리카, 온두라스, 베네 수엘라)) 망할 놈! 이 죽 일 놈아!, 젠장맞을 놈 같으니!, 개새끼!	¡Carajo! 까라호!	제기랄!, 빌어먹을!, 염병 할!, 젠장맞을!, 어!, 에 잇!, 에참!, 네기!, 우라 질! 옌장!, 어이구!, 어!, 어머!, 어렵쇼!, 어머나!	¡Caray!/¡Carajo!/ ¡Coño!/¡Caramba!/ ¡Carambita!/ ¡Cáscaras!/¡Diantre!/ ¡Jinojo!/¡Jolín!/ ¡Joder!/¡Mi Dios!/ ¡Dios (mío)!/¡Maldito sea!/¡Mierda! 까라이!/ 까라호!/ 꼬뇨!/ 까 람바!/ 까람비따!/ 까스까라 스!/ 디안트레!/ 히노호!/ 홀 린!/ 호데르!/ 미 디오스!/ 디오스 (미오)!/ 말디또 쎄 아!/ 미에르다!
개새끼, 개자식; 새끼, 녀석, 개자식(친한 사이 에는 친근감을 나타내기 도 함)(=(영)bastard)	¡Malparido! 말빠리도!		
((구어)) 빌어먹을!, 개새 끼!, 짐승만도 못한 새끼!	¡Tu padre! 뚜 빠드레!		
이년(아)!	¡Esta puta! 에스따 뿌따!	제기랄!, 빌어먹을!, 엿 먹 어라!, 똥이나 쳐 먹어라!	¡Mierda! 미에르다!

빌어먹을!, 젠장맞을!	¡Válgate patillas! 발가떼 빠띠야스!	(경멸적으로 뭔가에 대한 노여움이나 짜증 등을 표현)	Me cago en Dios. / Me cago en la Virgen. / Me cago en diez. / Me cago en la puta. 메 까고 엔 디오스/ 메 까고 엔 라 비르헨/ 메 까고 엔 디에스/ 메 까고 엔 라 뿌따
((속어)) 젠장!, 제기랄!, 빌어먹을! (노함을 표현할 때)	¡Vive Dios! 비베 디오스!		
빌어먹을!, 젠장! (노하고 화가 날 때)	¡Cuerpo de Cristo! 꾸에르뽀 데 크리스또!	빌어먹을!, 제기랄! (실망·짜증 등을 나타내는 욕설)	¡Vaya! 바야! ⑩ 제기랄! 전기가 나갔네! ¡Vaya! ¡Se ha ido la luz! 바야! 세 아 이돌 라 루스!
분하다!, 지긋지긋하다!, 젠장!, 제기랄!, 빌어먹을! (성날 때)	¡Chápiro! / ¡Por vida del chápiro! / ¡Por vida del chápiro verde! / ¡Voto al chápiro! 차삐로/ 뽀르 비다 델 차삐로/ 뽀르 비다 델 차삐로 베르데/ 보또 알 차삐로!		
		제기랄!, 빌어먹을!, 저런!, 굉장하군!, 대단하군!, 아!, 아니!, 어머나!, 이런!, 저런! (놀라거나 화가 날 때)	¡Caramba! 까람바!
똥이나 처먹어라, 에이 제기랄, 젠장, 뒈져라	Anda[Andad] a paseo. 안다[안닫] 아 빠세오	제기랄!, 빌어먹을!; 이거 참!; 대단하군!, 굉장하군!	¡Diablo! / ¡Diablos! 디아블로/ 디아블로스!

위로 · 애도 · 격려 · 충고

무슨 걱정거리 있으세요?	¿Tiene alguna preocupación? 띠에네 알구나 프레오꾸빠씨온?	걱정[염려]하지 마십시오.	No se preocupe. / No se apure. 노 세 프레오꾸뻬/ 노 세 아뿌레
무슨 일로 걱정[염려, 고민]하십니까?	¿Qué le preocupa? 껠 레 프레오꾸빠?	애도를 표합니다.	Mis condolencias. 미스 꼰돌렌씨아스
무슨 말씀을 드려야 할지 모르겠습니다. 힘내십시오.	No sé qué decirle. Anímese. 노 쎄 께 데씨를레. 아니메세	진심으로 조의를 표합니다.	Le expreso mi sincera condolencia. / Quisiera expresarle mis condolencias sinceras. 레 엑쓰프레소 미 씬쎄라 꼰돌렌씨아/ 끼씨에라 엑쓰프레싸를레 미스 꼰돌렌씨아스 씬쎄라스
별일 없을 겁니다. 제가 곁에 있겠습니다.	No va a pasar nada. Yo estaré a su lado. 노 바 아 빠사르 나다. 요 에스따레 아 쑬 라도		

귀하의 모친의 사망에 심심한 애도를 표하는 바입니다.

Siento mucho la muerte de su madre.
씨엔또 무촐 라 무에르떼 데 쑤 마드레

부디 영면하소서[삼가 고인의 명복을 빕니다].

Que en paz descanse./ Q.E.P.D / q.e.p.d
께 엔 빠스 데스깐쎄/ 꾸에뻬 데/ 꾸에뻬데

너무나 애통하시겠습니다.

Debe de estar muy dolido(-a).
데베 데 에스따르 무이 돌리도(-다)

부인, 진심으로 조의를 표하는 바입니다.

Señora, le doy mi más sentido pésame.
쎄뇨라, 레 도이 미 마쓰 쎈띠도 뻬사메

대단히 고맙습니다.

Muchas gracias.
무차스 그라씨아스

눈물을 닦으십시오.

Séquese las lágrimas.
쎄께셀 라슬 라그리마스

모든 게 잘 될 겁니다. 긴장 푸십시오.

Todo saldrá bien. Relájese.
또도 쌀드라 비엔. 렐라헤세

힘내십시오.

Anímese.
아니메세

용기를 내십시오.

Sea valiente.
쎄아 발리엔떼

두려워 마십시오.

No tenga miedo.
노 뗑가 미에도

포기하지 마십시오.

No lo deje.
놀 로 데헤

(너무) 걱정 마십시오. 모든 게 나아질 겁니다.

No se preocupe (demasiado). Todo va a mejorar.
노 세 프레오꾸뻬 (데마씨아도). 또도 바 아 메호라르

긍정적으로 생각하십시오.

Piénselo de manera positiva.
삐엔셀로 데 마네라 뽀씨띠바

너무 심각하게 생각하지 마십시오.

No lo piense tan seriamente.
놀 로 삐엔세 딴 쎄리아멘떼

다 잊어버리십시오.

Olvídese de todo.
올비데세 데 또도

인생살이란 게 다 그렇죠!

¡Así es la vida!
아씨 에슬 라 비다!

그런 하찮은 것 때문에 상심하지 마십시오.

No esté triste por esa tontería.
노 에스떼 트리스떼 뽀르 에사 똔떼리아

당신 탓이 아닙니다.

No es su culpa.
노 에스 쑤 꿀빠

당신은 끝까지 해내실 수 있습니다.

Lo puede lograr hasta el final.
로 뿌에델 로그라르 아스따 엘 휘날

이것이 끝이 아닐 겁니다.

Esto no será el fin.
에스또 노 쎄라 엘 휜

당신은 다시 시작하실 수 있습니다.

Puede volver a empezar.
뿌에데 볼베르 아 엠뻬싸르

위로해 주셔서 감사합니다.

Gracias por el consuelo.
그라씨아스 뽀르 엘 꼰쑤엘로

| 당신의 격려의 말씀이 큰 도움이 되었습니다. | Sus palabras de ánimo me han ayudado mucho. |
| | 쑤스 빨라브라스 데 아니모 메 안 아유다도 무초 |

| 격려의 말 | palabras de ánimo[aliento] (f.pl.) |
| | 빨라브라스 데 아니모[알리엔또] |

| 위로의 말 | palabras de consuelo (f.pl.) |
| | 빨라브라스 데 꼰쑤엘로 |

| 덕분에 모든 걱정이 사라졌습니다. | Gracias a usted, han desaparecido todas mis preocupaciones. |
| | 그라씨아스 아 우스뗄, 안 데사빠레씨도 또다스 미스 프레오꾸빠씨요네스 |

| 내 걱정하지 마라. | No te molestes por mí. |
| | 노 떼 몰레스떼스 뽀르 미 |

| 어떻게 …하는지 조언해주시겠습니까? | ¿Podría recomendarme cómo …? |
| | 뽀드리아 레꼬멘다르메 꼬모 …? |

🎙 어떻게 값싸게 여행할 수 있을지 조언해주시겠습니까?
¿Podría recomendarme cómo puedo viajar barato?
뽀드리아 레꼬멘다르메 꼬모 뿌에도 비아하르 바라또?

| …하실 것을 권합니다. | Le recomiendo que (+sub.) |
| | 레 레꼬미엔도 께 (+접속법) |

🎙 돈키호테를 읽어보실 것을 권합니다.
Le recomiendo que lea el Quijote.
레 레꼬미엔도 껠 레아 엘 끼호떼

| 제 견해[소견, 의견, 생각](으)로는, 제가 보기에는 | en mi opinión/a mi parecer/desde mi punto de vista |
| | 엔 미 오삐니온/ 아 미 빠레쎄르/ 데스데 미 뿐또 데 비스따 |

| 제 견해[소견, 의견, 생각]를(을) 말씀드리자면, …. | Si le digo mi opinión, …. |
| | 씰 레 디고 미 오삐니온, …. |

🎙 제 견해로는[제 견해를 말씀드리자면], 그거 안 하는 게 좋겠습니다.
En mi opinión[Si le digo mi opinión], es mejor no hacerlo.
엔 미 오삐니온[씰 레 디고 미 오삐니온], 에스 메호르 노 아쎄를로

| 제가 충고 하나 드리겠습니다. | Le voy a dar un consejo. |
| | 레 보이 아 다르 운 꼰쎄호 |

| 무시해 버립시오. | Ignórelo. |
| | 이그노렐로 |

| 성질을 죽이십시오. | Controle su carácter. |
| | 꼰트롤레 쑤 까락떼르 |

| 화내지 마십시오. | No se enfade. |
| | 노 세 엔화데 |

| 진정하십시오. | Cálmese. |
| | 깔메세 |

| 침착해!, 마음을 차분하게 가져! | ¡No te pongas nervioso(-a)! |
| | 노 떼 뽕가스 네르비오소(-사) |

이래서는 안 됩니다.	Así no puede ser. 아씨 노 뿌에데 쎄르	그것을 이렇게 하십시오.	Hágalo así. 아갈로 아씨
그것은 어리석은 짓입니다.	Eso es una tontería. 에소 에스 우나 똔떼리아	그러는 게 더 좋겠습니다.	Creo que así será mejor. 크레오 께 아씨 쎄라 메호르
그만두지 않으면 위험에 처할 수 있습니다.	Si no lo deja, se pondrá en peligro. 씨 놀 로 데하, 세 뽄드라 엔 뻴리그로	그러지 말고 다시 한 번 생각해 보십시오.	No sea así, piénselo de nuevo. 노 쎄아 아씨, 삐엔셀로 데 누에보
에, 나는 네가 가지 않는 것이 더 낫다고 생각한다.	Mira, yo creo que es mejor que no te vayas. 미라, 요 크레오 께 에스 메호르 께 노 떼 바야스	좋은 의견입니다.	Buena observación. 부에나 옵쎄르바씨온
거봐라! 내가 너한테 그렇게 말했잖아.	¡Mira!, yo te dije así. 미라, 요 떼 디헤 아씨	충고에 매우 감사드립니다.	Muchas gracias por su consejo. 무차스 그라씨아스 뽀르 쑤 꼰쎄호
그러시지 말았어야 합니다.	No lo debería de haber hecho. 놀 로 데베리아 데 아베르 에초	당신 충고를 따르는 게 좋겠습니다.	Creo que es mejor seguir su consejo. 크레오 께 에스 메호르 쎄기르 쑤 꼰쎄호

언제 · 어디서 · 무엇을 외(外)

언제 …?	¿Cuándo …? 꾸안도 …?		아 께 오라 셀 레반따 노르말멘떼?
	예 언제 한국에 오셨습니까? ¿Cuándo vino usted a Corea (del Sur)? 꾸안도 비노 우스뗄 아 꼬레아 (델 쑤르)?	어디에 …?	¿Dónde …? 돈데 …?
몇 시에 …?	¿A qué hora …? 아 께 오라 …?		예 제 라이터 어디에 있나요? Dónde está mi encendedor? 돈데 에스따 미 엔쎈데도르?
	예 보통 몇 시에 일어나십니까? ¿A qué hora se levanta normalmente?		예 점심은 어디서 드십니까? ¿Dónde almuerza usted? 돈데 알무에르사 우스뗄?

어디로부터 …?　¿De dónde …?
데 돈데 …?

예 그 이메일은 어디로부터 온 겁니까?
¿De dónde viene ese correo electrónico?
데 돈데 비에네 에쎄 꼬레오 엘렉트로니꼬?

어디로 …?　¿A dónde …?
아 돈데 …?

예 어디 가니? 나는 서점에 가는 길이야.
¿A dónde vas? Yo voy a la librería.
아 돈데 바스? 요 보이 알 라 리브레리아

누가 …?　¿Quién …?
끼엔 …?

예 누가 이 그림을 그렸습니까?
¿Quién pintó este cuadro?
끼엔 삔또 에스떼 꾸아드로?

무엇 …?　¿Qué …?
께 …?

예 책상 위에 무엇이 있습니까?
¿Qué hay en la mesa?
께 아이 엔 라 메사?

예 이것은 무엇입니까?
¿Qué es esto?
께 에스 에스또?

예 필요하신 것이 무엇입니까?
¿Qué es lo que necesita usted?
께 에슬 로 께 네쎄씨따 우스뗄?

어떻게 …?　¿Cómo …?
꼬모 …?

예 어떻게 거기에 갈 수 있습니까?
¿Cómo se puede ir allí?
꼬모 세 뿌에데 이르 아이?

예 어떻게 그러실 수 있습니까?
¿Cómo puede hacer eso?
꼬모 뿌에데 아쎄르 에소?

왜 …?　¿Por qué …?
뽀르 께 …?

예 왜 그렇게 빨리 드십니까? 천천히 드십시오.
¿Por qué come tan rápido? Coma despacio.
뽀르 께 꼬메 딴 라삐도? 꼬마 데스빠씨오

얼마나 …?　¿Cuánto …?
꾸안또 …?

예 얼마나 마실 수 있습니까 [주량이 얼마나 되십니까]?
¿Cuánto puede beber?
꾸안또 뿌에데 베베르?

예 이 컴퓨터는 얼마입니까 [값이 얼마나 됩니까]?
¿Cuánto cuesta este ordenador?
꾸안또 꾸에스따 에스떼 오르데나도르?

얼마나 많은?, 얼마만 큼의?
¿Cuánto (+m.) …?/ ¿Cuánta (+f.) …?/ ¿Cuántos (+m.pl.) …?/¿Cuántas (+f. pl.) …?
꾸안또 (+남성 명사) …?/ 꾸안따 (+여성 명사) …?/ 꾸안또스 (+남성 복수 명사) …?/ 꾸안따스 (+여성 복수 명사) …?

예 운전하신 지 얼마나 됩니까?
¿Cuánto tiempo hace que conduce?
꾸안또 띠엠뽀 아쎄 께 꼰두쎄?

예 지금 돈을 얼마만큼 갖고 계십니까?
¿Cuánto dinero tiene ahora?
꾸안또 디네로 띠에네 아오라?

예 제가 얼마나 많은 페인트가 필요한가요?
¿Cuánta pintura necesito?
꾸안따 삔뚜라 네쎄씨또?

예 하루에 얼마만큼의 담배를 피우십니까?
¿Cuántos cigarros fuma al día?
꾸안또스 씨가로스 후마 알 디아?

예 일 년에 얼마만큼의 주(週)가 있습니까?
¿Cuántas semanas tiene un año?
꾸안따스 쎄마나스 띠에네 운 아뇨?

예 스페인에는 얼마나 많은 주(州)가 있습니까?
¿Cuántas provincias tiene España?
꾸안따스 프로빈씨아스 띠에네 에스빠냐?

어떤 것[사람] …?

¿Cuál …?
꾸알 …?

예 네가 원하는 것은 어떤 것이니?
¿Cuál es tu deseo?
꾸알 에스 뚜 데쎄오?

어떤 …?

어떤 …?

예 책상 위에 연필 두 자루가 있다. 어떤 것이 네 것이니?
Hay dos lápices sobre la mesa. ¿Cuál es el tuyo?
아이 도슬 라삐쎄스 쏘브렐라 메사. 꾸알 에스 엘 뚜요?

예 어떤 사람이 네 아버지니?
¿Cuál es tu padre?
꾸알 에스 뚜 빠드레?

예 두 형제 중 어떤 사람이 더 미남인가?
¿Cuál de los dos hermanos es más guapo?
꾸알 델 로스 도스 에르마노스 에스 마쓰 구아뽀?

¿Cuál (+n.) …?
꾸알 (+명사)

예 어떤 길이 더 짧습니까?
¿Cuál camino es más corto?
꾸알 까미노 에스 마쓰 꼬르또?

¿Qué (+n.) …?
께 (+명사)?

예 어떤 영화를 제게 추천하십니까?
¿Qué película me recomienda?
께 뻴리꿀라 메 레꼬미엔다?

예 어떤 직업을 가지고 계십니까?
¿Qué profesión tiene usted?
께 프로훼씨온 띠에네 우스뗃?

PARTE
II

상황별 의사소통

기내에서

여러분 탑승을 환영합니다!
¡Bienvenidos a bordo!
비엔비니도스 아 보르도!

실례합니다, 제 좌석이 어디입니까?
Perdón, ¿dónde está mi asiento?
뻬르돈, 돈데 에스따 미 아씨엔또?

티켓을 보여 주시겠습니까?
¿Me enseña el billete, por favor?
메 엔쎄냐 엘 비예떼, 뽀르 화보르?

여기 있습니다.
Aquí tiene (usted).
아끼 띠에네 (우스뗃).

저쪽, 창 쪽(통로 쪽) 좌석입니다.
Allí, cerca de la ventana(al lado del pasillo).
아이, 쎄르까 델 라 벤따나 (알 라도 델 빠씨요)

이 통로 끝까지 가십시오.
Siga hasta el final de este pasillo.
씨가 아스따 엘 휘날 데 에스떼 빠씨요

실례합니다, 지나가도 되겠습니까?
Perdón, ¿puedo pasar?
뻬르돈, 뿌에도 빠사르?

누군가가 제 좌석에 앉아 있습니다.
Hay alguien sentado en mi asiento.
아이 알기엔 쎈따도 엔 미 아씨엔또

실례합니다. 이것은 제 좌석입니다.
Disculpe, creo que este(=éste) es mi asiento.
디스꿀뻬, 크레오 께 에스떼 에스 미 아씨엔또

짐을 짐칸에 넣어 주십시오.
Por favor, meta su equipaje en la cabina.
뽀르 화보르, 메따 쑤 에끼빠헤 엔 라 까비나

가방을 좌석 밑에 놓아 주십시오.
Ponga el bolso debajo del asiento, por favor.
뽕가 엘 볼소 데바호 델 아씨엔또, 뽀르 화보르

안전벨트를 매 주십시오.
Por favor, abróchese el cinturón de seguridad.
뽀르 화보르, 아브로체세 엘 씬뚜론 데 쎄구리닫

휴대전화를 꺼 주십시오.
Apague el teléfono móvil, por favor.
아빠게 엘 뗄레포노 모빌, 뽀르 화보르

전자 기기들을 꺼 주십시오.	Apaguen los aparatos electrónicos, por favor. 아빠겐 로스 아빠라또스 엘렉트로니꼬스, 뿌르 화보르 *명령의 상대가 복수일 때
비행기가 흔들리니 안전벨트를 매 주십시오.	Hay turbulencia, por favor, abróchense el cinturón de seguridad. 아이 뚜르불렌씨아, 뿌르 화보르, 아브로첸세 엘 씬뚜론 데 쎄구리닫 *명령의 상대가 복수일 때
선생님, 좌석으로 돌아가 주십시오.	Señor, vuelva a su asiento, por favor. 쎄뇨르, 부엘바 아 쑤 아씨엔또, 뿌르 화보르
트레이를 내려 주십시오.	Por favor, baje la bandeja. 뿌르 화보르, 바헬 라 반데하
좌석을 앞으로 세워 주십시오.	Por favor, enderece su asiento. 뿌르 화보르, 엔데레쎄 쑤 아씨엔또
좌석을 바로 세워 주십시오.	Por favor, coloque su asiento derecho. 뿌르 화보르, 꼴로께 쑤 아씨엔또 데레초
창문을 내려 주십시오.	Por favor, baje la ventanilla. 뿌르 화보르, 바헬 라 벤따니야
앞 좌석을 발로 차지 말아 주십시오.	Por favor, no patee el asiento de delante. 뿌르 화보르, 노 빠떼에 엘 아씨엔또 데 델란떼
좌석을 바꿀 수 있습니까?	¿Puedo cambiar de asiento? 뿌에도 깜비아르 데 아씨엔또?
다른 빈 좌석이 있습니까?	¿Hay algún otro asiento libre? 아이 알군 오트로 아씨엔또 리브레?
창 쪽 좌석으로 바꿀 수 있습니까?	¿Puedo cambiar a un asiento de la ventana? 뿌에도 깜비아르 아 운 아씨엔또 델 라 벤따나?
통로 쪽 좌석으로 바꿔 주십시오.	Por favor, cámbieme a un asiento del pasillo. 뿌르 화보르, 깜비에메 아 운 아씨엔또 델 빠씨요
우리들은 함께 앉고 싶습니다.	Nos gustaría sentarnos juntos. 노스 구스따리아 쎈따르노스 훈또스
붙어 있는 빈 좌석들이 있습니까?	¿Hay asientos pegados libres? 아이 아씨엔또스 뻬가도스 리브레스?
저와 좌석을 바꾸시겠습니까?	¿Quiere cambiar el asiento conmigo? 끼에레 깜비아르 엘 아씨엔또 꼰미고?
담배를 피워도 됩니까?	¿Se puede fumar? 세 뿌에데 후마르?
기분이 안 좋습니다.	Me siento mal. 메 씨엔또 말
구토용 봉지를 주십시오.	Una bolsa de vómito, por favor. 우나 볼사 데 보미또, 뿌르 화보르

머리가 아픕니다.	Me duele la cabeza. 메 두엘렐 라 까베사	한국어 신문 있습니까?	¿Tiene un periódico en coreano? 띠에네 운 뻬리오디꼬 엔 꼬레아노?
너무 춥습니다.	Tengo mucho frío. 뗑고 무초 프리오		
모포와 베개를 부탁합니다.	Una manta y una almohada, por favor. 우나 만따 이 우나 알모아다, 뽀르 화보르	한국어 신문이나 잡지가 있습니다.	Tenemos revistas o periódicos en coreano. 떼네모스 레비스따스 오 뻬리오디꼬스 엔 꼬레아노
물수건/이어폰을 주시겠습니까?	¿Podría darme una toalla húmeda/ unos auriculares, por favor? 뽀드리아 다르메 우나 또아야 우메다/우노스 아우리꿀라레스, 뽀르 화보르?	한국어 신문을/잡지를 주십시오.	Déme un periódico/ una revista en coreano, por favor. 데메 운 뻬리오디꼬/우나 레비스따 엔 꼬레아노, 뽀르 화보르
좌석을 눕혀도 되겠습니까?	¿Puedo reclinar el asiento? 뿌에도 레끌리나르 엘 아씨엔또?	무선 인터넷을 사용하고 싶습니다.	Quisiera usar el internet inalámbrico. 끼씨에라 우사르 엘 인떼르넷 인알람브리꼬
좌석을 뒤로 눕혀도 되겠습니까?	¿Puedo echar el asiento hacia atrás? 뿌에도 에차르 엘 아씨엔또 아씨아 아트라스?	영화를 보고 싶습니다.	Quisiera ver una película. 끼씨에라 베르 우나 뻴리꿀라
화장실은 어디에 있습니까?	¿Dónde está el baño? 돈데 에스따 엘 바뇨?	기내식이 제공됩니까?	¿Sirven comida a bordo? 씨르벤 꼬미다 아 보르도?
오렌지 주스 부탁드립니다.	Jugo[Zumo] de naranja, por favor. 후고[쑤모] 데 나랑하, 뽀르 화보르	배식 시간은 언제입니까?	¿Cuándo reparten la comida? 꾸안도 레빠르뗀 라 꼬미다?
술은 무료입니까?	¿Es gratis el licor? 에스 그라띠스 엘 리꼬르?	식사 시간에 깨워 주십시오.	Por favor, despiérteme a la hora de comer. 뽀르 화보르, 데스삐에르떼메 알 라 오라 데 꼬메르
뭐 읽을 만한 게 있습니까?	¿Hay algo para leer? 아이 알고 빠랄 레에르?		

무얼 드시겠습니까?	¿Qué quiere (usted) tomar? / ¿Qué va a tomar? 께 끼에레 (우스뗃) 또마르?/ 께 바 아 또마르?
송아지 고기와 생선 중 어느 것을 드릴까요?	Entre ternera y pescado, ¿cuál quiere? 엔트레 떼르네라 이 뻬쓰까도, 꾸알 끼에레?
송아지 고기로 주십시오.	Quiero ternera, por favor. 끼에로 떼르네라, 뿌르 화보르
마실 것은 무엇으로 하시겠습니까?	¿Qué toma[va a tomar] de bebido? 께 또마[바 아 또마르] 데 베비도?
커피 주십시오.	Déme café, por favor. 데메 까페, 뿌르 화보르
어떤 음료를 원하십니까?	¿Qué bebida quiere? 께 베비다 끼에레?
무엇이 있습니까?	¿Qué hay? 께 아이?
무알콜 음료 어떤 것이 있나요?	¿Qué bebidas sin alcohol hay? 께 베비다스 씬 알꼴 아이?
주스, 탄산음료, 그리고 물이 있습니다.	Hay jugo[zumo], gaseosa, y agua. 아이 후고[쑤모], 가세오사, 이 아구아
토마토 주스 주십시오.	Déme jugo[zumo] de tomate, por favor. 데메 후고[쑤모] 데 또마떼, 뿌르 화보르

이 음료는 무료입니까?	¿Esta bebida es gratis? 에스따 베비다 에스 그라띠스?
주스 하나 더 주십시오.	Déme un jugo[zumo] más, por favor. 데메 운 후고[쑤모] 마쓰, 뿌르 화보르
제 포크가 떨어졌습니다. 다른 것을 주시겠습니까?	Se me ha caído el tenedor. ¿Me puede dar otro, por favor? 세 메 아 까이도 엘 떼네도르, 메 뿌에데 다르 오트로, 뿌르 화보르?
이것을 치워 주시겠습니까?	¿Me puede limpiar esto, por favor? 메 뿌에델 림삐아르 에스또, 뿌르 화보르?
기내에서 면세품을 판매합니까?	¿Se venden artículos libres de impuestos a bordo? / ¿Venden productos libres de impuestos a bordo? 세 벤덴 아르띠꿀로스 리브레스 데 임뿌에스또스 아 보르도?/ 벤덴 프로둑또스 리브레스 데 임뿌에스또스 아 보르도?
기내 면세품을 사고 싶습니다.	Quisiera[Me gustaría] comprar productos libres de impuestos a bordo. 끼씨에라[메 구스따리아] 꼼쁘라르 프로둑또스 리브레스 데 임뿌에스또스 아 보르도

화장품을 구입하고 싶습니다.	Quisiera[Me gustaría] comprar cosméticos. 끼씨에라[메 구스따리아] 꼼 쁘라르 꼬스메띠꼬스	마드리드는 지금 몇 시입니까?	¿Qué hora es ahora en Madrid? 께 오라 에스 아오라 엔 마드릳?
여기 상품 구입서에 기입해주십시오.	Por favor, rellene el formulario de la compra. 뽀르 화보르, 레예네 엘 포르물라리오 델 라 꼼쁘라	오후 3시입니다.	Son las tres de la tarde. 쏜 라스 트레스 델 라 따르데
이 인쇄물에 기입해주십시오.	Haga el favor de rellenar este impreso. 아가 엘 화보르 데 레예나르 에스떼 임쁘레소	한국과 시차가 얼마입니까?	¿Cuál es la diferencia horaria con Corea (del Sur)? 꾸알 에슬 라 디훼렌씨아 오라리아 꼰 꼬레아 (델 쑤르)?
여기 있습니다.	Aquí tiene (usted). 아끼 띠에네 (우스뗃)	입국 신고서와 세관 신고서를 작성해주십시오.	Rellene la tarjeta de desembarque y el formulario de declaración de aduanas, por favor. 레예넬 라 따르헤따 데 데쎔바르께 이 엘 포르물라리오 데 데끌라라씨온 데 아두아나스, 뽀르 화보르
결제는 현금으로 하시겠습니까? 카드로 하시겠습니까?	¿Va a pagar en efectivo o con tarjeta? 바 아 빠가르 엔 에훽띠보 오 꼰 따르헤따?		
카드로 하겠습니다.	Con tarjeta, por favor. 꼰 따르헤따, 뽀르 화보르	입국 신고서와 세관 신고서 여기 있습니다.	Aquí tienen la tarjeta de desembarque y el formulario de declaración de aduanas. 아끼 띠에넨 라 따르헤따 데 데쎔바르께 이 엘 포르물라리오 데 데끌라라씨온 데 아두아나스 *상대가 복수일 때
지금 어디를 비행하고 있습니까?	¿Por dónde estamos volando ahora? 뽀르 돈데 에스따모스 볼란도 아오라?		
얼마나 더 있어야 마드리드에 도착합니까?	¿Cuánto tiempo más se tardará en llegar a Madrid? 꾸안또 띠엠뽀 마쓰 세 따르다라 엔 예가르 아 마드릳?	입국 신고서는 어떻게 씁니까?	¿Cómo relleno el formulario de inmigración? 꼬모 레예노 엘 포르물라리오 데 인미그라씨온?
		영어나 스페인어로 쓰십시오.	En inglés o español. 엔 잉그레스 오 엔 에스빠뇰

한국어나 영어로 쓰십시오.	En coreano o en inglés. 엔 꼬레아노 오 엔 잉글레스	다른 볼펜을 주십시오.	Otro bolígrafo, por favor. 오트로 볼리그라포, 뽀르 화보르
그것들을 적는 것을 도와주시겠습니까?	Por favor, ¿me ayuda a rellenarlos? 뽀르 화보르, 메 아유다 아 레예나를로스?	이 공항에서 얼마 동안 기항합니까?	¿Cuánto se tarda la escala en este aeropuerto? 꾸안또 세 따르달 라 에스깔라 엔 에스떼 아에로뿌에르또?
입국 신고서를 한 장 더 주십시오.	Otro formulario de inmigración, por favor. 오트로 포르물라리오 데 인미그라씨온, 뽀르 화보르		

입국심사

외국인 입국심사는 어디서 합니까?	¿Dónde hacen el control de inmigración para extranjeros? 돈데 아쎈 엘 꼰트롤 데 이미그라씨온 빠라 엑스트랑헤로스?	여권과 비자를 보여주십시오.	Muéstreme su pasaporte y su visado. 무에스트레메 쑤 빠사뽀르떼 이 쑤 비싸도
C 창구에서 합니다.	En la ventanilla C. 엔 라 벤따니야 쎄	여기 있습니다.	Aquí tiene (usted). 아끼 띠에네 (우스뗃)
안녕하세요? 여권과 입국카드를 보여주세요.	¡Hola! Muéstreme su pasaporte y la tarjeta de desembarque. 올라! 무에스트레메 쑤 빠사뽀르떼 일 라 따르헤따 데 데쎔바르께	입국 신고서를 보여 주십시오.	Enséñeme el formulario de inmigración, por favor. 엔쎄녜메 엘 포르물라리오 데 인미그라씨온, 뽀르 화보르
		여기 있습니다.	Aquí lo tiene (Ud.). 아낄 로 띠에네 (우스뗃)
		감사합니다.	Gracias. 그라씨아스
여권을 보여주십시오.	Déje examinar su pasaporte, por favor. 데헤 엑싸미나르 쑤 빠사뽀르떼, 뽀르 화보르	마드리드에 처음 오셨습니까?	¿Es la primera vez que viene a Madrid? 에슬 라 쁘리메라 베스 께 비에네 아 마드릳?

네, 처음입니다.	Sí, es la primera vez. 씨, 에슬 라 쁘리메라 베스	대한민국입니다.	Soy de la República de Corea. 쏘이 델 라 레뿌블리까 데 꼬레아
방문목적이 무엇입니까?	¿Cuál es el motivo[propósito] de su visita? 꾸알 에스 엘 모띠보[프로뽀씨또] 데 쑤 비씨따?	스페인에 얼마나 머무르실 겁니까?	¿Cuánto tiempo va a quedar en España? 꾸안또 띠엠뽀 바 아 께다르 엔 에스빠냐?
스페인어를 배우러 왔습니다.	Vine a aprender español. 비녜 아 아프렌데르 에스빠뇰	스페인에는 얼마나 머무실 생각입니까?	¿Cuánto tiempo piensa en estar en España? 꾸안또 띠엠뽀 삐엔사 엔 에스따르 엔 에스빠냐?
여행목적이 무엇입니까?	¿Cuál es el objeto de su viaje? 꾸알 에스 엘 옵헤또 데 쑤 비아헤?	얼마 동안 체류하실 겁니까?	¿Cuánto será su estancia? 꾸안또 쎄라 쑤 에스딴씨아?
관광입니다.	El turismo. 엘 뚜리스모	닷새 정도입니다.	Unos cinco días. 우노스 씽꼬 디아스
무슨 목적으로 여행하시는 겁니까?	¿Con qué objeto viaje Ud.? 꼰 께 옵헤또 비아헤 우스뗃?	2주일 정도입니다.	Unas dos semanas. 우나스 도스 쎄마나스
관광차 왔습니다.	(Vengo por) Turismo. (벵고 뽀르) 뚜리스모	얼마 동안 체류하실 예정입니까?	¿Cuánto tiempo planea quedarse? 꾸안또 띠엠뽀 쁠라네아 께다르세?
사업차 왔습니다.	(Vengo por) Negocios. (벵고 뽀르) 네고씨오스	1년 동안 체류할 예정입니다.	Planeo quedarme un año. 쁠라네오 께다르메 운 아뇨
휴가차 왔습니다.	Vengo de vacaciones. 벵고 데 바까씨오네스	어디에 묵으실 예정입니까?	¿Dónde planea alojarse? 돈데 쁠라네아 알로하르세?
유학차 왔습니다.	Vengo por razones de estudios. 벵고 뽀를 라쏘네스 데 에스뚜디오스	호텔에 있을 겁니다.	Voy a estar en un hotel. 보이 아 에스따르 엔 운 오뗄
국적이 어디십니까?	¿Cuál es su nacionalidad? 꾸알 에스 쑤 나씨오날리닫?		

어디에 머무르실 예정입니까?	¿Dónde planea quedarse? 돈데 쁠라네아 께다르세?	네, 여기 있습니다.	Sí, aquí está. 씨, 아끼 에스따
마드리드의 학생 기숙사에서 지낼 예정입니다.	En la residencia de estudiantes, Madrid. 엔 라 레씨덴씨아 데 에스뚜디안떼스, 마드릳	공항에 누가 마중을 나옵니까?	¿Quién lo recibirá en el aeropuerto? 끼엔 로 레씨비라 엔 엘 아에로뿌에르또?
		친구가 나오기로 했습니다.	Quedó en venir un amigo. 께도 엔 베니르 운 아미고
귀국 항공권이 있으십니까?	¿Tiene usted el biellete de vuelta[regreso]? 띠에네 우스뗃 엘 비예떼 데 부엘따[레그레소]?	즐거운 여행되십시오.	Que tenga un buen viaje. 께 뗑가 운 부엔 비아헤

수하물 찾기

짐 찾는 곳은 어디에 있습니까?	¿Dónde se recoge el equipaje? 돈데 세 레꼬헤 엘 에끼빠헤?	어디서 짐을 찾습니까?	¿Dónde se recogen los equipajes? 돈데 세 레꼬헨 로스 에끼빠헤스?
컨베이어 벨트 번호를 확인하시고 아래층 짐 찾는 구역으로 가세요.	Verifique el número de la cinta transportadora y baje al área de recogida del equipaje. 베리휘께 엘 누메로 델 라 씬따 트란스뽀르따도라 이 바헤 알 아레아 데 레꼬히다 델 에끼빠헤	1층으로 가십시오.	Vaya a la primera planta. 바야 알 라 쁘리메라 쁠란따
		여기가 IB124편이 나오는 곳입니까?	¿Es aquí por donde sale el vuelo de IB124? 에스 아끼 뽀르 돈데 쌀레 엘 부엘로 데 이베 우노 도스 꾸아트로?
어디서 제 짐을 찾을 수 있습니까?	¿Dónde puedo recoger mi equipaje? 돈데 뿌에도 레꼬헤르 미 에끼빠헤?	네, 여기서 기다리십시오.	Sí, espere aquí. 씨, 에스뻬레 아끼

어디에 분실물 센터가 있습니까?	¿Dónde está el centro de objetos perdidos? 돈데 에스따 엘 쎈트로 데 옵헤또스 뻬르디도스?	이 서류를 작성해주십시오.	Rellene este papel, por favor. 레예네 에스떼 빠뻴, 뽀르 화보르
제 짐을 못 찾겠습니다.	No encuentro[No puedo encontrar] mi equipaje. 노 엔꾸엔트로[노 뿌에도 엔꼰트라르] 미 에끼빠헤	한국말 하는 사람을 불러주십시오.	Llame alguien que hable coreano, por favor. 야메 알기엔 께 아블레 꼬레아노, 뽀르 화보르
제 여행 가방이 없어졌습니다.	Mi maleta ha desaparecido. 미 말레따 아 데사빠레씨도	당신 짐을 찾으면 어떻게 알려드리면 되겠습니까?	¿Cómo podemos avisarle, si encontramos su equipaje? 꼬모 뽀데모스 아비사를레, 씨 엔꼰트라모스 쑤 에끼빠헤?
제 여행 가방이 파손됐습니다.	Mi maleta se ha dañado. 미 말레따 세 아 다냐도		
수하물 보관증이 있으세요?	¿Tiene el resguardo del equipaje? 띠에네 엘 레스구아르도 델 에끼빠헤?	마드리드 호텔에 머물 것입니다.	Me voy a quedar en el Hotel Madrid. 메 보이 아 께다르 엔 엘 오뗄 마드릴
네, 여기 있습니다.	Sí, aquí está. 씨, 아끼 에스따	언제 마드리드를 떠나십니까?	¿Cuándo sale de Madrid? 꾸안도 쌀레 데 마드릴?
수하물 영수증이 있으세요?	¿Tiene el recibo del equipaje? 띠에네 엘 레씨보 델 에끼빠헤?	7월 15일입니다.	El 15 de julio. 엘 낀쎄 데 훌리오
여기 있습니다.	Aquí lo tiene (Ud.). 아낄 로 띠에네 (우스뗄)	짐을 찾으면 어디로 보내드릴까요?	¿A dónde enviamos su equipaje, si lo encontramos? 아 돈데 엔비아모스 쑤 에끼빠헤, 씰 로 엔꼰트라모스?
어느 항공편으로 도착하셨습니까?	¿En qué vuelo ha llegado usted? 엔 께 부엘로 아 예가도 우스뗄?	서울로 보내주십시오.	A Seúl, por favor. 아 쎄울, 뽀르 화보르
이베리아항공 1248편으로 도착했습니다.	He llegado en el vuelo No. 1248 de IBE. 에 예가도 엔 엘 부엘로 누메로 우노 도스 꾸아트로 오초 데 이베		

안녕하세요.

Buenas tardes.
부에나스 따르데스

안녕하세요.

Buenas tardes.
부에나스 따르데스

신고하실 것이 있습니까?

¿Tiene usted algo que declarar?/ ¿Tiene Ud. su declaración?/¿Va a declarar algo?
띠에네 우스뗃 알고 께 데끌라라르?/ 띠에네 우스뗃 쑤 데끌라라씨온?/ 바 아 데끌라라르 알고?

아니오, 아무 것도 없습니다.

No, nada.
노 나다

아니오, 선생님. 아무것도 신고할 것 없습니다.

No, señor. No tengo nada que declarar.
노, 쎄뇨르. 노 뗑고 나다 께 데끌라라르

특별히 신고할 게 있습니까?

¿Tiene algo en especial que declarar?
띠에네 알고 엔 에스뻬씨알 께 데끌라라르?

아니오, 없습니다.

No, no tengo.
노, 노 뗑고

금지 물품을 가지고 계시진 않습니까?

¿No tiene Ud. objetos prohibidos?
노 띠에네 우스뗃 옵헤또스 프로이비도스?

그런 것 가지고 있지 않습니다.

No tengo nada de eso.
노 뗑고 나다 데 에소

그 가방에 무엇이 들어 있습니까?

¿Qué contiene esa maleta?
께 꼰띠에네 에사 말레따?

노트북과 개인 소지품이 들어있습니다.

Un ordenador portátil y objetos personales.
운 오르데나도르 뽀르따띨 이 오브헤또스 뻬르쏘날레스

여행 가방을 테이블 위에 놓으십시오.

Por favor, ponga la maleta sobre la mesa.
뽀르 화보르, 뽕갈 라 말레따 쏘브렐 라 메사

여행 가방에 무엇이 들어 있습니까?

¿Qué tiene en la maleta?
께 띠에네 엔 라 말레따?

이것들은 무엇입니까?

¿Qué son estos?
께 쏜 에스또스?

제 개인 소지품입니다.

Estos son mis efectos[objetos] personales.
에스또스 쏜 미스 에훽또스[옵헤또스] 뻬르쏘날레스

선물들입니다.

Son obsequios.
쏜 옵쎄끼오스

이것은 무엇입니까?

¿Qué es esto?
께 에스 에스또?

이건 제 친구에게 줄 선물입니다.

Esto es un regalo para mi amigo.
에스또 에스 운 레갈로 빠라 미 아미고

돈은 어느 정도 가지고 계십니까?

¿Cuánto dinero tiene usted?
꾸안또 디네로 띠에네 우스뗃?

| 2천유로 있습니다. | Tengo 2,000 euros.
뗑고 도스 밀 에우로스 | 됐습니다. 즐거운 여행
되십시오! | Bueno. ¡Tenga
buen viaje!
부에노. 뗑가 부엔 비아헤! |
| 네, 감사합니다. 안녕히
가세요. | Gracias. Adiós.
그라씨아스. 아디오스 | 감사합니다. | Gracias.
그라씨아스 |

환전

환전소는 어디에 있습 니까?	¿Dónde está la oficina de cambio? 돈데 에스딸 라 오휘씨나 데 깜비오?	오늘 환율이 어떻게 됩 니까?	¿A cómo está el (tipo de) cambio de hoy? 아 꼬모 에스따 엘 (띠뽀 데) 깜비오 데 오이?
어디서 환전할 수 있습 니까?	¿Dónde puedo cambiar dinero[de moneda]? 돈데 뿌에도 깜비아르 디네 로[데 모네다]?	지금 달러 환시세가 얼 마나 됩니까?	¿A cuánto está la cotización del dólar ahora? 아 꾸안또 에스딸 라 꼬띠싸 씨온 델 돌라르 아오라?
어디서 달러를 유로화로 교환할 수 있습니까?	¿Dónde podemos cambiar dólares en[a] euros? 돈데 뽀데모스 깜비아르 돌 라레스 엔[아] 에우로스?	오늘 유로 환시세가 얼 마나 됩니까?	¿A cuánto está hoy la cotización del euro? 아 꾸안또 에스따 오일 라 꼬 띠싸씨온 델 에우로?
환전 부탁드립니다.	Por favor, cambio de divisas. 뿌르 화보르, 깜비오 데 디비 사스	아, 환율이 많이 내렸군요!	¡Ah, el cambio ha bajado mucho! 아, 엘 깜비오 아 바하도 무치!
달러를 유로로 환전하고 싶습니다.	Quiero cambiar de dólares a euros, por favor. 끼에로 깜비아르 데 돌라레 스 아 에우로스, 뿌르 화보르	네, 그렇습니다.	Sí, así es. 씨, 아씨 에스
이것을 유로/달러로 환 전해주십시오.	Cambie esto en euros/ dólares, por favor. 깜비에 에스또 엔 에우로스/ 돌라레스, 뿌르 화보르	(환전) 수수료는 얼마입 니까?	¿Cuánto es la comisión (de cambio)? 꾸안또 에슬 라 꼬미씨온 (데 깜비오)?

(환전) 수수료는 3%입니다.

La comisión (de cambio) es del tres por ciento.
라 꼬미씨온 (데 깜비오) 에스 델 트레스 뿌르 씨엔또

얼마나 환전하시겠습니까?

¿Cuánto quiere cambiar?
꾸안또 끼에레 깜비아르?

100달러를 유로로 환전해주십시오.

Cámbieme cien dólares en euros, por favor.
깜비에메 씨엔 돌라레스 엔 에우로스, 뿌르 화보르

100달러는 몇 유로입니까?

¿Cuántos euros por cien dólares?
꾸안또스 에우로스 뿌르 씨엔 돌라레스?

50유로를 달러로 환전해주십시오.

Cámbieme cincuenta euros en dólares, por favor.
깜비에메 씽꾸엔따 에우로스 엔 돌라레스, 뿌르 화보르

잔돈을 얼마간 섞어 주십시오.

Déme algo de moneda suelta, por favor.
데메 알고 데 모네다 수엘따, 뿌르 화보르

그것을 바꿔주시겠습니까?

¿Quiere cambiarlo para mí, por favor?
끼에로 깜비아를로 빠라 미, 뿌르 화보르?

어떻게 바꿔드릴까요?

¿Cómo desea cambiar Ud.?
꼬모 데쎄아 깜비아르 우스뗃?

그것을 어떻게 바꿔드릴까요?

¿Cómo quiere cambiarlo?
꼬모 끼에레 깜비아를로?

이것을 잔돈으로 바꿔주십시오.

Cambie esto en moneda suelta, por favor.
깜비에 에스또 엔 모네다 수엘따, 뿌르 화보르

10유로 지폐들로 부탁드립니다.

En billetes de diez euros, por favor.
엔 비예떼스 데 디에스 에우로스, 뿌르 화보르

이것을 10유로 5장으로 바꿔 주십시오.

Cambie esto en cinco de diez euros.
깜비에 에스또 엔 씽꼬 데 디에스 에우로스

그것을 5유로 지폐들로 바꾸고 싶습니다.

Quiero cambiarlo por billetes de cinco euros.
끼에로 깜비아를로 뿌르 비예떼스 데 씽꼬 에우로스

100유로 잔돈으로 있으십니까[100유로를 잔돈으로 바꿀 수 있을까요]?

¿Tiene usted cambio de cien euros?
띠에네 우스뗃 깜비오 데 씨엔 에우로스?

100유로 잔돈으로 없으십니까[100유로를 잔돈으로 바꿀 수 없을까요]?

¿No tiene cien euros sueltos?
노 띠에네 씨엔 에우로스 수엘또스?

잔돈으로 된 유로

euro suelto
에우로 수엘또

여행자수표를 취급하십니까?

¿Aceptan cheques de viajero?
아쎕딴 체께스 데 비아헤로?

이 여행자 수표를 현금으로 바꾸고 싶습니다.

Quisiera cambiar este cheque de viajero en efectivo.
끼씨에라 깜비아르 에스떼 체께 데 비아헤로 엔 에휄띠보

1. 기본적 의사소통 **111**

이 수표들을 현금으로 바꿔주시겠습니까?	¿Me hace el favor de convertir en dinero contante estos cheques? 메 아쎄 엘 화보르 데 꼰베르띠르 엔 디네로 꼰딴떼 에스또스 체께스?	네.	Sí. 씨
		잠깐만 기다리십시오.	Un momento, por favor. 운 모멘또, 뽀르 화보르
배서를 하시겠습니까?	¿Endosa Ud.? 엔도사 우스뗃?	대단히 감사합니다.	Muchas gracias. 무차스 그라씨아스

공항 안내소

안내소는 어디에 있습니까?	¿Dónde está el centro de información? 돈데 에스따 엘 쎈트로 데 인포르마씨온?	공항에 관광 안내소가 있습니까?	¿Hay oficina de turismo en el aeropuerto? 아이 오휘씨나 데 뚜리스모 엔 엘 아에로뿌에르또?
공중전화 부스는 어디에 있습니까?	¿Dónde está la cabina de teléfono? 돈데 에스딸 라 까비나 데 뗄레포노?	깨끗하고 싼 호텔을 몇 군데 추천해주시겠습니까?	¿Podría recomendarme algunos hostales(hoteles) baratos y lmipios? 뽀드리아 레꼬멘다르메 알구노스 오스딸레스(오뗄레스) 바라또스 일 림삐오스? * hostal은 작은 호텔, 여관
휴대폰을 빌릴 수 있는 곳이 어디입니까?	¿Dónde se puede alquilar un teléfono móvil? 돈데 세 뿌에데 알낄라르 운 뗄레포노 모빌?		
관광 안내소	oficina[centro] de información turística/ oficina[agencia, información] de turismo 오휘씨나[쎈트로] 데 인포르마씨온 뚜리스띠까/ 오휘씨나[아헨씨아, 인포르마씨온] 데 뚜리스모	역에서 가까운 호텔을 몇 군데 추천해주시겠습니까?	¿Podría recomendarme algunos hostales cerca de la estación? 뽀드리아 레꼬멘다르메 알구노스 오스딸레스 쎄르까 델라 에스따씨온?

싱글룸이 있는 호텔을 몇 군데 추천해주시겠습니까?

¿Podría recomendarme algunos hostales con habitación sencilla[simple]?

뽀드리아 레꼬멘다르메 알구노스 오스딸레스 꼰 아비따씨온 쎈씨야[씸쁠레]?

학생용 싼 호텔을 몇 군데 추천해주시겠습니까?

¿Podría recomendarme algunos hostales baratos para estudiantes?

뽀드리아 레꼬멘다르메 알구노스 오스딸레스 바라또스 빠라 에스뚜디안떼스?

이 도시에 유스호스텔이나 도미토리형 호텔이 있습니까?

¿Hay albergue juvenil o dormitorio colectivo en esta ciudad?

아이 알베르게 후베닐 오 도르미또리오 꼴렉띠보 엔 에스따 씨우닫?

이 시기[계절]에 유스호스텔은 열려있습니까?

¿Están abiertos los albergues juveniles en esta época?

에스딴 아비에르또스 로스 알베르게스 후베닐레스 엔 에스따 에뽀까?

오늘 밤 그 유스호스텔에 제가 묵을 수 있다고 생각하십니까?

¿Cree usted que puedo conseguir una cama al albergue juvenil esta noche?

크레에 우스뗃 께 뿌에도 꼰쎄기르 우나 까마 알 알베르게 후베닐 에스따 노체?

팬션을 몇 군데 추천해주시겠습니까?

¿Podría recomendarme algunas pensiones?

뽀드리아 레꼬멘다르메 알구나스 뻰씨오네스?

민박을 할 수 있겠습니까?

¿Puedo alojarme en una casa de familia?

뿌에도 알로하르메 엔 우나 까사 데 화밀리아?

1박에 30유로 이하의 호텔을 몇 군데 알려주시겠습니까?

¿Podría enseñarme algunos hostales de menos de 30 euros por noche?

뽀드리아 엔쎄냐르메 알구노스 오스딸레스 데 메노스 데 트레인따 에우로스 뽀르 노체?

역에서 멀더라도 싼 호텔을 몇 군데 추천해주시겠습니까?

¿Podría recomendarme algunos hostales baratos aunque estén lejos de la estación?

뽀드리아 레꼬멘다르메 알구노스 오스딸레스 바라또스 아운께 에스뗀 레호스 델 라 에스따씨온?

여성들이 안전하게 묵을 수 있는 호텔을 몇 군데 추천해주시겠습니까?

¿Podría recomendarme algunos hostales seguros para chicas?

뽀드리아 레꼬멘다르메 알구노스 오스딸레스 쎄구로스 빠라 치까스?

호텔 객실 예약을 어디서 할 수 있습니까?	¿Dónde puedo reservar una habitación? 돈데 뿌에도 레쎄르바르 우나 아비따씨온?	역 가까이에 있는 호텔 객실을 원합니다.	Quiero una habitación cerca de la estación. 끼에로 우나 아비따씨온 쎄르까 델 라 에스따씨온
여기서 예약할 수 있나요?	¿Puedo hacer la reserva aquí? 뿌에도 아쎄르 라 레쎄르바 아끼?	1박에 30유로 이하의 객실을 원합니다.	Quiero una habitación de menos de 30 euros por noche. 끼에로 우나 아비따씨온 데 메노스 데 트렌따 에우로스 뿌르 노체
네, 여기서 예약할 수 있습니다.	Sí, se puede hacer la reserva aquí. 씨, 세 뿌에데 아쎄를 라 레쎄르바 아끼	싱글룸을 원합니다.	Quiero una habitación sencilla[simple]. 끼에로 우나 아비따씨온 쎈씨야[씸쁠레]
객실을 예약했으면 합니다.	Quisiera hacer una reserva de habitación. 끼씨에라 아쎄르 우나 레쎄르바 데 아비따씨온	더블룸을 부탁합니다.	Una habitación doble, por favor. 우나 아비따씨온 도블레, 뽀르 화보르
객실을 하나 예약했으면 합니다.	Quisiera reservar una habitación. 끼씨에라 레쎄르바르 우나 아비따씨온	트윈베드룸/디럭스룸을 예약하고 싶습니다.	Quisiera hacer una reserva de una habitación con dos camas/una habitación de lujo, por favor. 끼씨에라 아쎄르 우나 레쎄르바 데 우나 아비따씨온 꼰 도스 까마스/우나 아비따씨온 델 루호, 뽀르 화보르
오늘 밤에 묵을 호텔 객실을 하나 예약해주시겠습니까?	¿Podría reservarme una habitación para esta noche? 뽀드리아 레쎄르바르메 우나 아비따씨온 빠라 에스따 노체?		
어떤 객실을 원하십니까?	¿Qué habitación desea? 께 아비따씨온 데쎄아?	싱글룸, 일인실, 일인용 객실	habitación sencilla[simple] (f.) 아비따씨온 쎈씨야[씸쁠레]
싸고 깨끗한 객실을 원합니다.	Quiero una habitación barata y limpia. 끼에로 우나 아비따씨온 바라따 일 림삐아	더블룸, 이인실, 더블베드 객실	habitación doble (f.) 아비따씨온 도블레

트윈베드룸(=침대가 두 개인 객실)	habitación con dos camas (f.) 아비따씨온 꼰 도스 까마스
디럭스룸	habitación de lujo (f.) 아비따씨온 델 루호
며칠 동안 묵으실 겁니까?	¿Durante cuantos días se queda? 두란떼 꾸안또스 디아스 세 께다?
사흘 동안입니다.	Durante tres días. 두란떼 트레스 디아스
2박 하고 싶습니다.	Quiero hospedarme dos noches. 끼에로 오스뻬다르메 도스 노체스
1박에 얼마입니까?	¿Cuánto cuesta una noche? 꾸안또 꾸에스따 우나 노체?
객실 요금은 얼마입니까?	¿Cuánto es la tarifa de la habitación? 꾸안또 에슬 라 따리화 델 라 아비따씨온?
더 싼 요금은 없습니까?	¿No hay tarifas más baratas? 노 아이 따리화스 마쓰 바라따스?
요금에 세금과 봉사료가 포함되어 있습니까?	¿Están incluídos el impuesto y el servicio en la tarifa? 에스딴 잉끌루이도스 엘 임뿌에스또 이 엘 쎄르비씨오 엔 라 따리화?

요금에 아침 식사가 포함되어 있습니까?	¿Está incluído el desayuno en la tarifa? 에스따 잉끌루이도 엘 데싸유노 엔 라 따리화?
예약 시 보증금 예치가 필요합니까?	¿Se necesita hacer depósito a la hora de hacer la reserva? 세 네쎄씨따 아쎄르 데뽀씨또 알 라 오라 데 아쎄를 라 레쎄르바?
계산은 여기서 해야 합니까?	¿Tengo que pagar la cuenta aquí? 뗑고 께빠가를 라 꾸엔따 아끼?
수수료는 얼마입니까?	¿Cuánto es la comisión? 꾸안또 에슬 라 꼬미씨온?
몇 시부터 그 호텔에 체크인 할 수 있습니까?	¿Desde qué hora puedo entrar en el hostal? 데스데 께 오라 뿌에도 엔트라르 엔 엘 오스딸? *hostal은 작은 호텔, 여관
지금 그 호텔에 체크인 할 수 있습니까?	¿Puedo entrar en el hostal ahora? 뿌에도 엔트라르 엔 엘 오스딸 아오라?
여기서 그 호텔까지 몇 분 걸립니까?	¿Cuántos minutos se tarda de aquí al hostal? 꾸안또스 미누또스 세 따르다 데 아끼 알 오스딸?
그 호텔까지 어떻게 갈 수 있습니까?	¿Cómo puedo ir al hostal? 꼬모 뿌에도 이르 알 오스딸?

그 유스호스텔까지 어떻게 갑니까?	¿Cómo puedo ir al albergue juvenil?
	꼬모 뿌에도 이르 알 알베르게 후베닐?

그 유스호스텔까지 도보로 몇 분 걸립니까?	¿Cuánto tiempo se tarda andando hasta el albergue juvenil?
	꾸안또 띠엠뽀 세 따르다 안단도 아스따 엘 알베르게 후베닐?

어떤 버스를 타야 합니까?	¿Qué autobús tengo que tomar?
	께 아우또부스 뗑고 께 또마르?

어디서 버스에서 내려야 합니까?	¿En dónde tengo que bajar del autobús?
	엔 돈데 뗑고 께 바하르 델 아우또부스?

여기에 간단한 약도를 그려주십시오.	Dibuje un mapa aquí, por favor.
	디부헤 운 마빠 아끼, 뽀르 화보르

예약을 취소하고 싶습니다.	Quiero cancelar la reserva.
	끼에로 깐쎌라를 라 레쎄르바

이 근처에 다른 호텔은 없습니까?	¿Hay algún otro hotel por aquí cerca?
	아이 알군 오트로 오뗄 뽀르 아끼 쎄르까?

마드리드 호텔로 가는 공항버스 리무진은 어디서 탑니까?	¿Dónde tomo[se toma] el autobús del aeropuerto que va al Hotel Madrid?
	돈데 또모[세 또마] 엘 아우또부스 델 아에로뿌에르또 께 바 알 오뗄 마드릳?

10번 출구 앞에서 타세요.	Tómelo delante de la salida número 10.
	또멜로 델란떼 델 라 쌀리다 누메로 디에스

시내로 가는 버스 정거장은 어디에 있습니까?	¿Dónde está la parada de autobús para el centro de la ciudad?
	돈데 에스딸 라 빠라다 데 아우또부스 빠라 엘 쎈트로 델 라 씨우닫?

8번 출구에 있습니다.	Está en la salida número 8.
	에스따 엔 라 쌀리다 누메로 오초

시내로 가려면 어디서 택시를 타야 합니까?	¿Dónde hay que tomar el taxi para ir al centro?
	돈데 아이 께 또마르 엘 딱씨 빠라 이르 알 쎈트로?

지하철은 어디서 탑니까?	¿Dónde se toma el metro?
	돈데 세 또마 엘 메트로?

자동차는 어디서 빌립니까?	¿Dónde se alquilan coches?
	돈데 세 알낄란 꼬체스?

2 숙박

호텔

● 체크인

◆ 예약했을 경우

체크인은 어디서 합니까?
¿Dónde se hace check-in?
돈데 세 아쎄 체낀?

안녕하세요? 무엇을 도와 드릴까요?
Hola! ¿En qué puedo ayudarle?
올라! 엔 께 뿌에도 아유다를레?

안녕하세요. 체크인 하겠습니다.
Hola, quisiera hacer check-in.
올라, 끼씨에라 아쎄르 체낀

체크인하고 싶습니다.
Quiero hacer check-in.
끼에로 아쎄르 체낀

예약을 했습니다. 제 이름은 김후안입니다.
Tengo reserva. Me llamo Juan Kim.
뗑고 레쎄르바. 메 야모 후안 낌

어느 분 이름으로 예약되어 있습니까?
¿A nombre de quién está reservado?
아 놈브레 데 끼엔 에스따 레쎄르바도?

제 이름으로 예약했습니다.
Está reservado a mi nombre.
에스따 레쎄르바도 아 미 놈브레

제 이름으로 객실을 예약했습니다.
Reservé una habitación a mi nombre.
레쎄르베 우나 아비따씨온 아 미 놈브레

성함이 어떻게 되십니까?
¿Cuál es su nombre?
꾸알 에스 쑤 놈브레?

제 이름은 김마리솔입니다.
Mi nombre es Marisol Kim.
미 놈브레 에스 마리솔 낌

성(姓)의 철자를 말씀해 주시겠습니까?
Por favor, ¿me puede deletrear su apellido?
뽀르 화보르, 메 뿌에데 델레트레아르 쑤 아뻬이도?

여기 제 예약 정보가 있습니다.
Aquí está mi información de reserva.
아끼 에스따 미 인포르마씨온 데 레쎄르바

한국에서 오셨습니까?
¿Ha venido de Corea (del Sur)?
아 베니도 데 꼬레아 (델 쑤르)?

네, 한국에서 왔습니다.
Sí, he venido de Corea (del Sur).
씨, 에 베니도 데 꼬레아 (델 쑤르)

제 이름으로 객실을 예약했는데, 예약되어 있습니까?

He reservado una habitación a mi nombre, ¿está hecha la reserva?

에 레쎄르바도 우나 아비따씨온 아 미 놈브레, 에스따 에찰 라 레쎄르바?

네, 오늘부터 3일 동안 싱글룸으로 예약되어 있습니다.

Sí, hay reservada una habitación individual por tres días a partir de hoy.

씨, 아이 레쎄르바다 우나 아비따씨온 인디비두알 뽀르 트레스 디아스 아 빠르띠르 데 오이

싱글룸을 예약하셨죠?

¿Reservó una habitación individual?

레쎄르보 우나 아비따씨온 인디비두알?

네, 맞습니다. 요금은 얼마입니까?

Sí, así es. ¿Cuál es el precio?

씨, 아씨 에스. 꾸알 에스 엘 쁘레씨오?

1박에 100유로입니다.

Son 100 euros por noche.

쏜 씨엔 에우로스 뽀르 노체

아침 식사가 포함된 요금입니까?

¿Está incluido el desayuno?

에스따 잉끌루이도 엘 데싸유노?

네, 7시 반부터 9시까지 2층 레스토랑에서 아침 식사가 제공됩니다.

Sí, el desayuno se sirve de 7 a 9 en el restaurante de la primera planta.

씨, 엘 데싸유노 세 씨르베 데 씨에떼 아 누에베 엔 엘 레스따우란떼 델 라 쁘리메라 쁠란따

네, 알겠습니다.

Sí, entendido.

씨, 엔뗀디도

먼저 숙박카드를 써 주세요.

Rellene primero la tarjeta de registro.

레예네 쁘리메롤 라 따르헤따 데 레히스트로

이 숙박부에 기입해 주십시오.

Haga el favor de rellenar esta ficha.

아가 엘 화보르 데 레예나르 에스따 휘차

숙박부에 기입해주십시오.

Haga el favor de rellenar el registro de viajeros. / Rellene el registro de viajeros, por favor.

아가 엘 화보르 데 레예나르 엘 레히스트로 데 비아헤로스 / 레예네 엘 레히스트로 데 비아헤로스, 뽀르 화보르

숙박부에 기입해주시겠습니까?

¿Me hace el favor de rellenar el registro de viajeros?

메 아쎄 엘 화보르 데 레예나르 엘 레히스트로 데 비아헤로스?

숙박부

ficha (f.) / registro de hotel (m.) / registro de huéspedes (m.) / registro de hospedaje (m.) / registro de viajeros (m.)

휘차 / 레히스트로 데 오뗄 / 레히스트로 데 우에스뻬데스 / 레히스트로 데 오스뻬다헤 / 레히스트로 데 비아헤로스

숙박부에 기재하다	inscribir al registro de hotel 인스크리비르 알 레히스트로 데 오뗄	이 짐을 좀 올려다 주십시오.	Haga usted el favor de subir este equipaje. 아가 우스뗏 엘 화보르 데 쑤비르 에스떼 에끼빠헤
요금은 언제 지불하면 됩니까? 지금입니까, 체크아웃 할 때입니까?	¿Cuándo se pagar la cuenta, ahora o al dejar la habitación? 꾸안도 세 빠가를 라 꾸엔따, 아오라 오 알 데하를 라 아비따씨온?	우리에게 추가 침대를 설치해주시겠습니까?	Por favor, ¿nos podría poner una cama extra? 뽀르 화보르, 노스 뽀드리아 뽀네르 우나 까마 엑쓰트라?
계산은 카드로 하겠습니다.	Pagaré la cuenta con tarjeta. 빠가렐 라 꾸엔따 꼰 따르헤따	◑ 예약 안했을 경우	
		이 호텔의 프런트는 어디에 있습니까?	¿Dónde está la recepción de este hotel/hostal? 돈데 에스딸 라 레쎕씨온 데 에스떼 오뗄/오스딸? * **hostal**은 작은 호텔, 여관
감사합니다. 엘리베이터를 타고 508호로 가시면 됩니다. 열쇠는 여기 있습니다.	Gracias. Tome el ascensor y vaya a la habitación quinientos ocho. Aquí tiene la llave. 그라씨아스. 또메 엘 아스쎈쏘르 이 바야 알 라 아비따씨온 끼니엔또스 오초. 아끼 띠에넬 라 야베	오늘 밤 묵을 객실이 있습니까?	¿Tiene una habitación para esta noche?/¿Hay alguna habitación disponible para esta noche? 띠에네 우나 아비따씨온 빠라 에스따 노체?/ 아이 알구나 아비따씨온 디스뽀니블레 빠라 에스따 노체?
감사합니다.	Gracias. 그라씨아스		
열쇠를 주십시오.	Déme la llave, por favor. 데멜 라 야베, 뽀르 화보르		
여행 가방들을 객실까지 갖다 주시겠습니까?	Por favor, ¿podría llevarme las maletas a la habitación? 뽀르 화보르, 뽀드리아 에바르멜 라스 말레따스 알 라 아비따씨온?	빈 객실이 있습니까?	¿Tienen Uds. habitaciones libres? 띠에넨 우스떼데스 아비따씨오네스 리브레스?
짐을 올려다 주시겠습니까?	¿Quiere usted subir el equipaje? 끼에레 우스뗄 쑤비르 엘 에끼빠헤?	네, 어떤 객실을 원하십니까?	Sí, ¿qué habitación quiere Ud.? 씨, 께 아비따씨온 끼에레 우스뗄?

싱글룸/더블룸/트윈베드룸/디럭스룸을 주십시오.	(Déme) Una habitación sencilla [simple]/Una habitación doble/Una habitación con dos camas/Una habitación de lujo, por favor. (데메) 우나 아비따씨온 쎈씨야[씸쁠레]/우나 아비따씨온 도블레/우나 아비따씨온 꼰 도스 까마스/우나 아비따씨온 델 루호, 뽀르 화보르	조용한 객실/바다가 바라보이는 객실을 주십시오.	Déme una habitación tranquila/una habitación con vista al mar, por favor. 데메 우나 아비따씨온 트랑낄라/우나 아비따씨온 꼰 비스따 알 마르, 뽀르 화보르
		가능하면 위층/아래층 객실을 원합니다.	Quiero una habitación de arriba/abajo si es posible. 끼에로 우나 아비따씨온 데 아리바/아바호 씨 에스 뽀씨블레
싱글룸, 일인실, 일인용 객실	habitación sencilla[simple] (f.) 아비따씨온 쎈씨야[씸쁠레]	1박에 얼마입니까?	¿Cuánto cuesta por noche? 꾸안또 꾸에스따 뽀르 노체?
더블룸, 이인실, 더블베드 객실	habitación doble (f.) 아비따씨온 도블레	하루에 얼마입니까?	¿Cuánto cuesta por día? 꾸안또 꾸에스따 뽀르 디아?
트윈베드룸(=침대가 두 개인 객실)	habitación con dos camas (f.) 아비따씨온 꼰 도스 까마스	하루에 35유로입니다.	Treinta y cinco euros diarios[al día/por día]. 트레인따 이 씽꼬 에우로스 디아리오스[알 디아/뽀르 디아]
디럭스룸	habitación de lujo (f.) 아비따씨온 델 루호		
샤워실이 딸린 객실을 원합니다.	Una habitación con ducha, por favor. 우나 아비따씨온 꼰 두차, 뽀르 화보르	아침식사가 포함되어 있습니까?	¿Está incluido el desayuno? 에스따 잉끌루이도 엘 데싸유노?
욕실이 딸린 객실로 원합니다.	La quiero con cuarto de baño. 라 끼에로 꼰 꾸아르또 데 바뇨 * habitación (f.)을 대명사 la로 받음	아침식사가 포함된 요금입니까?	¿Está incluido el desayuno en el precio? 에스따 잉끌루이도 엘 데싸유노 엔 엘 쁘레씨오?
전망 좋은 객실을 원합니다.	Una habitación con buena vista, por favor. 우나 아비따씨온 꼰 부에나 비스따, 뽀르 화보르	네, 아침식사가 포함된 요금입니다.	Sí, está incluido. 씨, 에스따 잉끌루이도

세금이 포함되어 있습니까?	¿Están incluidos los impuestos? 에스딴 잉끌루이도 로스 임뿌에스또스?	네, 저희 호텔에서 제일 조용한 방입니다.	Sí, es la habitación más silenciosa de nuestro hotel. 씨, 에슬 라 아비따씨온 마쓰 씰렌씨오사 데 누에스트로 오뗄
더 싼 객실은 없습니까?	¿No tiene una habitación más barata? 노 띠에네 우나 아비따씨온 마쓰 바라따?	그 객실을 볼 수 있습니까?	¿Podría mirar la habitación? 뽀드리아 미라를 라 아비따씨온?
더 싼 다른 객실은 없습니까? 제게는 너무 비쌉니다.	¿No hay otra habitación más barata? Para mí es demasiado cara. 노 아이 오트라 아비따씨온 마쓰 바라따? 빠라 미 에스 데마씨아도 까라	그 객실을 보여주시겠습니까?	¿Puede Ud. enseñarme esa habitación? 뿌에데 우스뗄 엔쎄냐르메 에사 아비따씨온?
		기꺼이 그러죠. 이리 오십시오.	Con mucho gusto. Pase por aquí. 꼰 무초 구스또. 빠세 뽀르 아끼
샤워실이 딸렸습니까?	¿Es con ducha? 에스 꼰 두차?		
샤워실이 없어도 좋습니다.	Está bien sin ducha. 에스따 비엔 씬 두차	이 객실은 볕이 잘 듭니다.	Esta habitación es soleada. 에스따 아비따씨온 에스 쏠레아다
각 층에 공동샤워실이 있습니까?	¿Tienen ducha común en cada piso? 띠에넨 두차 꼬문 엔 까다 삐소?	이 객실이 마음에 드십니까?	¿Le gusta a Ud. esta habitación? 레 구스따 아 우스뗄 에스따 아비따씨온?
샤워 요금은 얼마입니까?	¿Cuánto cuesta la ducha? 꾸안또 꾸에스딸 라 두차?	네, 이 객실이 제게 적당합니다.	Sí, me conviene esta habitación. 씨, 메 꼰비에네 에스따 아비따씨온
욕실을 공동 사용해야 합니까?	¿Tengo que compartir el cuarto de baño? 뗑고 께 꼼빠르띠르 엘 꾸아르또 데 바뇨?	이 객실로 하시겠습니까?	¿Se queda con esta habitación? 세 께다 꼰 에스따 아비따씨온?
그 객실은 조용한가요?	¿Es silenciosa esa habitación? 에스 씰렌씨오사 에사 아비따씨온?	네, 이 객실로 하겠습니다.	Sí, me quedo con esta habitación. 씨, 메 께도 꼰 에스따 아비따씨온

조금 깎아 주실 수 없습니까?	¿No puede Ud. rebajar un poco? 노 뿌에데 우스뗄 레바하르 운 뽀꼬?		씨 세 께다 우스뗄 뽀르 우나 쎄마나, 뽀데모스 아쎄르 운 데스꾸엔또 델 낀쎄 뽀르 씨엔또
1주일 동안 묵으면 할인 됩니까?	¿Hay descuento si me quedo durante una semana? 아이 데스꾸엔또 씨 메 께도 두란떼 우나 쎄마나?	좋습니다. 제 짐을 올려 보내 주십시오.	Bueno. Mande Ud. subir mi equipaje, por favor. 부에노. 만데 우스뗄 쑤비르 미 에끼빠헤, 뽀르 화보르
1주일 동안 묵으시면 15% 할인 해드리겠습니다.	Si se queda Ud. por una semana, podemos hacer un descuento del quince por ciento.		

● 호텔 이용 시

프런트에 귀중품을 맡겨도 됩니까?	¿Puedo dejar los objetos de valor en la recepción? 뿌에도 데하르 로스 옵헤또스 데 발로르 엔 라 레쎕씨온?	귀중품을 맡기고 싶습니다.	Quisiera guardar los objetos de valor. 끼씨에라 구아르다를 로스 옵헤또스 데 발로르
이곳에 귀중품을 맡겨도 됩니까?	¿Puedo dejar los objetos de valor aquí? 뿌에도 데하를 로스 옵헤또스 데 발로르 아끼?	아침 식사는 어디서 제공됩니까?	¿Dónde sirven el desayuno? 돈데 씨르벤 엘 데싸유노?
		(호텔의) 식당은 어디에 있습니까?	¿Dónde está el comedor? 돈데 에스따 엘 꼬메도르?
네, 그것을 맡기셔도 됩니다.	Sí, puede dejarlos. 씨, 뿌에데 데하를로스	아침 식사는 몇 시에 할 수 있습니까?	¿A qué hora se puede tomar el desayuno? 아 께 오라 세 뿌에데 또마르 엘 데싸유노?
귀중품을 보관해주시겠습니까?	¿Podría guardar los artículos de valor? 뽀드리아 구아르다를 로스 아르띠꿀로스 데 발로르?	아침 식사는 언제 할 수 있습니까?	¿Cuándo se puede desayunar? 꾸안도 세 뿌에데 데싸유나르?

아침 6시부터 10시까지 가능합니다.	Se sirve desde las 6 hasta las 10 de la mañana.
	세 씨르베 데스델 라스 쎄이스 아스딸 라스 디에스 델 라 마냐나

근처에 있는 싸고 좋은 레스토랑을 소개해주시 겠습니까?	¿Podría recomendarme algunos restaurantes buenos y baratos por aquí?
	뽀드리아 레꼬멘다르메 알구 노스 레스따우란떼스 부에노 스 이 바라또스 뽀르 아끼?

오늘 밤 늦게 돌아올 예 정입니다.	Esta noche vuelvo muy tarde.
	에스따 노체 부엘보 무이 따 르데

프론트 도어는[정문은] 몇 시에 닫힙니까?	¿A qué hora se cierra la puerta principal?
	아 께 오라 세 씨에랄 라 뿌 에르따 쁘린씨빨?

열쇠를 맡아 주시겠습니 까?	¿Puede guardarme la llave, por favor?
	뿌에데 구아르다르멜 라 야 베, 뽀르 화보르?

열쇠를 주십시오.	Déme la llave, por favor.
	데멜 라 야베, 뽀르 화보르

제 객실 열쇠를 주십시오.	Entrégueme la llave de mi habitación.
	엔트레게멜 라 야베 데 미 아 비따씨온

죄송합니다만, 제 객실 번호를 잊어버렸습니다.	Lo siento, pero he olvidado mi número de habitación.

	로 씨엔또, 뻬로 에 올비다도 미 누메로 데 아비따씨온

열쇠를 객실 안에 두고 나왔는데 문이 잠겨 버 렸습니다.	Salí dejando la llave dentro de la habitación y se cerró la puerta.
	쌀리 데한돌 라 야베 덴트로 델 라 아비따씨온 이 세 쎄롤 라 뿌에르따

객실 안에 열쇠를 둔 채 문을 잠궜습니다.	He cerrado la puerta con la llave dentro de la habitación.
	에 쎄라돌 라 뿌에르따 꼰 라 야베 덴트로 델 라 아비따씨온

문이 잠겨 들어갈 수 없 습니다.	Se me ha cerrado la puerta y no puedo entrar.
	세 메 아 쎄라돌 라 뿌에르따 이 노 뿌에도 엔트라르

마스터 키를 주시겠습 니까?	¿Me puede dar la llave maestra, por favor?
	메 뿌에데 다를 라 야베 마에 스트라, 뽀르 화보르?

이 여행자 수표를 현금 으로 바꾸고 싶습니다.	Quisiera cambiar este cheque de viajero en efectivo.
	끼씨에라 깜비아르 에스떼 체 께 데 비아헤로 엔 에훽띠보

기차 시간표[열차 운행 시간표. 기차 타임테이 블] 있습니까?	¿Tiene el horario de trenes?
	띠에네 엘 오라리오 데 트레 네스?

비즈니스 센터가 어디에 있습니까?	¿Dónde está el Centro de Negocios?
	돈데 에스따 엘 쎈트로 데 네고씨오스?

2층에 비즈니스 센터가 있습니다.	Está en el primer piso[segundo piso((남미))]. 에스따 엔 엘 쁘리메르 삐소 [쎄군도 삐소]	프런트입니다. 무엇을 도와 드릴까요?	Recepción, ¿en qué puedo ayudarle? 레쎕씨온, 엔 께 뿌에도 아유 다를레?
사용할 수 있는 컴퓨터 가 있습니까?	¿Hay alguna computadora disponible? 아이 알구나 꼼뿌따도라 디스뽀니블레?	외부로 전화는 어떻게 합니까?	¿Cómo se hacen las llamadas externas? 꼬모 세 아쎈 라스 야마다스 엑쓰떼르나스?
네, 저기에 있는 것을 사 용하실 수 있습니다.	Sí, puede usar la que está ahí. 씨, 뿌에데 우사르 라 께 에스따 아이	룸서비스 부탁합니다.	Con el servicio de habitaciones, por favor. 꼰 엘 쎄르비씨오 데 아비따 씨오네스, 뽀르 화보르
이메일을 사용할 수 있 는 컴퓨터가 있습니까?	¿Hay alguna computadora en que pueda usar el correo electrónico? 아이 알구나 꼼뿌따도라 엔 께 뿌에다 우사르 엘 꼬레오 엘렉트로니꼬?	룸서비스입니다. 무엇을 도와드릴까요?	Servicio de habitaciones. ¿En qué puedo ayudarle? 쎄르비씨오 데 아비따씨오네 스, 엔 께 뿌에도 아유다를레?
인터넷을 사용하고 싶습 니다.	Quiero usar internet. 끼에로 우사르 인떼르넷	룸에서 국제전화를 할 수 있습니까?	¿Se pueden hacer llamadas internacionales desde la habitación? 세 뿌에덴 아쎄르 야마다스 인떼르나씨오날레스 데스델 라 아비따씨온?
얼마 동안 사용할 수 있 습니까?	¿Cuánto tiempo puedo usarlo? 꾸안또 띠엠뽀 뿌에도 우사 를로?		
사용할 수 있는 프린터 가 있습니까?	¿Hay impresoras disponibles? 아이 임쁘레소라스 디스뽀니 블레스?	모포를 한 장 더 주십 시오.	Déme otra manta, por favor. 데메 오트라 만따, 뽀르 화보르
팩스를 보내고 싶습니다.	Quiero enviar un fax. 끼에로 엔비아르 운 확쓰	다른 담요로 바꿔 주십 시오.	Cámbieme la manta por otra manta, por favor. 깜비에멜 라 만따 뽀르 오트 라 만따, 뽀르 화보르

화장실용 화장지가 없습니다.

No hay papel higiénico.
노 아이 빠뻴 이히에니꼬

타올을 더 주시겠습니까?

¿Me da más toallas, por favor?
메 다 마쓰 또아야스, 뽀르 화보르?

차[茶] 한 잔 주시겠습니까?

¿Podría darme una taza de té?
뽀드리아 다르메 우나 따사 데 떼?

내일 아침에 모닝콜을 해주시겠습니까?

¿Me puede hacer una llamada mañana por la mañana para despertarme, por favor?
메 뿌에데 아쎄르 우나 야마다 마냐나 뽀를 라 마냐나 빠라 데스뻬르따르메, 뽀르 화보르?

아침 몇 시에 모닝콜 해 드릴까요?

¿A qué hora quiere que le llame por la mañana?
아 께 오라 끼에레 껠 레 야메 뽀를 라 마냐나?

아침 6시에 깨워주십시오.

Por favor, despiérteme mañana por la mañana a las seis.
뽀르 화보르, 데스뻬에르떼메 마냐나 뽀를 라 마냐나 알 라스 쎄이스

아침 7시에 깨워 주십시오.

Despiérteme a las siete de la mañana, por favor.
데스뻬에르떼메 알 라스 씨에떼 델 라 마냐나, 뽀르 화보르

아침 식사를 주문할 수 있습니까?

¿Se puede pedir el desayuno?
세 뿌에데 뻬디르 엘 데싸유노?

제 방을 청소해주시겠습니까?

¿Puede limpiar mi habitación, por favor?
뿌에델 림삐아르 미 아비따씨온, 뽀르 화보르?

세탁 서비스를 원합니다.

Quisiera el servicio de lavado./Quiero pedir el servicio de lavandería.
끼씨에라 엘 쎄르비씨오 델 라바도/ 끼에로 뻬디르 엘 쎄르비씨오 델 라반데리아

방이 아직 깨끗하지 않습니다[방 청소가 아직 안 되었습니다].

La habitación aún no está limpia.
라 아비따씨온 아운 노 에스따 림삐아

죄송합니다. 바로 청소해 드리겠습니다.

Lo siento, vamos a limpiársela en seguida.
로 씨엔또, 바모스 알 림삐아르셀라 엔 쎄기다

제 방이 매우 춥습니다.

Mi habitación es muy fria.
미 아비따씨온 에스 무이 프리아

방이 너무 춥습니다.

Hace demasiado frío en la habitación.
아쎄 데마씨아도 프리오 엔 라 아비따씨온

방이 너무 덥습니다.

Hace demasiado calor en la habitación.
아쎄 데마씨아도 깔로르 엔 라 아비따씨온

온수가 나오지 않습니다.	No sale agua caliente. 노 쌀레 아구아 깔리엔떼
몇 시부터 몇 시까지 온수를 사용할 수 있습니까?	¿Desde y hasta qué hora puedo usar agua caliente? 데스데 이 아스따 께 오라 뿌에도 우사르 아구아 깔리엔떼?
변기가 고장 났습니다.	La taza del servicio se ha estropeado. 라 따사 델 쎄르비씨오 세 아 에스트로뻬아도
객실을 바꾸고 싶습니다.	Quiero cambiar de habitación. 끼에로 깜비아르 데 아비따씨온
옆방으로 주십시오.	Déme la habitación de al lado, por favor. 데멜 라 아비따씨온 데 알 라도, 뽀르 화보르
옆방이 너무 시끄럽습니다.	Hace demasiado ruido la habitación de al lado. 아쎄 데마씨아도 루이돌 라 아비따씨온 데 알 라도
방을 바꾸어 주시겠습니까?	¿Podría cambiar la habitación? 뽀드리아 깜비아를 라 아비따씨온?
다른 방으로 바꿔 주십시오[제게 방을 바꿔 주십시오].	Cámbieme de habitación, por favor. 깜비에메 데 아비따씨온, 뽀르 화보르

여보세요, 제 카메라가 보이지 않습니다.	Oiga, no puedo encontrar mi cámara. 오이가, 노 뿌에도 엔꼰트라르 미 까마라
그 카메라를 못 보셨습니까?	¿No ha visto la cámara? 노 아이 비스똘 라 까마라?
아니오. 어디에 놓아두셨습니까?	No. ¿En dónde la ha puesto? 노, 엔 돈델 라 아 뿌에스또?
제 방에 두었습니다.	En mi habitación. 엔 미 아비따씨온
보험처리가 될 수 있도록 분실 증명서를 만들어주십시오.	Hágame un certificado de pérdida para cobrar el seguro, por favor. 아가메 운 쎄르띠휘까도 데 뻬르디다 빠라 꼬브라르 엘 쎄구로, 뽀르 화보르
감사합니다.	Gracias. 그라씨아스
이 호텔에서 항공권 예약이 가능합니까?	¿Es posible reservar el billete[pasaje/boleto] de avión desde este hotel? 에스 뽀씨블레 레쎄르바르 엘 비예떼[빠사헤/볼레또] 데 아비온 데스데 에스떼 오뗄?
네, 가능합니다. 예약해 드릴까요?	Sí, es posible. ¿Le hago la reserva? 씨, 에스 뽀씨블레. 레 아골 라 레쎄르바?

객실에서 인터넷을 하려면 어떻게 합니까?

¿Cómo hago para usar Internet en la habitación?

꼬모 아고 빠라 우사르 인떼르넷 엔 라 아비따씨온?

호텔 안내서에 사용법이 있는데, 8번을 누르시면 안내원의 자세한 안내를 받으실 수 있습니다.

El folleto del hotel dice cómo utilizarlo, pero si oprime el ocho podrá recibir la información detallada que le dará la operadora.

엘 포예또 델 오뗄 디쎄 꼬모 우띨리싸르로, 뻬로 씨 오쁘리메 엘 오초 뽀드라 레씨비르 라 인포르마씨온 데따야다 껠 레 다랄 라 오뻬라도라

네, 알겠습니다. 감사합니다.

Sí, entendido. Gracias.

씨, 엔뗀디도. 그라씨아스

하루 더 묵고 싶습니다.

Quiero estar aquí un día más.

끼에로 에스따르 아끼 운 디아 마쓰

하루 일찍 떠나고[출발하고] 싶습니다.

Quiero salir un día antes./Quisiera irme un día antes.

끼에로 쌀리르 운 디아 안떼스/ 끼씨에라 이르메 운 디아 안떼스

그러면 내일 12시까지 프런트에서 체크아웃 하셔야 합니다. 뭐 더 필요한 것 있으십니까?

Entonces haga el registro de salida mañana antes de las doce en recepción. ¿Necesita algo más?

엔똔쎄쓰 아가 엘 레히스트로 데 쌀리다 마냐나 안떼스 델 라스 도쎄 엔 레쎕씨온. 네쎄씨따 알고 마쓰?

네, 내일 아침 6시에 모닝콜 부탁합니다. 아침 7시에 떠나겠습니다.

Sí, solicito el servicio de despertador para mañana a las seis. Mañana voy a salir a las siete de la mañana.

씨, 쏠리씨또 엘 쎄르비씨오 데 데스뻬르따도르 빠라 마냐나 알 라스 쎄이스. 마냐나 보이 아 쌀리르 알 라스 씨에떼 델 라 마냐나

네, 알겠습니다. 편히 쉬십시오.

Sí, entendido. Que descanse.

씨, 엔뗀디도. 께 데스깐쎄

감사합니다.

Gracias.

그라씨아스

● 체크아웃

체크아웃은 몇 시에 해야 합니까?	¿A qué hora tengo que dejar la habitación? 아 께 오라 뗑고 께 데하를 라 아비따씨온?
체크아웃은 몇 시입니까?	¿A qué hora es el check-out? 아 께 오라 에스 엘 체까웃?
하루 일찍 떠나고[출발하고] 싶습니다.	Quisiera marcharme un día antes. 끼씨에라 마르차르메 운 디아 안떼스
하루 더 묵을 수 있습니까?	¿Podría quedarme un día más? 뽀드리아 께다르메 운 디아 마쓰?
체크아웃 하겠습니다.	Quisiera hacer el check-out. 끼씨에라 아쎄르 엘 체까웃
계산서 부탁합니다.	La cuenta, por favor./ La nota, por favor. 라 꾸엔따, 뽀르 화보르/ 라 노따, 뽀르 화보르
요금이 잘못 계산되었습니다.	La tarifa está mal cobrada. 라 따리화 에스따 말 꼬브라다
어디에 서명해야 합니까?	¿Dónde hay que firmar? 돈데 아이 께 휘르마르?
여기에 서명해야 합니까?	¿Tengo que firmar aquí? 뗑고 께 휘르마르 아끼?

여행자 수표도 받습니까?	¿Aceptan cheque de viajero? 아쎕딴 체께 데 비아헤로?
열쇠 주시겠습니까?	¿Me da la llave, por favor? 메 달 라 야베, 뽀르 화보르?
열쇠 여기 있습니다.	Aquí tiene la llave. 아끼 띠에넬 라 야베
영수증 주시겠습니까?	¿Podría darme un recibo? 뽀드리아 다르메 운 레씨보?
영수증 주십시오.	Déme el recibo, por favor. 데메 엘 레씨보, 뽀르 화보르
네, 영수증 여기 있습니다.	Sí, aquí tiene el recibo. 씨, 아끼 띠에네 엘 레씨보
감사합니다. 그런데 이 요금은 무엇입니까?	Gracias. Pero ¿qué es este precio? 그라씨아스. 뻬로 께 에스 에스떼 쁘레씨오?
국제전화를 이용하신 비용입니다.	Este es el gasto de las llamadas internacionales. 에스떼 에스 엘 가스또 델 라스 야마다스 인떼르나씨오날레스
여러모로 감사했습니다.	Gracias por todo. 그라씨아스 뽀르 또도
객실에 잊어버리고 놓아둔 물건이 있습니다.	He dejado algo olvidado en la habitación. 에 데하도 알고 올비다도 엔 라 아비따씨온

공항 가는 버스는 어디서 탑니까?	¿Dónde se toma el autobús para ir al aeropuerto? 돈데 세 또마 엘 아우또부스 빠라 이르 알 아에로뿌에르또?	여행 가방들을 들어 줄 사람을 불러 주시겠습니까?	¿Podría llamar a alguien para que me ayude con las maletas? 뽀드리아 야마르 아 알기엔 빠라 께 메 아유데 꼰 라스 말레따스?
저희는 셔틀버스를 운행합니다.	Tenemos autobuses de enlace. 떼네모스 아우또부세스 데 엔라쎄	이 짐을 5시까지 보관해 주시겠습니까?	¿Podría guardar este equipaje hasta las cinco? 뽀드리아 구아르다르 에스떼 에끼빠헤 아스딸 라스 씽꼬?
택시를 불러 주십시오.	Llámeme un taxi, por favor. 야메메 운 딱씨, 뽀르 화보르	저녁때까지 제 짐을 보관해주시겠습니까?	¿Me puede guardar el equipaje hasta la tarde, por favor? 메 뿌에데 구아르다르 엘 에끼빠헤 아스딸 라 따르데, 뽀르 화보르?
공항까지 갈 택시를 불러 주십시오.	Llámeme a un taxi para ir al aeropuerto. 야메메 아 운 딱씨 빠라 이르 알 아에로뿌에르또	제 짐을 내주시겠습니까?	¿Podría entregarme el equipaje? 뽀드리아 엔트레가르메 엘 에끼빠헤?
제가 전화로 택시를 불렀습니다.	Telefoneé para pedir un taxi. 뗄레포네에 빠라 뻬디르 운 딱씨		

유스호스텔

오늘 밤 여자용 침대 둘 있습니까[오늘 밤 여자 2명 묵을 수 있을까요]?	¿Tiene dos camas para chicas esta noche? 띠에네 도스 까마스 빠라 치까스 에스따 노체?	저는 3박 하고 싶습니다.	Quiero hospedarme tres noches. 끼에로 오스뻬다르메 트레스 노체스
1박에 얼마입니까?	¿Cuánto cuesta por noche? 꾸안또 꾸에스따 뽀르 노체?	아침 식사를 여기서 할 수 있습니까?	¿Puedo tomar el desayuno aquí? 뿌에도 또마르 엘 데싸유노 아끼?

아침 식사는 얼마입니까?	¿Cuánto es el desayuno? 꾸안또 에스 엘 데싸유노?	냄비를 빌려주십시오.	Présteme una olla, por favor. 쁘레스떼메 우나 오야, 뽀르 화보르
저는 회원 카드가 없습니다.	No tengo tarjeta de socio. 노 뗑고 따르헤따 데 쏘씨오	어디에 짐을 두면 됩니까?	¿Dónde puedo poner mi equipaje? 돈데 뿌에도 뽀네르 미 에끼빠헤?
하지만 여기 묵고 싶습니다.	Pero quiero hospedarme aquí. 뻬로 끼에로 오스뻬다르메 아끼	여기에 짐을 둬도 됩니까?	¿Puedo poner mi equipaje aquí? 뿌에도 뽀네르 미 에끼빠헤 아끼?
회원이 될 수 있을까요?	¿Podría hacerme socio(-a)? 뽀드리아 아쎄르메 쏘씨오(–아)?	짐을 맡아 주시겠습니까?	¿Podría guardar mi equipaje? 뽀드리아 구아르다르 미 에끼빠헤?
저는 제 시트가 있습니다.	Tengo mi propia sábana. 뗑고 미 프로삐아 싸바나	로커는 어디에 있습니까?	¿Dónde están los armarios? 돈데 에스딴 로스 아르마리오스?
시트를 빌려주시겠습니까?	¿Me podría alquilar una sábana? 메 뽀드리아 알낄라르 우나 싸바나?	실례지만, 화장실은 어디에 있습니까?	Perdón, ¿dónde está el baño?/ ¿dónde están los servicios? 뻬르돈, 돈데 에스따 엘 바뇨?/돈데 에스딴 로스 쎄르비씨오스?
프런트도어는[정문은] 몇 시에 닫힙니까?	¿A qué hora se cierra la puerta principal? 아 께 오라 세 씨에랄 라 뿌에르따 쁘린씨빨?	(지켜야 할) 어떤 특별한 규칙이 있습니까?	¿Hay alguna norma especial? 아이 알구나 노르마 에스뻬씨알?
프런트도어는[정문은] 아침 몇 시에 열립니까?	¿A qué hora se abre la puerta principal por la mañana? 아 께 오라 세 아브렐 라 뿌에르따 쁘린씨빨 뽀를 라 마냐나?		
스스로 취사를 해도 됩니까?[본인 음식을 취사해도 됩니까?]	¿Puedo cocinar mi propia comida? 뿌에도 꼬씨나르 미 프로삐아 꼬미다?		

길 물어보기

실례지만, 택시정류장은 어디에 있습니까?

Perdone, ¿dónde está la parada del taxi?

뻬르도네, 돈데 에스딸 라 빠라다 델 딱씨?

똑바로 가다가 두 번째 신호등에서 왼쪽으로 가시면 됩니다.

Siga derecho y doble a la izquierda en el segundo semáforo.

씨가 데레초 이 도블레 알 라 이스끼에르다 엔 엘 쎄군도 쎄마포로

두 번째 신호등에서 왼쪽으로 가면 바로 보입니까?

¿Se ve enseguida al doblar a la izquierda en el segundo semáforo?

세 베 엔쎄기다 알 도블라르 알 라 이스끼에르다 엔 엘 쎄군도 쎄마포로?

왼쪽으로 돌아서 50미터 정도 걸어가면 도서관이 보입니다. 택시정류장은 도서관 바로 맞은편에 있습니다.

Si dobla a la izquierda y camina unos cincuenta metros, se ve la biblioteca. La parada del taxi está exactamente enfrente de la biblioteca.

씨 도블라 알 라 이스끼에르다 이 까미나 우노스 씽꾸엔따 메트로스, 세 벨 라 비블리오

떼까. 라 빠라다 델 딱씨 에스따 엑쌕따멘떼 엔프렌떼 델 라 비블리오떼까

여기서 걸어서 얼마나 걸립니까?

¿Cuánto se tarda andando desde aquí?

꾸안또 세 따르다 안단도 데스데 아끼?

걸어서 10분쯤 걸립니다.

Se tarda unos diez minutos caminando.

세 따르다 우노스 디에스 미누또스 까미난도

네, 알겠습니다. 감사합니다.

Sí, entendido. Gracias.

씨, 엔뗀디도, 그라씨아스

실례지만, 저는 프라도 국립미술관을 찾고 있습니다.

Disculpe, estoy bucando el Museo Nacional del Prado.

디스꿀뻬, 에스또이 부스깐도 엘 무쎄오 나씨오날 델 프라도

왼쪽으로 돌아서 30미터쯤 걸어가면 프라도 국립미술관이 보일 겁니다.

Si dobla a la izquierda y camina unos treinta metros, verá el Museo Nacional del Prado.

씨 도블라 알 라 이스끼에르다 이 까미나 우노스 트레인따 메트로스, 베라 엘 무쎄오 나씨오날 델 프라도

성가족성당에 가고 싶습니다.	Quiero ir a la Sagrada Familia. 끼에로 이르 알 라 싸그라다 화밀리아	박물관/슈퍼마켓에 가려면 어디로 해서[어디를 지나서] 가야 합니까?	¿Por dónde se va al museo/supermercado? 뽀르 돈데 세 바 알 무쎄오/쑤뻬르메르까도?
걸어서 거기에 갈 수 있습니까?	¿Se puede ir allí andando? 세 뿌에도 이르 아이 안단도?	똑바로 가십시오.	Vaya usted todo derecho. 바야 우스뗄 또도 데레초
성가족성당까지 걸어서 얼마나 걸립니까?	¿Cuánto tiempo se tarda andando hasta la Sagrada Familia? 꾸안또 띠엠뽀 세 따르다 안단도 아스딸 라 싸그라다 화밀리아?	오른쪽에 보일 것입니다.	Verá a la derecha. 베라 알 라 데레차
		세 번째 모퉁이에서 왼쪽으로 도십시오.	Doble la tercera esquina a la izquierda. 도블렐 라 떼르쎄라 에스끼나 알 라 이스끼에르다
여기서 멉니까?	¿Está lejos de aquí? 에스따 레호스 데 아끼?	이 지도에 표시해주십시오.	Marque en este mapa, por favor. 마르께 엔 에스떼 마빠, 뽀르 화보르
이쪽 방향입니까?	¿Está en esta dirección? 에스따 엔 에스따 디렉씨온?		
오른쪽입니까, 왼쪽입니까?	¿Está a la derecha o a la izquierda? 에스따 알 라 데레차 오 알 라 이스끼에르다?	실례합니다, 선생님. 마드리드 호텔로 가려면 어디로 가야 합니까?	Perdón, señor. ¿Por dónde se va al Hotel Madrid? 뻬르돈, 쎄뇨르, 뽀르 돈데 세 바 알 오뗄 마드릴?
똑바로[곧장] 갑니까?	¿Voy todo derecho? 보이 또도 데레초?	이 길로 똑바로 가서 두 번째 사거리에 있는 모퉁이에서 오른쪽으로 도세요. 그 길 끝에서 다시 오른쪽으로 돌면 왼쪽에 마드리드 호텔이 보일 겁니다.	Vaya Ud. todo derecho por esta calle, doble la esquina a la derecha en el segundo cruce, al final de esa calle, doble Ud. de nuevo a la derecha y encontrará Ud. el hotel Madrid. 바야 우스뗄 또도 데레초 뽀르 에스따 까예, 도블렐 라 에스끼나 알 라 데레차 엔 엘
오른쪽/왼쪽으로 돌아야 합니까?	¿Tengo que doblar a la derecha/izquierda? 뗑고 께 도블라르 알 라 데레차/이스끼에르다?		
뭐 표시되는 것이 있습니까?	¿Hay algo de señal? 아이 알고 데 쎄날?		
우체국에 가려면 어디로 해서[어디를 지나서] 가면 됩니까?	¿Por dónde se va a correos? 뽀르 돈데 세 바 아 꼬레오스?		

	쎄군도 크루세, 알 휘날 데 에사 까예, 도블레 우스뗄 데 누에보 알 라 데레차 이 엔꼰트라라 우스뗄 엘 오뗄 마드릴	아니오, 당신은 너무 멀리 오셨습니다[지나쳐 오셨습니다]. 되돌아가서 오른쪽으로 도십시오.	No, ha venido Ud. demasiado lejos. Debe Ud. retroceder y doblar a la derecha. 노, 아 베니도 우스뗄 데마씨아돌 레호스. 데베 우스뗄 레트로쎄데르 이 도블라르 알 라 데레차

여기서 거기까지 얼마나 걸립니까?

¿Cuánto se tarda de aquí allá?
꾸안또 세 따르다 데 아끼 아야?

그러면, 선생님, 이 길로 가면 어디로 가나요?

Entonces, señor, ¿a dónde se va por esta calle?
엔똔쎄쓰, 쎄뇨르, 아 돈데 세 바 뽀르 에스따 까예?

약 15분 정도 걸립니다.

Se tarda más o menos quince minutos.
세 따르다 마쓰 오 메노스 낀쎄 미누또스

마드리드 시청으로 갑니다.

Al Ayuntamiento de Madrid.
알 아윤따미엔또 데 마드릴

대단히 감사합니다.

Muchas gracias.
무차스 그라씨아스

아, 그래요! 감사합니다.

¡Ah sí! Gracias.
아 씨! 그라씨아스

천만에요.

No hay de qué.
노 아이 데 께

저는 길을 잃었습니다.

Estoy perdido(-a).
에스또이 뻬르디도(--다)

이 근처에 영화관이 있습니까?

¿Hay un cine cerca de aquí?
아이 운 씨네 쎄르까 데 아끼?

저는 길을 잘못 들었습니다[길을 잃었습니다].

Me he extraviado.
메 에 엑쓰트라비아도

네, 하나 있습니다.

Sí, hay uno.
씨 아이 우노

지금 여기가 어딥니까[지금 우리는 어디에 있습니까]?

¿Dónde estamos ahora?
돈데 에스따모스 아오라?

여기서 가깝습니까?

¿Está cerca de aquí?
에스따 쎄르까 데 아끼?

죄송합니다만, 여기가 어디인지 아십니까?

Lo siento, pero ¿sabe usted dónde estamos?
로 씨엔또, 뻬로 싸베 우스뗄 돈데 에스따모스?

저기 보이는 병원 뒤에 있습니다.

Está detrás del hospital que se ve allí.
에스따 데트라스 델 오스삐딸 께 세 베 아이

길을 잘못 들었습니다.

Me he equivocado de camino.
메 에 에끼보까도 데 까미노

아니오, 꽤 멀리 있습니다.

No. Él está tan lejos.
노, 엘 에스따 딴 레호스

길을 잃었습니다. 도와주십시오.

Me he perdido. Ayúdeme, por favor.
메 에 뻬르디도. 아유데메. 뿌르 화보르

이쪽으로 가면 영화관에 갈 수 있습니까?

¿Se va al cine por aquí?
세 바 알 씨네 뿌르 아끼?

이 주소가 여기입니까?

¿Es aquí esta dirección?

에스 아끼 에스따 디렉씨온?

이 주소로 어떻게 갑니까?

¿Cómo se va a esta dirección?

꼬모 세 바 아 에스따 디렉씨온?

지하도를 건너 10분쯤 걸어가면 왼쪽에 있습니다.

Cruce por el paso subterráneo, camine unos diez minutos y lo encontrará a la izquierda.

크루세 뽀르 엘 빠소 쑵떼라네오, 까미네 우노스 디에스 미누또스 일 로 엔꼰트라라 알 라 이스끼에르다

죄송하지만, 약도를 그려주시겠습니까?

Disculpe, ¿me podría dibujar un plano?

디스꿀뻬, 메 뽀드리아 디부하르 운 쁠라노?

우리가 길을 잘못 든 것 같습니다. 여기가 어딥니까[우리는 어디에 있습니까]?

Creo que hemos tomado mal el camino. ¿Dónde estamos?

크레오 께 에모스 또마도 말 엘 까미노, 돈데 에스따모스?

지금 우리가 있는 곳이 어딥니까?

¿Dónde nos encontramos ahora?

돈데 노스 엔꼰트라모스 아오라?

이 장소는 이 지도 상에서 어디에 있습니까?

¿Dónde está este lugar en este mapa?

돈데 에스따 에스뗄 루가르 엔 에스떼 마빠?

실례합니다. 이것은 무슨 장소[어떤 곳]입니까?

Disculpe, ¿qué lugar es este(=éste)?

디스꿀뻬, 껠 루가르 에스 에스떼?

시청역입니다.

Esta es la estación del Ayuntamiento.

에스따 에슬 라 에스따씨온 델 아윤따미엔또

여기서 시청 광장까지 얼마나 멉니까?

¿Qué tan lejos está la Plaza del Ayuntamiento desde aquí?

께 딴 레호스 에스딸 라 쁠라사 델 아윤따미엔또 데스데 아끼?

백화점은 어디에 있습니까?

¿Dónde están los grandes almacenes?

돈데 에스딴 로스 그란데스 알마쎄네스?

모퉁이에 백화점이 있습니다.

En la esquina hay unos grandes almacenes.

엔 라 에스끼나 아이 우노스 그란데스 알마쎄네스

이 길로 똑바로 가다가 두 번째 신호등에서 오른쪽으로 가십쇼.

Siga derecho por esta calle y doble a la derecha en el segundo semáforo.

씨가 데레초 뽀르 에스따 까예 이 도블레 알 라 데레차 엔 엘 쎄군도 쎄마포로

이 근처에 식료품 가게가 있습니까?

¿Hay alguna tienda de comestibles cerca de aquí?

아이 알구나 띠엔다 데 꼬메스띠블레스 쎄르까 데 아끼?

네, 하나 있습니다. 은행 바로 옆에 있습니다.

Sí, hay una. Está justo al lado del banco.

씨, 아이 우나. 에스따 후스또 알 라도 델 방꼬

네, 있습니다. 저기 보이는 도서관 뒤쪽에 있습니다.

Sí, hay. Está detrás de la biblioteca que se ve allí.

씨, 아이. 에스따 데트라스 델라 비블리오떼까 께 세 베 아이

인도교를 건너서 은행 옆길로 돌아가십쇼.

Cruce el puente peatonal y doble por la calle que está junto al banco.

크루세 엘 뿌엔떼 뻬아또날 이 도블레 뽀를 라 까예 께 에스타 훈또 알 방꼬

당신은 어디를 지나서 가십니까?

¿Por dónde pasa usted?

뽀르 돈데 빠사 우스뗄?

괜찮으시다면, 저를 그곳까지 데려다 주시겠습니까?

Si no le importa, ¿puede llevarme hasta ahí?

씨 놀 레 임뽀르따, 뿌에데 예바르메 아스따 아이?

실례지만, 화장실은 어디에 있습니까?

Perdón, ¿dónde están los servicios?

뻬르돈, 돈데 에스딴 로스 쎄르비씨오스?

(화장실은) 횡단보도 건너편에 있습니다.

(Los servicios) Están cruzando el paso peatonal.

(로스 쎄르비씨오스) 에스딴 크루산도 엘 빠소 뻬아또날

화살표 방향으로 가십시오.

Sígase el sentido de las flechas.

씨가세 엘 쎈띠도 델 라스 플레차스

길을 건너가셔야 합니다.

Usted necesita cruzar la calle.

우스뗄 네쎄씨따 크루사를 라 까예

버스 정거장은 멉니까?

¿Está lejos la parada de autobús?

에스따 레호슬 라 빠라다 데 아우또부스?

아니오, 여기서 가깝습니다.

No, está cerca de aquí.

노, 에스따 쎄르까 데 아끼

실례지만, 말씀 좀 묻겠습니다.

Disculpe, le hago una pregunta.

디스꿀뻬, 레 아고 우나 쁘레군따

네, 말씀하십쇼.

Sí, dígame.

씨, 디가메

지하철을 타고 싶은데 이 근처에 지하철역이 있습니까?

Quisiera tomar el metro, ¿hay una estación de metro por aquí cerca?

끼씨에라 또마르 엘 메트로 아이 우나 에스따씨온 데 메트로 뽀르 아끼 쎄르까?

여기서 지하철역까지 걸어 갈 수 있습니까?

¿Se puede ir caminando desde aquí a la estación de metro?

세 뿌에데 이르 까미난도 데스데 아끼 알 라 에스따씨온 데 메트로?

지하철역까지 가는 길을 가르쳐 주십시오.

Por favor, indíqueme el camino para ir hasta la estación de metro.

뽀르 화보르, 인디께메 엘 까미노 빠라 이르 아스딸 라 에스따씨온 데 메트로

서점과 편의점 사이 골목으로 5분쯤 걸어가시면 됩니다.

Camine unos cinco minutos por la callejuela que está entre la librería y la tienda de conveniencia.

까미네 우노스 씽꼬 미누또스 뽀를 라 까예후엘라 께 에스따 엔트렐 랄 리브레리아 일라 띠엔다 데 꼰베니엔씨아

저도 방향이 같습니다. 같이 갑시다.

Yo voy en la misma dirección. Vamos juntos.

요 보이 엔 라 미스마 디렉씨온, 바모스 훈또스

실례지만, 이 길이 지하철역 가는 길입니까?

Disculpe, ¿es este el camino para ir a la estación de metro?

디스꿀뻬, 에스 에스떼 엘 까미노 빠라 이르 알 라 에스따씨온 데 메트로?

네, 저기 보이는 인도교를 건너서 100미터 쯤 가면 지하도가 있습니다. 지하도를 건너서 왼쪽으로 가면 주유소가 보입니다. 지하철역은 주유소 뒤에 있습니다.

Sí, si cruza ese puente peatonal que se ve allí y va unos cien metros, hay un paso subterráneo. Crúcelo y vaya a la izquierda, entonces verá una gasolinera. La estación de metro está detrás de la gasolinera.

씨, 씨 크루사 에쎄 뿌엔떼 뻬아또날 께 세 베 아이 이 바 우노스 씨엔 메트로스, 아이 운 빠소 쑵떼라네오. 크루셀로 이 바야 알 라 이스끼에르다. 엔똔쎄쓰 베라 우나 가솔리네라. 라 에스따씨온 데 메트로 에스따 데트라스 델 라 가솔리네라

네, 알겠습니다. 감사합니다.

Sí, entendido. Gracias.

씨, 엔뗀디도. 그라씨아스

반대 방향입니다.

Es la dirección contraria.

에슬 라 디렉씨온 꼰트라리아

걸어서 갈 수 있습니까?

¿Podré ir andando?

뽀드레 이르 안단도?

걸어서 얼마나 걸립니까?

¿Cuánto se tarda andando?

꾸안또 세 따르다 안단도?

걸어서 30분 걸립니다.

Se tardan treinta minutos andando.

세 따르단 트레인따 미누또스 안단도

거기까지 가는 데 얼마나 걸릴까요?

¿Cuánto tardaré para llegar hasta ahí?

꾸안또 따르다레 빠라 예가르 아스따 아이?

자동차로 10분 정도 걸립니다.

Se tardan unos diez minutos en coche.

세 따르단 우노스 디에스 미누또스 엔 꼬체

거기에 가장 빨리 가는 방법이 무엇입니까?

¿Cuál es la forma de llegar ahí más rápido ?

꾸알 에슬 라 포르마 데 예가르 아이 마쓰 라삐도?

택시로 가는 것입니다.

En taxi.

엔 딱씨

어떤 것이 지름길입니까?

¿Cuál es el atajo?

꾸알 에스 엘 아따호?

죄송합니다만, 저도 잘 모릅니다.

Lo siento, pero no lo sé muy bien.

로 씨엔또, 뻬로 놀 로 쎄 무이 비엔

실례합니다. ABC 신문사 편집국이 어디에 있습니까?

Disculpe, ¿dónde está el departamento de redacción del periódico ABC?

디스꿀뻬, 돈데 에스따 엘 데빠르따미엔또 데 레닥씨온 델 뻬리오디꼬 아베쎄?

저기 보이는 그 건물이 ABC 신문사 본관입니다.

Ese edificio que se ve allí es el edificio principal del periódico ABC.

에쎄 에디휘씨오 께 세 베 아이 에스 엘 에디휘씨오 쁘린씨빨 델 뻬리오디꼬 아베쎄

네.

Sí.

씨

본관 옆길로 똑바로 올라가면, 본관 뒤에 빨간 벽돌 건물이 보입니다. 편집국은 그 건물 2층에 있습니다.

Siguiendo recto por el sendero junto al edificio principal, se ve detrás un edificio de ladrillos rojos. El departamento de redacción está en ese edificio en el primer piso[segundo piso((남미))].

씨기엔도 렉또 뽀르 엘 쎈데로 훈또 알 에디휘씨오 쁘린씨빨, 세 베 데트라스 운 에디휘씨오 델 라드리요스 로호스. 엘 데빠르따미엔또 데 레닥씨온 에스따 엔 에쎄 에디휘씨오 엔 엘 쁘리메르 삐소[쎄군도 삐소]

실례지만, 편집국이 몇 층에 있습니까?

Disculpe, ¿en qué piso está el departamento de redacción?

디스꿀뻬, 엔 께 삐소 에스따 엘 데빠르따미엔또 데 레닥씨온?

편집국은 이 건물 2층에 있습니다.

El departamento de redacción está en el primer piso[segundo piso((남미))] de este edificio.

엘 데빠르따미엔또 데 레닥씨온 에스따 엔 엘 쁘리메르 삐소[쎄군도 삐소] 데 에스떼 에디휘씨오

이 건물에 엘리베이터가 있습니까?

¿Hay ascensor en este edificio?

아이 아스쎈소르 엔 에스떼 에디휘씨오?

네. 복도 끝에 있습니다.

Sí. Está al fondo del pasillo.

씨. 에스따 알 폰도 델 빠씨요

실례지만, 화장실이 어디에 있습니까?

Perdón, ¿dónde está el baño?

뻬르돈, 돈데 에스따 엘 바뇨?

엘리베이터 옆으로 돌아가면 있습니다.

Está doblando el ascensor.

에스따 도블란도 엘 아스쎈소르

엘리베이터 옆에 있습니다.

Está junto al ascensor.

에스따 훈또 알 아스쎈소르

지하 1층에 있습니다.

Está en el primer subsuelo.

에스따 엔 엘 쁘리메르 쑵쑤엘로

4층 컴퓨터실 옆에 있습니다.

Está en el tercer piso al lado de la sala de computadoras.

	에스따 엔 엘 떼르쎄르 삐소 알 라도 델 라 쌀라 데 꼼뿌따도라스	13층은 올라갈 수 없습니다. 옥상입니다.	No se puede subir al piso doce. Es la terraza.

13층에 무엇이 있습니까?

¿Qué hay en el piso doce?

께 아이 엔 엘 삐소 도쎄?

노 세 뿌에도 쑤비르 알 삐소 도쎄. 에슬 라 떼라사

네, 알겠습니다. 감사합니다.

Sí, entiendo. Gracias.

씨, 엔띠엔도, 그라씨아스

버스 · 지하철

이 근처에 버스 정거장(지하철역)이 있습니까?

¿Hay alguna parada de autobús(alguna estación de metro) cerca de aquí?

아이 알구나 빠라다 데 아우또부스(알구나 에스따씨온 데 메트로) 쎄르까 데 아끼?

가장 가까운 버스 정거장(지하철역)은 어디에 있습니까?

¿Dónde está la parada de autobús(la estación de metro) más cercana?

돈데 에스딸 라 빠라다 데 아우또부스(라 에스따씨온 데 메트로) 마쓰 쎄르까나?

모퉁이에서 오른쪽으로 돌아가십시오.

Vuelva a la derecha en el ángulo.

부엘베 알 라 데레차 엔 엘 앙굴로

그 하얀색 건물 앞에 있습니다.

Está en frente de ese edificio blanco.

에스따 엔 프렌떼 데 에쎄 에디휘씨오 블랑꼬

감사합니다.

Gracias.

그라씨아스

천만에요.

De nada.

데 나다

거기서 시청 광장 가는 버스를 탈 수 있습니까?

Allí, ¿puedo tomar un bus que va a la Plaza del Ayuntamiento?

아이, 뿌에도 또마르 운 부스 께 바 알 라 쁠라사 델 아윤따미엔또?

네.

Sí.

씨

실례지만, 서울 시청 가려면 몇 번 버스를 타야 합니까?

Disculpe, ¿qué autobús tengo que tomar para ir al Ayuntamiento de Seúl?

디스꿀뻬, 께 아우또부스 뗑고 께 또마르 빠라 이르 알 아윤따미엔또 데 쎄울?

405번 타시면 됩니다.

Tome el cuatrocientos cinco.

또메 엘 꾸아트로씨엔또스 씽꼬

요금은 얼마입니까?

¿Cuánto cuesta el pasaje?

꾸안또 꾸에스따 엘 빠사헤?

교통카드로 1,150원이고, 현금으로는 1,200원입니다.

Cuesta mil ciento cincuenta wones con la tarjeta de transporte y mil doscientos wones en efectivo.
꾸에스따 밀 씨엔또 씽꾸엔따 워네스 꼰 라 따르헤따 데 트란스뽀르떼 이 밀 도스씨엔또스 워네스 엔 에훼띠보

그럼 교통카드는 어디서 살 수 있습니까?

Entonces, ¿dónde se puede comprar la tarjeta de transporte?
엔똔쎄쓰, 돈데 세 뿌에데 꼼쁘라를 라 따르헤따 데 트란스뽀르떼?

교통카드는 어디서 팝니까?

¿Dónde venden la tarjeta de transporte?
돈데 벤덴 라 따르헤따 데 트란스뽀르떼?

버스 정거장 매표소와 지하철역에서 사실 수 있습니다.

Puede comprarla en la taquilla de la parada de autobuses y en el metro.
뿌에데 꼼쁘라를라 엔 라 따끼야 델 라 빠라다 데 아우또부세스 이 엔 엘 메트로

편의점에서도 교통카드를 살 수 있습니까?

¿Se puede comprar la tarjeta de transporte también en la tienda de conveniencia?
세 뿌에데 꼼쁘라를 라 따르헤따 데 트란스뽀르떼 땀비엔 엔 라 띠엔다 데 꼰페니엔씨아?

네.

Sí.
씨

감사합니다!

¡Gracias!
그라씨아스!

별말씀을요.

De nada.
데 나다

서울 시청 가는 버스는 어디서 탑니까?

¿Dónde se toma el autobús que va al Ayuntamiento de Seúl?
돈데 세 또마 엘 아우또부스 께 바 알 아윤따미엔또 데 쎄울?

서울 시청 가는 버스는 어떤 것입니까?

¿Cuál es el autobús que va al Ayuntamiento de Seúl?
꾸알 에스 엘 아우또부스 께 바 알 아윤따미엔또 데 쎄울?

이것은 서울 시청으로 갑니까?

¿Esto va al Ayuntamiento de Seúl?
에스또 바 알 아윤따미엔또 데 쎄울?

그 버스는 서울 시청 갑니까?

¿Ese autobús va al Ayuntamiento de Seúl?
에쎄 아우또부스 바 알 아윤따미엔또 데 쎄울?

그 버스는 거기로[그곳으로] 가지 않습니다.

El autobús no va por ahí.
엘 아우또부스 노 바 뽀르 아이

시내로 가려면 몇 번 버스 타야 합니까?

¿Qué número de autobús hay que tomar para ir al centro?
께 누메로 데 아우또부스 아이 께 또마르 빠라 이르 알 쎈트로?

15번 버스를 타십시오.	Tome el autobús número quince. 또메 엘 아우또부스 누메로 낀쎄
그 번호의 버스는 얼마나 자주 옵니까?	¿Cada cuándo viene ese número de autobús? 까다 꾸안도 비에네 에쎄 누메로 데 아우또부스?
다음 버스는 언제 옵니까?	¿Cuándo viene el siguiente autobús? 꾸안도 비에네 엘 씨기엔떼 아우또부스?
버스로 성가족성당에 가려고 합니다.	Quiero ir a la Sagrada Familia en autobús. 끼에로 이르 알 라 싸그라다 화밀리아 엔 아우또부스
버스로도 갈 수 있습니까?	¿Se puede ir también en autobús? 세 뿌에데 이르 땀비엔 엔 아우또부스?
여기에서 성가족성당까지 버스로 얼마나 걸립니까?	¿Cuánto se tarda desde aquí a la Sagrada Familia en autobús? 꾸안또 세 따르다 데스데 아끼 알 라 싸그라다 화밀리아 엔 아우또부스?
버스로 25분쯤 걸립니다.	Se tarda unos veinticinco minutos en autobús. 세 따르다 우노스 베인띠씽꼬 미누또스 엔 아우또부스
선생님, 이 버스 성가족성당 갑니까?	Señor, ¿este autobús va a la Sagrada Familia? 쎄뇨르, 에스떼 아우또부스 바 알 라 싸그라다 화밀리아?
성가족성당에 가시려면 건너편 버스정거장에서 타십시오.	Si va a la Sagrada Familia, tómelo en la parada de enfrente. 씨 바 알 라 싸그라다 화밀리아, 또멜로 엔 라 빠라다 데 엔프렌떼
성가족성당까지 얼마입니까?	¿Cuánto cuesta para la Sagrada Familia? 꾸안또 꾸에스따 빠랄 라 싸그라다 화밀리아?
차표 1장 주십시오.	Un billete, por favor. 운 비예떼, 뽀르 화보르
버스(지하철) 노선도를 주십시오.	Déme un mapa de las líneas de autobús(metro), por favor. 데메 운 마빠 델 라스 리네아스 데 아우또부스(메트로), 뽀르 화보르
다음 정거장은 어디입니까?	¿Dónde es la próxima parada? 돈데 에슬 라 프록씨마 빠라다?
국립중앙박물관에 가려면 어디서 내려야 합니까?	¿Dónde hay que bajarse para ir al Museo Central Nacional? 돈데 아이 께 바하르세 빠라 이르 알 무쎄오 쎈트랄 나씨오날?

다음 정거장에서 내리십시오.

Bájese en la próxima parada.

바헤세 엔 라 프록씨마 빠라다

어디서 갈아타야 합니까?

¿Dónde hay que hacer la transferencia?

돈데 아이 께 아쎄를 라 트란스훼렌씨아?

이번 정거장에서 내려 버스를 갈아타십시오.

Bájese y haga transferencia de autobús en esta parada.

바헤세 이 아가 트란스훼렌씨아 데 아우또부스 엔 에스따 빠라다

환승하실 때 탈 때와 내릴 때 모두 단말기에 교통카드를 찍어야 요금할인이 됩니다.

Cuando haga transbordo, valide su tarjeta de transporte tanto al subir como al bajar para que le descuenten el pasaje.

꾸안도 아가 트란스보르도, 발리데 쑤 따르헤따 데 트란스뽀르떼 딴또 알 쑤비르 꼬모 알 바하르 빠라 껠 레 데스꾸엔뗀 엘 빠사헤

특히 마지막 내릴 때는 꼭 찍어야 됩니다.

En especial, tiene que validar su tarjeta la última vez que se baje.

엔 에스뻬씨알, 띠에네 께 발리다르 쑤 따르헤따 라 울띠마 베스 께 세 바헤

30분 이내에 다른 버스나 지하철을 타면 환승할인이 됩니다.

Si toma otro autobús o metro dentro de los treinta minutos, le descuentan el transbordo.

씨 또마 오트로 아우또부스 오 메트로 덴트로 델 로스 트레인타 미누또스, 레 데스꾸엔딴 엘 트란스보르도

서울 시청까지 몇 정거장 남았습니까?

¿Cuántas paradas quedan para el Ayuntamiento de Seúl?

꾸안따스 빠라다스 께단 빠라 엘 아윤따미엔또 데 쎄울?

거기에 도착하면 제게 알려 주시겠습니까?

¿Me puede avisar al llegar ahí, por favor?

메 뿌에데 아비사르 알 예가르 아이, 뽀르 화보르?

덕수궁에 가려면 어디서 내려야 합니까?

¿Dónde tengo que bajarme para ir al palacio Deoksugung?

돈데 뗑고 께 바하르메 빠라 이르 알 빨라씨오 덕수궁?

시청에서 내리면 됩니다.

Bájese en el Ayuntamiento.

바헤세 엔 엘 이윤따미엔또

선생님, 우리가 시청에 도착하면 제게 말씀해 주십시오.

Señor, avíseme cuando lleguemos al Ayuntamiento.

쎄뇨르, 아비세메 꾸안도 예게모스 알 아윤따미엔또

네, 알겠습니다.

Sí, entendido.

씨, 엔뗀디도

덕수궁 가시는 손님들, 다음 정거장에서 내리십시오.	Señores pasajeros que van a Deoksugung, bájense en la próxima parada. 쎄뇨레스 빠사헤로스 께 반 아 덕수궁, 바헨세 엔 라 프록씨마 빠라다
다음 정거장에서 내리겠습니다.	Me bajaré en la siguiente parada. 메 바하레 엔 라 씨기엔떼 빠라다
여보세요! 저는 다음 정거장에서 내리겠습니다.	¡Oiga! Voy a bajar en la próxima parada. 오이가! 보이 아 바하르 엔 라 프록씨마 빠라다
실례합니다. 저는 여기서 내려야 합니다[내리겠습니다].	Con permiso. Me tengo que bajar aquí. 꼰 뻬르미소. 메 뗑고 께 바하르 아끼
인천공항에 어떻게 갑니까?	¿Cómo voy al aeropuerto de Incheon? 꼬모 보이 알 아에로뿌에르또 데 인천?
병원 건너편 버스정류장에서 인천공항으로 가는 리무진버스를 타십시오.	Tome el autobús limusina en la parada de autobuses enfrente del hospital. 또메 엘 아우또부세스 리무씨나 엔 라 빠라다 데 아우또부세스 엔프렌떼 델 오스삐딸
네, 감사합니다.	Sí, gracias. 씨, 그라씨아스

저는 지하철로 저기에 갑니다.	Voy allí en metro. 보이 아이 엔 메트로
가장 가까운 지하철역은 어떤 것입니까?	¿Cuál es la estación de metro más cercana? 꾸알 에슬 라 에스따씨온 데 메트로 마쓰 쎄르까나?
지하철역은 어디에 있습니까?	¿Dónde está la estación de metro? 돈데 에스딸 라 에스따씨온 데 메트로?
어디서 지하철을 탈 수 있습니까?	¿Dónde puedo tomar el metro? 돈데 뿌에도 또마르 엘 메트로?
길 건너편에 있습니다.	Está al otro lado de la calle. 에스따 알 오트롤 라도 델 라 까예
지하철 입구는 어디에 있습니까?	¿Dónde está la entrada al metro? 돈데 에스딸 라 엔트라다 알 메트로?
매표소는 어디 있습니까?	¿Dónde está la taquilla? 돈데 에스딸 라 따끼야?
어디서 표를 살 수 있습니까?	¿Dónde puedo comprar el billete? 돈데 뿌에도 꼼쁘라르 엘 비예떼?
지하철 표는 어디서 판매됩니까?	¿Dónde se compra el billete de metro? 돈데 세 꼼쁘라 엘 비예떼 데 메트로?

서울 시청 행 편도표 한 장 주시겠습니까?

¿Me da un billete de ida para el Ayuntamiento de Seúl, por favor?

메 다 운 비예떼 데 이다 빠라 엘 아윤따미엔또 데 쎄울, 뽀르 화보르?

네, 여기 있습니다.

Sí, aquí tiene (usted).

씨, 아끼 띠에네 (우스뗏)

마지막 지하철은 몇 시에 있습니까[지나갑니까]?

¿A qué hora pasa el último tren?

아 께 오라 빠사 엘 울띠모 트렌?

지하철 노선도를 주시겠습니까?

¿Me da un plano de metro, por favor?

메 다 운 쁠라노 데 메트로, 뽀르 화보르?

어느 노선이 시청역에 갑니까?

¿Qué línea va a la estación de Ayuntamiento?

껠 리네아 바 알 라 에스따씨온 데 아윤따미엔또?

마요르 광장에 가려면 어느 노선을 타야합니까?

¿Qué línea tengo que tomar para ir a la Plaza Mayor?

껠 리네아 뗑고 께 또마르 빠라 이르 알 라 쁠라사 마요르?

2호선을 타십시오.

Tome la línea dos.

또멜 랄 리네아 도스

지하철 …호선

la línea … del metro

랄 리네아 … 델 메트로

과천 국립현대미술관에 가려면 4호선 타면 됩니까?

¿Puedo tomar la línea cuatro para ir al Museo Nacional de Arte Moderno Gwacheon?

네, 서울역에서 4호선을 타시면 됩니다.

Sí, tome la línea cuatro en la estación de Seúl.

씨, 또멜 랄 리네아 꾸아트로 엔 라 에스따씨온 데 쎄울

이태원에 가려면 몇 호선을 타야 됩니까?

¿Qué línea tengo que tomar para ir a Itaewon?

껠 리네아 뗑고 께 또마르 빠라 이르 아 이태원?

당산역에서 2호선 타고 합정역에서 6호선으로 갈아타십시오.

Tome la línea dos en Dangsan y haga transbordo a la línea seis en Hapjeong.

또멜 랄 리네아 도스 엔 당산 이 아가 트란스보르도 알 라 리네아 쎄이스 엔 합정

실례지만, 고속버스터미널에 가려면 몇 호선을 타야 합니까?

Disculpe, ¿qué línea tengo que tomar para ir a Express Bus Terminal[Terminal de Buses Express]?

디스꿀뻬, 껠 리네아 뗑꼬 께 또마르 빠라 이르 아 엑쓰프레스 부스 떼르미날[떼르미날 데 부세스 엑쓰프레스]?

여기 이태원역에서 6호선을 타고 약수역에서 3호선으로 갈아타시면 됩니다.

Tome la línea seis desde la estación de Itaewon y haga transbordo a la línea treis en la estación de Yaksu.

뿌에도 또마를 랄 리네아 꾸아트로 빠라 이르 알 무쎄오 나씨오날 데 아르떼 모데르노 과천?

또멜 랄 리네아 쎄이스 데스델 라 에스따씨온 데 이태원 이 아가 트란스보르도 알 라 리네아 트레스 엔 라 에스따씨온 데 약수

이태원역에서 6호선을 타고 약수역에서 내린 후 3호선으로 환승해서 고속버스터미널역에서 내리면 되는 겁니까?

¿Tomo la línea seis en Itaewon y me bajo en Yaksu para hacer transbordo a la línea tres y luego me bajo en Express Bus Terminal[Terminal de Buses Express]?

또몰 랄 리네아 쎄이스 엔 이태원 이 메 바호 엔 약수 빠라 아쎄르 트란스보르도 알 랄 리네아 트레스 일 루에고 메 바호 엔 엑쓰프레스 부스 떼르미날[떼르미날 데 부쎄스 엑쓰프레스]?

네, 그렇습니다.

Sí, así es.
씨, 아씨 에스

국립중앙도서관으로 가려면 몇 호선을 타야 합니까?

¿Qué línea hay que tomar para ir a la Biblioteca Central Nacional?
껠 리네아 아이 께 또마르 빠라 이르 알 라 비블리오떼까 쎈트랄 나씨오날?

환승을 해야 합니까?

¿Hay que hacer transferencia?
아이 께 아쎄르 트란스훼렌씨아?

어느 역에서 환승해야 합니까?

¿En qué estación hay que hacer transferencia?
엔 께 에스따씨온 아이 께 아쎄르 트란스훼렌씨아?

버스로도 갈 수 있습니까?

¿Puedo ir también en autobús?
뿌에도 이르 땀비엔 엔 아우또부스?

네, 갈 수 있습니다. 시청 버스 정거장에서 405번 버스를 타고 서초역에서 내려서 걸어 가셔도 됩니다.

Sí, se puede. Tome el autobús cuatrocientos cinco en la parada del Ayuntamiento, bájese en la estación de Seocho y vaya andando.
씨, 세 뿌에데. 또메 엘 아우또부스 꾸아드로씨엔또스 씽꼬 엔 라 빠라다 델 아윤따미엔또, 바헤세 엔 라 에스따씨온 데 서초 이 바야 안단도

걸어서 얼마나 걸립니까?

¿Cuánto se tarda andando?
꾸안또 세 따르다 안단도?

걸어서 15분 정도 걸립니다.

Unos quince minutos.
우노스 낀세 미누또스

네, 알겠습니다. 감사합니다.

Sí, entiendo. Gracias.
씨, 엔띠엔도. 그라씨아스

그란비아 역까지 몇 정거장 남았습니까?

¿Cuántas estaciones quedan hasta la estacion de Gran Vía?
꾸안따스 에스따씨오네스 께단 아스딸 라 에스따씨온 데 그란 비아?

우리가 그곳에 도착하면 제게 알려주십시오.

Avíseme cuando lleguemos ahí, por favor.
아비세메 꾸안도 예게모스 아이, 뽀르 화보르

다음 역은 어디입니까? ¿Cuál es la próxima estación?
꾸알 에슬 라 프록씨마 에스 따씨온?

저는 다음 역에서 내리 겠습니다. Voy a bajar en la próxima estación.
보이 아 바하르 엔 라 프록씨 마 에스따씨온

시장으로 가려면 몇 번 출구로 나가야 합니까? Para ir al mercado, ¿por qué número de salida hay que salir?

빠라 이르 알 메르까도, 뽀르 께 누메로 데 쌀리다 아이 께 쌀리르?

4번 출구로 나가십시오. Salga por la salida número cuatro.
쌀가 뽀를 라 쌀리다 누메로 꾸아트로

1번 출구가 어디입니까? ¿Dónde está la salida número uno?
돈데 에스딸 라 쌀리다 누메 로 우노?

택시

택시 정류장은 어디에 있습니까? ¿Dónde está la parada de taxis?
돈데 에스따 라 빠라다 데 딱 씨스?

어디서 택시를 탑니까 [택시 타는 곳이 어디입 니까?]? ¿Dónde se toma el taxi?
돈데 세 또마 엘 딱씨?

어디서 택시를 탈 수 있 습니까? ¿Dónde se puede tomar un taxi?
돈데 세 뿌에데 또마르 운 딱씨?

이 시간에 택시가 있을 지 모르겠습니다. No sé si habrá taxis a estas horas.
노 쎄 씨 아브라 딱씨스 아 에스따스 오라스

어서 오십시오. 어디로 가십니까? Bienvenido, ¿a dónde va?
비엔베니도, 아 돈데 바?

마드리드 호텔 부탁합 니다. Al Hotel Madrid, por favor.
알 오뗄 마드릳, 뽀르 화보르

마드리드 호텔로 데려다 주십시오. Lléveme al Hotel Madrid, por favor.
예베메 알 오뗄 마드릳, 뽀르 화보르

푸에르타 델 솔로 데려 다 주십시오. Lléveme a la Puerta del Sol, por favor.
예베메 알 라 뿌에르따 델 쏠, 뽀르 화보르

네, 알겠습니다. Sí, entendido.
씨, 엔뗀디도

이 주소가 어디인지 아 십니까? ¿Sabe dónde queda esta dirección?
싸베 돈데 께다 에스따 디렉 씨온?

이 주소로 데려다 주시 겠습니까? ¿Me llevaría a esta dirección?
메 예바리아 아 에스따 디렉 씨온?

이 주소로 데려다 주십시오.

Lléveme a esta dirección, por favor.

예베메 아 에스따 디렉씨온, 뿌르 화보르

네[알겠습니다], 선생님.

Bueno, señor.

부에노, 쎄뇨르

여기서 거리가 얼마나 됩니까?

¿Qué distancia hay de aquí?

께 디사딴씨아 아이 데 아끼?

약 2km 정도입니다.

Hay unos 2 kilómetros.

아이 우노스 도스 낄로메트로스

여기에서 마드리드 대학교까지 얼마나 걸립니까?

¿Cuánto se tarda desde aquí a la Universidad Complutense de Madrid?

꾸안또 세 따르다 데스데 아끼 알 라 우니베르씨닫 꼼쁠루뗀세 데 마드맅?

여기서 10분 거리에 있습니다.

Está a una distancia de diez minutos de aquí.

에스따 아 우나 디스딴씨아 데 디에스 미누또스 데 아끼

어디 가십니까, 부인?

¿A dónde, señora?

아 돈데, 쎄뇨라?

고야 거리로 데려다 주십시오.

Lléveme a la calle de Goya, por favor.

예베메 알 라 까예 데 고야, 뿌르 화보르

알겠습니다!

¡De acuerdo!

데 아꾸에르도!

시간이 얼마나 걸립니까?

¿Cuánto tiempo se tarda?

꾸안또 띠엠뽀 세 따르다?

약 20분 걸립니다.

Se tarda unos 20 minutos.

세 따르다 우노스 베인떼 미누또스

어서 오십시오. 손님, 어디로 갈까요?

Bienvenido, ¿a dónde va, señor?

비엔베니도, 아 돈데 바, 쎄뇨르?

공항으로 데려다 주십시오.

Lléveme al aeropuerto, por favor.

예베메 알 아에로뿌에르또, 뿌르 화보르

공항까지 시간이 얼마나 걸립니까?

¿Cuánto se tarda hasta el aeropuerto?

꾸안또 세 따르다 아스따 엘 아에로뿌에르또?

길이 안 막히면 30분쯤 걸립니다. 이 시간대에는 길이 막히지 않을 테니까 30분 안에 갈 수 있을 겁니다.

Si no hay congestionamiento, se tarda unos 30 minutos. Como no hay mucho tráfico a esta hora, podremos llegar en treinta minutos.

씨 노 아이 꽁헤스띠오나미엔또, 세 따르다 우노스 트레인따 미누또스. 꼬모 노 아이 무초 트라휘꼬 아 에스따 오라, 뽀드레모스 예가르 엔 트레인따 미누또스

네.

Sí.

씨

공항까지 요금이 얼마나 나올까요?

¿Cúanto saldrá de tarifa hasta el aeropuerto?

꾸안또 쌀드라 데 따리화 아스따 엘 아에로뿌에르또?

빨리 가 주십시오.	Rápido, por favor. 라삐도, 뽀르 화보르	정말 그렇군요. 왜 길이 막히는 겁니까?	Sí, es verdad. ¿Por qué hay atasco? 씨, 에스 베르닫. 뽀르 께 아이 아따스꼬?
제일 빠른 길로 가 주십시오.	Vaya por el camino más rápido, por favor. 바야 뽀르 엘 까미노 마쓰 라삐도, 뽀르 화보르	저기 앞에 사고가 난 것 같습니다.	Parece que hubo un accidente allí delante. 빠레세 께 우보 운 악씨덴떼 아이 델란떼
안전벨트를 매십시오.	Abróchese el cinturón de seguridad. 아브로체세 엘 씬뚜론 데 쎄구리닫	왜 이렇게 길이 막힙니까?	¿A qué se debe este embotellamiento? 아 께 세 데베 에스떼 엠보떼야미엔또?
여기는 뒷좌석도 안전벨트를 매야 합니다.	Aquí hay que abrocharse el cinturón de seguridad en el asiento de atrás también. 아끼 아이 께 아브로차르세 엘 씬뚜론 데 쎄구리닫 엔 엘 아씨엔또 데 아뜨라스 땀비엔	저기 앞에서 공사하는 것 같습니다.	Creo que hay obras ahí delante. 크레오 께 아이 오브라스 아이 델란떼
교통체증이 있습니다[길이 막힙니다].	Hay atasco. 아이 아따스꼬	길들이 많이 막히는군요.	Las calles están muy congestionadas. 라스 까예스 에스딴 무이 꽁헤스띠오나다스
대도시의 입구에서는 교통 체증이 잦습니다.	Son frecuentes los atascos en las entradas de las grandes ciudades. 쏜 프레꾸엔떼슬 로스 아따스꼬스 엔 라스 엔트라다스 델 라스 그란데스 씨우다데스	퇴근 시간이라서 그렇습니다.	Es porque es la hora de salida del trabajo. 에스 뽀르께 에슬 라 오라 데 쌀리다 델 트라바호
국도는 교통 체증이 심합니다.	Hay un gran atasco en la carretera nacional. 아이 운 그란 아따스꼬 엔 라 까레떼라 나씨오날	아이고, 퇴근 시간이라 길이 많이 막히네요!	¡Vaya! El tráfico está congestionado porque es la hora de salida del trabajo. 바야! 엘 트라휘꼬 에스따 꽁헤스띠오나도 뽀르께 에슬 라 오라 데 쌀리다 델 트라바호
우리 교통 체증에 들어갔네요!	¡Que nos metemos en un atasco! 께 노스 메떼모스 엔 운 아따스꼬!	이 길보다 좀 더 빠른 길이 있습니까?	¿Hay otro camino más rápido? 아이 오트로 까미노 마쓰 라삐도?

있지만 좀 돌아가야 됩니다. 더 길지만 아마 이 길보다는 빠를 겁니다.

Hay otro, pero hay que dar un rodeo. Es más largo, pero va a ser más rápido que este(=éste).

아이 오트로, 뻬로 아이 께 다르 운 로데오. 에스 마쓸 라르고, 뻬로 바 아 쎄르 마쓰 라삐도 께 에스떼

그럼 더 빠른 길로 가 주십시오.

Entonces tome el camino más rápido.

엔똔쎄쓰 또메 엘 까미노 마쓰 라삐도

네, 알겠습니다.

Sí, entendido.

씨, 엔뗀디도

늦었습니다. 서둘러 주십시오.

Llego tarde. De prisa, por favor.

예고 따르데. 데 쁘리사, 뽀르 화보르

5시 전에 공항에 도착해야 하는데 빨리 좀 가 주십시오.

Lléveme rápido que tengo que llegar al aeropuerto antes de las cinco.

예베메 라삐도 께 뗑고 께 예가르 알 아에로뿌에르또 안떼스 델 라스 씽꼬

과속하지 마십시오[속도 제한 존중하십시오].

Respete el límite de velocidad.

레스뻬떼 엘 리미떼 데 벨로씨닫

속도를 줄이십시오.

Baje la velocidad.

바헬 라 벨로씨닫

창문을 내려 주십시오.

Baje la ventana, por favor.

바헬 라 벤따나, 뽀르 화보르

에어컨 좀 켜 주십시오.

Encienda el aire acondicionado, por favor.

엔씨엔다 엘 아이레 아꼰디씨오나도, 뽀르 화보르

에어컨을 켜 주시겠습니까?

¿Puede encender el aire acondicionado, por favor?

뿌에데 엔쎈데르 엘 아이레 아꼰디씨오나도, 뽀르 화보르?

저기 보이는 사거리에서 우회전하면 됩니까?

¿Giro a la derecha en la intersección que se ve allí?

히로 알 라 데레차 엔 라 인떼르쎅씨온 께 세 베 아이?

네, 저기서 우회전하십시오. 그렇게 회전하면 바로 횡단보도가 보일 겁니다. 거기서 멈춰 서 주시면 됩니다.

Sí, gire hacia la derecha allí. Cuando haga el giro, verá un paso de peatones. Puede detenerse ahí.

씨, 히레 아씨알 라 데레차 아이. 꾸안도 아가 엘 히로, 베라 운 빠소 데 뻬아또네스. 뿌에데 데떼네르세 아이

네, 알겠습니다.

Sí, entendido.

씨, 엔뗀디도

어디에 내려드리길 원하십니까?

¿Dónde quiere que le deje?

돈데 끼에레 껠 레 데헤?

어디에 내려드릴까요?

¿Dónde le dejo?

돈델 레 데호?

이 근처에 내려 주십시오.

Déjeme por aquí cerca.

데헤메 뽀르 아끼 쎄르까

입구에 내려 주십시오.	Déjeme en la entrada, por favor. 데헤메 엔 라 엔트라다, 뽀르 화보르	사거리 전에 멈춰 서 주십시오.	Deténgase antes de la intersección. 데뗑가세 안떼스 델 라 인떼르쎅씨온
어디서 내리실 겁니까?	¿En dónde se va a bajar? 엔 돈데 세 바 아 바하르?	저기 보이는 그 흰 건물 앞에서 멈춰 서 주십시오.	Deténgase delante de ese edificio blanco que se ve allí. 데뗑가세 델란떼 데 에쎄 에디휘씨오 블랑꼬 께 세 베 아이
여기서 내리겠습니다.	Me bajo aquí. 메 바호 아끼		
여기 세워 주십시오. 내리겠습니다.	Deténgase aquí. Me bajo. 데뗑가세 아끼. 메 바호	네, 알겠습니다.	Sí, entendido. 씨, 엔뗀디도
여기에서 내리겠습니다. 감사합니다.	Bajaré aquí. Gracias. 바하레 아끼. 그라씨아스	(여기에서) 멈춰 주십시오.	Pare (aquí), por favor. 빠레 (아끼), 뽀르 화보르
다음 횡단보도에서 내리겠습니다.	Me bajaré en el siguiente paso de cebra. 메 바하레 엔 엘 씨기엔떼 빠소 데 쎄브라	차를 세워 주십시오.	Pare el coche, por favor. 빠레 엘 꼬체, 뽀르 화보르
저기 보이는 횡단보도 지나서 내려 주십시오.	Bájeme pasando el paso peatonal que se ve allí. 바헤메 빠산도 엘 빠소 뻬아또날 께 세 베 아이	거기에[그쪽에] 잠깐 멈춰 주십시오.	Pare ahí un momento, por favor. 빠레 아이 운 모멘또, 뽀르 화보르
		네, 알겠습니다.	Sí, entendido. 씨, 엔뗀디도
어디서 멈춰 설까요?	¿Dónde me detengo? 돈데 메 데뗑고?	잠시만 기다려 주십시오.	Espere un momento. 에스뻬레 운 모멘또
저기 보이는 인도교 옆에 멈춰 서 주십시오.	Deténgase junto al puente peatonal que se ve allí. 데뗑가세 훈또 알 뿌엔떼 뻬아또날 께 세 베 아이	여기에서 잠시만 기다려 주십시오. 5분이면 됩니다.	Espéreme aquí un momento. Sólo serán cinco minutos. 에스뻬레메 아끼 운 모멘또. 쏠로 쎄란 씽꼬 미누또스
그 사거리에서 우회전한 후에 멈춰 서 주십시오.	Gire a la derecha en esa intersección y deténgase. 히레 알 라 데레차 엔 에사 인떼르쎅씨온 이 데뗑가세	네, 그러겠습니다.	Sí, de acuerdo. 씨, 데 아꾸에르도

선생님, 다 왔습니다.	Señor, ya llegamos. 쎄뇨르, 야 예가모스	요금이 통상(通常)보다 비쌉니다.	La tarifa es más cara que lo normal. 라 따리화 에스 마쓰 까라 껠 로 노르말
네, 감사합니다. 얼마입니까?	Sí, gracias. ¿Cuánto es? 씨, 그라씨아스, 꾸안또 에스?	밤에는 요금을 더 내야 합니까?	¿Hay que pagar más tarifa por la noche? 아이 께 빠가르 마쓰 따리화 뽀르 라 노체?
15,000원입니다.	Son quince mil wones. 쏜 낀세 밀 워네스		
여기 있습니다. 감사합니다.	Aquí tiene (usted). Gracias. 아끼 띠에네 (우스뗀). 그라씨아스	잔돈 있으십니까?	¿Tiene usted sencillo/menudo? 띠에네 우스뗀 쎈씨요/메누도?
감사합니다. 안녕히 가십시오.	Gracias. Adiós. 그라씨아스, 아디오스	죄송합니다만, 저는 잔돈이 없습니다.	Lo siento, pero no tengo suelto/menudo. 로 씨엔또, 뻬로 노 뗑고 수엘또/메누도
얼마입니까?	¿Cuánto es? 꾸안또 에스?		
38유로입니다.	Son treinta y ocho euros. 쏜 트레인따 이 오초 에우로스	잔돈[거스름돈] 없으십니까?	¿No tiene cambio? 노 띠에네 깜비오?
		거스름돈이 모자랍니다.	Falta cambio. 활따 깜비오
요금이 너무 많이 나왔습니다.	Ha salido demasiado caro. 아 쌀리도 데마씨아도 까로	거스름돈 여기 있습니다.	Aquí tiene el cambio. 아끼 띠에네 엘 깜비오
요금이 미터기와 다릅니다.	El precio es diferente del que marca el taxímetro. 엘 쁘레씨오 에스 디훼렌떼 델 께 마르까 엘 딱씨메트로	거스름돈은 가지십시오.	Guárdese la vuelta para usted. 구아르데셀 라 부엘따 빠라 우스뗀
요금이 잘못된 것 같습니다.	Creo que la tarifa está mal. 크레오 껠 라 따리화 에스 따 말	감사합니다. 거스름돈은 가지십시오.	Gracias. Quédese con el cambio. 그라씨아스, 께데세 꼰 엘 깜비오
요금이 잘못 계산되었습니다.	La tarifa está mal cobrada. 라 따리화 에스따 말 꼬브라다	(자동차의) 트렁크를 열어 주시겠습니까?	¿Me abre el maletero, por favor? 메 아브레 엘 말레떼로, 뽀르 화보르?

한국어	스페인어	한국어	스페인어
(자동차의) 트렁크 좀 열어 주십시오.	Ábrame el maletero, por favor. 아브라메 엘 말레떼로, 뽀르 화보르	우리는 리리아 궁전과 프라도 국립미술관을 구경 가고 싶습니다.	Queremos visitar al Palacio de Liria y el Museo Nacional del Prado. 께레모스 비씨따르 알 빨라씨오 데 리리아 이 엘 무쎄오 나씨오날 델 프라도
이 여행 가방을 트렁크에 실어 주시겠습니까?	¿Podría cargarme esta maleta en el maletero? 뽀드리아 까르가르메 에스따 말레따 엔 엘 말레떼로?	좋습니다, 여러분.	Bien, señores. 비엔, 쎄뇨레스
제 여행 가방을 꺼내겠습니다.	Voy a sacar mi maleta. 보이 아 사까르 미 말레따	아랑후에스까지 대략 얼마나 나옵니까?	¿Cuánto vale más o menos hasta Aranjuez? 꾸안또 발레 마쓰 오 메노스 아스따 아랑후에쓰?
택시를 불러주십시오.	Llámeme un taxi, por favor. 야메메 운 딱씨, 뽀르 화보르	그 여행에 시간이 얼마나 걸립니까?	¿Cuánto tiempo se tarda en el viaje? 꾸안또 띠엠뽀 세 따르다 엔 엘 비아헤?
네[좋습니다]. 한 대 요청하겠습니다.	Muy bien. Voy a pedirlo. 무이 비엔. 보이 아 뻬디를로	저를 태우고 아랑후에쓰로 왕복해주시겠습니까?	¿Podría llevarme a Aranjuez y volver? 뽀드리아 예바르메 아 아랑후에쓰 이 볼베르?
기사님, 우리는 이 도시의 명승지를 방문하고 싶습니다.	Chófer, queremos visitar los sitios de interés de esta ciudad. 초페르, 께레모스 비씨따를 로스 씨띠오스 데 인떼레스 데 에스따 씨우닫	얼마에 저를 데려다 주시겠습니까?	¿Por cuánto me llevaría usted? 뽀르 꾸안또 메 예바리아 우스뗃?
이 도시 가이드북 여기 있습니다. 여러분은 어느 장소들을 방문하고 싶으십니까? 구경 가고 싶으신 장소들을 선택하십시오.	Aquí tiene la guía de esta ciudad. ¿Qué sitios quieren Uds. visitar? Elijan Uds. los sitios que quieren visitar. 아끼 띠에넬 라 기아 데 에스따 씨우닫. 께 씨띠오스 끼에렌 우스떼데스 비씨따르? 엘리한 우스떼데슬 로스 씨띠오스 께 끼에렌 비씨따르	너무 비쌉니다! 싸게 해 주십시오.	¡Es demasiado caro! Hágame una rebaja, por favor. 에스 데마씨아도 까로! 아가메 우나 레바하, 뽀르 화보르
		제가 대성당을 방문하는 동안 기다려 주시겠습니까?	¿Podría esperarme mientras visito el Catedral? 뽀드리아 에스뻬라르메 미엔트라스 비씨또 엘 까떼드랄?

● 렌터카 사무소

자동차를 어디서 빌릴 수 있습니까?	¿Dónde puedo alquilar un coche? 돈데 뿌에도 알낄라르 운 꼬체?	이 차를 24시간 빌리고 싶습니다.	Deseo alquilar este coche por veinticuatro horas. 데쎄오 알낄라르 에스떼 꼬체 뽀르 베인띠꾸아트로 오라스
자동차를 빌리고 싶습니다.	Deseo[Quisiera] alquilar un coche. 데쎄오[끼씨에라] 알킬라르 운 꼬체	얼마입니까?	¿Cuánto vale? 꾸안또 발레?
어떤 유형[종류]의 차를 원하십니까?	¿Qué tipo de coche quiere? 께 띠뽀 데 꼬체 끼에레?	얼마나 사용하실 겁니까?	¿Cuánto lo va a usar? 꾸안똘 로 바 아 우사르?
어떤 유형[종류]의 차들이 있습니까?	¿Qué tipo de coches hay? 께 띠뽀 데 꼬체스 아이?	사흘 동안 사용할 겁니다. 하루에 얼마입니까?	Lo usaré durante tres días. ¿Cuánto cuesta un día? 로 우사레 두란떼 트레스 디아스 꾸안또 꾸에스따 운 디아?
요금표를 보여 주십시오.	Enséñeme la lista de precios, por favor. 엔쎄녜멜 랄 리스따 데 쁘레씨오스, 뽀르 화보르	소형은 100유로, 중형은 150유로입니다.	El pequeño cuesta cien euros, y el mediano ciento cincuenta euros. 엘 뻬께뇨 꾸에스따 씨엔 에우로스, 이 엘 메디아노 씨엔또 씽꾸엔따 에우로스
소형차를 빌리고 싶습니다.	Deseo alquilar un coche pequeño. 데쎄오 알낄라르 운 꼬체 뻬께뇨		
소형차로 주십시오.	Déme un coche pequeño. 데메 운 꼬체 뻬께뇨	(차량용) 내비게이션도 빌리고 싶습니다.	Quiero alquilar también el sistema de navegación (de automóviles). 끼에로 알낄라르 땀비엔 엘 시스떼마 데 나베가씨온 (데 아우또모빌레스)
A급 차를 빌리겠습니다.	Deseo alquilar un coche de categoría A. 데쎄오 알낄라르 운 꼬체 데 까떼고리라 아		
차를 본 후에 선택하겠습니다.	Elegiré después de ver el coche. 엘레히레 데스뿌에쓰 데 베르 엘 꼬체	네, 하루에 10유로입니다.	Sí, son diez euros al día. 씨, 쏜 디에스 에우로스 알 디아

운전 면허증과 여권을 주십시오.

Por favor, déme su carnet de conducir y su pasaporte.

뽀르 화보르, 데메 쑤 까르넷 데 꼰두씨르 이 쑤 빠사뽀르떼

국제 운전 면허증입니다.

Es el carnet de conducir internacional.

에스 엘 까르넷 데 꼰두씨르 인떼르나씨오날

보험은 어떻게 하시겠습니까?

¿Cómo quiere el seguro?

꼬모 끼에레 엘 쎄구로?

보험에 들겠습니다.

Quiero asegurarme.

끼에로 아쎄구라르메

보험의 유형[종류]들을 보여 주십시오.

Muéstreme los tipos de seguro, por favor.

무에스트레멜 로스 띠뽀스 데 쎄구로, 뽀르 화보르

전(全)재해 보험을 들고 싶습니다.

Quiero el seguro contra todo riesgo.

끼에로 엘 쎄구로 꼰트라 또 도 리에스고

보험 회사 전화번호를 알려 주시겠습니까?

¿Me puede decir el número de teléfono de la compañía de seguros, por favor?

메 뿌에데 데씨르 엘 누메로 데 뗄레포노 델 라 꼼빠니아 데 쎄구로스, 뽀르 화보르?

전체 요금이 얼마입니까?

¿Cuánto es el precio total?

꾸안또 에스 엘 쁘레씨오 또딸?

지불금에 보증금이 포함 되었습니까?

¿Está incluído el depósito en el pago?

에스따 잉끌루이도 엘 데뽀 씨또 엔 엘 빠고?

차는 어디서 반환합니까?

¿Dónde se hace la devolución del coche?

돈데 세 아쎌 라 데볼루씨온 델 꼬체?

사용하신 후 여기로 다시 오십시오.

Vuelva aquí después de utilizarlo.

부엘바 아끼 데스뿌에쓰 데 우띨리싸를로

반환은 다른 지점에서 하고 싶습니다.

Quisiera devolverlo a otra sucursal.

끼씨에라 데볼베를로 아 오 트라 수꾸르쌀

바르셀로나에서 반납할 수 있습니까?

¿Puedo devolver el coche en Barcelona?

뿌에도 데볼베르 엘 꼬체 엔 바르쎌로나?

몇 시에 반환해야만 합니까?

¿A qué hora hay que devolverlo?

아 께 오라 아이 께 데볼베 를로?

아침 10시 전에 반환하십시오.

Devuélvalo antes de las diez de la mañana.

데부엘발로 안떼스 델 라스 디에스 델 라 마냐나

반환 시간을 넘기면 어떻게 됩니까?

¿Qué pasa si paso el límite de hora de devolución?

께 빠사 씨 빠소 엘 리미떼 데 오라 데 데볼루씨온?

가솔린을 미리 채워 주십시오.	Por favor, llene la gasolina de antemano. 뽀르 화보르, 예넬 라 가솔리나 데 안떼마노	사고가 날 경우의 연락처를 알려주십시오.	Enséñeme algunos sitios a los que pueda llamar en caso de accidente, por favor. 엔쎄녜메 알구노스 씨띠오스 알 로스 께 뿌에다 야마르 엔 까소 데 악씨덴떼, 뽀르 화보르
가솔린은 제가 직접 넣겠습니다.	La gasolina la pondré yo mismo(-a). 라 가솔리날 라 뽄드레 요 미스모(–마)		
비상시 어디로 연락해야 합니까?	En caso de emergencia, ¿dónde debo llamar? 엔 까소 데 에메르헨씨아, 돈데 데보 야마르?		

● 주유소

(제 차에) 가솔린이 없습니다.	Me estoy quedando sin gasolina. 메 에스또이 께단도 씬 가솔리나	어서 오십시오. 가솔린을 얼마나 넣으시겠습니까?	Bienvenido(-a). ¿Cuánta gasolina quiere ponerle? 비엔베니도(–다). 꾸안따 가솔리나 끼에레 뽀네를레? *남성단수 bienvenido/ 여성단수 bienvenida
가솔린을 넣어야할 것 같습니다.	Creo que tengo que poner gasolina. 크레오 께 뗑고 께 뽀네르 가솔리나		
이 근처에 주유소가 있습니까?	¿Hay alguna gasolinera por aquí cerca? 아이 알구나 가솔리네라 뽀르 아끼 쎄르까?	가득 채워 주십시오.	Llénelo, por favor. 예넬로, 뽀르 화보르
		30유로어치 넣어 주십시오.	Póngale treinta euros, por favor. 뽕갈레 트레인따 에우로스, 뽀르 화보르
이 근처 어디에 셀프 주유소가 있습니까?	¿Dónde hay una gasolinera de autoservicio por aquí cerca? 돈데 아이 우나 가솔리네라 데 아우또쎄르비씨오 뽀르 아끼 쎄르까?	가솔린으로 탱크를 가득 채워 주십시오.	Llene el tanque de gasolina, por favor. 예네 엘 땅께 데 가솔리나, 뽀르 화보르
		일반입니까? 고급입니까?	Regular o superior? 레굴라르 오 쑤뻬리오르?

일반으로 넣어 주십시오.

Regular, por favor.
레굴라르, 뽀르 화보르

고급[쁘리미엄] / 보통 /
무연 / 디젤[경유]

super / normal /
gasolina sin plomo /
diésel[gasóleo]
쑤뻬르 / 노르말 / 가솔리나
씬 쁠로모 / 디에쎌[가솔레오]

다 됐습니다.

Está listo.
에스따 리스또

가스를 가득 채워주십
시오.

Llénelo de gas, por
favor.
예넬로 데 가스, 뽀르 화보르

알겠습니다.

¡Bueno!
부에노!

(배터리 / 브레이크 오일 /
엔진 오일)를(을) 검사해
주십시오.

Controle (la
batería / el líquido
de frenos / el aceite),
por favor.
꼰트롤레 (라 바떼리아 / 엘
리끼도 데 프레노스 / 엘 아쎄
이떼), 뽀르 화보르.

타이어 공기압을 검사해
주시겠습니까?

¿Puede controlar
la presión de los
neumáticos, por
favor?
뿌에데 꼰트롤라를 라 프레
씨온 델 로스 네우마띠꼬스,
뽀르 화보르?

스페어타이어도 체크해
주십시오.

Mire la rueda de
repuesto también,
por favor.
미렐 라 루에다 데 레뿌에스
또 땀비엔, 뽀르 화보르

이 펑크 난 부분을 고쳐
주실 수 있습니까?

¿Puede arreglar
este pinchazo?
뿌에데 아레글라르 에스떼
삔차소?

배터리를 확인해주시겠
습니까?

¿Se puede
comprobar la
batería?
세 뿌에데 꼼프로바를 라 바
떼리아?

(전구 / 팬벨트 / 점화 플
러그 / 와이퍼를) 교체해
주시겠습니까?

¿Puede cambiar
(la bombilla / la correa
del ventilador /
la bujía / los
limpiaparabrisas),
por favor?
뿌에데 깜비아르 (라 봄비아 /
라 꼬레아 델 벤띨라도르 /
라 부히아 / 로스 림삐아빠라
브리사스, 뽀르 화보르?

물론입니다.

Claro.
끌라로

라디에이터 확인을 원하
십니까[라디에이터 확
인해 드릴까요]?

¿Quiere Ud.
comprobar el
radiador?
끼에레 우스뗄 꼼프로바르
엘 라디아도르?

아니오. 됐습니다. 얼마
입니까?

No. Basta. ¿Cuánto
es?
노. 바스따. 꾸안또 에스?

40유로입니다.

Cuarenta euros.
꾸아렌따 에우로스

어떤 서비스를 원하십
니까?

¿Qué servicio le
gustaría?
께 쎄르비씨올 레 구스따리아?

세차할 수 있습니까[세
차 서비스가 있습니까]?

¿Hay servicio de
lavacoches?
아이 쎄르비씨오 델 라바꼬
체스?

한국어	스페인어	한국어	스페인어
앞 유리를 닦아주시겠습니까?	¿Puede limpiar el parabrisas, por favor? 뿌에델 림삐아르 엘 빠라브리사스, 뽀르 화보르?	이 지역의 도로 지도 있으십니까?	¿Tiene una mapa de carreteras de esta comarca? 띠에네 우나 마빠 데 까레떼라스 데 에스따 꼬마르까?

● 주차장

어디에 주차할 수 있습니까?	¿Dónde puedo aparcar? 돈데 뿌에도 아빠르까르?	실례합니다, 여기 주차해도 됩니까?	Perdón, ¿se puede aparcar aquí? 뻬르돈, 세 뿌에데 아빠르까르 아끼?
여기에 얼마 동안 주차할 수 있습니까?	¿Cuánto tiempo puedo aparcar aquí? 꾸안또 띠엠뽀 뿌에도 아빠르까르 아끼?	아니오, 이곳에 주차금지라는 표지가 있습니다.	No, aquí hay una señal que dice: Prohibido aparcar. 노, 아끼 아이 우나 쎄냘 께 디쎄: 프로이비도 아빠르까르
이 근처에 주차장이 있습니까?	¿Hay un estacionamiento cerca de aquí? 아이 운 에스따씨오나미엔또 쎄르까 데 아끼?	아니오, 여기는 견인 지역입니다.	No, aquí se llevan su coche. 노, 아끼 세 예반 쑤 꼬체
실례합니다, 이곳은 무료 주차장입니까?	Perdón, ¿es este un aparcamiento gratuito? 뻬르돈, 에스 에스떼 운 아빠르까미엔또 그라뚜이또?	주차금지 ((게시))	Prohibido aparcar/ No aparcar/ Prohibido estacionarse/ Prohibido el estacionamiento/ Estacionamiento prohibido/ No estacionarse/ No se estacione/ No estacione/ No estacionar 프로이비도 아빠르까르 / 노 아빠르까르 / 프로이비도 에스따씨오나르세 / 프로이비도 엘 에스따씨오나미엔또 / 에스따씨오나미엔또 프로이비도 / 노 에스따씨오나르세 / 노 세 에스따씨오네 / 노 에스따씨오네 / 노 에스따씨오나르
주차기에 넣을 잔돈 있으십니까?	¿Tiene suelto para el parquímetro? 띠에네 수엘또 빠라 엘 빠르끼메트로?		
시간당 주차료가 얼마입니까?	¿Cuánto es la tarifa de aparcamiento por hora? 꾸안또 에슬 라 따리화 데 아빠르까미엔또 뽀르 오라?		
시간당 얼마입니까?	¿Cuánto cuesta por hora? 꾸안또 꾸에스따 뽀르 오라?		

견인함 ((게시))	Avisamos [llamamos] grúa 아비사모스[야마모스] 그루아	제 차를 어디로 가지고 갔습니까? *불특정한 다수의 사람 이 주어	¿Dónde han llevado mi coche? 돈데 안 예바도 미 꼬체?
견인되었음 ((게시))	Se lo llevó la grúa 셀 로 예볼 라 그루아	견인된 제 차를 되찾아 야겠습니다.	Voy a recuperar mi coche remolcado. 보이 아 레꾸뻬라르 미 꼬체 레몰까도
당신 차는 견인되었습 니다.	Su coche ha sido remolcado. 쑤 꼬체 아 씨도 레몰까도		

● 카센터

가장 가까운 수리 공장 은 어디에 있습니까?	¿Dónde está el garaje más cercano? 돈데 에스따 엘 가라헤 마쓰 쎄르까노?	가솔린이 바닥났습니다.	Se ha terminado la gasolina. 세 아 떼르미나돌 라 가솔리나
여기서 가장 가까운 수 리 공장은 어디에 있습 니까?	¿Dónde hay un garaje más cercano de aquí? 돈데 아이 운 가라헤 마쓰 쎄 르까노 데 아끼?	타이어가 펑크가 났습 니다.	Tengo un pinchazo. 뗑고 운 삔차소
가장 가까운 수리 공장 전화번호가 무엇입니 까?	¿Cuál es el número de teléfono del garaje más cercano? 꾸알 에스 엘 누메로 데 뗄레포 노 델 가라헤 마쓰 쎄르까노?	엔진이 과열됐습니다.	El motor está demasiado caliente. 엘 모또르 에스따 데마씨아 도 깔리엔떼
제 차가 시동이 안 걸립 니다.	Mi coche no quiere arrancar. 미 꼬체 노 끼에레 아랑까르	(브레이크/카뷰레터/배 기관/라디에이터/타이 어)에 뭔가가 손상됐습 니다.	Hay algo estropeado en (los frenos/ el carburador/ el tubo de escape/ el radiador/ la rueda). 아이 알고 에스트로뻬아도 엔 (로스 프레노스/ 엘 까르부라 도르/ 엘 뚜보 데 에스까뻬/ 엘 라디아도르/ 라 루에다)
차가 잘 움직이지 않습 니다.	El coche no anda bien. 엘 꼬체 노 안다 비엔		
배터리가 방전되었습 니다.	La batería está descargada. 라 바떼리아 에스따 데스까 르가다	차의 …에 손상이 있습 니다.	Tengo un coche estropeado en …. 뗑고 운 꼬체 에스트로뻬아 도 엔 ….

수리공[정비공]을 보내 주실 수 있습니까?	¿Puede usted mandar un mecánico? 뿌에데 우스뗃 만다르 운 메까니꼬?	얼마나 기다려야 합니까?	¿Cuánto hay que esperar? 꾸안또 아이 께 에스뻬라르?
견인차[레커차]를 보내 주실 수 있습니까?	¿Puede usted mandar un coche grúa? 뿌에데 우스뗃 만다르 운 꼬체 그루아?	곧 가겠습니다.	Voy pronto. 보이 쁘론또
(시간이) 얼마나 걸리겠습니까?	¿Cuánto tardarán? 꾸안또 따르다란?	1시간 내로 도착합니다.	Voy a llegar en una hora. 보이 아 예가르 엔 우나 오라
제 차가 교통사고 났습니다.	He tenido un accidente de tráfico. 에 떼니도 운 악씨덴떼 데 트라휘꼬	여기 제 운전면허증입니다.	Aquí está mi permiso de conducir. 아끼 에스따 미 뻬르미소 데 꼰두씨르
…로부터 약 2킬로미터 거리입니다.	Está a unos dos kilómetros de … 에스따 아 우노스 도스 낄로메트로스 데 …	이름과 주소가 어떻게 되십니까?	¿Cuál es su nombre y dirreción? 꾸알 에스 쑤 놈브레 이 디렉씨온?
견인 부탁합니다.	Remolque el coche, por favor. 레몰께 엘 꼬체, 뽀르 화보르	귀하의 보험회사가 어떻게 되십니까?	¿Cuál es su compañía de seguros? 꾸알 에스 쑤 꼼빠니아 데 세구로스?
고장 난 차를 견인하다.	remolcar el coche averiado 레몰까르 엘 꼬체 아베리아도	제 차가 고장 났습니다.	Mi coche está averiado. 미 꼬체 에스따 아베리아도
차는 지금 어디에 있습니까?	¿Dónde está el coche ahora? 돈데 에스따 엘 꼬체 아오라?	제 차가 손상되었습니다.	Se me ha estropeado el coche. 세 메 아 에스트로뻬아도 엘 꼬체
…역 사거리에 있습니다. 빨리 와 주십시오.	Está en la intersección de la estación …. Venga rápido, por favor. 에스따 엔 라 인떼르쎅씨온 델 라 에스따씨온 …, 벵가 라삐도, 뽀르 화보르	차에서 이상한 소리가 납니다.	El coche suena raro. 엘 꼬체 수에나 라로
		이 차에서 연기가 나고 있습니다.	Está saliendo humo de este coche. 에스따 쌀리엔도 우모 데 에스떼 꼬체

시동이 잘 안 걸립니다.	No arranca bien. 노 아랑까 비엔	무료로 해주시겠습니까?	¿Me lo puede hacer gratuitamente, por favor? 멜 로 뿌에데 아쎄르 그라뚜이따멘떼, 뽀르 화보르?
브레이크가 잘 작동하지 않는 것 같습니다.	Creo que el freno no funciona bien. 크레오 께 엘 프레노 노 푼씨오나 비엔	워셔액 팝니까?	¿Vende líquido para limpiaparabrisas? 벤델 리끼도 빠랄 림삐아빠라브리사스?
제 차를 점검해주십시오.	Por favor, revise mi coche. 뽀르 화보르, 레비쎄 미 꼬체	차에 무슨 문제가 있습니까?	¿Qué problema tiene el coche? 께 프로블레마 띠에네 엘 꼬체?
점검비는 얼마입니까?	¿Cuál es el costo de inspección? 꾸알 에스 엘 꼬스또 데 인스뻭씨온?	아무런 문제도 없습니다.	Este no tiene ningún problema. 에스떼 노 띠에네 닝군 프로블레마
배터리/라디에이터를 확인해주시겠습니까?	¿Se puede comprobar la batería/el radiador? 세 뿌에데 꼼프로바를 라 바떼리아/엘 라디아도르?	수리할 수 있습니까?	¿Es posible repararlo? 에스 뽀씨블레 레빠라를로?
배터리가 방전되었습니다.	La batería se ha descargado. 라 바떼리아 세 아 데스까르가도	이것을 수리하는 데 시간이 얼마나 걸리겠습니까?	¿Cuánto tiempo tardará usted en reparar esto? 꾸안또 띠엠뽀 따르다라 우스뗃 엔 레빠라르 에스또?
타이어가 펑크 났습니다.	La llanta se ha pinchado. 라 얀따 세 아 삔차도	언제 차를 찾아갈 수 있습니까?	¿Cuándo puedo recoger el coche? 꾸안도 뿌에도 레꼬헤르 엘 꼬체?
타이어 공기가 빠졌습니다.	La llanta se está desinflando. 라 얀따 세 에스따 데씬플란도	얼마입니까?	¿Cuánto es? 꾸안또 에스?
오일이 새는 것 같습니다.	Creo que está goteando el aceite. 크레오 께 에스따 고떼안도 엘 아쎄이떼	50유로입니다.	Cincuenta euros. 씽꾸엔따 에우로스
엔진 오일 갈 때가 된 것 같습니다.	Creo que ya es hora de cambiar el aceite del motor. 크레오 께 야 에스 오라 데 깜비아르 엘 아쎄이떼 델 모또르		

| 보험 회사가 처리해 줄 것 같습니까? | ¿Cree usted que la compañía de seguros podría cubrirlo?
크레에 우스뗃 껠 라 꼼빠니아 데 쎄구로스 뽀드리아 꾸브리를로? | 견적서를 주십시오. | Déme su presupuesto, por favor.
데메 쑤 쁘레쑤뿌에스또, 뽀르 화보르 |

시외버스[고속버스]

빌바오행 버스터미널은 어디에 있습니까?	¿Dónde está la terminal de autobuses para Bilbao? 돈데 에스딸 라 떼르미날 데 아우또부세스 빠라 빌바오?	다음 버스는 몇 시에 출발합니까?	¿A qué hora sale el próximo autobús? 아 께 오라 쌀레 엘 프록씨모 아우또부스?
		시간표를 주십시오.	Déme un horario, por favor. 데메 운 오라리오, 뽀르 화보르
매표소는 어디에 있습니까?	¿Dónde está la taquilla? 돈데 에스딸 라 따끼야?	버스 시간표를 주시겠습니까?	¿Me da el horario del autobús, por favor? 메 다 엘 오라리오 델 아우또부스, 뽀르 화보르?
빌바오행 요금이 얼마입니까?	¿Cuánto es la tarifa para Bilbao? 꾸안또 에슬 라 따리화 빠라 빌바오?		
25유로입니다.	Son veinticinco euros. 쏜 베인띠씽꼬 에우로스	버스 (운행) 시간표	horario de auto-buses (m.)/ horario del autobús (m.) 오라리오 데 아우또부세스/ 오라리오 델 아우또부스
버스에서 차표를 살 수 있습니까?	¿Se puede comprar el billete en el autobús? 세 뿌에데 꼼쁘라르 엘 비예떼 엔 엘 아우또부스?	세비야로 가는 첫/마지막 버스는 몇 시에 출발합니까?	¿A qué hora sale el primer/último autobús a Sevilla? 아 께 오라 쌀레 엘 쁘리메르/ 울띠모 아우또부스 아 쎄비야?
빌바오행 버스는 몇 시에 출발합니까?	¿A qué hora sale el autobús para Bilbao? 아 께 오라 쌀레 엘 아우또부스 빠라 빌바오?	세비야까지 시간이 얼마나 걸립니까?	¿Cuánto se tarda hasta Sevilla? 꾸안또 세 따르다 아스따 쎄비야?

세비야에는 언제쯤 도착 하게 됩니까?	¿Sobre qué hora llegará a Sevilla?
	쏘브레 께 오라 예가라 아 쎄 비야?

	집은 어디에 놓습니까?	¿Dónde se pone el equipaje?
		돈데 세 뽀네 엘 에끼빠헤?

카디스에는 몇 시에 도 착합니까?	¿A qué hora llega a Cádiz?
	아 께 오라 예가 아 까디쓰?

	여기에서 얼마나 쉽니까?	¿Cuánto tiempo descansamos aquí?
		꾸안또 띠엠뽀 데스깐싸모스 아끼?

저녁 6시에 도착합니다.	Llega a las seis de la noche.
	예가 알 라스 쎄이스 델 라 노체

	우리 몇 시에 출발합니까?	¿A qué hora salimos?
		아 께 오라 쌀리모스?

열차

● 철도안내소 · 매표소

말라가행 표는 어느 매표 소에서 살 수 있습니까?	¿En qué taquilla puedo comprar un billete para Málaga?
	엔 께 따끼야 뿌에도 꼼쁘라 르 운 비예떼 빠라 말라가?

	표를 사다, 승차 요금을 내다	pagar el billete
		빠가르 엘 비예떼

	어디서 예약할 수 있습 니까?	¿Dónde se puede reservar?
		돈데 세 뿌에데 레쎄르바르?

이등석 표는 어디서 살 수 있습니까?	¿Dónde puedo comprar cupón de billetes de segunda clase?
	돈데 뿌에도 꼼쁘라르 꾸뽄 데 비예떼스 데 쎄군다 끌라세?

	바르셀로나행 열차를 예 약하고 싶습니다.	Quiero reservar (asiento) en el tren para Barcelona.
		끼에로 레쎄르바르 (아씨엔또) 엔 엘 트렌 빠라 바르쎌로나

학생용 할인표는 어디서 살 수 있습니까?	¿Dónde puedo comprar un billete con rebaja para estudiantes?
	돈데 뿌에도 꼼쁘라르 운 비 예떼 꼰 레바하 빠라 에스뚜 디안떼스?

	내일 12시 50분발 급행 열차로 부탁드립니다.	Para mañana, en el tren expreso de la una menos diez, por favor.
		빠라 마냐나, 엔 엘 트렌 엑쓰 프레소 델 라 우나 메노스 디 에스, 뽀르 화보르

표를 사다	sacar[comprar] un billete
	사까르[꼼쁘라르] 운 비예떼

	수수료가 얼마입니까?	¿Cuánto es la comisión?
		꾸안또 에슬 라 꼬미씨온?

침대차가 있습니까?	¿Tiene el tren litera?	돌아오는 열차는 몇 시에 출발합니까?	¿A qué hora sale el tren para volver?
	띠에네 엘 트렌 리떼라?		아 께 오라 쌀레 엘 트렌 빠라 볼베르?
바르셀로나행 침대차 요금은 얼마입니까?	¿Cuánto cuesta una litera para Barcelona?	더 늦은/이른 다른 열차는 없습니까?	¿No hay otro tren más tarde/ temprano?
	꾸안또 꾸에스따 우날 리떼라 빠라 바르쎌로나?		노 아이 오트로 트렌 마쓰 따르데/뗌쁘라노?
오늘 밤 바르셀로나행 침대차를 예약하고 싶습니다.	Quiero reservar una litera para Barcelona en el tren de esta noche.	그 열차는 어느 역에서 출발합니까?	¿De qué estación sale el tren?
	끼에로 레쎄르바르 우날 리떼라 빠라 바르쎌로나 엔 엘 트렌 데 에스따 노체		데 께 에스따씨온 쌀레 엘 트렌?
언제 침대차를 탈 수 있습니까?	¿Cuándo puedo tomar una litera?	코르도바, 세비야, 그라나다에 가고 싶습니다. 어떻게 하면 가장 싸게 갈 수 있습니까?	Quiero ir a Córdoba, Sevilla y Granada. ¿Cómo puedo ir allí lo más barato posible?
	꾸안도 뿌에도 또마르 우날 리떼라?		
상단/하단 침대로 부탁드립니다.	La litera superior/ inferior, por favor.		끼에로 이르 아 꼬르도바, 쎄비야 이 그라나다. 꼬모 뿌에도 이르 아이 로 마쓰 바라또 뽀씨블레?
	랄 리떼라 쑤뻬리오르/인훼리오르, 뽀르 화보르	기차 시간표[열차 운행 시간표, 기차 타임테이블]를 주십시오.	Déme el horario de trenes, por favor.
어디까지 가십니까?	¿Hacia dónde va?		데메 엘 오라리오 데 트레네스, 뽀르 화보르
	아씨아 돈데 바?	이 열차는 오늘 출발합니까?	¿Este tren sale hoy?
(지금/내일/오늘 오후) 말라가에 가려고 합니다. 말라가행 열차는 몇 시에 출발합니까?	(Desde ahora/ Mañana/Esta tarde) Quiero ir a Málaga. ¿A qué hora sale el tren para Málaga?		에스떼 트렌 쌀레 오이?
		말라가까지 얼마입니까?	¿Cuánto cuesta para Málaga?
			꾸안또 꾸에스따 빠라 말라가?
	(데스데 아오라/ 마냐나/ 에스따 따르데) 끼에로 이르 아 말라가. 아 께 오라 쌀레 엘 트렌 빠라 말라가?	일등석을 원하십니까, 이등석을 원하십니까?	¿Quiere asiento de primera clase o asiento de segunda clase?
오늘 당일로 돌아 올 수 있습니까?	¿Puedo volver hoy mismo?		끼에레 아씨엔또 데 쁘리메라 끌라세 오 아씨엔또 데 쎄군다 끌라세?
	뿌에도 볼베르 오이 미스모?		

이등석 부탁합니다.	Segunda clase, por favor. 쎄군다 끌라세, 뽀르 화보르	말라가에 도착하려면 시간이 얼마나 걸립니까?	¿Cuánto tiempo se tarda en llegar a Málaga? 꾸안또 띠엠뽀 세 따르다 엔 예가르 아 말라가?
편도입니까 왕복입니까?	¿Ida sólo o ida y vuelta? 이다 쏠로 오 이다 이 부엘따?	바르셀로나행 첫 기차는 몇 시에 출발합니까?	¿A qué hora sale el primer tren hacia Barcelona? 아 께 오라 쌀레 엘 쁘리메르 트렌 아씨아 바르쎌로나?
말라가행 이등석 편도표 2장 주십시오.	Dos billetes de ida de segunda clase para Málaga, por favor. 도스 비예떼스 데 이다 데 쎄군다 끌라세 빠라 말라가, 뽀르 화보르	바르셀로나행 기차는 언제 출발합니까?	¿Cuándo sale el tren en dirección a Barcelona? 꾸안도 쌀레 엘 트렌 엔 디렉씨온 아 바르쎌로나?
좌석 예약을 해야만 합니까?	¿Tengo que reservar asiento? 뗑고 께 레쎄르바르 아씨엔또?	바르셀로나행 편도표 1장 주십시오.	Déme un billete de ida para Barcelona, por favor. 데메 운 비예떼 데 이다 빠라 바르쎌로나, 뽀르 화보르
이 열차를 예약하지 않고 탈 수 있습니까?	¿Se puede tomar este tren sin reservar? 세 뿌에데 또마르 에스떼 트렌 씬 레쎄르바르?	바르셀로나행 표 2장 주십시오.	Déme dos billetes para Barcelona. 데메 도스 비예떼스 빠라 바르쎌로나
이 열차는 말라가까지 직행입니까?	¿Va este tren directamente a Málaga? 바 에스떼 트렌 디렉따멘떼 아 말라가?	어른 2명, 아이 1명입니다.	Dos adultos y un niño. 도스 아둘또스 이 운 니뇨
말라가에 가려면 어디서 갈아타야 합니까?	¿Dónde tengo que cambiar para ir a Málaga? 돈데 뗑고 께 깜비아르 빠라 이르 아 말라가?	일등석을 원하십니까, 이등석을 원하십니까?	¿Quiere asiento de primera clase o asiento de segunda clase? 끼에레 아씨엔또 데 쁘리메라 끌라세 오 아씨엔또 데 쎄군다 끌라세?
환승해야 할 곳을 알려 주시겠습니까?	¿Podría decirme donde tengo que cambiar de tren? 뽀드리아 데시르메 돈데 뗑고 께 깜비아르 데 트렌?	이등석 부탁합니다.	Segunda clase, por favor. 쎄군다 끌라세, 뽀르 화보르

편도입니까 왕복입니까?	¿Es sólo de ida o de ida y vuelta? 에스 쏠로 데 이다 오 데 이다 이 부엘따?	세비야에 언제 도착합니까?	¿Cuándo se llega a Sevilla? 꾸안도 세 예가 아 쎄비야?
왕복입니다.	De ida y vuelta. 데 이다 이 부엘따	6시입니다.	A las seis. 알 라스 쎄이스
돌아오는 표는 며칠 간 유효합니까?	¿Por cuántos días es válido el billete de vuelta? 뽀르 꾸안또스 디아스 에스 발리도 엘 비예떼 데 부엘따?	세비야는 지금 날씨가 어떨까요?	¿Qué tiempo haría Sevilla ahora? 께 띠엠뽀 아리아 쎄비야 아오라?
학생 할인 있습니까?	¿Hay descuento para estudiantes? 아이 데스꾸엔또 빠라 에스뚜디안떼스?	무척 더울 거라고 생각됩니다.	Yo pienso que haría mucho calor. 요 삐엔소 께 아리아 무초 깔로르
회원 카드를 가지고 있습니다.	Tengo una tarjeta de socio. 뗑고 우나 따르헤따 데 쏘씨오	표가 모두 매진되었습니다.	Se han agotado todos los billetes. 세 안 아고따도 또도스 로스 비예떼스
요금이 얼마입니까?	¿Cuánto es la tarifa? 꾸안또 에스 라 따리화?	기차를 놓쳤습니다.	He perdido el tren. 에 뻬르디도 엘 트렌
좌석을 선택하고 싶습니다.	Quisiera elegir el asiento. 끼씨에라 엘레히르 엘 아씨엔또	이 표를 취소할 수 있습니까?	¿Podría cancelar este billete? 뽀드리아 깐쎌라르 에스떼 비예떼?
세비야행 표는 얼마입니까?	¿Cuánto es el billete a Sevilla? 꾸안또 에스 엘 비예떼 아 쎄비야?	편도 승차권	billete sencillo (m.)/ billete de ida (m.) 비예떼 쎈씨요/ 비예떼 데 이다
60유로입니다.	Sesenta euros. 쎄쎈따 에우로스	왕복 승차권	billete de ida y vuelta (m.) 비예떼 데 이다 이 부엘따
점심식사도 포함됩니까?	¿Se incluye el almuerzo? 세 잉끌루예 엘 알무에르소?	일정한 킬로미터 내에서 제한 없이 타는 표	billete kilométrico (m.) 비예떼 낄로메트리꼬
일등석에만 포함됩니다.	Sólo se incluye para la clase primera. 쏠로 세 잉끌루예 빠랄 라 끌라세 쁘리메라	(어린이용의) 반액표	medio billete (m.)/ billete a mitad de precio (m.) 메디오 비예떼/ 비예떼 아 미딷 데 쁘레씨오

● 유레일패스

오늘부터 유레일패스를 사용하고 싶습니다.
Quiero empezar a usar el 'Eurailpass' desde hoy.
끼에로 엠뻬싸르 아 우사르 엘 에우라일빠스 데스데 오이

날짜와 스탬프를 찍어주십시오.
Fecha y timbre, por favor.
훼차 이 띰브레, 뽀르 화보르

모레부터 28일간 사용하고 싶습니다.
Quiero usar el 'Eurailpass' durante veintiocho días desde pasado mañana.
끼에로 우사르 엘 에우라일 빠스 두란떼 베인띠오초 디아스 데스데 빠사도 마냐나

유레일패스로 탈 수 있습니까?
¿Puedo subir con el 'Eurailpass'?
뿌에도 쑤비르 꼰 엘 에우라일빠스?

유레일패스로 할인이 됩니까?
¿Hay descuento para el 'Eurailpass'?
아이 데스꾸엔또 빠라 엘 에우라일빠스?

유레일패스를 분실했습니다.
He perdido el 'Eurailpass'.
에 뻬르디도 엘 에우라일빠스

재발급해주시겠습니까?
¿Podría expedirlo de nuevo?
뽀드리아 엑쓰뻬디를로 데 누에보

복사본 여기 있습니다.
Aquí tiene la copia.
아끼 띠에네 라 꼬삐아

● 플랫폼 · 열차 안

말라가행은 몇 번 플랫폼에서 출발합니까?
¿De qué andén sale el tren a Málaga?
데 께 안덴 쌀레 엘 트렌 아 말라가?

2번 플랫폼에서 출발합니다.
Sale desde el andén número dos.
쌀레 데스데 엘 안덴 누메로 도스

몇 번 플랫폼이 바르셀로나행입니까?
¿Qué número de andén va en dirección a Barcelona?
께 누메로 데 안덴 바 엔 디렉씨온 아 바르셀로나?

톨레도행 열차는 어느 것입니까?
¿Cuál es el tren en dirección a Toledo?
꾸알 에스 엘 트렌 엔 디렉씨온 아 똘레도?

이것은 톨레도행입니까?
¿Este(=Éste) va en dirección a Toledo?
에스떼 바 엔 디렉씨온 아 똘레도?

이 열차[객차] 톨레도행입니까?
¿Va este tren[coche] a Toledo?/¿Este tren va a Toledo?

배력

바 에스떼 트렌[꼬체] 아 똘레도?/ 에스떼 트렌 바 아 똘레도?

이 열차는 톨레도에서 정차합니까?	¿Para este tren en Toledo?	빠라 에스떼 트렌 엔 똘레도?
이것이 10시 10분에 출발하는 톨레도행 열차 맞습니까?	¿Es éste(=este) el tren que sale a las diez y diez en dirección a Toledo?	에스 에스떼 엘 트렌 께 쌀레 알 라스 디에스 이 디에스 엔 디렉씨온 아 똘레도?
톨레도행 마지막 기차는 방금 출발했습니다.	El último tren en dirección a Toledo acaba de salir.	엘 울띠모 트렌 엔 디렉씨온 아 똘레도 아까바 데 쌀리르
이 좌석은 임자가 있습니까?	¿Está ocupado este asiento?	에스따 오꾸빠도 에스떼 아씨엔또?
실례지만, 좌석이 비어 있습니까?	Disculpe, ¿está libre el asiento?	디스꿀뻬, 에스따 리브레 엘 아씨엔또?
누가 제 좌석에 앉아있습니다.	Alguien está sentado en mi asiento.	알기엔 에스따 쎈따도 엔 미 아씨엔또
차표를 보여 주십시오.	Enséñeme el billete, por favor.	엔쎄녜메 엘 비예떼, 뽀르 화보르
이 좌석은 제 좌석입니다.	Creo que este asiento es el mío.	크레오 께 에스떼 아씨엔또 에스 엘 미오
실례합니다만, 이것은 제 좌석입니다.	Disculpe, creo que éste(=este) es mi asiento.	디스꿀뻬, 크레오 께 에스떼 에스 미 아씨엔또
창문을 열어도 되겠습니까?	¿Se puede abrir la ventana?	세 뿌에데 아브리를 라 벤따나?
식당칸은 어디에 있습니까?	¿Dónde está el vagón restaurante?	돈데 에스따 엘 바곤 레스따우란떼?
다음 칸입니다.	Es el siguiente vagón.	에스 엘 씨기엔떼 바곤
지금 우리는 어디를 지나고 있습니까?	¿Dónde estamos ahora?	돈데 에스따모스 아오라?
다음 역은 무슨 역입니까?	¿Cuál es la próxima estación?	꾸알 에슬 라 프록씨마 에스따씨온?
톨레도에 도착하려면 시간이 얼마나 더 걸리겠습니까?	¿Cuánto tiempo más se tardará en llegar a Toledo?	꾸안또 띠엠포 마쓰 세 따르다라 엔 예가르 아 똘레도?
톨레도에 도착하면 알려 주십시오.	Avíseme cuando lleguemos a Toledo, por favor.	아비세메 꾸안도 예게모스 아 똘레도, 뽀르 화보르
이번 역은 무슨 역입니까?	¿Qué estación es esta(=ésta)?	께 에스따씨온 에스 에스따?

톨레도역입니다.	Es la estación de Toledo. 에슬 라 에스따씨온 데 똘레도	저는 내려야할 역을 지나쳤습니다.	Me he pasado de la estación donde tenía que bajar. 메 에 빠사도 델 라 에스따씨온 돈데 떼니아 께 바하르
감사합니다. 드디어 도착했네요!	Gracias. ¡Al fin llegamos! 그라씨아스. 알 휜 예가모스!	저는 차표를 분실했습니다.	He perdido mi billete. 에 뻬르디도 미 비예떼
저는 기차에 가방을 두고 내렸습니다.	Déje una bolsa en el tren. 데헤 우나 볼사 엔 엘 트렌		

비행기

● 항공권 구입

마드리드행 항공권 한 장 예약하고 싶습니다.	Yo quiero reservar un billete de avión a Madrid. 요 끼에로 레쎄르바르 운 비예떼 데 아비온 아 마드릳	일반석[이코노미석]으로 부탁드립니다.	Económico, por favor. 에꼬노미꼬, 뽀르 화보르
마드리드행 비행기편(便)을 예약하고 싶습니다.	Quisiera hacer una reserva de vuelo a Madrid. 끼씨에라 아쎄르 우나 레쎄르바 데 부엘로 아 마드릳	몇 등석을 원하십니까?	¿Cuál quiere Ud. de todas las clases? 꾸알 끼에레 우스뗄 데 또다슬 라스 끌라세스?
편도입니까 왕복입니까?	¿Sólo ida o ida y vuelta? 쏠로 이다 오 이다 이 부엘따?	일등석을 원합니다.	Yo quiero la clase primera. 요 끼에롤 라 끌라세 쁘리메라
왕복입니다.	Ida y vuelta. 이다 이 부엘따	좋습니다.	Bueno. 부에노
좌석 등급은 무엇으로 하시겠습니까?	¿Qué clase de asiento desea? 께 끌라세 데 아씨엔또 데쎄아?	언제 떠나실 겁니까?	¿Cuándo partirá Ud.? 꾸안도 빠르띠라 우스뗄?
		다음 화요일입니다.	El martes próximo. 엘 마르떼스 프록씨모

이베리아항공 1012기가 오후 7시에 출발할 겁니다.	IB1012 partirá a las siete de la tarde. 이베 우노 쎄로 우노 도스 빠르띠라 알 라스 씨에떼 델 라 따르데	기항지 한 곳을 거치는 비행기편들 좌석들만 남아있습니다.	Sólo quedan asientos en vuelos con una escala. 쏠로 께단 아씨엔또스 엔 부엘로스 꼰 우나 에스깔라
도착 시간은 언제입니까?	¿Cuál es la hora de llegada? 꾸알 에슬 라 오라 데 예가다?	기항지에서 얼마나 지체합니까?	¿Cuánto se demora la escala? 꾸안또 세 데모랄 라 에스깔라?
항공권을 한 장 사다	comprar un billete [pasaje/boleto] de avión 꼼쁘라르 운 비예떼[빠사헤/볼레또] 데 아비온	파리에서 1시간 기다리셔야 합니다.	Tiene que esperar una hora en París. 띠에네 께 에스뻬라르 우나 오라 엔 빠리스
얼마입니까?	¿Cuánto es? 꾸안또 에스?	그 항공권 가격이 얼마입니까?	¿Cuánto es el precio del billete (de avión)? 꾸안또 에스 엘 쁘레씨오 델 비예떼 (데 아비온)?
그 항공권 가격은 얼마입니까?	¿Cuánto es el precio del billete (de avión)? 꾸안또 에스 엘 쁘레씨오 델 비예떼 (데 아비온)?		
		240유로입니다.	Son doscientos cuarenta euros. 쏜 도스씨엔또스 꾸아렌따 에우로스
160유로입니다.	Ciento sesenta euros. 씨엔또 쎄쎈따 에우로스		
		왕복 항공권은 얼마입니까?	¿Cuánto es el billete de ida y vuelta? 꾸안또 에스 엘 비예떼 데 이다 이 부엘따?
8월 9일 런던행 비행기편 있습니까?	¿Hay vuelos a Londres el día nueve de agosto? 아이 부엘로스 알 론드레스 엘 디아 누에베 데 아고스또?		
		더 싼 항공권이 있습니까?	¿Hay algún billete más barato? 아이 알군 비예떼 마쓰 바라또?
첫 비행기편은 몇 시에 출발합니까?	¿A qué hora sale el primer vuelo? 아 께 오라 쌀레 엘 쁘리메르 부엘로?	유류세는 얼마입니까?	¿Cuánto es el cargo por combustible? 꾸안또 에스 엘 까르고 뽀르 꼼부스띠블레?
도착 시간은 언제입니까?	¿Cuál es la hora de llegada? 꾸알 에슬 라 오라 데 예가다?	유류세가 포함된 가격입니까?	¿Está incluido en el precio el cargo por combustible? 에스따 잉끌루이도 엔 엘 쁘레씨오 엘 까르고 뽀르 꼼부스띠블레?
직행편이 있습니까?	¿Hay vuelos directos [vuelos sin escalas]? 아이 부엘로스 디렉또스[부엘로스 씬 에스깔라스]?		

네, 포함되었습니다.

Sí, está incluído.
씨, 에스따 잉끌루이도

귀국 비행기편은 오픈티 켓으로 해주십시오.

Para el vuelo de vuelta quiero el billete abierto, por favor.
빠라 엘 부엘로 데 부엘따 끼에로 엘 비예떼 아비에르또, 뽀르 화보르

(30일간의) 오픈 티켓

billete abierto (por treinta días) (m.)
비예떼 아비에르또 뽀르 트레인따 디아스

기내식이 제공됩니까?

¿Hay servicio de comida a bordo?
아이 쎄르비씨오 데 꼬미다 아 보르도?

미리 기내식을 선택하고 싶습니다.

Me gustaría elegir la comida a bordo de antemano.
메 구스따리아 엘레히를 라 꼬미다 아 보르도 데 안떼마노

파리행 비행기편을 원 합니다[파리에 비행기로 가고 싶습니다].

Quiero ir a París en avión.
끼에로 이르 아 빠리스 엔 아비온

지금부터라도 탈 수 있 는[가능한 한 빨리 출발 하는] 파리행 비행기편 을 예약하고 싶습니다.

Quisiera reservar un vuelo para París que pueda tomar desde ahora.
끼씨에라 레쎄르바르 운 부 엘로 빠라 빠리스 께 뿌에다 또마르 데스데 아오라

항공권은 있으십니까?

¿Tiene usted biellete de avión?
띠에네 우스뗄 비예떼 데 아 비온?

아니오, 이곳에서 그것 을 샀으면 합니다.

No, quiero comprarlo aquí.
노, 끼에로 꼼쁘라를로 아끼

공항에서 비행 직전에 그것을 살 수 있습니까?

¿Puedo comprarlo en el aeropuerto justo antes del vuelo?
뿌에도 꼼쁘라를로 엔 엘 아 에로뿌에르또 후스또 안떼스 델 부엘로?

돈이 많지 않습니다. 더 싼 방법이 있을까요?

No tengo mucho dinero. ¿Hay alguna manera más barata?
노 뗑고 무초 디네로, 아이 알 구나 마네라 마쓰 바라따?

값싼 비행기편을 찾고 계 십니까?

¿Está buscado un vuelo barato?
에스따 부스깐도 운 부엘로 바라또?

몇 살이십니까?

¿Cuántos años tiene usted?
꾸안또스 아뇨스 띠에네 우스뗄?

23세[스물세 살]입니다.

Tengo veintitrés años.
뗑고 베인띠트레스 아뇨스

편도입니까, 왕복입니까?

¿Ida sólo o ida y vuelta?
이다 쏠로 오 이다 이 부엘따?

편도입니다.

Ida sólo.
이다 쏠로

그러면 할인이 없습니다.

Entonces no hay descuento.
엔똔쎄쓰 노 아이 데스꾸엔또

신분증을 가지고 있습 니다.

Tengo el carnet de identificación.
뗑고 엘 까르넷 데 이덴띠휘까씨온

언제 출발할 수 있습 니까?

¿Cuándo puedo salir?
꾸안도 뿌에도 쌀리르?

가능한 한 빨리 출발하고 싶습니다.

Quiero salir lo más pronto posible.
끼에로 쌀리를 로 마쓰 쁘론 또 뽀씨블레

● 만원이라 예약 불가능 시

여보세요, 이베리아 항
공사입니다.

Dígame, aquí habla
(la Aerolínea) Iberia.

디가메, 아끼 아블라 (라 아
에로리네아) 이베리아

서울행 비행기편을 예
약하고 싶습니다.

Quiero reservar en
el avión para Seúl.

끼에로 레쎄르바르 엔 엘 아
비온 빠라 쎄울

항공권은 가지고 계십
니까?

¿Tiene usted biellete
[pasaje/boleto] de
avión?

띠에네 우스뗃 비예떼[빠사
헤/볼레또] 데 아비온?

네, 가지고 있습니다.

Sí, tengo.

씨, 뗑고

며칠에 출발하는 비행
기입니까?

¿Qué día sale el
avión?

께 디아 쌀레 엘 아비온?

8월 29일입니다.

El veintinueve de
agosto.

엘 베인띠누에베 데 아고스또

죄송합니다. 8월 29일
에는 이미 모든 좌석이
찼습니다.

Perdón, el avión
ya está lleno, del
veintinueve de agosto.

뻬르돈, 엘 아비온 야 에스따 예
노, 델 베인띠누에베 데 아고스또

저를 대기자 명단에 올
려 주십시오.

Póngame en la lista
de espera, por favor.

뽕가메 엔 랄 리스따 데 에
스뻬라, 뽀르 화보르

대기자 명단에 있다

estar en lista de
espera

에스따르 엔 리스따 데 에스뻬라

현재 대기자는 몇 명입
니까?

¿Cuántas personas
en espera hay?

꾸안따스 뻬르쏘나스 엔 에
스뻬라 아이?

가능한 한 빨리 출발하
기를 원합니다.

Quiero salir lo más
pronto posible.

끼에로 쌀리를 로 마쓰 쁘론
또 뽀씨블레

8월 30일 좌석은 예약
하실 수 있습니다.

Puede reservar
un asiento para el
treinta de agosto.

뿌에데 레쎄르바르 운 아씨
엔또 빠라 엘 트레인따 데
아고스또

그러면, 그것으로 하겠
습니다.

Entonces lo tomo.

엔똔쎄쓸 로 또모

실례지만, 이름을 말씀
해주십시오.

Su nombre, por
favor.

쑤 놈브레, 뽀르 화보르

김후안입니다.

Juan Kim.

후안 낌

귀하의 비행기편은 11시
15분에 출발하는 024편
입니다.

Su vuelo es No.
024, que sale a las
once y cuarto.

쑤 부엘로 에스 누메로 쎄로
도스 꾸아트로, 께 쌀레 알
라스 온쎄 이 꾸아르또

어느 공항에서 비행기
가 출발합니까?

¿De qué aeropuerto
sale el avión?

데 께 아에로뿌에르또 쌀레
엘 아비온?

바라하스공항 4번 터미
널입니다.

De Barajas,
terminal 4.

데 바라하스, 떼르미날 꾸아트로

네[알겠습니다]. 감사합
니다.

Bueno. Gracias.

부에노, 그라씨아스

● 예약 변경 및 해약 시

예약을 변경하고 싶습니다.

Quisiera cambiar la reserva.
끼씨에라 깜비아를 라 레쎄르바

성함을 말씀해주십시오.

Dígame su nombre y apellido, por favor.
디가메 쑤 놈브레 이 아뻬이도, 뽀르 화보르

김마리솔이라고 합니다.

Me llamo Marisol Kim.
메 야모 마리솔 낌

항공편 번호가 무엇입니까?

¿Cuál es el número de vuelo?
꾸알 에스 엘 누메로 데 부엘로?

코리안 에어 KE101편입니다.

Es el Korean Air vuelo KE101.
에스 엘 꼬레안 에어 부엘로 까에 우노 쎄로 우노

어떻게 그것을(=예약을) 변경하고 싶으십니까?

¿Cómo la desea cambiar?
꼬몰 라 데쎄아 깜비아르?
reserva (f.)를 대명사 la 로 받음

출발일을 7월 1일로 바꾸고 싶습니다.

Quisiera cambiar el día de salida al uno de julio.
끼씨에라 깜비아르 엘 디아 데 쌀리다 알 우노 데 훌리오

비행기편을 변경하고 싶습니다.

Quisiera cambiar de vuelo.
끼씨에라 깜비아르 데 부엘로

그것을(=비행기편을) 다른 비행기편으로 변경하고 싶습니다.

Quisiera cambiarlo a otro vuelo.
끼씨에라 깜비아를로 아 오트로 부엘로
vuelo (m.)를 대명사 lo 로 받음

제 비행기편을 취소해야만 하겠습니다.

Creo que tengo que cancelar mi vuelo.
크레오 께 뗑고 께 깐쎌라르 미 부엘로

잠깐만 기다려 주십시오.

Espere un momento, por favor.
에스뻬레 운 모멘또, 뽀르 화보르

● 예약 재확인 시

예약을 확인하고 싶습니다.

Quisiera confirmar la reserva.
끼씨에라 꼰휘르마르 라 레쎄르바

제 비행기편을 재확인하고 싶습니다.

Quisiera reconfirmar mi vuelo.
끼씨에라 레꼰휘르마르 미 부엘로

비행기편이 며칠입니까?

¿Qué día es el vuelo?
께 디아 에스 엘 부엘로?

8월 30일입니다.

El 30 de agosto.
엘 트레인따 데 아고스또

어느 비행기편입니까?

¿Qué vuelo?
께 부엘로

이베리아항공 서울행 0245편입니다.

El vuelo No. 0245 de IBE hasta Seúl.
엘 부엘로 누메로 쎄로 도스 꾸아트로 씽꼬 데 이베에 아스따 쎄울

성함이 무엇입니까?	¿Cómo se llama usted? 꼬모 세 야마 우스뗄?	오전 11시 15분입니다.	Once y cuarto de la mañana. 온쎄 이 꾸아르또 델 라 마냐나
김후안입니다.	Juan Kim. 후안 낌	몇 시까지 탑승수속을 해야 합니까?	¿Para qué hora tengo que hacer la tramitación de embarque? 빠라 께 오라 뗑고 께 아쎄르 라 트라미따씨온 데 엠바르께?
네[좋습니다]. 재확인되었습니다.	Muy bien. Está reconfirmado. 무이 비엔. 에스따 레꼰휘르마도		
네, 예약이 확인되었습니다.	Sí, está confirmada la reserva. 씨, 에스따 꼰휘르마달 라 레쎄르바	1시간 전까지는 수속해야 합니다.	Tiene que hacer la tramitación de embarque una hora antes de la partida. 띠에네 께 아쎄를 라 트라미따씨온 데 엠바르께 우나 오라 안떼스 델 라 빠르띠다
출발 시간을 확인하고 싶습니다.	Quiero asegurarme de la hora de partida. 끼에로 아쎄구라르메 델 라 오라 데 빠르띠다	네[알겠습니다]. 감사합니다.	Bueno. Gracias. 부에노. 그라씨아스

● **탑승 수속**

이베리아 항공사 카운터가 어디입니까?	¿Dónde está el mostrador de la Aerolínea Iberia? 돈데 에스따 엘 모스트라도르 델 라 아에로리네아 이베리아?	네, 여기 있습니다.	Sí, aquí tiene (usted). 씨, 아끼 띠에네 (우스뗄)
안녕하세요, 서울행 부탁합니다.	Buenos días, para Seúl, por favor. 부에노스 디아스, 빠라 쎄울, 뽀르 화보르	여권을 보여 주십시오.	Enséñeme su pasaporte, por favor. 엔쎄녜메 수 빠사뽀르떼, 뽀르 화보르
안녕하세요! 여권과 항공권을 보여주십시오.	¡Hola! Muéstreme el pasaporte y el billete[pasaje/boleto] de avión. 올라! 무에스트레메 엘 빠사뽀르떼 이 엘 비예떼[빠사헤/볼레또] 데 아비온	여기 있습니다.	Aquí tiene (usted). 아끼 띠에네 (우스뗄)
		예약 번호를 말씀해주십시오.	Dígame el número de reserva, por favor. 디가메 엘 누메로 데 레쎄르바, 뽀르 화보르

제 예약 번호는 1234567890입니다.

Mi número de reserva es el uno dos tres cuatro cinco seis siete ocho nueve cero.
미 누메로 데 레쎄르바 에스 엘 우노 도스 트레스 꾸아트로 씽꼬 쎄이스 씨에떼 오초 누에베 쎄로

제 예약 정보 여기 있습니다.

Aquí tiene mis datos de reserva.
아끼 띠에네 미스 다또스 데 레쎄르바

어느 좌석으로 드릴까요?

¿Qué asiento le doy?
께 아씨엔똘 레 도이?

창 쪽 좌석으로 주십시오.

Déme un asiento de ventanilla.
데메 운 아씨엔또 데 벤따니야

창 쪽 좌석을 원하십니까, 통로 쪽 좌석을 원하십니까?

¿Quiere ventana o pasillo?
끼에레 벤따나 오 빠시요?

창 쪽 좌석 부탁드립니다.

Un asiento de la ventana[a la ventanilla], por favor.
운 아씨엔또 델 라 벤따나[알 라 벤따니야], 뽀르 화보르

통로 쪽 좌석 부탁드립니다.

Un asiento del[al] pasillo, por favor.
운 아씨엔또 델[알] 빠시요, 뽀르 화보르

비상구 근처로 부탁합니다.

Cerca de la salida de emergencia, por favor.
쎄르까 델 라 쌀리다 데 에메르헨씨아, 뽀르 화보르

점수[마일리지]를 적립해주시겠습니까?

¿Me acumula los puntos, por favor?
메 아꾸물라 로스 뿐또스, 뽀르 화보르?

다 됐습니다. 탑승권 여기 있습니다. 확인해주십시오.

Ya está. Aquí tiene el billete de embarque. Verifique la información por favor.
야 에스따. 아끼 띠에네 엘 비예떼 데 엠바르께. 베리휘껠 라 인포르마씨온, 뽀르 화보르

당신의 좌석번호는 23A 입니다. 비행기는 11시에 4번 탑승구에서 탑승하세요. 출발 시간 20분 전까지 탑승해 주세요.

Su asiento es el 23A. Embarque en el avión a las once por la puerta de embarque número 4. Por favor, embarque veinte minutos antes de la hora de salida.
쑤 아씨엔또 에스 엘 베인띠 트레스 아. 엠바르께 엔 엘 아비온 알 라스 온쎄 뽀를 라 뿌에르따 데 엠바르께 누메로 꾸아트로. 뽀르 화보르, 엠바르께 베인떼 미누또스 안떼스 델 라 오라 데 쌀리다

네, 알겠습니다. 감사합니다.

Entendido. Gracias.
엔뗀디도. 그라씨아스

부치실 짐이 있습니까?

¿Tiene equipaje para registrar[facturar]?
띠에네 에끼빠헤 빠라 레히스트라르[확뚜라르]?

네, 여행 가방이 두 개 있습니다.

Sí, tengo dos maletas.
씨, 뗑고 도스 말레따스

여기에 올려놓으세요.	Póngalas aquí. 뽕갈라스 아끼	무게 제한이 얼마입니까?	¿Cuánto es el límite de peso? 꾸안또 에스 엘 리미떼 데 뻬소?
네.	Sí. 씨	추가 비용을 내야 합니까?	¿Hay que pagar gastos adicionales? 아이 께 빠가르 가스또스 아디씨오날레스?
전부 두 개의 짐이 있습니다.	Tengo dos bultos en total. 뗑고 도스 불또스 엔 또딸	이것을 기내 반입할 수 있습니까?	¿Puedo llevar esto a bordo? 뿌에도 예바르 에스또 아 보르도?
혹시 위험한 물건이 들어 있습니까?	¿Por casualidad lleva algún objeto peligroso? 뽀르 까수알리닫 예바 알군 오브헤또 뻴리그로소?	액체들은 짐으로 부쳐야만 합니까?	¿Hay que enviar los líquidos con el equipaje? 아이 께 엔비아를 로스 리끼도스 꼰 엘 에끼빠헤?
아니오. 옷과 책이 들어 있습니다.	No, llevo ropa y libros. 노, 예보 로빠 일 리브로스		
여행 가방을 들고 타시겠습니까, 부치시겠습니까?	¿Va a llevar la maleta o la va a registrar? 바 아 예바를 라 말레따 올라 바 아 레히스트라르?	제 짐이 최종 목적지인 인천공항으로 직행하는 거 맞습니까?	¿Mi equipaje va directo al destino final, es decir, el Aeropuerto de Incheon, verdad? 미 에끼빠헤 바 디렉또 알 데스띠노 휘날, 에스 데씨르, 엘 아에로뿌에르또 데 인천, 베르닫?
부치겠습니다.	La voy a registrar. 라 보이 아 레히스트라르		
이 짐을 부쳐 주십시오.	Regístreme este equipaje, por favor. 레히스트레메 에스떼 에끼빠헤, 뽀르 화보르	비행기 탑승은 몇 시에 시작됩니까?	¿A qué hora se empieza a subir al avión? 아 께 오라 세 엠삐에싸 아 쑤비르 알 아비온?
이쪽으로 짐을 올려 주십시오.	Suba el equipaje por aquí, por favor. 수바 엘 에끼빠헤 뽀르 아끼, 뽀르 화보르	탑승은 언제부터 합니까?	¿Cuándo es el embarque? 꾸안도 에스 엘 엠바르께?
짐을 저울에 올려 주십시오.	Ponga el equipaje en la balanza, por favor. 뽕가 엘 에끼빠헤 엔 라 발란싸, 뽀르 화보르		

| 출발 시간 30분 전까지 탑승구 앞에 있어야 합니다. | Tiene que estar al frente de la puerta al menos treinta minutos antes de la hora del vuelo.
띠에네 께 에스따르 알 프렌떼 델 라 뿌에르따 알 메노스 트레인따 미누또스 안떼스 델 라 오라 델 부엘로 | 즐거운 여행되십시오! | ¡Que tenga un buen viaje!
께 뗑가 운 부엔 비아헤! |

● **출국심사** *참고로 알아두기

출국심사는 어디서 합니까?	¿Dónde se hace el trámite de emigración? 돈데 세 아쎄 엘 트라미떼 데 에미그라씨온?	주머니들을 비우십시오.	Vacíe los bolsillos, por favor. 바씨엘 로스 볼씨요스, 뽀르 화보르
저쪽으로 가십시오.	Vaya por allí. 바야 뽀르 아이	구두도 벗어 주십시오.	Quítese los zapatos también, por favor. 끼떼셀 로스 싸빠또스 땀비엔, 뽀르 화보르
외국인 쪽으로 줄을 서십시오.	Por favor, haga fila en la línea de extranjeros. 뽀르 화보르, 아가 휠라 엔 랄 리네아 데 엑스트랑헤로스	그것들을 이 바구니에 담으십시오.	Póngalos en esta cesta. 뽕갈로스 엔 에스따 쎄스따
탑승카드를 보여 주십시오.	Enséñeme la tarjeta de embarque, por favor. 엔쎄네멜 라 따르헤따 데 엠바르께, 뽀르 화보르	검색대를 통과하십시오.	Pase por el escáner de control. 빠세 뽀르 엘 에스까네르 데 꼰트롤
보안 검색을 위해 소지품을 모두 꺼내 주십시오.	Por inspección de seguridad, saque todos los objetos personales, por favor. 뽀르 인스뻭씨온 데 쎄구리닫, 사께 또도슬 로스 옵헤또스 뻬르쏘날레스, 뽀르 화보르	양팔을 벌리십시오.	Levante los brazos, por favor. 레반뗄 로스 브라소쓰, 뽀르 화보르

실례합니다. 대한민국 서울행 이베리아항공 비행기편은 어디서 탑니까?

Disculpe, ¿dónde se toma el vuelo de la Aerolínea Iberia con destino a Seúl, Corea del Sur?

디스꿀뻬. 돈데 세 또마 엘 부엘로 델 라 아에로리네아 이베리아 꼰 데스띠노 아 쎄울, 꼬레아 델 쑤르?

10A 탑승구로 가셔야 합니다.

Tiene que ir a la puerta diez A.

띠에네 께 이르 알 라 뿌에르따 디에스 아

실례합니다. 10A 탑승구로 어떻게 가는지 아십니까?

Disculpe, ¿sabe cómo se va a la puerta diez A?

디스꿀뻬, 싸베 꼬모 세 바 알 라 뿌에르따 디에스 아?

이 길로 곧장 걸어가십시오.

Siga caminando todo derecho[recto] por aquí.

씨가 까미난도 또도 데레초[렉또] 뽀르 아끼

024번 탑승구가 여깁니까?

¿Es aquí la puerta de embarque número 024?

에스 아낄 라 뿌에르따 데 엠바르께 누메로 쎄로 도스 꾸아트로?

탑승구는 어디에 있습니까?

¿Dónde está la puerta de embarque?

돈데 에스딸 라 뿌에르따 데 엠바르께?

탑승구가 어느 것입니까?

¿Cuál es la puerta de embarque?

꾸알 에슬 라 뿌에르따 데 엠바르께?

이 비행기는 언제 출발합니까?

¿Cuándo parte este avión?

꾸안도 빠르떼 에스떼 아비온?

오전 9시 30분에 출발합니다.

A las nueve y media de la mañana.

알 라스 누에베 이 메디아 델 라 마냐나

목적지가 어디입니까?

¿Cuál es su destino?

꾸알 에스 쑤 데스띠노?

한국의 서울입니다.

Seúl, Corea del Sur.

쎄울, 꼬레아 델 쑤르

몇 시에 출발/도착합니까?

¿A qué hora parte/llega?

아 께 오라 빠르떼/예가?

오후 5시입니다.

A las 5 del mediodía.

알 라스 씽꼬 델 메디오디아

죄송합니다. 비행이 지연되게 되었습니다.

Disculpen las molestias. El vuelo se va a retrasar.

디스꿀뻰 라스 몰레스띠아스. 엘 부엘로 세 바 아 레트라싸르 출발이 얼마나 지연되 겠습니까?

¿Cuánto tiempo de retraso habrá para la salida?

꾸안또 띠엠뽀 데 레트라소 아브라 빠랄 라 쌀리다?

얼마나 연기[지연]될 것 같습니까?

¿Cuánto cree que va a retrasarse?

꾸안또 크레에 께 바 아 레 트라싸르세?

비행기는 왜 연착되는 겁니까?

¿Por qué se retrasa el avión?

뽀르 께 세 레트라싸 엘 아 비온?

날씨가 나빠서 연착됩 니다.

Se retrasa por el mal tiempo.

세 레트라싸 뽀르 엘 말 띠 엠뽀

제가 제 연결 항공편을 탈 수 있을까요?

¿Podré tomar mi vuelo de conexión?

뽀드레 또마르 미 부엘로 데 꼬넥씨온?

더 늦으시면, 비행기를 놓칠 위험이 있습니다.

Si usted se retrasa más, corre el riesgo de perder el avión.

씨 우스뗄 세 레트라싸 마 쓰, 꼬레 엘 리에스고 데 뻬 르데르 엘 아비온

비행기를 놓쳤습니다. 다음 항공편에 좌석이 있습니까?

He perdido mi avión. ¿Hay asientos en el siguiente vuelo?

에 뻬르디도 미 아비온. 아 이 아씨엔또스 엔 엘 씨기엔 떼 부엘로?

네, 좌석이 있습니다.

Sí, hay asientos.

씨, 아이 아씨엔또스

비행 스케줄을 새로 잡 아 주십시오.

Por favor, hágame un nuevo itinerario de vuelo.

뽀르 화보르, 아가메 운 누에 보 이띠네라리오 데 부엘로

수수료를 내야 합니까?

¿Hay que pagar comisión?

아이 께 빠가르 꼬미씨온?

레스토랑

● 레스토랑 선택

저는 배가 고픕니다/목이 마릅니다.

Tengo hambre/sed.
뗑고 암브레/쎌

저는 뭔가를 먹고 싶습니다.

Quiero tomar algo de comer.
끼에로 또마르 알고 데 꼬메르

우리 뭐 먹읍시다.

Vamos a comer algo.
바모스 아 꼬메르 알고

이 근처에 많이 비싸지 않은 레스토랑들이 있습니까?

¿Hay restaurantes no muy caros cerca de aqui?
아이 레스따우란떼스 노 무이 까로스 쎄르까 데 아끼?

이 근처에 좋은 레스토랑이 있습니까?

¿Hay algún restaurante bueno por aquí cerca?
아이 알군 레스따우란떼 부에노 뽀르 아끼 쎄르까?

이 근처에 있는 좋은 레스토랑을 제게 추천해주시겠습니까?

¿Podría recomendarme un buen restaurante cerca de aquí?
뽀드리아 레꼬멘다르메 운 부엔 레스따우란떼 쎄르까 데 아끼?

이 부근에 싸고 좋은 레스토랑이 있습니까?

¿Hay algún restaurante bueno y barato?
아이 알군 레스따우란떼 부에노 이 바라또?

이 근처에 한국 레스토랑이 있습니까?

¿Hay algún restaurante coreano por aquí cerca?
아이 알군 레스따우란떼 꼬레아노 뽀르 아끼 쎄르까?

이 근처에 좋은 베트남 레스토랑이 있다고 들었습니다.

He oído que hay un buen restaurante vietnamita cerca de aquí.
에 오이도 께 아이 운 부엔 레스따우란떼 비에뜨나미따 쎄르까 데 아끼

건너편에 있는 중국 레스토랑이 괜찮습니다.

El restaurante chino enfrente está bien.
엘 레스따우란떼 치노 엔프렌떼 에스따 비엔

유명한 레스토랑을 추천해주시겠습니까?

¿Me puede recomendar algún restaurante famoso?
메 뿌에데 레꼬멘다르 알군 레스따우란떼 화모소?

우리는 어디서 전형적인 스페인 음식을 만나 볼 수 있을까요?

¿Dónde podemos encontrar comidas tipicas de España?
돈데 뽀데모스 엔꼰트라르 꼬미다스 띠삐까스 데 에스빠냐?

어느 거리에 레스토랑들이 많이 있습니까?	¿En qué calle hay muchos restaurantes?	이 식당에서는 식권을 사야 합니다.	Hay que comprar vales en este restaurante.
	엔 께 까예 아이 무초스 레스따우란떼스?		아이 께 꼼쁘라르 발레스 엔 에스떼 레스따우란떼
지금 열려있는 레스토랑이 있습니까?	¿Hay algún restaurante que está abierto ahora?	이 식당은 손님들에게 참 친절합니다.	Este restaurante está bien atendido.
	아이 알군 레스따우란떼 께 에스따 아비에르또 아오라?		에스떼 레스따우란떼 에스따 비엔 아뗀디도

● 레스토랑 예약

여보세요, ABC 레스토랑입니다.	¿Hola? Es el restaurante ABC.	네 사람입니다.	Somos cuatro personas.
	올라? 에스 엘 레스따우란떼 아베쎄		쏘모스 꾸아트로 뻬르쏘나스
여보세요, ABC 레스토랑입니까?	Oiga, ¿es el restaurante ABC?	네 분 모두 어른이십니까?	¿Los cuatro son adultos?
	오이가, 에스 엘 레스따우란떼 아베쎄?		로스 꾸아트로 쏜 아둘또스?
지금 점심식사 할 수 있습니까?	¿Sirven el almuerzo ahora?	네.	Sí.
	씨르벤 엘 알무에르소 아오라?		씨
저녁식사는 몇 시부터 시작됩니까?	¿A qué hora empieza la cena?	몇 시로 예약하시겠습니까?	¿Para qué hora quiere reservar?
	아 께 오라 엠삐에싸 라 쎄나?		빠라 께 오라 끼에레 레쎄르바르?
예약이 필요합니까?	¿Es necesario reservar?	7시 30분으로 하겠습니다.	Para las siete y media.
	에스 네쎄싸리오 레쎄르바르?		빠랄 라스 씨에떼 이 메디아
여보세요. 오늘 저녁식사를 위해 테이블을 예약했으면 합니다.	Hola, quisiera reservar una mesa para cenar hoy.	오늘 저녁 8시에 3명 예약하고 싶습니다.	Quiero hacer una reserva para tres personas hoy a las ocho de la noche.
	올라, 끼씨에라 레쎄르바르 우나 메사 빠라 쎄나르 오이		끼에로 아쎄르 우나 레쎄르바 빠라 트레스 뻬르쏘나스 오이 알 라스 오초 델 라 노체
네, 몇 분이십니까?	Sí, ¿cuántas personas son?	우리는 8시에 갈 겁니다.	Vendremos a las ocho.
	씨, 꾸안따스 뻬르쏘나스 쏜?		벤드레모스 알 라스 오초

2명을 위한 테이블을 예약하고 싶습니다.	Quisiera reservar una mesa para dos. 끼씨에라 레쎄르바르 우나 메사 빠라 도스
4명을 위한 테이블을 예약하고 싶습니다.	Quiero reservar una mesa para cuatro. 끼에로 레쎄르바르 우나 메사 빠라 꾸아트로
7시 30분에 3명 위한 테이블을 예약하고 싶습니다.	Quiero reservar una mesa para tres personas a las siete y media. 끼에로 레쎄르바르 우나 메사 빠라 트레스 뻬르쏘나스 알 라스 씨에떼 이 메디아
죄송합니다만, 만석입니다.	Perdone, pero está lleno. 뻬르도네, 뻬로 에스따 예노
죄송합니다. 그 시간에는 자리가 없습니다.	Lo siento, a esa hora no hay sitio. 로 씨엔또, 아 에사 오라 노 아이 씨띠오
다른 시간에는 없습니까?	¿No hay a otra hora? 노 아이 아 오트라 오라?
몇 시에 우리 자리가 있겠습니까?	¿A qué hora podemos tomar asiento? 아 께 오라 뽀데모스 또마르 아씨엔또?
8시에 가능할 것 같습니다.	A las ocho, sí lo hay. 알 라스 오초, 씰 로 아이
9시 30분입니다.	A las nueve y media. 알 라스 누에베 이 메디아
성함이 무엇입니까?	¿Cómo se llama usted? 꼬모 세 야마 우스뗃?
김후안입니다.	Juan Kim. 후안 낌
어떤 자리를 원하십니까?	¿Qué sitio quiere? 께 씨띠오 끼에레?
창 쪽 좌석으로 부탁합니다.	En la ventana, por favor. 엔 라 벤따나, 뽀르 화보르
창 옆 테이블을 원합니다.	Quiero una mesa al lado de la ventana. 끼에로 우나 메사 알 라도 델 라 벤따나
조용한 테이블에 앉고 싶습니다.	Quisiera sentarme en una mesa tranquila. 끼씨에라 쎈따르메 엔 우나 메사 트랑낄라
사람이 덜 붐비는 쪽으로 부탁합니다.	Donde haya menos gente, por favor. 돈데 아야 메노스 헨떼, 뽀르 화보르
가능하면, 테라스에 앉고 싶습니다.	Si es posible, quisiera sentarme en la terraza, por favor. 씨 에스 뽀씨블레, 끼씨에라 쎈따르메 엔 라 떼라사, 뽀르 화보르
어떤 자리를 원하십니까?	¿Qué sitio quiere? 께 씨띠오 끼에레?
금연석으로 부탁합니다.	No fumadores, por favor. 노 후마도레스, 뽀르 화보르
금연석	asiento de no fumar (m.)/zona de no fumadores (f.) 아씨엔또 데 노 후마르/ 쏘나 데 노 후마도레스

흡연석으로 부탁합니다.	En fumadores, por favor. 엔 후마도레스, 뽀르 화보르	알겠습니다. 9시 30분에 여러분을 기다리고 있겠습니다.	Está bien. Les esperamos a las nueve y media. 에스따 비엔, 레스 에스뻬라모스 알 라스 누에베 이 메디아

흡연석으로 부탁합니다.
En fumadores, por favor.
엔 후마도레스, 뽀르 화보르

흡연석
asiento de fumar (m.)/zona de fumadores (f.)
아씨엔또 데 후마르/ 쏘나 데 후마도레스
＊스페인은 2011년 1월 2일부터 학교 · 운동장 · 병원 · 공항 · 레스토랑 등 모든 공공장소에서 전면적으로 흡연을 법적으로 금지했으므로, 참고로만 알아두기

흡연석과 금연석이 있는데 어디로 하시겠습니까?
Hay zona de fumadores y de no fumadores, ¿cuál desea?
아이 쏘나 데 후마도레스 이 데 노 후마도레스, 꾸알 데쎄아?

금연석으로 하겠습니다.
Dé no fumadores.
데 노 후마도레스

금연석은 창가 자리가 아닌데 괜찮으시겠습니까?
La zona de no fumadores no está junto a la ventana, ¿no importa?
라 쏘나 데 노 후마도레스 노 에스따 훈또 알 라 벤따나, 노 임뽀르따?

네, 괜찮습니다.
No, no importa.
노, 노 임뽀르따

우리는 1인당 30유로를 쓸 생각입니다.
Queremos gastar unas treinta euros por persona.
께레모스 가스따르 우나스 트레인따 에우로스 뽀르 뻬르쏘나

알겠습니다. 9시 30분에 여러분을 기다리고 있겠습니다.
Está bien. Les esperamos a las nueve y media.
에스따 비엔, 레스 에스뻬라모스 알 라스 누에베 이 메디아

오늘 저녁 7시 30분, 세 분, 금연석으로 예약되었습니다. 감사합니다.
Ha reservado una mesa para tres personas para hoy a las seite y media de la tarde en la zona de no fumadores. Gracias.
아 레쎄르바도 우나 메싸 빠라 트레스 뻬르쏘나스 빠라 오이 알 라스 쎄이떼 이 메디아 델 라 따르데 엔 라 쏘나 데 노 후마도레스, 그라씨아스

감사합니다.
Gracias.
그라씨아스

정장을 해야 합니까?
¿Es necesario que me vista de etiqueta?
에스 네쎄싸리오 께 메 비스따 데 에띠께따?

정장하다
vestirse de etiqueta
베스띠르세 데 에띠께따

정장을 할 것
Etiqueta
에띠께따

디너 재킷, 턱시도
chaqueta de smoking (f.)
차께따 데 스모킹

턱시도
esmoquin (m.)/ smoking (m.) (smokings (pl.))
에스모낀/ 스모킹 (복수: 스모낑스)

● 레스토랑 도착 시

안녕하십니까.

Buenas tardes.
부에나스 따르데스

안녕하십니까. 3명을 위한 테이블 하나 원합니다.

Buenas tardes, quisiera una mesa para tres.
부에나스 따르데스, 끼씨에라 우나 메사 빠라 트레스

우리에게 (구석에 / 창 옆에 / 금연구역에 / 밖에/마당에) 있는 테이블을 주시겠습니까?

¿Nos puede dar una mesa (en el rincón/al lado de la ventana/en la sección de no fumadores/fuera/en el patio)?
노스 뿌에도 다르 우나 메사 (엔 엘 리꼰/ 알 라도 델 라 벤따나/ 엔 라 쎅씨온 데 노 후마도레스/ 후에라/ 엔 엘 빠씨오)?

웨이터! 빈 테이블 있습니까?

¡Camarero! ¿Hay alguna mesa libre?
까마레로! 아이 알구나 메살 리브레?

네, 여러분. 이리들 오십시오, 여러분.

Sí, señores. Pasen por aquí, señores.
씨, 쎼뇨레스. 빠쎈 뽀르 아끼, 쎼뇨레스

우리는 여기 앉겠습니다.

Vamos a sentarnos aquí.
바모스 아 쎈따르노스 아끼

저는 그쪽 테이블로 옮기고 싶습니다.

Quisiera cambiarme a la mesa de ahí.
끼씨에라 깜비아르메 알 라 메사 데 아이

이 분과 테이블 합석해 주시겠습니까?

¿No le importa compartir la mesa con este señor?
놀 레 임뽀르따 꼼빠르띠를 라 메사 꼰 에스떼 쎼뇨르?

우리는 예약을 했는데, 저는 김후안이라고 합니다.

Tenemos reserva, me llamo Juan Kim.
떼네모스 레쎄르바, 메 야모 후안 낌

이쪽으로 오십시오.

Pasean, por favor.
빠세안, 뽀르 화보르
＊여러 명이라 Pasean임

전화로 이미 예약하셨습니까?

¿Hizo ya su reserva por teléfono?
이쏘 야 쑤 레쎄르바 뽀르 뗄레포노?

네.

Sí.
씨

예약하셨습니까?

¿Ha reservado?
아 레쎄르바도?

7시로 예약했습니다.

He reservado para las siete.
에 레쎄르바도 빠랄 라스 씨에떼

예약하지 않았습니다. 2명이 앉을 자리 있습니까?

No, no he reservado. ¿Hay sitio para dos personas?
노, 노 에 레쎄르바도, 아이 씨띠오 빠라 도스 뻬르쏘나스?

우리는 2명입니다.

Somos dos.
쏘모스 도스

이 좌석은 비었습니까?

¿Este asiento está libre?
에스떼 아씨엔또 에스따 리브레?

여기서 우리가 커피만 마셔도 됩니까?	¿Podemos tomar solamente un café aquí? 뽀데모스 또마르 쏠라멘떼 운 까페 아끼?	얼마나 기다려야 합니까?	¿Cuánto hay que esperar? 꾸안또 아이 께 에스뻬라르?
자리가 있습니까?	¿Hay sitio? 아이 씨띠오?	20분 정도 기다리셔야만 합니다.	Tiene que esperar unos veinte minutos. 띠에네 께 에스뻬라르 우노스 베인떼 미누또스
죄송합니다, 자리가 날 때까지 기다려 주십시오.	Lo siento, espere hasta que haya sitio. 로 씨엔또, 에스뻬레 아스따 께 아야 씨띠오		

● 묻고 주문하기

웨이터/웨이트리스!	¡Camarero!/ ¡Camarera! 까마레로!/ 까마레라!	아침식사를 하고 싶습니다.	Quisiera desayunar, por favor. 끼씨에라 데싸유나르, 뽀르 화보르
선생님, 무엇을 드릴까요?	¿Se le ofrece algo, caballero? 셀 레 오프레쎄 알고, 까바예로?	저는 (베이컨 에그/시리얼/삶은 달걀/반숙 달걀/완숙 달걀/달걀 프라이/과일[자몽/오렌지]주스/햄에그/마멀레이드/오렌지잼/잼 바른 빵/스크램블드 에그/토스트) 먹겠습니다.	Tomaré (huevos con tocino/ cereales/huevo pasado por agua/ huevo blando/ huevo duro/ huevos fritos/ un jugo de fruta [pomelo/naranja]/ huevos con jamón/ mermelada/ mermelada de naranjas/pan con mermelada/ huevos revueltos/ tostadas). 또마레 (우에보스 꼰 또씨노/ 쎄레알레스/ 우에보 빠사도 뽀르 아구아/ 우에보
뭐 좀 먹었으면/마셨으면 합니다.	Quisiera algo de comer/beber. 끼씨에라 알고 데 꼬메르/베베르		
무엇을 원하십니까[드시겠습니까]?	¿Qué desea? 께 데쎄아?		
무엇을 마시겠습니까?	¿Qué desea beber? 께 데쎄아 베베르?		
무엇을 드시겠습니까?	¿Qué desea[quiere] tomar[comer]?/ ¿Qué va a tomar[comer]? 께 데쎄아[끼에레] 또마르[꼬메르]?/ 께 바 아 또마르[꼬메르]?		

블란도/ 우에보 두로/ 우에보스 프리또스/ 운 후고 데 프루따[뽀멜로/나랑하]/ 우에보스 꼰 하몬/ 메르멜라다/ 메르멜라다 데 나랑하스/ 빤 꼰 메르멜라다/ 우에보스 레부엘또스/ 또스따다스)

제게 (빵/ 버터/ (따뜻한) 코코아/ 커피/무카페인 커피/블랙커피/밀크커피/ 꿀/ 우유/ 찬 우유/따뜻한 우유/후추/ 소금/차[茶]/우유 넣은 차/레몬 곁들인 차/((따뜻한) 물) 주시겠습니까?

¿Podría darme (pan/mantequilla/ chocolate (caliente)/ café/ café descafeinado/ café solo/café con leche/miel/leche/ leche fría/leche caliente/pimienta/ sal/té/té con leche/ té con limón/agua (caliente))?

뽀드리아 다르메 (빤/ 만떼끼야 초꼴라떼 (깔리엔떼)/ 까페/ 까페 데스까페이나도/ 까페 쏠로/ 까페 꼰 레체/ 미엘/ 레체/ 레체 프리아/ 레체 깔리엔떼/ 삐미엔따/ 쌀/ 떼/ 떼 꼰 레체/ 떼 꼰 리몬/ 아구아 (깔리엔떼))?

…을(를) 원하십니까?

¿Desea …?
데쎄아 …?

…이(가) 있습니까?

¿Tienen …?
띠에넨 …?

저희는 …이(가) 없습니다.

No tenemos ….
노 떼네모스 …
* 종업원이 하는 말

주문하시겠습니까?

¿Desea ordenar?
데쎄아 오르데나르?

주문하셨습니까?

¿Ya ordenó?
야 오르데노?

아니오, 아직 안 했습니다. 메뉴를 보여 주시겠습니까?

No, todavía no. ¿Puede mostrarme el menú?
노, 또다비아 노, 뿌에데 모스트라르메 엘 메누?

메뉴를 볼 수 있겠습니까?

¿Puedo ver la carta, por favor?
뿌에도 베르 라 까르따, 뽀르 화보르?

메뉴 주십시오.

La carta, por favor.
라 까르따, 뽀르 화보르

여기 있습니다.

Aquí tiene.
아끼 띠에네

여러분 무엇을 드시겠습니까?

¿Qué van a tomar?
께 반 아 또마르?

메뉴판 좀 보여 주십시오.

Muéstreme el menú, por favor.
무에스트레메 엘 메누, 뽀르 화보르

영어 메뉴 있습니까?

¿Tiene carta en inglés?
띠에네 까르따 엔 잉글레스?

웨이터! 메뉴 갖다 주십시오.

¡Camarero! A ver al menú.
까마레로! 아 베르 알 메누

여기요, 우리에게 메뉴 주시겠습니까?

Por favor, ¿nos da la carta?
뽀르 화보르, 노스 달 라 까르따?

즉시 갖다 드리겠습니다. 여러분 여기 있습니다.

Ahora mismo. Aquí tienen Uds.
아오라 미스모, 아끼 띠에넨 우스떼데스

메뉴에 뭐가 있습니까?

¿Qué hay en el menú?
께 아이 엔 엘 메누?

이 메뉴판을 보고 골라 보십시오.	Mire el menú y elija. 미레 엘 메누 이 엘리하	가벼운 식사	comida ligera (f.) 꼬미달 리헤라
네, 감사합니다.	Sí, gracias. 씨, 그라씨아스	오늘의 요리	plato del día (m.) 쁠라또 델 디아
주문하실 준비가 되셨습니까?	¿Está preparando para pedir? 에스따 프레빠란도 빠라 뻬디르?	한 접시에 담아 나와 간편히 먹을 수 있는 요리	plato combinado (m.) 쁠라또 꼼비나도
무엇을 주문하시겠습니까?	¿Qué pide usted? 께 삐데 우스뗃?	(가게의) 특별 요리	especialidad de la casa (f.) 에스뻬씨알리닫 델 라 까사
한 분 더 오시면 주문하겠습니다.	Va a venir alguien más, ordenaré después. 바 아 베니르 알기엔 마쓰, 오르데나레 데스뿌에쓰	오늘의 특별메뉴 있습니까?	¿Tiene el menú especial de hoy? 띠에네 엘 메누 에스뻬씨알 데 오이?
아직 결정 못했습니다. 잠깐 기다려 주십시오.	Todavía no he decidido. Un momento, por favor. 또다비아 노 에 데씨디도. 운 모멘또, 뽀르 화보르	오늘의 특선요리는 무엇입니까?	¿Cuál es el plato especial de hoy? 꾸알 에스 엘 쁠라또 에스뻬씨알 데 오이?
5분 후에 다시 와 주시겠습니까?	¿Puede venir en cinco minutos, por favor? 뿌에데 베니르 엔 씽꼬 미누또스, 뽀르 화보르?	오늘의 정식(定食) 있습니까?	¿Tiene el menú del día? 띠에네 엘 메누 델 디아?
		오늘의 점심 정식은 무엇입니까?	¿Cuál es el menú del día para almorzar? 꾸알 에스 엘 메누 델 디아 빠라 알모르사르?
우리는 나중에 주문하겠습니다.	Vamos a pedir más tarde. 바모스 아 뻬디르 마쓰 따르데		
우리가 결정하면 당신을 부르겠습니다.	Le llamaremos cuando hayamos decidido. 레 야마레모스 꾸안도 아야모스 데씨디도	여러분 일품요리로 드시겠습니까 정식(定食)으로 드시겠습니까?	¿Qué preferencia Uds., a la carta o de cubierto? 께 쁘레훼렌씨아 우스떼데스, 알 라 까르따 오 데 꾸비에르또? *platos a la carta는 한 가지마다 값을 정해 놓고 손님의 주문에 응하는 요리
무엇을 드시겠습니까?	¿Qué quiere comer? 께 끼에레 꼬메르?		

우리는 일품요리로 하겠습니다. 그리고 제가 매우 목이 마르니, 물 주십시오.

Preferimos a comer a la carta. Y tengo mucha sed. Déme agua, por favor.

쁘레훼리모스 아 꼬메르 알라 까르따. 이 뗑고 무차 쎗. 데메 아구아, 뽀르 화보르

저는 …으로 했으면 합니다. (주문 할 때)

Quisiera …

끼씨에라 …

저는 무엇이든 괜찮습니다.

Cualquier cosa me parece bien.

꾸알끼에르 꼬사 메 빠레쎄 비엔

당신이 알아서 주문해주십시오.

Pida lo que le parezca bien.

삐달 로 껠 레 빠레스까 비엔

저는 잘 모르니, 대신 주문해주십시오.

Yo no sé muy bien, pida por mí.

요 노 쎄 무이 비엔, 삐다 뽀르 미

무엇을 주문하시겠습니까?

¿Qué va a ordenar?

께 바 아 오르데나르?

김치찌개 한 그릇, 된장찌개 한 그릇 주십시오.

Déme una sopa de kimchi y una sopa de pasta de soja.

데메 우나 쏘빠 데 김치 이 우나 쏘빠 데 빠스따 데 쏘하

무엇을 드시고 싶으십니까?

¿Qué le apatece tomar?

껠 레 아빠떼쎄 또마르?

저는 한국의 전통요리인 불고기를 먹고 싶습니다.

Me apetece tomar 'Bulgogui', la comida tradicional coreana.

메 아뻬떼쎄 또마르 '불고기', 라 꼬미다 트라디씨오날 꼬레아나

불고기는 안 맵습니까?

¿No es picante el bulgogui?

노 에스 삐깐떼 엘 불고기?

네, 안 맵습니다. 아주 맛있습니다.

No, no es picante. Es muy rico.

노, 노 에스 삐깐떼. 에스 무이 리꼬

이글레시야스 씨, 불고기 어떻습니까?

Señor Iglesias, ¿qué le parece el bulgogui?

쎄뇨르 이글레시아스, 껠 레 빠레쎄 엘 불고기?

저는 좋습니다.

A mí me parece bien.

아 미 메 빠레쎄 비엔

그럼 우리 불고기를 먹읍시다. 여기 불고기 2인분 주십시오.

Entonces comamos bulgogui. Dénos dos raciones de bulgogui.

엔똔쎄쓰 꼬마모스 불고기. 데노스 도스 라씨오네스 데 불고기

불고기 1인분 부탁합니다.

Una ración de carne de vaca asada, por favor.

우나 라씨온 데 까르네 데 바까 아싸다, 뽀르 화보르

저는 2인분 먹겠습니다.

Comeré ración doble.

꼬메레 라씨온 도블레

제게 불고기 2인분 주십시오.

Déme dos raciones de bulgogui.

데메 도스 라씨오네스 데 불고기

저는 1인분 더 했으면 합니다.

Quisiera otra ración.

끼씨에라 오트라 라씨온

저는 이것을 먹겠습니다.
Yo comeré esto.
요 꼬메레 에스또

같은 것으로 하겠습니다.
Lo mismo, por favor.
로 미스모, 뽀르 화보르

저도 같은 것으로 하겠습니다.
Yo también quiero lo mismo.
요 땀비엔 끼에롤 로 미스모

저는 늘 먹던 것으로 먹겠습니다.
Yo quiero comer lo de siempre.
요 끼에로 꼬메를 로 데 씨엠쁘레

오늘은 새로운 것을 먹어 보고 싶습니다. 이제 고기는 질렸습니다.
Hoy me gustaría probar algo nuevo. Ya me he cansado de la carne.
오이 메 구스따리아 프로바르 알고 누에보, 야 메 에 깐싸도 델 라 까르네

제게 무엇을 추천하시겠습니까?
¿Qué me recomienda usted?
께 메 레꼬미엔다 우스뗄?

제게 무엇을 권하시겠습니까?
¿Qué me aconseja?
께 메 아꼰쎄하?

오늘은 매운 갈비찜을 추천해 드리고 싶습니다.
Hoy le recomiendo el estofado de costillas picantes.
오일 레 레꼬미엔도 엘 에스또화도 데 꼬스띠야스 삐깐떼스

이것을 추천해 드립니다.
Le recomiendo esto.
레 레꼬미엔도 에스또

이것은 무엇입니까?
¿Qué es esto?
께 에스 에스또?

특선요리는 어떻겠습니까? 지난번에 먹어 봤는데, 좋더군요.
¿Qué le parece el plato especial? Lo probé el otro día, y estaba bueno.
껠 레 빠레쎄 엘 쁠라또 에스뻬씨알? 로 프로베 엘 오트로 디아, 이 에스따바 부에노

좋습니다. 당신이 추천하는[권하는] 것으로 먹겠습니다.
Muy bien. Tomaré lo que me recomiende.
무이 비엔. 또마렐 로 께 메 레꼬미엔데

저는 매운 것을 잘 못 먹습니다. 이것은 맵지 않지요?
No puedo comer muy bien la comida picante. ¿Esto no es picante, verdad?
노 뿌에도 꼬메르 무이 비엔 라 꼬미다 삐깐떼. 에스또 노 에스 삐깐떼, 베르닽?

네, 맵지 않습니다.
No, no pica.
노, 노 삐까

저는 무엇이든 잘 먹습니다.
Como bien cualquier cosa.
꼬모 비엔 꾸알끼에르 꼬사

저는 식성이 약간 까다로운 편입니다.
Soy un poco exigente con la comida.
쏘이 운 뽀꼬 엑씨헨떼 꼰 라 꼬미다

저는 순하고, 깊고, 순수한 맛을 지닌 음식들을 좋아합니다.
Me gustan las comidas con un sabor suave, hondo y puro.
메 구스딴 라스 꼬미다스 꼰 운 싸보르 쑤아베, 온도 이 뿌로

저는 기름진 음식을 좋아하지 않습니다.

No me gusta la comida grasienta.

노 메 구스딸 라 꼬미다 그라씨엔따

저는 고기를 먹지 못합니다.

Yo no puedo comer carne.

요 노 뿌에도 꼬메르 까르네

저는 오늘 속이 좋지 않습니다.

Hoy estoy mal de digestión.

오이 에스또이 말 데 디헤스띠온

저는 생선은 잘 소화시킵니다.

Yo puedo digerir bien el pescado.

노 뿌에도 디헤리르 비엔 엘 뻬스까도

여기, 우리 주문을 받아주시겠습니까?

Aquí, ¿nos toma el pedido por favor?

아끼, 노스 또마 엘 뻬디도 뽀르 화보르?

주문하시겠습니까?

¿Va a pedir?

바 아 뻬디르?

네, 주문하겠습니다.

Sí, voy a pedir.

씨, 보이 아 뻬디르

무엇을 주문하시겠습니까?

¿Qué quiere pedir usted?

께 끼에레 뻬디르 우스뗃?

저는 여기 처음 왔습니다. 제게 뭐 좀 추천해주시겠습니까?

Es la primera vez que vengo aquí. ¿Me puede recomendar algo?

에슬 라 쁘리메라 베스 께 벵고 아끼 메 뿌에데 레꼬멘다르 알고?

저는 채식주의자입니다. 제게 뭐 좀 추천해주시겠습니까?

Yo soy vegetariano(-a). ¿Me recomienda algo, por favor?

요 쏘이 베헤따리아노(-나). 메 레꼬미엔다 알고, 뽀르 화보르?

채식주의자 요리가 있습니까?

¿Tiene platos vegetarianos?

띠에네 쁠라또스 베헤따리아노스?

저는 다이어트를 해야만 합니다.

Tengo que guardar dieta.

뗑꼬 께 구아르다르 디에따

저는 (밀가루/기름기/소금/설탕)가(이) 포함된 음식을 먹어서는 안 됩니다.

No debo comer alimentos que contengan (harina/grasa/sal/azúcar).

노 데보 꼬메르 아리멘또스 께 꼰뗀간 (아리나/그라사/쌀/아쑤까르)

당뇨병 환자를 위한 (케이크/과일주스/특별 메뉴) 있습니까?

¿Tiene (pasteles/jugo de frutas/menús especiales) para diabéticos?

띠에네 (빠스뗄레스/후고 데 프루따스/메누스 에스뻬씨알레스) 빠라 디아베띠꼬스?

제게 빨리 되는 요리를 추천해주시겠습니까?

¿Me recomienda algún plato que salga rápido?

메 레꼬미엔다 알군 쁠라또 께 쌀가 라삐도?

… 을 추천해드립니다. (웨이터나 웨이트레스가 하는 말)

Recomendamos ….

레꼬멘다모스 …

이곳의[이 가게의] 명물 요리는 무엇입니까?

¿Cuál es la especialidad de aquí[de la casa]?

꾸알 에슬 라 에스뻬씨알리닫 데 아끼[델 라 까사]?

이 식당에는 이 지방의 향토 요리가 없습니까?	¿No tienen (ustedes) en este restaurante algún plato típico de esta región? 노 띠에넨 (우스떼데스) 엔 에스떼 레스따우란떼 알군 쁠라또 띠삐꼬 데 에스따 레히온?	네, 치즈와 햄을 조금 갖다 주십시오.	Sí, tráigame un poco de queso y jamón, por favor. 씨, 트라이가메 운 뽀꼬 데 께소 이 하몽, 뽀르 화보르
우리에게 지역 특산 요리를 추천해주시겠습니까?	¿Puede recomendarnos [aconsejarnos] una especialidades gastronómicas locales? 뿌에데 레꼬멘다르노스[아꼰쎄하르노스] 우나 에스뻬씨알리다데스 가스트로노미까슬 로깔레스?	잘 알겠습니다. 잠시만 기다리십시오.	Perfecto. Un momento, por favor. 뻬르휄또. 운 모멘또, 뽀르 화보르
이것은 어떤 종류의 요리입니까?	¿Qué clase de plato es este(=éste)? 께 끌라세 데 쁠라또 에스 에스떼?	(몇 분 후에) 여기 있습니다, 선생님. 전채로 뭘 주문하실 지 정하셨습니까?	(Unos minutos después) Aquí tiene, caballero. ¿Ya sabe lo que quiere pedir de primero? (우노스 미누또스 데스뿌에스) 아끼 띠에네, 까바예로. 야 싸벨 로 께 끼에레 뻬디르 데 쁘리메로?
이 음식의 재료가 무엇입니까?	¿Cuáles son los ingredientes de esta comida? 꾸알레스 쏜 로스 잉그레디엔떼스 데 에스따 꼬미다?	네, 채소 샐러드를 원합니다.	Sí, quiero una ensalada vegetal. 씨, 끼에로 우나 엔쌀라다 베헤딸
이것을 먹겠습니다.	Quiero tomar esto. 끼에로 또마르 에스또	네[좋습니다].	Muy bien. 무이 비엔
여러분 아페리티프 드시겠습니까?	Quieren aperitivo? 끼에렌 아뻬리띠보? *aperitivo(아뻬리띠보)는 식욕 촉진을 위해 식전에 마시는 식전주 또는 아페리티프에 곁들여진 음식	저는 전채 요리를 원합니다. 제게 무엇을 권해주시겠습니까?	Quisiera unos entremeses. ¿Qué me aconseja? 끼씨에라 우노스 엔트레메쎄스. 께 메 아꼰쎄하?
		전채[오르되브르]에는 무엇이 있습니까?	¿Qué hay de primero? 께 아이 데 쁘리메로?
아페리티프로 뭣 좀 주문하시겠습니까?	¿Quiere pedir algo de aperitivo? 끼에레 뻬디르 알고 데 아뻬리띠보?	오르되브르	entremés (m.) 엔트레메쎄스 (주로 복수 (entremeses)로 사용) *입맛을 돋궈 주는 전채 요리로, 일반적으로 치즈와 하몽, 햄, 소시지와 샐러드 등

오르되브르를 먹다	tomar un entremés 또마르 운 엔트레메쓰	그 수프 부탁합니다.	La sopa, por favor. 라 쏘빠, 뽀르 화보르
전채 요리 (오르되브르나 수프)	entrantes (m.pl.) 엔트란떼스	어떤 매운 요리를 추천해주시겠습니까?	¿Qué plato picante recomienda? 께 쁠라또 삐깐떼 레꼬미엔다?
저는 차라리 샐러드를 택하겠습니다. 제게 어떤 채소들을 권해주시겠습니까?	Prefiero una ensalada. ¿Qué verduras me aconseja? 쁘레휘에로 우나 엔쌀라다. 께 베르두라스 메 아꼰쎄하?	이건 어떤 요리입니까?	¿Qué plato es este? 께 쁠라또 에스 에스떼?
		오징어 튀김에 매콤한 양념을 한 것입니다.	Es calamar frito con una salsa picante. 에스 깔라마르 프리또 꼰 우나 쌀사 삐깐떼
어떤 종류의 샐러드들이 있습니까?	¿Qué clase de ensaladas tienen? 께 끌라세 데 엔쌀라다스 띠에넨?	무엇으로 양념이 되었습니까?	¿Con qué está condimentado? 꼰 께 에스따 꼰디멘따도?
신선한 과일 있습니까? 저는 (신선) 과일 샐러드를 원합니다.	¿Tiene usted fruta fresca? Quisiera una ensalada de fruta (fresca). 띠에네 우스뗃 프루따 프레스까? 끼씨에라 우나 엔쌀라다 데 프루따 (프레스까)	향신료가 많이 들어갔습니까?	¿Tiene muchas especias? 띠에네 무차스 에스뻬씨아스?
샐러드드레싱은 어떤 것으로 하시겠습니까?	¿Qué salsa de ensalada quiere? 께 쌀사 데 엔쌀라다 끼에레?	이것과 저것은 무엇이 다릅니까?	¿Qué diferencia hay entre esto y aquello? 께 디훼렌씨아 아이 엔트레 에스또 이 아께요?
프렌치/이탈리안 드레싱으로 하겠습니다.	Quiero la salsa francésa/italiana, por favor. 끼에롤 라 쌀사 프란쎄사/이딸리아나, 뽀르 화보르	그것은 뜨거운가요, 차가운가요?	¿Eso está caliente o frío? 에소 에스따 깔리엔떼 오 프리오?
어떤 따뜻한 수프를 추천해주시겠습니까?	¿Qué sopa caliente recomienda? 께 쏘빠 깔리엔떼 레꼬미엔다?	이 요리는 준비되는 데 시간이 얼마나 걸립니까?	¿Cuánto se tarda en preparar este plato? 꾸안또 세 따르다 엔 프레빠라르 에스떼 쁠라또?
오늘의 수프는 무엇입니까?	¿Cuál es la sopa del día? 꾸알 에슬 라 쏘빠 델 디아?	이것은 양이 많습니까?	¿Este tiene mucha cantidad? 에스떼 띠에네 무차 깐띠닫?

이것은 어떻게 먹습니까?	¿Cómo se come esto? 꼬모 세 꼬메 에스또?	비프스테이크 2인분 주십시오.	Bistec para dos personas, por favor. 비스떼끄 빠라 도스 뻬르쏘나스, 뽀르 화보르
저쪽 분들이 드시는 것은 무엇입니까?	¿Qué es lo que están comiendo los señores de allí? 께 에스 로 께 에스딴 꼬미엔돌 로스 쎄뇨레스 데 아이?	비프스테이크를 어떻게 해드릴까요?	¿Cómo quiere el bistec? 꼬모 끼에레 엘 비스떼끄?
실례지만, 귀하가 드시는 요리 이름을 말씀해 주시겠습니까?	¿Perdón, ¿podría decirme el nombre de su plato? 뻬르돈, 뽀드리아 데씨르메 엘 놈브레 데 쑤 쁠라또?	(아주 살짝/살짝/아주 잘) 익혀 주십시오.	(Muy poco/Poco/Muy) hecho. (무이 뽀꼬/뽀꼬/무이) 에초
		(약간/반/잘) 익힌 비프스테이크	bistec (poco/medio/bien) hecho. (m.) 비스떼끄 (뽀꼬/메디오/비엔) 에초
저것과 같은 요리를 주십시오.	Déme el mismo plato. 데메 엘 미스모 쁠라또	(스테이크) 고기는 어떻게 해 드릴까요?	¿Cómo desea la carne? 꼬모 데쎄알 라 까르네?
저는 생선을 원합니다. 어떤 종류의 해산물들이 있습니까?	Quisiera pescado. ¿Qué tipo de mariscos tiene usted? 끼씨에라 뻬스까도. 께 띠뽀 데 마리스꼬스 띠에네 우스뗃?	살짝 익혀 주십시오./ 잘 익혀 주십시오.	Poco hecha./ Bien hecha. 뽀꼬 에차/ 비엔 에차
비스까야 식 대구요리를 먹고 싶습니다.	Me gustaría tomar la merluza a la vizcaína. 메 구스따리아 또마를 라 메를루사 알 라 비스까이나	튀긴 토마토를 곁들인 비프스테이크[등심, 안심]	filete con guarnición de tomates fritos (m.) 휠레떼 꼰 구아르니씨온 데 또마떼 프리또스
		음료는 무엇으로 하시겠습니까?	¿Qué bebida quiere?/ ¿Qué quiere beber? 께 베비다 끼에레?/ 께 끼에레 베베르?
저는 새고기를 원합니다. 어떤 종류의 가금류 요리가 있습니까?	Quisiera carne de caza. ¿Qué tipo de aves tiene usted? 끼씨에라 까르네 데 까사. 께 띠뽀 데 아베스 띠에네 우스뗃?	마실 것은 무엇으로 하시겠습니까?	¿Qué desea para beber? 께 데쎄아 빠라 베베르?
음식이 준비되자마자 가져오십시오.	Traiga las comidas en cuanto estén, por favor. 트라이갈 라스 꼬미다스 엔 꾸안또 에스뗀, 뽀르 화보르	여러분 음료는 무엇으로 하시겠습니까?	¿Qué desean beber? 께 데쎄안 베베르?

여러분 음료나 술은 무엇으로 하시겠습니까?	¿Qué desean de bebida o de alcohol? 께 데쎄안 데 베비다 오 데 알꼴?	어떤 무알콜 음료들이 있습니까?	¿Qué bebidas sin alcohol hay? 께 베비다스 씬 알꼴 아이?
저는 맥주를 마시겠습니다.	Yo deseo beber la cerveza. 요 데쎄오 베베를 라 쎄르베사	콜라 주십시오.	Déme una Coca Cola, por favor. 데메 우나 꼬까꼴라, 뽀르 화보르
맥주 부탁드립니다.	Una cerveza, por favor. 우나 쎄르베사, 뽀르 화보르	저는 콜라 한 잔 마시겠습니다. 당신도 드시겠습니까?	Voy a tomar un vaso de cola. ¿Quiere Ud. tomar? 보이 아 또마르 운 바소 데 꼴라. 끼에레 우스뗄 또마르?
우리에게 맥주 한 병 주십시오.	Dénos una botella de cerveza. 데노스 우나 보떼야 데 쎄르베사	아니오, 감사합니다.	No, gracias. 노, 그라씨아스
순한 맥주, 담색(淡色) 맥주	cerveza rubia (f.) 쎄르베사 루비아	레모네이드/오렌지 주스 주십시오.	Déme una limonada/un jugo[zumo] de naranja, por favor. 데메 우날 리모나다/운 후고 [쑤모] 데 나랑하, 뽀르 화보르
흑맥주, 농색(濃色) 맥주	cerveza negra (f.) 쎄르베사 네그라		
외제 맥주	cerveza extranjera (f.) 쎄르베사 엑쓰트랑헤라	커피 부탁드립니다.	Un café, por favor. 운 까페, 뽀르 화보르
필요 없습니다, 감사합니다. 물만 주십시오.	No es necesario, gracias. Sólo quiero agua, por favor. 노 에스 네쎄싸리오, 그라씨아스. 쏠로 끼에로 아구아, 뽀르 화보르	커피를 어떻게 드십니까?	¿Cómo le gusta el café? 꼬몰 레 구스따 엘 까페?
		저는 블랙커피를 선호합니다.	Prefiero el café solo[negro] 쁘레휘에로 엘 까페 쏠로[네그로]
물 조금만 좀 주십시오[갖다 주십시오].	Déme[Tráigame] un poco de agua, por favor. 데메[트라이가메] 운 뽀꼬 데 아구아, 뽀르 화보르	블랙커피	café solo[negro] (m.)/solo (m.) 까페 쏠로[네그로]/ 쏠로
생수 주십시오.	Déme agua mineral, por favor. 데메 아구아 미네랄, 뽀르 화보르	블랙커피	café solo/((라틴 아메리카)) café negro, café puro/((콜롬비아)) café tinto

	까페 쏠로/ 까페 네그로, 까페 뿌로/ 까페 띤또
익스프레스 커피	café expreso (m.) 까페 엑쓰프레소
카페오레	café con leche (m.) 까페 꼰 레체
인스턴트커피, 즉석커피	café instantáneo (m.) 까페 인스딴따네오
냉커피	café helado (m.) 까페 엘라도
진한 커피	café cargado[fuerte] (m.) 까페 까르가도[후에르떼]
커피를 아주 진하게 넣다.	poner un café bien cargado 뽀네르 운 까페 비엔 까르가도
와인 리스트 주시겠습니까?	¿Me da la lista de vinos, por favor? 메 달 랄 리스따 데 비노스, 뽀르 화보르?
와인 메뉴판 좀 볼 수 있습니까?	¿Puedo ver la carta de vinos, por favor? 뿌에도 베르 라 까르따 데 비노스, 뽀르 화보르?
이 와인은 어디 산(産)입니까?	¿De dónde es[viene] este vino? 데 돈데 에스[비에네] 에스떼 비노?
프랑스/이탈리아/스페인/칠레 산입니다.	Es de Francia/Italia/España/Chile. 에스 데 프란씨아/이딸리아/에스빠냐/칠레
이 지방의 와인을 마시고 싶습니다.	Deseo tomar vino local. 데쎄오 또마르 비놀 로깔

지역 특산품 있습니까?	¿Tiene alguna especialidad local? 띠에네 알구나 에스뻬씨알리닫 로깔? ＊와인 선택할 때
하우스와인 있습니까?	¿Tiene vino de la casa? 띠에네 비노 델 라 까사?
와인 맛이 어떻습니까?	¿Qué tal está el sabor del vino? 께 딸 에스따 엘 싸보르 델 비노?
와인 한 잔 주문할 수 있을까요?, 와인을 잔으로 주문해도 됩니까?	¿Puedo pedir una copa de vino? 뿌에도 뻬디르 우나 꼬빠 데 비노?
레드 와인 한 잔 갖다 주십시오.	Tráigame un copa[chato] de vino tinto, por favor. 트라이가메 운 꼬빠[차또] 데 비노 띤또, 뽀르 화보르 ＊chato는 (포도주용) 작고 넓적한 잔
레드 와인 반 병 갖다 주십시오.	Tráigame media botella de vino tinto, por favor. 트라이가메 메디아 보떼야 데 비노 띤또, 뽀르 화보르
화이트 와인 한 병 원합니다.	Quiero un botella de vino blanco. 끼에로 운 보떼야 데 비노 블랑꼬
저는 레모네이드 한 잔 했으면 합니다.	Quisiera un vaso de limonada, por favor. 끼씨에라 운 바소 델 리모나다, 뽀르 화보르

자몽 주스 한 컵 더 갖다 주십시오.

Tráigame otro vaso de jugo de pomelo, por favor.

트라이가메 오트로 바소 데 후고 데 뽀멜로, 뽀르 화보르

위스키 한 잔 부탁합니다.

Una copa de wisky, por favor.

우나 꼬빠 데 위스끼, 뽀르 화보르

한 잔 더 부탁합니다.

Otra copa, por favor.

오트라 꼬빠, 뽀르 화보르

커피 한 잔 더 갖다 주십시오.

Tráigame otra taza de café, por favor.

트라이가메 오트라 따사 데 까페, 뽀르 화보르

맥주를 조끼로 드시겠습니까 컵으로 드시겠습니까?

¿Toma usted la cerveza en jarra o en vaso?

또마 우스뗄 라 쎄르베사 엔 하라 오 엔 바소?

맥주 한 조끼 더 부탁합니다.

Otra jarra de cerveza, por favor.

오트라 하라 데 쎄르베사, 뽀르 화보르

상그리아 한 피처 더 원하십니까?

¿Quiere otra garrafa[jarra] de sangría?

끼에레 오트라 가라파[하라] 데 쌍그리아?

*sangría (f.)는 레드 와인에 과일이나 과즙, 탄산수, 레몬, 설탕 등을 가미한 음료

음료는 식사와 함께 가져오십시오.

Traiga las bebidas con la comida, por favor.

트라이갈 라스 베비다스 꼰 라 꼬미다, 뽀르 화보르

주문 확인해 드리겠습니다.

Le confirmo la orden. / Le confirmaré el pedido.

레 꼰휘르몰 라 오르덴/ 레 꼰휘르마레 엘 뻬디도

불고기 2인분과 맥주 한 병 맞습니까?

Dos raciones de bulgogui y una botella de cerveza, ¿está bien?

도스 라씨오네스 데 불고기 이 우나 보떼야 데 쎄르베사, 에스따 비엔?

네, 맞습니다.

Sí, está bien.

씨, 에스따 비엔

네[좋습니다]. 제게 메뉴판을 건네주시겠습니까?

Muy bien. ¿Puede pasarme el menú, por favor?

무이 비엔. 뿌에데 빠사르메 엘 메누, 뽀르 화보르?

저는 디저트를 했으면 합니다.

Quisiera un postre, por favor.

끼씨에라 운 뽀스트레, 뽀르 화보르

우리 디저트로 무엇을 먹을까요?

¿Qué tomaremos [vamos a tomar] de postre?

께 또마레모스[바모스 아 또마르] 데 뽀스트레?

디저트로 무엇을 드시겠습니까?

¿Qué quiere[desea] (usted) de postre?

께 끼에레[데쎄아] (우스뗄) 데 뽀스트레?

디저트로 무엇을 주문하시겠습니까?

¿Qué pide usted de postre?

께 삐데 우스뗄 데 뽀스트레?

디저트로 무엇이 있습니까?
¿Qué tiene de postre?
께 띠에네 데 뽀스트레?

제게 무엇을 권해주시겠습니까?
¿Qué me aconseja?
께 메 아꼰쎄하?

가벼운 걸로 부탁드립니다.
Algo ligero, por favor.
알골 리헤로, 뽀르 화보르

디저트 대신에 치즈를/과일을 먹어도 되겠습니까?
¿Podría tomar queso/fruta en lugar del postre?
뽀드리아 또마르 께소/프루따 엔 루가르 델 뽀스트레?

어떤 종류들의 치즈가 있습니까?
¿Qué tipos de queso tiene?
께 띠뽀스 데 께소 띠에네?

그것 한 조각 주십시오.
Un trozo de ése(=ese), por favor.
운 트로소 데 에쎄, 뽀르 화보르

조금만 (주십시오).
Una ración pequeña, por favor.
우나 라씨온 뻬께냐, 뽀르 화보르

신선한 과일 있습니까?
¿Tiene usted fruta fresca?
티에네 우스뗃 프루따 프레스까?

이 배는 상하기 시작했습니다.
Esta pera está tocada.
에스따 뻬라 에스따 또까다

이 오렌지는 매우 십니다.
Esta naranja está muy agria.
에스따 나랑하 에스따 무이 아그리아

이 과일은 벌레 먹었습니다[흠이 있습니다].
Esta fruta está picada.
에스따 프루따 에스따 삐까다

이 파이 맛있어 보입니다.
Esta tarta tiene una vista deliciosa.
에스따 따르따 띠에네 우나 비스따 델리씨오사

과일 파이와 초콜릿 푸딩, 그리고 커피 주십시오.
Quiero tarta de frutas, pudin de chocolate, y café.
끼에로 따르따 데 프루따스, 뿌딘 데 초콜라떼, 이 까페

치즈 케이크 주십시오.
Quiero pastel de queso, por favor.
끼에로 빠스뗄 데 께소, 뽀르 화보르

저도 같은 것으로 하겠습니다.
Yo tomaré lo mismo.
요 또마렐 로 미스모

네[알겠습니다], 감사합니다.
Bueno, gracias.
부에노, 그라씨아스

더 필요한 것은 없으십니까?
¿No necesita nada más?
노 네쎄씨따 나다 마쓰?

더 이상 아무것도 필요 없습니다, 감사합니다.
Nada más, gracias.
나다 마쓰, 그라씨아스

● 식사 중

여보세요.

Mire aquí.

미레 아끼

네, 무엇을 도와드릴까요?

Sí, ¿en qué puedo ayudarle?

씨, 엔 께 뿌에도 아유다를레?

음식은 언제 나옵니까?

¿Cuándo sale la comida?

꾸안도 쌜렐 라 꼬미다?

우리가 주문한 것은 언제 나옵니까? 실은 우리가 조금 바빠서요.

¿Cuándo sale lo que hemos pedido? Es que tenemos un poco de prisa.

꾸안도 쌜렐 로 께 에모스 뻬디도? 에스 께 떼네모스 운 뽀꼬 데 쁘리사

옆 테이블이 먼저 나왔습니다.

Han servido primero a la mesa de al lado.

안 쎄르비도 쁘리메로 알 라 메사 데 알 라도

제 요리가 아직 나오지 않았습니다.

Todavía no viene mi plato.

또다비아 노 비에네 미 쁠라또

왜 이렇게 지연됩니까?

¿Por qué se demora tanto?

뽀르 께 세 데모라 딴또?

제 식사를 빨리 주시겠습니까?

¿Me da rápido la comida, por favor?

메 다 라삐돌 라 꼬미다, 뽀르 화보르?

죄송합니다, 지금 주방에 확인하겠습니다.

Lo siento, ahora voy a preguntar en la cocina.

로 씨엔또, 아오라 보이 아 쁘레군따르 엔 라 꼬씨나

이것을 두 접시에 나눠주시겠습니까?

¿Nos pone esto en dos platos, por favor?

노스 뽀네 에스또 엔 도스 쁠라또스, 뽀르 화보르?

이것은/그것은 제가 주문한 것이 아닙니다.

Esto/Eso no es lo que (yo) he pedido.

에스또/에소 노 에슬 로 께 (요) 에 뻬디도

저는 이것을 주문하지 않았습니다.

No he pedido esto.

노 에 뻬디도 에스또

이것은 제가 주문한 것과 다릅니다.

No creo que esto sea lo que he pedido.

노 크레오 께 에스또 쎄알 로 께 에 뻬디도

제게 다른 요리를 가져오셨습니다.

Me ha traído otro plato.

메 아 트라이도 오트로 쁠라또

저는 …을 주문했습니다.

He pedido …·.

에 뻬디도 …

저는 (아이를 위한) 작은 양을 주문했습니다.

He pedido una porción pequeña (para el niño).

에 뻬디도 우나 뽀르씨온 뻬께냐 (빠라 엘 니뇨)

실수가 있는 것 같습니다.

Debe haber algún error.

데베 아베르 알군 에로르

그것을 바꿔주시겠습니까?
¿Puede cambiarme eso?
뿌에도 깜비아르메 에소?

주방장 오라고 해주시겠습니까?
¿Quiere usted decirle al jefe que venga?
끼에레 우스뗃 데씨를레 알 헤훼 께 벵가?

수프에 뭐가 있습니다.
Hay algo en la sopa.
아이 알고엔 라 쏘빠

음식에서 뭐가 나왔습니다.
Ha salido algo de la comida.
아 쌀리도 알고 델 라 꼬미다

이 음식은 상한 것 같습니다.
Creo que esta comida está pasada.
크레오 께 에스따 꼬미다 에스따 빠사다

음식이 차갑습니다.
La comida está fría.
라 꼬미다 에스따 프리아

이것은 신선하지 않습니다.
Esto no está fresco.
에스또 노 에스따 프레스꼬

죄송합니다. 새로 조리해 드리겠습니다.
Lo siento, se la prepararemos de nuevo.
로 씨엔또, 셀 라 프레빠라레모스 데 누에보

이 고기는 잘 익지 않았습니다.
Esta carne no está bien hecha.
에스따 까르네 노 에스따 비엔 에차

이 고기는 힘줄 투성이입니다.
Esta carne está llena de nervios.
에스따 까르네 에스따 예나 데 네르비오스

이 고기는 힘줄이 너무 많습니다.
Esta carne tiene demasiados nervios.
에스따 까르네 띠에네 데마씨아도스 네르비오스

수프가/음식이 식었습니다. 데워 주시겠습니까?
La sopa/La comida se ha enfriado. ¿Me la calienta, por favor?
라 쏘빠/라 꼬미다 세 아 엔프리아도. 멜 라 깔리엔따, 뿌르 화보르?

이것을 좀 치워 주시겠습니까?
¿Me limpia esto un poco, por favor?
멜 림삐아 에스또 운 뽀꼬, 뽀르 화보르?

옆 테이블에서 너무 큰 소리로 말합니다.
Hablan muy alto en la mesa de al lado.
아블란 무이 알또 엔 라 메사 데 알 라도

우리 자리를 창 쪽으로 바꿔 주십시오.
Cámbienos de sitio a la ventana, por favor.
깜비에노스 데 씨띠오 알 라 벤따나, 뽀르 화보르

이 레스토랑은 음식을 잘합니다.
En este restaurante se come bien. / Se come bien en este restaurante.
엔 에스떼 레스따우란떼 세 꼬메 비엔/ 세 꼬메 비엔 엔 에스떼 레스따우란떼

여기는 음식을 아주 잘하는 집입니다.
Aquí se come muy bien.
아끼 세 꼬메 무이 비엔

사람들이 이 식당이 음식을 잘한다고 합니다.	Se dice que se come bien en este restaurante. 세 디쎄 께 세 꼬메 비엔 엔 에스떼 레스따우란떼
이 레스토랑에서는 50유로로 잘[푸짐하게] 먹을 수 있습니다.	Con cincuenta euros se puede comer bien en este restaurante. 꼰 씽꾸엔따 에우로스 세 뿌에데 꼬메르 비엔 엔 에스떼 레스따우란떼
이 일대에서, 이곳이 가장 고급스러운 레스토랑입니다.	En esta zona, este(=éste) es el restaurante más lujoso. 엔 에스따 쏘나, 에스떼 에스 엘 레스따우란떼 마쓰 루호소
이 집은 빠에야로 유명해졌습니다.	Esta casa ha ganado fama por sus paellas. 에스따 까사 아 가나도 화마 뽀르 쑤스 빠에야스
이 레스토랑은 새끼돼지 통구이로 유명합니다.	Este restaurante tiene fama por su cochinillo asado. 에스떼 레스따우란떼 띠에네 화마 뽀르 쑤 꼬치니요 아싸도
이 식당은 음식이 비싸기로 유명합니다.	Este restaurante tiene fama de caro. 에스떼 레스따우란떼 띠에네 화마 데 까로
이 집 분위기 어떻습니까?	¿Qué tal el ambiente de esta casa? 께 딸 엘 암비엔떼 데 에스따 까사?

좋습니다. 매우 마음에 듭니다.	Está bien. Me gusta mucho. 에스따 비엔. 메 구스따 무초
여기 자주 오십니까?	¿Viene a menudo aquí? 비에네 아 메누도 아끼?
아니오, 저도 처음입니다.	No, es la primera vez para mí también. 노, 에슬 라 쁘리메라 베스 빠라 미 땀비엔
식사합시다.	Vamos a comer. 바모스 아 꼬메르
많이 드십시오!, 맛있게 드십시오!	¡Buen apetito! 부엔 아뻬띠또! ＊주로 스페인 카탈루냐(Cataluña) 지방에서
많이 드십시오!	¡Buena pro! 부에나 프로! ＊식사 중이거나 술을 마시고 있는 사람들에게 인사로 쓰였던 말
맛이 어떻습니까?	¿Qué tal sabe? 께 딸 싸베?
정말 맛있네요!	¡Está realmente delicioso! 에스따 레알멘떼 델리씨오소!
우리 1인분 더 시킬까요?	¿Pedimos una ración más? 뻬디모스 우나 라씨온 마쓰?
아닙니다.	No. 노
그럼 냉면이나 밥을 드십시오. 저는 냉면 한 그릇 먹겠습니다.	Entonces coma tallarines fríos o arroz. Yo voy a tomar un cuenco de tallarines fríos.

엔똔쎄쓰 꼬마 따야리네스 프리오스 오 아로스 요 보이 아 또마르 운 꾸엔꼬 데 따야리네스 프리오스

저도 같은 것으로 하겠습니다.

Lo mismo para mí.
로 미스모 빠라 미

이 요리 맛이 있네요, 그렇지요?

¿Este plato está bueno, no?
에스떼 쁠라또 에스따 부에노, 노?

기대했던 것 이상입니다.

Está mejor de lo que esperaba.
에스따 메호르 델 로 께 에스뻬라바

이 요리는 맛이 어떻습니까?

¿Qué tal está este plato?
께 딸 에스따 에스떼 쁠라또?

이것은 쓴맛/짠맛/단맛입니다.

Esto está amargo/ salado/dulce.
에스또 에스따 아마르고/ 쌀라도/둘쎄

아주 맛있습니다. 풍미가 좋습니다.

Está muy rico. Tiene muy buen sabor.
에스따 무이 리꼬. 띠에네 무이 부엔 싸보르

아, 당신은 미식가시군요.

Ah, usted es un(una) gastrónomo(-a).
아, 우스뗄 에스 운(우나) 가스트로노모(-마)

기대만큼은 아닙니다.

No es tanto como esperaba.
노 에스 딴또 꼬모 에스뻬라바

고기가 연합니다.

La carne está tierna.
라 까르네 에스따 띠에르나

고기에 기름기가 많습니다.

La carne está muy grasienta.
라 까르네 에스따 무이 그라씨엔따

고기가 탔습니다.

La carne está quemada.
라 까르네 에스따 께마다

이 고기는 너무 익힌[구운]/덜 익은[구운]/너무 덜 익은[구운]/너무 질깁니다.

Esta carne está demasiado hecha/ poco hecha/ demasiado cruda/ demasiado dura.
에스따 까르네 에스따 데마씨아도 에차/뽀꼬 에차/데마씨아도 크루다/데마씨아도 두라

감자가 너무 튀겨졌습니다.

Las papas están demasiado fritas.
라스 빠빠스 에스딴 데마씨아도 프리따스

쌀이 덜 익었습니다.

El arroz no está cocido del todo.
엘 아로스 노 에스따 꼬씨도 델 또도

피데오(수프용의 가는 실 모양의 국수)가 신선합니다. 씹는 맛이 있습니다.

Los fideos están frescos. Da gusto masticarlos.
로스 휘데오스 에스딴 프레스꼬스. 다 구스또 마스띠까를로스

소금 그릇을 건네주시겠습니까?

¿Me pasa el salero, por favor?
메 빠사 엘 쌀레로, 뽀르 화보르?

소금 그릇을 건네주십시오.

Páseme el salero, por favor.
빠세메 엘 쌀레로, 뽀르 화보르

소금을 건네주십시오.	Pásame la sal, por favor. 빠사멜 라 쌀, 뽀르 화보르	이 향신료는 제게 맞지 않습니다.	Esta especia no me va bien. 에스따 에스뻬씨아 노 메 바 비엔
소금을 주십시오.	Por favor, déme la sal. 뽀르 화보르, 데멜 라 쌀	와인이 너무 찹니다.	El vino está demasiado frío. 엘 비노 에스따 데마씨아도 프리오
여기 있습니다. 싱겁습니까?	Aquí tiene (usted). ¿Está soso(-a)? 아끼 띠에네 (우스뗃). 에스따 쏘소(-사)?	와인이 코르크 냄새가 납니다.	El vino sabe al corcho. 엘 비노 싸베 알 꼬르초
네, 제 입맛에는 약간 싱거운 것 같습니다.	Sí, creo que está un poco soso(-a) para mi gusto. 씨, 크레오 께 에스따 운 뽀꼬 쏘소(-사) 빠라 미 구스또	모두 한 잔 마십시다.	Tomemos una copa todos. 또메모스 우나 꼬빠 또도스
수프가 싱겁습니다.	La sopa está sosa. 라 쏘빠 에스따 쏘사	신사 숙녀 여러분, 모두 잔을 드십시오.	Señoras y señores, alcen todos su copa, por favor. 쎄뇨라스 이 쎄뇨레스, 알쎈 또도스 쑤 꼬빠, 뽀르 화보르
비린내가 나는 것 같습니다.	Creo que huele a mar. 크레오 께 우엘레 아 마르	우리의 성공을 위해 축배를 듭시다.	Brindemos por nuestro éxito. 브린데모스 뽀르 누에스트로 엑씨또
이 요리는 냄새가 좋습니다.	Este plato huele bien. 에스떼 쁠라또 우엘레 비엔	네 건강을 위해!, 건배!	¡Por tu salud! 뽀르 뚜 쌀룯!
아, 냄새 좋네!	¡Qué bien huele! 께 비엔 우엘레!	(당신의 건강을 위해) 건배 (합시다)!	¡Salud! 쌀룯!
이 생선은 고약한 냄새가 납니다.	Este pescado me huele mal. 에스떼 뻬스까도 메 우엘레 말	건배!	¡Brindis!/¡Salud!/ ¡A su salud!/¡Salud, amor y dinero!/ ¡Chinchín!/¡Bomba! 브린디스!/ 쌀룯!/ 아 쑤 쌀룯!/ 쌀룯, 아모르 이 디네로!/ 친친!/ 봄바!
아, 냄새 고약해!	¡Qué mal huele! 께 말 우엘레!		
소스가 달콤합니다.	La salsa está dulce. 라 쌀사 에스따 둘쎄		
이 허브는 너무 씁니다.	Esta hierba está demasiado amarga. 에스따 이에르바 에스따 데마씨아도 아마르가	건배!	¡Arriba, abajo, al centro y adentro[pa dentro]!

아리바, 아바호, 알 쎈트로 이 아덴트로[빠 덴트로]!

＊친구들끼리 술잔을 위로 치켜들었다, 아래로 내렸다, 가운데로 뻗었다, 입으로 가져가 마시는 몸짓과 함께

마침내[드디어] 배가 부릅니다.	Por fin estoy lleno(-a). 뽀르 휜 에스또이 예노(–나)
배부릅니다[많이 먹었습니다, 포식했습니다].	Estoy lleno(-a)./ Me siento lleno(-a). 에스또이 예노(–나)/ 메 씨엔또 예노(–나) ＊식사 때 상대가 자꾸 더 먹기를 권유할 때
저는 과식했습니다.	He comido demasiado. 에 꼬미도 데마씨아도
과음하지 마라.	No bebas demasiado 노 베바스 데마씨아도
건강을 위해서는 과식해서는 안 됩니다.	No hay que comer demasiado para la salud. 노 아이 께 꼬메르 데마씨아도 빠랄 라 쌀룻
저는 다이어트 중입니다.	Estoy a dieta[a régimen]. 에스또이 아 디에따[아 레히멘]
배고프셨습니까?	¿Tenía hambre? 떼니아 암브레?
네, 온종일 거의 먹은 것이 없습니다.	Sí, no he comido casi nada todo el día. 씨, 노 에 꼬미도 까씨 나다 또도 엘 디아
부족하면 더 시키십시오.	Si hace falta, pida más. 씨 아쎄 활따, 삐다 마쓰

수프 드시겠습니까?	¿Quiere Ud. la sopa? 끼에레 우스뗃 라 쏘빠?
아니오, 감사합니다. 실컷 먹었습니다.	No, gracias. He comido mucho. 노, 그라씨아스. 에 꼬미도 무초
요즘 저는 입맛이 당깁니다.	Estos días tengo mucho apetito. 에스또스 디아스 뗑고 무초 아뻬띠또
식욕이 있다	tener apetito 떼네르 아뻬띠또
식욕을 느끼다	sentir apetito 쎈띠르 아뻬띠또
식욕을 잃다	perder el apetito 뻬르데르 엘 아뻬띠또
여기요[여보세요], 메뉴 좀 다시 보여 주시겠습니까?	Perdón, ¿me enseña la carta otra vez, por favor? 뻬르돈, 메 엔쎄냘 라 까르따 오트라 베스, 뽀르 화보르?
네, 여기 있습니다.	Sí, aquí tiene (usted). 씨, 아끼 띠에네 (우스뗃)
이것을 하나 더 주시겠습니까?	¿Me da uno más de esto, por favor? 메 다 우노 마쓰 데 에스또, 뽀르 화보르?
우리들 음료수는 어디에 있습니까?	¿Dónde están nuestras bebidas? 돈데 에스딴 누에스트라스 베비다스?
여기요[여보세요], 제게 물 한 컵 주십시오.	Oiga, déme un vaso de agua, por favor. 오이가, 데메 운 바소 데 아구아, 뽀르 화보르

식사

제게 (얼음) 물 주시겠습니까?	¿Me da agua (con hielo), por favor? 메 다 아구아 (꼰 이엘로), 뽀르 화보르?
빨대 한 개 부탁드립니다.	Una caña[Una pajita/Una paja/Una pajilla/Un pitillo/Un popote], por favor. 우나 까냐[우나 빠히따/우나 빠하/우나 빠히야/운 삐띠요/운 뽀뽀떼] 뽀르 화보르
제게 후추를 주시겠습니까?	¿Me da pimienta, por favor? 메 다 삐미엔따, 뽀르 화보르?
제게 빵을 조금 더 주시겠습니까?	¿Me da un poco más de pan, por favor? 메 다 운 뽀꼬 마쓰 데 빤, 뽀르 화보르?
제게 (종이) 냅킨을 주시겠습니까?	¿Me da una servilleta (de papel), por favor? 메 다 우나 쎄르비에따 (데 빠뻴), 뽀르 화보르?
제게 재떨이를 건네주시겠습니까?	Por favor, ¿me pasa el cenicero? 뽀르 화보르, 메 빠사 엘 쎄니쎄로?
제게 덜어 먹을 수 있게 작은 접시를 주시겠습니까?	¿Me da un plato pequeño para poner comida, por favor? 메 다 운 쁠라또 뻬께뇨 빠라 뽀네르 꼬미다, 뽀르 화보르?

저는 빵/버터/토마토소스, 케첩/레몬/겨자/식용유/올리브유/후추/소금/조미료/설탕/식초를 (을) 원합니다.	Quisiera pan (m.)/ mantequilla (f.)/ salsa de tomate (f.)/ limón (m.)/ mostaza (f.)/ aceite (m.)/ aceite de oliva (m.)/ pimienta (f.)/ sal (f.)/ condimento (m.)/ azúcar (m.),(f.)/ vinagre (m.) 끼씨에라 빤/만떼끼야/쌀사 데 또마떼/리몬/모스따사/아쎄이떼/아쎄이떼 데 올리바/삐미엔따/쌀/꼰디멘또/아쑤까르/비나그레
제게 감미료를 주시겠습니까?	¿Puede darme un edulcorante? 뿌에데 다르메 운 에둘꼬란떼?
제게 반찬들 좀 더 주십시오.	Déme más platos acompañantes. 데메 마쓰 쁠라또스 아꼼빠냔떼스
네, 바로 갖다 드리겠습니다.	Sí, enseguida se los traigo. 씨, 엔쎄기다 셀 로스 트라이고
반찬이 많다	tener muchas guarniciones [muchos acompa- ñamientos] 떼네르 무차스 구아르니씨오네 식무초스 아꼼빠냐미엔또스]
스푼을 떨어뜨렸습니다.	Se me cayó la cuchara. 세 메 까욜 라 꾸차라

접시/컵[잔] 하나가 부족합니다.	Falta un plato/vaso. 활따 운 쁠라또/바소	그것을 다시 한 번 갖다 주시겠습니까?	¿Me lo trae otra vez, por favor? 멜 로 트라에 오트라 베스, 뽀르 화보르?
컵이 더럽습니다. 바꿔 주시겠습니까?	El vaso está sucio. ¿Me lo cambia, por favor? 엘 바소 에스따 쑤씨오. 멜 로 깜비아, 뽀르 화보르?	디저트로 무엇을 드시겠습니까?	¿Qué tiene/tienen para postre? 께 띠에네/띠에넨 빠라 뽀스트레? *tienen은 주어가 복수일 때
죄송합니다. 다른 것으로 바꿔 드리겠습니다.	Lo siento, se lo cambiaré por otro. 로 씨엔또, 셀 로 깜비아레 뽀르 오트로	디저트 드시겠습니까?	¿Quiere Ud. un postre? 끼에레 우스뗃 운 뽀스트레?
깨끗한 것으로 바꿔 주시겠습니까?	¿Me lo cambia por uno limpio, por favor? 멜 로 깜비아 뽀르 우놀 림삐오, 뽀르 화보르?	됐습니다. 다만 아이스크림을 조금 먹겠습니다.	Basta. Sólo quiero un poco helado. 바스따. 쏠로 끼에로 운 뽀꼬 엘라도
이것은 깨끗하지가 않습니다.	Esto no está limpio. 에스또 노 에스따 림삐오	디저트를 주문하고 싶습니다.	Quiero pedir postre. 끼에로 뻬디르 뽀스트레
우리에게 의자 하나(더)/찻잔 하나/포크 하나/나이프 하나/컵[잔] 하나/냅킨 하나/접시 하나/숟가락 하나 주시겠습니까?	¿Puede darnos una silla (más)/una taza/un tenedor/un cuchillo/un vaso/una servielleta/un plato/una cuchara? 뿌에데 다르노르 우나 씨야(마쓰)/우나 따사/운 떼네도르/운 꾸치요/운 바소 운 쎄르비예따 /운 쁠라또 /우나 꾸차라?	메뉴 다시 한 번 갖다 주십시오.	Tráigame la carta otra vez, por favor. 트라이가멜 라 까르따 오트라 베스, 뽀르 화보르
		웨이터, 디저트를 주문했으면 합니다. 제게 무엇을 추천하십니까?	Camarero, por favor. Me gustaría pedir un postre. ¿Qué me recomienda? 까메레로, 뽀르 화보르. 메 구스따리아 뻬디르 운 뽀스트레. 께 메 레꼬미엔다?
이것을 제게 리필해주시겠습니까?	¿Me rellena esto, por favor? 메 레예나 에스또, 뽀르 화보르?	플란, 아이스크림 그리고 이 집의 특별요리인 치즈 케이크가 있습니다.	Tenemos flan, helado y una tarta de queso especialidad de la casa. 떼네모스 플란, 엘라도 이 우나 따르따 데 께소 에스뻬씨알리닫 델 라 까사
이것은 무료입니까?	¿Es esto gratis? 에스 에스또 그라띠스?		

아, 그럼 그 케이크 갖다 주십시오.	Ah, pues entonces tráigame la tarta. 아, 뿌에스 엔똔쎄쓰 트라이가멜 라 따르따.
커피/홍차를 부탁합니다.	Un café/té, por favor. 운 까페/떼, 뿌르 화보르
커피에 설탕을 넣으십니까?	¿Le pone usted azúcar al café? 레 뽀네 우스뗃 아쑤까르 알 까페?
커피에 설탕을 넣다	echar[poner] azúcar al[en el] café 에차르[뽀네르] 아쑤까르 알[엔 엘] 까페
커피나 차에 설탕 몇 티스푼 넣으십니까?	¿Cuantas cucharaditas de azúcar le pone al café o al té? 꾸안따스 꾸차라디따스 데 아쑤까를 레 뽀네 알 까페 오 알 떼?
설탕 세 티스푼입니다.	Tres cucharaditas de azúcar. 트레스 꾸차라디따스 데 아쑤까르
설탕 몇 덩이[몇 티스푼] 원하십니까?	¿Cuántos terrones[Cuántas cucharaditas] de azúcar quiere? 꾸안또스 떼로네스[꾸안따스 꾸차라디따스] 데 아쑤까르 끼에레?
각설탕 두 개요.	Dos terrones de azúcar. 도스 떼로네스 데 아쑤까르.
각설탕 두 개 넣은 커피 부탁합니다.	Quiero el café con dos terrones de azúcar, por favor. 끼에로 엘 까페 꼰 도스 떼로네스 데 아쑤까르, 뿌르 화보르
케이크가 아주 부드럽습니다.	La tarta está muy esponjosa. 라 따르따 에스따 무이 에스뽕호사
제게 홍차에 넣을 우유를 더 주시겠습니까?	¿Me da más leche para ponerle al té negro? 메 다 마쓰 레체 빠라 뽀네를레 알 떼 네그로?
잠시 화장실을 다녀오겠습니다.	Voy al baño un rato. 보이 알 바뇨 운 라또
이곳은 좋은 레스토랑이지요?	¿Este es un buen restaurante? 에스떼 에스 운 부엔 레스따우란떼?
네, 음식이 아주 맛있었습니다.	Sí, la comida era muy buena. 씨, 라 꼬미다 에라 무이 부에나
식사는 잘 하셨습니까[식사가 어땠습니까]?	¿Qué tal ha estado la comida? 께 딸 아 에스따도 라 꼬미다?
아주 맛있었습니다. 감사합니다.	Estaba muy sabroso. Gracias. 에스따바 무이 싸브로소, 그라씨아스
식사 잘 하셨습니까?	¿Ha comido bien? 아 꼬미도 비엔?
덕분에 잘 먹었습니다.	Gracias a usted, he comido bien. 그라씨아스 아 우스뗃, 에 꼬미도 비엔

어느 것이 가장 마음에 드셨었습니까?	¿Cuál le ha gustado más? 꾸알 레 아 구스따도 마쓰?	남은 음식을 가져가게 포장해주시겠습니까?	¿Me empaca el resto de la comida para llevar? 메 엠빠까 엘 레스또 델 라 꼬미다 빠라 예바르?
채소 수프가 아주 맛있었습니다.	Estaba muy buena la sopa de legumbres. 에스따바 무이 부에나 라 쏘빠 데 레굼브레스		

● 계산

웨이터, 계산서 부탁합니다!	¡Camarero, la cuenta, por favor! 까마레로, 라 꾸엔따, 뽀르 화보르!	제가 이미 계산했습니다.	Ya he pagado la cuenta. 야 에 빠가돌 라 꾸엔따
계산했으면 합니다.	Quisiera pagar, por favor. 끼씨에라 빠가르, 뽀르 화보르	오늘은 제가 사겠습니다.	Hoy invito yo. 오이 인비또 요
제게 물 조금만 좀 갖다 주시겠습니까? 그리고 계산서도 부탁합니다.	¿Podría traerme un poco de agua, por favor? Y también la cuenta, si es tan amable. 뽀드리아 트라에르메 운 뽀꼬 데 아구아, 뽀르 화보르? 이 땀비엔 라 꾸엔따, 씨 에스 딴 아마블레	이번은 제가 한턱냅니다.	Esta invitación es mía. 에스따 인비따씨온 에스 미아
		제가 낼 차례입니다.	Me toca pagar. 메 또까 빠가르
		제가 계산하겠습니다.	Voy a pagar la cuenta. 보이 아 빠가를 라 꾸엔따
여기 있습니다, 선생님. 현금으로 지불하시겠습니까 카드로 지불하시겠습니까?	Aquí tiene, señor. ¿Quiere pagar en efectivo o con tarjeta? 아끼 띠에네, 쎄뇨르. 끼에레 빠가르 엔 에훽띠보 오 꼰 따르헤따?	제가 지불하겠습니다[내겠습니다].	Soy yo quien pago. / Yo pago. / Yo lo pagaré. 쏘이 요 끼엔 빠고/요 빠고/ 욜 로 빠가레
		제가 모두 지불하겠습니다.	Yo pagaré todo. 요 빠가레 또도
카드로요.	Con tarjeta. 꼰 따르헤따	아니오, 제가 내겠습니다[당신은 제 초대 손님입니다].	No, usted es mi invitado(-a). 노, 우스뗄 에스 미 인비따도 (-다)

아니오, 각자 부담합시다. No. Vamos a pagar a escote.
노, 바모스 아 빠가르 아 에스꼬떼

아니오, 괜찮습니다. No, no pasa nada.
노, 노 빠사 나다

반씩 냅시다. Paguemos mitad y mitad.
빠게모스 미딷 이 미딷

계산을 (두 사람이) 반반으로 나누어 지불하다 pagar la cuenta a medias (entre dos)
빠가를 라 꾸엔따 아 메디아스 (엔뜨레 도스)

좋은 생각이 있습니다. 각자 지불합시다. Yo tengo una buena idea. Vamos a pagar a escote.
요 뗑고 우나 부에나 이데아. 바모스 아 빠가르 아 에스꼬떼

좋습니다. Bueno.
부에노

제가 이번에 내고, 다음엔 당신이 내십시오. Yo pago esta vez, y la próxima vez paga usted.
요 빠고 에스따 베스, 일 라 쁘록씨마 베스 빠가 우스뗃

좋습니다. 매우 감사합니다. 아주 잘 먹었습니다. Vale. Pues muchas gracias. He comido muy bien.
발레. 뿌에스 무차스 그라씨아스. 에 꼬미도 무이 비엔

각자 지불합시다. Paguemos cada uno su parte.
빠게모스 까다 우노 쑤 빠르떼

제 몫은 제가 내겠습니다. Yo pagaré mi parte.
요 빠가레 미 빠르떼

계산서 주십시오. La cuenta, por favor.
라 꾸엔따, 뽀르 화보르

식사요금 계산을 따로따로 해주십시오. Haga el favor de hacer una cuenta separada para la comida.
아가 엘 화보르 데 아쎄르 우나 꾸엔따 쎄빠라다 빠랄 라 꼬미다

우리는 따로따로 계산하고 싶습니다. Quisiéramos [Queremos] pagar separadamente.
끼씨에라모스[께레모스] 빠가르 쎄빠라다미엔떼

우리 따로따로 계산해주시겠습니까? ¿Nos cobra por separado, por favor?
노스 꼬브라 뽀르 쎄빠라도, 뽀르 화보르?

여기 있습니다. Aquí tiene (usted).
아끼 띠에네 (우스뗃)

우리는 각자 얼마씩 내야 합니까? ¿Cuánto tenemos que pagar cada uno?
꾸안또 떼네모스 께 빠가르 까다 우노?

저는 이것과 이것을 계산하겠습니다. Yo pago la cuenta de esto y esto.
요 빠골 라 꾸엔따 데 에스또 이 에스또

지금 제가 돈이 모자랍니다. 제 몫도 내주실 수 있습니까? Me falta dinero ahora. ¿Puede pagar mi parte, por favor?
메 활따 디네로 아오라. 뿌에데 빠가르 미 빠르떼, 뽀르 화보르?

어디서 지불합니까? ¿Dónde pago? / ¿Dónde se hace el pago?
돈데 빠고?/
돈데 세 아쎄 엘 빠고?

이 모두가 얼마입니까?	¿Cuánto es todo esto? 꾸안또 에스 또도 에스또?	계산에 오류가 있는 것 같습니다.	Creo que hay equivocación en la cuenta. 크레오 께 아이 에끼보까씨온 엔 라 꾸엔따
총 얼마입니까?	¿Cuánto es el total? 꾸안또 에스 엘 또딸?	이 계산서에 착오가 있는 것 같습니다.	Creo que se ha equivocado usted en esta cuenta. 크레오 께 세 아 에끼보까도 우스뗃 엔 에스따 꾸엔따
음식이 마음에 드셨습니까[맛있게 드셨습니까]? 35,000원입니다.	¿Le gustó la comida? Son treinta y cinco mil wones. 레 구스똘 라 꼬미다? 쏜 트레인따 이 씽꼬 밀 워네스	계산이 잘못된 것 같습니다. 이 요금은 무엇입니까?	Creo que la cuenta está mal. ¿Qué es este precio? 크레오 껠 라 꾸엔따 에스따 말. 께 에스 에스떼 쁘레씨오?
네, 여기 있습니다. 감사합니다.	Sí, aquí tiene. Gracias. 씨, 아끼 띠에네. 그라씨아스	이 요금은 틀립니다.	Este precio está mal. 에스떼 쁘레씨오 에스따 말
총 100유로입니다.	Son cien euros en total. 쏜 씨엔 에우로스 엔 또딸	합계가 틀립니다.	El total está mal. 엘 또딸 에스따 말
50유로입니다.	Son cincuenta euros. 쏜 씽꾸엔따 에우로스	요금이 너무 많이 나왔습니다.	Ha salido demasiado caro. 아 쌀리도 데마씨아도 까로
테이블 차지[좌석료]가 포함되었습니까?	¿Está el cubierto incluido? 에스따 엘 꾸비에르또 잉끌루이도?	이 금액은 뭐에 대한 것입니까?	¿Para qué es esta cantidad? 빠라 께 에스 에스따 깐띠닫?
(계산서에) 봉사료가 포함되었습니까?	¿Está incluido el servicio (en la cuenta)? 에스따 잉끌루이도 엘 쎄르비씨오 (엔 라 꾸엔따)?	우리는 주스를 주문하지 않았습니다.	No hemos pedido jugo[zumo]. 노 에모스 뻬디도 후고[쑤모]
봉사료 포함	SERVICIO INCLUIDO 쎄르비씨오 잉끌루이도	죄송합니다. 잘못 계산했습니다.	Lo siento, hubo un error en el cálculo. 로 씨엔또, 우보 운 에로르 엔 엘 깔꿀로
모든 것이 포함된 것입니까?	¿Está todo incluido? 에스따 또도 잉끌루이도?	저는 쿠폰[할인권]이 있습니다.	Tengo un cupón. 뗑고 운 꾸뽄
		저는 식권이 있습니다.	Tengo un vale. 뗑고 운 발레

저는 회원 카드가 있습니다.	Tengo la tarjeta de socio.
	뗑골 라 따르헤따 데 쏘씨오

거스름돈 부탁합니다[주십시오], 우수리 주십시오.	La vuelta, por favor.
	라 부엘따, 뿌르 화보르

거스름돈이 틀립니다.	El cambio está equivocado.
	엘 깜비오 에스따 에끼보까도

받은 거스름돈이 모자랍니다.	Me falta cambio.
	메 활따 깜비오

감사합니다. 거스름돈은 가지십시오.	Gracias, quédese con el cambio.
	그라씨아스, 께데세 꼰 엘 깜비오

여행자 수표 받습니까?	¿Acepta usted cheques de viajero?
	아쎕따 우스뗄 체께스 데 비아헤로?

이 신용카드 받습니까?	¿Acepta esta tarjeta de crédito?
	아쎕따 에스따 따르헤따 데 크레디또?

신용 카드로 지불할 수 있습니까?	¿Se puede pagar con tarjeta de crédito?
	세 뿌에데 빠가르 꼰 따르헤따 데 크레디또?

물론입니다. 여기에 서명해주시겠습니까?	Por supuesto. ¿Firma aquí, por favor?
	뽀르 쑤뿌에스또. 휘르마 아끼, 뽀르 화보르?

네.	Sí.
	씨

영수증 주시겠습니까?	¿Me da el recibo, por favor?
	메 다 엘 레씨보, 뽀르 화보르?

네, 영수증 여기 있습니다.	Sí, aquí tiene el recibo.
	씨, 아끼 띠에네 엘 레씨보

감사합니다, 이것 받으십시오. (팁을 주면서)	Gracias, esto es para usted.
	그라씨아스, 에스또 에스 빠라 우스뗄

이것은 팁입니다.	Esta es la propina.
	에스따 에슬 라 프로삐나

음식이 맛있었습니다.	He sido una comida excelente.
	에 씨도 우나 꼬미다 엑쎌렌떼

우린 잘 먹었습니다, 감사합니다.	Nos ha gustado, gracias.
	노스 아 구스따도, 그라씨아스

매우 감사합니다. 그리고 요리사에게 제 치하의 말씀 전해 주십시오. 모든 게 아주 맛있었습니다.	Muchas gracias. Y felicite al cocinero de mi parte. Estaba todo muy rico.
	무차스 그라씨아스. 이 휄리씨떼 알 꼬씨네로 데 미 빠르떼. 에스따바 또도 무이 리꼬

그렇게 하겠습니다, 선생님. 방문해 주셔서 대단히 감사합니다. 곧 다시 뵈실 수 있길 바랍니다.	Así lo haré, señor. Muchas gracias por su visita. Esperamos tenerle con nosotros pronto.
	아씨 로 아레, 쎄뇨르. 무차스 그라씨아스 뽀르 쑤 비씨따. 에스뻬라모스 떼네를레 꼰 노소트로스 쁘론또

이 레스토랑 명함을 제게 주시겠습니까?	¿Podría darme la tarjeta de este restaurante?
	뽀드리아 다르멜 라 따르헤따 데 에스떼 레스따우란떼?

타파스 바

스페인에서는 점심식사(오후 1~3시경) 전인 낮 12시와 저녁식사(밤 9~11시경) 전인 저녁 6~7시 사이에 타파스(식사 전에 술과 곁들여 간단히 먹는 소량의 음식, 전채요리)로 간단히 요기를 한다. 한 장소에 머물지 않고 타파스 바를 옮겨 다니며 먹는 것을 '타페오(tapeo)'라고 한다. 판매하는 음식과 분위기에 따라 다음과 같이 분류할 수 있다.

타스카	tasca (f.) 따스까(=taberna (f.) 선술집, 주점, 바) ＊전형적인 타파스 바	세르베세리아	cervecería (f.) 쎄르베쎄리아 ＊맥주와 맥주 안주로 적당한 타파스를 판매하는 맥주홀
메손	mesón (m.) 메쏜 ＊옛 스타일 시골풍 인테리어의 타파스 바. 식당이 함께 있음	참고 엘 쌈빠니에뜨	'El Xampanyet' ＊바르셀로나 최고의 타파스 바 중 한 곳. 카탈루냐 지방 산(産) 단맛이 도는 발포 포도주인 카바(cava)를 전문적으로 판매하며 조리가 필요 없는 간단한 타파스를 주로 판매함
보데곤	bodegón (m.) 보데곤 ＊술 판매가 목적인 주점. 타파스 메뉴는 한정적임		

전통적인 타파스 메뉴

가스빠초	**gaspacho (m.)** ＊빵 조각, 올리브유, 식초, 소금, 토마토, 오이, 피망, 마늘, 양파 및 다른 첨가물로 만든 냉 수프
감바스 알 아히요	**gambas al ajillo (f.pl.)** ＊마늘 소스와 함께 올리브 오일로 요리한 새우
깔라마레스 프리또스	**calamares fritos (m.pl.)** ＊오징어 튀김
깔라마레스 알 라 로마나	**calamares a la romana (m.pl.)** ＊오징어 링 튀김
보께로네스 프리또스	**boquerones fritos (m.pl.)** ＊멸치 튀김
초피토스 프리또스	**chopitos fritos (m.pl.)** ＊꼴뚜기 튀김
깔라마레스 델 깜뽀	**calamares del campo (m.pl.)** ＊밀가루를 입혀 튀긴 양파와 피망 링
또르띠야 데 빠따따	**tortilla de patata (f.)** ＊스페인식 감자 오믈렛
또르띠야 에스빠뇰라	**tortilla española (f.)** ＊스페인식 또르띠야. 감자를 주재료로 각종 채소와 햄을 넣어 달걀을 많이 풀어 구운 것. 달걀로만 만든 또르띠야와 시금치, 초리쏘(chorizo: 돼지 소시지)를 넣은 것 등 다양한 종류가 있고, 가장 서민적 음식

바깔라	**baccalà (m.)**
	*소금에 절인 대구. 튀김옷을 입혀 튀기거나 토마토소스에 넣고 스튜 형태로 만드는 등 다양한 방법으로 조리함
알본디가스	**albóndigas (f.pl.)**
	*잘게 다진 쇠고기나 생선 미트볼 요리로, 주로 토마토소스와 같이 조리함
엔살라다[엔살라디야] 루사	**ensalada[ensaladilla] rusa (f.)**
	*러시아 샐러드라는 의미로 마요네즈로 버무린 감자와 새우(또는 참치) 샐러드
빠따따스 브라바스	**patatas bravas (f.pl.)**
	*매콤한 알리올리(alioli=ajiaceite: 찧은 고추와 기름으로 만든 소스)를 뿌린 감자튀김이나 감자튀김에 매운 토마토소스를 곁들인 요리
빤 꼰 또마떼	**pan con tomate (m.)**
	*바게트에 잘 읽은 토마토를 얹고, 올리브 오일을 바른 카탈루냐 지방 음식, 하몽을 얹어 먹기도 함
삐미엔또스 데 빠드론	**pimientos de padron (m.pl.)**
	*맵지 않은 미니 고추를 올리브 오일로 살짝 볶은 것
참삐뇬 알 아히요	**champiñón al ajillo (m.)**
	*양송이 철판구이: 양송이버섯과 마늘, 초리쏘, 파슬리를 올리고 올리브 오일로 가볍게 마무리한 것
보께로네스 엔 비나그레	**boquerones en vinagre (m.pl.)** *멸치 식초 절임
모르씨야 데 쎄보야	**morcilla de cebolla (f.)** *스페인의 순대
하몬 이베리꼬	**jamón iberico (m.)** *염장한 최상급의 생햄

스낵류점

선생님, 뭘 드릴까요?	¿Se le ofrece algo, caballero?	제게 …을(를) 주십시오.	Déme …, por favor.
	셀 레 오프레쎄 알고, 까바예로?		데메 …, 뿌르 화보르
무엇을 드릴까요[무엇을 원하십니까]?	¿Qué desea?	테이크아웃 할 것입니다.	Es para llevar.
	께 데쎄아?		에스 빠라 예바르
무엇을 드시겠습니까?	¿Qué quiere tomar?	그것을 테이크아웃 하겠습니다.	Lo quiero para llevar, por favor.
	께 끼에레 또마르?		로 끼에로 빠라 예바르, 뿌르 화보르
제게 싸고 맛있는 걸 추천해주십시오.	Recomiéndeme algo barato y sabroso.	네[알겠습니다], 감사합니다.	Bueno, gracias.
	레꼬미엔데메 알고 바라또 이 싸브로소		부에노, 그라씨아스

그것을 하나 주십시오.	Déme uno de esos, por favor. 데메 우노 데 에소스, 뽀르 화보르	레드 와인 반병을 주십시오.	Media botella de vino tinto, por favor. 메디아 보떼야 데 비노 띤또, 뽀르 화보르
이것 두개와 그것 하나를 주십시오.	Déme dos de estos y uno de esos, por favor. 데메 도스 데 에스또스 이 우노 데 에소스, 뽀르 화보르	이것은 무엇입니까?	¿Qué es esto? 께 에스 에스또?
왼쪽에[으로]	a la izquierda 알 라 이스끼에르다	조리하지 않고 그대로 먹을 수 있습니까?	¿Se puede comer tal como así? 세 뿌에데 꼬메르 딸 꼬모 아씨?
오른쪽에[으로]	a la derecha 알 라 데레차	이것은 며칠 정도 보관할 수 있습니까?	¿Cuántos días se conserva esto? 꾸안또스 디아스 세 꼰쎄르바 에스또?
위에, 그 위에	encima 엔씨마	무엇을 드시겠습니까[무엇을 드시고 싶습니까]?	¿Qué le apetece tomar a Ud.? 껠 레 아뻬떼쎄 또마르 아 우스뗃?
아래에, 그 아래에	debajo 데바호		
이 샐러드를 100g 주십시오.	Cien gramos de esta ensalada, por favor. 씨엔 그라모스 데 에스따 엔쌀라다, 뽀르 화보르	샌드위치	bocadillo (m.)/ emparedado (m.) 보까디요/ 엠빠레다도
		햄에그	jamón(m.) y huevos 하몬 이 우에보스
로스트치킨 2조각 주십시오.	Dos trozos de pollo asado, por favor. 도스 트로소스 데 뽀요 아싸도, 뽀르 화보르	햄 샌드위치	bocadillo de jamón (m.) 보까디요 데 하몬
로스트치킨 반 마리	medio pollo asado (m.) 메디오 뽀요 아싸도	햄치즈 샌드위치를 먹겠습니다[먹고 싶습니다].	Me apetece tomar el emparedado de jamón y queso. 메 아뻬떼쎄 또마르 엘 엠빠레다도 데 하몬 이 께소
감자튀김	patata frita (f.) 빠따따 프리따		
냉육(햄, 소시지 등)	fiambre (m.) 휘암브레	쇠고기 샌드위치	emparedado de carne de vaca (m.) 엠빠레다도 데 까르네 데 바까
빠떼	paté (m.) 빠떼 ＊일반적으로 돼지나 조류의 고기나 간으로 만든 요리	연어 샌드위치	bocadillo de salmón (m.) 보까디요 데 쌀몬

오징어 샌드위치	bocadillo[sándwich (=sandwich)] de calamar (m.) 보까디요[싼드위치] 데 깔라마르	디카페인 커피 있습니까?	¿Tiene descafeinado? 띠에네 데스까페이나도?
새우 샌드위치	bocadillo[sándwich (=sandwich)] de gambas (m.) 보까디요[싼드위치] 데 감바스	카모마일 있습니까?	¿Tiene manzanilla? 띠에네 만싸니아?
추로	churro (m.) 추로 *밀가루, 소금, 물로 만든 반죽을 기름에 튀긴 가느다란 스페인 전통 과자로 주로 아침이나 간식으로 따뜻한 초콜릿, 밀크 커피에 찍어 먹거나 설탕, 초콜릿을 뿌려 먹음. 복수형은 추로스(churros).	아메리카노 한 잔 주십시오.	Quiero una taza de americano, por favor. 끼에로 우나 따사 데 아메리까노, 뿌르 화보르
		이거 리필 해주시겠습니까?	¿Me puede rellenar esto, por favor? 메 뿌에데 레예나르 에스또, 뿌르 화보르?
		우리는 가게에서 먹을 수 있습니까?	¿Podemos comer en la tienda? 뽀데모스 꼬메르 엔 라 띠엔다?
와플 하나 주십시오.	Quiero un gofre, por favor. 끼에로 운 고프레, 뿌르 화보르	우리가 앉아서 먹을 곳이 있습니까?	¿Podemos sentarnos? 뽀데모스 쎈따르노스?
생크림은 얹지 마십시오.	No le ponga nata, por favor. 놀 레 뽕가 나따, 뿌르 화보르	얼마입니까?	¿Cuánto es? 꾸안또 에스?
음료는 무엇으로 하시겠습니까?	¿Qué quiere beber? 께 끼에레 베베르?	전부 얼마입니까?	¿Cuánto es todo? 꾸안또 에스 또도?
커피 한 잔 주십시오.	Quiero una taza de café, por favor. 끼에로 우나 따사 데 까페, 뿌르 화보르	총 얼마입니까?	¿Cuánto es el total? 꾸안또 에스 엘 또딸?
뜨거운 것으로 드릴까요? 차가운 것으로 드릴까요?	¿Lo quiere caliente o frío? 로 끼에레 깔리엔떼 오 프리오?	총 20유로입니다.	Son veinte euros en total. 쏜 베인떼 에우로스 엔 또딸
차가운 것으로 주십시오.	Démelo frío, por favor. 데멜로 프리오, 뿌르 화보르	전부 얼마입니까?	¿A cuánto asciende por todo? 아 꾸안또 아스씨엔데 뿌르 또도?

12유로입니다.	Asciende doce euros. 아스씨엔데 도쎄 에우로스	제가 이 좌석에 앉아도 되겠습니까?	¿Puedo sentarme en este asiento? 뿌에도 쎈따르메 엔 에스떼 아씨엔또?
선불해야만 합니까?	¿Tengo que pagar primero? 뗑고 께 빠가르 쁘리메로?	샐러드 대신에 감자튀김 갖다 주시겠습니까?	¿Podría traerme papas fritas en vez de ensalada, por favor? 뽀드리아 트라에르메 빠빠스 프리따스 엔 베스 데 엔쌀라다, 뽀르 화보르?
선불입니다.	Es pago por adelantado, por favor. 에스 빠고 뽀르 아델란따도, 뽀르 화보르		

패스트푸드점

무엇을 주문하시겠습니까?	¿Qué pide usted? 께 삐데 우스뗃?	그것들을 따로따로 포장해주시겠습니까?	¿Me las envuelve por separado, por favor? 멜 라스 엔부엘베 뽀르 쎄빠라도, 뽀르 화보르? *pizzas (f.pl.)를 대명사 las로 받음
아이스크림을 주문하겠습니다.	Pido un helado. 삐도 운 엘라도		
커피 부탁드립니다.	Un café, por favor. 운 까페, 뽀르 화보르	아이스크림 두 개 주시겠습니까?	¿Me da dos helados, por favor? 메 다 도스 엘라도스, 뽀르 화보르?
여기서 드시겠습니까? 테이크아웃 하시겠습니까?	¿Lo quiere para tomar aquí o para llevar? 로 끼에레 빠라 또마르 아끼 오 빠라 예바르?		
테이크아웃 하겠습니다.	Para llevar, por favor. 빠라 예바르, 뽀르 화보르	그것들을 따로따로 포장해주시겠습니까?	¿Me los envuelve por separado, por favor? 멜 로스 엔부엘베 뽀르 쎄빠라도, 뽀르 화보르? *helados (m.pl.)를 대명사 los로 받음
페퍼로니 피자 하나와 콤비네이션 피자 하나 주시겠습니까?	¿Me da una pizza de peperoni y una pizza mixta, por favor? 메 다 우나 삐싸 데 뻬뻬로니 이 우나 삐싸 믹쓰따, 뽀르 화보르?		

또르띠야 샌드위치와 카페오레 부탁합니다.	Un bocadillo de tortilla y un café con leche, por favor. 운 보까디요 데 또르띠야 이 운 까페 콘 레체, 뽀르 화보르	코카콜라는 어떤 사이즈를 원하십니까?	¿Qué tamaño quiere de Coca Cola? 께 따마뇨 끼에레 데 꼬까 꼴라?
그것들을 가지고 가겠습니다.	Voy a llevarlos de paseo. 보이 아 예바를로스 데 빠세오	중간 사이즈를 원합니다.	Quiero el tamaño medio, por favor. 끼에로 엘 따마뇨 메디오, 뽀르 화보르
이 세트 메뉴로 하겠습니다.	Quiero este set menú, por favor. 끼에로 에스떼 쎗 메누, 뽀르 화보르	여기서 드시겠습니까? 테이크아웃 하시겠습니까?	¿Es para tomar aquí, o para llevar? 에스 빠라 또마르 아끼, 오 빠라 예바르?
햄버거 하나 주시겠습니까?	¿Podría darme una hamburguesa, por favor? 뽀드리아 다르메 우나 암부르게사, 뽀르 화보르?	테이크아웃 하겠습니다.	Para llevar, por favor. 빠라 예바르, 뽀르 화보르
햄버거와 코카콜라 주십시오.	Quiero hamburguesa y Coca Cola. 끼에로 암부르게사 이 꼬까 꼴라	나이프와 포크는 어디에 있습니까?	¿Dónde están los cuchillos y tenedores? 돈데 에스딴 로스 꾸치요스 이 떼네도레스?
펩시콜라 주십시오.	Déme un pepsi, por favor. 다메 운 뻽씨, 뽀르 화보르	플라스틱 나이프와 포크 있습니까?	¿Tiene cuchillo y tenedor de plástico? 띠에네 꾸치요 이 떼네도르 데 쁠라스띠꼬?
햄버거에 양파를 넣기 원하십니까?	¿Quiere cebolla en la hamburguesa? 끼에레 쎄보야 엔 라 암부르게사?	빨대 한 개 주시겠습니까?	¿Me da una pajilla, por favor? 메 다 우나 빠히야, 뽀르 화보르?
아니오, 빼 주십시오.	No, quite la cebolla, por favor. 노, 끼뗄 라 쎄보야, 뽀르 화보르		

관광 안내소

실례지만, 관광 안내소는 어디에 있습니까?	Disculpe, ¿dónde está la Oficina de Turismo? 디스꿀뻬, 돈데 에스딸 라 오휘씨나 데 뚜리스모?	안녕하세요. 관광 안내소입니다. 무엇을 도와드릴까요?	Hola, es la Oficina de Turismo. ¿En qué puedo ayudarle? 올라, 에슬 라 오휘씨나 데 뚜리스모 엔 께 뿌에도 아유다를레?
(관광) 안내소는 어디에 있습니까?	¿Dónde está la oficina[el centro] de información (turística)? 돈데 에스딸 라 오휘씨나[엘 쎈트로] 데 인포르마씨온 (뚜리스띠까)?	호텔을 찾고 있습니다. 추천 좀 해주십시오.	Estoy buscando un hotel. Recomiéndeme alguno. 에스또이 부스깐도 운 오뗄. 레꼬미엔데메 알구노
몇 시에 문을 엽니까?	¿A qué hora abre? 아 께 오라 아브레?	시티투어버스는 어디서 탈 수 있습니까[시티투어버스 타는 곳은 어디입니까]?	¿Dónde se puede tomar el Autobús Turístico de la Ciudad? 돈데 세 뿌에데 또마르 엘 아우또부스 뚜리스띠꼬 델 라 씨우닫?
몇 시에 문을 닫습니까?	¿A qué hora cierra? 아 께 오라 씨에라?		
근무시간이 어떻게 됩니까?	¿Cuál es el horario de trabajo? 꾸알 에스 엘 오라리오 데 트라바호?	유람선은 어디서 탈 수 있습니까[유람선 타는 곳은 어디입니까]?	¿Dónde se puede tomar el barco de excursión? 돈데 세 뿌에데 또마르 엘 바르꼬 데 엑쓰꾸르씨온?
실례지만, 가장 가까운 화장실은 어디에 있습니까?	Perdón, ¿dónde está el baño más cercano por aquí?/¿dónde están los servicios más cercanos por aquí? 뻬르돈, 돈데 에스따 엘 바뇨 마쓰 쎄르까노 뽀르 아끼?/ 돈데 에스딴 로스 쎄르비씨오스 마쓰 쎄르까노스 뽀르 아끼?	유람선은 몇 시에 출발합니까?	¿A qué hora sale el crucero turístico? 아 께 오라 쌀레 엘 크루쎄로 뚜리스띠꼬?
		유람선을 밤에 타면 야경을 볼 수 있습니다.	Si toma el crucero turístico de noche,

한국어	Español	발음
	puede ver la vista nocturna.	씨 또마 엘 크루쎄로 뚜리스띠꼬 데 노체, 뿌에데 베를 라 비스따 녹뚜르나
톨레도/세비야로 가는 가장 싼 방법을 가르쳐 주시겠습니까?	¿Podría enseñarme la forma más económica para ir a Toledo/Sevilla?	뽀드리아 엔쎄냐르멜 라 포르마 마쓰 에꼬노미까 빠라 이르 아 똘레도/쎄비야?
시에라 네바다행 버스 정거장은 어디에 있습니까?	¿Dónde está la parada de autobús para la Sierra Nevada?	돈데 에스딸 라 빠라다 데 아우또부스 빠랄 라 씨에라 네바다?
마드리드를 구경했으면 하는데, 한국어로 된 관광 안내서/관광 지도가 있습니까?	Quisiera conocer Madrid, ¿tiene[tienen] un folleto turístico/un mapa turístico en coreano?	끼씨에라 꼬노쎄르 마드릴. 띠에네[띠에넨] 운 포예또 뚜리스띠꼬/운 마빠 뚜리스띠꼬 엔 꼬레아노?
영어/한국어로 된 마드리드 지도를 얻을 수 있습니까?	¿Se puede conseguir un mapa de Madrid en inglés/coreano?	세 뿌에데 꼰쎄기르 운 마빠 데 마드릴 엔 잉글레스/꼬레아노?
관광 정보가 필요합니다. 오늘 투우 경기가 있습니까?	Necesito información turística. ¿Hay corrida de toros hoy?	네쎄씨또 인포르마씨온 뚜리스띠까, 아이 꼬리다 데 또로스 오이?
투우 계절	temporada taurina (f.)	뗌뽀라다 따우리나
관광 계절	temporada[estación] turística (f.)	뗌뽀라다[에스따씨온] 뚜리스띠까
관광 안내서/관광 지도가 있습니다.	Tenemos folletos turísticos/mapas turísticos.	떼네모스 포예또스 뚜리스띠꼬스/마빠스 뚜리스띠꼬스
관광 안내서에는 모든 정보가 다 들어있습니다.	El folleto turístico incluye toda la información.	엘 포예또 뚜리스띠꼬 잉끌루예 또달 라 인포르마씨온
관광 안내서 하나 주십시오.	Déme un folleto turístico, por favor.	데메 운 포예또 뚜리스띠꼬 뽀르 화보르
영어/한국어로 된 안내서 있습니까?	¿Tiene folletos[el folleto] en inglés/coreano?	띠에네 포예떼스[엘 포예또] 엔 잉글레스/꼬레아노?
이 도시의 무료지도가 있습니까?	¿Hay mapas gratuitos de esta ciudad?	아이 마빠스 그라뚜이또스 데 에스따 씨우닫?

이 도시 지도를 하나 주시겠습니까?	¿Me puede dar un mapa de la ciudad, por favor? 메 뿌에데 다르 운 마빠 델 라 씨우닫, 뽀르 화보르?	프라도 국립미술관/산미겔 시장/푸에르타 델 솔 광장/마요르 광장은 꼭 가보십시오.	Que no olvide ir al Museo Nacional del Prado/al mercado de San Miguel/a la Plaza de la Puerta del Sol/a la Plaza Mayor. 께 노 올비데 이르 알 무쎄오 나씨오날 델 프라도/알 메르까도 데 싼 미겔/알 라 쁠라사 델 라 뿌에르따 델 쏠/알 라 쁠라사 마요르
지하철 노선도를 얻을 수 있겠습니까?	¿Podría conseguir un plano de las líneas del metro? 뽀드리아 꼰쎄기르 운 쁠라노 델 라스 리네아스 델 메트로?		
마드리드 지도와 지하철 노선도를 얻을 수 있겠습니까?	¿Podría conseguir un mapa de Madrid y el plano de las líneas del metro? 뽀드리아 꼰쎄기르 운 마빠 데 마드릳 이 엘 쁠라노 델 라스 리네아스 델 메트로?	입장료는 얼마입니까?	¿Cuánto cuesta la entrada? 꾸안또 꾸에스딸 라 엔트라다?
		학생 할인 있습니까?	¿Hay descuento para estudiantes? 아이 데스꾸엔또 빠라 에스뚜디안떼스?
네, 여기 있습니다.	Sí, aquí tiene (usted). 씨, 아끼 띠에네 (우스뗃)		
감사합니다. 구경 가 볼만한 곳을 추천해주실 수 있겠습니까?	Gracias. ¿Podría recomendarme algunos lugares para visitar? 그라씨아스. 뽀드리아 레꼬멘다르메 알구노스 루가레스 빠라 비씨따르?	이 도시의 관광 명소에는 어떤 것이 있습니까?	¿Cuáles son los lugares turísticos de esta ciudad? 꾸알레스 쏜 로스 루가레스 뚜리스띠꼬스 데 에스따 씨우닫?
		이 근처에 구경 가 볼 만한 장소가 있습니까?	¿Hay algún lugar para visitar por aquí cerca? 아이 알군 루가르 빠라 비씨따르 뽀르 아끼 쎄르까?
마드리드를 구경하고 싶은데, 어떤 곳을 추천해 주시겠습니까?	Quisiera conocer Madrid, ¿qué lugar me recomienda? 끼씨에라 꼬노쎄르 마드릳. 껠 루가르 메 레꼬미엔다?		
		관광할 만한 다른 곳은 없습니까?	¿No hay otro lugar turístico? 노 아이 오트롤 루가르 뚜리스띠꼬?
이 도시에서 볼만한 곳을 말씀해 주십시오.	Dígame los puntos más interesantes de esta ciudad, por favor. 디가멜 로스 뿐또스 마쓰 인떼레싼떼스 데 에스따 씨우닫, 뽀르 화보르	볼만한 곳을 제게 가르쳐 주시겠습니까?	¿Me podría enseñar algún lugar interesante? 메 뽀드리아 엔쎄냐르 알군 루가르 인떼레싼떼?

먼저 어디를 가 봐야 할까요?

¿A dónde debo ir primero?

아 돈데 데보 이르 쁘리메로?

레티로 공원에 버스나 지하철로 갈 수 있습니까?

¿Se puede ir al Parque del Retiro en autobús o metro?

세 뿌에데 이르 알 빠르께 델 레띠로 엔 아우또부스 오 메트로?

버스보다는 지하철을 이용하는 게 더 편리합니다.

Es más cómodo utilizar el metro que el autobús.

에스 마쓰 꼬모도 우띨리싸르 엘 메트로 께 엘 아우또부스

교외에 볼만한 곳을 말씀해 주십시오.

Dígame algunos puntos interesantes en los alrededores, por favor.

디가메 알구노스 뿐또스 인떼레싼떼스 엔 로스 알레데도레스, 뿌르 화보르

세르반테스 생가에 가고 싶습니다.

Quiero ir a la casa natal de Cervantes.

끼에로 이르 알 라 까사 나딸 데 쎄르반떼스

저기에 어떻게 갈 수 있습니까?

¿Cómo se puede ir allí?

꼬모 세 뿌에데 이르 아이?

쇼핑을 했으면 하는데, 어떤 곳을 추천해주시겠습니까?

Quisiera ir de compras, ¿qué lugar me recomienda?

끼씨에라 이르 데 꼼쁘라스, 껠 루가르 메 레꼬미엔다?

쇼핑도 하고 싶은데, 어디를 추천해주시겠습니까?

También quiero hacer compras, ¿dónde me recomienda?

땀비엔 끼에로 아쎄르 꼼쁘라스, 돈데 메 레꼬미엔다?

싸고 질 좋은 삼품들을 살 수 있는 곳을 가르쳐 주십시오.

Indíqueme un lugar donde comprar productos baratos y de buena calidad.

인디께메 운 루가르 돈데 꼼쁘라르 프로둑또스 바라또스 이 데 부에나 깔리닫

마드리드의 벼룩시장에 가면 싸고 좋은 상품들이 많습니다.

Si va al Rastro de Madrid, encontrará muchos productos baratos y buenos.

씨 바 알 라스트로 데 마드릳, 엔꼰트라라 무초스 프로둑또스 바라또스 이 부에노스

네, 감사합니다. 마드리드의 벼룩시장에는 어떻게 갑니까?

Ah, gracias. ¿Cómo voy al Rastro de Madrid?

아, 그라씨아스. 꼬모 보이 알 라스트로 데 마드릳?

산 미겔 시장은 어떻게 갑니까?

¿Cómo se va al mercado de San Miguel?

꼬모 세 바 알 메르까도 데 싼 미겔?

지하철 1호선 띠르소 데 몰리나[3호선 엠바하도레스/5호선 뿌에르따 데 톨레도]역에서 내리십시오.

Tome la línea uno[tres/cinco] y bájese en la estación de Tirso de Molina [Embajadores/ Puerta de Toledo].

또멜 랄 리네아 우노[트레스/씽꼬] 이 바헤스 엔 라 에스따씨온 데 띠르소 데 몰리나[엠바하도레스/ 뿌에르따 데 똘레도]

요즘 발렌시아의 라 론하 데 라 세다는 개방합니까?

¿Está abierta la Lonja de la Seda de Valencia estos días?

	에스따 아비에르딸 랄 롱하 델 라 쎄다 데 발렌씨아 에스또스 디아스?	바르셀로나는 처음 방문하시는 겁니까?	¿Es la primera vez que visita Barcelona? 에슬 라 쁘리메라 베스 께 비씨따 바르쎌로나?
무슨 요일에 닫습니까?	¿En qué día de la semana está cerrada? 엔 께 디아 델 라 쎄마나 에스따 쎄라다?	네, 처음입니다.	Sí, es la primera vez. 씨, 에슬 라 쁘리메라 베스
몇 시에서 몇 시까지 개방합니까?	¿Desde y hasta qué hora está abierta? 데스데 이 아스따 께 오라 에스따 아비에르따?	도시 전체[바르셀로나 전체] 조망할 만한 곳이 있습니까?	¿Hay algún sitio desde donde se domine toda la ciudad[toda Barcelona]? 아이 알군 씨띠오 데스데 돈데 세 도미네 또달 라 씨우닫[또다 바르쎌로나]?
점심 때 쉽니까?	¿Hay descanso de mediodía? 아이 데스깐쏘 데 메디오디아?		
정기휴일이 어떻게 됩니까?	¿Cuál es el día de descanso regular? 꾸알 에스 엘 디아 데 데스깐쏘 레굴라르?	도시 전체[바르셀로나 전체]를 한 눈에 볼 수 있는 곳은 분께르스 델 까르멜입니다.	El lugar para abarcar con la vista toda la ciudad[toda Barcelona] es los Bunkers del Carmel. 엘 루가르 빠라 아바르까르 꼰 라 비스따 또달 라 씨우닫[또다 바르쎌로나] 에슬 로스 분께르스 델 까르멜
바르셀로나에서 꼭 구경 가볼만 할 곳들은 어디입니까?	¿Cuáles son los lugares de visita obligada en Barcelona? 꾸알레스 쏜 로스 루가레스 데 비씨따 오블리가다 엔 바르쎌로나?		
구경 갈만한 곳들을 추천해주시겠습니까?	¿Puede recomendarme lugares para conocer? 뿌에데 레꼬멘다르멜 루가레스 빠라 꼬노쎄르?	도시 전체[바르셀로나 전체]를 한 눈에 볼 수 있는 분께르스 델 까르멜과 구엘공원, 성가족성당을 방문하십시오. 그리고 바르셀로나 시티 투어버스도 꼭 이용해보십시오.	Visite los Bunkers del Carmel, desde donde puede tener una vista de toda la ciudad[toda Barcelona], y el parque Güell y la Sagrada Familia. Y no deje de utilizar el Autobús Turístico de Barcelona.
바르셀로나를 구경했으면 합니다. 먼저 어디를 가 봐야 할까요?	Quisiera conocer Barcelona. ¿A dónde voy primero? 끼씨에라 꼬노쎄르 바르쎌로나. 아 돈데 보이 쁘리메로?		

비씨뗄 로스 분께르스 델 까르멜 데 바르쎌로나, 데스데 돈데 뿌에데 떼네르 우나 비스따 데 또달 라 씨우닫[또다 바르쎌로나] 이 엘 빠르께 구엘 일 라 싸그라다 화밀리아. 이 노 데헤 데 우띨리싸르 엘 아우또부스 뚜리스띠꼬 데 바르쎌로나

네[알겠습니다], 감사합니다. 그런데 시티투어버스는 어디서 탈 수 있습니까?

Bueno, gracias. Pero ¿dónde se puede tomar el Autobús Turístico de la Ciudad?

부에노, 그라씨아스. 뻬로 돈데 세 뿌에데 또마르 엘 아우또부스 뚜리스띠꼬 델 라 씨우닫?

바르쎌로나의 피카소미술관에 꼭 가보십시오. 피카소의 젊은 시절 작품 3,500점 이상의 컬렉션을 보실 수 있습니다.

Vaya sin falta al Museo Picasso de Barcelona. Podrá ver una colección de más de tres mil quinientos obras de la juventud de Picasso.

바야 씬 활따 알 무쎄오 삐까쏘 데 바르쎌로나. 뽀드라 베르 우나 꼴렉씨온 데 마쓰 데 트레스 밀 끼니엔또스 오브라스 델 라 후벤뚣 데 삐까쏘

그럼 바르쎌로나의 피카소미술관은 어떻게 갑니까?

Entonces, ¿cómo voy al Museo Picasso de Barcelona?

엔똔쎄쓰, 꼬모 보이 알 무쎄오 삐까쏘 데 바르쎌로나?

지하철 1호선 아르끄 데 트리옴프역에서 내리십시오.

Bájese en la estación de Arc de Triomf de la línea uno.

바헤세 엔 라 에스따씨온 데 아르끄 데 트리옴프 델 랄 리네아 우노

그 미술관 구경이 끝나면, 지하철 아르끄 데 트리옴프역 근처에 있는 바르쎌로나동물원에도 가 보십시오.

Cuando termine de ver el Museo, vaya al Zoo de Barcelona, cerca de la estación de Arc de Triomf.

꾸안도 떼르미네 데 베르 엘 무쎄오, 바야 알 소 데 바르쎌로나, 쎄르까 델 라 에스따씨온 데 아르끄 데 트리옴프

바르쎌로나동물원은 어떻게 갑니까?

¿Cómo voy al Zoo de Barcelona?

꼬모 보이 알 소 데 바르쎌로나?

지하철 1호선 아르끄 데 트리옴프역 또는 4호선 씨우따데야−빌라 올림삐까역에서 내리십시오.

Bájese en la estación de Arc de Triomf de la línea uno o en la estación de Ciutadella-Vila Olímpica de la línea cuatro.

바헤세 엔 라 에스따씨온 데 아르끄 데 트리옴프 델 랄 리네아 우노 오 엔 라 에스따씨온 데 씨우따데야 빌라 올림삐까 델 랄 리네아 꾸아트로

네[알겠습니다], 감사합니다.

즐거운 여행 되십시오. 안녕히 가세요.

Bueno, gracias.

부에노, 그라씨아스

Que disfrute de su viaje. Adiós.

께 디스프루떼 데 쑤 비아헤. 아디오스

어서 오십시오. ABC 여행사입니다. 무엇을 도와 드릴까요?

Bienvenido. Es la Agencia de Viajes ABC. ¿En qué puedo ayudarle[sevirle]?

비엔베니도. 에슬 라 아헨씨아 데 비아헤스 아베쎄. 엔께 뿌에도 아유다를레[쎄르비를레]?

관광 안내서 하나 주십시오.

Déme un folleto de excursiones, por favor.

데메 운 포예또 데 엑쓰꾸르시오네스, 뽀르 화보르

영어/한국어로 된 안내서 있습니까?

¿Tiene folletos[el folleto] en inglés/coreano?

띠에네 포예떼스[엘 포예또] 엔 잉글레스/꼬레아노?

인기 있는 관광코스들을 가르쳐 주시겠습니까?

¿Podría enseñarme las excursiones más populares?

뽀드리아 엔쎄냐르멜 라스 엑쓰꾸르시오네스 마쓰 뽀불라레스?

이 관광은 매일 있습니까?

¿Hay esta excursión todos los días?

아이 에스따 엑쓰꾸르시온 또도슬 로스 디아스?

그것을(=관광을) 야간에도 할 수 있습니까?

¿Puedo hacerla por la noche?

뿌에도 아쎄를라 뽀를 라 노체?
*excursión (f.)를 대명사 la로 받음

야간 관광 있습니까?

¿Hay alguna excursión por la noche?

아이 알구나 엑쓰꾸르씨온 뽀를 라 노체?

관광할 때 무엇을 둘러봅니까?

¿Qué se ve en la excursión?

께 세 베 엔 라 엑쓰꾸르씨온?

다른 관광도 있습니까?

¿Hay otra excursión?

아이 오트라 엑쓰꾸르씨온?

톨레도행 관광이 있습니까?

¿Hay alguna excursión para Toledo?

아이 알구나 엑쓰꾸르씨온 빠라 똘레도?

물론입니다. 톨레도는 문화 유적지라서 볼거리가 많습니다.

Claro que sí. En Toledo hay muchas cosas que ver porque es un lugar histórico y cultural.

끌라로 께 씨. 엔 똘레도 아이 무차쓰 꼬사쓰 께 베르 뽀르께 에스 운 루가르 이스또리꼬 이 꿀뚜랄

톨레도행 관광에 참가하고 싶습니다.

Quiero participar en la excursión para Toledo.

끼에로 빠르띠씨빠르 엔 라 엑쓰꾸르씨온 빠라 똘레도

톨레도행 가장 싼 관광을 말씀해주십시오.

Dígame la excursión más barata para Toledo, por favor.

디가멜 라 엑쓰꾸르씨온 마쓰 바라따 빠라 똘레도, 뽀르 화보르

그 관광은 얼마입니까?	¿Cuánto cuesta esta excursión? 꾸안또 꾸에스따 에스따 엑쓰꾸르씨온?	예약이 필요합니까?	¿Se necesita reservar? 세 네쎄씨따 레쎄르바?
어떤 교통편을 이용합니까?	¿Qué medio de tráfico usemos? 께 메디오 데 트라휘꼬 우세모스?	어디서 예약할 수 있습니까?	¿Dónde se puede hacer la reserva? 돈데 세 뿌에데 아쎄를 라 레쎄르바?
그것은 당일/반나절 관광입니까?	¿Es una excursión de un día/de medio día? 에스 우나 엑쓰꾸르씨온 데 운 디아/데 메디오 디아?	여기에서 예약할 수 있습니까?	¿Puedo reservar aquí? 뿌에도 레쎄르바르 아끼?
당일치기 여행	viaje de un día (m.)/ excursión de un día (f.) 비아헤 데 운 디아/ 엑쓰꾸르씨온 데 운 디아	학생 할인 있습니까?	¿Hay descuento para estudiantes? 아이 데스꾸엔또 빠라 에스뚜디안떼스?
이 관광은 시간이 얼마나 걸립니까?	¿Cuánto tiempo dura esta excursión? 꾸안또 띠엠뽀 두라 에스따 엑쓰꾸르씨온?	다음 관광은 몇 시에 출발합니까?	¿A qué hora parte la próxima excursión? 아 께 오라 빠르뗄 라 프록씨마 엑쓰꾸르씨온?
몇 시에 어디서 출발합니까?	¿A qué hora y de dónde parte? 아 께 오라 이 데 돈데 빠르떼?	30분마다 관광버스가 있습니다.	Hay autobús turístico cada media hora. 아이 아우또부스 뚜리스띠꼬 까다 메디아 오라
몇 시에 어디로 돌아옵니까?	¿A qué hora y a dónde se vuelve? 아 께 오라 이 아 돈데 세 부엘베?	어떻게 하면 값싸게 여행할 수 있습니까?	¿Cómo puedo viajar barato? 꼬모 뿌에도 비아하르 바라또?
식사도 포함됩니까?	¿Con comida? 꼰 꼬미다?	어떻게 하면 돈 많이 안 쓰고 즐거운 여행을 할 수 있을지 조언해주시겠습니까?	¿Podría recomendarme cómo puedo hacer un buen viaje sin gastar mucho dinero? 뽀드리아 레꼬멘다르메 꼬모 뿌에도 아쎄르 운 부엔 비아헤 씬 가스따르 무초 디네로?
추가 비용은 없는 거죠?	No hay gastos adicionales, ¿no? 노 아이 가스또스 아디씨오날레스, 노?		

가이드가 있는 여행 프로그램들이 있습니까?

¿Hay programas de tour guiado?

아이 프로그라마스 데 뚜르 기아도?

그 프로그램들은 매일 있습니까?

¿Hay esos programas cada día?

아이 에소스 프로그라마스 까다 디아?

가이드의 설명을 들을 수 있습니까?

¿Se puede escuchar la explicación del guía?

세 뿌에데 에스꾸차르 라 엑쓰쁠리까씨온 델 기아?

영어를 말하는 가이드가 우리와 동행합니까?

¿Nos acompaña algún guía que hable inglés?

노스 아꼼빠냐 알군 기아 께 아블레 잉글레스?

한국어를 말하는 가이드가 있습니까?

¿Hay algún guía que hable coreano?

아이 알군 기아 께 아블레 꼬레아노?

한국어를 말하는 가이드가 함께 하는 관광이 있습니까?

¿Hay algunas excursiones con guías de habla coreana?

아이 알구나스 엑쓰꾸르시오네스 꼰 기아스 데 아블라 꼬레아나?

이 여행 프로그램은 시간이 얼마나 걸립니까?

¿Cuánto dura este programa de viaje?

꾸안또 두라 에스떼 프로그라마 데 비아헤?

8시간 걸립니다.

Dura ocho horas.

두라 오초 오라스

몇 시에 떠납니까?

¿A qué hora sale?

아 께 오라 쌀레?

9시에 떠납니다.

A las nueve.

알 라스 누에베

몇 시에 돌아옵니까?

¿A qué hora vuelve?

아 께 오라 부엘베?

이 여정은 톨레도도 거쳐 갑니까?

¿Este itinerario también pasa por Toledo?

에스떼 이띠네라리오 땀비엔 빠사 뽀르 똘레도?

자유 시간이 있습니까?

¿Hay tiempo libre?

아이 띠엠뽈 리브레?

언제, 어디서 우리는 만납니까?

¿Cuándo y dónde quedamos?

꾸안도 이 돈데 께다모스?

이 관광 여행은 비용이 얼마입니까?

¿Cuánto cuesta este tour?

꾸안또 꾸에스따 에스떼 뚜르?

일인당 비용이 얼마입니까?

¿Cuál es el gasto por persona?

꾸알 에스 엘 가스또 뽀르 뻬르쏘나?

이 가격에는 식대도 포함됩니까?

¿Este precio incluye la comida?

에스떼 쁘레씨오 잉끌루옐 라 꼬미다?

여비에는 식대가 포함되어 있지 않습니다.

Los gastos de viaje no incluyen la comida.

로스 가스또스 데 비아헤 노 잉끌루옌 라 꼬미다

뭐 미리 준비해야 할 것 있습니까?

¿Hay algo que deba preparar de antemano?

아이 알고 께 데바 쁘레빠라르 데 안떼마노?

선크림과 모자, 그리고 물을 가져오십시오.

Traiga protector solar, un sombrero y agua.

트라이가 프로떽또르 쏠라르, 운 쏨브레로 이 아구아

이 여행을 위해 보험에 들어야 합니까?

¿Es necesario adquirir un seguro para este tour?

에스 네쎄싸리오 아드끼리르 운 쎄구로 빠라 에스떼 뚜르?

다음 여행은 몇 시에 시작합니까?

¿A qué hora empieza el siguiente viaje?

아 께 오라 엠삐에싸 엘 씨기엔떼 비아헤?

이번 주말에 스페인의 문화사적지를 구경 가고 싶은데, 어디를 추천해 주시겠습니까?

Quisiera visitar este fin de semana un sitio histórico y cultural español, ¿dónde me recomienda?

끼씨에라 비씨따르 에스떼 휜 데 쎄마나 운 씨띠오 이스또리꼬 이 꿀뚜랄 에스빠뇰, 돈데 메 레꼬미엔다?

세계유산 시(市)인 톨레도와, 미식(美食)과 수공예와 도시계획이 그 빛나는 역사적 과거를 명확히 보여주는 그라나다를 추천해 드립니다.

Le recomiendo Toledo, ciudad Patrimonio de la Humanidad, y Granada cuya gastronomía, artesanía y urbanismo se ven determinados por su glorioso pasado histórico.

레 레꼬미엔돌 똘레도, 씨우닫 빠트리모니오 델 라 우마

니닫, 이 그라나다 꾸야 가스트로노미아, 아르떼싸니아 이 우르바니스모 세 벤 데떼르미나도스 뽀르 쑤 글로리오소 빠사도 이스또리꼬

그라나다는 어떤 것들이 유명합니까?

¿Qué cosas son famosas en Granada?

께 꼬사쓰 쏜 화모사스 엔 그라나다?

그라나다는 알람브라궁전과 그라나다 대성당, 성 니콜라스 전망대가 유명합니다. 또 그라나다 고고학 박물관이 있습니다.

Son famosos la Alhambra, la Catedral de Granada y el Mirador de San Nicolas. También tiene el Museo Arqueológico de Granada.

쏜 화모소슬 라 알람브라, 라 까떼드랄 데 그라나다 이 엘 미라도르 데 싼 니꼴라스. 땀비엔 띠에네 엘 무쎄오 아르께올로히꼬 데 그라나다

그(=그라나다의) 오래된 지구들 중 하나인 알바이신 지구는 알람브라궁전과 헤네랄리페 정원과 함께 세계유산입니다.

Uno de sus viejos barrios, el Albaicín, es Patrimonio de la Humanidad junto con la Alhambra y el Generalife.

우노 데 쑤스 비에호스 바리오스, 엘 알바이씬, 에스 빠트리모니오 델 라 우마니닫 훈또 꼰 라 알람브라 이 엘 헤네랄리페

그라나다에 어떻게 갈 수 있습니까?

¿Cómo se puede ir a Granada?

꼬모 세 뿌에데 이르 아 그라나다?

장거리 버스, 기차 또는 비행기를 타고 가실 수 있습니다.

Se puede ir en autobús de larga distancia, en tren o en avión.

세 뿌에데 이르 엔 아우또부스 델 라르가 디스딴씨아, 엔 트렌 오 엔 아비온

기차로 여행하고 싶습니다.

Quiero viajar en tren.

끼에로 비아하르 엔 트렌

네[알겠습니다], 언제 출발하실 겁니까?

Bueno, ¿cuándo va a partir?

부에노, 꾸안도 바 아 빠르띠르?

금요일에 출발해서 3박 4일 여행으로 가고 싶습니다.

Quiero salir el viernes en un viaje de tres noches y cuatro días.

끼에로 쌀리르 엘 비에르네스 엔 운 비아헤 데 트레스 노체스 이 꾸아트로 디아스

네, 그러면 기차로 예약해 드리겠습니다. 그라나다에서는 시티투어 버스를 이용하여 여행하시면 편리하실 겁니다. 그것도 예약해 드릴까요?

Bien, entonces le reservaré en tren. Le será cómodo si utiliza en Granada el Autobús Turístico de la ciudad. ¿Se lo reservo también?

비엔, 엔똔쎄쓰 레 레쎄르바레 엔 트렌. 레 쎄라 꼬모도 씨 우띨리싸 엔 그라나다 엘 아우또부스 뚜리스띠꼬 델 라 씨우닫. 셀 로 레쎄르보 땀비엔?

네, 예약해 주십시오. 감사합니다.

Sí, resérvemelo. Gracias.

씨, 레쎄르베멜로. 그라씨아스

세비야를 여행하고 싶습니다[세비야로 여행을 가고 싶습니다].

Quiero viajar a Sevilla.

끼에로 비아하르 아 쎄비야

기차 타고 세비야로 여행을 가고 싶습니다.

Quiero viajar a Sevilla en tren.

끼에로 비아하르 아 쎄비야 엔 트렌

기차 여행을 예약해 드리겠습니다.

Le reservaré el viaje en tren.

레 레쎄르바레 엘 비아헤 엔 트렌

첫 기차는 몇 시에 출발합니까?

¿A qué hora sale el primer tren?

아 께 오라 쌀레 엘 쁘리메르 트렌?

마지막 기차는 밤 12시에 출발합니다.

El último tren sale a las doce de la noche.

엘 울띠모 트렌 쌀레 알 라스 도쎄 델 라 노체

스페인 북부를 3일 동안 여행하고 싶습니다. 어디가 좋겠습니까?

Quiero hacer un viaje de tres días por el norte de España. ¿Qué lugar estaría bien?

끼에로 아쎄르 운 비아헤 데 트레스 디아스 뽀르 엘 노르떼 데 에스빠냐. 껠 루가르 에스따리아 비엔?

산세바스티안, 빌바오, 산탄데르를 여행해 보십시오.

Viaje a San Sebastián, Bilbao y Santander.

비아헤 아 싼 쎄바스띠안, 빌바오 이 싼딴데르

빌바오 구겐하임 미술관이 유명하니 빌바오를 여행해 보십시오.

Viaje a Bilbao que el museo Guggenheim Bilbao es muy famoso.

비아헤 아 빌바오 께 엘 무쎄오 구겐하임 빌바오 에스 무이 화모소

우리는 이번 주말에 산세바스티안으로 함께 여행하고 싶습니다.

Queremos ir de viaje juntos este fin de semana a San Sebastián.

께레모스 이르 데 비아헤 훈또스 에스떼 휜 데 쎄마나 아 싼 쎄바스띠안

산세바스티안은 어떤 것들이 유명합니까?

¿Qué cosas son famosas en San Sebastián?

께 꼬사쓰 쏜 화모사스 엔 싼 쎄바스띠안?

산세바스티안은 해변들이 아름답습니다.

En San Sebastián las playas son hermosas.

엔 싼 쎄바스띠안 라스 쁠라야스 쏜 에르모사스

이번 주말에 스페인 동부를 여행하고 싶은데, 어디를 추천해주시겠습니까?

Quisiera viajar por el este de España este fin de semana, ¿dónde me recomienda?

끼씨에라 비아하르 뽀르 엘 에스떼 데 에스빠냐 에스떼 휜 데 쎄마나, 돈데 미 레꼬미엔다?

스페인 동부에서는, 발렌시아와 타라고나가 유명합니다. 3월에는 발렌시아에서 파야스[파예스]가 거행되니 발렌시아를 여행해 보십시오.

En el este de España son famosas Valencia y Tarragona. En marzo se celebran las Fallas[Falles] en Valencia, así que viaje a Valencia.

엔 엘 에스떼 데 에스빠냐 쏜 화모사스 발렌씨아 이 따라고나. 엔 마르소 세 쎌레브란 라스 화야스[화에스] 엔 발렌씨아, 아씨 께 비아헤 아 발렌씨아

＊Las Fallas(발렌시아어로는 Falles)는 발렌시아에서 매년 3월 15일에서 3월 19일까지 개최되는 성 요셉을 기리는 축제임

그러면 금요일에 떠나 2박 3일 여행을 하고 싶습니다.

Entonces me gustaría partir el viernes para un viaje de dos noches y tres días.

엔똔쎄쓰 메 구스따리아 빠르띠르 엘 비에르네스 빠라 운 비아헤 데 도스 노체스 이 트레스 디아스

네, 금요일 밤 9시에 출발하는 비행기가 있습니다.

Sí, hay un avión que sale el viernes a las nueve de la noche.

씨, 아이 운 아비온 께 쌀레 엘 비에르네스 알 라스 누에베 델 라 노체

그보다 앞선 다른 비행기는 없습니까?

¿No hay otro avión antes?

노 아이 오트로 아비온 안떼스?

더 늦은 다른 비행기는 없습니까?	¿No hay otro avión más tarde? 노 아이 오트로 아비온 마쓰 따르데?	돌아오는 비행기도 예약해 드릴까요?	¿Le reservo también el avión de vuelta? 레 레쎄르보 땀비엔 엘 아비온 데 부엘따?
네, 9시가 마지막 비행기입니다.	No, el último es el de las nueve. 노, 엘 울띠모 에스 엘 델 라스 누에베	네, 돌아오는 비행기도 예약해 주십시오.	Sí, resérveme también el avión de vuelta. 씨, 레쎄르베메 땀비엔 엘 아비온 데 부엘따
그러면 9시 비행기로 2명 예약해 주십시오.	Entonces hágame una reserva para dos personas en el avión de las nueve. 엔똔쎄쓰 아가메 우나 레쎄르바 빠라 도스 뻬르쏘나스 엔 엘 아비온 델 라스 누에베	네, 일요일 밤 비행기로 예약해 주십시오. 호텔도 같이 예약해 주십시오.	Sí, resérveme un vuelo para el domingo por la noche. También resérveme un hotel. 씨, 레쎄르베메 운 부엘로 빠라 엘 도밍고 뽀르 라 노체. 땀비엔 레쎄르베메 운 오뗄
성수기라서 항공료가 비쌉니다.	El pasaje de avión es caro porque es temporada alta. 엘 빠사헤 데 아비온 에스 까로 뽀르께 에스 뗌뽀라다 알따	네, 알겠습니다. 여권을 보여 주십시오.	Sí, entendido. Muéstreme el pasaporte. 씨, 엔뗀디도. 무에스트레메 엘 빠사뽀르떼
(관광의) 성수기	temporada alta (f.)/ estación de alta[gran] demanda (f.) 뗌뽀라다 알따/ 에스따씨온 데 알따[그란] 데만다	1박 2일 일정의 괜찮은 패키지 여행상품이 있습니까?	¿Hay algún paquete de viaje de una noche y dos días que sea bueno? 아이 알군 빠께떼 데 비아헤 데 우나 노체 이 도스 디아스 께 쎄아 부에노?
(관광의) 비수기	temporada baja (f.) 뗌뽀라다 바하		
(관광의) 성수기와 비수기의 중간 시기	temporada media (f.) 뗌뽀라다 메디아	이비사 섬 2박 3일 일정 여행을 예약할 수 있습니까?	¿Puedo reservar un viaje a la isla de Ibiza de dos noches y tres días? 뿌에도 레쎄르바르 운 비아헤 알 라 이슬라 데 이비사 데 도스 노체스 이 트레스 디아스?
값싼 비행기편을 찾고 계십니까?	¿Está buscado un vuelo barato? 에스따 부스깐도 운 부엘로 바라또?		

죄송하지만, 그것을(=여행을) 취소할 수 있겠습니까?

Disculpe, puedo cancelarlo [anularlo]?

디스꿀뻬, 뿌에도 깐쎌라를로[아눌라를로]?

*viaje (m.)를 대명사 lo로 받음

이비사 섬은 어떤 것들이 유명합니까?

¿Qué cosas son famosas en la isla de Ibiza?

께 꼬사쓰 쏜 화모사스 엔 라 이슬라 데 이비사?

이비사 섬은 해변들의 아름다움과 또한 축제들과 디스코텍들로도 유명하여, 수많은 관광객들을 끌어들입니다.

La isla de Ibiza es muy famosa por la belleza de sus playas, así como por fiestas y discotecas, que atraen a numerosos turistas.

라 이슬라 데 이비사 에스 무이 화모사 뽀를 라 베예사 데 쑤스 쁠라야스, 아씨 꼬모 뽀르 휘에스따스 이 디스꼬떼까스, 께 아트라엔 아 누메로소스 뚜리스따스

관광 중

여러분의 가이드가 드리는 정보를 귀담아 들으십시오.

Por favor, escuchen con atención la información que les da su guía.

뽀르 화보르, 에스꾸첸 꼰 아뗀씨온 라 인포르마씨온 껠레스 다 쑤 기아

질문이 있으신 분은 손 드십시오.

Si alguien tiene alguna pregunta, levante la mano, por favor.

씨 알기엔 띠에네 알구나 쁘레군따, 레반뗄 라 마노, 뽀르 화보르

누구에게 물어 봐야합니까?

¿A quién le pregunto?

아 끼엔 레 쁘레군또?

가이드에게 물어 보십시오.

Pregunte al guía.

쁘레군떼 알 기아

자, (목적지에) 다 왔습니다.

Bueno, aquí estamos.

부에노, 아끼 에스따모스

여기서 10분간 정차할 것입니다. 원하시면 화장실 다녀오십시오.

Vamos a parar aquí diez minutos. Si quiere, puede ir al baño.

바모스 아 빠라르 아끼 디에스 미누또스. 씨 끼에레, 뿌에데 이르 알 바뇨

화장실에 갈 수 있을까요?

¿Puedo ir al baño[servicio]?

뿌에도 이르 알 바뇨[쎄르비씨오]?

저를 따라오십시오.

Sígame.

씨가메

실례지만, 화장실은 어디에 있습니까?

Perdón, ¿dónde está el baño?/¿dónde están los servicios?

뻬르돈, 돈데 에스따 엘 바뇨?/ 돈데 에스딴 로스 쎄르비씨오스?

근처에 무료 화장실이 있습니까?	¿Hay un baño gratis por aquí cerca? 아이 운 바뇨 그라띠스 뽀르 아끼 쎄르까?
네, 여기 있는 모든 화장실은 무료입니다.	Sí, aquí todos los baños son gratis. 씨, 아끼 또도슬 로스 바뇨스 쏜 그라띠스
이 화장실은 유료입니다.	Debe pagar para usar este servicio. 데베 빠가르 빠라 우사르 에스떼 쎄르비씨오
여러분 한 줄로 서십시오.	Pónganse en una fila./Formen una fila. 뽕간세 엔 우나 휠라/ 포르멘 우나 휠라
다른 사람들은 어디에 있습니까?	¿Dónde están los demás? 돈데 에스딴 로스 데마쓰?
여기가 어디입니까[우리는 어디에 있는 겁니까]?	¿En dónde estamos? 엔 돈데 에스따모스?
오른쪽에 보이는 것이 마드리드 시청입니다.	A su derecha, puede ver el Ayuntamiento de Madrid. 아 쑤 데레차, 뿌에데 베르 엘 아윤따미엔또 데 마드릴
다음 행선지는 푸에르타 델 솔 광장입니다.	El próximo destino es Plaza de la Puerta del Sol. 엘 프록씨모 데스띠노 에스 쁠라사 델 라 뿌에르따 델 쏠
여기는 마요르 광장입니다.	Ésta es la Plaza Mayor. 에스따 에스 라 쁠라사 마요르

오늘은 사람들이 참 많습니다.	Hay mucha gente hoy. 아이 무차 헨떼 오이 *단수형 집합명사 gente는 '사람들'이라는 복수의 의미를 갖는데, 동사는 단수형을 취함. 복수형 gentes는 '민족들'이라는 의미가 됨
이 경치는 그림 같이 아름답습니다.	Este paisaje es tan hermoso como una pintura. 에스떼 빠이싸헤 에스 딴 에르모소 꼬모 우나 삔뚜라
경치가 아름답네!	¡Qué hermoso[bonito/bello] es el paisaje! 께 에르모소[보니또/베요] 에스 엘 빠이싸헤!
경치 기막히네!	¡Qué paisaje maravilloso! 께 빠이싸헤 마라비요소!
경치 정말 아름답네!	¡Qué paisaje más hermoso! 께 빠이싸헤 마쓰 에르모소!
참 장엄하네!	¡Majestuoso! 마헤스뚜오소!
야, 굉장하구나!	¡Anda! 안다!
웅대합니다.	Es grandioso. 에스 그란디오소
아주 흥미로웠습니다.	Fue muy interesante. 후에 무이 인떼레싼떼
너무 빨라서 정신이 없었습니다.	Estuve aturdido(-a), porque fue demasiado rápido. 에스뚜베 아뚜르디도(-다), 뽀르께 후에 데마씨아도 라삐도

언어 · 관광 · 관광

이곳에서 사진촬영해도 됩니까?

¿Se pueden sacar[tomar/hacer] fotos aquí?

세 뿌에덴 사까르[또마르/아쎄르] 포또스 아끼?

여기서 사진을 찍어도 괜찮습니까?

¿Se puede tomar fotos aquí?

세 뿌에데 또마르 포또스 아끼?

플래시를 사용해도 됩니까?

¿Se puede usar flash?

세 뿌에데 우사르 플라쉬?

여기는 사진 촬영이 금지되어 있습니다.

Aquí está prohibido sacar[tomar/hacer] fotos.

아끼 에스따 프로이비도 사까르[또마르/아쎄르] 포또스

사진 촬영 엄금 ((게시))

Está terminantemente prohibido tomar fotografías.

에스따 떼르미난떼멘떼 프로이비도 또마르 포또그라휘아스

사진 좀 찍어주시겠습니까?

¿Me puede (usted) fotografiar?/¿Me podría tomar una foto?/¿Podría sacarme una foto?

메 뿌에데 (우스뗃) 포또그라휘아르?/ 메 뽀드리아 또마르 우나 포또?/ 뽀드리아 사까르메 우나 포또?

실례합니다, 선생님. 사진 좀 찍어주십시오.

Permítame, señor. Hágame el favor de sacarme una foto.

뻬르미따메, 쎄뇨르. 아가메 엘 화보르 데 사까르메 우나 포또

기꺼이 그러겠습니다. 혼자 여행하십니까?

Con mucho gusto. ¿Viaja Ud. a solas?

꼰 무초 구스또, 비아하 우스뗃 아 쏠라스?

네, 혼자 여행 중입니다.

Sí, yo estoy viajando a solas.

씨, 요 에스또이 비아한도 아 쏠라스

네, 그런데 카메라가 어떻게 작동합니까?

Sí. Pero ¿cómo funciona la cámara?

씨. 뻬로 꼬모 푼씨오날 라 까마라?

이 버튼을 누르십시오.

Pulse este botón, por favor.

뿔세 에스떼 보똔, 뽀르 화보르

여기를 누르시기만 하면 됩니다.

Apriete aquí, nada más, por favor.

아프리에떼 아끼, 나다 마쓰, 뽀르 화보르

알았습니다. 그럼 셋까지 센 후 찍겠습니다.

De acuerdo. Tomaré la foto después de contar hasta tres.

데 아꾸에르도, 또마렐 라 포또 데스뿌에쓰 데 꼰따르 아스따 트레스

자, 움직이지 마십시오. 찍겠습니다. 하나 둘 셋.

A ver, no se mueva, por favor. Voy a sacarla. Uno, dos, tres.

아 베르, 노 세 무에바, 뽀르 화보르. 보이 아 사까를라. 우노, 도스, 트레스

네, 좋습니다.

Sí, está bien.

씨, 에스따 비엔

이제 준비되셨습니까?

¿Ya está listo(-a)?

아 에스따 리스또(-따)?

저와 함께 사진 찍어도 괜찮으시겠습니까?

¿No le importaría hacerse una foto conmigo?

놀 레 임뽀르따리아 아쎄르세 우나 포또 꼰미고?

이쪽으로 가십시오.

Vaya por este lado.

바야 뽀르 에스뗄 라도

함께 사진 찍읍시다.

Tomemos una foto juntos.

또메모스 우나 포또 훈또스

앞을 보시고, 움직이지 마십시오.

Mire al frente y no se mueva.

미레 알 프렌떼 이 노 세 무에바

서로 가까이 다가가시 겠습니까? 사진에 다 안 나옵니다.

¿Podrían juntarse, por favor? No saldrán todos en la foto.

뽀드리안 훈따르세, 뽀르 화보르? 노 쌀드란 또도스 엔 라 포또

고개를 숙이십시오.

Por favor, baje la cabeza.

뽀르 화보르, 바헬 라 까베사

자, 고개를 오른쪽/왼 쪽으로 조금 움직이십 시오.

A ver, mueva la cabeza un poco hacia la derecha/ izquierda.

아 베르, 무에발 라 까베사 운 뽀꼬 아씨알 라 데레차/이 스끼에르다

사진을 보내드리겠습니 다. 주소를 제게 주시길 부탁드립니다.

Le enviaré las fotos. Déme su dirección, por favor.

레 엔비아렐 라스 포또스. 데 메 쑤 디렉씨온, 뽀르 화보르

이 사진들을 이메일로 보내주시겠습니까?

¿Podría enviar estas fotos por correo electrónico?

뽀드리아 엔비아르 에스따스 포또스 뽀르 꼬레오 엘렉트 로니꼬?

사진 찍어 드릴까요?

¿Me permite tomarle una foto?

메 뻬르미떼 또마를레 우나 포또?

제가 사진을 찍어 드리 겠습니다.

Le tomaré una foto.

레 또마레 우나 포또

필름 한 통

un rollo de película

운 로요 데 뻴리꿀라

두루마리 필름

película en rollo (f.)

뻴리꿀라 엔 로요

선글라스를 끼시면/벗으 시면, 제가 사진을 찍어 드리겠습니다.

Si se pone/se quita las gafas de sol, le tomaré una foto.

씨 세 뽀네/세 끼따 라스 가 파스 데 솔, 레 또마레 우나 포또

컬러필름, 천연색 필름

película en color[colores] (f.)

뻴리꿀라 엔 꼴로르[꼴로 레스]

흑백필름	película en blanco y negro (f.)/filme en blanco y negro (m.) 뻴리꿀라 엔 블랑꼬 이 네그로/ 휠메 엔 블랑꼬 이 네그로	색깔 있는 필터로 사진을 찍다	sacar una foto con[de] un filtro de color 사까르 우나 포또 꼰[데] 운 휠뜨로 데 꼴로르
36장짜리 컬러필름 한 통 주십시오.	Déme una película en color de treinta y seis fotos, por favor. 데메 우나 뻴리꿀라 엔 꼴로르 데 트레인따 이 쎄이스 포또스, 뽀르 화보르	붉은 필터로 사진을 찍다	sacar una foto con[de] un filtro rojo 사까르 우나 포또 꼰[데] 운 휠뜨로 로호
		이 사진은 잘 찍혔다.	Esta foto está bien sacada. 에스따 포또 에스따 비엔 사까다
…을 사진 찍다	fotografiar … / sacar[tomar, hacer] una fotografía (a …) 포또그라휘아르 … / 사까르 [또마르, 아쎄르] 우나 포또그라휘아 (아 …)	이 사진은 잘못 찍혔다.	Esta foto no está bien sacada. 에스따 포또 노 에스따 비엔 사까다
사진을 찍다	fotografiarse 포또그라휘아르세	기념사진	foto conmemorativa (f.) 포또 꼰메모라띠바
(보도 사진을 위해) 사진을 찍다	reportear 레뽀르떼아르	기념사진을 찍다	sacar una foto como[de] recuerdo 사까르 우나 포또 꼬모[데] 레꾸에르도
(누구의) 사진을 찍다, (무엇을) 촬영하다, (인물이나 풍물을) 정확히 묘사하다, 복사하다, 베끼다, 모사하다	retratar 레트라따르	즉석 사진, 스냅 사진, 즉석에서 만들어진 사진 프린트	instantánea (f.) 인스딴따네아
플래시를 터뜨려 사진을 찍다	sacar una foto con flash 사까르 우나 포또 꼰 플라쉬	즉석 사진[스냅 사진]을 찍다	sacar una instantánea 사까르 우나 인스딴따네아

사진을 찍고 싶습니다.

Quiero que me
seque una foto.

끼에로 께 메 쎄께 우나 포또

네, 선생님. 어떤 크기를
원하십니까?

Sí, señor. ¿Qué
tamaño desea Ud.?

씨, 쎄뇨르. 께 따마뇨 데쎄
아 우스뗄?

반신 사진을 찍어 주십
시오.

Sáqueme la foto de
medio cuerpo sólo.

싸께멜 라 포또 데 메디오 꾸
에르뽀 쏠로

명함판으로 했으면 합니
다. 명함판은 얼마입니
까?

Quiero el tamaño
de la tarjeta de
visita. ¿Cuánto es
el tamaño de la
tarjeta de visita?

끼에로 엘 따마뇨 델 라 따르
헤따 데 비씨따. 꾸안또 에스
엘 따마뇨 델 라 따르헤따 데
비씨따?

한 세트에 10유로입니다.

Diez euros por un
juego.

디에스 에우로스 뽀르 운 후
에고

장당 얼마입니까?

¿Cuánto cobra Ud.
por cada copia?

꾸안또 꼬브라 우스뗄 뽀르
까다 꼬삐아?

장당 2유로입니다.

Dos euros por cada
copia.

도스 에우로스 뽀르 까다 꼬
삐아

아주 좋습니다.

Muy Bien.

무이 비엔

이 의자에 앉아 주십시오.

Tenga la bondad
de sentarse aquí
en esta silla.

뗑갈 라 본닫 데 쎈따르세 아
끼 엔 에스따 씨야

증명사진

foto de carné (f.)

포또 데 까르네

명함판사진

fotografía de
tamaño de la tarjeta
(de visita) (f.)

포또그라휘아 데 따마뇨 델
라 따르헤따 (데 비씨따)

반신 사진

foto de medio
cuerpo (f.)

포또 데 메디오 꾸에르뽀

6×9판

tamaño seis por
nueve (m.)

따마뇨 쎄이스 뽀르 누에베

명함판

tamaño de la tarjeta
de visita (m.)

따마뇨 델 라 따르헤따 데 비
씨따

사진 현상

사진들을 현상하고 싶습니다.

Quiero revelar las fotos.
끼에로 레벨라를 라스 포또스

그것들을 USB에 파일로 담아 왔습니다.

Las tengo en un archivo de memoria USB.
라스 뗑고 엔 운 아르치보 데 메모리아 우에쎄베

이 (필름) 롤을 현상하고 싶습니다.

Quiero revelar este rollo.
끼에로 레벨라르 에스떼 로요

필름 한 통

un rollo de película
운 로요 데 뻴리꿀라

(필름) 롤입니까, 파일입니까?

¿Es un rollo o un archivo?
에스 운 로요 오 운 아르치보?

어떤 크기의 사진을 원하십니까?

¿Qué tamaño de foto quiere?
께 따마뇨 데 포또 끼에레?

보통 크기의 사진들로 해주십시오.

Déme fotos de tamaño normal.
데메 포또스 데 따마뇨 노르말

사진들 현상비가 얼마입니까?

¿Cuánto cuesta revelar las fotos?
꾸안또 꾸에스따 레벨라를 라스 포또스?

언제 사진들을 찾을 수 있습니까?

¿Cuándo puedo recoger las fotos?
꾸안도 뿌에도 레꼬헤를 라스 포또스?

빨리 좀 해주시겠습니까?

¿Podría hacerme esto rápido, por favor?
뽀드리아 아쎄르메 에스또 라삐도, 뽀르 화보르?

이 사진의 크기는 제가 부탁한 크기와 다릅니다.

El tamaño de esta foto es diferente del que había pedido.
엘 따마뇨 데 에스따 포또 에스 디훼렌떼 델 께 아비아 뻬디도

죄송합니다. 다시 현상해드리겠습니다.

Lo siento. La revelo de nuevo.
로 씨엔또. 라 레벨로 데 누에보

이 사진을 확대/축소해 주시겠습니까?

¿Podría ampliar/reducir esta foto?
뽀드리아 암쁠리아르/레두씨르 에스따 포또?

사진 한 장을 추가 인화해주십시오.

Haga una copia de la fotografía, por favor.
아가 우나 꼬삐아 델 라 포또그라휘아, 뽀르 화보르

이곳은 어떤 곳입니까?

¿Qué lugar es
este(=éste)?

껠 루가르 에스 에스떼?

소피아 여왕 미술관(소
피아 여왕 국립중앙미
술관)으로, 20세기와 현
대 미술을 중심으로 한
미술관입니다. 이 미술
관은 프라도 미술관과
티센 미술관과 함께 마
드리드의 유명한 3대 미
술관을 형성하고 있습
니다.

El Museo Reina
Sofía(Museo
Nacional Centro
de Arte Reina
Sofía) es un museo
centrado en el
arte del siglo XX y
contemporáneo.
Este museo forma
parte junto con el
Museo del Prado y
el Museo Thyssen el
conocido Triangulo
del Arte de Madrid.

엘 무쎄오 레이나 쏘피아(무
쎄오 나씨오날 쎈트로 데 아
르떼 레이나 쏘피아) 에스 운
무쎄오 쎈트라도 엔 엘 아르
떼 델 씨글로 베인떼 이 꼰뗌
뽀라네오. 에스떼 무쎄오 포
르마 빠르떼 훈또 꼰 엘 무쎄
오 델 프라도 이 엘 무쎄오
띠쎈 엘 꼬노씨도 트리앙굴
로 델 아르떼 데 마드릳

아, 그렇군요.

Ah, entiendo.

아 엔띠엔도

오늘 우리는 민속 박물
관/인류학 박물관에 갈
겁니다.

Hoy vamos a ir al
Museo Folclórico/
Museo de
Antropología.

오이 바모스 아 이르 알 무쎄
오 폴끌로리꼬/무쎄오 데 안
트로뽈로히아

이 건물은 무엇입니까?

¿Qué es este
edificio?

께 에스 에스떼 에디휘씨오?

이것은 ABC 박물관입
니다.

Este es el Museo
ABC.

에스떼 에스 엘 무쎄오 아베쎄

이 건물은 역사가 얼마
나 되었습니까?

¿Cuántos años
tiene este edificio?

꾸안또스 아뇨스 띠에네 에
스떼 에디휘씨오?

1972년에 세워졌습니다.
많은 종류의 전시품이
있습니다.

Se fundó en
mil novecientos
setenta y dos. Hay
muchas clases de
objeto expuesto.

세 푼도 엔 밀 노베씨엔또스 쎄
뗀따 이 도스. 아이 무차스 끌라
세스 데 옵헤또 엑쓰뿌에스또

마드리드에 무료로 입장
할 수 있는 박물관이 있
습니까?

¿Hay algún museo
en Madrid en el
que se pueda
entrar gratis?

아이 알군 무쎄오 엔 마드릳
엔 엘 께 세 뿌에다 엔트라르
그라띠스?

그 박물관은 몇 시에 문
을 엽니까?

¿A qué hora abre
el museo?

아 께 오라 아브레 엘 무쎄오?

그 박물관은 몇 시에 문
을 닫습니까?

¿A qué hora cierra
el museo?

아 께 오라 씨에라 엘 무쎄오?

휴관일은 무슨 요일입
니까?

¿Qué día está
cerrado?

께 디아 에스따 쎄라도?

이 박물관은 월요일에 휴관합니다.	Este museo no se abre al público los lunes. 에스떼 무쎄오 노 세 아브레 알 뿌블리꼴 로스 루네스
금일 휴관 ((게시))	Cerrado hoy 쎄라도 오이
입장료는 얼마입니까?	¿Cuánto es[cuesta] la entrada? 꾸안또 에스[꾸에스딸] 라 엔 트라다?
입장료는 무료입니다.	La entrada es gratis. 라 엔트라다 에스 그라띠스
무료입니까?	¿Es gratis? 에스 그라띠스?
매표소에서 입장권을 사 서 (입구에서) 내십시오.	Compre el billete en la taquilla y preséntelo (en la entrada). 꼼쁘레 엘 비예떼 엔 라 따끼야 이 쁘레쎈뗄로 (엔 라 엔 트라다)
일인당 얼마입니까?	¿Cuánto cuesta por persona? 꾸안또 꾸에스따 뽀르 뻬르 쏘나?
어른은 5유로, 아이는 3 유로입니다.	Cinco euros para adultos, tres euros para niños. 씽꼬 에우로스 빠라 아둘또 스, 트레스 에우로스 빠라 니 뇨스

어른 둘, 아이 하나 부탁 합니다.	Dos adultos y un niño, por favor. 도스 아둘또스 이 운 니뇨, 뽀르 화보르
학생 할인 있습니까?	¿Hay descuento para estudiantes? 아이 데스꾸엔또 빠라 에스 뚜디안떼스?
학생증은 유효합니까?	¿Es válido el carnet de estudiante? 에스 발리도 엘 까르넷 데 에 스뚜디안떼?
학생표 1매 부탁합니다.	Una para estudiante, por favor. 우나 빠라 에스뚜디안떼, 뽀 르 화보르
박물관에는 음식물을 가지고 들어갈 수 없습 니다.	No se puede entrar con comida al museo. 노 세 뿌에데 엔트라르 꼰 꼬 미다 알 무쎄오
휴대품 보관소 있습니까?	¿Hay consigna? 아이 꼰씨그나?
이 박물관 안내서 있습 니까?	¿Tiene algún folleto de este museo? 띠에네 알군 포예또 데 에스 떼 무쎄오?
영어/한국어로 된 안내 서 있습니까?	¿Tiene folletos[el folleto] en inglés/ coreano? 띠에네 포예떼스[엘 포예또] 엔 잉글레스/꼬레아노?

| 안내서는 어디서 받을 수 있습니까? | ¿Dónde puedo conseguir el folleto de información?
돈데 뿌에도 꼰쎄기르 엘 포예또 데 인포르마씨온? | | 덴 에스꾸차를 라스 엑쓰쁠리까씨오네스. 이 땜비엔 세 뿌에덴 에스꾸차를 라스 엑쓰쁠리까씨오네스 엔 잉글레스 이 하뽀네스 아 까다 오라 엔 뿐또 |

| 오디오 가이드는 어디서 받을 수 있습니까? | ¿Dónde puedo conseguir una audioguía?
돈데 뿌에도 꼰쎄기르 우나 아우디오기아? | 우리 어디서부터 구경을 시작할까요? | ¿Dónde empiezamos a mirar?
돈데 엠삐에싸모스 아 미라르? |

| 오디오 가이드는 무료입니까? | ¿La audioguía es gratis?
라 아우디오기아 에스 그라띠스? | 저기서부터 시작합시다. | Vamos a empezar por allí.
바모스 아 엠뻬싸르 뽀르 아이 |

| 제가 어제 안내관람시스템을 예약했습니다. | Hice ayer una reserva para el sistema de visita guiada.
이쎄 아예르 우나 레쎄르바 빠라 엘 씨스떼마 데 비씨따 기아다 | 이것은 참 독특한 풍경 화로군요. | Este es el paisaje único.
에스떼 에스 엘 빠이싸헤 우니꼬 |

| | | 저건 진짜 같습니다. | Parece que aquello es real.
빠레쎄 께 아께요 에스 레알 |

| 제가 어제 전자 안내관람시스템을 예약했습니다. 이것으로 전시 설명을 들을 수 있습니다. 또 여러분은 매시 정각에 영어, 일본어로도 전시 설명을 들을 수 있습니다. | Reservé ayer el sistema de visita guiada electrónica. Con esto se pueden escuchar las explicaciones. Y también se pueden escuchar las explicaciones en inglés y japonés a cada hora en punto.
레쎄르베 아예르 엘 씨스떼마 데 비씨따 기아다 (엘렉트로니까). 꼰 에스또 세 뿌에 | 야 참 멋지다! | ¡Magnífico!
마그니휘꼬! |

| | | 이건 누구의 작품입니까? | ¿De quién es esta obra?
데 끼엔 에스 에스따 오브라? |

| | | 누가 이 그림을 그렸습니까? | ¿Quién pintó este cuadro?
끼엔 삔또 에스떼 꾸아드로? |

| | | 살바도르 달리가 그린 것입니다. | Se pintó por Salvador Dali.
쎄 삔또 뽀르 쌀바도르 달리 |

벨라스케스의 작품들은 어디에 있습니까?	¿Dónde están las obras de Vélasquez? 돈데 에스딴 라스 오브라스 데 벨라스께쓰?	여기 들어가도 됩니까?	¿Se puede entrar aquí? 세 뿌에데 엔트라르 아끼?
피카소 전시회는 언제부터 전시됩니까?	¿Desde cuándo se exhibe la exposición de Piccaso? 데스데 꾸안도 세 엑씨벨 라 엑쓰뽀씨씨온 데 삐까소?	이곳은 출입금지구역입니다.	Esta es una zona restringida. 에스따 에스 우나 쏘나 레스트링히다
		조용히 해주십시오.	Silencio, por favor. 씰렌씨오, 뽀르 화보르
전시실, 전시회장	sala[salón] de exposición 쌀라[쌀론] 데 엑쓰뽀씨씨온	뛰지 마십시오.	Por favor, no corra. 뽀르 화보르, 노 꼬라
고대 이집트 유물 전시실은 어디에 있습니까?	¿Dónde está la sala de reliquias del Egipto antiguo? 돈데 에스딸 라 쌀라 데 렐리끼아스 델 에힙또 안띠구오?	너무 가까이 가지 마십시오.	No se acerque mucho. 노 세 아쎄르께 무초
		손대지 마십시오.	Por favor, no toque. 뽀르 화보르, 노 또께
지하 1층에 있습니다.	Está en el primer sótano. 에스따 엔 엘 쁘리메르 쏘따노	아, 죄송합니다.	Ah, perdón. 아, 뻬르돈
여기서 사진을 찍어도 됩니까?	¿Puedo tomar fotos aquí? 뿌에도 또마르 포또스 아끼?	기념품은 어디서 살 수 있습니까?	¿Dónde se pueden comprar recuerdos? 돈데 세 뿌에덴 꼼쁘라르 레꾸에르도스?
플래시를 사용해도 됩니까?	¿Puedo usar flash? 뿌에도 우사르 플라쉬?	선물/기념품 가게는 어디에 있습니까?	¿Dónde está la tienda de obsequios/recuerdos? 돈데 에스딸 라 띠엔다 데 옵쎄끼오스/레꾸에르도스?
여기서 비디오를 찍어도 됩니까?	¿Puedo grabar video aquí? 뿌에도 그라바르 비데오 아끼?		
안 됩니다. 여기는 촬영 금지구역입니다.	No. Aquí está prohibido tomar fotos. 노, 아끼 에스따 프로이비도 또마르 포또스	우편엽서 팝니까?	¿Vende algunas tarjetas postales? 벤데 알구나스 따르헤따스 뽀스딸레스?

흥행물[관람물] 가이드
북 있습니까?
＊영화, 연극, 행사 등

¿Tiene alguna guía
de espectáculos?

띠에네 알구나 기아 데 에스
뻭따꿀로스?

특집공연 가이드북 있습
니까?

¿Tiene alguna
guía de programas
especiales?

띠에네 알구나 기아 데 프로
그라마스 에스뻬씨알레스?

오늘 저녁 무엇을 공연
합니까?

¿Qué están
representando esta
noche?

께 에스딴 레쁘레쎈딴도 에
스따 노체?

오늘 저녁이나 내일 다
른 공연이 있습니까?

¿Hay otra
representación esta
noche o mañana?

아이 오트라 레쁘레쎈따씨온
에스따 노체 오 마냐나?

이 공연은 몇 시간짜리
입니까?

¿Cuántas horas
dura esta función?

꾸안따스 오라스 두라 에스
따 푼씨온?

공연이 몇 시에 시작합
니까?

¿A qué hora
empieza la
función?

아 께 오라 엠삐에쌀 라 푼
씨온?

공연이 몇 시경에 끝납
니까?

¿A qué hora más o
menos termina la
función?

아 께 오라 마쓰 오 메노스
떼르미날 라 푼씨온?

휴식시간은 얼마나 됩
니까?

¿Cuánto tiempo
dura el intermedio?

꾸안또 띠엠뽀 두라 엘 인떼
르메디오?

플라멩코를 보고 싶습
니다.

Quiero ver
flamenco.

끼에로 베르 플라멩꼬

세비야에서는 어디서 멋
진 플라멩코 무대[쇼]를
볼 수 있습니까?

¿Dónde puedo
ver un buen
tablao[show/
espectáculo]
flamenco en
Sevilla?

돈데 뿌에도 베르 운 부엔 따
블라오[쇼우/에스뻭따꿀로]
플라멩꼬 엔 쎄비야?

록 콘서트에 가고 싶습
니다.

Quiero ir a algún
concierto de rock.

끼에로 이르 아 알군 꼰씨에
르또 데 로끄

록 콘서트 표는 얼마입
니까?

¿Cuánto cuesta el
billete de concierto
de rock?

꾸안또 꾸에스따 엘 비에떼
데 꼰씨에르또 데 로끄?

가장 싼/비싼 표는 얼마
입니까?

¿Cuánto es el
billete más barato/
caro?

꾸안또 에스 엘 비예떼 마쓰
바라또/까로?

매표소는 어디에 있습
니까?

¿Dónde está la
taquílla?

돈데 에스딸 라 따끼야?

학생 할인 있습니까?	¿Hay descuento para estudiantes? 아이 데스꾸엔또 빠라 에스뚜디안떼스?	공연 당일에 입장권을 살 수 있습니까?	¿Se pueden comprar entradas el día de la representación? 세 뿌에덴 꼼쁘라르 엔트라다스 엘 디아 델 라 레쁘레쎈따씨온?
표 2장 주십시오.	Déme dos billetes, por favor. 데메 도스 비예떼스, 뿌르 화보르	입장권을 어디서 살 수 있습니까?	¿Dónde puedo comprar las entradas? 돈데 뿌에도 꼼쁘라르 라스 엔트라다스?
오늘 저녁 프로그램은 무엇입니까?	¿Cuál es el programa de esta noche? 꾸알 에스 엘 프로그라마 데 에스따 노체?	어디서 입장권을 구할 수 있습니까?	¿Dónde se pueden conseguir entradas? 돈데 세 뿌에덴 꼰쎄기르 엔트라다스?
어떤 극장에서 그것을 공연 중입니까?	¿En qué teatro lo están representando? 엔 께 떼아트롤 로 에스딴 레쁘레쎈딴도?	무료 안내서 있습니까?	¿Hay un folleto gratis? 아이 운 포예또 그라띠스?
극장에 어떻게 갈 수 있습니까?	¿Cómo se puede ir al teatro? 꼬모 세 뿌에데 이르 알 떼아트로?	프로그램 1부 주십시오.	Déme una programa, por favor. 데메 우나 프로그라마, 뿌르 화보르
청바지와 운동화 차림으로 갈 수 있습니까?	¿Se puede ir con jeans y sneakers? 세 뿌에데 이르 꼰 진스 이 스니커즈?	프로그램과 가격표를 보여 주시겠습니까?	¿Me puede enseñar el programa y la lista de precios? 메 뿌에데 엔쎄냐르 엘 프로그라마 일 랄 리스따 데 쁘레씨오스?
이런 차림으로 갈 수 있습니까?	¿Puedo ir vestido(-a) así? 뿌에도 이르 베스띠도(-다) 아씨? *주어의 성(性)에 따라 형용사의 어미변화	네, 이것을 참고하십시오.	Sí. Consulte esto, por favor. 씨. 꼰쑬떼 에스또, 뿌르 화보르
아직 입장권을 구할 수 있습니까?	¿Se puede conseguir entradas todavía? 세 뿌에데 꼰쎄기르 엔트라다스 또다비아?		

이것은 몇 시에 시작합니까?	¿A qué hora empieza esto? 아 께 오라 엠삐에싸 에스또?
30분 후에 시작합니다.	Empieza después de media hora. 엠삐에싸 데스뿌에쓰 데 메디아 오라
오늘 공연 좌석 남아 있습니까?	¿Quedan asientos para la función de hoy? 께단 아씨엔또스 빠랄 라 푼씨온 데 오이?
5시 공연 입장권 남아있습니까?	¿Quedan entradas para la función de las cinco? 께단 엔트라다스 빠랄 라 푼씨온 델 라스 씽꼬?
스탠바이 시스템이 있습니까?	¿Hay sistema de espera? 아이 시스떼마 데 에스뻬라?
어떤 유형의 좌석이 있습니까?	¿Qué tipo de asientos hay? 께 띠뽀 데 아씨엔또스 아이?
남은 좌석들을 보여 주십시오.	Enséñeme los asientos que quedan. 엔쎄녜멜 로스 아씨엔또스 께 께단
K줄 좌석만 남아있습니다.	Sólo quedan asientos de la fila K. 쏠로 께단 아씨엔또스 델 라 휠라 까
그럼, K줄 좌석 2장을 원합니다.	Pues, quisiera dos asientos de la fila K. 뿌에스, 끼씨에라 도스 아씨엔또스 델 라 휠라 까
같이 붙어 있는 좌석으로 주십시오.	Déme asientos juntos, por favor. 데메 아씨엔또스 훈또스, 뽀르 화보르
앞쪽에 앉고 싶습니다.	Quisiera sentarme al frente. 끼씨에라 쎈따르메 알 프렌떼
가운데 줄로 주십시오.	Déme asientos en la fila del centro. 데메 아씨엔또스 엔 라 휠라 델 쎈트로
발코니석 입장권 1장 원합니다.	Deseo una entrada en la tribuna. 데쎄오 우나 엔트라다 엔 라 트리부나
입석 있습니까?	¿Hay localidades de pie? 아일 로깔리다데스 데 삐에?
입장권은 얼마입니까?	¿Cuánto cuesta la entrada? 꾸안또 꾸에스딸 라 엔트라다?
가장 싼/비싼 것은 얼마입니까?	¿Cuánto cuesta la más barata/cara? 꾸안또 꾸에스딸 라 마쓰 바라따/까라? *entrada가 여성단수명사라서 la más barata/cara가 됨
가장 싼/비싼 것 1매 부탁합니다.	Una más barata/cara, por favor. 우나 마쓰 바라따/까라, 뽀르 화보르
좌석 예약	reserva de localidades (f.) 레쎄르바 델 로깔리다데스

좌석 매진 ((게시)) (극장에서)	Agotadas las localidades 아고따다슬 라슬 로깔리다데스	현재 어떤 영화가 가장 인기 있습니까?	¿Qué película es más popular ahora? 께 뻴리꿀라 에스 마쓰 뽀뿔라르 아오라?
만원사례 ((게시))	No hay billetes 노이 아이 비예떼스	요즘 어떤 영화가 인기 있습니까?	¿Qué película es popular estos días? 께 뻴리꿀라 에스 뽀뿔라르 에스또스 디아스?
입장 무료 ((게시))	Entrada Libre/Entrada Gratuita/Entrada gratis/Entrada Franca/Admisión libre 엔트라달 리브레/ 엔트라다 그라뚜이따/ 엔트라다 그라띠스/ 엔트라다 프랑까/ 아드미씨온 리브레	이것이 현재 스페인에서 가장 인기 좋은 것(=영화)입니다.	Esta es la más popular ahora en España. 에스따 에슬 라 마쓰 뽀뿔라르 아오라 엔 에스빠냐 *película (f.)를 지시대명사 esta로 받음
무료입장권	billete gratuito (m.)/ billete de favor (m.)/ entrada gratuita (f.)/ entrada de favor (f.) 비예떼 그라뚜이또/ 비예떼 데 화보르/ 엔트라다 그라뚜이따/ 엔트라다 데 화보르	어느 영화관에서 그 영화를 볼 수 있습니까?	¿En qué cine se pone la película? 엔 께 씨네 세 뽀넬 라 뻴리꿀라?
		그 영화는 어디서 볼 수 있습니까?	¿Dónde puedo ver esa película? 돈데 뿌에도 베르 에사 뻴리꿀라?
우대권, 초대권	billete de favor (m.) 비예떼 데 화보르	그 영화의 상영 시각을 말씀해주십시오.	Dígame el horario de la película, por favor. 디가메 엘 오라리오 델 라 뻴리꿀라, 뽀르 화보르
영화관에 가서 좋은 영화 한 편 보고 싶습니다.	Quiero ir al cine a ver una buena película. 끼에로 이르 알 씨네 아 베르 우나 부에나 뻴리꿀라		
		영화 가이드북 있습니까?	¿Tiene guía de películas 띠에네 기아 데 뻴리꿀라스?
지금 무슨 영화들이 상영되고 있습니까?	¿Qué películas ponen ahora? 께 뻴리꿀라스 뽀넨 아오라?	이 영화는 무척 재미있을 것 같습니다.	Esta película parece muy interesante. 에스따 뻴리꿀라 빠레쎄 무이 인떼레싼떼
제게 무슨 영화를 추천하십니까?	¿Qué película me recomienda? 께 뻴리꿀라 메 레꼬미엔다?		

그 영화는 언제까지 상영합니까?	¿Hasta cuándo se pone la película? 아스따 꾸안도 세 뽀넬 라 뻴리꿀라?	가장 싼 표 2매 부탁합니다.	Dos de lo más barato, por favor. 도스 델 로 마쓰 바라또, 뽀르 화보르
그 영화는 상영시간이 얼마나 됩니까?	¿Cuánto tiempo dura la película? 꾸안또 띠엠뽀 두랄 라 뻴리꿀라?	아무것도 안 보입니다. 앉아주십시오.	No veo nada. Siéntese, por favor. 노 베오 나다. 씨엔떼세, 뽀르 화보르
대사가 영어로 되었습니까?	¿Es el diálogo en inglés? 에스 엘 디알로고 엔 잉글레스?	아무것도 안 보입니다. 모자를 벗어 주십시오.	No veo nada. Quítese el gorro, por favor. 노 베오 나다. 끼떼세 엘 고로, 뽀르 화보르
성인영화, 미성년자에게 부적절한 영화	película no apta[recomendada] para menores 뻴리꿀라 노 압따[레꼬멘다다] 빠라 메노레스	좌석을 발로 차지 말아 주십시오.	No patee el asiento, por favor. 노 빠떼에 엘 아씨엔또, 뽀르 화보르
학생 할인 있습니까?	¿Hay algún descuento para estudiantes? 아이 알군 데스꾸엔또 빠라 에스뚜디안떼스?	아, 죄송합니다.	Ah, perdón. 아, 뻬르돈
		영화가 어땠습니까?	¿Qué tal fue la película? 께 딸 후엘 라 뻴리꿀라?
영화관에서는 학생 할인이 있습니다.	En los cines hacen descuento a los estudiantes./Los estudiantes gozan de descuento en los cines. 엔 로스 씨네스 아쎈 데스꾸엔또 알 로스 에스뚜디안떼스/로스 에스뚜디안떼스 고싼 데 데스꾸엔또 엔 로스 씨네스	아주 좋았습니다.	Fue muy buena. 후에 무이 부에나
		매우 감동적이라고 생각합니다.	Me prece que es muy conmovedora. 메 빠라쎄 께 에스 무이 꼰모베도라
		감동적인 영화	Película conmovedora (f.) 뻴리꿀라 꼰모베도라
조조(早朝) 할인	descuento de las primeras horas de la mañana (m.) 데스꾸엔또 델 라스 쁘리메라스 오라스 델 라 마냐나	매우 인상적이었습니다.	Fue muy impresionante. 후에 무이 임쁘레씨오난떼

지금까지 봤던 최고의 것입니다.	Es la mejor que he visto en mi vida. 에슬 라 메호르 께 에 비스또 엔 미 비다 *película가 여성단수명사 라서 'la mejor'가 됨	장편 영화	película de largo metraje (f.)/largo metraje (m.) 뻴리꿀라 델 라르고 메트라헤/ 라르고 메트라헤
감동했습니다.	Estoy conmovido(-a). 에스또이 꼰모비도(-다)	기록 영화	película documental (f.) 뻴리꿀라 도꾸멘딸
죄송합니다. 도중에 잤습니다.	Perdón. Me he dormido en la mitad. 뻬르돈. 메 에 도르미도 엔 라 미땃	천연색 영화	película en colores (f.) 뻴리꿀라 엔 꼴로레스
(영화가) 재미있었습니까?	¿Fue interesante? 후에 인떼레싼떼?	무성 영화	película muda (f.) 뻴리꿀라 무다
아니오, 지루했습니다.	No, fue aburrida. 노, 후에 아부리다	유성 영화	película sonora (f.) 뻴리꿀라 쏘노라
영화가 정말 지루하군!	¡Qué película más aburrida! 께 뻴리꿀라 마쓰 아부리다!	성인 영화	película X (f.) 뻴리꿀라 에끼쓰
영화를 보다	ver un filme[una película] 베르 운 휠메[우나 뻴리꿀라]	근일(近日) 상영 ((게시))	En breve sobre esta pantalla 엔 브레베 쏘브레 에스따 빤따야
영화 보러 가다, 극장에 가다	ir al cine 이르 알 씨네	(연극·영화) 뮤지컬	musical (m.) 무씨깔
영화관	cine (m.)/cinema (m.)/cinematógrafo (m.) 씨네/ 씨네마/ 씨네마또그라포	뮤지컬 영화	filme musical (m.) 휠메 무씨깔
개봉 영화관	cine de estreno (m.) 씨네 데 에스트레노	뮤지컬을 감상하다	ver musicales 베르 무씨깔레스
단편 영화	película corta (f.)/corto metraje (m.) 뻴리꿀라 꼬르따/ 꼬르또 메트라헤	쇼를 즐기다	divertirse con un espectáculo 디베르띠르세 꼰 운 에스뻭따꿀로
중편 영화	medio metraje (m.) 메디오 메트라헤	대단한 쇼입니다!	¡Qué espectáculo! 께 에스뻭따꿀로!
		훌륭한 쇼였습니다.	Fue un espectáculo grandioso. 후에 운 에스뻭따꿀로 그란디오소

축구/야구 경기에 관한 정보가 필요합니다.

Deseo información sobre partidos de fútbol/béisbol.

데쎄오 인포르마씨온 쏘브레 빠르띠도스 데 훗볼/베이스볼

어디로 가면 정보를 얻을 수 있습니까?

¿Dónde puedo conseguir información?

돈데 뿌에도 꼰쎄기르 인포르마씨온?

축구/야구 경기를 보고 싶습니다.

Quiero ver algún partido de fútbol/béisbol.

끼에로 베르 알군 빠르띠도 데 훗볼/베이스볼

요즘 좋은 경기가 있습니까?

¿Hay algún partido bueno estos días?

아이 알군 빠르띠도 부에노 에스또스 디아스?

어떤 팀들이 경기합니까 [어느 팀들 간의 경기입니까]?

¿Qué equipos van a jugar?

께 에끼뽀스 반 아 후가르?

한국 팀 대(對) 러시아 팀입니다.

Corea (del Sur) contra Rusia.

꼬레아 (델 쑤르) 꼰트라 루씨아

일본 팀과의 경기는 언제입니까?

¿Cuándo es el partido con el equipo japonés[niponés]?

꾸안도 에스 엘 빠르띠도 꼰 엘 에끼뽀 하뽀네스[니뽀네스]?

어느 팀이 이길까요?

¿Qué equipo va a ganar?

께 에끼뽀 바 아 가나르?

분명히 한국 팀이 이길 겁니다.

Sin duda, va a ganar equipo coreano.

씬 두다, 바 아 가나르 에끼뽀 꼬레아노

우리 내기할까요?

¿Apostamos?

아뽀스따모스?

응원하시는 팀이 있습니까?

¿Hay algún equipo al que anime?

아이 알군 에끼뽀 알 께 아니메?

저는 브라질 팀 팬입니다.

Soy aficionado(-a) del equipo brasileño.

쏘이 아휘씨오나도(-다) 델 에끼뽀 브라씰레뇨

이 팀은 작년에 우승했습니다.

Este equipo ganó el año pasado.

에스떼 에끼뽀 가노 엘 아뇨 빠사도

최근 성적은 별로 좋지 않습니다.

Sus resultados recientes no son muy buenos.

쑤스 레술따도스 레씨엔떼스 노 쏜 무이 부에노스

프랑스 팀은 2018년 월드컵에서 우승했습니다.

El equipo francés ganó la Copa Mundial[la Copa del Mundo] dos mil dieciocho.

엘 에끼뽀 프란쎄스 가놀 라 꼬빠 문디알[라 꼬빠 델 문도] 도스밀 디에씨오초

입장권을 아직도 구할 수 있습니까?

¿Todavía puedo conseguir entradas?

또다비아 뿌에도 꼰쎄기르 엔트라다스?

입장권을 어디서 살 수 있습니까?	¿Dónde puedo comprar la entrada? 돈데 뿌에도 꼼쁘라를 라 엔트라다?	축구(야구)팀	equipo de fútbol(béisbol) (m.) 에끼뽀 데 훗볼(베이스볼)
경기 보러 가시겠습니까?	¿Quiere ir a ver un partido? 끼에레 이르 아 베르 운 빠르띠도?	상대 팀	equipo enemigo [adversario] (m.)/ partido contrario (m.) 에끼뽀 에네미고[아드베싸리오]/ 빠르띠도 꼰트라리오
그럼, 제가 입장권을 미리 구매하겠습니다.	Pues, voy a comprar las entradas con tiempo. 뿌에스, 보이 아 꼼쁘라를 라스 엔트라다스 꼰 띠엠뽀	국가 대표팀	equipo nacional (m.) 에끼뽀 나씨오날
		축구선수	jugador(-a) de fútbol (m.),(f.)/ futbolista (m.),(f.) 후가도르(-라) 데 훗볼/ 훗볼리스따
응원 도구는 가져오셨습니까?	¿Ha traído algún instrumento para animar? 아 트라이도 알군 인스트루멘또 빠라 아니마르?	야구선수	jugador(-a) de béisbol (m.),(f.)/ beisbolista (m.),(f.) 후가도르(-라) 데 베이스볼/ 베이스볼리스따
힘내라!, 기운 내라!, 잘해라!	¡Ánimo! 아니모!		
그렇지! 계속 그렇게 해!	¡Vamos! ¡Sigue así! 바모스! 시게 아씨!	축구(야구)장	campo de fútbol(béisbol) (m.) 깜뽀 데 훗볼(베이스볼)
골!	¡Gol! 골!	홈그라운드	campo de casa (m.)/ campo propio (m.) 깜뽀 데 까사/ 깜뽀 프로삐오
아이 안타까워!	¡Qué lástima! 껠 라스띠마!		
반칙이다!	¡Es falta! 에스 활따!	팬, 서포터	hincha (f.) 인차
그 경기는 아주 극적이었습니다.	Ese partido fue muy dramático. 에쎄 빠르띠도 후에 무이 드라마띠꼬	축구(야구)팀의 팬	hincha de un equipo de fútbol(béisbol) (f.) 인차 데 운 에끼보 데 훗볼(베이스볼)
환상적인[끝내주는] 경기였습니다.	Fue un partido fantástico. 후에 운 빠르띠도 환따스띠꼬	축구(야구)광	manía del fútbol(béisbol) (f.) 마니아 델 훗볼(베이스볼)
운동팀	equipo deportivo (m.) 에끼뽀 데뽀르띠보		

축구(야구)를 하다	jugar al fútbol(béisbol) 후가르 알 훗볼(베이스볼)	배구	volibol (m.)/ vóleibol(=voleibol) (m.)/ balonvolea (f.) 볼리볼/ 볼레이볼(=볼레이볼)/ 발론볼레아
축구(야구) 경기를 하다	hacer un partido de fútbol(béisbol) 아쎄르 운 빠르띠도 데 훗볼(베이스볼)	탁구	tenis de mesa (m.)/ ping-pong (m.)/ pimpón (m.) 떼니쓰 데 메사/ 삔뽄/ 삠뽄
농구	baloncesto (m.)/((라틴아메리카)) básquetbol (m.) 발론쎄스또/ 바스껫볼	탁구를 치다	jugar al tenis de mesa[ping-pong/ pimpón] 후가르 알 떼니쓰 데 메사[삔뽄/삠뽄]
농구(배구)를 하다	jugar al baloncesto(volibol) 후가르 알 발론쎄스또(볼리볼)		

디스코텍 · 나이트클럽 · 카바레

디스코텍/나이트클럽/카바레에 가고 싶습니다.	Quiero ir a una discoteca/un club nocturno/un cabaret[cabaré]. 끼에로 이르 아 우나 디스꼬떼까/끌롭 녹뚜르노/까바렛[까바레]	여자들은 할인 됩니까?	¿Hay descuento para chicas? 아이 데스꾸엔또 빠라 치까스?
이 근처에 디스코텍/나이트클럽/카바레 있습니까?	¿Hay alguna discoteca/ algún club nocturno/ algún cabaret[cabaré] cerca de aquí? 아이 알구나 디스꼬떼까/알군 끌롭 녹뚜르노/알군 까바렛[까바레] 쎄르까 데 아끼?	혼자서도 입장이 됩니까?	¿Puedo entrar solo(-a)? 뿌에도 엔트라르 쏠로(-라)?
		생음악이 연주됩니까?	¿Hay alguna banda? 아이 알구나 반다?
		어떤 종류의 음악을 연주합니까?	¿Qué clase de música ponen? 께 끌라세 데 무씨까 뽀넨?
입장료는 얼마입니까?	¿Cuánto es la entrada? 꾸안또 에슬 라 엔트라다?	몇 시에 시작합니까?	¿A qué hora empieza? 아 께 오라 엠삐에싸?
음료수 값은 별도입니까?	¿Se paga aparte para beber? 세 빠가 아빠르떼 빠라 베베르?	저와 춤추시겠습니까?	¿Bailaría conmigo? 바일라리아 꼰미고?
		정말 아름답습니다!	¡Qué bonito(-a)! 께 보니또(-따)!

정말 멋지십니다!	¡Qué elegante!	멋지네!	¡Vale! / ¡Espléndido! / ¡Bravo! / ¡Bien!
	께 엘레간떼!		발레! / 에스쁠렌디도! / 브라보! / 비엔!
너무 멋져요!	¡Muy chic!		
	무이 치크!		

카지노

무엇을 도와드릴까요?	¿En qué puedo servirle?	전부 플레이 칩으로 바꾸고 싶습니다.	Quiero cambiarlo todo por fichas de juego.
	엔 께 뿌에도 쎄르비를레?		끼에로 깜비아를로 또도 뽀르 휘차스 데 후에고
환전소는 어디에 있습니까?	¿Dónde está la casa de cambio?	바카라 테이블은 어디에 있습니까?	¿Dónde está la mesa de bacará?
	돈데 에스딸 라 까사 데 깜비오?		돈데 에스딸 라 메사 데 바까라?
칩은 어디서 살 수 있습니까?	¿Dónde puedo comprar fichas?	거기에[그쪽에] 있습니다.	Está ahí.
	돈데 뿌에도 꼼쁘라르 휘차스?		에스따 아이
환전 한도가 어떻게 됩니까?	¿Cuál es el límite de cambio de divisas?	당신 차례입니다.	Es su turno.
	꾸알 에스 엘 리미떼 데 깜비오 데 디비사스?		에스 쑤 뚜르노
100유로를 칩으로 바꾸고 싶습니다.	Quiero cambiar cien euros por fichas.	행운을 빌어 주십시오.	Deséeme suerte, por favor.
	끼에로 깜비아르 씨엔 에우로스 뽀르 휘차스		데쎄에메 수에르떼, 뽀르 화보르
50유로는 머니 칩으로, 나머지는 플레이 칩으로 주십시오.	Quiero cincuenta euros en fichas de dinero y el resto en fichas de juego, por favor.	저는 기권합니다.	Me retiro.
			메 레띠로
	끼에로 씽꾸엔따 에우로스 엔 휘차스 데 디네로 이 엘 레스또 엔 휘차스 데 후에고, 뽀르 화보르	저는 빠지겠습니다.	Ya voy a dejarlo.
			야 보이 아 데하를로
		이 칩들을 현금으로 바꿔 주십시오.	Cámbieme estas fichas por efectivo, por favor.
			깜비에메 에스따스 휘차스 뽀르 에훽띠보, 뽀르 화보르

6 이발소와 미용실

이발소 · 미용실

이발사, 미용사	peluquero(-a) (m.),(f.)/ peinador(-a) (m.),(f.) 뻴루께로(-라)/ 뻬이나도르(-라)
이발소, 미용실	peluquería (f.) 뻴루께리아
이발소[미용실]에 가다	ir a la peluquería/ ir al peluquero 이르 알 라 뻴루께리아/ 이르 알 뻴루께로
어서 오십시오, 어떻게 오셨습니까?	Bienvenido(-a), ¿qué desea? 비엔 베니도(-다), 께 데쎄아?
머리를 자르러[커트하 러] 왔습니다.	He venido a cortarme el pelo. 에 베니도 아 꼬르딸르메 엘 뻴로
파마를 하려고 왔습니다.	Vine a hacerme una permanente. 비네 아 아쎄르메 우나 뻬르 마넨떼
너무 더워서 조금 다듬고 파마를 하고 싶습니다.	Hace tanto calor que me gustaría recortármelo un poco y hacerme una permanente. 아쎄 딴또 깔로르 께 메 구 스따리아 레꼬르따르멜로 운 뽀꼬 이 아쎄르메 우나 뻬르 마넨떼
염색을 하고 싶습니다.	Quisiera hacerme un teñido. 끼씨에라 아쎄르메 운 떼니도
예약하고 왔습니다.	He hecho una reserva y aquí estoy. 에 에초 우나 레쎄르바 이 아 끼 에스또이
예약 안했는데 괜찮습 니까?	¿Está bien sin reservar? 에스따 비엔 씬 레쎄르바르?
자, 여기 앉으십시오.	Venga, siéntese aquí. 벵가, 씨엔떼세 아끼
뭘 해드릴까요?	¿Qué quiere que le haga? 께 끼에레 껠 레 아가?
커트하실 겁니까? 아니 면 파마하실 겁니까?	¿Se va a cortar? ¿O se va hacer una permanente? 세 바 아 꼬르따르? 오 세 바 아쎄르 우나 뻬르마넨떼?
머리감기만 부탁드립 니다.	Solamente lavado de pelo, por favor. 쏠라멘뗄 라바도 데 뻴로, 뽀 르 화보르
알겠습니다, 샴푸로 머리 를 감겨 드리겠습니다.	Bueno, le lavaré el pelo con champú. 렐 라바레 엘 뻴로 꼰 참뿌

머리를 감겨 드리겠습니다. 이쪽으로 오십시오.

Le lavaré el cabello.
Venga por aquí.

렐 라바레 엘 까베요. 벵가 뽀르 아끼

여기 앉으십시오. 샴푸로 머리를 감겨드린 후 말려드리겠습니다.

Siéntese aquí.
Después de lavarle el pelo con champú, se lo secaré.

씨엔떼세 아끼. 데스뿌에쓰 델 라바를레 엘 뻴로 꼰 참뿌, 셀 로 쎄까레

네.

Sí.

씨

머리를 말려 드리겠습니다.

Le secaré el pelo.

레 쎄까레 엘 뻴로

머리가 젖었을 때는 빗지 마십시오.

No se peine cuando el cabello está mojado.

노 세 뻬이네 꾸안도 엘 까베요 에스따 모하도

이발과[커트와] 머리감기를 부탁드립니다.

Corte y lavado de pelo, por favor.

꼬르떼 일 라바도 데 뻴로, 뽀르 화보르

머리 손질과 드라이만 원합니다.

Quiero que sólo me peine y estire el pelo con secador.

끼에로 께 쏠로 메 뻬이네 이 메 에스띠레 엘 뻴로 꼰 쎄까도르

머리를 자르실 겁니까?

¿Se va a cortar el pelo?

세 바 아 꼬르따르 엘 뻴로?

네, 좀 다듬고 파마하고 싶습니다.

Sí, quiero recortármelo un poco y hacerme una permanente.

씨, 끼에로 레꼬르따르멜로 운 뽀꼬 이 아쎄르메 우나 뻬르마넨떼

제 생각에는, 머리를 염색하시는 게 더 낫겠습니다.

En mi opinión, más vale que Ud. tiña el pelo.

엔 미 오삐니온, 마쓰 발레 께 우스뗃 띠냐 엘 뻴로

주말에 하겠습니다.

Haré en el fin de semana.

아레 엔 엘 휜 데 쎄마나

머리 염색을 하고 싶습니다.

Quiero un tinte de pelo.

끼에로 운 띤떼 데 뻴로

어떤 색깔이 마음에 드시겠습니까?

¿Qué color le gustaría?

께 꼴로르 레 구스따리아?

어떤 색깔로 염색하시겠습니까?

¿De qué color quiere el teñido?

데 께 꼴로르 끼에레 엘 떼니도?

검은색/밤색으로 염색해 주십시오.

Quiero que me lo tiña de color negro/marrón.

끼에로 께 멜 로 띠냐 데 꼴로르 네그로/마론

갈색으로 염색해주십시오.

Tíñame de color castaño.

띠냐메 데 꼴로르 까스따뇨

머리가 많이 상하셨네요!

¡Tiene el pelo muy estropeado!

띠에네 엘 뻴로 무이 에스트로뻬아도!

염색을 자주 하지 마십시오.

No se tiña muy a menudo.

노 세 띠냐 무이 아 메누도

헤어 에센스를 조금 발라주면 좋습니다.	Es bueno que se ponga un poco de esencia para el cabello. 에스 부에노 께 세 뽕가 운 뽀꼬 데 에쎈씨아 빠라 엘 까베요	머리를 다듬어만 주십시오.	Sólo déjeme arreglar el pelo, por favor. 쏠로 데헤메 아레글라르 엘 뻴로, 뽀르 화보르
파마하러 왔습니다.	Vengo para hacerme una permanente. 벵고 빠라 아쎄르메 우나 뻬르마넨떼	다듬기만 하면 됩니다.	Sólo necesito un arreglo. 쏠로 네쎄씨또 운 아레글로
파마를 해주십시오.	Hágame la permanente, por favor./Quiero que me haga la permanente. 아가멜 라 뻬르마넨떼, 뽀르 화보르/ 끼에로 께 메 아갈 라 뻬르마넨떼	머리를 조금만 다듬어 주십시오.	Arrégleme el pelo un poco. 아레글레메 엘 뻴로 운 뽀꼬
		머리카락 끝을 다듬어 주십시오.	Despúnteme el pelo, por favor 데스뿐떼메 엘 뻴로, 뽀르 화보르
파마하는데 시간이 얼마나 걸립니까?	¿Cuánto se tarda en hacer la permanente? 꾸안또 세 따르다 엔 아쎄를 라 뻬르마넨떼?	이발[커트]하고 싶습니다.	Quiero cortarme el pelo./Quiero que me corte el pelo. 끼에로 꼬르따르메 엘 뻴로/ 끼에로 께 메 꼬르떼 엘 뻴로
기다리시는 동안 이 잡지를 읽으십시오.	Lea esta revista mientras espera. 레아 에스따 레비스따 미엔트라스 에스뻬라	이발[커트] 해주십시오.	Córteme, por favor. 꼬르떼메, 뽀르 화보르
		어떻게 해드릴까요?	¿Cómo quiere Ud.? 꼬모 끼에레 우스뗃?
		어떻게 잘라 드릴까요?	¿Cómo se lo corto? 꼬모 셀 로 꼬르또?
파마를 하셨으니, 오늘은 머리를 감지 마십시오.	Como se ha hecho la permanente, hoy no se lave el pelo. 꼬모 세 아 에촐 라 뻬르마넨떼, 오이 노 셀 라베 엘 뻴로	반듯하게 잘라 드릴까요?	¿Se lo corto todo recto? 셀 로 꼬르또 또도 렉또?
		아니오, 층이 지게 잘라 주십시오.	No, córtemelo en capas. 노, 꼬르떼멜로 엔 까빠스
네, 알겠습니다.	Sí, entendido. 씨, 엔뗀디도	이 형태는 유지하면서 잘라 주십시오.	Quiero que me haga sólo un corte manteniendo esta forma.

끼에로 께 메 아가 쏠로 운 꼬르떼 만떼니엔도. 에스따 포르마

얼마나 잘라 드릴까요?	¿Cuánto quiere que le corte? 꾸안또 끼에레 껠 레 꼬르떼?
조금만 잘라 주십시오.	Córteme un poco el pelo, por favor. 꼬르떼메 운 뽀꼬 엘 뻴로, 뿌르 화보르
너무 많이 자르지는 마십시오.	No me corte demasiado. 노 메 꼬르떼 데마씨아도
2인치만 잘라 주십시오.	Corte justo dos pulgadas, por favor. 꼬르떼 후스또 도스 뿔가다스, 뿌르 화보르
여기까지 많이 잘라 주십시오.	Quiero que me corte mucho, hasta aquí. 끼에로 께 메 꼬르떼 무초, 아스따 아끼
머리 전체를 짧게 잘라 주십시오.	Córteme el todo pelo cortamente, por favor. 꼬르떼메 엘 또도 뻴로 꼬르따멘떼, 뿌르 화보르
헤어스타일을 바꾸고 싶습니다.	Quiero cambiar el estilo del pelo. 끼에로 깜비아르 엘 에스띨로 델 뻴로
제게 짧은 머리가 어울릴까요?	¿Me quedará bien el pelo corto? 메 께다라 비엔 엘 뻴로 꼬르또?

네, 작은 얼굴이셔서 잘 어울리실 것 같습니다.	Sí, tiene la cara pequeña[el rostro pequeño], así que creo que le quedará bien. 씨, 띠에넬 라 까라 뻬께냐[엘 로스트로 뻬께뇨], 아씨 께 크레오 껠 레 께다라 비엔
그럼 짧게 잘라 주십시오.	Entonces córtemelo corto. 엔똔쎄스 꼬르떼멜로 꼬르떼
어떤 스타일을 원하십니까?	¿Qué estilo quiere usted? 께 에스띨로 끼에레 우스뗄?
제게 잘 어울린다고 생각하시는 대로 해주십시오.	Péineme como crea que me sienta mejor. 뻬이네메 꼬모 크레아 께 메 씨엔따 메호르
중요한 모임이 있으니, 올림머리를 해주십시오.	Tengo una reunión muy importante, así que hágame un rodete. 뗑고 우나 레우니온 무이 임뿌르딴떼, 아씨 께 아가메 운 로데떼
이 원피스와 잘 어울리는 헤어스타일로 해주십시오.	Hágame un peinado que vaya bien con este vestido. 아가메 운 뻬이나도 께 바야 비엔 꼰 에스떼 베스띠도
요즘 유행하는 헤어스타일을 추천해주십시오.	Recomiéndeme un peinado que esté de moda últimamente. 레꼬미엔데메 운 뻬이나도 께 에스떼 데 모다 울띠마멘떼

요즘 어떤 헤어스타일이 유행입니까?	¿Qué peinado está de moda últimamente? 께 뻬이나도 에스따 데 모다 울티마멘떼?	그럼 헤어스타일북을 좀 보여 주시겠습니까?	Pues, ¿me mostraría el libro de peinados? 뿌에스, 메 모스트라리아 엘 리브로 데 뻬이나도스?
여름이라 짧은 머리가 유행입니다.	Como es verano, está de moda el pelo corto. 꼬모 에스 베라노, 에스따 데 모다 엘 뻴로 꼬르또	네, 여기 있습니다.	Sí, aquí lo tiene (Ud.). 씨, 아낄 로 띠에네 (우스뗻)
하시고 싶은 헤어스타일이 있으십니까?	¿Hay algún peinado que desee hacerse? 아이 알군 뻬이나도 께 데쎄 에 아쎄르세?	이런 스타일은 어떠십니까?	¿Qué le parece este estilo? 껠 레 빠레쎄 에스떼 에스띨로?
페넬로페 크루즈처럼 해 주십시오.	Déjeme como Penélope Cruz. 데헤메 꼬모 뻬넬로뻬 크루스	그건 별로 마음에 들지 않습니다.	No me gusta mucho. 노 메 구스따 무초
헤라르 피케 머리처럼 잘라 주십시오.	Quiero que me corte el pelo con el estilo de Gerard Pique. 끼에로 께 메 꼬르떼 엘 뻴로 꼰 엘 에스띨로 데 헤라를 삐께	이 사진처럼 하고 싶습니다.	Me gustaría hacerme algo como esta foto. 메 구스따리아 아쎄르메 알고 꼬모 에스따 포또
		이 헤어스타일이 제게 잘 어울릴까요?	¿Me quedará bien este peinado? 메 께다라 비엔 에스떼 뻬이나도?
지금 마드리드에서 가장 인기 있는[유행하는] 스타일로 부탁합니다.	Péineme al estilo más popular en Madrid ahora, por favor. 뻬이네메 알 에스띨로 마쓰 뽀뿔라르 엔 마드릳 아오라, 뿌르 화보르	그 스타일을 하려면 짧게 커트해야 하는데 괜찮으시겠습니까?	Para hacerse ese peinado se lo tiene que cortar corto, ¿no le importa? 빠라 아쎄르세 에쎄 뻬이나도 셀 로 띠에네 께 꼬르따르 꼬르또, 놀 레 임뽀르따?
		괜찮습니다.	No importa. 노 임뽀르따
최신 유행, 최신 유행형	el último estilo 엘 울띠모 에스띨로	이렇게[그렇게] 손질해 주십시오.	Péineme así, por favor. 뻬이네메 아씨, 뿌르 화보르
헤어스타일 잡지들이 있습니까? 그것들을 볼 수 있을까요?	¿Tiene revistas de peinados? ¿Puedo verlas? 띠에네 레비스따스 데 뻬이나도스? 뿌에도 베를라스?	그럼 먼저 머리를 감겨 드리겠습니다. 이쪽으로 오십시오.	Entonces primero le lavaré el pelo. Venga por aquí. 엔똔쎄쓰 쁘리메롤 렐 라바레 엘 뻴로, 벵가 뿌르 아끼

고개를 숙이십시오.	Baje la cabeza, por favor. 바헬 라 까베사, 뽀르 화보르	마음에 드십니까?	¿Está satisfecho(-a) con su arreglo? 에스따 싸띠스훼초(-차) 꼰 쑤 아레글로?
움직이지 마십시오.	No se mueva, por favor. 노 세 무에바, 뽀르 화보르	거울로 뒷모습을 보시겠습니까?	¿Quiere mirarse por detrás con el espejo? 끼에레 미라르세 뽀르 데트라스 꼰 엘 에스뻬호?
고개를 드십시오.	Levante la cabeza, por favor. 레반뗄 라 까베사, 뽀르 화보르	거울 있으십니까?	¿Tiene un espejo, por favor? 띠에네 운 에스뻬호, 뽀르 화보르?
가르마를 어느 쪽으로 타고 싶으십니까?	¿A qué lado quiere hacerse la raya del pelo? 아 껠 라도 끼에레 아쎄르셀 라 라야 델 뻴로?	뒤쪽을 보여 주십시오.	Enséñeme la parte de atrás, por favor. 엔쎄녜멜 라 빠르떼 데 아트라스, 뽀르 화보르
오른쪽/왼쪽이요.	A la derecha/izquierda. 알 라 데레차/이스끼에르다	여기를 좀 더 잘라 주십시오.	Quiero que me corte aquí un poco más. 끼에로 께 메 꼬르떼 아끼 운 뽀꼬 마쓰
오른쪽/왼쪽으로 가르마를 타 주십시오.	Hágame la raya a la derecha/izquierda. 아가멜 라 라야 알 라 데레차/이스끼에르다	귀 둘레 머리를 잘라 주십시오.	Córteme el pelo alrededor de las orejas. 꼬르떼메 엘 뻴로 알레데도르 델 라스 오레하스
옆으로 가르마를 타다	llevar la raya a un lado 예바를 라 라야 아 운 라도		
앞머리 내려주십시오.	Quiero hacerme el flequillo. 끼에로 아쎄르메 엘 플레끼요	샴푸 해드릴까요?	¿Quiere Ud. lavar con champú? 끼에레 우스뗄 라바르 꼰 참뿌?
앞머리는 어떻게 해 드릴까요?	¿Cómo quiere el flequillo? 꼬모 끼에레 엘 플레끼요?	아니오, 감사합니다.	No, no quiero. Gracias. 노, 노 끼에로, 그라씨아스
그것(=앞머리)도 짧게 잘라 주십시오.	Córtemelo también corto. 꼬르떼멜로 땀비엔 꼬르또	다 됐습니다. 마음에 드십니까?	Ya está. ¿Le gusta? 야 에스따. 레 구스따?
커트가 끝났습니다.	Ya está el corte. 야 에스따 엘 꼬르떼	네, 마음에 듭니다. 감사합니다.	Sí, me gusta. Gracias. 씨, 메 구스따, 그라씨아스

세탁 · 드라이클리닝

이 와이셔츠를 잘 다려 주시겠습니까?

¿Me puede planchar bien esta camisa, por favor?

메 뿌에데 쁠란차르 비엔 에스따 까미사, 뽀르 화보르?

그것을 언제 찾아가실 겁니까?

¿Cuándo va a recogerla?

꾸안도 바 아 레꼬헤를라?

*camisa (f.)를 대명사 la 로 받음

그것을 언제 찾으러 오면 되겠습니까?

¿Cuando puedo volver a recogerla?

꾸안도 뿌에도 볼베르 아 레꼬헤를라?

저는 이 와이셔츠를 내일 입을 겁니다. 빨리 해주십시오.

Voy a ponerme esta camisa mañana. Hágalo rápido, por favor.

보이 아 뽀네르메 에스따 까미사 마냐나. 아갈로 라삐도, 뽀르 화보르

이 바지/치마를 드라이클리닝하고 싶습니다.

Quiero lavar en seco este pantalón/esta falda.

끼에롤 라바르 엔 쎄꼬 에스떼 빤딸론/에스따 활다

이 옷은 다리면 안 됩니다.

No debe planchar esta ropa[prenda].

노 데베 쁠란차르 에스따 로빠[쁘렌다]

실크/캐시미어입니다. 조심해주십시오.

Es seda/cachemir. Tenga cuidado, por favor.

에스 쎄다/까체미르. 뗑가 꾸이다도, 뽀르 화보르

이 옷은 더럽습니다.

Esta ropa está sucia.

에스따 로빠 에스따 쑤씨아

이 얼룩이 지워질까요?

¿Se quitaría esta mancha?

세 끼따리아 에스따 만차?

확신할 순 없지만[글쎄요], 해보겠습니다.

No estoy seguro(-a). Voy a intentarlo.

노 에스또이 쎄구로(-라). 보이 아 인뗀따를로

(가죽옷/모피 코트)도 세탁됩니까?

¿Limpian (prendas de cuero/abrigos de piel), también?

림삐안 (쁘렌다스 데 꾸에로/아브리고스 데 삐엘), 땀비엔?

옷 수선 하십니까?

¿Arregla ropa?
아레글라 로빠?

이 바지/치마를 수선해
주십시오.

Arregle este
pantalón/esta falda,
por favor.
아레글레 에스떼 빤딸론/에
스따 활다, 뽀르 화보르

(바짓/치맛) 단을 줄여
주십시오.

Reduzca la
línea del dobladillo
(del pantalón/de la
falda), por favor.
레두스깔 랄 리네아 델 도블
라딜요 (델 빤딸론/델 라 활
다), 뽀르 화보르

이 부분만 줄여 주십시오.

Reduzca sólo esta
parte, por favor.
레두스까 쏠로 에스따 빠르
떼, 뽀르 화보르

제가 표시한 데까지 줄
여 주십시오.

Reduzca hasta
donde he señalado.
레두스까 아스따 돈데 에 쎄
냘라도

여기가 뜯어졌습니다.
여기를 박음질해주십
시오.

Se ha descosido
aquí. Haga un
pespunte aquí, por
favor.
세 아 데스꼬씨도 아끼, 아가
운 뻬쓰뿐떼 아끼, 뽀르 화
보르

이건 제가 맡긴 원피스
가 아닙니다.

Esto no es el
traje que le había
encargado.
에스또 노 에스 엘 트라헤
껠 레 아비아 엔까르가도

옷이 망가졌습니다.

La ropa se ha
dañado.
라 로빠 세 아 다냐도

얼룩이 지워지지 않았습
니다.

La mancha no se
ha quitado.
라 만차 노 세 아 끼따도

여기가 찢어졌습니다.

Aquí se ha roto.
아끼 세 아 로또

단추가 떨어졌습니다.

El botón se ha
caído.
엘 보똔 세 아 까이도

지퍼가 고장 났습니다.

La cremallera se
ha estropeado.
라 크레마예라 세 아 에스트
로뻬아도

다른 색깔 물이 들었습
니다.

Se ha manchado
de otro color.
세 아 만차도 데 오트로
꼴로르

저희에게 그것을 다시
맡겨 주십시오.

Déjenoslo otra vez,
por favor.
데헤노슬로 오트라 베스,
뽀르 화보르

쇼핑 시

어디서 최신 텔레비전을 가장 싸게 구매할 수 있을까요?

¿Dónde puedo comprar un último televisor más barato?
돈데 뿌에도 꼼쁘라르 운 울띠모 텔레비쏘르 마쓰 바라또?

제가 한 웹사이트에서 구매한 최신 텔레비전은 최고의 질과 탁월한 가격을 지녔습니다. 온라인에서 가장 싼 가격에 그것을 구매하실 수 있습니다.

El último televisor que he comprado en un sitio web tiene la mejor calidad y un excelente precio. Puede comprarlo online a precio más barato.
엘 울띠모 텔레비쏘르 께 에 꼼쁘라도 엔 운 씨띠오 웹 띠에넬 라 메호르 깔리닫 이 운 엑쎌렌떼 쁘레씨오. 뿌에데 꼼쁘라를로 온라인 아 쁘레씨오 마쓰 바라또

전자제품 아울렛

outlet de productos electrónicos (m.)
아웃렛 데 쁘로둑또스 엘렉뜨로니꼬스

여성용과 남성용 한복을 웹 사이트에서 사고 싶은데, 어느 웹 사이트가 가장 신뢰할 수 있는지 모르겠습니다.

Deseo comprar ropa tradicional coreana para mujer y hombre desde un sitio web, pero no sé cuál sea el más confiable.
데쎄오 꼼쁘라르 트라디씨오날 꼬레아나 빠라 무헤르 이 옴브레 데스데 운 씨띠오 웹, 뻬로 노 쎄 꾸알 쎄아 엘 마쓰 꼰휘아블레

유명 상표 옷을 상점에서보다 훨씬 싸게 구매하고 싶습니다.

Quiero comprar ropa de marca a precio mucho más bajo que en las tiendas.
끼에로 꼼쁘라르 로빠 데 마르까 아 쁘레씨오 무초 마쓰 바호 께 엔 라스 띠엔다스

온라인에서 옷을 싸게 구매하실 수 있습니다.

Puede comprar ropa online a bajo precio.
뿌에데 꼼쁘라르 로빠 온라인 아 바호 쁘레씨오

온라인에서 여성용/남성용 속옷을 구매하고 싶으십니까?

¿Le gustaría comprar ropa interior de mujer/hombre online?
레 구스따리아 꼼쁘라르 로빠 데 무헤르/옴브레 온라인!?

어디서 웨딩드레스를 저가에 구매할 수 있습니까?

¿Dónde puedo comprar ropa de boda a precios bajos?

신부복, 웨딩드레스

vestido[traje] de novia / ropa[vestido] de boda

베스띠도[트라헤] 데 노비아/ 로빠[베스띠도] 데 보다

어디서 값이 싸고 좋은 질의 옷을 살 수 있는지 알고 싶습니다. 가르쳐 주십시오.

Quiero saber dónde puedo comprar ropa barata y de buena calidad. Indíquemelo, por favor.

끼에로 싸베르 돈데 뿌에도 꼼쁘라르 로빠 바라따 이 데 부에나 깔리닫. 인디께멜로, 뽀르 화보르

동대문 시장에 가면 싸고 좋은 물건이 많습니다.

Si va al mercado de Dongdaemun, encontrará muchos productos baratos y buenos.

씨 바 알 메르까도 데 동대문. 엔꼰트라라 무초스 프로둑또 스 바라또스 이 부에노스

아, 감사합니다. 그런데 길거리에서 물건을 사도 괜찮습니까?

Ah, gracias. Pero ¿está bien hacer compras en la calle?

아, 그라씨아스. 뻬로 에스따 비엔 아쎄르 꼼쁘라스 엔 라 까예?

네, 사기 전에 잘 살펴보 시면요.

Sí, si mira bien antes de comprar.

씨, 씨 미라 비엔 안떼스 데 꼼쁘라르

돈데 뿌에도 꼼쁘라르 로빠 데 보다 아 쁘레씨오스 바호스?

동대문 시장에서는 값을 깎아달라고 할 수 있습 니까?

네, 백화점과 달리 동대 문 시장에서는 흥정할 수 있습니다.

동대문 시장에서는 물건 들이 백화점에서보다 정 말로 더 쌉니까?

그렇습니다. 물건들이 백화점과 비교하면 제품 들이 훨씬 더 쌉니다. 하 지만 구매 후에 교환과 환불이 좀 어렵습니다.

¿Se puede pedir descuento[rebaja] en el mercado de Dongdaemun?

세 뿌에데 뻬디르 데스꾸엔 또[레바하] 엔 엘 메르까도 데 동대문?

Sí, a diferencia de los grandes almacenes, en el mercado de Dongdaemun se puede regatear.

씨, 아 디훼렌씨아 델 로스 그란데스 알마쎄네스, 엔 엘 메르따까도 데 동대문 세 뿌 에데 레가떼아르

¿Son realmente los productos más baratos en el mercado de Dongdaemun que en los grandes almacenes?

쏜 레알멘뗄 로스 프로둑또 스 마쓰 바라또스 엔 엘 메르 까도 데 동대문 께 엔 로스 그란데스 알마쎄네스?

Es cierto. Comparados con los grandes almacenes, los productos son mucho más baratos. Pero después de la compra, los cambios y devoluciones son un poco difíciles.

에스 씨에르또. 꼼빠라도스 꼰 로스 그란데스 알마쎄네스, 로스 프로둑또스 쏜 무초 마쓰 바라또스. 뻬로 데스뿌에스 델 라 꼼쁘라, 로스 깜비오스 이 데볼루씨오네스 쏜 운 뽀꼬 디휘씰레스

쇼핑카트는 어디에 있습니까?	¿Dónde están los carritos de compra? 돈데 에스딴 로스 까리또스 데 꼼쁘라?	

그렇습니까?

¿Ah, sí?
아, 씨?

쇼핑 카트	carrito de la compra (m.)/carro de[para] compra (m.) 까리또 델 라 꼼쁘라/ 까로 데[빠라] 꼼쁘라

교환은 가능한데 환불은 안 해주는 곳도 많습니다.

Hay muchos sitios que te lo cambian, pero no te devuelven el dinero.
아이 무초 씨띠오스 께 뗄 로 깜비안, 뻬로 노 떼 데부엘벤 엘 디네로

쇼핑하러 가다, 쇼핑가다	ir de compras 이르 데 꼼쁘라스

쇼핑 나가다	salir de compras 쌀리르 데 꼼쁘라스

아, 이제 알겠습니다! 그럼 정말 잘 살펴보고 골라야겠습니다.

Ah, ¡ya veo! Entonces realmente hay que mirar bien al elegir.
아, 야 베오! 엔똔쎄쓰 레알멘떼 아이 께 미라르 비엔 알 엘레히르

백화점은 어디에 있습니까?	¿Dónde están los grandes almacenes? 돈데 에스딴 로스 그란데스 알마쎄네스?

이쪽으로 쭉 직진하십시오.	Siga todo recto por aquí. 씨가 또도 렉또 뽀르 아끼

동대문에는 쇼핑센터들이 있습니까?

¿Hay centros comerciales en Dongdaemun?
아이 쎈트로스 꼬메르씨알레스 엔 동대문?

입구/출구는 어디에 있습니까?	¿Dónde está la entrada/salida? 돈데 에스딸 라 엔트라다/ 쌀리다?

네, 동대문에는 큰 쇼핑센터들이 있습니다.

Sí, hay grandes centros comerciales en Dongdaemun.
씨, 아이 그란데스 쎈트로스 꼬메르씨알레스 엔 동대문

식품 매장은 어디에 있습니까?	¿Dónde está la sección de comestibles? 돈데 에스따 라 쎅씨온 데 꼬메스띠블레스?

(향수/화장품/액세서리) 매장을 찾고 있습니다.	Estoy buscando la sección de (perfumería/ cosméticos/ accesorios). 에스또이 부스깐돌 라 쎅씨온 데 (뻬르후메리아/꼬스메띠꼬스/악쎄쏘리오스)

쇼핑센터는 어느 방향에 있습니까?

¿En qué dirección está el centro comercial?
엔 께 디렉씨온 에스따 엘 쎈트로 꼬메르씨알?

스포츠용품	artículos de deporte (m.pl) 아르띠꿀로스 데 데뽀르떼	지하 2층	segundo (piso del) sótano (m.)/ segundo del sótano (m.)/segundo subsuelo (m.) 쎄군도 (삐소 델) 쏘따노/ 쎄군도 델 쏘따노/쎄군도 쑵쑤엘로
문방구	artículos de escritorio (m.pl.) 아르띠꿀로스 데 에스크리또리오		
면세점은 몇 층에 있습니까?	¿En qué planta queda la tienda libre de impuestos? 엔 께 쁠란따 께달 라 띠엔다 리브레 데 임뿌에스또스?	안녕하십니까. 선생님. 무엇을 도와 드릴까요?	Buenos días, señor. ¿En qué puedo servirle? 부에노스 디아스, 쎄뇨르, 엔 께 뿌에도 쎄르비를레?
문구점은 몇 층에 있습니까?	¿En qué planta está la papelería? 엔 께 쁠란따 에스딸 라 빠뻴레리아?	어떻게 오셨습니까, 부인?	¿Le atienden, señora? 레 아띠엔덴, 쎄뇨라?
1층	piso bajo (m.)/ planta baja (f.)/ 《남미》 primer piso (m.) 삐소 바호/ 쁠란따 바하/ 쁘리메르 삐소	나일론 스타킹 한 켤레를 샀으면 싶습니다.	Me gustaría comprar un par de medias de nilón[nailon, nylón]. 메 구스따리아 꼼쁘라르 운 빠르 데 메디아스 데 닐론[나일론, 닐론]
2층	primer piso (m.)/ primera planta (f.)/ 《남미》 segundo piso (m.) 쁘리메르 삐소/ 쁘리메라 쁠란따/ 쎄군도 삐소	실크/면 스타킹	medias de seda/ algodón (f.pl.) 메디아스 데 쎄다/알고돈
		양말 한 켤레를 사고 싶습니다.	Quiero comprar un par de calcetines 끼에로 꼼쁘라르 운 빠르 데 깔쎄띠네스
3층	segundo piso (m.)/ 《남미》 tercer piso (m.) 쎄군도 삐소/ 떼르쎄르 삐소	(발목까지 오는) 짧은 양말/ (무릎까지 오는) 긴 양말	calcetines cortos (m.pl.)/calcetines altos (m.pl.) 깔쎄띠네스 꼬르또스/ 깔쎄띠네스 알또스
지하 1층	primer (piso del) sótano (m.)/ primero del sótano (m.)/ primer subsuelo (m.) 쁘리메르 (삐소 델) 쏘따노/ 쁘리메로 델 쏘따노/ 쁘리메르 쑵쑤엘로	어서 오십시오. 무엇을 도와드릴까요?	Bienvenido(-a). ¿En qué puedo ayudarle? 비엔베니도(-다), 엔 께 뿌에도 아유다를레?

안녕하십니까, 아가씨, 무엇을 도와드릴까요?

Muy buenos días. ¿En qué puedo servirla, señorita?

무이 부에노스 디아스. 엔 께 뿌에도 쎄르비를라, 쎄뇨리따?

둘러봐도 되겠습니까?

¿Puedo echar una ojeada?

뿌에도 에차르 우나 오헤아다?

그냥 둘러보는 중입니다.

Solamente[Solo] estoy mirando [viendo].

쏠라멘떼[쏠로] 에스또이 미란도[비엔도]

네[알겠습니다, 좋습니다]. 도움이 필요하시면 저를 불러주십시오.

Bueno. Si necesita la ayuda, llámeme.

부에노. 씨 네쎄씨딸 라 아유다, 야메메

알겠습니다.

¡De acuerdo!

데 아꾸에르도

사지 않고 그냥 구경만 해도 됩니까?

¿Puedo echar un vistazo sin comprar nada?

뿌에도 에차르 운 비스따소 씬 꼼쁘라르 나다?

네, 물론입니다. 편안하게 구경하십시오.

Sí, claro. Mire con tranquilidad.

씨, 끌라로, 미레 꼰 트랑낄리닫

(휴대전화/카메라)를 둘러보는 중입니다.

Estoy mirando (telefonos moviles/cámaras).

에스또이 미란도 (뗄레포노스 모빌레스/까마라스)

안녕하세요, (휴대전화/카메라)를 사고 싶습니다.

Hola, quiero comprar (un teléfono móvil/una cámara).

올라, 끼에로 꼼쁘라르 (운 뗄레포노 모빌/우나 까마라)

이쪽이 신상품들입니까?

¿Son estos los nuevos productos?

쏜 에스또슬 로스 누에보스 프로둑또스?

어떤 것이 가장 인기 있는 겁니까?

¿Cuál es el más popular?

꾸알 에스 엘 마쓰 뽀뿔라르?

그것을 보여주시겠습니까?

¿Me enseña eso, por favor?

메 엔쎄냐 에소, 뿌르 화보르?

(저 휴대전화/카메라)를 보여 주십시오.

Enséñeme (aquel teléfono móvil/aquella cámara), por favor.

엔쎄녜메 아께야 뗄레포노 (아껠 뗄레포노 모빌/아께야 까마라), 뿌르 화보르

이 근처에 상점이 있습니까?

¿Hay algún almacén cerca de aquí?

아이 알군 알마쎈 쎄르까 데 아끼?

실크 머플러를 하나 사고 싶습니다. 어디서 그것을 싸게 살 수 있을까요?

Quiero comprar una bufanda de seda. ¿Dónde puedo comprarla a bajo precio?

끼에로 꼼쁘라르 우나 부환다 데 쎄다. 돈데 뿌에도 꼼쁘라를라 아 바호 쁘레씨오?

선물 가게는 어디에 있습니까?

¿Dónde está la tienda de obsequios?

돈데 에스딸 라 띠엔다 데 옵쎄끼오스?

그 가게는 개장(改裝)을 위해 닫혀 있습니다.	La tienda está cerrada por reformas. 라 띠엔다 에스따 쎄라다 뽀르 레포르마스
들어가도 됩니까?	¿Puedo entrar? 뿌에도 엔트라르?
어서 오십시오, 무엇을 찾고 계십니까?	Bienvenido(-a), ¿qué está buscando? 비엔베니도(-다), 께 에스따 부스깐도?
남자/여자 친구에게 줄 기념품을 원합니다.	Quiero algún recuerdo para mi amigo/amiga. 끼에로 알군 레꾸에르도 빠라 미 아미고/아미가
결혼 선물로 괜찮은 것 좀 보여 주시겠습니까?	¿Me enseña algo para regalo de boda? 메 엔쎄냐 알고 빠라 레갈로 데 보다?
예산은 얼마나 됩니까?	¿Cuánto es su presupuesto? 꾸안또 에스 쑤 쁘레쑤뿌에스또?
이것은 무엇입니까?	¿Qué es esto? 께 에스 에스또?
면도할 때 쓰는 것입니다.	Se usa a la hora de afeitarse. 세 우사 알 라 오라 데 아훼이따르세
샤워/목욕할 때 쓰는 것입니다.	Se usa a la hora de tomar una ducha/un baño. 세 우사 알 라 오라 데 또마르 우나 두차/운 바뇨
그것을 누가 사용하실 겁니까?	¿Quién lo va a usar? 끼엔 로 바 아 우사르?
제가 사용할 겁니다. 좋은 제품 있으면 추천해 주십시오.	Lo voy a usar yo. Recomiéndeme un buen producto. 로 보이 아 우사르 요. 레꼬미엔데메 운 부엔 프로둑또
제 아버지/어머니요. 그것을 생신 선물로 드릴 겁니다.	Mi padre/madre. Se lo voy a dar de regalo de cumpleaños. 미 빠드레/마드레. 셀 로 보이 아 다르 데 레갈로 데 꿈쁠레아뇨스
연세 드신 분께 드릴 선물입니다.	Es un regalo para alguien mayor. 에스 운 레갈로 빠라 알기엔 마요르
따로따로(=낱개로) 살 수 있습니까?	¿Se puede comprar por separado? 세 뿌에데 꼼쁘라르 뽀르 쎄빠라도?
이 상품들은 낱개로 팔지 않습니다.	Estos artículos no se venden sueltos. 에스또스 아르띠꿀로스 노 세 벤덴 수엘또스
가죽제품 있습니까?	¿Tiene artículos de cuero? 띠에네 아르띠꿀로스 데 꾸에로?
이것과 비슷한 모델 있습니까?	¿Hay algún modelo parecido a este(=éste)? 아이 알군 모델로 빠레씨도 아 에스떼?

이것을 입어 봐도 되겠습니까?	¿Puedo probar esto? 뿌에도 프로바르 에스또?	네, 있습니다.	Sí, lo hay. 씨, 로 아이
이 오버코트를 입어 봐도 되겠습니까?	¿Puedo probarme este abrigo? 뿌에도 프로바르메 에스떼 아브리고?	다른 것을 보여주시겠습니까?	¿Me puede enseñar otra cosa? 메 뿌에데 엔쎄냐르 오트라 꼬사?
이 제품으로 다른 사이즈 있습니까?	¿Tienen este artículo de otra talla? 띠에넨 에스떼 아르띠꿀로 데 오트라 따야?	다른 것은 없습니까?	¿No hay otra cosa? 노 아이 오트라 꼬사?
		다른 유형은 없습니까?	¿Tiene otro tipo? 띠에네 오트로 띠뽀?
이것은 너무 큽니다/작습니다.	Esto es demasiado grande/pequeño. 에스또 에스 데마씨아도 그란데/뻬께뇨	이 유형뿐입니까?	¿Sólo tienen este tipo? 쏠로 띠에넨 에스떼 띠뽀?
다른 색깔들을 보여 주시겠습니까?	¿Me puede enseñar otros colores, por favor? 메 뿌에데 엔쎄냐르 오트로스 꼴로레스, 뽀르 화보르?	다른 더 싼 것 있습니까?	¿Tiene otro más barato? 띠에네 오트로 마쓰 바라또?
		어떤 것을 제게 추천하십니까?	¿Cuál me recomienda usted? 꾸알 메 레꼬미엔다 우스뗃?
그거 다른 색깔로 있습니까?	¿Lo tiene en otro color? 로 띠에네 엔 오트로 꼴로르?	이것이 제게 어울립니까, 혹은 저것입니까?	¿Qué me queda mejor este(=éste) o aquel(=aquél)? 께 메 께다 메호르 에스떼 오 아껠?
어떤 색깔을 원하십니까?	¿Qué color quiere? 께 꼴로르 끼에레?		
그거 푸른색으로 보여주시겠습니까?	¿Me lo enseña de color azul, por favor? 멜 로 엔쎄냐 데 꼴로르 아쑬, 뽀르 화보르?	어느 것이 제게 더 어울립니까?	¿Cuál me queda mejor? 꾸알 메 께다 메호르?
		먼저 착용해 보신 것이 더 어울립니다.	Le queda mejor el que se probó primero. 레 께다 메호르 엘 께 세 프로보 쁘리메로
그거 빨간색으로 있습니까?	¿Lo tiene rojo? 라 띠에네 로호?	이 퍼스널 컴퓨터(PC)는 얼마입니까?	¿Cuánto cuesta este ordenador personal? 꾸안또 꾸에스따 에스떼 오르데나도르 뻬르쏘날?
그거 분홍색으로 있습니까?	¿Lo hay en rosado? 로 아이 엔 로싸도?		

세금 포함하지 않고 3,000유로입니다.

Cuesta tres mil euros sin impuestos.
꾸에스따 트레스 밀 에우로스 씬 임뿌에스또스

어떤 상표의 노트북컴퓨터가 제일 좋은가요?

¿Qué marca de ordenador portátil es mejor?
께 마르까 데 오르데나도르 뽀르따띨 에스 메호르?

이 노트북컴퓨터를 현금으로 사면 몇 퍼센트 할인해주시겠습니까?

¿Qué porcentaje de descuento me hacen ustedes si compro este ordenador portátil al contado?
께 뽀르쎈따헤 데 데스꾸엔또 메 아쎈 우스떼데스 씨 꼼쁘로 에스떼 오르데나도르 뽀르따띨 알 꼰따도?

어떤 상표의 세탁기를 제게 추천하십니까?

¿Qué marca de lavadora me recomienda?
께 마르까 델 라바도라 메 레꼬미엔다?

어떤 상표의 세탁기가 최고입니까?

¿Qué marca de lavadora es la mejor?
께 마르까 델 라바도라 에슬라 메호르?

이 세탁기는 어떤 상표입니까?

¿De qué marca es esta lavadora?
데 께 마르까 에스 에스딸 라바도라?

이것은 어떤 상표의 세탁기입니까?

¿Qué marca de lavadora es esta(=ésta)?
께 마르까 델 라바도라 에스 에스따?

유명 상표

marca de prestigio (f.)
마르까 데 프레스띠히오

유명 상표의 상품

artículo de marca (m.)
아르띠꿀로 데 마르까

고장 나면 무상으로 수리해 줍니까?

Si se estropea, ¿lo arreglan gratis?
씨 세 에스트로뻬아, 로 아레글란 그라띠스?

이 제품의 보증 기간이 얼마나 됩니까?

¿Qué duración de garantía tiene este producto?
께 두라씨온 데 가란띠아 띠에네 에스떼 프로둑또?

무료 애프터서비스 기간은 1년입니다.

El servicio posventa gratuito dura un año.
엘 쎄르비씨오 뽀스벤따 그라뚜이또 두라 운 아뇨

하자가 있으면 우리에게 그것을 교환해 줍니까?

Si tiene algún defecto, ¿nos lo cambia?
씨 띠에네 알군 데휌또, 노슬로 깜비아?

교환하거나 환불 받을 수 있는 기간은 얼마나 됩니까?

¿Cuánto tiempo tengo para hacer el cambio o recibir el reembolso?
꾸안또 띠엠뽀 뗑고 빠라 아쎄르 엘 깜비오 오 레씨비르 엘 레엠볼소?

교환은 언제까지 가능합니까?

¿Hasta cuándo se puede hacer el cambio?
아스따 꾸안도 세 뿌에데 아쎄르 엘 깜비오?

교환은 7일 이내에 가능합니다.	El cambio es posible dentro de los siete días. 엘 깜비오 에스 뽀씨블레 덴트로 델 로스 씨에떼 디아스	오후 6시에 닫습니다.	Yo la cierro a las seis. 욜 라 씨에로 알 라스 쎄이스
죄송합니다. 이것은 제가 찾던 것이 아닙니다.	Lo siento, esto no es lo que estaba buscando. 로 씨엔또, 에스또 노 에슬로 께 에스따바 부스깐도	내일 문을 여실 겁니까?	¿Va a abrir la puerta mañana? 바 아 아브리를 라 뿌에르따 마냐나
특별히 마음에 드는 게 없습니다.	No hay nada que me guste en especial. 노 아이 나다 께 메 구스떼 엔 에스뻬씨알	아니오, 내일은 국경일입니다.	No, mañana es el día de fiesta nacional. 노, 마냐나 에스 엘 디아 데 휘에스따 나씨오날
좀 생각해 보겠습니다.	Voy a pensarlo un poco. 보이 아 뻰싸를로 운 뽀꼬	공휴일	día feriado (m.)/día de descanso (regular) (m.) 디아 훼리아도/ 디아 데 데스깐쏘 (레굴라르)
좀 더 생각해 보겠습니다.	Lo pensaré un poco más. 로 뻰싸레 운 뽀꼬 마쓰	법정 휴일	día festivo oficial (m.)/((라틴 아메리카)) día feriado oficial (m.) 디아 훼스띠보 오휘씨알/ 디아 훼리아도 오휘씨알
좀 더 둘러보겠습니다.	Voy a mirar un poco más. 보이 아 미라르 운 뽀꼬 마쓰	축제일	día de fiesta (m.)/ día festivo (m.) 디아 데 휘에스따/ 디아 훼스띠보
다시 오겠습니다. 감사합니다.	Voy a venir otra vez. Gracias. 보이 아 베니르 오트라 베스. 그라씨아스	성주간(聖週間: 부활절 전의 1주일), 부활절, 수난 주간	la Semana Santa 라 쎄마나 싼따
후일 다시 오겠습니다. 감사합니다.	Volveré otro día. Gracias. 볼베레 오트로 디아. 그라씨아스	개천절	el Día de Fundación de Corea 엘 디아 데 푼다씨온 데 꼬레아
몇 시에 문을 닫습니까?	¿A qué hora Ud. cierra la puerta? 아 께 오라 우스뗄 씨에랄 라 뿌에르따?	건국 기념일	el Día de la Fundación Nacional 엘 디아 델 라 푼다씨온 나씨오날

국군의 날	el Día de las Fuerzas Armadas / el Día del Ejército Nacional 엘 디아 델 라스 후에르싸스 아르마다스 / 엘 디아 델 에 헤르씨또 나씨오날
충동구매	compra impulsiva (f.) 꼼쁘라 임뿔씨바
바겐세일은 언제 시작됩니까?	¿Cuándo empiezan las rebajas[los saldos]? 꾸안도 엠삐에싼 라스 레바하스[로스 쌀도스]?
내일 바겐세일이 시작됩니다.	Mañana empiezan las rebajas[los saldos]. 마냐나 엠삐에싼 라스 레바하스[로스 쌀도스]
바겐세일은 언제부터입니까?	¿Desde cuándo son las rebajas[los saldos]? 데스데 꾸안도 쏜 라슬 레바하스[로스 쌀도스]?
저희는 이미 바겐세일 중입니다.	Ya estamos en rebajas. 야 에스따모스 엔 레바하스
저희는 반짝 세일 중입니다.	Estamos de rebajas de ocasión. 에스따모스 데 레바하스 데 오까씨온
이 가게에서는 바겐세일 중입니다.	En esta tienda están de[en] ofertas. 엔 에스따 띠엔다 에스딴 데 [엔] 오훼르따스

저희는 모든 상품을 바 겐세일 합니다.	Liquidamos todas las mercancías. 리끼다모스 또다슬 라스 메 르깐씨아스
바겐세일은 얼마 동안 합니까?	¿Durante cuánto tiempo son las rebajas? 두란떼 꾸안또 띠엠뽀 쏜 라 스 레바하스?
몇 퍼센트 할인합니까?	¿Cuánto por ciento de rebaja hacen? 꾸안또 뽀르 씨엔또 데 레바 하 아쎈?
이 백화점의 바겐세일은 언제입니까?	¿Cuándo son las rebajas de estos grandes almacenes? 꾸안도 쏜 라스 레바하스 데 에스또스 그란데스 알마쎄 네스?
다음 주 월요일부터 일 요일까지입니다.	Desde el próximo lunes hasta el domingo. 데스데 엘 프록씨몰 루네스 아스따 엘 도밍고
이 백화점에서는 언제 바 겐세일이 시작됩니까?	¿Cuándo comienzan las rebajas en estos grandes almacenes? 꾸안도 꼬미엔싼 라스 레바 하스 엔 에스또스 그란데스 알마쎄네스?
이미 바겐세일이 시작됐 습니다.	Ya han comenzado las rebajas. 야 안 꼬멘싸도 라스 레바 하스

여름/겨울 바겐세일이 바야흐로 시작되려 합니다.	Las rebajas de verano/invierno están a punto de empezar [comenzar]. 라스 레바하스 데 베라노/인비에르노 에스딴 아 뿐또 데 엠뻬에싸르[꼬멘싸르]		rebajados (f.)/ venta de liquidación (f.)/ venta de saldo(s) (f.)/ saldos(m.pl.)/ chollo (m.)/ ganga (f.)/ liquidación (f.)/ rebajas (f.pl.)/ ofertas (f.pl.) 벤따 데 강가스/ 벤따 데 쁘레씨오스 레바하도스/ 벤따 데 리끼다씨온/ 벤따 데 쌀도(스)/ 쌀도스/ 초요/ 강가/ 리끼다씨온/ 레바하스/ 오훼르따스
여름[겨울] 바겐세일	rebajas de verano [invierno] (f.pl.)/ saldos de verano [invierno] (m.pl.) 레바하스 데 베라노[인비에르노]/ 쌀도스 데 베라노[인비에르노]		
바겐세일이 이미 시작됐습니까?	¿Ya han empezado [comenzado] las rebajas? 야 안 엠뻬싸도[꼬멘싸도] 라스 레바하스?	대 바겐세일, 파격적 염가 대매출	gran venta de saldos (f.)/grandes saldos (m.pl.)/grandes rebajas (f.pl.)/ gran ganga (f.) 그란 벤따 데 쌀도스/ 그란데스 쌀도스/ 그란데스 레바하스/ 그란 강가
아니오, 아직 시작되지 않았습니다.	No, todavía no han empezado [comenzado] las rebajas. 노, 또다비아 노 안 엠뻬싸도[꼬멘싸도] 라스 레바하스	(가게) 개장(改裝)을 위한 바겐세일	liquidación por reforma (f.) 리끼다씨온 뽀르 레포르마
		재고품 일소 세일	liquidación de existencias (f.) 리끼다씨온 데 엑씨스뗀씨아스
바겐세일, 염가판매	venta de gangas (f.)/ venta de precios		

의류 · 잡화

안녕하세요, 도와드릴까요?	Hola, ¿se puede ayudarle[me permite ayudarle]? 올라, 세 뿌에데 아유다를레[메 뻬르미떼 아유다를레]? ＊상점에서 점원이 하는 말	안녕하세요, 옷을 사고 싶습니다.	Hola, quisiera comprar alguna ropa. 올라, 끼씨에라 꼼쁘라르 알구나 로빠

저 옷은 무엇입니까?

¿Qué es aquel traje?

께 에스 아껠 트라헤?

저것은 플라멩코 춤 의상입니다.

Aquel(=Aquél) es un traje[vestido] de baile flamenco.

아껠 에스 운 트라헤[베스띠도] 데 바일레 플라멩꼬

그 플라멩코 춤 의상을 입어 볼 수 있을까요?

¿Podría probarme el traje[vestido] de baile flamenco?

뽀드리아 프로바르메 엘 트라헤[베스띠도] 데 바일레 플라멩꼬?

그것을 입어보고 싶습니다.

Quiero ponérmelo.

끼에로 뽀네르멜로

안녕하세요, 티셔츠를 사고 싶습니다.

Hola, quiero comprar una camiseta.

올라, 끼에로 꼼쁘라르 우나 까미쎄따

티셔츠를 찾고 있습니다.

Estoy buscando una camiseta.

에스또이 부스깐도 우나 까미쎄따

최근에 유행하는 티셔츠 디자인이 무엇입니까?

¿Cuál es el diseño de camiseta que está de moda últimamente?

꾸알 에스 엘 디쎄뇨 데 까미쎄따 께 에스따 데 모다 울띠마멘떼

이것이 최신 유행의 티셔츠입니다.

Ésta es la camiseta de última moda.

에스따 에슬 라 까미쎄따 데 울띠마 모다

이 면 티셔츠가 올해 대유행입니다.

Esta camiseta de algodón está popular en este año.

에스따 까미쎄따 데 알고돈 에스따 뽀뿔라르 엔 에스떼 아뇨

이 티셔츠는 얼마입니까?

¿Qué precio tiene esta camiseta?

께 쁘레씨오 띠에네 에스따 까미쎄따?

저 티셔츠를 보여 주십시오.

Enséñeme aquella camiseta, por favor.

엔쎄녜메 아께야 까미쎄따, 뽀르 화보르

이것은 사이즈가 몇입니까?

¿De qué tamaño es esta(=ésta)?

데 께 따마뇨 에스 에스따?

이것을 입어 봐도 됩니까?

¿Puedo probar [probarme] esta(=ésta)?

뿌에도 프로바르[프로바르메] 에스따?

물론입니다. 탈의실로 가십시오.

Por supuesto. Vaya al probador.

뽀르 쑤뿌에스또. 바야 알 프로바도르

탈의실은 어디에 있습니까?

¿Dónde está el probador?

돈데 에스따 엘 프로바도르?

티셔츠를 뒤집에[안팎을 거꾸로] 입으셨습니다.

Se ha puesto la camiseta al revés.

세 아 뿌에스똘 라 까미쎄따 알 레베스

어서 오십시오, 무엇을 찾고 계십니까?

Bienvenido(-a), ¿qué está buscando?

비엔베니도(-다), 께 에스따 부스깐도?

(바지들/치마들)을 보는 중입니다.	Estoy mirando (pantalones/faldas). 에스또이 미란도 (빤딸로네스/활다스)
이 치마가 마음에 듭니다. 무슨 색깔이 있습니까?	Me gusta esta falda. ¿En qué colores la hay? 메 구스따 에스따 활다. 엔 께 꼴로레슬 라 아이?
빨강과 검정 2가지 색깔이 있습니다.	Hay en dos colores, rojo y negro. 아이 엔 도스 꼴로레스, 로호 이 네그로
그런데 사이즈가 작은데 더 큰 것도 있습니까?	Pero la talla es pequeña, ¿tiene otra más grande? 뻬롤 라 따야 에스 뻬께냐. 띠에네 오뜨라 마쓰 그란데?
아니오, 이 사이즈밖에 없습니다.	No, tenemos esta sola talla. 노, 떼네모스 에스따 쏠라 따야
티셔츠에 어울리는 바지를 하나 사고 싶습니다.	Quiero comprar un pantalón que combine con la camiseta. 끼에로 꼼쁘라르 운 빤딸론 께 꼼비네 꼰 라 까미쎄따
이 바지는 할인하면 얼마입니까?	¿Cuánto cuesta este pantalón con el descuento? 꾸안또 꾸에스따 에스떼 빤딸론 꼰 엘 데스꾸엔또?
원래 30유로인데 50% 할인해서 15유로입니다.	Valía treinta euros, pero con el descuento del cincuenta por ciento vale quince euros. 발리아 트레인따 에우로스, 뻬로 꼰 엘 데스꾸엔또 델 씽꾸엔따 뽀르 씨엔또 발레 낀쎄 에우로스
왜 이렇게 많이 할인합니까?	¿Por qué hacen tanto descuento? 뽀르 께 아쎈 딴도 데스꾸엔또?
작년 재고품이라서 그렇습니다.	Porque son saldos del año pasado. 뽀르께 쏜 쌀도스 델 아뇨 빠사도
만져 봐도 됩니까?	¿Puedo tocar? 뿌에도 또까르?
이것은(=바지) 어떤 종류의 천입니까?	¿Qué clase de tela es esto? 께 끌라세 데 뗄라 에스 에스또?
면/실크/모직물/나일론입니다.	Es algodón/seda/lana/nilón[nailon, nylón]. 에스 알고돈/쎄다/라나/닐론[나일론, 닐론]
그것을 입어 봐도 됩니까?	¿Puedo probármelo?/¿Me permite probarlo? 뿌에도 프로바르멜로?/메 뻬르미떼 프로바를로?
네, 그것을 입어보십시오.	Sí, pruébeselo. 씨, 프루에베셀로
네, 잘 어울릴 것 같습니다.	Sí, le va a parecer bien. 씨, 레 바 아 빠레쎄르 비엔
그 재킷은 무엇으로 만들어졌습니까?	¿De qué es la chaqueta? 데 께 에슬 라 차께따?

소가죽으로 만들어졌습니다.	Es de piel de vaca. 에스 데 삐엘 데 바까	원피스를 샀으면 합니다.	Quisiera comprar un vestido. 끼씨에라 꼼쁘라르 운 베스띠도
소가죽 재킷입니다.	Es la chaqueta de piel de vaca. 에슬 라 차께따 데 삐엘 데 바까	손님이 입으실 겁니까?	¿Se la va a poner usted? 셀 라 바 아 뽀네르 우스뗃?
이 옷은 드라이클리닝 해야만 합니까?	¿Se tiene que lavar en seco esta prenda? 세 띠에네 껠 라바르 엔 쎄꼬 에스따 쁘렌다?	네.	Sí. 씨
물세탁이 가능합니까?	¿Es lavable? 에슬 라바블레?	그럼 이쪽에서 골라 보십시오.	Entonces elíjalo de aquí. 엔똔쎄쓰 엘리할로 데 아끼
사이즈가 어떻게 되십니까?	¿Cuál es su talla? 꾸알 에스 쑤 따야?	입어 볼 수 있습니까?	¿Puedo probármelo? 뿌에도 프로바르멜로?
중간 사이즈입니다.	Mi talla es media[mediana]. 미 따야 에스 메디아[메디아나]	네, 저쪽 탈의실에서 한 번 입어 보십시오. 사이즈가 어떻게 되십니까?	Sí, pruébeselo en aquel probador. ¿Qué talla tiene? 씨, 프루에베셀로 엔 아껠 프로바도르, 께 따야 띠에네?
저는 제 사이즈를 모릅니다.	No sé cuál es mi talla. 노 쎄 꾸알 에스 미 따야	55사이즈로 주십시오.	Déme un cincuenta y cinco. 데메 운 씽꾸엔따 이 씽꼬
L[라지] 사이즈, 큰 사이즈	talla grande (f.)/ tamaño grande (m.) 따야 그란데/ 따마뇨 그란데	잘 어울리십니다. 마음에 드십니까?	Le queda bien. ¿Le gusta? 레 께다 비엔. 레 구스따?
M[미디엄] 사이즈, 중간 사이즈	talla media [mediana] (f.)/ tamaño mediano (m.) 따야 메디아[메디아나]/ 따마뇨 메디아노	디자인은 마음에 드는데 색깔이 별로입니다. 같은 디자인으로 다른 색깔이 있습니까?	Me gusta el diseño, pero no el color. ¿Tiene en otros colores con el mismo diseño? 메 구스따 엘 디쎄뇨, 뻬로 노 엘 꼴로르. 띠에네 엔 오트로스 꼴로레스 꼰 엘 미스모 디쎄뇨?
S[스몰] 사이즈, 작은 사이즈	talla pequeña (f.)/ tamaño pequeño (m.) 따야 뻬께냐/ 따마뇨 뻬께뇨		
어서 오십시오. 어떤 종류의 옷을 찾으십니까?	Hola, ¿qué tipo de prenda busca? 올라, 께 띠뽀 데 쁘렌다 부스까?		

하양, 검정, 파랑, 3가지 색깔이 있습니다.

Hay en tres colores: blanco, negro y azul.

아이 엔 트레스 꼴로레스: 블 랑꼬, 네그로 이 아쑬

그럼, 검정으로 주십시오. 가격은 얼마입니까?

Pues, démelo en negro. ¿Cuánto vale?

뿌에스 데멜로 엔 네그로, 꾸 안또 발레?

50유로입니다.

Son cincuenta euros.

쏜 씽꾸엔따 에우로스

이 옷이 마음에 드십니까?

¿Le gusta esta prenda?

레 구스따 에스따 쁘렌다?

아니오, 제게는 어울리지 않는 것 같습니다.

No, me parece que no me queda bien.

노, 메 빠레쎄 께 노 메 께다 비엔

제가 보기에는 당신에게 잘 어울리는 것 같은데요.

A mí me parece que le queda bien.

아 미 메 빠레쎄 껠 레 께다 비엔

아니오, 너무 뚱뚱해 보여서 마음에 안 듭니다.

No, no me gusta porque hace que me vea muy gordo.

노, 노 메 구스따 뽀르께 아 쎄 께 메 베아 무이 고르도

이 옷이 제게 아주 잘 맞습니다.

Esta ropa me queda muy bien.

에스따 로빠 메 께다 무이 비엔

이 옷은 당신에게 매우 잘 어울립니다.

Esta ropa va muy bien con usted.

에스따 로빠 바 무이 비엔 꼰 우스뗄

제게 잘 어울리지 않는 것 같습니다.

Creo que no me queda bien.

크레오 께 노 메 께다 비엔

제게 잘 어울리지 않습니다[안 맞습니다].

No me queda bien.

노 메 께다 비엔

제게 약간 조입니다.

Me queda un poco apretado(-a).

메 께다 운 뽀꼬 아프레따도 (-다)

제게 바지가 많이 끼입니다.

Me aprietan mucho los pantalones.

메 아프리에딴 무촐 로스 빤 딸로네스

더 큰 사이즈 있습니까?

¿Hay una talla más grande?

아이 우나 따야 마쓰 그란데?

소매가 깁니다.

Las mangas son largas.

라스 망가스 쏜 라르가스

좀 더 작은 사이즈로 주십시오.

Déme una talla un poco más pequeña.

데메 우나 따야 운 뽀꼬 마쓰 뻬께냐

(이 치마/바지)의 길이를 줄여야겠습니다.

Voy a acortar el largo de (esta falda/ este pantalón).

보이 아 아꼬르따르 엘 라르 고 데 (에스따 활다/에스떼 빤딸론)

양복 한 벌 사려고 합니다.

Yo deseo un traje.

요 데쎄오 운 트라헤

이것은 어떻습니까?

¿Cómo es este(=éste)?

꼬모 에스 에스떼?

그 양복을 입어 봐도 됩니까?	¿Me permite probar el traje? 메 뻬르미떼 프로바르 엘 트라헤?	순모로 된 걸 원합니다. 가봉하러 언제 와야만 합니까?	Quiero algo de lana pura. ¿Cuándo tengo que venir a probármelo? 끼에로 알고 델 라나 뿌라. 꾸안도 뗑고 께 베니르 아 프로바르멜로?
그것을 입어 봐도 됩니까?	¿Me permite probarlo? 메 뻬르미떼 프로바를로?		
물론입니다.	¡Claro (que sí)! 끌라로 (께 씨)!	다음 주 목요일에 오십시오.	Vuelva Ud. el jueves de la próxima semana. 부엘바 우스뗃 엘 후에베스 델 라 프록씨마 쎄마나
제게 잘 맞습니까?	¿Me proba bien? 메 프로바 비엔?		
당신에게 잘 맞습니다.	Le proba bien. 레 프로바 비엔	선금을 좀 드릴까요?	¿Quiere Ud. que le paga algún anticipo? 끼에레 우스뗃 껠 레 빠가 알군 안띠씨뽀?
아! 여기 양복점이 있네. 안녕하십니까?	¡Ah! Aquí está una sastrería/una camisería. ¡Hola! Buenas tardes. 애 아끼 에스따 우나 싸스트레리아/우나 까미쎄리아. 올라! 부에나스 따르데스		
		아니오, 감사합니다.	No, gracias. 노, 그라씨아스
		무엇을 원하십니까[무엇을 도와드릴까요]?	¿Qué desea Ud.? 께 데쎄아 우스뗃?
안녕하십니까. 무엇을 도와드릴까요?	Buenas tardes. ¿En qué puedo servirle? 부에나스 따르데스. 엔 께 뿌에도 쎄르비를레?	모자들을 찾고 있습니다.	Yo estoy buscando algunos sombreros. 요 에스또이 부스깐도 알구노스 쏨브레로스
양복 한 벌 맞추고 싶습니다[맞춤복 한 벌을 원합니다].	Quiero un traje a medida. 끼에로 운 트라헤 아 메디다	그것들은 4층에 있습니다.	Los tenemos en el tercer piso. 로스 떼네모스 엔 엘 떼르쎄르 삐소
이리 오십시오, 선생님. 어떤 종류의 천을 원하십니까?	Pase por aquí, señor. ¿Qué especie de tela quiere Ud.? 빠세 뽀르 아끼, 쎄뇨르, 께 에스뻬씨에 데 뗄라 끼에레 우스뗃?	무엇을 찾으십니까?	¿Qué busca? 께 부스까?
		모자를 사고 싶은데 어떤 것들이 있습니까?	Quiero comprar un sombrero, ¿cuáles tiene? 끼에로 꼼쁘라르 운 쏨브레로, 꾸알레스 띠에네?

이쪽으로 오십시오.	Venga por aquí, señor. 벵가 뽀르 아끼, 쎄뇨르	얼마입니까?	¿Cuánto vale? 꾸안또 발레?
감사합니다.	Gracias. 그라씨아스	70유로입니다, 선생님.	Vale setenta euros, señor. 발레 쎄뗀따 에우로스, 쎄뇨르
이 옷에 어울리는 모자가 있습니까?	¿Tiene algún sombrero que combine con esta ropa? 띠에네 알군 쏨브레로 께 꼼비네 꼰 에스따 로빠?	더 싼 것 있습니까?	¿Teine Ud. algo más barato? 띠에네 우스뗄 알고 마쓰 바라또?
네, 이쪽에서 보십시오.	Sí, mire por aquí. 씨, 미레 뽀르 아끼	이것을 보시지요. 50유로입니다.	Mire este(=éste). Vale cincuenta euros. 미레 에스떼. 발레 씽꾸엔따 에우로스
진열장에 있는 저 모자를 보여 주십시오.	Déjeme mirar el sombrero de la vitrina. 데헤메 미라르 엘 쏨브레로 델 라 비트리나	네[좋습니다]. 그것을 사겠습니다.	Bueno. Yo lo compraré. 부에노. 욜 로 꼼쁘라레
진열장에 있는 것을 보여주시겠습니까?	¿Me enseña el que está en el escaparate, por favor? 메 엔쎄냐 엘 께 에스따 엔 엘 에스까빠라떼, 뽀르 화보르?	무엇을 원하십니까[무엇을 도와드릴까요]?	¿Qué quiere Ud.? 께 끼에레 우스뗄?
		가죽제품 있습니까?	¿Tiene artículos de cuero? 띠에네 아르띠꿀로스 데 꾸에로?
어떤 것을 원하시는 겁니까, 선생님?	¿Cuál quiere Ud., señor? 꾸알 끼에레 우스뗄, 쎄뇨르?	(소/악어/사슴) 가죽	piel de (vaca/cocodrilo/ciervo) (f.) 삐엘 데 (바까 / 꼬꼬드릴로/씨에르보)
노랑색이요.	El amarillo. 엘 아마리요	핸드백/장갑을 사고 싶습니다.	Quiero comprar un bolso[una bolsa]/los guantes. 끼에로 꼼쁘라르 운 볼소[우나 볼사]/로스 구안떼스
이거요?	¿Este? 에스떼?		
네.	Sí. 씨	장갑 한 켤레	un par de guantes 운 빠르 데 구안떼스
여기 있습니다.	Aquí lo tiene (Ud.). 아낄 로 띠에네 (우스뗄)		

2. 상황별 의사소통　**273**

벙어리장갑	mitones (m.pl.) 미또네스	네, 지금 15% 세일합니다.	Sí, tiene una rebaja del quince por ciento. 씨, 띠에네 우나 레바하 델 낀세 뽀르 씨엔또
(접는) 지갑, 서류가방	cartera (f.) 까르떼라	세일하는 상품들은 어느 것인가요?	¿Cuáles son los artículos en rebaja? 꾸알레스 쏜 로스 아르띠꿀로스 엔 레바하?
숄더백	bandolera (f.)/ bolso bandolera (m.)/bolso con correa (m.) 반돌레라/ 볼소 반돌레라/ 볼소 꼰 꼬레아	이쪽에 있는 상품들은 전부 세일하고 있습니다.	Los artículos de este lado están en rebaja. 로스 아르띠꿀로스 데 에스 뗄 라도 에스딴 엔 레바하
(넥타이/나비넥타이/허리띠/선글라스)를 사고 싶습니다.	Quiero comprar (una corbata/una pajarita/un cinturón/unas gafas de sol). 끼에로 꼼쁘라르 (우나 꼬르바따/우나 빠하리따/운 씬뚜론/우나스 가파스 데 쏠)	이곳에선 무엇을 판매하십니까?	¿Qué venden en este lugar? 께 벤덴 엔 에스뗄 루가르?
제게 넥타이를 보여 주셨으면 합니다.	Quiero que usted me enseñe[muestre] una corbata. 끼에로 께 우스뗃 메 엔쎄녜[무에스트레] 우나 꼬르바따	이 매장에선 핸드백을 판매합니다.	En esta tienda venden bolsos. 엔 에스따 띠엔다 벤덴 볼소스
이것과 비슷한 디자인의 넥타이핀이 있습니까?	¿Tiene un alfiler de corbata con un diseño parecido a este(=éste)? 띠에네 운 알휠레르 데 꼬르바따 꼰 운 디쎄뇨 빠레씨도 아 에스떼?	구두는 어디서 살 수 있습니까?	¿Dónde puedo comprar zapatos? 돈데 뿌에도 꼼쁘라르 싸빠또스?
		4층 구두매장으로 가십시오.	Vaya a la tienda de zapatos del tercer piso. 바야 알 라 띠엔다 데 싸빠또스 델 떼르쎄르 삐소
있는지 찾아보겠습니다.	Voy a ver si hay. 보이 아 베르 씨 아이	장난감을 찾고 있습니다.	Yo estoy buscando algunos juguetes. 요 에스또이 부스깐도 알구노스 후게떼스
이 핸드백은 세일 중입니까?	¿Está en rebaja este bolso? 에스따 엔 레바하 에스떼 볼소?	네[알겠습니다]. 그것들은 2층에 있습니다.	Bueno. Ud. puede hallarlos en el primer piso[segundo piso((남미))].

부에노. 우스뗃 뿌에데 아야
를 로스 엔 엘 쁘리메르 삐
소[쎄군도 삐소]

2층에서 어디로 가야합
니까?

¿A dónde voy en el
primer piso[segundo
piso((남미))]?

아 돈데 보이 엔 엘 쁘리메르
삐소[쎄군도 삐소]?

오른쪽으로 가십시오.

Vaya a la derecha.

바야 알 라 데레차

이제 알겠습니다. 감사
합니다.

Ya comprendo.
Gracias.

야 꼼쁘렌도. 그라씨아스

시계들은 어느 매장에
있습니까?

¿En qué sección
hay relojes?

엔 께 쎅씨온 아이 렐로헤스?

자명종을 하나 원합니
다. 그것들을 보여주십
시오.

Yo quiero un
despertador.
Enséñemelos, por
favor.

요 끼에로 운 데스뻬르따도르.
엔쎄녜멜로스. 뽀르 화보르

대략 어느 가격의 자명
종을 원하십니까?

¿De qué precio
más o menos
quiere usted el
desperador?

데 께 쁘레씨오 마쓰 오 메노
스 끼에레 우스뗃 엘 데스뻬
르따도르?

이것을 원하십니까 저것
을 원하십니까?

¿Quiere usted éste
o aquél?

끼에레[또마] 우스뗃 에스떼
오 아껠?

이 자명종을 고르시겠습
니까 저것(=저 자명종)
을 고르시겠습니까]?

¿Toma usted este
despertador o aquél?

또마 우스뗃 에스떼 데스뻬
르따도르 오 아껠?

어떤 것이 더 마음에 드
시나요, 저것인가요 이
것인가요?

¿Cuál le gusta
más, aquél o éste?

꾸알 레 구스따 마쓰, 아껠
오 에스떼?

안녕하십니까.

Buenas tardes.

부에나스 따르데스

무엇을 도와 드릴까요
[무엇을 해 드릴까요]?

¿En qué puedo
servirle?

엔 께 뿌에도 쎄르비를레?

편지지를 원합니다.

Quiero papel de
cartas.

끼에로 빠뻴 데 까르따스

여기 있습니다. 그밖에
필요하신 것은요?

Aquí lo tiene (Ud.).
¿Y además?

아낄 로 띠에네 (우스뗃). 이
아데마쓰?

봉투를 원합니다.

Quiero sobres.

끼에로 쏘브레스

여기 있습니다.

Aquí los tiene (Ud.).

아낄 로스 띠에네 (우스뗃)

이 종이는 저것(=저 종
이)보다 상질입니다.

Este papel supera
a aquél en calidad.

에스떼 빠뻴 쑤뻬라 아 아껠
엔 깔리닫

여기서 그림엽서들을 팝
니까?

¿Se venden aquí
las tarjetas postales
ilustradas?

세 벤덴 아낄 라스 따르헤따스
뽀스딸레스 일루스뜨라다스?

네, 선생님.

Sí, señor.

씨, 쎄뇨르

그것들을 보여주십시오.

Enséñemelas, por
favor.

엔쎄녜멜라스. 뽀르 화보르

무엇을 원하십니까?	¿Qué quiere[desea] usted?/¿Qué es lo que desea usted? 께 끼에레[데쎄아] 우스뗃?/ 께 에슬 로 께 데쎄아 우스뗃?	더 순한 것을 원합니다.	Los quisiera más suaves. 로스 끼씨에라 마쓰 쑤아베스
무엇이 필요하십니까?	¿Qué necesita usted?/¿Qué es lo que necesita usted? 께 네쎄씨따 우스뗃?/ 께 에슬 로 께 네쎄씨따 우스뗃?	네, 선생님. 그밖에 필요하신 것은요?	Sí, señor. ¿Y además? 씨, 쎄뇨르. 이 아데마쓰?
		이것이 전부입니다.	Nada más./Esto es todo. 나다 마쓰/ 에쓰또 에스 또도
어떤 것들이 필요하십니까?	¿Qué cosas necesita usted? 께 꼬사쓰 네쎄씨따 우스뗃?	라이터 있습니까?	¿Tiene Uds. encendedores? 띠에네 우스떼데스 엔쎈데도레스?
담배 한 갑 원합니다.	Quiero un paquete de cigarrillos. 끼에로 운 빠께떼 데 씨가리요스	네, 물론입니다. 여기 있습니다.	Sí, claro. Aquí lo tiene (Ud.). 씨, 끌라로. 아낄 로 띠에네 (우스뗃)
이 담배가 마음에 드십니까?	¿Le gustan a Ud. estos cigarrillos? 레 구스딴 아 우스뗃 에스또스 씨가리요스?	성냥 한 갑	cajita[caja] de cerillas [de fósforos] (f.) 까히따[까하] 데 쎄리야스[데 포스포로스]

신사화	zapatos de caballeros (m.pl.) 싸빠또스 데 까바예로스	로우힐, 굽 낮은 구두	zapatos de tacón bajo (m.pl.)/zapatos bajos[planos/de piso] (m.pl.) 싸빠또스 데 따꼰 바호/ 싸빠또스 바호스[쁠라노스/데 삐소]
숙녀화	zapatos de mujeres (m.pl.) 싸빠또스 데 무헤레스		
하이힐	zapatos de tacón (m.pl.)/zapatos de tacón alto (m.pl.) 싸빠또스 데 따꼰/ 싸빠또스 데 따꼰 알또	(구두/샌들/운동화) 한 켤레	un par de (zapatos/sandalias/zapatillas) 운 빠르 데 (싸빠또스/싼달리아스/싸빠띠야스)

(구두/샌들/운동화)를 신어보다	probarse (unos zapatos/ unas sandalias/ unas zapatillas) 프로바르세 (우노스 싸빠또스/우나스 싼달리아스/우나스 싸빠띠야스)
(구두/샌들/운동화)를 신다	ponerse (los zapatos/ las sandalias/ las zapatillas) 뽀네르세 (로스 싸빠또스/라스 싼달리아스/라스 싸빠띠야스)
(구두/샌들/운동화)를 벗다	quitarse (los zapatos/ las sandalias/ las zapatillas) 끼따르세 (로스 싸빠또스/라스 싼달리아스/라스 싸빠띠야스)
하이힐 판매하십니까?	¿Vende zapatos de tacón alto? 벤데 싸빠또스 데 따꼰 알또?
사이즈 몇 번 신으십니까?	¿Qué número calza (usted)? 께 누메로 깔싸 (우스뗻)?
37 신습니다.	Calzo treinta y siete. 깔쏘 트레인따 이 씨에떼
당신의 신발 사이즈는 몇입니까?	¿Cuál es el número de sus zapatos? 꾸알 에스 엘 누메로 데 쑤스 싸빠또스?
40 신습니다.	Yo calzo un cuarenta. 요 깔쏘 운 꾸아렌따
일상적 용도의 편한 신발을 찾고 있습니다.	Estoy buscando unos zapatos cómodos para uso cotidiano. 에스또이 부스깐도 우노스 싸빠또스 꼬모도스 빠라 우소 꼬띠디아노
더 낮은 굽의 신발은 없습니까?	¿No hay unos zapatos con tacón más bajo? 노 아이 우노스 싸빠또스 꼰 따꼰 마쓰 바호?
운동화는 어디서 판매됩니까?	¿Dónde se compran deportivas? 돈데 세 꼼쁘란 데뽀르띠바스?
(운동화끈/구두끈) 한 쌍 주십시오.	Déme un par de (cordones para zapatillas/cordones de zapatos). 데메 운 빠르 데 (꼬르도네스 빠라 싸빠띠야스/꼬르도네스 데 싸빠또스)
하이킹화 주십시오.	Déme unas botas de senderismo. 데메 우나스 보따스 데 쎈데리스모
등산화	botas de escalada [alpinista] (f.pl.) 보따스 데 에스깔라다[알삐니스따]
승마화	botas de montar (f.pl.) 보따스 데 몬따르
스키화	botas de esquí [esquiar] (f.pl.) 보따스 데 에스끼[에스끼아르]

장화, 부츠	bota (f.) 보따 *주로 복수형 'botas(보따스)'로 사용됨	이 구두 어떻습니까?	¿Qué le parece estos zapatos? 껠 레 빠레쎄 에스또스 싸빠또스?
우화(雨靴), 고무장화	botas de agua [lluvia/ goma] (f.pl.) 보따스 데 아구아[유비아/고마]	매우 예뻐 보입니다.	Me parece muy bonitos. 메 빠레쎄 무이 보니또스
스니커	sneakers (m.pl.)/ zapatos de lona (m.pl.) 스니커즈/ 싸빠또스 델 로나	감사합니다.	Gracias. 그라씨아스
신발이 제게 큰 것/작은 것 같습니다.	Creo que el zapato me queda grande/ pequeño. 크레오 께 엘 싸빠또 메 께다 그란데/뻬께뇨	그거 얼마나 주셨습니까 [지불하셨습니까]?	¿Cuánto los pagó Ud.? 꾸안또 로스 빠고 우스뗃?
		25유로입니다.	Veinte y cinco euros. 베인떼 이 씽꼬 에우로스
		싸게 사셨습니다[비용이 적게 드셨습니다].	Le cuesta poco. 레 꾸에스따 뽀꼬

화장품

어서 오십시오. 여러분 뭐 특별히 찾으시는 게 있으십니까?	¡Hola! ¿Buscan algo en especial? 올라! 부스깐 알고 엔 에스뻬씨알?	어서 오십시오. 뭘 찾으십니까?	¡Hola! ¿Busca algo? 올라! 부스까 알고?
아니오, 저희는 구경 좀 하려고 합니다.	No, solamente vamos a mirar un poco. 노, 쏠라멘떼 바모스 아 미라르 운 뽀꼬	(화장품/브러시) 세트를 주십시오.	Déme un juego de (cosméticos/ brochas), por favor. 데메 운 후에고 데 (꼬스메띠꼬스/브로차스), 뽀르 화보르
네, 그럼 편히들 둘러보십시오.	Claro, dense una vuelta con tranquilidad. 끌라로, 덴세 우나 부엘따 꼰 트랑낄리닫	스킨로션을 사고 싶습니다.	Quisiera comprar una loción de la piel. 끼씨에라 꼼쁘라르 우날 로씨온 델 라 삐엘

남성용을 찾으십니까 여성용을 찾으십니까?	¿Busca para hombre o para mujer? 부스까 빠라 옴브레 오 빠라 무헤르?
(여성/남성)용 화장품을 사고 싶습니다.	Quisiera comprar cosméticos para (mujeres/hombres). 끼씨에라 꼼쁘라르 꼬스메띠꼬스 빠라 (무헤레스/옴브레스)
어떤 유형의 화장품을 원하십니까?	¿Qué tipo de cosméticos quiere? 께 띠뽀 데 꼬스메띠꼬스 끼에레?
(향수/오데콜론/오드뚜왈렛)을 찾고 있습니다.	Estoy buscando (un perfume/una agua de colonia/una agua de tocador). 에스또이 부스깐도 (운 뻬르후메/ 우나 아구아 데 꼴로니아/ 우나 아구아 데 또까도르)
BB크림/CC크림	crema BB (f.)/ crema CC (f.) 크레마 베베/ 크레마 쎄쎄
파운데이션	maquillaje base (m.)/ maquillaje de fondo (m.) 마끼야헤 바쎄/ 마끼야헤 데 폰도
콤팩트	polvera (m.) 뽈베라
립스틱, 루즈, 입술연지	pintalabios (m.)/ lápiz de labios (m.)/ barra de labios (f.)/ ((라틴 아메리카)) lápiz labial (m.) 삔딸라비오스/ 라삐쓰 델 라비오스/ 바라 델 라비오스/ 라삐쓰 라비알
볼연지	colorete (m.) 꼴로레떼
아이섀도	sombra de ojos (f.) 쏨브라 데 오호스
마스카라	rímel (m.) 리멜
아이라이너	lápiz de ojos (m.)/ delineador (m.) 라삐쓰 데 오호스/ 델리네아도르
매니큐어	manicura (f.) 마니꾸라
(토닉로션/스킨로션/밀크로션/세럼/수분크림/영양크림/아이크림)을 찾고 있습니다.	Estoy buscando (una loción tónica/ una loción de la piel/ una loción de leche/ un sérum/una crema hidratante/ una crema nutritiva/ una crema para ojos). 에스또이 부스깐도 (우날 로씨온 또니까/ 우날 로씨온 델 라 삐엘/ 우날 로씨온 데 레체/ 운 쎄룸/ 우나 크레마 이드라딴떼/ 우나 크레마 누트리띠바/ 우나 크레마 빠라 오호스)
(쉐이빙크림/애프터쉐이브로션/포마드[헤어리퀴드]/헤어 (토닉) 로션)을 사고 싶습니다.	Quiero comprar (una crema de afeitar/una loción para después del afeitado/una brillantina/una loción (tónica) capilar). 끼에로 꼼쁘라르 (우나 크레마 데 아훼이따르/ 우날 로씨온 빠라 데스뿌에쓰 델 아훼이따도/ 우나 브리얀띠나/ 우날 로씨온 (또니까) 까삘라르)

(선탠크림/마스크팩)을 사고 싶습니다.

Quisiera comprar (una crema contra quemaduras de sol/ una máscara facial).

끼씨에라 꼼쁘라르 (우나 크레마 꼰트라 께마두라스 데 쏠/ 우나 마스까라 화씨알)

피부 타입이 어떻게 되십니까?

¿Cuál es su tipo de piel?

꾸알 에스 쑤 띠뽀 데 삐엘?

(건성/지성/복합성/민감성) 피부입니다.

Tengo la piel (seca/grasa/mixta/ sensible).

뗑골 라 삐엘 (쎄까/그라사/믹스따/쎈씨블레)

어떤 제품을 평소에 사용하십니까?

¿Qué producto usa generalmente?

께 프로둑또 우사 헤네랄멘떼?

천연 성분으로 만들어진 제품을 사용합니다.

Uso un producto hecho con ingredientes naturales.

우소 운 프로둑또 에초 꼰 잉그레디엔떼스 나뚜랄레스

이 매니큐어는 얼마입니까?

¿Cuánto vale esta manicura?

꾸안또 발레 에스따 마니꾸라?

너무 비싼데 더 싼 것으로 보여 주십시오.

Es muy caro, muéstreme algo más barato.

에스 무이 까로, 무에스트레메 알고 마쓰 바라또

죄송하지만, 이 제품이 가장 싼 제품입니다.

Lo siento, pero este producto es el más barato.

로 씨엔또, 뻬로 에스떼 프로둑또 에스 엘 마쓰 바라또

흰색 매니큐어 두 개 주십시오.

Déme dos manicuras blancas.

데메 도스 마니꾸라스 블랑까스

네, 알겠습니다.

Sí, entendido.

씨, 엔뗀디도

새로 나온 화장품이 있습니까?

¿Hay algún cosmético nuevo?

아이 알군 꼬스메띠꼬 누에보?

네, 갓 나온 이 제품을 써 보십시오. 요즘 젊은 여성들에게 매우 인기가 있습니다.

Sí, pruebe este producto que acaba de salir. Es muy popular en estos días entre las mujeres jóvenes.

씨, 프루에베 에스떼 프로둑또 께 아까바 데 쌀리르. 에스 무이 뽀뿔라르 엔 에스또스 디아스 엔트렐 라스 무헤레스 호베네스

네, 오늘 아침에 신제품들이 도착했습니다.

Sí, esta mañana nos llegaron productos nuevos.

씨, 에스따 마냐나 노스 예가론 프로둑또스 누에보스

이 제품은 여성의 피부를 다시 젊어지게 하기 위한 이상적인 세럼인데 게다가 향이 매우 좋습니다.

Este producto es un sérum ideal para rejuvenecer la piel de la mujer y además tiene muy buena fragancia.

에스떼 프로둑또 에스 운 쎄룸 이데알 빠라 레후베네쎄를 라 삐엘 델 라 무헤르 이 아데마쓰 띠에네 무이 부에나 프라간씨아

얼마입니까?

¿Cuánto vale?

꾸안또 발레?

이 제품은 신제품이라 다른 것들보다 조금 비쌉니다. 115유로입니다.

Es un producto nuevo, por eso es un poco más caro que los demás. Vale ciento quince euros.

에스 운 프로둑또 누에보, 뽀르 에소 에스 운 뽀꼬 마쓰 까로 껠 로스 데마쓰. 발레 씨엔도 낀쎄 에우로스

네, 이쪽에 샘플들이 있으니 손에 발라 보십시오. 다른 제품들도 많이 있으니, 편히 써 보십시오.

Sí, aquí tiene muestras, así que apliqueselo en la mano. Tenemos muchos otros productos, así que pruébeselos tranquilamente.

씨, 아끼 띠에네 무에스트라스, 아씨 께 아쁠리께셀로 엔 라 마노. 떼네모스 무초스 오트로스 프로둑또스, 아씨 께 프루에베셀로스 트랑낄라멘떼

정말 비싸네요.

En verdad es caro.

엔 베르닫 에스 까로

지독하게 비싸군요!

¡Válgame Dios qué caro!

발가메 디오스 께 까로!

네, 감사합니다.

Sí, gracias.

씨, 그라씨아스

이 제품의 유통 기한은 어디에 표시되어 있습니까?

¿Dónde está la fecha de caducidad de este producto?

돈데 에스딸 라 훼차 데 까두씨닫 데 에스떼 프로둑또?

사은품용 샘플을 주실 수 있습니까?

¿Puede darme una muestra de regalo?

뿌에데 다르메 우나 무에스트라 데 레갈로?

신제품들의 무료 샘플을 써 보고 싶습니다.

Quiero probar las muestras gratis[gratuitas] de productos nuevos.

끼에로 프로바를 라스 무에스트라스 그라띠스[그라뚜이따스] 데 프로둑또스 누에보스

수분크림 무료샘플 하나 드리겠습니다.

Le doy una muestra gratis[gratuita] de la crema hidratante.

레 도이 우나 무에스트라 그라띠스[그라뚜이따] 델 라 크레마 이드라딴떼

테스트용 샘플 있습니까?

¿Hay alguna muestra de prueba?

아이 알구나 무에스트라 데 프루에바?

여성용/남성용 향수 무료샘플을 얻을 수 있을까요?

¿Puedo conseguir muestras gratis de perfumes para[de] mujer/hombre?

뿌에도 꼰쎄기르 무에스트라스 그라띠스 데 뻬르후메스 빠라[데] 무헤르/옴브레?

이 화장품 써 봐도 됩니까?

¿Puedo probarme este cosmético?

뿌에도 프로바르메 에스떼 꼬스메띠꼬?

네, 이쪽에 (테스트용) 샘플들이 있으니 써 보십시오.

Sí, pruébelo que aquí hay muestras (de prueba).

씨, 프루에벨로 께 아끼 아이 무에스트라스 (데 프루에바)

많이 사셨으니, 샘플을 많이 드리겠습니다.

Como ha comprado mucho, le daré muchas muestras.

꼬모 아 꼼쁘라도 무초, 레 다레 무차스 무에스트라스

감사합니다.

Gracias.

그라씨아스

선글라스를/색안경을 하나 사고 싶습니다.	Quiero comprar unas gafas de sol/unos anteojos de color. 끼에로 꼼쁘라르 우나스 가파스 데 쏠/우노스 안떼오호스 데 꼴로르	컬러 콘택트렌즈	lentillas de color (f.pl.)/lentes de contacto de color (m.pl.) 렌띠야스 데 꼴로르/렌떼스 데 꼰딱또 데 꼴로르
안경	gafas (f.pl.)/anteojos (m.pl.)/((아메리카)) lentes (m.pl.) 가파스/ 안떼오호스/ 렌떼스	소프트 콘택트렌즈	lentillas blandas (f.pl.)/lentes de contacto blandos (m.pl.) 렌띠야스 블란다스/렌떼스 데 꼰딱또 블란도스
안경을 끼다	ponerse las gafas [los anteojos/los lentes] 뽀네르셀 라스 가파스[로스 안떼오호스/ 로스 렌떼스]	하드 콘택트렌즈	lentillas duras (f.pl.)/lentes de contacto duros[rígidos] (m.pl.) 렌띠야스 두라스/렌떼스 데 꼰딱또 두로스[리히도스]
안경을 끼고 있다	llevar gafas [anteojos/lentes] 예바르 가파스[안떼오호스/렌떼스]	콘택트렌즈를 끼다	ponerse las lentillas[los lentes de contacto] 뽀네르셀 라스 렌띠야스[로스 렌떼스 데 꼰딱또]
안경을 벗다	quitarse las gafas [los anteojos/los lentes] 끼따르셀 라스 가파스[로스 안떼오호스/ 로스 렌떼스]	콘택트렌즈를 끼고 있다	llevar/usar lentillas [lentes de contacto] 예바를/우사를 렌띠야스[렌떼스 데 꼰딱또]
콘택트렌즈	lentilla (f.)/lente de contacto (m.) 렌띠야/ 렌떼 데 꼰딱또	콘택트렌즈를 빼다	quitarse las lentillas [los lentes de contacto] 끼따르셀 라스 렌띠야스[로스 렌떼스 데 꼰딱또]

14K 금	oro de catorce quilates 오로 데 까또르쎄 낄라떼스	이 (24K) 금반지 무게가 얼마나 나갑니까?	¿Cuánto pesa este anillo de oro (de veinte y cuatro [veinticuatro] quilates)? 꾸안또 뻬사 에스떼 아니요 데 오로 (데 베인떼 이 꾸아트로 [베인띠꾸아트로] 낄라떼스)?
18K 금	oro de diez y ocho[dieciocho] quilates 오로 데 디에스 이 오초[디에씨오초] 낄라떼스	(3.75/5.6/7.5)그램 나 갑니다.	Pesa (tres punto setenta y cinco/ cinco punto seis/ siete punto cinco) gramos. 뻬사 (트레스 뿐또 쎄뗀따 이 씽고/ 씽꼬 뿐또 쎄이스/ 씨에떼 뿐또 씽꼬) 그라모스
24K 금	oro de veinte y cuatro[veinticuatro] quilates 오로 데 베인떼 이 꾸아트로 [베인띠꾸아트로] 낄라떼스		
순도 99%	noventa y nueve por ciento de pureza 노벤따 이 누에베 뽀르 씨엔또 데 뿌레사	37.5그램[열돈]짜리 순 금 목걸이	collar de oro puro (con el peso) de treinta y siete punto cinco gramos (m.) 꼬아르 데 오로 뿌로 (꼰 엘 뻬소) 데 트레인따 이 씨에떼 뿐또 씽꼬 그라모스
순금	oro puro/fino (m.) 오로 뿌로/휘노		
순도 낮은 금	oro bajo (m.) 오로 바호	이 은팔찌 얼마입니까?	¿Cuánto cuesta esta pulsera de plata? 꾸안또 꾸에스따 에스따 뿔쎄라 데 쁠라따?
금도금 반지	anillo chapado [enchapado/ bañado] en oro (m.) 아니요 차빠도[엔차빠도/바냐도] 엔 오로	순은	plata pura (f.) 쁠라따 뿌라
금장 시계	reloj chapado [enchapado/ bañado] en oro (m.) 렐로흐 차빠도[엔차빠도/바냐도] 엔 오로	은도금 반지	anillo chapado [enchapado/bañado] en plata (m.) 아니요 차빠도[엔차빠도/바냐도] 엔 쁠라따

화이트골드로 도금한 은 반지	anillo de plata bañado en oro blanco (m.) 아니요 데 쁠라따 바냐도 엔 오로 블랑꼬	이 (백금/카메오) 브로 치는 얼마입니까?	¿Cuánto es el precio de este broche de (platino/ camafeo)? 꾸안또 에스 엘 쁘레시오 데 에스떼 브로체 데 (쁠라띠 노/까마훼오)?
결혼반지	anillo de boda (m.) 아니요 데 보다	1,000유로입니다.	Vale mil euros. 발레 밀 에우로스
이 진주 목걸이 얼마입 니까?	¿Cuánto cuesta este collar de perlas? 꾸안또 꾸에스따 에스떼 꼬 야르 데 뻬를라스?	이 (에메랄드 귀걸이/사 파이어 커프스버튼) 얼 마입니까?	¿Cuánto cuestan[valen] estos (pendientes de esmeralda/ gemelos de zafiro)? 꾸안또 꾸에스딴[발렌] 에스 또스(뻰디엔떼스 데 에스메 랄다/헤멜로스 데 싸휘로)?
300유로입니다.	Cuesta trescientos euros. 꾸에스따 트레스씨엔또스 에 우로스		
이 (천연) 루비 팔찌 얼 마입니까?	¿Cuánto vale esta pulsera de rubíes (naturales)? 꾸안또 발레 에스따 뿔쎄라 데 루비에스 (나뚜랄레스)?	이 자수정 넥타이핀은 얼마입니까?	¿Cuánto cuesta este alfiler de corbata de amatista? 꾸안또 꾸에스따 에스떼 알 휠레르 데 꼬르바따 데 아마 띠스따?
500유로입니다.	Vale quinientos euros. 발레 끼니엔또스 에우로스	손목시계	reloj de pulsera (m.) 렐로흐 데 뿔쎄라
이 다이아몬드 팬던트는 얼마입니까?	¿Cuánto vale este colgante de diamante? 꾸안도 발레 에스떼 꼴간떼 데 디아만떼?	탁상시계	reloj de mesa (m.)/ reloj de sobremesa (m.) 렐로흐 데 메사/ 렐로흐 데 쏘브레메사
275유로입니다.	Vale doscientos setenta y cinco euros. 발레 도스씨엔또스 쎄뗀따 이 씽꼬 에우로스	회중시계	reloj de bolsillo (m.) 렐로흐 데 볼씨요
		추시계	reloj de pesas (m.) 렐로흐 데 뻬사스
이 다이아몬드의 가격은 [값어치는] 얼마입니까?	¿Cuánto es el valor de este diamante? 꾸안또 에스 엘 발로르 데 에스 떼 디아만떼?	고가의 보석	joya de mucho valor (f.) 호야 데 무초 발로르

무엇을 도와드릴까요?

¿En qué puedo
ayudarle?

엔 께 뿌에도 아유다를레?

이 책이 있는지 확인해
주시겠습니까?

¿Podría ver si hay
este libro?

뽀드리아 베르 씨 아이 에스
뗄 리브로?

CD/DVD/서적 매장은
어디에 있습니까?

¿Dónde está
la sección de
CDs/DVDs/libros?

돈데 에스딸 라 쎅씨온 데
쎄데에세/데베데에세/리브
로스?

저자의 이름을 아십니까?

¿Sabe el nombre
del autor?

싸베 엘 놈브레 델 아우또르?

엔리케 이글레씨아스의
최신 CD를 찾고 있습
니다.

Estoy buscando
el último CD de
Enrique Iglesias.

에스또이 부스깐도 엘 울띠모
쎄데 데 엔리께 이글레씨아스

네, 그의 이름은 알베르
토 망겔입니다.

Sí, su nombre es
Alberto Manguel.

씨, 쑤 놈브레 에스 알베르또
망겔

시디(CD), 콤팩트디스
크, 시디플레이어

compacto (m.)

꼼빡또

영화 〈하이힐〉의 DVD를
하나 사고 싶습니다.

Quiero[Quisiera]
comprar un DVD
de la película
<Tacones Lejanos>.

끼에로[끼씨에라] 꼼쁘라르
운 데베데 델 라 뻴리꿀라
〈따꼬네슬 레하노스〉

디브이디(DVD)

DVD (m.)

데베데

디브이디플레이어

jugador de DVD (m.)

후가도르 데 데베데

비디오시디(CD), 비디오
콤팩트디스크

VCD (m.)

베쎄데

비디오시디플레이어

jugador de VCD (m.)

후가도르 데 베쎄데

〈하몽, 하몽〉이란 제목
의 영화 DVD를 하나 주
십시오.

Déme un DVD de
la película titulada
<Jamón, Jamón>,
por favor.

데메 운 데베데 델 라 뻴리꿀
라 띠뚤라다 〈하몬, 하몬〉, 뽀
르 화보르

비디오 숍, 비디오 클럽

videoclub (m.)

비데오끌룹

비디오

vídeo (m.)/
video (m.),(f.)

비데오/ 비데오

『모든 사람은 거짓말쟁
이』라는 소설을 찾고 있
습니다.

Estoy buscando
una novela que
se llama 『Todos
los hombres son
mentirosos』.

에스또이 부스깐도 우나 노
벨라 께 세 야마 『또도슬 로
스 옴브레스 쏜 멘띠로소스』

비디오카세트

casete[casette/
cassette] de vídeo
(m.),(f.)/vídeo casete
[casette/cassette]
(m.),(f.)/
videocasete (f.)

까쎄떼 데 비데오/
비데오 까쎄떼/ 비데오까쎄떼

비디오카세트, 비디오카세트테이프	videocasete [videocassette/ videocassette] (f.) 비데오까쎄떼	카세트테이프	casete[casette/ cassette] (m.),(f.)/ cinta de casete [casette/cassette] (f.) 까쎄떼/ 씬따 데 까쎄떼
비디오테이프	video (m.),(f.)/ vídeo (m.)/ cinta de vídeo (f.)/ videocinta (f.) 비데오/ 비데오/ 씬따 데 비데오/ 비데오씬따	카세트테이프리코더	casete[casette/ cassette] (m.),(f.)/ magnetófono de casete[casette/ cassette] (m.) 까쎄떼/ 마그네또포노 데 까쎄떼
비디오테이프리코더, 비디오테이프	vídeo (m.)/ video (m.),(f.) 비데오/ 비데오		
카세트	casete[casette/ cassette] (m.),(f.) 까쎄떼	엘피(LP)판	disco LP (m.) 디스꼬 엘레뻬

기념품

기념품 가게	tienda de recuerdos (f.) 띠엔다 데 레꾸에르도스	기념품 가게는 어디에 있습니까?	¿Dónde está la tienda de recuerdos? 돈데 에스딸 라 띠엔다 데 레꾸에르도스?
선물 가게	tienda de obsequios [regalos] (f.) 띠엔다 데 옵쎄끼오스 [레갈로스]	안녕하십니까. 무엇을 도와드릴까요?	Buenas tardes. ¿En qué puedo servirle? 부에나스 따르데스. 엔 께 뿌에도 쎄르비를레?
(스페인/한국) 수공예품 가게	tienda de artesanía (española/ coreana) (f.) 띠엔다 데 아르떼싸니아 (에스빠뇰라/꼬레아나)	기념품으로 적당한 물건을 찾고 있습니다.	Estoy buscando algunos recuerdos. 에스또이 부스깐도 알구노스 레꾸에르도스

뭐 독특한 거 있습니까?	¿Hay algo típico? 아이 알고 띠삐꼬?	어떤 것이 가장 인기가 있습니까?	¿Cuál es el más popular? 꾸알 에스 엘 마쓰 뽀뿔라르?
톨레도에서 가장 유명한 것은 무엇입니까?	¿Cuál es el más famoso en Toledo? 꾸알 에스 엘 마쓰 화모소 엔 똘레도?	이 지방 특유의 수공예품을 하나 사고 싶습니다.	Quiero[Quisiera] comprar una artesanía típica de esta región. 끼에로[끼씨에라] 꼼쁘라르 우나 아르떼싸니아 띠삐까 데 에스따 레히온
이 지방 특산물은 무엇입니까?	¿Cuál es el producto típico de esta región? 꾸알 에스 엘 프로둑또 띠삐꼬 데 에스따 레히온?		

주문

죄송합니다. 그 상품은 매진됐습니다[동이 났습니다].	Lo siento. No nos queda ese artículo. 로 씨엔또. 노 노스 께다 에쎄 아르띠꿀로	이제는 이 책의 재고가 없습니다.	Ya no quedan existencias de este libro. 야 노 께단 엑씨스뗀씨아스 데 에스뗄 리브로
품절입니다.	Está agotado(-a). 에스따 아고따도(-다)	이 상품은 재고품이 많습니다.	Tenemos una gran existencia de estos géneros. 떼네모스 우나 그란 엑씨스뗀씨아 데 에스또스 헤네로스
아이패드(iPad) 재고품이 없습니다.	No quedan existencias de iPad. 노 께단 엑씨스뗀씨아스 데 이빠드	상품(商品)	artículo (m.)/ género (m.)/ mercancía (f.) 아르띠꿀로/ 헤네로/ 메르깐씨아
주문하신 (상품/책)은, 재고품이 없습니다.	El (artículo/libro) que usted pide, no lo tenemos en existencia. 엘 (아르띠꿀로/리브로) 께 우스뗄 삐데, 놀 로 떼네모스 엔 엑씨스뗀씨아	재고품	existencias (f.pl.) 엑씨스뗀씨아스

이 제품의 가격이 어떻게 됩니까?

¿Cuál es el precio de este producto?
꾸알 에스 엘 쁘레씨오 데 에스떼 프로둑또?

부가 가치세 빼고 30유로입니다.

Es treinta euros sin IVA.
에스 트레인따 에우로스 씬 이베아

부가 가치세 포함하지 않고 30유로입니다.

Es treinta euros IVA no incluido.
에스 트레인따 에우로스 이베아 노 잉끌루이도

부가 가치세 포함 가격은 어떻게 됩니까?

¿Cuál es el precio con IVA?
꾸알 에스 엘 쁘레씨오 꼰 이베아?

부가 가치세 포함해서 33유로입니다.

Es treinta y tres euros IVA incluido.
에스 트레인따 이 트레스 에우로스 이베아 잉끌루이도

이것은 부가세 포함 가격입니까?

¿Es esto el precio con IVA?
에스 에스또 엘 쁘레씨오 꼰 이베아?

네, 부가 가치세가 이미 포함된 가격입니다.

Sí, es el precio con IVA ya incluido.
씨, 에스 엘 쁘레씨오 꼰 이베아 야 잉끌루이도

이 커피메이커는 얼마입니까?

¿Cuánto cuesta esta cafetera?
꾸안또 꾸에스따 에스따 까페떼라?

세금 포함하지 않고 121유로입니다.

Cuesta ciento veintiuno euros sin impuestos.
꾸에스따 씨엔또 베인띠우노 에우로스 씬 임뿌에스또스

면세로 살 수 있습니까?

Podría comprar sin impuestos?
뽀드리아 꼼쁘라르 씬 임뿌에스또스?

이 원피스는 얼마입니까?

¿Qué precio tiene este vestido?
께 쁘레씨오 띠에네 에스떼 베스띠도?

95.99유로(=95유로 99센띠모)입니다. 이 상품은 최고의 질과 탁월한 가격을 지녔습니다.

Tiene noventa y cinco euros y[con] noventa y nueve céntimos. Este artículo tiene la mejor calidad y un excelente precio.
띠에네 노벤따 이 씽꼬 에우로스 이[꼰] 노벤따 이 누에베 쎈띠모스. 에스떼 아르띠꿀로 띠에넬 라 메호르 깔리닫 이 운 엑쎌렌떼 쁘레씨오

이 아이패드(iPda)를 얼마에 판매하십니까?

¿A cómo vende este iPad?
아 꼬모 벤데 에스떼 이빠드?

저희는 이 제품의 가격을 론칭 시부터 정해졌던 67유로 대신에 53,6유로(=53유로 6센띠모)로 인하할 것을 고려중입니다.

Estamos considerando reducir el precio de este producto a cincuenta y tres euros y[con] seis céntimos, en

lugar de setenta
y siete euros que
estableció desde
su lanzamiento.
에스따모스 꼰씨데란도 레두
씨르 엘 쁘레씨오 데 에스떼
프로둑또 아 씽꾸엔따 이 트
레스 에우로스 이[꼰] 쎄이스
쎈띠모스, 엔 루가르 데 세뗀
따 이 씨에떼 에우로스 께 에
스따블레씨오 데스데 쑬 란
싸미엔또

아이패드(iPad)의 제조
원가는 얼마입니까?

¿Cuál es el precio
de fábrica del iPad?
꾸알 에스 엘 쁘레씨오 데 파
브리까 델 이빠드?

전부 얼마입니까?

¿Cuánto es todo?
꾸안또 에스 또도?

총 얼마입니까?

¿Cuánto es el
total?
꾸안또 에스 엘 또딸?

총 100유로입니다.

Son cien euros en
total.
쏜 씨엔 에우로스 엔 또딸

전부 얼마입니까?

¿A cuánto asciende
por todo?
아 꾸안또 아스씨엔데 뽀르
또도?

213유로입니다.

Asciende
doscientos trece
euros.
아스씨엔데 도스씨엔또스 트
레쎄 에우로스

가격은 협상이 가능합
니다.

El precio es
negociable.
엘 쁘레씨오 에스 네고씨아
블레

대량 구매 시엔 10퍼센트
할인해[깎아]드립니다.

Puedo hacerle un
diez por ciento de
descuento en la
compra a granel.
뿌에도 아쎄를레 운 디에스
뽀르 씨엔또 데 데스꾸엔또
엔 라 꼼쁘라 아 그라넬

그냥 가격만 알고 싶습
니다.

Solamente quiero
saber el precio.
쏠라멘떼 끼에로 싸베르 엘
쁘레씨오

이 옷은 얼마입니까?

¿Cuánto cuesta
esta prenda?
꾸안또 꾸에스따 에스따 쁘
렌다?

19유로입니다.

Cuesta diez y nueve
[diecinueve] euros.
꾸에스따 디에스 이 누에
베[디에씨누에베] 에우로스

괜찮은 가격입니다.

Es buen precio.
에스 부엔 쁘레씨오

비쌉니다.

Es caro.
에스 까로

할인을 요청하다, 값을
깎아 달라고 하다

pedir descuento
[rebaja]
뻬디르 데스꾸엔또[레바하]

이것은 할인 가격입니까?

¿Es este el precio
rebajado?
에스 에스떼 엘 쁘레씨오 레
바하도?

특별 할인 없습니까?

¿No hay una rebaja
especial?
노 아이 우나 레바하 에스뻬
씨알?

할인해[깎아]주실 수 있습니까?

¿Me puede hacer alguna rebaja?

메 뿌에데 아쎄르 알구나 레바하?

조금만 할인해[깎아]주실 수 있습니까?

¿Puede rebajarme un poco?

뿌에데 레바하르메 운 뽀꼬?

그것을 할인해[깎아]주실 수 있습니까?

¿Me lo puede rebajar?

멜 로 뿌에데 레바하르?

할인해[깎아]주십시오.

Hágame una rebaja, por favor.

아가메 우나 레바하, 뽀르 화보르

45유로를 36유로로 깎아 주실 수 있습니까?

¿Podría bajar [reducir] el precio de cuarenta y cinco euros a treinta y seis?

뽀드리아 바하르[레두씨르] 엘 쁘레씨오 데 꾸아렌따 이 씽꼬 에우로스 아 트레인따 이 쎄이스?

지금 100유로밖에 없습니다. 세 개에 100유로 됩니까?

No tengo más que cien euros ahora. ¿Qué le parece cien euros por tres?

노 뗑고 마쓰 께 씨엔 에우로스 아오라. 껠 레 빠레쎄 씨엔 에우로스 뽀르 트레스?

물건을 세 가지나 사는데, 할인해[깎아]주실 수 없습니까?

Estoy llevando tres cosas, ¿no podría hacerme un descuento?

에스또이 예반도 트레스 꼬사쓰, 노 뽀드리아 아쎄르메 운 데스꾸엔또?

많이 사셨으니, 5유로 할인해[깎아]드리겠습니다.

Como ha comprado mucho, le hago un descuento de cinco euros.

꼬모 아 꼼쁘라도 무초, 레 아고 운 데스꾸엔또 데 씽꼬 에우로스

물건들을 많이 샀으니, 할인해[깎아]주십시오.

He comprado muchas cosas, así que hágame un descuento.

에 꼼쁘라도 무차스 꼬사쓰, 아씨 께 아가메 운 데스꾸엔또

여기 단골고객이니, 10유로 할인해[깎아]주십시오.

Soy cliente habitual de este lugar, descuénteme diez euros.

쏘이 끌리엔떼 아비뚜알 데 에스뗄 루가르, 데스꾸엔떼 메 디에스 에우로스

(가격의) 5유로를 할인하다

rebajar cinco euros (del precio)

레바하르 씽꼬 에우로스 (델 쁘레씨오)

지난번에도 왔었으니, 할인해[깎아]주십시오.

Ya vine la otra vez, así que hágame un descuento.

야 비넬 라 오트라 베스, 아씨 께 아가메 운 데스꾸엔또

지난번에 20% 할인받았습니다.

Me hicieron un veinte por ciento de descuento[un descuento del veinte por ciento] la otra vez.

메 이씨에론 운 베인떼 뽀르 씨엔또 데 데스꾸엔또[운 데스꾸엔또 델 베인떼 뽀르 씨엔또] 라 오트라 베스

20% 할인해[깎아]주실 수 있습니까?	¿Me puede hacer un veinte por ciento de descuento[un descuento del veinte por ciento]? 메 뿌에데 아쎄르 운 베인떼 뿌르 씨엔또 데 데스꾸엔또[운 데스꾸엔또 델 베인떼 뿌르 씨엔또]?	제 친구들에게 이 가게를 추천할 테니 할인해[깎아]주십시오.	Voy a recomendar esta tienda a mis amigos, por eso hágame una rebaja, por favor. 보이 아 레꼬멘다르 에스따 띠엔다 아 미스 아미고스, 뿌르 에소 아가메 우나 레바하, 뿌르 화보르
저희는 15% 할인해[깎아]드릴 수 있습니다.	Podemos hacerle un descuento del quince por ciento. 뽀데모스 아쎄를레 운 데스꾸엔또 델 낀쎄 뿌르 씨엔또	여기 얼룩이 있습니다. 그러니 조금 할인해[깎아]주십시오.	Aquí hay una mancha, por eso hágame un descuento, por favor. 아끼 아이 우나 만차, 뿌르 에소 아가메 운 데스꾸엔또, 뿌르 화보르
10% 할인하다	reducir[descontar] el diez por ciento/ hacer una rebaja[reducción] de diez por ciento 레두씨르[데스꼰따르] 엘 디에스 뿌르 씨엔또/ 아쎄르 우나 레바하[레둑씨온] 데 디에스 뿌르 씨엔또	이 과일 파이로 하겠습니다. 이 조각은 얼마입니까?	Me quedo con esta tarta de frutas. ¿Cuánto cuesta este trozo? 메 께도 꼰 에스따 따르따 데 프루따스, 꾸안또 꾸에스따 에스떼 트로소?
자주 올 테니, 할인해[깎아]주십시오.	Voy a venir seguido[a menudo], así que hágame un descuento. 보이 아 베니르 쎄기도[아 메누도], 아씨 께 아가메 운 데스꾸엔또	이것은 5.5유로입니다.	Este cuesta cinco euros y[con] cinco céntimos. 에스떼 꾸에스따 씽꼬 에우로스 이[꼰] 씽꼬 쎈띠모스
현금으로 지불할 테니, 할인해[깎아]주십시오.	Voy a pagar en efectivo, así que hágame un descuento. 보이 아 빠가르 엔 에훽띠보, 아씨 께 아가메 운 데스꾸엔또	이것을 두 조각 주십시오.	Déme dos trozos de esto, por favor. 데메 도스 트로소스 데 에스또, 뿌르 화보르
		10유로에 두 조각 주십시오.	Déme dos (trozos) por diez euros, por favor. 데메 도스 (트로소스) 뿌르 디에스 에우로스, 뿌르 화보르

이 의자 얼마입니까?

¿Cuánto vale esta silla?
꾸안또 발레 에스따 시야?

60유로입니다.

Vale sesenta euros.
발레 쎄쎈따 에우로스

너무 비쌉니다. 조금 할인해[깎아]주실 수 있습니까?

Demasiado caro. ¿Puede Ud. rebajar un poco?
데마씨아도 까로. 뿌에도 우스뗄 레바하르 운 뽀꼬?

죄송합니다. 할인은 하지 않습니다.

Lo siento. No rebajamos.
로 씨엔도. 노 레바하모스

너무 비쌉니다. 조금 할인해[깎아]주십시오.

Es muy caro. Hágame un descuento.
에스 무이 까로. 아가메 운 데스꾸엔또

죄송하지만, 할인해[깎아]드릴 수가 없습니다.

Lo siento, pero no puedo.
로 씨엔도, 뻬로 노 뿌에도

정말로 비싸네요. 제가 다른 물건을 사야 해서 돈이 모자랍니다. 할인해[깎아]주시면 안 됩니까?

En verdad es caro. No me alcanza el dinero porque tengo que comprar otra cosa. ¿No me hace un descuento?
엔 베르닫 에스 까로. 노 메 알깐사 엘 디네로 뽀르께 뗑고 께 꼼쁘라르 오트라 꼬사. 노 메 아쎄 운 데스꾸엔또?

저희는 정찰가격으로 판매해서, 할인해[깎아]드릴 수가 없습니다.

Vendemos a precios fijos, por eso no podemos hacer descuentos.
벤데모스 아 쁘레씨오스 휘호스, 뽀르 에소 노 뽀데모스 아쎄르 데스꾸엔또스

네, 알겠습니다.

Sí, entiendo.
씨, 엔띠엔도

이 넥타이는 얼마에 파십니까?

¿A cómo vende Ud. esta corbata?
아 꼬모 벤데 우스뗄 에스따 꼬르바따?

100유로입니다.

Son cien euros.
쏜 씨엔 에우로스

가격이 너무 비쌉니다.

El precio es demasiado caro.
엘 쁘레씨오 에스 데마씨아도 까로

결코 그렇지 않습니다, 선생님. 이건 좋은 질의 실크로 된 것입니다.

De ningún modo, señor. Está hecho de seda de buena calidad.
데 닝군 모도, 쎄뇨르. 에스따 에초 데 쎄다 데 부에나 깔리닫

조금 할인해[깎아]주실 수 없습니까?

¿No podría Ud. rebajar un poco?
노 뽀드리아 우스뗄 레바하르 운 뽀꼬?

여기서 저희는 항상 정찰가격으로 판매합니다.

Aquí siempre vendemos a precio fijo.
아끼 씨엠쁘레 벤데모스 아 쁘레씨오 휘호

정찰 가격

precio fijo (m.)
쁘레씨오 휘호

정찰제

sistema de precio fijo (m.)
씨스떼마 데 쁘레씨오 휘호

정찰 판매

venta a precio fijo (f.)
벤따 아 쁘레씨오 휘호

좋습니다, 그 가격에 사 겠습니다.

Bien, la compraré a ese precio.

비엔, 라 꼼쁘라레 아 에쎄 쁘레씨오

이것도 함께 계산해주시 겠습니까?

¿Me cobra esto junto también?

메 꼬브라 에스또 훈또 땀비 엔?

할인됩니까?

¿Hay descuento?

아이 데스꾸엔또?

네, 회원 카드가 있으시 면 할인됩니다.

Sí, si tiene la tarjeta de socio le hacemos descuento.

씨, 씨 띠에넬 라 따르헤따 데 쏘씨올 레 아쎄모스 데스 꾸엔또

67유로입니다. 현금으 로 지불하시겠습니까? 또는 카드로 하시겠습 니까?

Son sesenta y siete euros. ¿Va a pagar en efectivo? ¿O con tarjeta?

쏜 쎄쎈따 이 씨에떼 에우로 스. 바 아 빠가르 엔 에훽띠 보? 오 꼰 따르헤따?

현금으로 하겠습니다.

Pagaré en efectivo.

빠가레 엔 에훽띠보

계산은 어디서 합니까?

¿Dónde me cobran?

돈데 메 꼬브란?

어떻게 지불하시겠습 니까?

¿Cómo paga usted?

꼬모 빠가 우스뗄?

저쪽 계산대에서 하십 시오.

En aquella caja.

엔 아께야 까하?

현금으로 지불하겠습 니다.

Pago en efectivo.

빠고 엔 에훽띠보

어디서 계산합니까?

¿Dónde se paga?

돈데 세 빠가?

외화도 받으십니까?

¿Aceptan moneda extranjera?

아쎕딴 모네다 엑쓰트랑헤 라?

어디서 계산해야 합니까?

¿Dónde hay que pagar?

돈데 아이 께 빠가르?

그쪽 계산대에서 합니다.

En el mostrador de ahí.

엔 엘 모스트라도르 데 아이

네, 외화도 받습니다.

Sí, aceptamos moneda extranjera.

씨, 아쎕따모스 모네다 엑쓰 트랑헤라

계산대는 어디에 있습니 까?

¿Dónde está el mostrador?

돈데 에스따 엘 모스트라도 르?

계산이 잘못 된 것 같습 니다. 이 요금은 무엇입 니까?

Creo que está mal calculado. ¿Qué es este precio?

크레오 께 에스따 말 깔꿀라 도. 께 에스 에스떼 쁘레씨 오?

계산서 부탁합니다.

La cuenta, por favor.

라 꾸엔따, 뽀르 화보르

이 요금은 정확하지 않 습니다.

Este precio no es correcto.

에스떼 쁘레씨오 노 에스 꼬 렉또

(점원에게) 받으세요[계 산하겠습니다].

Cóbreme.

꼬브레메

합계가 틀립니다.	El total está equivocado.	어떻게 지불하실 겁니까?	¿Cómo va a pagar?
	엘 또딸 에스따 에끼보까도		꼬모 바 아 빠가르?
요금이 너무 많이 나왔습니다.	Me ha cobrado mucho más de lo que le debo.	카드로 할 겁니다.	Lo haré con tarjeta.
	메 아 꼬브라도 무초 마쓰 델 로 껠 레 데보		로 아레 꼰 따르헤따
열쇠고리는 사지 않았습니다.	No he comprado llavero.	여행자수표를 받으십니까?	¿Aceptan cheques de viajero?
	노 에 꼼쁘라도 야베로		아쎕딴 체께스 데 비아헤로?
요금이 잘못 계산되었습니다. 계산서를 다시 확인해주십시오.	El precio está mal calculado. Revise la cuenta, por favor.	이 신용카드를 받으십니까?	¿Aceptaría esta tarjeta de crédito?
	엘 쁘레씨오 에스따 말 깔꿀라도. 레비쎌 라 꾸엔따, 뽀르 화보르		아쎕따리아 에스따 따르헤따 데 크레디또?
이 거스름돈은 틀린 것 같습니다.	Creo que la vuelta está equivocada.	신용카드로 계산할 수 있습니까?	¿Se puede pagar con tarjeta de crédito?
	크레오 껠 라 부엘따 에스따 에끼보까다		세 뿌에데 빠가르 꼰 따르헤따 데 크레디또?
거스름돈을 다 주시지 않았습니다.	No me ha dado el cambio completo.	네, 할부로 하시겠습니까? 일시불로 하시겠습니까?	Sí, ¿lo quiere en cuotas o en un solo pago?
	노 메 아 다도 엘 깜비오 꼼쁠레또		씨, 로 끼에레 엔 꾸오따스 오 엔 운 쏠로 빠고?
저는 아직 거스름돈을 받지 않았습니다.	Todavía no he recibido la vuelta.	월부 판매	venta por cuota mensual (f.)
	또다비아 노 에 레씨비돌 라 부엘따		벤따 뽀르 꾸오따 멘쑤알
어떻게 지불하시겠습니까?	¿Cómo paga usted?	일시불로 하겠습니다.	En un solo pago.
	꼬모 빠가 우스뗃?		엔 운 쏠로 빠고
(신용) 카드로 지불하겠습니다.	Pago con tarjeta (de crédito).	여기에 서명해주시겠습니까?	¿Me puede firmar aquí, por favor?
	빠고 꼰 따르헤따 (데 크레디또)		메 뿌에데 휘르마르 아끼, 뽀르 화보르?
		네.	Sí.
			씨
		영수증을 주십시오.	Déme el recibo, por favor.
			데메 엘 레씨보, 뽀르 화보르

네, 영수증 여기 있습니다.	Sí, aquí tiene el recibo. 씨, 아끼 띠에네 엘 레씨보	네, 감사합니다.	Sí, gracias. 씨, 그라씨아스
네, 여기 있습니다.	Si, aquí lo tiene (Ud.). 씨, 아낄 로 띠에네 (우스뗀)	대단히 감사합니다, 선생님.	Muchas gracias, señor. 무차스 그라씨아스, 쎄뇨르
이것이 지불하신 것에 대한 영수증입니다.	Este es el recibo de lo que ha pagado. 에스떼 에스 엘 레씨보 델 로 께 아 빠가도		

포장

이 모자를 사겠습니다.	Compraré este sombrero. 꼼쁘라레 에스떼 쏨브레로	이 인형 얼마입니까?	¿Cuánto es esta muñeca? 꾸안또 에스 에스따 무녜까?
그것을 포장해주십시오.	Envuélvamelo [Envuélvalo], por favor. 엔부엘바멜로 [엔부엘발로], 뽀르 화보르 *sombrero (m.)를 대명사 lo로 받음	37유로입니다.	Es treinta y siete euros. 에스 트레인다 이 씨에떼 에 우로스
그것을 선물용으로 포장해주십시오.	Envuélvamelo [Envuélvalo] para regalo, por favor. 엔부엘바멜로 [엔부엘발로] 빠라 레갈로, 뽀르 화보르	그것을 사겠습니다. 포장해주시겠습니까?	Yo la compraré. ¿Se puede envolverla? 욜 라 꼼쁘라레. 세 뿌에데 엔볼베를라?
		물론입니다.	Claro. 끌라로
그것을 선물용으로 포장해주실 수 있습니까?	¿Me lo puede envolver para regalo? 멜 로 뿌에데 엔볼베르 빠라 레갈로?	그것을 선물용으로 포장해주십시오.	Envuélvamela [Envuélvala] para regalo, por favor. 엔부엘바멜라 [엔부엘발라] 빠라 레갈로, 뽀르 화보르 *muñeca (f.)를 대명사 la 로 받음

(천연 성분으로 만들어진) 이 수제(手製) 천연 비누들을 사겠습니다.	Compraré estos jabones naturales hechos a mano (con ingredientes naturales). 꼼쁘라레 에스또스 하보네스 나뚜랄레스 에초스 아 마노 (꼰 잉그레디엔떼스 나뚜랄레스)	판지 상자/ 나무 상자/ 포도주용 상자	caja de cartón (f.)/ caja de madera (f.)/ caja de vino (f.) 까하 데 까르똔/ 까하 데 마데라/ 까하 데 비노
		판지 상자 포장	embalaje de cartón (m.) 엠발라헤 데 까르똔
그것들을 개별 포장해주십시오.	Envuélvamelos [Envuélvalos] por separado, por favor. 엔부엘바멜로스[엔부엘발로스] 뽀르 쎄빠라도, 뽀르 화보르 *jabón (m.)의 복수형 jabones (m.pl.)를 대명사 los로 받음	전부 얼마입니까?	¿Cuánto es todo? 꾸안또 에스 또도?
		총 얼마입니까?	¿Cuánto es el total? 꾸안또 에스 엘 또딸?
봉지 하나 주십시오.	Déme una bolsa. 데메 우나 볼사	상자 가격 포함해서, 14 유로입니다.	Incluido el precio de la caja, son catorce euros. 잉끌루이도 엘 쁘레씨오 델 라 까하, 쏜 까또르쎄 에우로스
비닐봉지요, 종이봉지요?	¿Bolsa de plástico o bolsa de papel? 볼사 데 쁠라스띠꼬 오 볼사 데 빠뻴?	좋습니다. 전부 얼마입니까?	Bien. ¿A cuánto asciende por todo? 비엔. 아 꾸안또 아스씨엔데 뽀르 또도?
종이봉지 하나 주십시오.	Déme una bolsa de papel, por favor. 데메 우나 볼사 데 빠뻴, 뽀르 화보르	포장비용 포함해서, 44 유로입니다.	Asciende cuarenta y cuatro euros, incluyendo el embalaje. 아스씨엔데 꾸아렌따 이 꾸아트로 에우로스, 잉끌루옌도 엘 엠발라헤
비닐봉지 부탁드립니다.	Bolsa de plástico, por favor. 볼사 데 쁠라스띠꼬, 뽀르 화보르		
상자 하나 주십시오.	Déme una caja, por favor. 데메 우나 까하, 뽀르 화보르		

택배[자택 배달] 해주십니까?	¿Hacen el servicio a domicilio?/¿Hacen entregas a domicilio?/¿Tienen servicio a domicilio? 아쎈 엘 쎄르비씨오 아 도미씰리오?/ 아쎈 엔트레가스 아 도미씰리오?/ 띠에넨 쎄르비씨오 아 도미씰리오?
네, 저희는 택배를[자택 배달을] 해드립니다.	Sí, servimos a domicilio. 씨, 쎄르비모스 아 도미씰리오
네, 가능합니다.	Sí, es posible. 씨, 에스 뽀씨블레
택배, 문 앞 배달, 자택 배달	servicio a domicilio (m.)/entraga a domicilio (f.)/servicio puerta a puerta (m.) 쎄르비씨오 아 도미씰리오/ 엔트라가 아 도미씰리오/ 쎄르비씨오 뿌에르따 아 뿌에르따
택배[자택 배달] 해주다	dar servicio a domicilio/servir a domicilio/hacer el servicio a domicilio/hacer la entrega a domicilio/hacer el servicio puerta a puerta 다르 쎄르비씨오 아 도미씰리오/ 쎄르비르 아 도미씰리오/ 아쎄르 엘 쎄르비씨오 아 도미씰리오/ 아쎄를 라 엔트레가 아 도미씰리오/ 아쎄르 엘 쎄르비씨오 뿌에르따 아 뿌에르따
주문품	pedido (m.) 뻬디도
주문품을 배달하다	servir un pedido 쎄르비르 운 뻬디도
그것을 어디로 배달해 드릴까요?	¿Dónde quiere que se lo llevemos? 돈데 끼에레 께 셀 로 예베모스?
마드리드호텔로 부탁드립니다. 얼마입니까?	Al hotel Madrid, por favor. ¿Cuánto es? 알 오뗄 마드린, 뽀르 화보르, 꾸안또 에스?
30유로입니다.	Son treinta euros. 쏜 트레인따 에우로스
그것을 자택으로 보내주시기 바랍니다.	Quiero que me lo envíen a domicilio. 끼에로 께 멜 로 엔비엔 아 도미씰리오
이것을 한국으로 부쳐주실 수 있습니까?	¿Podría enviar esto a Corea? 뽀드리아 엔비아르 에스또 아 꼬레아?
이것을 마드리드호텔로 배달해주십시오.	Entregue esto en el Hotel Madrid. 엔트레게 에스또 엔 엘 오뗄 마드린
이것을 제 호텔로 배달해주실 수 있습니까?	¿Puede (Ud.) entregarlo a mi hotel? 뿌에도 (우스뗻) 엔트레가를 로 아 미 오뗄?
물론입니다.	Claro. 끌라로.
언제 택배가[자택 배달이] 됩니까?	¿Cuándo pueden hacer la entrega a domicilio?

| 언제 택배를[자택 배달을] 받게 될까요? | ¿Cuándo recibiré la entrega a domicilio?
꾸안도 레씨비렐 라 엔트레가 아 도미씰리오? | 꾸안도 뿌에덴 아쎄를 라 엔트레가 아 도미씰리오? | 토요일 오전/오후/저녁에 그것을 받고 싶습니다. | Quisiera recibirlo el sábado por la mañana/tarde/noche.
끼씨에라 레씨비를로 엘 싸바도 뿌를 라 마냐나/따르데/노체 |

교환 · 환불

어서 오십시오. 무엇을 도와드릴까요?	Hola, ¿en qué puedo ayudarle? 올라, 엔 께 뿌에도 아유다를레?	그것을 반품하고 싶습니다.	Quisiera devolverlo(-la). 끼씨에라 데볼베를로(-라)
안녕하세요, 이 허리띠/치마를 교환하고 싶습니다.	Hola, quisiera cambiar este cinturón/esta falda. 올라, 끼씨에라 깜비아르 에스떼 씬뚜론/에스따 활다	언제 그것을 사셨습니까?	¿Cúando lo/la compró? 꾸안돌 로/라 꼼쁘로?
그것을 다른 것으로 교환해주십시오.	Cámbiemelo(-la) por otro, por favor. 깜비에멜로(-라) 뿌르 오트로, 뿌르 화보르 *cinturón (m.)은 대명사 lo로, falda (f.)는 대명사 la로 받음	삼일 전 여기서 샀습니다.	Hace tres días lo/la compré aquí. 아쎄 트레스 디아슬 로/라 꼼쁘레 아끼
		한 번도 그것을 착용하지 않았습니다.	No lo/la he usado ni una vez. 놀 로/라 에 우사도 니 우나 베스
그것을 더 큰/작은 사이즈로 교환하고 싶습니다.	Quiero cambiarlo(-la) por una talla más grande/pequeña. 끼에로 깜비아를로(-라) 뿌르 우나 따야 마쓰 그란데/뻬께냐	환불받을 수 있습니까?	¿Puedo recibir el reembolso? 뿌에도 레씨비르 엘 레엠볼소?
		물론입니다. 영수증 가지고 계십니까?	Claro que sí, ¿tiene el recibo? 끌라로 께 씨, 띠에네 엘 레씨보?
여기에 결함이 있습니다. 그것을 교환해주십시오.	Aquí hay un defecto. Cámbiemelo(-la), por favor. 아끼 아이 운 데훽또. 깜비에멜로(-라), 뿌르 화보르	죄송하지만, 재킷을 환불하고 싶습니다.	Disculpe, pero quisiera devolver la chaqueta. 디스꿀뻬, 뻬로 끼씨에라 데볼베를 라 차께따

옷이 마음에 안 드십니까?

¿No le gusta la ropa?
놀 레 구스딸 라 로빠?

네, 집에서 입어봤는데 마음에 들지 않았습니다.

No, me la probé en casa y no me gustó.
노, 멜 라 프로베 엔 까사 이 노 메 구스또

그럼, 다른 디자인으로 교환해 드릴까요? 오늘 아침에 신상품이 매우 많이 들어왔습니다.

¿Entonces se la cambio por otro diseño? Esta mañana nos llegó muchisima mercancía nueva.
엔똔쎄쓰 셀 라 깜비오 뽀르 오트로 디쎄뇨? 에스따 마냐나 노스 예고 무치씨마 메르깐씨아 누에바

아니오, 마음에 드는 다른 옷이 없습니다. 환불해 주십시오.

No, no hay otra ropa que me guste. Devuélvame el importe.
노, 노 아이 오트라 로빠 께 메 구스떼. 데부엘바메 엘 임뽀르떼

어제 그것을 샀습니다. 환불해주실 수 있습니까?

La compré ayer. ¿Es posible que me reembolsen el dinero?
라 꼼쁘레 아예르, 에스 뽀씨블레 께 메 레엠볼쎈 엘 디네로?

옷을 착용하지 않으셨습니까?

¿No usó la prenda?
노 우쏠 라 쁘렌다?

네, 한 번도 착용하지 않았습니다.

No, no la usé ni una sola vez.
노, 놀 라 우쎄 니 우나 쏠라 베스

그럼, 영수증과 옷을 주십시오. 카드로 사셨으니 구매 취소해 드리겠습니다.

Entonces déme el comprobante y la prenda. Como la compró con tarjeta, le anularé la compra.
엔똔쎄쓰 데메 엘 꼼쁘로반떼 일 라 쁘렌다. 꼬몰 라 꼼쁘로 꼰 따르헤따, 레 아눌라 렐 라 꼼쁘라

네, 감사합니다. 안녕히 계십시오.

Sí, gracias. Adiós.
씨, 그라씨아스. 아디오스

환불을 청구하다

reclamar[demandar] el reembolso
레끌라마르[데만다르] 엘 레엠볼소

현금 상환

reembolso en efectivo (m.)
레엠볼소 엔 에훽띠보

어제 이 운동화를 샀는데 환불해 주실 수 있습니까?

¿Podría devolverme el importe de estos tenis que compré ayer?
뽀드리아 데볼베르메 엘 임뽀르떼 데 에스또스 떼니쓰 께 꼼쁘레 아예르?

네, 영수증이 있으면 환불해 드릴 수 있습니다.

Sí, si tiene el comprobante, se lo podemos devolver.
씨, 씨 띠에네 엘 꼼쁘로반떼, 셀 로 뽀데모스 데볼베르

죄송하지만, 할인 상품은 반환이 안 됩니다.

Disculpe, no se admiten devoluciones en los artículos rebajados.
디스꿀뻬, 노 세 아드미뗀 데볼루씨오네스 엔 로스 아르띠꿀로스 레바하도스

9 　스포츠 · 레저

각 나라마다 고유의 레저문화가 있다.

Cada país tiene su propia cultura del ocio.

까다 빠이스 띠에네 쑤 프로삐아 꿀뚜라 델 오씨오

어디서 이 운동을 할 수 있는지 말씀해주시겠습니까?

¿Puede decirme dónde puedo practicar[hacer] este deporte?

뿌에데 데씨르메 돈데 뿌에도 프락띠까르[아쎄르] 에스떼 데뽀르떼?

어디서 골프/테니스/스케이트/스키/승마/수영 할 수 있습니까?

¿Dónde puedo practicar el golf/ el tenis/ el patinaje/ el esquí/ la equitación/ la natación?

돈데 뿌에도 프락띠까르 엘 골프/엘 떼니쓰/엘 빠띠나헤/엘 에스끼/라 에끼따씨온/라 나따씨온?

번지점프는 어디서 할 수 있습니까?

¿Dónde puedo hacer puénting [puentismo/góming/ salto con elástico/ salto en bungee/ bungee jumping/ bungy jumping]?

돈데 뿌에도 아쎄르 뿌엔띵 [뿌엔띠스모/ 고밍/ 쌀또 꼰 엘라스띠꼬/ 쌀또 엔 번지/ 번지 점삥/ 번지 점삥]?

골프 치는 걸 어디서 배울 수 있습니까?

¿Dónde puedo aprender a jugar al golf?

돈데 뿌에도 아프렌데르 아 후가르 알 골프?

어디서 배드민튼을/탁구를 배우고 칠 수 있습니까?

¿Dónde puedo aprender y practicar el bádminton/ el tenis de mesa [el ping-pong/ el pimpón]?

돈데 뿌에도 아프렌데르 이 프락띠까르 엘 밷민똔/엘 떼니쓰 데 메사[엘 삔뽕/ 엘 삠뽄]?

골프/테니스 게임

juego de golf/tenis (m.)
후에고 데 골프/떼니쓰

골프/테니스를 치다

jugar al golf/tenis
후가르 알 골프/떼니쓰

골프화/ 테니스화

zapatos de golf/tenis (m.pl.)
싸빠또스 데 골프/떼니쓰

골프/테니스 경기를 하다.

jugar un partido de golf/tenis
후가르 운 빠르띠도 데 골프/떼니쓰

이 근처에 골프장 있습니까?

¿Hay algún campo de golf por aquí cerca?
아이 알군 깜뽀 데 골프 뽀르 아끼 쎄르까?

이 근처에 테니스장 있습니까?

¿Hay alguna pista de tenis por aquí cerca?
아이 알구나 삐스따 데 떼니쓰 뽀르 아끼 쎄르까?

골프장 이용료는 얼마입니까?

¿Cuánto cuesta hacer uso del campo de golf?
꾸안또 꾸에스따 아쎄르 우소 델 깜뽀 데 골프?

테니스장 이용료는 얼마입니까?

¿Cuánto cuesta hacer uso de la pista de tenis?
꾸안또 꾸에스따 아쎄르 우소 델 라 삐스따 데 떼니쓰?

이 골프장을 예약하고 싶습니다.

Quiero reservar este campo de golf.
끼에로 레쎄르바르 에스떼 깜뽀 데 골프

몇 분이 골프를 치실 겁니까?

¿Cuántas personas van a jugar al golf?
꾸안따스 뻬르쏘나스 반 아 후가르 알 골프?

4명입니다.

Cuatro personas.
꾸아트로 뻬르쏘나스

이 골프장 예약은 오로지 온라인에서만 가능합니다.

Las reservas de este campo de golf se pueden hacer exclusivamente on line.
라스 레쎄르바스 데 에스떼 깜뽀 데 골프 세 뿌에덴 아쎄르 엑스끌루씨바멘떼 온 라인

4명이 치려고 골프장을 예약했습니다.

He reservado el campo de golf para cuatro personas.
에 레쎄르바도 엘 깜뽀 데 골프 빠라 꾸아트로 뻬르쏘나스

캐디 1명 배정해주십시오.

Asigne un caddie, por favor.
아씨그네 운 까디에, 뽀르 화보르

골프장 카트 임대료가 얼마입니까?

¿Cuánto cuesta la renta de los carritos[cochecitos] de golf?
꾸안또 꾸에스딸 라 렌따 델 로스 까리또스[꼬체씨또스] 데 골프?

골프장 카트 한 대 온종일 빌리는데 얼마인지 알고 싶습니다.

Quisiera saber cuánto cuesta alquilar/rentar un carrito[cochecito] de golf todo el día.

	끼씨에라 싸베르 꾸안또 꾸 에스따 알낄라르/렌따르 운 까리또[꼬체씨또] 데 골프 또 도 엘 디아	저는 당신과 치면 좋겠 습니다[파트너 하고 싶 습니다].	Me gustaría jugar con usted. 메 구스따리아 후가르 꼰 우 스뗄
저희들과 골프 한 게임 하시겠습니까?	¿Quiere hacer un juego de golf con nosotros? 끼에레 아쎄르 운 후에고 데 골프 꼰 노소뜨로스?	나이스 샷[잘 치셨습니다].	Buen tiro. 부엔 띠로
저는 필드에서 골프를 치기 시작한 지 얼마 안 됩니다.	Hace poco que empecé a jugar al golf en el campo. 아쎄 뽀꼬 께 엠뻬쎄 아 후가 르 알 골프 엔 엘 깜뽀	당신은 프로 데뷔를 하 셔도 되겠습니다.	Creo que usted ya puede hacer su debut profesional. 크레오 께 우스뗄 야 뿌에데 아쎄르 쑤 데붓 프로훼씨오날
핸디가 얼마나 되십니까?	¿Cuál es su hándicap? 꾸알 에스 쑤 안디깝?	지금은 당신 차례입니다.	Ahora es su turno. 아오라 에스 쑤 뚜르노

스케이트 · 스키

		스케이트장, 스케이트 링크, 빙상 경기장	patinadero (m.)/ patinódromo (m.)/ pista de patinaje [patinar] (f.) 빠띠나데로/ 빠띠노드로모/ 삐스따 데 빠띠나헤[빠띠나르]
이 근처에 스케이트장/ 스키장 있습니까?	¿Hay alguna pista de patinar/pista de esquí por aquí cerca? 아이 알구나 삐스따 데 빠띠 나르/삐스따 데 에스끼 뽀르 아끼 쎄르까?		
		롤러스케이트화 (주로 복수)	patín de ruedas (m.) 빠띤 데 루에다스 *복수는 patines de ruedas 빠띠네스 데 루에다스
스케이트화 (주로 복수)	patín (m.) 빠띤 *복수는 patines 빠띠네스		
스케이트 타기, 스케이팅	patinaje (m.) 빠띠나헤	롤러스케이팅	patinaje sobre ruedas (m.) 빠띠나헤 쏘브레 루에다스
스케이트를 타다	patinar 빠띠나르	롤러스케이트를 타다	patinar sobre ruedas 빠띠나르 쏘브레 루에다스

롤러스케이트장	pista de patinaje sobre ruedas (f.) 삐스따 데 빠띠나헤 쏘브레 루에다스	경치 좋은 스키장 있습니까?	¿Hay alguna pista de esquí de buena vista? 아이 알구나 삐스따 데 에스끼 데 부에나 비스따?
아이스 스케이팅	patinaje sobre hielo (m.) 빠띠나헤 쏘브레 이엘로	저기에 어떻게 갈 수 있습니까?	¿Cómo puedo ir allí? 꼬모 뿌에도 이르 아이?
아이스 스케이트를 타다	patinar sobre hielo 빠띠나르 쏘브레 이엘로	초보자를 위한 스키 활주로가 있습니까?	¿Hay alguna pista de esquí para principiantes? 아이 알구나 삐스따 데 에스끼 빠라 쁘린씨삐안떼스?
아이스 링크	pista de (patinaje sobre) hielo (f.) 삐스따 데 (빠띠나헤 쏘브) 이엘로	스키학교는 어디에 있습니까?	¿Dónde está la escuela de esquí? 돈데 에스딸 라 에스꾸엘라 데 에스끼?
피겨 스케이팅	patinaje artístico (m.) 빠띠나헤 아르띠스띠꼬	저는 패럴렐 턴을 할 수 있습니다.	Puedo hacer viraje paralelo. 뿌에도 아쎄르 비라헤 빠랄렐로
스피드 스케이팅	patinaje de velocidad (m.) 빠띠나헤 데 벨로씨닫	스키 타기를 한나절 배우고 싶습니다.	Quiero aprender a esquiar medio día. 끼에로 아프렌데르 아 에스끼아르 메디오 디아
스키화	botas de esquí [esquiar] (f.pl.) 보따스 데 에스끼[에스끼아르]	스키를 부러뜨렸습니다.	He roto el esquí. 에 로또 엘 에스끼
스키를 타다	esquiar/ practicar el esquí 에스끼아르/ 프락띠까르 엘 에스끼	어디서 스키를 빌릴 수 있습니까?	¿Dónde puedo alquilar los esquís? 돈데 뿌에도 알킬라를 로스 에스끼스?
스케이트/스키를 신다	ponerse los patines/esquís 뽀네르셀 로스 빠띠네스/에스끼스	이 가게는 몇 시에 문을 닫습니까?	¿A qué hora se cierra esta tienda? 아 께 오라 세 씨에라 에스따 띠엔다?
이 계절에 스키를 탈 수 있습니까?	¿Se puede esquiar en esta estación del año? 세 뿌에데 에스끼아르 엔 에스따 에스따씨온 델 아뇨?		

스키를 빌리고 싶습니다.	Quiero alquilar los esquís. 끼에로 알낄라를 로스 에스끼스	리프트는 어디서 탈 수 있습니까?	¿Dónde puedo subir al telesilla? 돈데 뿌에도 쑤비르 알 뗄레씨야?
170cm짜리 스키 부탁드립니다.	Esquís de 170 centímetros, por favor. 에스끼스 데 씨엔또 쎄뗀따 쎈띠메트로스, 뽀르 화보르	시에라 네바다행 리프트는 어디 있습니까?	¿Dónde está el telesilla para la Sierra Nevada? 돈데 에스따 엘 뗄레씨야 빠랄 라 씨에라 네바다?
9인치짜리 스키화 부탁드립니다.	Botas de esquí de nueve pulgadas, por favor. 보따스 데 에스끼 데 누에베 뿔가다스, 뽀르 화보르	이 리프트로 몇 분 정도 걸립니까?	¿Cuántos minutos tarda esta telesilla? 꾸안또스 미누또스 따르다 에스따 뗄레씨야?
바인딩을 풀어/조여 주십시오.	Aflójeme/Apriéteme la atadura, por favor. 아플로헤멜 / 아프리에떼멜 라 아따두라, 뽀르 화보르	이 리프트는 몇 시에 운행이 끝납니까?	¿A qué hora termina esta telesilla? 아 께 오라 떼르미나 에스따 뗄레씨야?
학생 할인 있습니까?	¿Hay descuento para estudiantes? 아이 데스꾸엔또 빠라 에스뚜디안떼스?	1일용 리프트 티켓[10매짜리 리프트 회수권]은 어디서 살 수 있습니까?	¿Dónde puedo comprar billete de telesilla de un día[cupón de diez billetes de telesilla]? 돈데 뿌에도 꼼쁘라르 비에떼 데 뗄레씨야 데 운 디아[꾸뽄 데 디에스 비예떼스 데 뗄레씨야?]
보증금은 얼마입니까?	¿Cuánto es la fianza? 꾸안또 에슬 라 휘안싸?		
스키장 지도 한 장 주십시오.	Déme un mapa de la pista, por favor. 데메 운 마빠 델 라 삐스따, 뽀르 화보르	학생 할인 있습니까?	¿Hay descuento para estudiantes? 아이 데스꾸엔또 빠라 에스뚜디안떼스?
시에라 네바다에서 내려갈 수 있습니까?	¿Puedo descender de la Sierra Nevada? 뿌에도 데스쎈데르 델 라 씨에라 네바다?	… 카드가 통용됩니까?	¿Es válido el '… Card'? 에스 발리도 엘 '… 까르드'?

··· 카드에 대한 할인이 있습니까?	¿Hay descuento para el '··· Card'? 아이 데스꾸엔또 빠라 엘 '···까르드'?	이 슬로프는[경사면은] 가파릅니까?	¿Es escarpada esta vertiente? 에스 에스까르빠다 에스따 베르띠엔떼?
로커는 어디에 있습니까?	¿Dónde están los armarios? 돈데 에스딴 로스 아르마리오스?	초보자에게는 어렵습니까?	¿Es difícil para principiantes? 에스 디휘씰 빠라 쁘린씨삐안떼스?
보관소는 어디에 있습니까?	¿Dónde está la consigna? 돈데 에스딸 라 꼰씨그나?		

등산 · 승마 · 자전거 하이킹

등산	alpinismo (m.)/ montañismo (m.) 알삐니스모/ 몬따니스모	등산하는 사람, (전문적 인) 등산가	alpinista (m.),(f.) 알삐니스따
등산	subida al monte (f.) 쑤비다 알 몬떼	등산화	botas de alpinista [escalada] (f.pl.) 보따나스 데 알삐니스따 [에스깔라다]
등산하다	practicar el alpinismo [montañismo]/ hacer alpinismo/ escalar montañas/ subir a la montaña/ hacer andinismo 쁘락띠까르 엘 알삐니스모 [몬따니스모]/ 아쎄르 알삐니스모/ 에스깔라르 몬따냐스/ 쑤비르 알 라 몬따냐/ 아쎄르 안디니스모	등반	trepa (f.)/ subida (f.)/ (바위의) escalada (f.) 트레빠/ 쑤비다/ 에스깔라다
		등반하다	trepar/escalar/subir 트레빠르/ 에스깔라르/ 쑤비르
		암벽 등반	escalada en roca [paredes] (f.) 에스깔라다 엔 로까[빠레데스]

등산가, 암벽 등산가	escalador(-a) (m.),(f.) 에스깔라도르(-라)	승마 모자	gorra de montar (f.) 고라 데 몬따르
승마, 마술	equitación (f.) 에끼따씨온	자전거	bicicleta (f.)/ bici (m.) 비씨끌레따/ 비씨
승마를 하다	montar/practicar (la) equitación 몬따르/ 프락띠까르 (라) 에 끼따씨온	자전거 하이킹	excursión en bicicleta[bici] (f.) 엑쓰꾸르씨온 엔 비씨끌레따 [비씨]
승마화	botas de montar (f.pl.) 보따스 데 몬따르		

수영

수영	natación (f.) 나따씨온		에스따 삐스씨나 에스따 레 쎄르바다 아[빠라] 로스 쏘 씨오스
수영하다	nadar/practicar la natación 나다르/프락띠까를 라 나따 씨온	(수영장/호수/강/바다) 에서 수영하다	nadar en (la piscina/el lago/el río/el mar) 나다르 엔 (라 삐스씨나/엘 라고/엘 리오/엘 마르)
실내 수영장	piscina cubierta (f.) 삐스씨나 꾸비에르따	수영법	modo de natación (m.) 모도 데 나따씨온
수영장에서 수영하다	bañarse en la piscina 바냐르세 엔 라 삐스씨나	자유형	estilo libre (m.) 에스띨롤 리브레
이 수영장은 회원제입니다.	Esta piscina está reservada a[para] los socios.	평영	braza (f.) 브라사

평영으로 헤엄치다	nadar a braza 나다르 아 브라사
배영, 송장헤엄	braza de espalda (f.) 브라사 데 에스빨다
접영, 버터플라이	mariposa (f.)/ braza mariposa (f.) 마리뽀사/ 브라사 마리뽀사
다이빙	zambullida (f.) 쌈부이다
다이빙하다	zambullirse/ tirarse de cabeza 쌈부이르세/ 띠라르세 데 까베사
수중안경	gafas submarinos (f.pl.)/ gafas de bucear (f.pl.) 가파스 쑵마리노스/ 가파스 데 부쎄아르
잠수하다, 물속에 잠겨 들어가다	bucear 부쎄아르
스킨 다이빙 (skin diving), 잠수	submarinismo (m.)/ buceo (sin escafandra) (m.)/ buceo de superficie (m.)/ exploración submarina (f.)/ natación submarina (f.)

쑵마리니스모/
부쎄오 (씬 에스까환드라)/
부쎄오 데 쑤뻬르휘씨에/
엑쓰쁠로라씨온 쑵마리나/
나따씨온 쑵마리나

스쿠버 다이빙(scuba diving)	buceo [submarinismo] con escafandra (m.)/ escafandrismo (m.) 부쎄오[쑵마리니스모] 꼰 에스까환드라 / 에스까환드리스모
스킨 다이빙하다, 스쿠버 다이빙하다	hacer submarinismo/ bucear/practicar buceo 아쎄르 쑵마리니스모/ 부쎄아르/ 프락띠까르 부쎄오 ＊스쿠버 장비를 갖추고 잠수하는 스쿠버 다이빙과는 달리, 스킨다이빙은 간단히 마스크, 스노클, 핀 등을 부착하고 잠수하며 공기를 공급받지 못하므로 잠수시간이 훨씬 짧음
심해 잠수 (=deep-sea diving)	buceo de altura (m.) 부쎄오 데 알뚜라
잠수복	escafandra (f.) 에스까환드라
잠수용 안경	antiparras de buceo (f.) 안띠빠라스 데 부쎄오

10 사람 사귀기

자연스럽게 다가가기

실례합니다.

Perdone.
뻬르도네

실례합니다만, ….

Perdone, ….
뻬르도네, …
*모르는 사람에게 말을 걸 때

실례합니다, 선생님(부인/아가씨).

Permítame, señor (señora/señorita).
뻬르미따메, 쎄뇨르(쎄뇨라/쎄뇨리따)

안녕하십니까, 선생님. 이 좌석은 비었습니까?

Muy buenos días, señor. ¿Está disponible este asiento?
무이 부에노스 디아스, 쎄뇨르. 에스따 디스뽀니블레 에스떼 아씨엔또?

네, 비었습니다.

Sí, está libre.
씨, 에스따 리브레

여기 앉아도 되겠습니까?

¿Puedo sentarme aquí?
뿌에도 쎈따르메 아끼?

네.

Sí.
씨

누구 기다리십니까?

¿Está usted esperando a alguien?
에스따 우스뗃 에스뻬란도 아 알기엔?

혼자 오셨습니까?

¿Usted viene solo?
우스뗃 비에네 쏠로?

제가 여기 앉아도 괜찮겠습니까?

¿Le importa si me siento aquí?
레 임뽀르따 씨 메 씨엔또 아끼?

잠시 합석해도 되겠습니까?

¿Puede compartir la mesa un rato?
뿌에데 꼼빠르띠르 라 메사 운 라또?

뭣 좀 마시겠습니까?

¿Quiere usted beber algo?
끼에레 우스뗃 베베르 알고?

여행 중이십니까?

¿Está Ud. viajando ?
에스따 우스뗃 비아한도?

네.

Sí.
씨

이곳은 처음이십니까?

¿Es su primera vez aquí?
에스 쑤 쁘리메라 베스 아끼?

네, 처음입니다.

Sí, es mi primera vez.
씨, 에스 미 쁘리메라 베스

이 나라는 어떻습니까?

¿Cómo le gusta este país a Ud.?
꼬몰 레 구스따 에스떼 빠이스 아 우스뗃?

이 나라는 매우 제 마음에 듭니다. 사람들이 아주 호감이 가고 친절해서요.

Me gusta este país mucho. Porque la gente es muy simpática y amable.

이 나라에서는 어떤 곳을 방문하실 생각입니까?

¿Qué sitio piensa en visitar en este país?

께 씨띠오 삐엔사 엔 비씨따르 엔 에스떼 빠이스?

여러 관광도시와 산업도시를 방문할 생각입니다.

Pienso en visitar varias ciudades turísticas e industriales.

삐엔소 엔 비씨따르 바리아스 씨우다데스 뚜리스띠까스 에 인두스트리알레스

항공편 여행은 이번이 처음이십니까?

¿Es la primera vez que viaja Ud. por avión?

에슬 라 쁘리메라 베스 께 비아하 우스뗻 뽀르 아비온?

아니오. 네 번 했습니다.

No. He viajado cuatro veces.

노. 에 비아하도 꾸아트로 베세쓰

해상편 또는 항공편 여행 중에 어느 것이 더 편하십니까?

¿Cuál encuentra Ud. más cómodo el viaje, por mar o por avión?

꾸알 엔꾸엔트라 우스뗻 마쓰 꼬모도 엘 비아헤, 뽀르 마르 오 뽀르 아비온?

제게는 항공편 여행이 더 편합니다.

El viaje por avión es más cómodo para mí.

엘 비아헤 뽀르 아비온 에스 마쓰 꼬모도 빠라 미

메 구스따 에스떼 빠이스 무초. 뽀르껠 라 헨떼 에스 무이 심빠띠까 이 아마블레

당신의 해외여행은 얼마 동안이나 지속됩니까?

¿Cuánto tiempo dura su viaje extranjero?

꾸안또 띠엠뽀 두라 쑤 비아헤 엑스트랑헤로?

제 아내와 저는 마드리드에서 여름 내내 머무를 예정입니다.

Mi mujer y yo permaneceremos en Madrid todo el verano.

미 무헤르 이 요 뻬르마네쎄레모스 엔 마드릳 또도 엘 베라노

당신은 언제 마드리드를 떠나십니까?

¿Cuándo va a salir de Madrid?

꾸안도 바 아 쌀리르 데 마드릳?

며칠 안에 떠날 것입니다.

Voy a salir en unos días.

보이 아 쌀리르 엔 우노스 디아스

내일 오전에 마드리드를 떠납니다.

Me marcho de Madird mañana por la mañana.

메 마르초 데 마드릳 마나나 뽀를 라 마나나

어디서 오셨습니까?

¿De dondé es usted?

데 돈데 에스 우스뗻?

고향이 어디십니까?

¿Cuál es su tierra natal[pueblo natal/país natal]?

꾸알 에스 쑤 띠에라 나딸[뿌에블로 나딸/ 빠이스 나딸]?

어느 나라 태생이십니까?

¿De qué país es usted?

데 께 빠이스 에스 우스뗻?

한국에서 왔습니다.	Soy de Corea (del Sur). 쏘이 데 꼬레아 (델 쑤르)	이곳에 온 지 며칠 되셨습니까?	¿Cuántos días hace que vino usted aquí? 꾸안또스 디아스 아쎄 께 비노 우스뗄 아끼?
당신은 중국 사람이십니까?	¿Es usted chino(-a)? 에스 우스뗄 치노(-나)?		
아니오, 한국 사람입니다.	No, soy coreano(-a). 노, 쏘이 꼬레아노(-나)	여기 온 지 며칠 되었습니다.	Hace unos días que yo estoy aquí. 아쎄 우노스 디아스 께 요 에스또이 아끼
한국까지 비행기로 가는데 몇 시간 걸립니까?	¿Cuántas horas se tarda en ir en avion a Corea (del Sur)? 꾸안따스 오라스 세 따르다 엔 이르 엔 아비온 아 꼬레아 (델 쑤르)?	스페인에 머무른[체류한] 지 얼마나 되십니까?	¿Cuánto tiempo hace que permanece en España? 꾸안또 띠엠뽀 아쎄 께 뻬르마네쎄 엔 에스빠냐?
한국과 시차가 얼마입니까?	¿Cuál es la diferencia horaria con Corea (del Sur)? 꾸알 에슬 라 디훼렌씨아 오라리아 꼰 꼬레아 (델 쑤르)?	스페인에서 3개월 머물고 있습니다.	Permanezco tres meses en España. 뻬르마네스꼬 트레스 메쎄스 엔 에스빠냐
어디에 사십니까?	¿Dónde vive? 돈데 비베?	고향을 떠나온 지 벌써 3개월 되었습니다.	Hace ya tres meses que yo salí de la tierra natal. 아쎄 야 트레스 메쎄스 께 요 쌀리 델 라 띠에라 나딸
이 근처에 삽니다.	Vivo cerca de aquí. 비보 쎄르까 데 아끼		
마드리드 근교에 삽니다.	Vivo en las proximidades de Madrid. 비보 엔 라스 프록씨미다데스 데 마드릴	스페인에 잘 오셨습니다!	¡Bienvenido(-a) a España! 비엔베니도(-다) 아 에스빠냐!
저는 서울 교외에 살고 있습니다.	Vivo en las afueras [los alrededores] de Seúl. 비보 엔 라스 아후에라스[로스 알레데도레스] 데 쎄울	한국에 얼마 동안이나 계셨습니까[한국에 계신 지 얼마나 되셨습니까]?	¿Cuánto tiempo hace que estaba en Corea (del Sur)?/ ¿Cuánto tiempo hace que está Ud. en Corea (del Sur)? 꾸안또 띠엠뽀 아쎄 께 에스따바 엔 꼬레아 (델 쑤르)?/ 꾸안또 띠엠뽀 아쎄 께 에스따 우스뗄 엔 꼬레아 (델 쑤르)?
마드리드에 오신 지 얼마나 되십니까?	¿Cuánto tiempo lleva usted en Madrid? 꾸안또 띠엠뽀 예바 우스뗄 엔 마드릴?		

이곳에 온 지 몇 달/년 되셨습니까?

¿Cuántos meses/años hace que vino usted aquí?

꾸안또스 메쎄스/아뇨스 아쎄 께 비노 우스뗄 아끼?

아주 조금밖에 못하지만, 공부하고 있습니다.

Muy poquito, pero yo estoy estudiándolo.

무이 뽀끼또, 뻬로 요 에스또이 에스뚜이안돌로

이곳에서 몇 달/년 동안 계셨습니까?

¿Cuántos meses/años lleva usted aquí?

꾸안또스 메쎄스/아뇨스 예바 우스뗄 아끼?

한국에서 좋은 시간 보내고 계십니까?

¿Está Ud. teniendo buen tiempo en Corea (del Sur)?

에스따 우스뗄 떼니엔도 부엔 띠엠뽀 엔 꼬레아 (델 쑤르)?

이곳에 계신 지 몇 년 되셨습니까?

¿Cuántos años hace que lleva [permanece] usted aquí?

꾸안또스 아뇨스 아쎄 께 예바[뻬르마네쎄] 우스뗄 아끼?

물론입니다. 한국과 우리나라는 차이가 많지만, 재미있습니다.

Claro. Hay muchas diferencias entre Corea (del Sur) y mi país, pero yo siento algo interesante.

끌라로, 아이 무차스 디훼렌씨아스 엔트레 꼬레아 (델 쑤르) 이 미 빠이스, 뻬로 요 씨엔또 알고 인떼레싼떼

한국에 있은 지 2년 되었습니다.

Hace dos años que llevo en[estoy en/llegué a] Corea (del Sur).

아쎄 도스 아뇨스 께 예보 엔[에스또이 엔/ 예게 아] 꼬레아 (델 쑤르)

스페인어가 모국어인 사람들은 보통 무엇을 먹습니까?

¿Qué comen normalmente los hispanoparlantes [hispanohablantes]?

께 꼬멘 노르말멘뗄 로스 이스빠노빠를란떼스[이스빠노아블란떼스]?

여기 있은 지 3개월 되었습니다.

Hace tres meses que estoy aquí.

아세 트레스 메쎄스 께 에스또이 아끼

빵과 고기를 먹습니다. 한국인들은요?

Comen pan y carne. ¿Y los coreanos?

꼬멘 빤 이 까르네. 일 로스 꼬레아노스?

이곳에 사신 지 얼마나 되셨습니까?

¿Cuánto tiempo hace que vive usted aquí?

꾸안또 띠엠보 아쎄 께 비베 우스뗄 아끼?

한국인들은 보통 밥을 먹습니다.

Los coreanos suelen comer arroz.

로스 꼬레아노스 수엘렌 꼬메르 아로스

이곳에 산 지 얼마 안 되었습니다.

Hace poco que vivo aquí.

아쎄 뽀꼬 께 비보 아끼

한국어는 할 줄 아십니까?

¿Habla Ud. coreano?

아블라 우스뗄 꼬레아노?

● 날씨 · 계절

오늘 날씨가 어떻습니까?
¿Qué tiempo hace hoy?
께 띠엠뽀 아쎄 오이?

날씨가 좋습니다.
Hace buen tiempo.
아쎄 부엔 띠엠뽀

네, 어제보다 훨씬 좋습니다.
Sí, hace mejor tiempo que ayer.
씨, 아쎄 메호르 띠엠뽀 께 아예르

날씨가 기막히게 좋군요!
¡Qué buen tiempo hace!
께 부엔 띠엠뽀 아쎄!

비가 올 것 같습니다.
Parece que hace lluvia.
빠레쎄 께 아쎄 유비아

오늘 비가 올 것 같습니다. 제가 우산 가져갈까요?
Parece que va a llover hoy. ¿Llevo el paraguas?
빠레쎄 께 바 아 요베르 오이. 예보 엘 빠라구아스?

네, 좋은 생각입니다.
Sí, buena idea.
씨, 부에나 이데아

내일 날씨를 알고 싶습니다.
Quiero saber cómo será el tiempo mañana.
끼에로 싸베르 꼬모 쎄라 엘 띠엠뽀 마냐나

내일은 어떻겠습니까?
¿Qué tal será mañana?
께 딸 쎄라 마냐나?

내일은 비가 내릴 것 같지 않습니다.
No parece que llueva mañana.
노 빠레쎄 께 유에바 마냐나

내일 일기예보는 어떻습니까?
¿Qué dice el boletín meteorológico por mañana?
께 디쎄 엘 볼레띤 메떼오롤로히꼬 뽀르 마냐나?

비가 그칠 거랍니다.
Dicen que va a parar de llover.
디쎈 께 바 아 빠라르 데 요베르

내일도 화창할 거라고 합니다.
Dicen que mañana también estará claro.
디쎈 께 마냐나 땀비엔 에스따라 끌라로

흐릴 거라고 합니다.
Dicen que hará tiempo cubierto.
디쎈 께 아라 띠엠뽀 꾸비에르또

내일 날씨가 좋을 거라고 생각하십니까?
¿Cree usted que va a hacer buen tiempo mañana?
크레에 우스뗃 께 바 아 아쎄르 부엔 띠엠뽀 마냐나?

태풍이 올 겁니다.
Va a llegar un tifón.
바 아 예가르 운 띠폰

일기예보에서 그렇게 말했습니다.
El pronóstico del tiempo lo ha dicho así.
엘 프로노스띠꼬 델 띠엠뽈로 아 디초 아씨

라디오에서는 폭풍우가 오는 중이라고 합니다.
En la radio, dicen que la tormenta está viniendo.
엔 라 라디오, 디쎈 껠 라 또르멘따 에스따 비니엔도

천만 뜻밖이네요[놀라운 일이네요]!	¡Qué sorpresa! 께 쏘르쁘레사!	안개	niebla (f.)/ bruma (f.)/ calina (f.)/ neblina (f.) 니에블라/ 브루마/ 깔리나/ 네블리나
저도요[동감입니다].	Yo también. 요 땀비엔		
바람	viento (m.) 비엔또	안개가 끼다	aneblar/ estar brumoso/ velarse de niebla [bruma] 아네블라르/ 에스따르 브루 모소/ 벨라르세 데 니에블라 [브루마]
바람이 불다	ventar/soplar/ correr[hacer/soplar] el viento 벤따르/ 쏘쁠라르/ 꼬레르 [아쎄르/쏘쁠라르] 엘 비엔또		
비	lluvia (f.) 유비아	아지랑이	ola de calor (f.)/ bruma (f.)/ niebla (f.)/calina (f.)/ neblina (f.) 올라 데 깔로르/ 브루마/ 니에블라/ 깔리나/ 네블리나
비가 오다	llover 요베르		
이슬비[보슬비]	llovizna (f.) 요비스나		
이슬비[보슬비]가 내리다	lloviznar 요비스나르	봄날의 아지랑이	bruma primaveral (f.)/bruma de primavera (f.) 브루마 쁘리마베랄/ 브루마 데 쁘리마베라
눈[雪]	nieve (f.) 니에베		
눈이 오다	nevar 네바르	오늘은 화창합니다.	Hoy hace sol. 오이 아쎄 쏠
우박	granizo (m.) 그라니소	오늘 날씨가 아주 좋습니다.	Hoy hace un tiempo magnífico. 오이 아쎄 운 띠엠뽀 마그니 휘꼬
우박이 내리다	granizar 그라니사르		
서리	escarcha (f.)/ helada blanca (f.) 에스까르차/ 엘라다 블랑까	날씨가 많이 따뜻해졌습니다.	El tiempo ha templado mucho. 엘 띠엠뽀 아 뗌쁠라도 무초
서리가 내리다	escarchar/caer la escarcha 에스까르차르/ 까에를 라 에 스까르차	날[하늘]이 개었습니다.	Se ha despejado el día[el cielo]. 세 아 데스뻬하도 엘 디아[엘 씨엘로]

무척 맑은 날	día muy despejado 디아 무이 데스뻬하도	하늘에 안개가 끼어 있습니다.	El cielo está brumoso. 엘 씨엘로 에스따 브루모소
화창한 날	día claro[agradable] 디아 끌라로[아그라다블레]	아지랑이가 끼어 있습니다.	Hay un velo de calina 아이 운 벨로 데 깔리나
구름 한 점 없이 쾌청합니다.	Está despejado. 에스따 데사뻬하도	브라질은 지금 무슨 계절입니까?	¿Qué estación tiene Brasil ahora? 께 에스따씨온 띠에네 브라씰 아오라?
하늘이 개었습니다.	El cielo está despejado. 엘 씨엘로 에스따 데스뻬하도	여름입니다.	Él tiene la estación de verano. 엘 띠에넬 라 에스따씨온 데 베라노
하늘에 구름이 잔뜩 끼었습니다.	El cielo está lleno de nubes. 엘 씨엘로 에스따 예노 데 누베스		
구름 낀 하늘	cielo nublado 씨엘로 누블라도	거기는 날씨가 어떻습니까?	¿Qué tiempo ahí? 께 띠엠뽀 아이?
오늘은 구름이 끼어 있습니다.	Está nublado hoy. 에스따 누블라도 오이	무척 덥습니다.	Hace mucho calor. 아쎄 무초 깔로르
하늘이 흐립니다[하늘에 구름이 끼어 있습니다].	El cielo está nublado. 엘 씨엘로 에스따 누블라도	후텁지근합니다.	Está sofocante. 에스따 쏘포깐떼
날씨가 아주 나쁩니다.	Hace muy mal tiempo. 아쎄 무이 말 띠엠뽀	아무렴요, 후텁지근합니다.	Ciertamente. Hace mucho sofocante. 씨에르따멘떼. 아쎄 무초 쏘포깐떼
날이 흐립니다.	Está nublado. 에스따 누블라도	날씨가 무척 덥습니다.	Hace mucho calor. 아쎄 무초 깔로르
바람이 시원합니다.	El viento es fresco. 엘 비엔또 에스 프레스꼬	숨 막히는 더위[찜통더위, 후텁지근한 더위, 무더위]입니다.	Hace un calor sofocante/terrible. 아쎄 운 깔로르 쏘포깐데/떼리블레
바람이 많이 붑니다.	Hay mucho viento. 아이 무초 비엔또		
안개가 꼈습니다.	Hay niebla/bruma. 아이 니에블라/브루마	무더운 날씨	tiempo sofocante (m.) 띠엠뽀 쏘포깐떼
오늘은 안개로 약간 흐립니다.	Hoy hay algo de neblina[calina/bruma] 오이 아이 알고 데 네블리나[깔리나/브루마]	습합니다.	Está húmedo. 에스따 우메도

습기가 많습니다.	Hay mucha humedad. 아이 무차 우메닫	아이고, 비가 오기 시작하네.	¡Mira! Empieza a llover. 미라! 엠삐에싸 아 요베르
눅눅합니다.	Está pegajoso. 에스따 뻬가호소	비가 억수같이 내립니다.	Llueve a cántaros. 유에베 아 깐따로스
습도가 높아서 곰팡이가 피었습니다.	Han aparecido hongos por la alta humedad. 안 아빠레씨도 옹고스 뽀르 라 알따 우메닫	어제 비가 많이 내렸습니다.	Ayer llovió mucho. 아예르 요비오 무초
무척 덥습니다.	Hace mucho calor. 아쎄 무초 깔로르	어제 저는 비를 맞았습니다.	Ayer me mojé por la lluvia. 아예르 메 모헤 뽀르 라 유비아
여름에는 덥다[뜨겁다].	Hace calor en verano. 아쎄 깔로르 엔 베라노	지금은 우기라서 비가 자주 내립니다.	Ahora llueve mucho porque es la época de lluvias. 아오라 유에베 무초 뽀르께 에슬 라 에뽀까 데 유비아스
햇살이 따갑습니다.	El sol pica. 엘 쏠 삐까	우기(雨期)	temporada [estación / época] de (las) lluvias (f.)/ temporada [estación / época] lluviosa (f.) 뗌뽀라다[에스따씨온/에뽀까] 데 (라스) 유비아스/ 뗌뽀라다[에스따씨온/에뽀까] 유비오사
푹푹 찝니다[사우나 같습니다].	Parece una sauna. 빠레쎄 우나 싸우나		
목이 마릅니다[갈증이 납니다].	Tengo mucha sed. 뗑고 무차 쎋		
저도 그렇습니다. 무엇이라도 마십시다.	Yo también. Vamos a tomar algo. 요 땀비엔, 바모스 아 또마르 알고		
이슬비[가랑비, 보슬비]가 내립니다.	Caen lloviznas. 까엔 요비스나스	건기(乾期)	temporada [estación / época] seca (f.) 뗌뽀라다[에스따씨온/에뽀까] 쎄까
이슬비[가랑비, 보슬비]가 내립니다.	Cae una lluvia fina. 까엔 우나 유비아 휘나		
지금 이슬비[가랑비, 보슬비]가 내리고 있는 중입니다.	Ahora está lloviznando. 아오라 에스따 요비스난도	우기가 시작됩니다.	Empieza la temporada de lluvias. 엠삐에쌀 라 뗌뽀라다 데 유비아스
비가 내립니다.	Llueve. 유에베		

우기가 오면, ~.	Cuando llegue la estación de lluvias, ~. 꾸안도 예겔 라 에스따씨온 데 유비아스, ~.
그 지방은 우기에 접어 들었습니다.	La temporada de lluvias se acercaba a esa región./Esa región iba a entrar en la estación de lluvias. 라 뗌뽀라다 데 유비아스 세 아쎄르까바 아 에사 레히온/ 에사 레히온 이바 아 엔트라 르 엔 라 에스따씨온 데 유비 아스
비가 멎습니다.	Deja[Cesa] de llover. 데하[쎄싸] 데 요베르
비가 멎었습니다.	Dejó[Cesó] de llover. 데호[쎄쏘] 데 요베르
비가 그쳤습니다.	Ha parado de llover./Cesó la lluvia. 아 빠라도 데 요베르/ 쎄쏠 라 유비아
밖의 날씨는 어떻습니까?	¿Qué tiempo hace fuera? 께 띠엠뽀 아쎄 후에라?
날씨가 선선하다/덥다/ 춥다	hacer fresco/calor/ frío 아쎄르 프레스꼬/깔로르/쁘 리오
밖은 조금 쌀쌀합니다.	Fuera hace un poco fresquito. 후에라 아쎄 운 뽀꼬 프레스 끼또
밖은 매우 춥습니다.	Fuera hace mucho frío. 후에라 아쎄 무초 프리오
아이고, 추워라!	¡Uf, qué frío! 우프, 께 프리오!
금년 겨울은 혹한이었습 니다[매우 심한 추위였 습니다].	Este invierno ha sido severo. 에스떼 이비에르노 아 씨도 쎄베로
오늘 기온이 몇 도입니까?	¿Cuántos grados hace hoy? 꾸안또스 그라도스 아쎄 오이?
섭씨 18(℃)이니, 화씨 64도(℉) 정도 됩니다.	En grados centígrados son dieciocho, así que unos sesenta y cuatro grados Fahrenheit. 엔 그라도스 쎈띠그라도스 쏜 디에씨오초, 아씨 께 우노 스 쎄쎈따 이 꾸아트로 그라 도스 화렌에이트
서리가 내렸습니다.	Ha caído una helada blanca. 아 까이도 우나 엘라다 블랑까
서리	escarcha (f.)/ helada blanca (f.) 에스까르차/ 엘라다 블랑까
서리가 내리고 있습니다.	Hay escarcha. 아이 에스까르차
서리가 내립니다.	Escarcha./Cae la escarcha. 에스까르차/ 까엘 라 에스까 르차
서리가 내렸습니다.	Se ha formado escarcha. 세 아 포르마도 에스까르차

된서리	escarcha muy severa[pesada] (f.) 에스까르차 무이 쎄베라[뻬싸다]
눈이 조금 왔습니다.	Ha nevado un poco. 아 네바도 운 뽀꼬
밖에 첫눈이 오고 있습니다.	Está cayendo la primera nieve. 에스따 까옌돌 라 쁘리메라 니에베
함박눈이 오고 있습니다.	Está nevando a grandes copos. 에스따 네반도 아 그란데스 꼬뽀스
함박눈	gran copo de nieve (m.)/grandes copos de nieve (m.pl.) 그란 꼬뽀 데 니에베/ 그란데스 꼬뽀스 데 니에베
함박눈이 내립니다.	Nieva en gran copo. 니에바 엔 그란 꼬뽀
아, 함박눈이 내리고 있습니다.	Ah, los copos grandes de nieve están cayendo. 아, 로스 꼬뽀스 그란데스 데 니에베 에스딴 까옌도
일년 중 제일 좋아하는 계절이 무엇입니까?	¿Cuál es la estación del año que le gusta a Ud. más? 꾸알 에슬 라 에스따씨온 델 아뇨 껠 레 구스따 아 우스뗄 마쓰?
의심의 여지없이 봄입니다.	La primavera, sin duda. 라 쁘리마베라, 씬 두다

왜 봄을 제일 좋아하십니까?	¿Por qué le gusta a Ud. más la primavera? 뽀르 껠 레 구스따 아 우스뗄 마쓸 라 쁘리마베라?
이 계절에는 모든 자연이 긴 잠에서 깨어나 다시 활기를 띕니다. 게다가 꽃들이 피어나고 새들은 노래합니다. 당신도 봄을 좋아하십니까?	En esta época, toda la naturaleza se despierta de su largo sueño y rejuvenece. Además las flores se abren, y los pájaros cantan. ¿Le gusta a Ud. también la primavera? 엔 에스따 에뽀까, 또달 라 나뚜랄레싸 세 데스삐에르따 데 쑬 라르고 수에뇨 이 후베네쎄. 아데마쓸 라스 플로레스 세 아브렌, 일 로스 빠하로스 깐딴. 레 구스따 아 우스뗄 땀비엔 라 쁘리마베라?
네, 좋아합니다.	Sí, me encanta. 씨, 메 엔깐따
봄이 왔습니다.	Ha llegado la primavera. 아 예가돌 라 쁘리마베라
여름이 갔습니다.	El verano se fue. 엘 베라노 세 후에
가을입니다.	Es otoño. 에스 오또뇨
금년 겨울은 이릅니다.	Es precoz este invierno. 에스 쁘레꼬쓰 에스떼 인비에르노

네, 사실입니다. 조금 추 운가 싶더니만, 벌써 겨 울입니다.

Sí, es verdad. Parecía que hacía un poco de frío, y ya estamos en invierno.

씨. 에스 베르닫. 빠레씨아 께 아씨아 운 뽀꼬 데 프리 오. 이 야 에스따모스 엔 인 비에르노

이번 겨울은 따뜻합니다.

Este invierno es[está] templado.

에스떼 인비에르노 에스[에 스따] 뗌쁠라도

저는 한국이 매우 아름 답다고 생각합니다.

Yo pienso que Corea (del Sur) es muy buena.

요 삐엔소 께 꼬레아 (델 쑤 르) 에스 무이 부에나

저 역시 그렇게 생각합 니다. 많은 아름다운 산 과 강이 있습니다.

Yo también pienso así. Hay muchas montañas y muchos ríos hermosos.

요 땀베엔 삐엔소 아씨. 아이 무차스 몬따냐스 이 무초스 리오스 에르모소스

한국의 계절들을 좋아하 십니까?

¿Le gustan las estaciones de Corea (del Sur)?

레 구스딴 라스 에스따씨오 네스 데 꼬레아 (델 쑤르)?

네, 좋아합니다.

Sí, me gustan.

씨. 메 구스딴

한국은 사계절이 뚜렷합 니다.

Corea (del Sur) tiene las cuatro estaciones muy marcadas.

꼬레아 (델 쑤르) 띠에넬 라 스 꾸아트로 에스따씨오네스 무이 마르까다스

어느 계절을 제일 좋아 하십니까?

¿Cuál estación le gusta mucho a Ud.?

꾸알 에스따씨온 레 구스따 무초 아 우스뗃?

저는 가을이 제일 좋습 니다. 가을에는 하늘이 매우 맑고 푸르게 보입 니다.

Me gusta mucho el otoño. El cielo parece muy limpio y azul en otoño.

메 구스따 무초 엘 오또뇨. 엘 씨엘로 빠레세 무일 림삐 오 이 아쑬 엔 오또뇨

벌써 가을입니다.

Ya estamos en otoño.

야 에스따모스 엔 오또뇨

날씨가 제법 선선합니다.

Hace bastante fresco.

아쎄 바스딴떼 프레스꼬

가을의 좋은 점들은 어 떤 것입니까?

¿Cuales son los encantos del otoño?

꾸알레스 쏜 로스 엔깐또스 델 오또뇨?

이 시기[계절]엔 덥지도 춥지도 않습니다.

En esta época, no hace calor ni frío.

엔 에스따 에뽀까, 노 아쎄 깔로르 니 프리오

네, 그래서 가을은 공부 하기에 가장 좋은 계절 입니다.

Sí, por eso, el otoño es la mejor estación para el estudio.

씨. 뽀르 에소, 엘 오또뇨 에 슬 라 메호르 에스따씨온 빠 라 엘 에스뚜디오

가을엔 공기가 아주 맑고 하늘이 아주 높습니다.	En otoño, el aire se hace muy claro y el cielo parece muy alto. 엔 오또뇨, 엘 아이레 세 아쎄 무이 끌라로 이 엘 씨엘로 빠레쎄 무이 알또
게다가 가을은 단풍의 계절입니다.	Además, el otoño es la época de los arces. 아데마쓰, 엘 오또뇨 에슬 라 에뽀까 델 로스 아르쎄스

● **나이 · 생일**

몇 살이십니까?, 연령이 어떻게 되십니까?, 나이[연세/춘추]가 어떻게 되십니까?	¿Cuántos años (de edad) tiene usted?/ ¿Qué edad tiene usted? 꾸안또스 아뇨스 (데 에닫) 띠에네 우스뗃?/ 께 에닫 띠에네 우스뗃?
27세[스물일곱 살]입니다.	Tengo veinte y siete/ veintisiete años. 뗑고 베인떼 이 씨에떼/베인 띠씨에떼 아뇨스
몇 살이십니까?, 연령이 어떻게 되십니까?, 나이[연세]가 어떻게 되십니까?	¿Cuál es su edad? 꾸알 에스 쑤 에닫?
이번 토요일에 만 30세 [서른 살]입니다.	Cumplo treinta años el sábado próximo (que viene). 꿈쁠로 트레인따 아뇨스 엘 싸바도 프록씨모 (께 비에네)
이 달 20일에 만 18세가 [열여덟 살]됩니다.	Cumplo dieciocho/ diez y ocho años el veinte de este mes. 꿈쁠로 디에씨오초/디에스 이 오초 아뇨스 엘 베인떼 데 에스떼 메쓰
올해 만 30세[서른 살] 입니다.	Este año cumplo treinta años.
	에스떼 아뇨 꿈쁠로 트레인 따 아뇨스
오늘로 만 45세[마흔다 섯 살]입니다.	Hoy cumplo cuarenta y cinco años. 오이 꿈쁠로 꾸아렌따 이 씽 꼬 아뇨스
당신이 저보다 두 살 위 이십니다.	Usted tiene dos años más que yo. 우스뗃 띠에네 도스 아뇨스 마쓰 께 요
당신이 저보다 한 살 어 리십니다.	Usted es un año más joven que yo. 우스뗃 에스 운 아뇨 마쓰 호 벤 께 요
생일이 언제이십니까?	¿Cuándo es su cumpleaños? 꾸안도 에스 쑤 꿈쁠레아뇨스?
제 생일은 4월 1일입니다.	Mi cumpleaños es el 1 [primero/uno] de abril. 미 꿈쁠레아뇨스 에스 엘 [쁘 리메로/우노] 데 아브릴 ＊1일은 서수를 사용하나, 기 수도 사용 가능
당신의 별자리는 무엇입 니까?	¿Cuál es su signo del zodíaco? 꾸알 에스 쑤 씨그노 델 쏘디 아꼬?

나이[연세]를 여쭤 봐도 되겠습니까?	¿Le puedo preguntar su edad? 레 뿌에도 쁘레군따르 쑤 에닫?		엘 이 요 쏘모스 델 라 미스마 에닫/ 엘 이 요 떼네모슬 라 미스마 에닫
실례가 안 된다면, 나이[연세]가 어떻게 되시는지 여쭤 봐도 되겠습니까?	Si no es una indiscreción, ¿podría preguntarle cuántos años tiene usted? 씨 노 에스 우나 인디스크레씨온, 뽀드리아 쁘레군따를 레 꾸안또스 아뇨스 띠에네 우스뗃?	나이보다 어려 보이십니다.	Aparenta menos de lo que tiene. 아빠렌따 메노스 델 로 께 띠에네
		당신 나이로 보이지 않습니다.	No aparenta su edad. 노 아빠렌따 쑤 에닫
30대 초반입니다.	Tengo treinta y tantos. 뗑고 트레인따 이 딴또스	열 살 어려 보이십니다.	Aparenta diez menos. 아빠렌따 디에스 메노스
몇 년생이십니까?	¿En qué año nació? 엔 께 아뇨 나씨오?	20세[스무 살] 정도로 보이십니다.	Representa unos veinte años. 레쁘레쎈따 우노스 베인떼 아뇨스
1985년에 태어났습니다.	Nací en el año mil novecientos ochenta y cinco. 나씨 엔 엘 아뇨 밀 노베씨엔또스 오첸따 이 씽꼬	저는 40세[마흔 살]입니다.	Tengo cuarenta años. 뗑고 꾸아렌따 아뇨스
우리는 동갑입니다.	Soy de[Tengo] la misma edad que usted. / Somos de la misma edad. / Tenemos la misma edad. / Tenemos el mismo año (de edad). 쏘이 데[뗑고] 라 미스마 에닫 께 우스뗄/ 쏘모스 델 라 미스마 에닫/ 떼네모슬 라 미스마 에닫/ 떼네모스 엘 미스모 아뇨 (데 에닫)	그러면 저와 동갑이군요. 당신의 춘부장/자당께선 연세가 어떻게 되십니까?	Entonces Ud. tiene la misma edad que yo. ¿Cuántos años tiene su padre/ madre? 엔똔쎄쓰 우스뗄 띠에넬 라 미스마 에닫 요. 꾸안또스 아뇨스 띠에네 쑤 빠드레/마드레?
		그분은 75세[일흔다섯 살]이십니다.	Él(Ella) tiene setenta y cinco/ setenticinco años. 엘(에야) 띠에네 쎄뗀따 이 씽꼬/쎄뗀띠씽꼬 아뇨스
그와 저는 동갑입니다.	Él y yo somos de la misma edad. / Él y yo tenemos la misma edad.	놀랍습니다!, 그분은 나이에 비해 훨씬 젊어 보이십니다.	¡Qué sorpresa! Él(Ella) representa menos edad de la que tiene. 께 쏘르쁘레사! 엘(에야) 레쁘레쎈따 메노스 에닫 델 라 께 띠에네

그분은 60세[육십 살] 이상으로 보이지 않습니다, 그렇지요?	Él(Ella) no representa más de sesenta años, ¿verdad? 엘(에야) 노 레쁘레쎈따 마쓰 데 쎄쎈따 아뇨스, 베르닫?	몸의 상태가 좋다	estar en buena forma física/estar bien de salud 에스따르 엔 부에나 포르마 휘 씨까/ 에스따르 비엔 데 쌀룯
네, 그분은 연세에 비해 무척 팔팔하십니다.	Sí, él(ella) es muy enérgico(-a) para su edad. 씨, 엘(에야) 에스 무이 에네 르히꼬(-까) 빠라 쑤 에닫	몸의 상태가 나쁘다	estar en baja forma física/ estar mal de salud 에스따르 엔 바하 포르마 휘 씨까/ 에스따르 말 데 쌀룯
당신은 몸 상태가 좋으 십니다[활기차십니다, 정정하십니다].	Está en buena forma. 에스따 엔 부에나 포르마		

● 키 · 몸무게

당신은 키가 크십니다.	Es alto(-a). 에스 알또(-따)	파운드로 얼마나 나갑 니까?	¿Cuánto pesa en libras? 꾸안또 뻬사 엔 리브라스?
키가 얼마나 되십니까?	¿Cuánto mide? 꾸안또 미데?	저는 보기보다 체중이 더/덜 나갑니다.	Peso más/menos de lo que aparento. 뻬소 마쓰/메노스 델 로 께 아빠렌또
185센티미터입니다.	Mido ciento ochenta y cinco centímetros. 미도 씨엔또 오첸따 이 씽꼬 쎈띠메트로스	당신이 저보다 5킬로그 램 더/덜 나갑니다.	Usted pesa cinco kilos más/menos que yo. 우스뗃 뻬사 씽꼬 낄로스 마 쓰/메노스 께 요
키가 큰	alto(-a)/ largo(-a)/ espigado(-a) 알또(-따)/ 라르고(-가)/ 에스삐가도(-다)	저는 뚱뚱합니다.	Soy gordo(-a). 쏘이 고르도(-다)
키가 작은	bajo(-a) 바호(-하)	저는 날씬합니다.	Soy delgado(-a). 쏘이 델가도(-다)
체중이[몸무게가] 얼마 나 나가십니까?	¿Cuánto pesa usted? 꾸안또 뻬사 우스뗃?	저는 몸무게가 늘었습 니다.	He ganado peso. 에 가나도 뻬소
65킬로그램입니다.	Peso sesenta y cinco kilos. 뻬소 쎄쎈따 이 씽꼬 낄로스	저는 몸무게가 줄었습 니다.	He perdido peso. 에 뻬르디도 뻬소

체중을 줄이셔야 합니다 [살을 빼셔야 합니다].	Usted tiene que perder peso. 우스뗄 띠에네 께 뻬르데르 뻬소	저는 몸집이 작습니다.	Soy pequeño(-a). 쏘이 뻬께뇨(-냐)
체중이 주신 것 같습니다[살이 빠지신 것 같습니다].	Creo que usted ha perdido peso. 크레오 께 우스뗄 아 뻬르디도 뻬소	제 체형은 한국 남자들 (한국 여자들)의 평균 체형입니다.	Mi forma física es la media de los coreanos(-as). 미 포르마 피씨까 에슬 라 메디아 델 로스 꼬레아노쓰 (-나쓰)

● 성격

당신의 성격은 어떻습니까?	¿Cómo es su personalidad? 꼬모 에스 쑤 뻬르쏘날리닫?	저는 유머 감각이 좋습니다.	Tengo buen sentido del humor. 뗑고 부엔 쎈띠도 델 우모르
저는 낙천적/염세적입니다.	Soy optimista/ pesimista. 쏘이 옵띠미스따/뻬씨미스따	저는 말이 없습니다.	Soy callado(-a). 쏘이 까야도(-다)
저는 낙천적인/염세적인 사람입니다.	Soy una persona optimista/pesimista. 쏘이 우나 뻬르쏘나 옵띠미스따/뻬씨미스따	저는 조금 수다스럽습니다.	Soy un poco charlatán(-tana). 쏘이 운 뽀꼬 차를라딴(-따나)
저는 활동적/소극적입니다.	Soy activo(-a)/ pasivo(-a). 쏘이 악띠보(-바)/빠씨보(-바)	저는 내성적입니다[소심합니다].	Soy tímido(-a). 쏘이 띠미도(-다)
저는 결단력이 있습니다.	Soy decidido(-a). 쏘이 데씨디도(-다)	저는 성급합니다[참을성이 없습니다].	Soy impaciente. 쏘이 임빠씨엔떼
저는 우유부단합니다.	Soy irresoluto(-a) [indeciso(-a)]. 쏘이 이레쏠루또(-따)[인데씨소(-사)]	저는 조금 다혈질입니다.	Tengo un poco de genio. 뗑고 운 뽀꼬 데 헤니오
저는 사교적/비사교적입니다.	Soy sociable/ insociable. 쏘이 쏘씨아블레/인쏘씨아블레	저는 화를 잘 내는 성격입니다[걸핏하면 화를 내는 성질입니다]	Tengo (mal) genio. 뗑고 (말) 헤니오
씩씩합니다.	Soy vigoroso(-a). 쏘이 비고로소(-사)	저는 이성적/감상적/충동적이라는 이야기를 많이 들었습니다.	He oído mucho que soy racional/ sentimental/ impulsivo(-a). 에 오이도 무초 께 쏘이 라씨오날/쎈띠멘딸/임뿔씨보(-바)

● 종교

종교가 있으십니까?	¿Tiene religión? 띠에네 렐리히온?
제 가족은 같은 종교를 가지고 있습니다.	Mi familia tiene la misma religión. 미 화밀리아 띠에넬 라 미스마 렐리히온
제 친척들과 저는 같은 종교를 가지고 있습니다.	Mis familiares y yo tenemos la misma religión. 미스 화밀리아레스 이 요 떼네모슬 라 미스마 렐리히온
저는 하느님을 믿습니다.	Yo creo en Dios. 요 크레오 엔 디오스
하느님[하나님, (유일) 신]을 믿다	creer en Dios/ tener fe en Dios 크레에르 엔 디오스/ 떼네르 훼 엔 디오스
신이 존재한다고 믿습니까?	¿Cree que Dios existe? 크레에 께 디오스 엑씨스떼?
귀신이 있다고 믿습니까?	¿Cree en los fantasmas? 크레에 엔 로스 환따스마스?
유대교	judaísmo (m.) 후다이스모
유대인의, 히브리의	judaico(-a) 후다이꼬(-까)
유대인, 히브리 사람	judío(-a) (m.),(f.) 후디오(-아)
기독교	cristianismo (m.) 크리스띠아니스모
기독교의[에 관한]	cristiano(-a) 크리스띠아노(-나)
기독교도	cristiano(-a) (m.),(f.) 크리스띠아노(-나)

이슬람교, 마호메트교, 회교	islamismo (m.) 이슬라미스모
이슬람교의	islámico(-a)/ musulmán(-mana)/ mahometano(-a) 이슬라미꼬(-까)/ 무술만 (-마나)/ 마오메따노(-나)
이슬람교도	islamita (m.),(f.)/ musulmán(-mana) (m.),(f.)/ mahometano(-a) (m.),(f.) 이슬라미따/ 무술만(-마나)/ 마오메따노(-나)
유교(儒教)	confucianismo (m.) 꼰후씨아니스모
유교의, 공자의	confuciano(-a) 꼰후씨아노(-나)
유교도, 유학자	confuciano(-a) (m.),(f.) 꼰후씨아노(-나)
불교	budismo (m.) 부디스모
불교의[에 관한]	budista 부디스따
불교도, 불교 신자	budista (m.),(f.) 부디스따
도교(道教)	taoísmo (m.) 따오이스모
도교의	taoísta 따오이스따
도학자, 도교 신자	taoísta (m.),(f.) 따오이스따

● 가족

가족이 몇 명이십니까?	¿Cuántos familiares tiene? 꾸안또스 화밀리아레스 띠에네?	누구와 사십니까?	¿Con quién vive Ud.? 꼰 끼엔 비베 우스뗄?
아버님, 어머님, 남동생, 그리고 저입니다.	Somos mi padre, mi madre, mi hermano menor[pequeño] y yo. 쏘모스 미 빠드레, 미 마드레, 미 에르마노 메노르[뻬께뇨] 이 요	혼자 사십니까?	¿Vive solo(-a)? 비베 쏠로(-라)?
		저는 하숙하고 있습니다.	Vivo en una pensión. 비보 엔 우나 뻰씨온
저희는 대가족입니다.	Somos una familia grande. 쏘모스 우나 화밀리아 그란데	부모님과 살고 있습니다.	Vivo con mis padres. 비보 꼰 미스 빠드레스
저희는 5인 가족입니다.	Somos cinco en[de] familia. 쏘모스 씽꼬 엔[데] 화밀리아	아버님은 회사에 다니십니다.	Mi padre trabaja en una empresa. 미 빠드레 트라바하 엔 우나 엠쁘레사
(가까운/먼) 친척	pariente(-a) (cercano(-a)/ lejano(-a)) (m.),(f.) 빠리엔떼(-따) (쎄르까노(-나)/레하노(-나))	어머님은 가정주부이십니다.	Mi madre es ama de casa. 미 마드레 에스 아마 데 까사
어린 시절에 어디서 성장하셨습니까?	¿Dónde creció de pequeño? 돈데 크레씨오 데 뻬께뇨?	조부모님과 삽니다. 당신은 누구와 사십니까?	Yo vivo con mis abuelos. ¿Con quién vive Ud.? 요 비보 꼰 미스 아부엘로스. 꼰 끼엔 비베 우스뗄?
학교는 어디에 있었습니까[학교는 어디서 다니셨습니까]?	¿Dónde estaba su colegio? 돈데 에스따바 쑤 꼴레히오?	저는 부모님과 여자형제들과 함께 삽니다. 가족이 그립지 않습니까?	Yo vivo con mis padres y hermanas. ¿Echa Ud. en falta de su familia? 요 비보 꼰 미스 빠드레스 이 에르마나스. 에차 우스뗄 엔 활따 데 쑤 화밀리아?
별명이 있으세요?	¿Tiene algún apodo? 띠에네 알군 아뽀도?	물론 그렇습니다.	Claro que sí. 끌라로 께 씨
친구들은 저를 백설공주라고 부릅니다.	Mis amigos me llaman Princesa Blanca nieves. 미스 아미고스 메 야만 프린쎄사 블랑까 니에베스	부모님이 다 계십니까?	¿Tiene Ud. sus padres? 띠에네 우스뗄 쑤스 빠드레스?

아니오, 선생님. 한 분밖에 안 계십니다. 제 아버님은 제가 아주 젊었을 때 돌아가셨습니다.

No, señor. No tengo más que a uno de ellos. Mi padre murió cuando yo era muy joven.
노, 쎄뇨르, 노 뗑고 마쓰 께 아 우노 데 에요스, 미 빠드레 무리오 꾸안도 요 에라 무이 호벤

조부모님은 아직 살아계십니까?

¿Viven todavía sus abuelos de Ud.?
비벤 또다비아 쑤스 아부엘로스 데 우스뗄?

아니오, 돌아가셨습니다.

No. Se murieron.
노, 세 무리에론

할머님은 살아계십니다.

Mi abuela vive.
미 아부엘라 비베

형제자매가 있으세요?

¿Tiene hermanos?
띠에네 에르마노스?

남자 형제와 여자 형제들이 있습니까?

¿Tiene Ud. hermanos y hermanas?
띠에네 우스뗄 에르마노스 이 에르마나스?

저는 독자입니다.

Soy hijo único.
쏘이 이호 우니꼬

저는 독녀입니다.

Soy hija única.
쏘이 이하 우니까

남자 형제 둘과 여자 형제 하나가 있습니다.

Tengo dos hermanos y una hermana.
뗑고 도스 에르마노스 이 우나 에르마나

저는 맏이입니다.

Soy el(la) mayor.
쏘이 엘(라) 마요르
＊주어의 성(性)에 따라 남성이면 'el mayor', 여성이면 'la mayor'

저는 막내입니다.

Soy el(la) menor.
쏘이 엘(라) 메노르
＊주어의 성(性)에 따라 남성이면 'el mayor', 여성이면 'la mayor'

둘째 남동생은 마드리드에 삽니다.

Mi segundo hermano menor[pequeño] vive en Madrid.
미 쎄군도 에르마노 메노르[뻬께뇨] 비베 엔 마드릳

당신의 여동생은 무슨 일을 합니까?

¿A qué se dedica su hermana menor[pequeña]?
아 께 세 데디까 쑤 에르마나 메노르[뻬께냐]?

형, 오빠

hermano mayor[grande] (m.)
에르마노 마요르[그란데]

언니, 누나

hermana mayor[grande] (f.)
에르마나 마요르[그란데]

당신의 여자형제는 결혼했습니까?

¿Está casada su hermana?
에스따 까사다 쑤 에르마나?

아니오, 그녀는 아직 결혼 안 했습니다. 약혼은 했습니다.

No, no se ha casada todavía. Es prometida.
노, 노 세 아 까사다 또다비아, 에스 프로메띠다

그러면 당신은 독신이십니까?

Luego[Conque] ¿es usted soltero(-a)?
루에고[꽁께] 에스 우스뗄 쏠떼로(-라)?

네, 저는 독신입니다.

Sí, soy soltero(-a)?
씨, 쏘이 쏠떼로(-라)

이 사람이 제 약혼자입니다.	Este es mi comprometido(-a). 에스떼 에스 미 꼼프로메띠도(-다)	아들 하나, 딸 하나 있습니다.	Un hijo y una hija. 운 이호 이 우나 이하
그(그녀)와 저는 약혼했습니다.	Él(Ella) y yo nos comprometimos. 엘(에야) 이 요 노스 꼼프로메띠모스	결혼한 지 얼마 안 되었습니다.	Hace poco que me casé[estoy casado(-a)]. 아쎄 뽀꼬 께 메 까쎄[에스또이 까사도(-다)]
저희는 약혼한 지 얼마 안 되었습니다.	Hace poco que nos comprometimos. 아쎄 뽀꼬 께 노스 꼼프로메띠모스	저희는 결혼한 지 3일 되었습니다.	Hace tres días que nos casamos. 아쎄 트레스 디아스 께 노스 까사모스
저희는 약혼한 지 두 달 되었습니다.	Hace dos meses que nos comprometimos. 아쎄 도스 메쎄스 께 노스 꼼프로메띠모스	저는 얼마 전에 이혼했습니다.	Hace poco yo me divorcié 아쎄 뽀꼬 요 메 디보르씨에
당신은 언제 결혼하십니까?	¿Cuándo se va a casar? 꾸안도 세 바 아 까사르?	저는 아내를 잃은 지 3년 되었습니다.	Hace tres años que perdí a mi mujer. 아쎄 트레스 아뇨스 께 뻬르디 아 미 무헤르
저는 올봄에 결혼합니다.	Me caso esta primavera. 메 까소 에스따 쁘리마베라	독신의, 미혼의, 독신자, 총각, 처녀	soltero(-a) (a.),(m.),(f.) 쏠떼로(-라)
당신은 결혼하셨습니까?	¿Está casado(-a)? 에스따 까사도(-다)?	독신의, 미혼의, 독신(주의)자	célibe (a.),(m.),(f.) 쎌리베
결혼한 지 얼마나 되셨습니까?	¿Cuánto tiempo lleva casado(-a)? 꾸안또 띠엠뽀 예바 까사도(-다)?	동거 중이다	estar casado(-a) a media carta 에스따르 까사도(-다) 아 메디아 까르따
결혼한 지 3년 되어갑니다.	Llevo tres años de matrimonio. 예보 트레스 아뇨스 데 마뜨리모니오	남자 친구/여자 친구와 동거하다	convivir con un amigo/una amiga 꼰비비르 꼰 운 아미고/우나 아미가
자녀가 있습니까?	¿Tiene hijos? 띠에네 이호스?	약혼한, 약혼자	prometido(-a)/ comprometido(-a) (a.),(m.),(f.) 프로메띠도(-다)/ 꼼프로메띠도(-다)

결혼한, 기혼의, 기혼자	casado(-a) (a.),(m.),(f.) 까사도(-다)	홀아비의, 과부의, 홀아비, 미망인, 과부	viudo(-a) (a.),(m.),(f.) 비우도(-다)
신혼 부부	pareja recién casada (f.) 빠레하 레씨엔 까사다	미혼모	madre soltera (f.) 마드레 쏠떼라
이혼한, 이혼한 사람, 이혼남, 이혼녀	divorciado(-a) (a.),(m.),(f.) 디보르씨아도(-다)	미혼부	padre soltero (m.) 빠드레 쏠떼로

● 직업

당신 직업은 무엇입니까?	¿Cuál es su profesión? 꾸알 에스 쑤 프로훼씨온?	저는 점원으로/(여)비서로/디자이너/그래픽 디자이너로 일합니다.	Trabajo como[de] dependiente/ secretario(-a)/ diseñador(-a)/ diseñador(-a) gráfico(-a). 트라바호 꼬모[데] 데뻰디엔떼/쎄크레따리오(-아)/디쎄냐도르(-라)/디쎄냐도르(-라) 그라휘꼬(-까)
학생/의사/변호사/교수입니다.	Soy estudiante/ médico(-a)/ abogado(-a)/ profesor(-a). 쏘이 에스뚜디안떼/메디꼬(-까)/ 아보가도(-다)/ 프로훼쏘르(-라)		
회사원입니다.	Trabajo en una oficina. 트라바호 엔 우나 오휘씨나	패션 디자이너	diseñador(-a) de moda[modas] 디쎄냐도르(-라) 데 모다[모다스]
회사원, 사무원	oficinista (m.),(f.) 오휘씨니스따	청담역 근처에서 일합니다.	Trabajo cerca de la estación Cheongdam. 트라바호 쎄르까 델 라 에스따씨온 청담
회사원	empleado(-a) (de una compañía) (m.),(f.) 엠쁠레아도(-다) (데 우나 꼼빠니아)		
(사무계의) 회사원, 샐러리맨, 봉급생활자	empleado(-a) de oficina (m.),(f.) 엠쁠레아도(-다) 데 오휘씨나	일주일에 며칠 동안 일하십니까?	¿Cuántos días a la semana trabaja usted?/¿Cuántos días trabaja por una semana? 꾸안또스 디아스 알 라 쎄마나 트라바하 우스뗄?/꾸안또스 디아스 트라바하 뽀르 우나 쎄마나?
당신은 직장이 있으십니까 혹은 학생이십니까?	¿Trabaja o estudia? 트라바하 오 에스뚜디아?		

5일입니다. 그럼 당신 은요?	Cinco días. ¿Entonces Ud.? 씽꼬 디아스. 엔똔쎄쓰 우 스뗄?	한 달에 약 18,200,000 볼리바르 정도 법니다.	Gana unos dieciocho millones doscientos mil bolivares en un mes. 가나 우노스 디에씨오초 미요네스 도스씨엔또스 밀 볼리바레스 엔 운 메쓰 *볼리바르는 베네수엘라의 화폐단위
저는 6일 근무입니다.	Yo trabajo seis días. 요 트라바호 쎄이스 디아스		
(월요일과 토요일을 포 함하여) 월요일부터 토 요일까지	desde el lunes al sábado, ambos inclusive 데스데 엘 루네스 알 싸바도, 암보스 잉끌루씨베	당신은 한 달에 얼마나 버십니까?	¿Cuánto gana Ud. en un mes? 꾸안또 가나 우스뗄 엔 운 메쓰?
실례지만, 한 달에 얼마 나 버십니까?	Dispénseme, ¿cuánto gana Ud. en un mes? 디스뻰세메, 꾸안또 가나 우 스뗄 엔 운 메쓰?	약 100만 볼리바르입 니다.	Unos millón bolivares. 우노스 미욘 볼리바레스

● 여가/취미

여가시간에 무엇을 하십 니까?	¿Qué hace en su tiempo libre? 께 아쎄 엔 쑤 띠엠뽈 리 브레?	여가시간에 독서하며 보 내는 것을 좋아합니다.	Me gusta pasar mi tiempo libre leyendo. 메 구스따 빠사르 미 띠엠뽈 리브레 레옌도
여가시간에는, (여가시 간이) 비록 많지는 않지 만, 여러 가지 일들을 하 는 것을 좋아합니다.	En mi tiempo libre, aunque no es mucho, me gusta hacer varias cosas. 엔 미 띠엠뽈 리브레, 아운께 노 에스 무초, 메 구스따 아 쎄르 바리아스 꼬사쓰	저는 독서를 하면서 여 가를 보냅니다.	Lleno[Ocupo] mi tiempo libre leyendo. 예노[오꾸뽀] 미 띠엠뽈 리브 레 레옌도
여가시간에는, 독서하 고 여행하는 것을 좋아 합니다.	En mi tiempo libre, me gusta leer y viajar. 엔 미 띠엠뽈 리브레, 메 구 스딸 레에르 이 비아하르	여가시간을 (기본적으 로) 어떻게 보내십니까?	¿Cómo ocupa (básicamente) su tiempo libre? 꼬모 오꾸빠 (바씨까멘떼) 쑤 띠엠뽈 리브레?

어떻게 여가시간을 생산적인 일을 하며 보내십니까?

¿Cómo llena su tiempo libre con cosas productivas?

꼬모 예나 쑤 띠엠쁠 리브레 꼰 꼬사쓰 프로둑띠바스?

저는 여가시간에 무엇을 할 지 모르겠습니다.

No sé qué hacer en mi tiempo libre.

노 쎄 께 아쎄르 엔 미 띠엠쁠 리브레

저는 여가시간을 어떻게 보낼지 모르겠습니다.

No sé cómo llenar mi tiempo libre.

노 쎄 꼬모 예나르 미 띠엠쁠 리브레

제가 여가시간에 뭘 할 수 있을까요?

¿Qué puedo hacer en mi tiempo libre?

께 뿌에도 아쎄르 엔 미 띠엠쁠 리브레?

우리 여가시간 프로그램을 어떻게 계획할까요?

¿Cómo organizamos nuestro programa de ocio y tiempo libre?

꼬모 오르가니싸모스 누에스트로 프로그라마 데 오씨오 이 띠엠쁠 리브레?

여름 여가시간을 어떻게 보내십니까?

¿Cómo ocupa su ocio y tiempo libre estival?

꼬모 오꾸빠 쑤 오씨오 이 띠엠쁠 리브레 에스띠발?

저는 여름 여가시간을 어떻게 보낼지 계획하고 싶습니다.

Quiero planificar cómo ocupar mi ocio y tiempo libre estival.

끼에로 쁠라니휘까르 꼬모 오꾸빠르 미 오씨오 이 띠엠쁠 리브레 에스띠발

취미가 있으십니까?

¿Tiene Ud. alguna afición?

띠에네 우스뗄 알구나 아휘씨온?

저는 특별한 취미가 없습니다. 당신은 취미가 있으세요?

Yo no tengo la afición particular. ¿Tiene Ud. alguna afición?

요 노 뗑골 라 아휘씨온 빠르띠꿀라르. 띠에네 우스뗄 알구나 아휘씨온?

제 취미는 외국어 공부입니다. 이 공부는 마음과 정신을 다시 젊어지게 합니다.

Mi afición es el estudio de las lenguas extranjeras. Este estudio rejuvenece la mente y el espíritu.

미 아휘씨온 에스 엘 에스뚜디오 델 라스 렝구아스 엑스트랑헤라스. 에스떼 에스뚜디오 레후베네쎌 라 멘떼 이 엘 에스삐리뚜

제 취미는 우표수집입니다.

Mi afición es coleccionar los sellos.

미 아휘씨온 에스 꼴렉씨오나를 로스 쎄요스

지금 얼마나 많이 갖고 계십니까?

¿Cuántos sellos tiene Ud. ahora?

꾸안또스 쎄요스 띠에네 우스뗄 아오라?

약 1,500장 정도 수집했습니다.

He coleccionado unos mil quinientos sellos.

에 꼴렉씨오나도 우노스 밀 끼니엔또스 쎄요스

당신의 취미는 무엇입니까?	¿Cuál es su afición? 꾸알 에스 쑤 아휘씨온?	제가 아주 좋아하는 취미는 낚시입니다. 저는 일요일마다 낚시하러 갑니다.	Mi pasatiempo favorito es la pesca. Yo voy de pesca los domingos. 미 빠사띠엠뽀 화보리또 에스 라 뻬스까. 요 보이 데 뻬쓰깔 로스 도밍고스 *요일 앞에 복수 정관사가 오면 '…요일마다', 단수 정관사가 오면 '…요일에' 라는 부사구가 됨
취미	gusto (m.)/afición (f.)/pasatiempo (m.)/hobby (m.) 구수또/ 아휘씨온/ 빠사띠엠뽀/ 오비		
영화/뮤지컬 감상을 좋아합니다.	Me gusta ver películas/musicales. 메 구스따 베르 뻴리꿀라스/무씨깔레스		
사진 찍으러 가는 것을 좋아합니다.	Me gusta ir a sacar fotos. 메 구스따 이르 아 사까르 포또스	낚시질하러 가다, 낚시질 가다	ir de pesca/ ir a pescar 이르 데 뻬스까/ 이르 아 뻬스까르
운동하는 것을 좋아합니다.	Me gusta hacer ejercicio. 메 구스따 아쎄르 에헤르씨씨오	좋은 취미이십니다.	Es una buena afición. 에스 우나 부에나 아휘씨온
산행을 좋아합니다.	Me gusta ir a la montaña. 메 구스따 이르 알 라 몬따냐	감사합니다.	Gracias. 그라씨아스
얼마나 자주 산에 가십니까[산행을 하십니까]?	¿Cada cuándo va a la montaña? 까다 꾸안도 바 알 라 몬따냐?	실은, 요즘 저도 자주 낚시하러 갑니다.	Es que, en estos días yo voy de pesca frecuentemente. 에스 께, 엔 에스또스 디아스 요 보이 데 뻬쓰까 프레꾸엔떼멘떼
대개 등산은 누구와 가시곤 합니까?	¿Con quién suele escalar la montaña? 꼰 끼엔 수엘레 에스깔라를 라 몬따냐?	어디로 낚시질하러 가시곤 합니까?	¿Dónde suele ir de pesca? 돈데 수엘레 이르 데 뻬쓰까?
당신이 아주 좋아하는 취미는 무엇입니까?	¿Cuál es su pasatiempo favorito? 꾸알 에스 쑤 빠사띠엠뽀 화보리또?	기분 전환을 위해 무엇을 하십니까?	¿Qué hace para relajarse? 께 아쎄 빠라 렐라하르세?
낚시를 좋아합니다.	Me gusta pescar. 메 구스따 뻬쓰까르	휴일/주말 동안에는 무엇을 하시곤 합니까?	¿Qué suele hacer durante las fiestas/los fines de semana? 께 수엘레 아쎄르 두란뗄 라스 휘에스따스/로스 휘네스 데 쎄마나?

휴일/주말에는 가족과 보내곤 합니다.

Suelo pasar las fiestas/los fines de semana en familia.
수엘로 빠사를 라스 휘에스따스/로스 휘네스 데 쎄마나 엔 화밀리아

저희는 가족과 함께 연말 휴일을 보냅니다.

Pasamos las fiestas de fin de año con nuestra familia.
빠사모슬 라스 휘에스따스 데 휜 데 아뇨 꼰 누에스트라 화밀리아

저희는 가족과 함께 휴일을 보냈습니다.

Hemos pasado las fiestas en familia.
에모스 빠사돌 라스 휘에스따스 엔 화밀리아

퇴근 후에 뭔가를 하십니까?

¿Hace algo después del trabajo?
아쎄 알고 데스뿌에쓰 델 트라바호?

저는 집에 있습니다.

Estoy en casa.
에스또이 엔 까사

저는 책을 읽습니다.

Yo leo libros.
욜 레오 리브로스

저는 친구들과 함께 합니다.

Quedo con mis amigos.
께도 꼰 미스 아미고스

주말에 무엇을 하실 겁니까?

¿Qué va a hacer el fin de semana?
께 바 아 아쎄르 엘 휜 데 쎄마나?

저는 주말에는 낚시를 가곤 합니다.

Los fines de semana suelo ir de pesca.
로스 휘네스 데 쎄마나 수엘로 이르 데 뻬스까

주말 잘 보내십시오.

Buen fin de semana.
부엔 휜 데 쎄마나

● 책/음악/영화/춤

책 읽는 것을 좋아하십니까?

¿Le gusta leer libros?
레 구스딸 레에를 리브로스?

네, 좋아합니다.

Sí, me gusta.
씨, 메 구스따

어떤 유형[종류]의 책을 즐겨 읽으십니까?

¿Qué tipo de libro le gusta leer?
께 띠뽀 델 리브롤 레 구스딸 레에르?

저는 소설/시/수필 읽는 것을 좋아합니다.

Me gusta leer novelas/poemas/ensayos.
메 구스딸 레에르 노벨라스/뽀에마스/엔싸요스

요즘 베스트셀러는 무엇입니까?

¿Cuál es el libro más vendido en estos días?
꾸알 에스 엘 리브로 마쓰 벤디도 엔 에스또스 디아스?

어떤 작가/여성작가를 좋아하십니까?

¿Qué autor/autora le gusta?
께 아우또르/아우또라 레 구스따?

세르반테스를 좋아합니다.

Me gusta Cervantes.
메 구스따 쎄르반떼스

작가	autor(-a) (m.),(f.)/ escritor(-a) (m.),(f.) 아우또르(-라)/ 에스크리또르(-라)	네, 언젠가 빌려주십시오.	Sí, algún día préstemelo, por favor. 씨, 알군 디아 쁘레스떼멜로, 뽀르 화보르
소설가	novelista (m.),(f.) 노벨리스따	그것을 빌려주십시오.	Préstemelo, por favor. 쁘레스떼멜로, 뽀르 화보르
시인	poeta (m.),(f.) 뽀에따	네[알겠습니다, 좋습니다].	Bueno. 부에노
수필가	ensayista (m.),(f.)/ autor(-a) de ensayos (m.),(f.) 엔싸이스따/ 아우또르(-라) 데 엔싸요스	제가 다 읽고 난 후에 빌려드리겠습니다.	Después de que yo leo, yo le prestaré. 데스뿌에쓰 데 께 욜 레오, 욜 레 쁘레스따레
한 달에 몇 권의 책을 읽으십니까?	¿Cuántos libros lee al mes? 꾸안또스 리브로슬 레에 알 메쓰?	감사합니다.	Gracias. 그라씨아스
		어떤 종류/유형의 음악을 좋아하십니까?	¿Qué clase/tipo de música le gusta? 께 끌라세/띠뽀 데 무씨깔 레 구스따?
저는 책을 많이 읽습니다.	Leo muchos libros. 레오 무초스 리브로스		
무엇을 읽고 계십니까?	¿Qué está Ud. leyendo? 께 에스따 우스뗄 레옌도?	K-pop/고전음악을 좋아합니다.	Me gusta el k-pop/ la música clásica. 메 구스따 엘 까뽑/라 무씨까 끌라씨까
『돈 끼호테 델 라 만차』를 읽고 있습니다.	Yo estoy leyendo 『Don Quijote de la Mancha』. 요 에스또일 레옌도 『돈 끼호테 델 라 만차』	K-pop/고전음악 듣는 것을 좋아합니다.	Me gusta escuchar el k-pop/la música clásica. 메 구스따 에스꾸차르 엘 까뽑/라 무씨까 끌라씨까
저는 그 책을 여러 번 읽었습니다.	He leído ese libro varias veces. 엘 레이도 에쎌 리브로 바리아스 베세쓰	어떤 가수를 좋아하십니까?	¿Qué cantante le gusta? 께 깐딴뗄 레 구스따?
이 이야기는 매우 재미있습니다. 읽어보시고 싶으십니까?	Este cuento es muy intersante. ¿Desea Ud. leerlo? 에스떼 꾸엔또 에스 무이 인떼레싼떼. 데쎄아 우스뗄 레에를로?	메르세데스 소사를 좋아합니다.	Me gusta Mercedes Sosa. 메 구스따 메르쎄데스 쏘사
		좋아하는 노래가 있습니까?	¿Le gusta alguna canción? 레 구스따 알구나 깐씨온?

메르세데스 소사의 '그라씨아스 알 라 비다(삶에 감사드려요)'를 좋아합니다.

Me gusta la canción 'Gracias A La Vida' de Mercedes Sosa.
메 구스딸 라 깐씨온 '그라씨아스 알 라 비다' 데 메르쎄데스 쏘사

제게 노래를 한 곡 불러 주실 수 있습니까?

¿Me puede cantar una canción?
메 뿌에데 깐따르 우나 깐씨온?

저는 음치입니다.

Desafino mucho.
데싸휘노 무초

악기를 연주하실 수 있습니까?

¿Puede Ud. tañer[tocar] algún instrumento músico?
뿌에데 우스뗄 따녜르[또까르] 알군 인스트루멘또 무씨꼬?

네. 바이올린을 연주할 수 있습니다.

Sí. Puedo tañer [tocar] el violín.
씨. 뿌에도 따녜르[또까르] 엘 비올린

악기를 연주하실 줄 압니까?

¿Sabe tañer[tocar] algún instrumento?
싸베 따녜르[또까르] 알군 인스트루멘또?

피아노를 치실 줄 압니까?

¿Sabe tocar el piano?
싸베 또까르 엘 삐아노?

아니오, 하지만 그러고 싶습니다.

No. Pero quiero.
노. 뻬로 끼에로

저는 피아노를 칠 줄 압니다.

Sé tocar el piano.
쎄 또까르 엘 삐아노

저는 피아노를 아주 잘 칩니다.

Toco el piano muy bien.
또꼬 엘 삐아노 무이 비엔

피아노 치시는 줄 몰랐습니다.

No sé que Ud. toca el piano.
노 쎄 께 우스뗄 또까 엘 삐아노

제가 말씀드린 적 없습니까?

¿No le he dicho a Ud.?
놀 레 에 디초 아 우스뗄?

기억이 안 납니다.

No me acuerdo.
노 메 아꾸에르도

영화 보는 것을 좋아하십니까?

¿Le gusta ver películas?
레 구스따 베르 뻴리꿀라스?

네, 영화 보는 것을 좋아합니다.

Sí, me gusta ver películas.
씨, 메 구스따 베르 뻴리꿀라스

어떤 유형[종류]의 영화를 좋아하십니까?

¿Qué tipo de película le gusta?
께 띠뽀 데 뻴리꿀랄 레 구스따?

저는 형사물 영화/로맨틱 코미디 영화를 좋아합니다.

Me gusta la película policiaca/la comedia romántica.
메 구스딸 라 뻴리꿀라 뽈리씨아까/라 꼬메디아 로만띠까

오늘 저녁 영화관에 가시겠습니까?

¿Quiere ir al cine esta noche?
끼에레 이르 알 씨네 에스따 노체?

춤추는 것을 좋아하십니까?

¿Le gusta a Ud. bailar?
레 구스따 아 우스뗄 바일라르?

네, 좋아합니다.

Sí, me gusta bailar.
씨, 메 구스따 바일라르

얼마 동안 춤추기를 배우셨습니까?

¿Cuánto tiempo ha Ud. aprendido a bailar?

2. 상황별 의사소통 333

기껏해야 석 달밖에 안 됐습니다.	Tres meses a lo más. 트레스 메쎄스 알 로 마쓰	내일 저녁에 댄스파티가 있습니다.	꾸안또 띠엠보 아 우스뗄 아 프렌디도 아 바일라르? Mañana por la noche, hay una velada de baile. ¿Quiere Ud. ir conmigo? 마냐나 뽀를 라 노체, 아이 우나 벨라다 데 바일레. 끼에레 우스뗄 이르 꼰미고?
누구와 춤을 배우셨습니까?	¿Con quién aprendió Ud. a bailar? 꼰 끼엔 아프렌디오 우스뗄 아 바일라르?		에스 미 아미고 인띠모 께 메 엔쎄뇨 아 바일라르
제게 춤을 가르쳐준 건 제 친한 친구입니다.	Es mi amigo íntimo que me enseñó a bailar.	그러겠습니다, 선생님.	Sí, señor. 씨, 쎄뇨르

● 스포츠

스포츠를 좋아하십니까?	¿Le gusta el deporte? 레 구스따 엘 데뽀르떼?	테니스 칠 줄 아십니까?	¿Sabe jugar al tenis? 싸베 후가르 알 떼니쓰?
네, 모든 유형[종류]의 스포츠를 다 좋아합니다.	Sí, me gusta todo tipo de deportes. 씨, 메 구스따 또도 띠뽀 데 데뽀르떼스	자주 테니스를 치십니까?	¿Juega Ud. al tenis a menudo? 후에가 우스뗄 알 떼니쓰 아 메누도?
아니오, 저는 스포츠에 관심이 없습니다.	No, no me interesa el deporte. 노, 노 메 인떼레싸 엘 데뽀르떼	매일 아침 1시간씩 테니스를 칩니다.	Yo juego al tenis una hora cada mañana. 요 후에고 알 떼니쓰 우나 오라 까다 마냐나
저는 스포츠를 좋아하지만, 잘하지는 못합니다.	Me gusta el deporte, pero no soy muy bueno. 메 구스따 엘 데뽀르떼, 뻬로 노 쏘이 무이 부에노	저는 모든 종류의 스포츠를 좋아합니다. 당신은 어떤 스포츠를 좋아하십니까?	Me gustan todas las clases de deporte. ¿Qué deporte le gusta? 메 구스딴 또다슬 라스 끌라세스 데 데뽀르떼. 께 데뽀르뗄 레 구스따?
어떤 스포츠를 가장 좋아합니까?	¿Cuál le gusta más de los deportes? 꾸알 레 구스따 마쓰 델 로스 데뽀르떼스?		
테니스를 가장 좋아합니다.	Me gusta más el tenis. 메 구스따 마쓰 엘 떼니쓰	저는 탁구를 좋아합니다.	Me gusta el ping-pong[tenis de mesa/pimpón].

메 구스따 엘 뻰뽄[떼니쓰 데 메사/빰뽄]

잘 치십니까?

¿Es Ud. buen jugador/buena jugadora?

에스 우스뗄 부엔 후가도르/ 부에나 후가도라?

*주어의 성(性)에 따라

아니오. 보통에 불과합니다.

No. Yo no soy más el jugador/ la jugadora normal.

노, 요 노 쏘이 마쓰 엘 후가 도르/라 후가도라 노르말

*주어의 성(性)에 따라

무슨 스포츠를 잘 하십니까?

¿En qué deporte es bueno?

엔 께 데뽀르떼 에스 부에노?

저는 축구를 잘 합니다.

Soy bueno jugando al fútbol.

쏘이 부에노 후간도 알 훗볼

스키를 잘 타십니까?

¿Esquía bien?

에스끼아 비엔?

겨울에는 스키를 타러 갑니다.

En invierno voy a esquiar.

엔 인비에르노 보이 아 에스 끼아르

오늘 한가하십니까?

¿Es Ud. libre hoy?

에스 우스뗄 리브레 오이?

네.

Sí, yo soy.

씨, 요 쏘이

스케이팅 좋아하십니까?

¿Le gusta la patinaje?

레 구스딸 라 빠띠나헤?

네, 좋아합니다.

Sí, me gusta.

씨, 메 구스따

그러면 스케이트 타시겠 습니까?

Bueno, ¿quiere Ud. patinar?

부에노, 끼에레 우스뗄 빠띠 나르?

좋습니다! 준비하겠습니다.

¡Está bien! Yo prepararé.

에스따 비엔! 요 프레빠라레

수영할 줄 아십니까?

¿Sabe Ud. nadar?

싸베 우스뗄 나다르?

네.

Sí.

씨

어떤 수영법을 제일 좋아하십니까?

¿Qué modo de natación le gusta más?

께 모도 데 나따씨온 레 구 스따 마쓰?

저는 배영을 제일 좋아 합니다.

Me gusta más la braza de espalda.

메 구스따 마쓸 라 브라사 데 에스빨다

저 수영법 이름은 무엇 입니까?

¿Cómo se llama aquel modo de natación?

꼬모 세 야마 아껠 모도 데 나따씨온?

접영[버터플라이]이라고 합니다.

Se llama la mariposa.

세 야말 라 마리뽀사

다이빙하실 수 있습니까?

¿Puede Ud. zambullirse?

뿌에데 우스뗄 쌈부이르세?

저는 소심해서 다이빙 못합니다.

No puedo tirarme de cabeza porque soy tímido(-a).

노 뿌에도 띠라르메 데 까베 사 뽀르께 쏘이 띠미도(--다)

당신께 한국을 방문하시길 권합니다. 그럴만한 가치가 있기 때문입니다.

Le sugiero que visite Corea (del Sur) porque vale la pena.
레 쑤히에로 께 비씨떼 꼬레아 (델 쑤르) 뽀르께 발렐 라 뻬나

한국에서 여행을 하실 겁니까?

¿Va a hacer turismo en Corea (del Sur)?
바 아 아쎄르 뚜리스모 엔 꼬레아 (델 쑤르)?

네, 한국에서 여행을 할 겁니다.

Sí, yo voy a hacer turismo en Corea (del Sur).
씨, 요 보이 아 아쎄르 뚜리스모 엔 꼬레아 (델 쑤르)

여기 오래 계실 겁니까?

¿Estará Ud. aquí mucho tiempo?
에스따라 우스뗄 아끼 무초 띠엠뽀?

아닙니다. 사흘만 있을 것입니다.

No. Sólo tres días.
노, 쏠로 트레스 디아스

한국에서 어디에 가보고 싶으십니까?

¿Dónde quiere ir en Corea del Sur?
돈데 끼에레 이르 엔 꼬레아 델 쑤르?

산에 가보고 싶습니다. 한국의 가장 유명한 산들은 어떤 것들입니까?

Quiero ir al monte. ¿Cuáles son los montes más famosos de la Corea del Sur?
끼에로 이르 알 몬떼. 꾸알레스 쏜 로스 몬떼스 마쓰 화모소스 델 라 꼬레아 델 쑤르?

설악산과 제주도의 한라산을 추천해드립니다.

Le recomiendo el Monte Seolak y el Monte Halla (que se encuentra) en la isla de Jeju.
레 레꼬미엔도 엘 몬떼 설악 이 엘 몬떼 한라 (께 세 엔꾸엔트라) 엔 라 이슬라 데 제주

제가 관광 일정 몇 가지를 추천해드리겠습니다.

Voy a recomendarle algunas agendas de turismo.
보이 아 레꼬멘다를레 알구나스 아헨다스 데 뚜리스모

하회탈(춤)이 유명한 안동을 추천해 드립니다.

Le recomiendo Andong, que es famosa por (el baile de) máscaras Hahoe.
레 레꼬미엔도 안동, 께 에스 화모사 뽀르 (엘 바일레 데) 마스까라스 하회

부산을 방문해 보십시오. 부산은 한국 제1의 항구 도시이자 두 번째로 큰 도시입니다. 부산은 바다가 아름답습니다.

Visite a Busan. Busan es el principal puerto y la segunda ciudad más grande de Corea del Sur. En Busan el mar es hermoso.
비씨떼 아 부산. 부산 에스 엘 쁘린씨빨 뿌에르또 일 라 쎄군다 씨우달 마쓰 그란데 데 꼬레아 델 쑤르. 엔 부산 엘 마르 에스 에르모소

한국은 제주도와 경주가 유명합니다.

En Corea del Sur son famosas la isla de Jeju y Gyeongju.

엔 꼬레아 델 쑤르 쏜 화모사스 라 이슬라 데 제주 이 경주

제주도를 여행해 보십시오. 사화산, 동굴, 해변, 용암터널, 폭포 그리고 넓은 해변으로 가득찬 멋진 곳입니다. 게다가 3월과 4월에는 제주의 유채꽃이 아름답습니다.

Viaje a la isla de Jeju. Es un lugar maravilloso donde se encuentra repleto de volcanes extintos, cuevas, playas, túneles de lava, cascadas y una costa extensa. Además, en marzo y abril están bonitas las flores de colza de Jeju.

비아헤 알 라 이슬라 데 제주. 에스 운 루가르 마라비요소 돈데 세 엔꾸엔트라 레쁠레또 데 볼까네스 엑쓰띤또스. 꾸에바스, 쁠라야스, 뚜넬레스 델 라바, 까스까다스 이 우나 꼬스따 엑스뗀사. 아데마쓰, 엔 마르소 이 아브릴 에스딴 보니따스 라스 플로레스 데 꼴사 데 제주

한국의 문화사적지를 방문하고 싶은데, 어디를 추천해주시겠습니까?

Quisiera visitar un sitio histórico y cultural coreano, ¿dónde me recomienda?

끼씨에라 비씨따르 운 씨띠오 이스또리꼬 이 꿀뚜랄 꼬레아노, 돈데 메 레꼬미엔다?

신라의 문화사적지인 경주를 추천해 드립니다.

Le recomiendo Gyeongju. que es el sitio histórico-cultural de Silla.

레 레꼬미엔도 경주. 께 에스 엘 씨띠오 이스또리꼬-꿀뚜랄 데 실라

무엇에 관심이 있으십니까?

¿Por cuál se interesa Ud.?

뽀르 꾸알 세 인떼레싸 우스뗄?

저는 오래된 불교사찰을 보고 싶습니다. 어디가 좋을까요?

Yo quiero mirar el templo budista antiguo. ¿Qué lugar estaría bien?

요 끼에로 미라르 엘 뗌쁠로 부디스따 안띠구오. 껠 루가르 에스따라 비엔?

그럼, 불국사가 아주 유명한 경주를 여행해 보십시오.

Entonces, viaje a Gyeongju que el templo Bulguksa es muy famoso.

엔똔쎄쓰, 비아헤 아 경주 께 엘 뗌쁠로 불국사 에스 무이 화모소

경주에 가보신 적 있습니까?

¿Ha Ud. estado en Gyeongju?

아 우스뗄 에스따도 엔 경주?

아니오, 거긴 가보지 않았습니다.

No, yo no he estado ahí.

노, 요 노 에 에스따도 아이

경주는 문화사적지라서 볼거리가 많습니다.

En Gyeongju hay muchas cosas que ver porque es un lugar histórico y cultural.

엔 경주 아이 무차스 꼬사쓰 께 베르 뽀르께 에스 운 루가 르 이스또리알 이 꿀뚜랄

경주는 역사가 얼마나 됐습니까?

¿Cuántos años tiene Gyeongju?
꾸안또스 아뇨스 띠에네 경 주?

천 년이 넘습니다. 매우 오래된 도시입니다.

Ella tiene más de mil años. Es la ciudad muy antigua.
에야 띠에네 마쓰 데 밀 아뇨 스. 에슬 라 씨우닫 무이 안 띠구아

경주에서 가장 유명한 장소들은 어디입니까?

¿Qué son los sitios más famosos en Gyeongju?
께 쏜 로스 씨띠오스 마쓰 화 모소스 엔 경주?

불국사와 석굴암입니다.

Son templo de Bulguksa y gruta Seokguram.
쏜 뗌쁠로 데 불국사 이 그루 따 석굴암

경주는 어떤 것들이 유 명합니까?

¿Qué cosas son famosas en Gyeongju?
께 꼬사쓰 쏜 화모사스 엔 경 주?

석굴암과 불국사, 첨성 대가 유명합니다. 또 박 물관도 많이 있습니다.

Son famosos la gruta Seokguram, el templo Bulguksa y el observatorio Cheomsungdae. También tiene muchos museos.
쏜 화모소슬 라 그루따 석굴 암, 엘 뗌쁠로 불국사 이 엘 옵쎄르바또리오 첨성대. 땀비 엔 띠에네 무초스 무쎄오스

남산골 한옥마을/한국 민속촌을 방문하고 싶습 니다.

Quiero visitar la Aldea Tradicional de Namsangol/la Aldea folclórica de Corea.
끼에로 비씨따를 라 알데아 트라디씨오날 데 남산골/라 알데아 폴끌로리까 데 꼬레아

제가 당신의 가이드가 되어 드리겠습니다.

Estoy listo(-a) de ser su guía.
에스또일 리스또(-따) 데 쎄 르 쑤 기아

대단히 감사합니다.

Muchas gracias.
무차스 그라씨아스

남산골 한옥마을/한국 민속촌에서는 '한복'이라 고 불리는 한국의 전통 옷을 입어 보실 수 있습 니다.

En la Aldea Tradicional de Namsangol/ En la Aldea folclórica de Corea, puede probarse el traje tradicional coreano que se llama 'Hanbok'.
엔 라 알데아 트라디씨오날 데 남산골/엔 라 알데아 폴끌로 리까 데 꼬레아, 뿌에데 프로 바르세 엘 트라헤 트라디씨오 날 꼬레아노 께 세 야마 '한복'

매우 흥미롭습니다.

Es muy interesante.
에스 무이 인떼레싼떼

여기는 남산골 한옥 마 을입니다.

Ésta es la Aldea Tradicional de Namsangol.
에스따 에슬 라 알데아 트라 디씨오날 데 남산골

여기가 한국 민속촌입
니다.

Aquí estamos a la
Aldea folclórica de
Corea.
아끼 에스따모스 알 라 알데
아 폴끌로리까 데 꼬레아

감사합니다. 드디어 도
착했네요!

Gracias. ¡Al fin
llegamos!
그라씨아스. 알 휜 예가모스!

이것은 '한옥'으로 불리
는 한국의 전통 집입니
다. 한옥은 지붕이 기와
로 된 집입니다.

Esto es una casa
tradicional coreana
que se llama
'Hanok'. El hanok
es una casa cuyo
techo es de tejas.
에스또 에스 우나 까사 트라디
씨오날 꼬레아나 께 세 야마
'한옥'. 엘 한옥 에스 우나 까사
꾸요 떼초 에스 데 떼하스

우리가 있는 곳은 양반의
집입니다.

Estamos en la casa
de una nobleza.
에스따모스 엔 라 까사 데 우
나 노블레사

이 높고 큰 기와집은 참
아름답습니다.

Esta casa cubierta
de tejas alta y
grande es muy
hermosa.
에스따 까사 꾸비에르따 데
떼하스 알따 이 그란데 에스
무이 에르모사

이것은 서민의 집입니다.

Esto es la casa de
un plebeyo.
에스또 에스 라 까사 데 운
쁠레베이요

이것은 무슨 종류의 지
붕입니까?

¿Qué clase de
tejado es este
(=éste)?
께 끌라세 데 떼하도 에스 에
스떼?

초가지붕입니다.

Es el tejado de paja.
에스 엘 떼하도 데 빠하

운이 좋으면, 전통 혼례
를 보실 수 있습니다.

Si tiene suerte,
puede ver una
boda tradicional.
씨 띠에네 수에르떼, 뿌에데
베르 우나 보다 트라디씨오날

그래요? 그런데 언제 어
디서 그것을 볼 수 있습
니까?

¿Sí? Pero ¿dónde
y cuándo puedo
verla?
씨? 뻬로 돈데 이 꾸안도 뿌
에도 베를라?

저쪽으로 갑시다. 지금
전통 혼례를 올리고 있
습니다.

Vamos allí. Ahora
están celebrando
una boda tradicional.
바모스 아이. 아오라 에스딴
쎌레브란도 우나 보다 트라
디씨오날

아, 저는 운이 좋네요!
빨리 갑시다. 재미있을
것 같네요.

Ah, ¡soy muy
afortunado! Vamos
rápido. Se ve
divertido.
아, 쏘이 무이 아포르뚜나도!
바모스 라삐도. 세 베 디베르
띠도

N서울타워에 가보십시
오. 그 상부에서는 서울
시 대부분이 바라다 보
입니다.

Visita la Torre N
de Seúl. La mayor
parte de la ciudad
de Seúl se puede
observar desde su
parte superior.

서울에서는 국립중앙박물관에 꼭 가 보십시오. 한국의 중요한 문화재를 볼 수 있습니다.

En Seúl vaya sin falta al Museo Nacional de Corea. Podrá ver importantes patrimonios culturales del país.

국립중앙박물관은 한국에서 제일 큰 박물관이며, 1945년에 처음 세워졌습니다. 2005년 10월에는 용산가족공원 안에 새로운 건물에서 문을 열었습니다.

El Museo Nacional de Corea es el más grande del país y se estableció por primera vez en 1945[mil novecientos cuarenta y cinco]. En octubre de 2005[dos mil cinco], el museo abrió sus puertas en un nuevo edificio en el Parque de la Familia Yongsan.

아, 그렇군요.

Ah, entiendo.

서울 역사박물관을 방문하십쇼. 그 박물관은 서울이 역사와 문화에 있어서 어떻게 변화하고 발전해 왔는지 보여줍니다.

Vaya al Museo de Historia de Seúl. El museo muestra cómo cambió y se desarrolló Seúl en términos de la historia y la cultura.

서울 역사박물관은 선사시대로부터 최근까지 서울시의 변화를 다루고 있습니다.

El Museo de Historia de Seúl trata de la evolución de la ciudad de Seúl desde período prehistórico hasta estos días.

한글이라고 들어보셨습니까?

¿Ha oído el Hangeul?

아니오, 들어보지 못했습니다.

No, no he oído.

네, 들어봤습니다. 하지만 저는 한글을 읽지도 쓰지도 못합니다.

Sí, he oído. Pero no sé leer ni escribir el Hangeul.

한글은 한국의 알파벳[한국의 문자 체계]입니다.

El Hangeul es el alfabeto coreano [el sistema de escritura coreano].

엘 한글 에스 엘 알화베또 꼬레아노[엘 씨스떼마 데 에스크리뚜라 꼬레아노]

세종대왕이라고 들어보셨습니까?

¿Ha oído el Magno Sejong?

아 오이도 엘 마그노 세종?

세종대왕이 누구입니까?

¿Quién es el Magno Sejong [Sejong el Grande]?

끼엔 에스 엘 마그노 세종[세종 엘 그란데]?

그는 1397년에서 1450년 사이에 살았던 조선 왕조의 위대한 한국의 왕이었습니다.

Él era el gran rey coreano de la dinastía (de) Joseon que vivió entre mil trescientos noventa y siete y mil cuatrocientos cincuenta.

엘 에라 엘 그란 레이 꼬레아노 델 라 디나스띠아 (데) 조선 께 비비오 엔트레 밀 트레스씨엔또스 노벤따 이 씨에떼 이 밀 꾸아트로씨엔또스 씽꾸엔따

그는 무엇을 했습니까?

¿Qué hizo él?

께 이쏘 엘?

세종대왕은 서기 1446년에 현재 한글이라고 불리는 훈민정음을 창제해서 공표했습니다.

El Magno Sejong [Sejong el Grande] inventó y divulgó el Hunmincheongeum que actualmente se llama 'Hangeul' en mil cuatrocientos cuarenta y seis.

엘 마그노 세종[세종 엘 그란데] 인벤또 이 디불고 엘 훈민정음 께 악뚜알멘떼 세 야마 '한글' 엔 밀 꾸아트로씨엔또스 꾸아렌따 이 쎄이스

한글은 세계적으로 인정받은 과학적인 문자입니다.

El Hangeul es una escritura científica reconocida mundialmente.

엘 한글 에스 우나 에스크리뚜라 씨엔띠휘까 레꼬노씨다 문디알멘떼

많은 학자들은 그것(=한글)이 세계에서 가장 훌륭한 문자 체계들 중 하나라고 말합니다.

Muchos sabios dicen él(=el Hangeul) es uno de los mejores sistemas de escritura del mundo.

무초스 싸비오스 디쎈 엘(=엘 한글) 에스 우노 델 로스 메호레스 씨스떼마스 데 에스크리뚜라 델 문도

매우 훌륭합니다.

Es muy bueno.

에스 무이 부에노

당신은 매우 미남(미녀)
이십니다.

Usted es muy
guapo(-a).
우스뗄 에스 무이 구아쁘(-빠)

당신은 키가 크십니다.

Usted es alto(-a).
우스뗄 에스 알또(-따)

당신은 나이에 비해 훨씬
젊어 보이십니다.

Parece mucho más
joven para su edad.
빠레쎄 무초 마쓰 호벤 빠라
쑤 에닫

당신은 당신 나이로 보이
지 않습니다.

No parece tener la
edad que tiene.
노 빠레쎄 떼네를 라 에닫 께
띠에네

당신은 아주 멋쟁이십
니다.

Tiene mucho estilo.
띠에네 무초 에스띨로

당신은 옷에 대한 감각이
있으십니다.

Tiene buen sentido
de la moda.
띠에네 부엔 센띠도 델 라 모다

별말씀요. 저는 옷에
대해 신경을 쓰지 못하는
편입니다.

No me lo diga.
Generalmente no
me preocupo por la
forma de vestir.
노 멜 로 디가. 헤네랄멘떼
노 메 프레오꾸뽀 뽀를 라 포
르마 데 베스띠르

칭찬해 주셔서 감사합
니다.

Gracias por
aplaudirme.
그라씨아스 뽀르 아쁠라우디
르메

과찬이십니다.

Es un elogio no
merecido.
에스 운 엘로히오 노 메레씨도

당신의 누님은 옷맵시가
좋으십니다.

Su hermana
mayor[grande] tiene
estilo vistiendo.
쑤 에르마나 마요르[그란데]
띠에네 에스띨로 비스띠엔도

당신 부인은 아름다운 여
성입니다.

Su esposa es una
mujer bella.
쑤 에스뽀사 에스 우나 무헤
르 베야

그녀는 매우 품위가 있습
니다[우아합니다, 기품이
있습니다].

Ella tiene mucha
clase.
에야 띠에네 무차스 끌라세

당신의 어린 아들/딸도
매우 예쁩니다.

Su hijo(-a)
pequeño(-a)
también es muy
bonito(-a).
쑤 이호(-하) 뻬께뇨(-냐) 땀
비엔 에스 무이 보니또(-따)

당신은 매우 아름다우십
니다.

Usted es muy linda.
우스뗄 에스 무일 린다

당신은 눈이 정말 예쁘십
니다.

Sus ojos son
preciosos.
쑤스 오호스 쏜 쁘레씨오소스

정말 아름답습니다!

¡Qué bonito(-a)!
께 보니또(-따)!

귀엽기도 해라!

¡Qué mono(-a)!
께 모노(-나)!

너무 멋져요!

¡Muy chic!
무이 치크!

모자가 참 잘 어울리십
니다.

Le parece bien a
Ud. el sombrero.
레 빠레쎄 비엔 아 우스뗄 엘
쏨브레로

대단히 감사합니다.	Muchísimas gracias. 무치시마스 그라씨아스	저는 그렇게 생각하지 않습니다. 당신은 지금 좋습니다.	No pienso así. Ud. está bien. 노 삐엔소 아씨. 우스뗄 에스따 비엔
어디서 사셨습니까?	¿Dónde lo compró Ud.? 돈델 로 꼼쁘로 우스뗄?	당신은 매우 친절하십니다.	Es usted muy amable. 에스 우스뗄 무이 아마블레
상점에서요.	En el almacén. 엔 엘 알마쎈	당신은 매우 똑똑하십니다.	Es usted muy listo(-a). 에스 우스뗄 무일 리스또(-따)
이 넥타이 어떻습니까?	¿Qué le parece esta corbata? 껠 레 빠레쎄 에스따 꼬르바따?	당신은 똑똑하신 분입니다.	Es usted una persona lista. 에스 우스뗄 우나 뻬르쏘날 리스따
제가 보기에, 참 잘 어울리십니다.	A mi parecer, le parece bien a Ud. 아 미 빠레쎄르, 레 빠레쎄 비엔 아 우스뗄	당신은 멋지십니다.	Es maravilloso(-a) [estupendo(-a)]. 에스 마라비요소(-사) [에스뚜뻰도(-다)]
색깔은 어떻습니까?	¿Qué le parece el color? 껠 레 빠레쎄 엘 꼴로르?	당신은 매우 독창적이십니다[기발하십니다].	Es muy original. 에스 무이 오리히날
당신의 양복과 잘 어울립니다.	Sienta bien[Queda bien] a su traje. 씨엔따 비엔[께다 비엔] 아 쑤 트라헤	당신은 그것을 아주 잘하십니다.	Lo hace muy bien. 로 아쎄 무이 비엔
		당신은 그것을 아주 잘하고 계십니다.	Lo está haciendo muy bien. 로 에스따 아씨엔도 무이 비엔
감사합니다.	Gracias. 그라씨아스	아주 잘하셨습니다.	Muy bien hecho. 무이 비엔 에초
저는 다이어트 중입니다.	Yo estoy a régimen. 요 에스또이 아 레히멘	훌륭합니다. 일을 아주 잘하셨습니다.	Excelente, Buen trabajo. 엑쎌렌떼, 부엔 트라바호
왜죠?	¿Por qué? 뽀르 께?	너 그거 아주 잘했어!	¡Qué bien lo has hecho! 께 비엔 로 아스 에초!
체중을 줄여야만 합니다. 저는 체중이 너무 많이 나갑니다.	Yo tengo que adelgazarme. Estoy excesivamente pesado(-a). 요 뗑고 께 아델가사르메. 에스또이 엑쎄시바멘떼 뻬싸도(-다)	저는 당신이 자랑스럽습니다.	Estoy orgulloso(-a) de usted. 에스또이 오르구요소(-사) 데 우스뗄

정말 부럽습니다!	¡Qué envidia! 께 엔비디아!	해내셨군요! 성공[합격]을 축하합니다.	¡Lo ha conseguido! Felicidades por su éxito. 로 아 꼰쎄기도! 휄리씨다데스 뽀르 쑤 엑씨또
당신은 한국말을 아주 잘 하십니다.	Habla usted muy bien el coreano. 아블라 우스뗃 무이 비엔 엘 꼬레아노	최종 합격을 축하합니다.	Felicidades por su selección final. 휄리씨다데스 뽀르 쑤 셀렉씨온 휘날
당신과 저는 서로 말이 아주 잘 통합니다[마음이 아주 잘 맞습니다, 서로의 마음을 아주 잘 이해합니다].	Usted y yo nos entendemos muy bien. 우스뗃 이 요 노스 엔뗀데모스 무이 비엔	너의 대학 입학시험 합격을 축하해.	Te felicito por el éxito en el examen de ingreso a la universidad. 떼 휄리씨또 뽀르 엘 엑씨또 엔 엘 엑싸멘 데 잉그레소 알 라 우니베르씨닫
축하해(합니다)!	¡Felicidades! 휄리씨다데스!		
생일 축하해(합니다)!	¡Feliz cumpleaños! / ¡Cumpleaños feliz! 휄리스 꿈쁠레아뇨스! / 꿈쁠레아뇨스 휄리스!	대단히 감사합니다. 다 염려해 주신 덕분입니다.	Muchas gracias. Ha sido todo gracias a usted. 무차스 그라씨아스. 아 씨도 또도 그라씨아스 아 우스뗃
너/당신의 생일을 축하해(합니다)!	¡Felicitaciones de tu / su cumpleaños! 휄리씨따씨오네스 데 뚜/쑤 꿈쁠레아뇨스!	메리 크리스마스[즐거운 크리스마스 되십쇼]!	¡(Deseo a usted una) Feliz Navidad! / ¡Felices Pascuas! (데쎄오 아 우스뗃 우나) 휄리스 나비닫! / 휄리세쓰 빠스꾸아스!
생일을 축하드립니다.	Le felicito por su cumpleaños. 레 휄리씨도 뽀르 쑤 꿈쁠레아뇨스	즐거운 크리스마스와 복된 새해가 되라(되시길)!	¡Feliz Navidad [Felices Pascuas] y Próspero Año Nuevo! 휄리스 나비닫[휄리세쓰 빠스꾸아스] 이 프로스뻬로 아뇨 누에보!
축하해! 너 이제 성년이구나!	¡Felicidades! ¡Ya eres mayor de edad! 휄리씨다데스! 야 에레스 마요르 데 에닫!		
저는 아직 미성년자입니다.	Todavia soy menor (de edad). 또다비아 쏘이 메노르 (데 에닫)	새해 복 많이 받아라(받으십시오)!	¡Feliz Año Nuevo! / ¡Próspero Año Nuevo! 휄리스 아뇨 누에보! / 프로스뻬로 아뇨 누에보!
합격을 축하합니다!	¡Felicidades por su aprobación! 휄리씨다데스 뽀르 쑤 아프로바씨온!		

당신도 새해 복 많이 받으시길 바랍니다!

¡Le deseo a usted también feliz año nuevo!

레 데쎄오 아 우스뗄 땀비엔 휄리스 아뇨 누에보!

올 한해 만사형통하시길 빕니다.

Espero que le vaya todo muy bien este año.

에스뻬로 껠 레 바야 또도 무이 비엔 에스떼 아뇨

당신도요.

Igualmente.

이구알멘떼

마리솔이 제 청혼을 승낙했습니다. 올해에 저희는 결혼할 겁니다.

Marisol ha aceptado mi propuesta de matrimonio. Nos casaremos este año.

마리솔 아 아쎕따도 미 프로뿌에스따 데 마트리모니오. 노스 까사레모스 에스떼 아뇨

축하합니다. 저도 정말로 기쁩니다.

¡Felicidades! ¡Yo también me alegro de verdad!

휄리씨다데스! 요 땀비엔 메 알레그로 데 베르닫!

조금 이르지만, 축하합니다!

Aunque es un poco prematuro, ¡felicidades!

아운께 에스 운 뽀꼬 프레마뚜로, 휄리씨다데스!

결혼 축하해(합니다)!

¡Felicidades por el matrimonio!

휄리씨다데스 뽀르 엘 마트리모니오!

당신의 결혼을 축하합니다.

Felicidades por su matrimonio.

휄리씨다데스 뽀르 쑤 마트리모니오

결혼하신다니 기쁩니다.

Me alegro de su boda.

메 알레그로 데 쑤 보다

감사합니다. 제 결혼식에 와 주십시오.

Gracias. Venga a mi boda, por favor.

그라씨아스. 벵가 아 미 보다. 뽀르 화보르

출산을 축하해(합니다)!

¡Felicidades por el bebé!

휄리씨다데스 뽀르 엘 베베!

새로운 일[일자리/직업]을(를) 축하해(합니다)!

¡Felicidades por el nuevo trabajo!

휄리씨다데스 뽀르 엘 누에보 트라바호!

당신의 새로운 일[일자리/직업]에 행운이 있길 바랍니다.

Le deseo mucha ventura en su nuevo trabajo.

레 데쎄오 무차 벤투라 엔 쑤 누에보 트라바호

승진 축하해(합니다)!

¡Felicidades por la promoción!

휄리씨다데스 뽀를 라 프로모씨온!

성공[합격] 축하해(합니다)!

¡Felicidades por el éxito!

휄리씨다데스 뽀르 엘 엑씨또!

졸업 축하해(합니다)!

¡Felicidades por la graduación!

휄리씨다데스 뽀를 라 그라두아씨온!

당신의 병세가 조속히 회복되기를 바랍니다.

Le deseo una pronta mejoría de sus dolencias.

레 데쎄오 우나 쁘론따 메호리아 데 쑤스 돌렌씨아스

축하합니다! 퇴원하셨다니 잘 됐습니다!	¡Felicidades! ¡Qué bien que le hayan dado de alta! 휄리씨다데스! 께 비엔 껠 레아얀 다도 데 알따!	성공하시길 기원합니다!	¡Que tenga éxito!/ ¡Ojalá que tenga éxito! 께 뗑가 엑씨또!/ 오할라 께 뗑가 엑씨또!
축하합니다! 완쾌하셔서 기쁩니다.	¡Felicidades! Me alegro de que usted haya recobrado la salud completamente. 휄리씨다데스! 메 알레그로 데 께 우스뗄 아야 레꼬브라 돌 라 쌀룻 꼼쁠레따멘떼	좋은 성과 얻으시길 바랍니다.	Espero que obtenga buenos resultados. 에스뻬로 께 옵뗑가 부에노스 레술따도스
		행복하시길 바랍니다.	Le deseo toda la felicidad. 레 데쎄오 또달 라 휄리씨닫
건강을 누리시길 바랍니다.	Quiero[Deseo] que usted goce de buena salud. 끼에로[데쎄오] 께 우스뗄 고쎄 데 부에나 쌀룻	행운을 빕니다!	¡Suerte!/ ¡Que tenga (buena) suerte!/ ¡Tenga la buena suerte! 수에르떼!/ 께 뗑가 (부에나) 수에르떼!/ 뗑갈 라 부에나 수에르떼!
건강에 주의하시길 바랍니다.	Quiero[Deseo] que usted se cuide de su salud. 끼에로[데쎄오] 께 우스뗄 세 꾸이데 데 쑤 쌀룻		
축하합니다! 가시는 곳에서 행운이 있길 빕니다.	¡Felicidades! Le deseo suerte adonde vaya. 휄리씨다데스! 레 데쎄오 수에르떼 아돈데 바야	좋은 여행 되십시오[잘 다녀오십시오]!	¡Feliz viaje!/ ¡(Tenga) Buen viaje (y buena suerte)!/ ¡.(Tenga) Buena suerte (y buen viaje)! 휄리스 비아헤!/ (뗑가) 부엔 비아헤 (이 부에나 수에르떼)!/ (뗑가) 부에나 수에르떼 (이 부엔 비아헤)!
대단히 감사합니다.	Muchas gracias. 무차스 그라씨아스		
건투를 빕니다!	¡Que le vaya bien! 껠 레 바야 비엔!	좋은 여행되시길 바랍니다.	(Le deseo a usted un) Buen viaje. (레 데쎄오 아 우스뗄 운) 부엔 비아헤
모든 일이 잘되시길 바랍니다.	Espero que todo le vaya bien. 에스뻬로 께 또돌 레 바야 비엔	부디 하느님이 너를 도와주시길!	¡Así Dios te ayude! 아씨 디오스 떼 아유데!

하느님의 가호가 나와 함께 하길[하느님 저를 지켜 주십시오]!

¡Válgame Dios!
발가메 디오스!

부디[아무쪼록, 제발] … 하길!

¡Ojalá (que) +접속법
현재

＊현재나 미래의 단순한 바람

📻 부디 내 복권이 당첨되길!
¡Ojalá (que) me toque la lotería!
오할라 (께) 메 또껠 라 로떼리아

📻 제발 내일 비가 오지 않길!
¡Ojalá (que) no llueva mañana!
오할라 (께) 노 유에바 마냐나!

… 했으면 좋으련만!

¡Ojalá (que) +접속법
과거

＊실현성이 의심스럽거나 실현성이 없는 현재나 미래의 바람

📻 내일 눈이라도 내렸으면 좋으련만!
¡Ojalá (que) neviera mañana!
오할라 (께) 네비에라 마냐나!

📻 내가 너와 여행이라도 할 수 있으면 좋으련만!
¡Ojalá (que) yo pudiera viajar contigo!
오할라 (께) 요 뿌디에라 비아하르 꼰띠고!

제발 그랬으면 (좋겠다)!

¡Ojalá!
오할라!

＊단독으로

📻 난 내일 날씨가 좋기를 바래.
Deseo que mañana haga buen tiempo.
데세오 께 마냐나 아가 부엔 띠엠뽀

－제발 그랬으면 (좋겠다)!
¡Ojalá!
오할라!

초대

이 선생님과 통화할 수 있을까요?

¿Me permite hablar con el Sr. Lee?
메 뻬르미떼 아블라르 꼰 엘 쎄뇨를 리?

네, 전데요.

Sí, él está hablando.
씨, 엘 에스따 아블란도

저는 후안 로페스입니다.

Este es Juan López.
에스떼 에스 후안 로뻬스

안녕하세요! 로페스 씨, 어떻게 지내셨어요?

¡Hola! Señor López, ¿cómo ha estado?
올라! 쎄뇨를 로뻬스, 꼬모 아 에스따도?

잘 지냈습니다. 16일이 제 생일입니다. 저녁식사 하러 오시겠습니까?

Bien. Mi cumpleaños cae en el día diez y seis[dieciséis]. ¿Quiere Ud. venir a la cena?
비엔. 미 꿈쁠레아뇨스 까에 엔 엘 디아 디에스 이 쎄이스[디에씨쎄이스]. 끼에레 우스뗃 베니르 알 라 쎄나?

물론이지요. 당신의 생일을 축하합니다!	Claro que sí. ¡Felicitaciones de su cumpleaños! 끌라로 께 씨. 휄리씨따씨오네스 데 쑤 꿈쁠레아뇨스!	저희가 몇 시에 갈까요?	¿A qué hora vamos? 아 께 오라 바모스?
고메스 씨, 저희한테 한 턱 내십시오[저희를 식사에 초대해주십시오].	Señor Gómez, invítenos a una comida. 쎄뇨르 고메스, 인비떼노스 아 우나 꼬미다	이번 금요일에 저희와 저녁식사 하시겠습니까?	¿Quiere acompañarnos a cenar en este viernes? 끼에레 아꼼빠냐르노스 아 쎄나르 엔 에스떼 비에르네스?
당신을 식사에 초대하고 싶습니다[당신에게 식사 대접을 하고 싶습니다].	Me gustaría invitarle a comer. 메 구스따리아 인비따를레 아 꼬메르	저희들과 저녁식사 하시면 어떻겠습니까?	¿Qué le parece si cena con nosotros? 껠 레 빠레쎄 씨 쎄나 꼰 노소트로스?
점심 식사에 당신을 초대해도 되겠습니까?	¿Puedo invitarle a almorzar? 뿌에도 인비따를레 아 알모르사르?	오늘 저녁에 저와 함께 식사하러 가시지 않겠습니까?	¿Por qué no va Ud. para la comida esta noche conmigo? 뽀르 께 노 바 우스뗃 빠랄 라 꼬미다 에스따 노체 꼰미고?
함께 점심식사 하시겠습니까?	¿Le apetece almorzar juntos? 레 아뻬떼쎄 알모르사르 훈또스?	좋습니다.	Está bien. 에스따 비엔
우리 식사 함께 하는 것 어떻겠습니까?	¿Por qué no vamos a comer juntos? 뽀르 께 노 바모스 아 꼬메르 훈또스?	오늘 저는 한가합니다.	Hoy tengo tiempo./Hoy estoy libre./Hoy estoy desocupado(-a). 오이 뗑고 띠엠뽀/ 오이 에스또일 리브레/ 오이 에스또이 데스오꾸빠도(-다)
오늘 저녁에 한 잔 하러 오실 수 있습니까?	¿Puede usted venir a tomar una copa esta noche? 뿌에데 우스뗃 베니르 아 또마르 우나 꼬빠 에스따 노체?	이번은 제가 한턱냅니다.	Esta invitación es mía. 에스따 인비따씨온 에스 미아
매우 친절하십니다.	Es usted muy amable. 에스 우스뗃 무이 아마블레	오늘은 제가 사겠습니다.	Hoy invito yo. 오이 인비또 요
제가 친구를 1명 데리고 가도 될까요?	¿Puedo llevar a un amigo/una amiga? 뿌에도 예바르 아 운 아미고/우나 아미가?	초대해 주셔서 감사합니다.	Gracias por su[la] invitación. 그라씨아스 뽀르 쑤[라] 인비따씨온

어디 특별히 가시고 싶은 레스토랑이 있으십니까?	¿Hay algún restaurante específico al que quiera ir? 아이 알군 레스따우란떼 에스 뻬씨휘꼬 알 께 끼에라 이르?
어디로 가시고 싶으십니까?	¿A dónde desea Ud. ir? 아 돈데 데쎄아 우스뗄 이르?
저는 이탈리아 레스토랑이 좋습니다.	Me gusta el restaurante italiano. 메 구스따 엘 레스따우란떼 이딸리아노
무엇을 드시고 싶으십니까?	¿Qué le apatece tomar? 껠 레 아빠떼쎄 또마르?
저는 프랑스 음식을 먹고 싶습니다.	Quiero tomar la comida francésa. 끼에로 또마를 라 꼬미다 프란쎄사
한국 음식을 좋아하십니까?	¿Le gusta la comida coreana? 레 구스딸 라 꼬미다 꼬레아나?
한식과 양식 있습니다. 어느 것을 드시고 싶으십니까?	Hay comida coreana y comida occidental. ¿Cuál le gustaría comer? 아이 꼬미다 꼬레아나 이 꼬미다 옥씨덴딸. 꾸알 레 구스따리아 꼬메르?
저는 한식이 좋습니다.	Me gusta la comida coreana. 메 구스딸 라 꼬미다 꼬레아나
중국 레스토랑에 가는 것은 어떻겠습니까?	¿Cómo le gusta a Ud. sobre ir a un restaurante chino? 꼬몰 레 구스따 아 우스뗄 쏘브레 이르 아 운 레스따우란떼 치노?

좋습니다.	Es bueno. 에스 부에노
6시에 함께 가시죠.	Vamos juntos a las seis. 바모스 훈또스 알 라스 쎄이스
좋습니다. 이따가 뵙겠습니다.	Bueno, hasta luego. 부에노, 아스딸 루에고
오늘 제 집에 오실 수 있으십니까?	¿Podría venir hoy a mi casa? 뽀드리아 베니르 오이 아 미 까사?
오늘은 친구와 약속이 있어 갈 수가 없습니다.	Hoy no puedo ir porque tengo una cita con un amigo. 오이 노 뿌에도 이르 뽀르께 뗑고 우나 씨따 꼰 운 아미고
주말에 뭐하십니까?	¿Qué hace el fin de semana? 께 아쎄 엘 휜 데 쎄마나?
제가 이번 주말에 집들이 할 건데, 시간 있으십니까?	Este fin de semana voy a dar una fiesta para estrenar mi casa, ¿tiene tiempo? 에스떼 휜 데 쎄마나 보이 아 다르 우나 휘에스따 빠라 에스뜨레나르 미 까사, 띠에네 띠엠뽀?
주말에 제 집에서 파티를 할 건데, 오실 수 있습니까?	Voy a hacer una fiesta en mi casa el fin de semana, ¿puede venir? 보이 아 아쎄르 우나 휘에스따 엔 미 까사 엘 휜 데 쎄마나, 뿌에데 베니르?

죄송합니다. 내일 스페인으로 돌아가서 갈 수가 없습니다.

Lo siento. No puedo ir porque mañana me vuelvo a España.

로 씨엔또. 노 뿌에도 이르 뽀르께 마냐나 메 부엘보 아 에스빠냐

오늘 밤 해변 근처 제 별장에서 파티를 할 건데, 꼭 오십시오.

Esta noche voy a dar una fiesta en mi chalé cerca de la playa, venga sin falta.

에스따 노체 보이 아 다르 우나 휘에스따 엔 미 찰레 쎄르까 델 라 쁠라야, 벵가 씬 활따

죄송합니다, 오늘 밤 파티에 참석할 수가 없겠습니다.

Disculpe usted, pero no podré asistir a su fiesta esta noche.

디스꿀뻬 우스뗃, 뻬로 노 뽀드레 아씨스띠르 아 쑤 휘에스따 에스따 노체

제 결혼식이 이번 토요일입니다. 제 결혼식 청첩장입니다. 시간 되시면 참석해 주십시오.

Mi boda es este sábado. Es la tarjeta de invitación para mi boda. Venga si tiene tiempo.

미 보다 에스 에스떼 싸바도, 에슬 라 따르헤따 데 인비따씨온 빠라 미 보다. 벵가 씨 띠에네 띠엠뽀

네, 이번 토요일 괜찮습니다. 당신의 결혼을 축하합니다.

Sí, este sábado está bien. Felicidades por su matrimonio.

씨, 에스떼 싸바도 에스따 비엔 휄리씨다데스 뽀르 쑤 마트리모니오

이번 주말에 저희 딸 돌잔치를 하는데 오실 수 있습니까?

Este fin de semana hacemos la fiesta del primer cumpleaños de mi hija, ¿puede venir?

에스떼 휜 데 쎄마나 아쎄모슬 라 휘에스따 델 쁘리메르 꿈쁠레아뇨스 데 미 이하, 뿌에데 베니르?

물론이죠. 시간을 내서 꼭 가겠습니다.

Claro que sí. Voy a sacar tiempo para ir sin falta.

끌라로 께 씨. 보이 아 사까르 띠엠뽀 빠라 이르 씬 활따

수요일에 제 집에 와주시겠습니까?

¿Quiere venir a mi casa el miércoles?

끼에레 베니르 아 미 까사 엘 미에르꼴레스?

내일 내 집에 오지 않을래?

¿No vas a mi casa mañana?

노 바스 아 미 까사 마냐나?

내일이 제 생일인데, 제 집에서 저녁 식사 하시겠습니까?

Mañana es mi cumpleaños, ¿quiere cenar en mi casa?

마냐나 에스 미 꿈쁠레아뇨스, 끼에레 쎄나르 엔 미 까사?

내일 저녁에 제 집으로 와주시겠습니까?

¿Quiere venir a mi casa mañana por la noche?

끼에레 베니르 아 미 까사 마냐나 뽀를 라 노체?

*'저녁'이라도, *tarde (f.)*는 어두워지기 전의 저녁, *noche (f.)*는 해가 지고 밤이 되어 오는 때의 저녁

꼭 가겠습니다.

Seguro que voy.

쎄구로 께 보이

기꺼이 가겠습니다.

Voy con mucho gusto.
보이 꼰 무초 구스또

저 혼자만 초대하시는 건가요?

¿Me invita sólo a mí?
메 인비따 쏠로 아 미?

아니오, 스페인어 반 친구들 모두 초대했습니다.

No, invité a todos los compañeros de la clase de español.
노, 인비떼 아 또도슬 로스 꼼빠녜로스 델 라 끌라세 데 에스빠뇰

감사하지만, 초대에 응할 수가 없겠습니다.

Gracias, pero no podré aceptar su invitación.
그라씨아스, 뻬로 노 뽀드레 아쎕따르 쑤 인비따씨온

죄송하지만, 못 갈 것 같습니다.

Lo siento, creo que no puedo ir.
로 씨엔또, 크레오 께 노 뿌에도 이르

감사하지만, 선약이 있습니다.

Gracias, pero tengo una cita previamente contraída.
그라씨아스, 뻬로 뗑고 우나 씨따 쁘레비아멘떼 꼰트라이다

가고 싶지만, 시간이 안 됩니다.

Me gustaría ir, pero no tengo tiempo.
메 구스따리아 이르, 뻬로 노 뗑고 띠엠뽀

아직 결정을 못 했습니다. 나중에 알려 드리겠습니다.

Todavía no lo he decidido. Luego se lo digo.
또다비아 놀 로 에 데씨디도. 루에고 셀 로 디고

여하튼 결정을 빨리 알려 주십시오.

De todos modos, avíseme el resultado pronto.
데 또도스 모도스, 아비세메 엘 레술따도 쁘론또

하여간 감사합니다만, 저희는 참석을 못할 것입니다.

Gracias de todos modos[de todas maneras], pero no podremos asistir.
그라씨아스 데 또도스 모도스[데 또다스 마네라스], 뻬로 노 뽀드레모스 아씨스띠르

뭐 필요한 것 있으시면 말씀하십시오. 가지고 가겠습니다.

Dígame si necesita algo. Voy a llevarlo.
디가메 씨 네쎄씨따 알고, 보이 아 예바를로

댁에는 어떻게 갑니까?

¿Cómo se va a su casa?
꼬모 세 바 아 쑤 까사?

지하철 당산역 앞에서 6631번 버스를 타시면 됩니다.

Puede tomar el autobús seis mil seiscientos treinta y uno delante de la estación Dangsan.
뿌에데 또마르 엘 아우또부스 쎄이스밀 쎄이스씨엔또스 트레인따 이 우노 델란떼 델 라 에스따씨온 당산

제 집을 쉽게 찾으실 겁니다. 정 안 되면 제게 전화하시면 다시 설명드리겠습니다.

Creo que encontrará mi casa fácilmente. En último término me llama por teléfono y le lo explico otra vez.
크레오 께 엔꼰트라라 미 까사 화씰멘떼. 엔 울띠모 떼르미노 메 야마 뽀르 텔레포노 이 렐 로 엑쓰쁠리꼬 오트라 베스

그가/그녀가/그들이 도착하자마자 제게 알려 주십시오.

Avíseme a su llegada.

아비세메 아 쑤 예가다

이봐, 그개[그녀가]/그들이 저기 온다.

¡Mira!, ahí viene/vienen.

미라!, 아이 비에네/비에넨

(감탄사적으로) 잘 오셨습니다!, 환영(합니다)!

¡Bienvenido!

비엔베니도!

*남성단수 bienvenido/
여성단수 bienvenida/
남성복수 bienvenidos/
여성복수 bienvenidas

(당신을) 환영합니다.

Sea (usted) bienvenido(-a).

쎄아 (우스뗄) 비엔베니도(-다)

(여러분을) 환영합니다.

Sean (ustedes) bienvenidos(-as).

쎄안 (우스떼데스) 비엔베니도스(-다스)

어서 들어오십시오.

Pase[Entre], por favor.

빠세[엔트레], 뽀르 화보르

어서들 들어오십시오.
*상대가 여러 명일 때

Pasen[Entren], por favor.

빠센[엔트렌], 뽀르 화보르

이쪽으로 들어오십시오.

Entre[Pase] por aquí, por favor.

엔트레[빠세] 뽀르 아끼, 뽀르 화보르

이쪽으로들 들어오십시오. *상대가 여러 명일 때

Entren[Pasen] por aquí, por favor.

엔트렌[빠센] 뽀르 아끼, 뽀르 화보르

저를 초대해 주셔서 대단히 감사합니다.

Le agradezco mucho su invitación.

레 아그라데스꼬 무초 쑤 인비따씨온

저희를 초대해 주셔서 대단히 감사합니다.

Le agradecemos mucho su invitación.

레 아그라데쎄모스 무초 쑤 인비따씨온

초대해 주셔서 대단히 감사합니다.

Muchas gracias por su invitación.

무차스 그라씨아스 뽀르 쑤 인비따씨온

천만에요. 앉으십시오.

De nada. Tome Ud. asiento, por favor.

데 나다. 또메 우스뗄 아씨엔또, 뽀르 화보르

감사합니다.

Gracias.

그라씨아스

편안히 하십시오.

Está usted en su casa./Esta es su casa.

에스따 우스뗄 엔 쑤 까사/에스따 에스 쑤 까사

편하게 하십시오[편히 계십시오].

Póngase cómodo.

뽕가세 꼬모도

그렇게 긴장하지 마십시오!

¡Póngase usted cómodo!

뽕가세 우스뗄 꼬모도!

빈손으로 오기 뭐해 작은 선물 하나 가져왔습니다.

Traje un pequeño regalo porque me dio pena venir con las manos vacías.

트라헤 운 뻬께뇨 레갈로 뽀르께 메 디오 뻬나 베니르 꼰 라스 마노스 바씨아스

신경 안 쓰셨어도 되는데요. 감사합니다.

No se hubiera molestado. Gracias.

노 세 우비에라 몰레스따도. 그라씨아스

무엇을 드시겠습니까?	¿Qué quiere Ud. tomar? 께 끼에레 우스뗄 또마르?	이곳이 마음에 드시길 바랍니다.	Espero que le guste este lugar. 에스뻬로 껠 레 구스떼 에스뗄 루가르
주스 한 잔만 주십시오.	Sólo una copa de jugo[zumo]. 쏠로 우나 꼬빠 데 후고[쑤모]	어서 오십시오. 기다리고 있었습니다.	Bienvenido. Estaba esperándole a usted. 비엔비니도. 에스따바 에스뻬란돌레 아 우스뗄
커피를 드시겠어요, 차를 드시겠어요?	¿Qué prefiere Ud. café o té? 께 쁘레휘에레 우스뗄 까페 오 떼?		
		어서 오세요. 저희 누추한 집에 와 주셔서 감사합니다.	¡Bienvenido! Gracias por venir a nuestra humilde casa. 비엔비니도! 그라씨아스 뽀르 베니르 아 누에스트라 우밀데 까사
커피로 주십시오.	Café, por favor. 까페, 뽀르 화보르		
블랙으로 드릴까요?	¿Quiere Ud. café solo? 끼에레 우스뗄 까페 쏠로		
우유를 약간 타주십시오.	Un poco de leche, por favor. 운 뽀꼬 델 레체, 뽀르 화보르	아니오, 저를 초대해 주셔서 감사합니다.	No, gracias a usted por invitarme. 노, 그라씨아스 아 우스뗄 뽀르 인비따르메
저를 초대해 주셔서 감사합니다.	Gracias por invitarme. 그라씨아스 뽀르 인비따르메	어서 오세요. 오시느라 힘드셨죠?	¡Adelante! ¿Le costó llegar? 아델란떼! 레 꼬스또 예가르?
어서 오십시오. 와 주셔서 감사합니다.	Bienvenido. Gracias por venir. 비엔베니도. 그라씨아스 뽀르 베니르	오시는 길에 헤매진 않으셨습니까?	¿No se ha perdido por el camino al venir? 노 세 아 뻬르디도 뽀르 엘 까미노 알 베니르?
안녕하세요, 잘 오셨습니다.	¡Hola, bienvenido! 올라, 비엔베니도!		
제 집에 오신 것을 환영합니다.	Bienvenido a mi casa. 비엔베니도 아 미 까사	네, 길이 생각보다 복잡해서 조금 헤맸습니다.	Sí, fue más complicado de lo que pensé y me perdí un poco. 씨, 후에 마쓰 꼼쁠리까도 델 로 께 뻰쎄 이 메 뻬르디 운 뽀꼬
어서 들어오십시오.	Pase[Entre], por favor. 빠세[엔트레], 뽀르 화보르		
참석해 주셔서 감사합니다.	Gracias por participar. 그라씨아스 뽀르 빠르띠씨빠르	와 주셔서 감사합니다.	Gracias por venir. 그라씨아스 뽀르 베니르

들어오셔서서 저기 앉으십시오.	Entre y siéntese allí.	저는 금주를 결정했습니다.	He decidido prescindir de tomar licor.
	엔트레 이 씨엔떼세 아이		에 데씨디도 프레스씬디르 데 또마르 리꼬르
편히 앉으십시오.	Siéntese cómodo.		
	씨엔떼세 꼬모도	지금 약을 복용중이라 술을 못 마십니다.	No puedo beber licor porque estoy tomando medicamento.
앉으셔서, 편히 하십시오.	Siéntese y póngase cómodo, está usted en su casa.		
	씨엔떼세 이 뽕가세 꼬모도, 에스따 우스뗃 엔 쑤 까사		노 뿌에도 베베르 리꼬르 뽀르께 에스또이 또만도 메디까멘또
그렇게 멀리서 오시느라 지치셨을 텐데, 먼저 식사부터 할까요?	Debe estar cansado(-a) por venir de tan lejos, ¿comemos primero?	건배!	¡Brindis! / ¡Salud! / ¡A su salud! / ¡Salud, amor y dinero! / ¡Chinchín! / ¡Bomba!
	데베 에스따르 깐싸도(-다) 뽀르 베니르 데 딴 레호스, 꼬메모스 쁘리메로?		브린디스! / 쌀룯! / 아 쑤 쌀룯! / 쌀룯, 아모르 이 데네로! / 친친! / 봄바!
아니오, 괜찮으시다면, 먼저 집 구경을 하고 싶습니다.	No. Si le parece bien, me gustaría conocer la casa antes.	건배!	¡Arriba, abajo, al centro y adentro [pa dentro]!
	노. 씰 레 빠레쎄 비엔, 메 구스따리아 꼬노쎄르 라 까사 안떼스		아리바, 아바호, 알 쎈트로 이 아덴트로[빠 덴트로]!
식사하기 전에 한잔 합시다.	Tomemos una copa antes de comer.		*친구들끼리 술잔을 위로 치켜들었다, 아래로 내렸다, 가운데로 뻗었다. 입으로 가져가 마시는 몸짓과 함께
	또메모스 우나 꼬빠 안떼스 데 꼬메르		
한잔 하시겠습니까?	¿Quiere una copa?	모두 한잔하십시다.	Tomemos una copa todos.
	끼에레 우나 꼬빠?		또메모스 우나 꼬빠 또도스
술 한 잔 하시겠습니까?	¿Quiere una copa de licor?	신사 숙녀 여러분, 모두 잔을 드십시오.	Señoras y señores, alcen todos su copa, por favor.
	끼에레 우나 꼬빠 델 리꼬르?		
죄송하지만, 저는 술을 안마십니다.	Lo siento, pero no bebo licor.		쎄뇨라스 이 쎄뇨레스, 알쎈 또도스 쑤 꼬빠, 뽀르 화보르
	로 씨엔또, 뻬로 노 베볼 리꼬르		

우리의 성공을 위해 축배를 듭시다. | Brindemos por nuestro éxito.
브린데모스 뽀르 누에스트로 엑씨또

식사 준비되었습니다. | La comida está lista.
라 꼬미다 에스따 리스따

식사합시다. | Comamos. / ¡A la mesa!
꼬마모스/ 알 라 메사!

얘들아, 저녁 먹자! | ¡Niños! ¡A cenar!
니뇨스! 아 쎄나르!

당신과 저녁식사하게 돼서 기쁩니다. | Estoy encantado de cener con Ud.
에스또이 엔깐따도 데 쎄나르 꼰 우스뗄

저도 그렇습니다. | Yo también.
요 땀비엔

편안히 하십시오. | Está Ud. en su casa.
에스따 우스뗄 엔 쑤 까사

감사합니다. | Gracias.
그라씨아스

무엇을 제일 좋아하십니까? | ¿Qué le gusta a Ud. más?
껠 레 구스따 아 우스뗄 마쓰?

저는 음식은 가리지 않습니다. | No tengo ninguna preferencia en la comida.
노 뗑고 닝구나 쁘레훼렌씨아 엔 라 꼬미다

로스비프 드시겠습니까? | ¿Me permite ofrecerle rosbif?
메 뻬르미떼 오프레쎄를렐 로스비프?

기꺼이 그러겠습니다. | Con mucho gusto.
꼰 무초 구스또

맛있게 드십시오, 차린 것은 없지만 많이 드십시오! | ¡Buen apetito!
부엔 아뻬띠또!

어서 드십시오[마음껏 드십시오]. | Sírvase, por favor.
씨르바세, 뽀르 화보르

마음껏 드십시오. | Tome[Coma] cuanto quiera.
또메[꼬마] 꾸안또 끼에라

어서 드십시오[직접 덜어 드십시오]. | Sírvase Ud. mismo.
씨르바세 우스뗄 미스모

아주 차게 (해서) 드십시오. | Sírvase muy frío.
씨르바세 무이 프리오

왜 더 드시지 않고요? | ¿Por qué no come más?
뽀르 께 노 꼬메 마쓰?

많이 먹었습니다, 포식했습니다. *식사를 끝마쳤을 때나 자꾸 먹으라고 권할 때 | Comí mucho. / Estoy (muy) lleno(-a). / Estoy harto(-a).
꼬미 무초/ 에스또이 (무이) 예노(-나)/ 에스또이 아르또(-따)

저는 이제 가봐야만 합니다. | Yo tengo que ir[irme] ahora.
요 뗑고 께 이르[이르메] 아오라

저는 가보는 게 좋겠습니다. | Más vale que me vaya.
마쓰 발레 께 메 바야

벌써 가십니까? | ¿Ya se va?
야 세 바?

그렇게 서둘러서요? | ¿Tanta prisa?
딴따 쁘리사?

네, 저는 이제 가봐야만 합니다. 훌륭한 식사 감사합니다. | Sí, yo tengo que ir ahora. Gracias por la buena comida.
씨, 요 뗑고 께 이르 아오라. 그라씨아스 뽀르 라 부에나 꼬미다

네, 즐거운 저녁을 보내게 해주셔서 대단히 감사합니다.

Sí. Muchas gracias por la noche interesante.

씨. 무차스 그라씨아스 뽀르 라 노체 인떼레싼떼

조금만 더 계시다 가십시오.

Quedese Ud. más, por favor.

께데세 우스뗄 마쓰, 뽀르 화보르

그러고 싶습니다. 하지만 너무 늦었습니다.

Yo deseo. Pero demasiado tarde.

요 데쎄오. 뻬로 데마씨아도 따르데

유감입니다.

Lo siento.

로 씨엔또

당신의 친절에 감사드립니다.

Gracias por su amabilidad.

그라씨아스 뽀르 쑤 아마빌리닫

천만에요.

De nada.

데 나다

정말 재미있었습니다!

¡Qué bien lo pasé!

께 비엔 로 빠쎄!

아주 즐거운 시간 보냈습니다[아주 재미있게 보냈습니다].

Lo pasé muy bien.

로 빠쎄 무이 비엔

멋진 파티입니다. 즐겁게 잘 보냈습니다.

Es una fiesta estupenda. Me la pasé bien.

에스 우나 휘에스따 에스뚜뻰다. 멜 라 빠쎄 비엔

즐거운 오후/저녁 보내게 해주셔서 대단히 감사합니다.

Muchas gracias por la tarde/noche agradable.

무차스 그라씨아스 뽀르 라 따르데/노체 아그라다블레

천만에요[별 말씀을요].

No hay de qué.

노 아이 데 께

천만에요. 잘 가십시오. 그리고 좋은 저녁[밤] 되십시오.

De nada. Adiós, y tenga la buena noche.

데 나다. 아디오스, 이 뗑갈 라 부에나 노체

천만에요. 와주셔서 감사합니다.

No hay de qué. Gracias por venir.

노 아이 데 께. 그라씨아스 뽀르 베니르

저희는 이제 가봐야 할 것 같습니다.

Me temo que debemos marcharnos ahora.

메 떼모 께 데베모스 마르차르노스 아오라

야간 파티[야회(夜會)]에 대단히 감사드립니다. 훌륭했습니다.

Muchas gracias por la velada. Ha sido estupenda.

무차스 그라씨아스 뽀를 라 벨라다. 아 씨도 에스뚜뻰다

여러분 후일 저희를 꼭 방문해주셔야 합니다.

Otro día tienen que venir ustedes a vernos.

오트로 디아 띠에넨 께 베니르 우스떼데스 아 베르노스

여러분 다음에 오실 때, 미리 알려 주십시오.

La próxima vez que vengan Uds., avísenme antes.

라 프록씨마 베스 께 벵간 우스떼데스, 아비센메 안떼스

안녕히 계십시오[안녕히 가십시오].

Buenas noches.

부에나스 노체스

*저녁·밤 인사: 해가 진 뒤

즐거웠습니다.

Fue divertido.

후에 디베르띠도

환대해 주셔서 감사합니다.

Gracias por su hospitalidad.
그라씨아스 뽀르 쑤 오스삐딸리닫

환영[환대]에 감격했습니다.

Me conmovió el recibimiento.
메 꼰모비오 엘 레씨비미엔또

주말 오후[저녁]에 시간 있으십니까?

¿Estará Ud. libre la tarde d el fin de semana?
에스따라 우스뗄 리브렐 라 따르데 델 휜 데 쎄마나?

그럴 겁니다.

Creo que sí.
크레오 께 씨

저와 함께 음악회에 가시겠습니까?

¿Quiere Ud. venir al concierto conmigo?
끼에레 우스뗄 베니르 알 꼰씨에르또 꼰미고?

기꺼이 그러겠습니다. 어디서 음악회를 합니까?

Con mucho gusto. ¿Dónde dan el concierto?
꼰 무초 구스또. 돈데 단 엘 꼰씨에르또?

국립극장에서 합니다.

En el Teatro Nacional.
엔 엘 떼아트로 나씨오날

당신 표는 벌써 사셨습니까?

¿Ha sacado Ud. ya su billete?
아 사까도 우스뗄 야 쑤 비예떼?

한 주 전에 두 장 샀습니다.

He sacado dos billetes hace una semana.
에 사까도 도스 비예떼스 아쎄 우나 쎄마나

김 선생님은 댁에 계십니까?

¿Está en casa el Sr. Kim?
에스따 엔 까사 엘 쎄뇨르 낌?

네, 선생님.

Sí, señor.
씨, 쎄뇨르

김 선생님을 뵐 수 있을까요?

¿Podría ver al Sr. Kim?
뽀드리아 베르 알 쎄뇨르 낌?

누구시라고 전해 드릴까요?

¿A quién debo anunciar?
아 끼엔 데보 아눈씨아르?

박이라고 합니다.

Me llamo Park.
메 야모 빠르끄

안으로 들어오십시오.

Pase adentro, por favor.
빠세 아덴트로, 뽀르 화보르

이쪽으로 들어오십시오.

Pase[Entre] por aquí, por favor.
빠세[엔트레] 뽀르 아끼, 뽀르 화보르

감사합니다.

Gracias.
그라씨아스

잠깐 기다리십시오. 앉으십시오.

Espere un momento. Siéntese, por favor.
에스뻬레 운 모멘또. 씨엔떼세, 뽀르 화보르

다시 뵙게 되어 기쁩니다.

Me alegro de verle(la) otra vez.
메 알레그로 데 베를레(라) 오트라 베스

반갑습니다.

Mucho gusto.
무초 구스또

뭐 마실 것 드릴까요?

¿Desea Ud. algo de beber?
데쎄아 우스뗄 알고 데 베베르?

물 한 컵 주시길 부탁드립니다.

Déme un vaso de agua, por favor.
데메 운 바소 데 아구아, 뽀르 화보르

데이트

오늘 저녁에 시간 있으십
니까?

¿Está usted libre
esta tarde?

에스따 우스뗄 리브레 에스
따 따르데?

오늘 저녁[밤]에 저와 데
이트 하시겠습니까?

¿Quisiera usted
salir conmigo esta
noche?

끼씨에라 우스뗄 쌀리르 꼰
미고 에스따 노체?

춤추러 가시겠습니까?

¿Quisiera usted ir a
bailar?

끼씨에라 우스뗄 이르 아 바
일라르?

당신은 우리가 영화관에
가길 바라십니까?

¿Quiere que
vayamos al cine?

끼에레 께 바야모스 알 씨네?

우리 오늘 저녁[밤]에 영
화관에 갈까요?

¿Vamos al cine
esta noche?

바모스 알 씨네 에스따 노체?

오늘 저녁[밤]에 당신과
영화 보러 가고 싶습니다.

Quiero ir con usted
al cine esta noche.

끼에로 이르 꼰 우스뗄 알 씨
네 에스따 노체

제게 공짜 표가 있습니다.

Tengo entradas
gratis.

뗑고 엔트라다스 그라띠스

우리 심야 영화 봅시다.

Veamos la película
de media noche.

베아모슬 라 뻴리꿀라 데 메
디아 노체

경기 보러 가시겠습니까?

¿Quiere ir a ver un
partido?

끼에레 이르 아 베르 운 빠르
띠도?

차로 드라이브 하시겠습
니까?

¿Quiere usted dar
un paseo en coche?

끼에레 우스뗄 다르 운 빠세
오 엔 꼬체?

밸런타인데이에 뭐 하실
겁니까?

¿Qué va a hacer el
día de San Valentín?

께 바 아 아쎄르 엘 디아 데
싼 발렌띤?

아직 특별한 약속은 없습
니다.

Aún no tengo
ninguna cita especial.

아운 노 뗑고 닝구나 씨따 에
스뻬씨알

그럼, 제가 데이트 신청
해도 될까요?

Pues, ¿puedo invitarle
a salir conmigo?

뿌에스, 뿌에도 인비따를레
아 쌀리르 꼰미고?

오늘 시간 있으십니까?

¿Tiene tiempo hoy?

띠에네 띠엠뽀 오이?

아니오, 죄송합니다. 시
간이 없습니다.

No, lo siento. No
tengo tiempo.

놀, 로 씨엔또. 노 뗑고 띠엠뽀

우리 데이트할까요?

¿Vamos a salir
juntos?

바모스 아 쌀리르 훈또스?

우리 어디서 만날까요?

¿Dónde nos
encontramos?

돈데 노스 엔꼰트라모스?

당신 (주소/전화번호)가
무엇입니까?

¿Cuál es su (dirección/
número de teléfono)?

꾸알 에스 쑤 (디렉씨온/누
메로 데 뗄레포노)?

전화번호를 메모해 주십
시오.

Apunte el número
del teléfono.

아뿐떼 엘 누메로 델 뗄레포노

당신 전화번호를 주시겠습니까?	¿Me da su número de teléfono? 메 다 쑤 누메로 데 뗄레포노?
8시에 모시러 가겠습니다.	Iré recogerla a las ocho. 이레 레꼬헤를라 알 라스 오초
즐거운 시간 보내세요!	¡Que se divierta!/ ¡Que lo pase (muy) bien! 께 세 디비에르따!/ 껠 로 빠세 (무이) 비엔!
정말 재미있었어요!	¡Qué bien lo pasé! 께 비엔 로 빠쎄!
오늘 참 즐거웠습니다.	Lo pasé muy bien hoy. 로 빠쎄 무이 비엔 오이
네, 저도 당신과 함께 즐거웠습니다.	Sí, yo también lo pasé bien con usted. 씨, 요 땀비엔 로 빠쎄 비엔 꼰 우스뗃
댁까지 바래다 드려도 되겠습니까?	¿Puedo acompañarla hasta su casa?

댁까지 바래다드리겠습니다.	Voy a acompañarle a su casa. 보이 아 아꼼빠냐를레 아 쑤 까사
제가 바래다 드리겠습니다.	Voy a acompañarle. 보이 아 아꼼빠냐를레
우리 다시 만날 수 있을까요?	¿Podríamos quedar de nuevo? 뽀드리아모스 께다르 데 누에보?
또 만나 주시겠습니까?	¿Puede estar conmigo otra vez? 뿌에데 에스따르 꼰미고 오트라 베스?
내일 뵐 수 있겠습니까?	¿Puedo verla mañana? 뿌에도 베를라 마냐나?
이곳이 우리가 처음 만났던 곳이었습니다.	Aquí fue donde nos conocimos. 아끼 후에 돈데 노스 꼬노씨모스

연락처 교환

우리 계속 연락합시다.	Seguiremos en contacto. 쎄기레모스 엔 꼰딱또
알겠습니다, 제가 곧 다시 연락드리겠습니다.	De acuerdo, le volveré a llamar pronto. 데 아꾸에르도, 레 볼베레 아 야마르 쁘론또
당신의 명함 한 장 주시겠습니까?	¿Podría darme su tarjeta de nombre?

뽀드리아 다르메 쑤 따르헤따 데 놈브레?

| 당신의 연락처를 주시길 부탁드립니다. | Por favor, déme sus datos.
뽀르 화보르, 데메 쑤스 다또스 |
| 당신의 주소를 말씀해주시길 부탁드립니다. | Dígame su dirección, por favor.
디가메 쑤 디렉씨온, 뽀르 화보르 |

주소를 말씀해주시겠습니까?	¿Se puede decirme la dirección? 세 뿌에데 데씨르멜라 디렉씨온?	이 번호는 제 집 전화번호입니다.	Este es el número de teléfono de mi casa. 에스떼 에스 엘 누메로 데 뗄레포노 데 미 까사
당신 전화번호를 말씀해 주시겠습니까?	¿Me podría decir su número de teléfono? 메 뽀드리아 데씨르 쑤 누메로 데 뗄레포노?	이 연락 번호로 전화 드려도 됩니까?	Pues, ¿puedo llamar a este número de contacto? 뿌에스, 뿌에도 야마르 아 에스떼 누메로 데 꼰딱또?
당신 주소를 알려 주시길 부탁드립니다.	Por favor, avíseme[hágame saber] su dirección. 뽀르 화보르, 아비세메[아가메 싸베르] 쑤 디렉씨온	전화 기다리겠습니다.	Voy a esperar su llamada. 보이 아 에스뻬라르 쑤 야마다
전화번호를 주시겠습니까?	¿Me da su número de teléfono? 메 다 쑤 누메로 데 뗄레포노?	이메일로 연락 주십시오.	Contácteme por el correo electrónico. 꼰딱떼메 뽀르 엘 꼬레오 엘렉트로니꼬
여기에 적어 주시길 부탁드립니다.	Escriba aquí, por favor. 에스크리바 아끼, 뽀르 화보르	제 이메일 주소 여기 있습니다.	Aquí tiene mi dirección de correo electrónico. 아끼 띠에네 미 디렉씨온 데 꼬레오 엘렉트로니꼬
제 휴대전화번호입니다.	Es mi número de móvil. 에스 미 누메로 데 모빌	트위터/페이스북으로 연락 주십시오.	Contácteme por twitter/facebook. 꼰딱떼메 뽀르 뜨위떼르/화쎄부끄
제 전화번호 여기 있습니다.	Aquí tiene mi número de teléfono. 아끼 띠에네 미 누메로 데 뗄레포노	도착하시자마자 전화해 주십시오.	Llámeme en cuanto llegue. 야메메 엔 꾸안또 예게
이 번호로는 낮에만 통화 가능합니다.	Este número estará disponible sólo durante el día. 에스떼 누메로 에스따라 디스뽀니블레 쏠로 두란떼 엘 디아	서울에 도착하자마자 편지 드리겠습니다.	En cuanto[Tan pronto como] llegue yo a Seúl, le escribiré. 엔 꾸안또[딴 쁘론또 꼬모] 예게 요 아 쎄울, 레 에스크리비레
저녁[밤]에는 이 번호로 연락해주십시오.	Llámeme a este número en la noche. 야메메 아 에스떼 누메로 엔 라 노체	스팸메일	correo basura (m.) 꼬레오 바쑤라

우체국

부탁을 드려도 되겠습니까?
¿Me hace el favor?
메 아쎄 엘 화보르?

무엇을 도와드릴까요?
¿Qué puedo hacer para Ud.?
께 뿌에도 아쎄르 빠라 우스뗃?

이 편지 좀 부쳐주시겠습니까?
¿Quiere Ud. echar este correo, por favor?
끼에레 우스뗃 에차르 에스떼 꼬레오, 뿌르 화보르?

이 편지를 우체통에 넣어 주실 수 있습니까?
¿Me puede echar esta carta al correo?
메 뿌에데 에차르 에스따 까르따 알 꼬레오?

우체국은 어디에 있습니까?
¿Dónde está la oficina de correos?
돈데 에스딸 라 오휘씨나 데 꼬레오스?

안녕하세요
¡Hola!
올라!

안녕하세요! 무엇을 도와드릴까요?
¡Hola! ¿En qué puedo ayudarle?
올라! 엔 께 뿌에도 아유다를레?

우표를 파는 창구는 어디입니까?
¿Dónde está la ventanilla de sellos?
돈데 에스딸 라 벤따니야 데 쎄요스?

3번 창구로 가십시오.
Vaya a la ventanilla número tres, por favor.
바야 알 라 벤따니야 누메로 트레스, 뿌르 화보르

우표를 사고 싶습니다.
Quiero comprar sellos (de correo)/sellos postales.
끼에로 꼼쁘라르 쎄요스 (데 꼬레오)/쎄요스 뿌스딸레스

1유로짜리 우표 2장 주십시오.
Déme dos sellos de un euro, por favor.
데메 도스 쎄요스 데 운 에우로, 뿌르 화보르

기념우표 있습니까?
¿Hay sellos conmemorativos?
아이 쎄요스 꼰메모라띠보스?

기념우표를 사고 싶습니다.
Quiero comprar unos sellos conmemorativos.
끼에로 꼼쁘라르 우노스 쎄요스 꼰메모라띠보스

50센띠모짜리 우표 3장과 우편엽서 2장 부탁합니다.
Tres sellos de cincuenta céntimos y dos tarjetas postales, por favor.
트레스 쎄요스 데 씽구엔따 쎈띠모스 이 도스 따르헤따스 뿌스딸레스, 뿌르 화보르

스페인 · 중남미

우표책 한 권 원합니다.	Yo deso el libro de sellos. 요 데쎄오 엘 리브로 데 쎄요스	그것을 어디로 보내실 겁니까?	¿A dónde va a enviarlo(-la)? 아 돈데 바 아 엔비아를로(-라)? *남성단수명사는 대명사 lo로, 여성단수명사는 대명사 la로 받음
편지 봉투/항공봉투를 사고 싶습니다.	Quiero comprar un sobre/un sobre aéreo [un sobre (de) vía aérea]. 끼에로 꼼쁘라르 운 쏘브레/운 쏘브레 아에레오[운 쏘브레 (데) 비아 아에레아]	그것을 어느 나라로 보내실 겁니까?	¿A qué país va a enviarlo(-la)? 아 께 빠이스 바 아 엔비아를로(-라)?
여기 있습니다.	Aquí está. 아끼 에스따	한국으로요.	A Corea (del Sur). 아 꼬레아 (델 쑤르)
우편엽서 팝니까?	¿Vende algunas tarjetas postales? 벤데 알구나스 따르헤따스 뽀스딸레스?	그것을 서울로 보내 주십시오.	Envíelo(-la) a Seúl. 엔비엘로(-라) 아 쎄울
다른 원하시는 것들이 있으십니까?	¿Desea otras? 데쎄아 오트라스?	그것을 어떻게 보내고 싶으십니까?	¿Cómo quiere enviarlo(-la)? 꼬모 끼에레 엔비아를로(-라)?
네, 이 편지도/이 소포도 보내야 합니다. 어디서 하면 됩니까?	Sí, tengo que mandar esta carta/este paquete también. ¿Dónde puedo hacerlo? 씨, 뗑고 께 만다르 에스따 까르따/에스떼 빠께떼 땀비엔. 돈데 뿌에도 아쎄를로?	그것을 일반우편/국제특급우편으로 보내고 싶습니다.	Quiero enviarlo(-la) por correo ordinario/por el Servicio de Correo Expreso. 끼에로 엔비아를로(-라) 뽀르 꼬레오 오르디나리오/뽀르 엘 쎄르비씨오 데 꼬레오 엑쓰프레소
그러시려면, 8번 창구로 가셔야 합니다.	Para eso hay que ir a la ventanilla número ocho. 빠라 에소 아이 께 이르 알라 벤따니야 누메로 오초	속달로[속달 우편으로, 빠른 우편으로] 부탁드립니다.	Por expreso[Por correo expreso/Por correo exprés/Por correo urgente/Por correo rápido], por favor. 뽀르 엑쓰프레소[뽀르 꼬레오 엑쓰프레소/ 뽀르 꼬레오 엑쓰프레쓰/ 뽀르 꼬레오 우르헨떼/ 뽀르 꼬레오 라삐도], 뽀르 화보르
편지/소포/택배를 보내고 싶습니다.	Quiero[Deseo] enviar una carta/un paquete/un paquete de puerta a puerta. 끼에로[데쎄오] 엔비아르 우나 까르따/운 빠께떼/운 빠께떼 데 뿌에르따 아 뿌에르따		

이 편지를 등기로/등기 속달로 부쳐 주십시오.	Envíe esta carta por correo certificado/ por certificado urgente, por favor. 엔비에 에스따 까르따 뽀르 꼬레오 쎄르띠휘가도 / 뽀르 쎄르띠띠휘가도 우르헨떼, 뽀르 화보르	이 편지를 국제 우편으로 보내고 싶습니다.	Quiero enviar esta carta por correo internacional. 끼에로 엔비아르 에스따 까르따 뽀르 꼬레오 인떼르나씨오날
이 편지를 속달이나 등기우편으로 보내고 싶습니다.	Quiero enviar esta carta por correo urgente o correo certificado. 끼에로 엔비아르 에스따 까르따 뽀르 꼬레오 우르헨떼 오 꼬레오 쎄르띠휘가도	이 편지는 얼마짜리 우표를 붙여야 합니까?	¿Qué franqueo necesita esta carta? 께 프랑께오 네쎄씨따 에스따 까르따?
		한국까지 엽서/편지에 얼마짜리 우표를 붙여야 합니까?	¿Qué franqueo necesita una (tarjeta) postal/una carta a Corea del Sur? 께 프랑께오 네쎄씨따 우나 (따르헤따) 뽀스딸/우나 까르따 아 꼬레아 델 쑤르?
빠른우편으로 그리고 일반우편으로 있습니다. 어떤 것을 택하시겠습니까?	Tiene por correo rápido y por correo ordinario. ¿Cuál prefiere? 띠에네 뽀르 꼬레오 라삐도 이 뽀르 꼬레오 오르디나리오. 꾸알 쁘레휘에레?	한국에 보낼 이 편지에 어떤 우표를 붙여야 하는지요?	¿Qué sello necesita esta carta para Corea, por favor? 께 쎄요 네쎄씨따 에스따 까르따 빠라 꼬레아, 뽀르 화보르?
더 빨리 도착하는 것으로 부탁합니다.	Por el que llegue más rápido, por favor. 뽀르 엘 께 예게 마쓰 라삐도, 뽀르 화보르	항공우편용 스티커 2장 주십시오.	Déme dos etiquetas engomadas para correo aéro, por favor. 데메 도스 에띠께따스 엔고마다스 빠라 꼬레오 아에로, 뽀르 화보르
그럼 그것을(=편지를) 빠른우편으로 보내 드리겠습니다. 요금은 2.5유로입니다.	Entonces se la enviaré por correo rápido. Son dos euros y[con] cinco céntimos. 엔똔쎄쓰 셀 라 엔비아레 뽀르 꼬레오 라삐도. 쏜 도스 에우로스 이[꼰] 씽꼬 쎈띠모스 *carta (f.)를 대명사 la로 받음	지금 보내면 언제 도착합니까?	¿Cuándo llega si la envío ahora? 꾸안도 예가 씰 라 엔비오 아오라? *carta (f.)를 대명사 la로 받음
그것을(=편지를) 제일 빠른 우편제도로 보내 주십시오.	Envíemela por el sistema postal más rápido. 엔비에멜라 뽀르 엘 씨스떼마 뽀스딸 마쓰 라삐도	편지가 서울에 언제쯤 도착할까요?	¿Cuándo llegará la carta a Seúl? 꾸안도 예가랄 라 까르따 아 쎄울?

대략 5일 후에 도착할 겁니다.

Aproximadamente cinco días después.
아프록씨마다멘떼 씽꼬 디아스 데스뿌에쓰

한국까지 며칠이 걸릴까요?

¿Cuánto tiempo se tardará en llegar a Corea (del Sur)?
꾸안또 띠엠뽀 세 따르다라 엔 예가르 아 꼬레아 (델 쑤르)?

서울까지 5일 정도 걸립니다. 봉투에 우표를 붙여 국제우편함에 넣으십시오.

Hasta Seúl se tarda unos cinco días. Pegue el sello en el sobre y métalo en el buzón de correo internacional.
아스따 쎄울 세 따르다 우노스 씽꼬 디아스, 뻬게 엘 쎄요 엔 엘 쏘브레 이 메딸로 엔 엘 부쏜 데 꼬레오 인떼르나씨오날

소포를 하나 보내고 싶습니다.

Quiero despachar un paquete.
끼에로 데스빠차르 운 빠께떼

그것을 어디로 보내고 싶으십니까?

¿A dónde quiere enviarlo?
아 돈데 끼에레 엔비아를로?

그것을 서울로 보내고 싶습니다.

Quiero enviarlo a Seúl.
끼에로 엔비아를로 아 쎄울

그것을 어디로 보내실 겁니까?

¿A dónde lo va a enviar?
아 돈델 로 바 아 엔비아르?

서울로 보내 주십시오.

Envíelo a Seúl.
엔비엘로 아 쎄울

이것을 한국으로 보내고 싶습니다. 항공요금과 선편요금이 얼마나 됩니까?

Quiero enviar [mandar] esto a Corea (del Sur). ¿Cuánto cuesta por avión y por barco?

끼에로 엔비아르[만다리] 에스또 아 꼬레아 (델 쑤르), 꾸안또 꾸에스따 뽀르 아비온 이 뽀르 바르꼬?

이것을 항공편/선편 우송으로 보내고 싶습니다.

Quiero mandar esto por avión/por barco.
끼에로 만다르 에스또 뽀르 아비온/뽀르 바르꼬

그것을 항공 우편으로 보내고 싶습니다.

Quiero[Deseo] enviarlo por correo aéreo/por avión.
끼에로[데쎄오] 엔비아를로 뽀르 꼬레오 아에레오/뽀르 아비온
*paquete (m.)를 대명사 lo로 받음

선박 우편은 없습니까?

¿No existe servicio de correo por barco?
노 엑씨스떼 쎄르비씨오 데 꼬레오 뽀르 바르꼬?

그것을 배편/항공편으로 보내고 싶습니다.

Quiero enviarlo por barco/por vía aérea.
끼에로 엔비아를로 뽀르 바르꼬/뽀르 비아 아에레아

이것을 보내는 데 얼마입니까?

¿Cuánto cuesta enviar esto?
꾸안또 꾸에스따 엔비아르 에스또?

국제소포와 국제등기, 그리고 국제특급우편 (EMS)이 있습니다.

Hay paquete internacional, correo certificado internacional y Servicio de Correo Expreso.
아이 빠께떼 인떼르나씨오날, 꼬레오 쎄르띠휘까도 인떼르나씨오날 이 쎄르비씨오 데 꼬레오 엑쓰프레소

국제 소포로 하겠습니다.	Por paquete internacional. 뽀르 빠께떼 인떼르나씨오날	영국/미국까지 이 소포를 항공우편으로 보내는 데 얼마입니까?	¿Cuánto es para enviar este paquete por correo aéreo a Inglaterra/Estados Unidos (de América)? 꾸안또 에스 빠라 엔비아르 에스떼 빠께떼 뽀르 꼬레오 아에레오 아 잉그라떼라/에스따도스 우니도스 (데 아메리까)?
네. 이 소포에는 무엇이 들어 있습니까?	Sí, ¿Qué contiene este paquete? 씨, 께 꼰띠에네 에스떼 빠께떼?		
옷이 들어 있습니다.	Contiene ropa. 꼰띠에네 로빠		
무엇입니깨[어떤 물건입니까]?	¿Qué es? 께 에스?	확인해 보겠습니다.	Voy a comprobarlo./Yo lo comprobaré. 보이 아 꼼프로바르로/욜 로 꼼프로바레
전형적인 안달루시아의 의상입니다.	Es un traje típico de Andalucia. 에스 운 트라헤 띠삐고 데 안들루씨아	친구에게 소포를 부치고 싶습니다.	Quisiera enviar un paquete a un amigo. 끼씨에라 엔비아르 운 빠께떼 아 운 아미고
내용물이 무엇입니까?	¿Qué son los contenidos? 께 쏜 로스 꼰떼니도스?		
인쇄물입니다.	Ellos son los impresos. 에요스 쏜 로스 임쁘레소스	이 벽시계를 한국에 보내고 싶습니다.	Quiero enviar este reloj de pared a Corea (del Sur). 끼에로 엔비아르 에스떼 렐로흐 데 빠레드 아 꼬레아 (델 쑤르)
모두 인쇄물/개인용품입니다.	Todos son impresos/cosas privadas. 또도스 쏜 임쁘레소스/꼬사쓰 쁘리바다스	제게 우표/소포 상자/국제특급우편 신청서를 주십시오.	Déme sellos/una caja para el paquete/un formulario para el Servicio de Correo Expreso. 데메 쎄요스/우나 까하 빠라 엘 빠께떼/운 포르물라리오 빠라 엘 쎄르비씨오 데 꼬레오 엑쓰프레소
인쇄물 재중 ((표시))	Impresos 임쁘레소스		
파손주의 ((게시))	Frágil 프라힐		
파손되기 쉬운 물건. 취급주의 (화물의 표시)	MANEJESE CON CUIDADO. MUY FRAGIL 마네헤세 꼰 꾸이다도, 무이 프라힐		

규격 상자에 그것을 넣어 포장하시고, 국제 특급 우편 신청서를 작성하십시오.

Envuélvalo en una caja estándar y rellene el impreso del Servicio de Correo Expreso.

엔부엘발로 엔 우나 까하 에스딴다르 이 레예네 엘 임쁘레소 이 레예네 엘 임쁘레소 델 쎄르비씨오 데 꼬레오 엑스프레소

소포용 상자 있습니까?

¿Tiene cajas para paquetes?

띠에네 까하스 빠라 빠께떼스?

우편 소포용 상자 있습니까?

¿Tiene cajas para paquete postal?

띠에네 까하스 빠라 빠께떼 뽀스딸?

우편 발송용 판지 상자 있습니까?

¿Tiene cajas de cartón para envío postal?

띠에네 까하스 데 까르똔 빠라 엔비오 뽀스딸?

이것을 포장하고 싶습니다.

Quiero empaquetar esto.

끼에로 엠빠께따르 에스또

이것을 포장해주시길 부탁드립니다.

Haga el favor de empaquetar esto, por favor.

아가 엘 화보르 데 엠빠께따르 에스또, 뽀르 화보르

이 그림은 매우 파손되기 쉽습니다. 우편 발송용으로 그것을 잘 포장해주시겠습니까?

Este cuadro es muy frágil. ¿Podría embalármelo bien para enviar por correo postal?

에스떼 꾸아드로 에스 무이 프라힐. 뽀드리아 엠발라르멜로 비엔 빠라 엔비아르 뽀르 꼬레오 뽀스딸?

얼마입니까?

¿Cuánto cuesta?

꾸안또 꾸에스따?

송료(送料)는 별도로 지불해야합니다.

Hay que pagar el porte aparte.

아이 께 빠가르 엘 뽀르떼 아빠르떼

수취인의 전화번호와 주소를 정확히 써 주십시오.

Escriba correctamente el teléfono y la dirección del destinatario.

에스크리바 꼬렉따멘떼 엘 뗄레포노 일 라 디렉씨온 델 데스띠나따리오

우편번호부는 어디에 있습니까?

¿Dónde está la guía de códigos postales?

돈데 에스딸 라 기아 데 꼬디고스 뽀스딸레스?

이 소포는 무게가 얼마나 됩니까?

¿Cuánto pesa este paquete?

꾸안또 뻬사 에스떼 빠께떼?

무게를 달아 봅시다.

Lo pesamos y lo vemos.

로 뻬사모스 일 로 베모스

10킬로그램입니다.

Pesa diez kilos.

뻬사 디에스 낄로스

무게를 달아보겠습니다. 총 12킬로그램입니다.

Voy a pesarlo. Pesa doce kilógramos en total.

보이 아 뻬사를로. 뻬사 도쎄 낄로그라모스 엔 또딸

그럼 얼마입니까?

Pues, ¿cuánto cuesta?

뿌에스, 꾸안또 꾸에스따?

상자 가격을 포함해서, 84유로입니다.	Incluido el precio de la caja, son ochenta y cuatro euros. 잉끌루이도 엘 쁘레씨오 델 라 까하, 쏜 오첸따 이 꾸아 트로 에우로스
100유로입니다.	Cuesta cien euros. 꾸에스따 씨엔 에우로스
저는 송료(送料)를 지불했습니다.	Me han cobrado los gastos de envío. 메 안 꼬브라돌 로스 가스또 스 데 엔비오
송료 이외에 4유로의 비용이 들었습니다.	Me costó cuatro euros sin los portes. 메 꼬스또 꾸아트로 에우로 스 씬 로스 뽀르떼스
이것을 어디에 넣으면 됩니까?	¿En dónde tengo que echar esto? 엔 돈데 뗑고 께 에차르 에 스또?
국제우편함에 넣으십시오.	Métalo en el buzón de correo internacional. 메딸로 엔 엘 부쏜 데 꼬레오 인떼르나씨오날
소포 상자를 어디에 놓아야 합니까?	¿Dónde pongo el paquete? 돈데 뽕고 엘 빠께떼?
그것을 제게 주십시오.	Démelo a mí, por favor. 데멜로 아 미, 뽀르 화보르
요금 후납[수취인 지불]	A franquear en destino 아 프랑께아르 엔 데스띠노
수신인불명	Destinatario no encontrado 데스띠나따리오 오 엔꼰트 라도
한국으로 전보를 치고 싶습니다.	Quiero enviar [expedir/mandar/ poner] un telegrama a Corea (del Sur). 끼에로 엔비아르[엑쓰뻬디 르/만다르/뽀네르] 운 뗄레 그라마 아 꼬레아 (델 쑤르)
한 글자에 얼마입니까?	¿Cuánto cuesta por palabra? 꾸안또 꾸에스따 뽀르 빨라 브라?
축전	telegrama de felicitación (m.) 뗄레그라마 데 휄리씨따씨온
지급 전보	telegrama urgente (m.) 뗄레그라마 우르헨떼
영수증을 주십시오.	Déme la factura, por favor. 데멜 라 확뚜라, 뽀르 화보르
여기 있습니다.	Aquí la tiene. 아낄 라 띠에네
감사합니다.	Gracias. 그라씨아스
안녕히 가십시오.	Adiós. 아디오스
감사합니다. 안녕히 계세요[다음에(나중에) 또 봬요].	Gracias. Hasta luego. 그라씨아스. 아스딸 루에고
감사합니다. 안녕히 가십시오.	Gracias. Que le vaya bien. 그라씨아스. 껠 레 바야 비엔

어디 가십니까?	¿A dónde va? 아 돈데 바?
은행에 갑니다.	Voy al banco. 보이 알 방꼬
저는 오늘 은행에 1,000유로를 입금하고 싶습니다.	Hoy quiero ingresar en el banco mil euros. 오이 끼에로 잉그레싸르 엔 엘 방꼬 밀 에우로스
은행은 몇 시부터 몇 시까지 엽니까?	¿Desde y hasta qué hora está abierto el banco? 데스데 이 아스따 께 오라 에스따 아비에르또 엘 방꼬?
영업시간이 어떻게 됩니까?	¿Cuál es el horario de atención? 꾸알 에스 엘 오라리오 데 아뗀씨온?
일요일에 열리는 은행이 있습니까?	¿Hay algún banco que esté abierto el domingo? 아이 알군 방꼬 께 에스떼 아비에르또 엘 도밍고?
안녕하십니까.	Buenos días. 부에노스 디아스
안녕하십니까. 번호표를 뽑으시고 잠시만 기다려 주십시오.	Buenos días. Saque número y espere un momento, por favor. 부에노스 디아스. 사께 누메로 이 에스뻬레 운 모멘또, 뽀르 화보르
잠시만 기다립시오. 이 번호표를 가지고 계십시오, 선생님.	Espere un momento, por favor. Tenga Ud. esta ficha, señor.

에스뻬레 운 모멘또, 뽀르 화보르. 뗑가 우스뗄 에스따 휘차, 쎄뇨르

안녕하십니까. 무엇을 도와 드릴까요?	Hola, ¿en qué puedo ayudarle? 올라, 엔 께 뿌에도 아유다를레?
(은행) 계좌를 열고/닫고 싶습니다.	Quiero abrir/cerrar una cuenta (bancaria). 끼에로 아브리르/쎄라르 우나 꾸엔따 (방까리아)
여기에 1,000유로를 예금하고 싶습니다.	Quiero depositar aquí mil euros. 끼에로 데뽀씨따르 아끼 밀 에우로스
(은행에) 1,000유로를 예금하고 싶습니다.	Quiero hacer un depósito (en el banco) de mil euros. 끼에로 아쎄르 운 데뽀씨또 (엔 엘 방꼬) 데 밀 에우로스
제 저축 예금 계좌[보통 예금 계좌]에 그것을 예금해주시겠습니까?	¿Podría depositarlo en mi cuenta de ahorro(s)? 뽀드리아 데뽀씨따를로 엔 미 꾸엔따 데 아오로(스)?
예금 계좌	cuenta de depósito (f.) 꾸엔따 데 데뽀씨또
보통 예금	depósito ordinario (m.) 데뽀씨또 오르디나리오
정기 예금	depósito a plazo [término] fijo (m.) 데뽀씨또 아 쁠라소[떼르미노] 휘호

3개월/6개월/1년 정기 예금	depósito a tres meses/a seis meses/ a un año (m.) 데뽀씨또 아 트레스 메쎄스/ 아 쎄이스 메쎄스/아 운 아뇨	송금할 때 환율은 어떻게 됩니까?	¿A cuánto está el tipo de cambio para girar dinero? 아 꾸안또 에스따 엘 띠뽀 데 깜비오 빠라 히라를 디네로?
당좌 계좌	cuenta corriente (f.) 꾸엔따 꼬리엔떼	보내실 때는 1.14유로이고, 받으실 때는 1.05유로입니다.	Si va a girar está a uno punto catorce euros y si va a recibir a uno punto cero cinco euros. 씨 바 아 히라르 에스따 아 우노 뿐또 까또르쎄 에우로스 이 씨 바 아 레씨비르 아 우노 뿐또 쎄로 씽꼬 에우로스
당좌 예금	depósito a[en] cuenta corriente (m.) 데뽀씨또 아[엔] 꾸엔따 꼬리엔떼		
인터넷 뱅킹도 함께 신청하고 싶습니다.	También quiero solicitar el servicio de banca electrónica. 땀비엔 끼에로 쏠리씨따르 엘 쎄르비씨오 데 방까 엘렉트로니까	외국으로 보내실 때는 1.14유로이고, 받으실 때는 1.05유로입니다.	Si lo gira al extranjero está a uno punto catorce euros y si lo recibe a uno punto cero cinco euros. 씰 로 히라 알 엑스트랑헤로 에스따 아 우노 뿐또 까또르쎄 에우로스 이 씰 로 레씨베 아 우노 뿐또 쎄로 씽꼬 에우로스
예금을 인출하고 싶습니다.	Quiero retirar el depósito. 끼에로 레띠라르 엘 데뽀씨또		
얼마나 인출하시렵니까?	¿Cuánto quiere Ud. retirar? 꾸안또 끼에레 우스뗄 레띠라르?	3,000달러를 이 계좌로 보내 주십시오.	Envíe tres mil dólares a esta cuenta. 엔비에 트레스 밀 돌라레스 아 에스따 꾸엔따
2,000 유로를 인출하고 싶습니다.	Quiero retirar dos mil euros. 끼에로 레띠라르 도스 밀 에우로스	인출하고 싶습니다.	Quiero hacer un retiro. 끼에로 아쎄르 운 레띠로
그리고 뉴욕에 송금하고 싶습니다.	Y además, quisiera hacer una remesa para Nueva York. 이 아데마쓰, 끼씨에라 아쎄르 우나 레메사 빠라 누에바 요르끄	300유로를 인출하고 싶습니다.	Quiero retirar trescientos euros. 끼에로 레띠라르 트레스씨엔또스 에우로스
알겠습니다, 선생님.	¡Conforme!, señor. 꼰포르메, 쎄뇨르		

현금을 10유로짜리로 주십시오.	Déme el efectivo en billetes de diez euros, por favor. 데메 엘 에훽띠보 엔 비에떼스 데 디에스 에우로스, 뽀르 화보르
계좌 이체를 하고 싶습니다.	Quiero hacer una transferencia. 끼에로 아쎄르 우나 트란스훼렌씨아
은행 간 대체(對替), 은행 지로[지로 제도]	transferencia bancaria (f.) 트란스훼렌씨아 방까리아
수표를 현금으로 바꾸고 싶습니다.	Quiero cambiar el cheque en efectivo. 끼에로 깜비아르 엘 체께 엔 에훽띠보
잔돈 있으십니까?	¿Tiene usted sencillo? 띠에네 우스뗃 쎈씨요?
잔돈으로 바꿔 주십시오.	Cámbieme en sencillo, por favor. 깜비에메 엔 쎈씨요, 뽀르 화보르
현금 자동 입출금기가 어디에 있습니까?	¿Dónde está el cajero automático? 돈데 에스따 엘 까헤로 아우또마띠꼬?
제 (신용) 카드로 돈을 인출하고 싶습니다.	Quiero sacar[retirar] dinero con mi tarjeta (de crédito). 끼에로 사까르[레띠라르] 디네로 꼰 미 따르헤따 (데 크레디또)
제 (신용) 카드가 현금 자동 입출금기에서 안 빠집니다.	Mi tarjeta (de crédito) fue retenida por el cajero automático. 미 따르헤따 (데 크레디또) 후에 레떼니다 뽀르 엘 까헤로 아우또마띠꼬
여행자 수표를 구매하고 싶습니다.	Quiero comprar un cheque de viajero, por favor. 끼에로 꼼쁘라르 운 체께 데 비아헤로, 뽀르 화보르
오늘 환율이 어떻게 됩니까?	¿A cómo está el (tipo de) cambio de hoy? 아 꼬모 에스따 엘 (띠뽀 데) 깜비오 데 오이?
지금 달러 환시세가 얼마나 됩니까?	¿A cuánto está la cotización del dólar ahora? 아 꾸안또 에스딸 라 꼬띠싸씨온 델 돌라르 아오라?
오늘 유로 환시세가 어떻게 됩니까?	¿A cuánto está hoy la cotización del euro? 아 꾸안또 에스따 오일 라 꼬띠싸씨온 델 에우로?
수수료는 얼마입니까?	¿Cuánto es la comisión? 꾸안또 에슬 라 꼬미씨온?
제게 수수료 할인 쿠폰이 있습니다.	Tengo un vale de descuento de comisión. 뗑고 운 발레 데 데스꾸엔또 데 꼬미씨온
계좌를 개설하고 싶은데, 외국인도 할 수 있습니까?	Quisiera abrir una cuenta. ¿Puede hacerlo un extranjero? 끼씨에라 아브리르 우나 꾸엔따. 뿌에데 아쎄를로 운 엑스트랑헤로?

외국인은 여권이나 외국인등록증이 필요합니다.

Los extranjeros necesitan el pasaporte o el carné de extranjero.

로스 엑스트랑헤로스 네쎄씨딴 엘 빠사뽀르떼 오 엘 까르네 데 엑쓰트랑헤로

여권이나 외국인등록증하고 도장이 있으면 하실 수 있습니다.

Puede hacerlo con el pasaporte o el carné de extranjero y un sello.

뿌에데 아쎄를로 꼰 엘 빠사뽀르떼 오 엘 까르네 데 엑스트랑헤로 이 운 쎄요
＊한국에서는 도장 또는 서명, 외국에서는 서명

신분증하고 도장이 있어야 합니다.

Hay que tener un documento de identidad y un sello.

아이 께 떼네르 운 도꾸멘또 데 이덴띠닫 이 운 쎄요

도장이 없는데 어떻게 하죠?

¿Qué hago si no tengo un sello?

께 아고 씨 노 뗑꼬 운 쎄요?

그럼 서명하셔도 됩니다. 어떤 종류의 계좌를 개설해 드릴까요?

Entonces puede firmar. ¿Qué tipo de cuenta le abro?

엔똔쎄쓰 뿌에데 휘르마르. 께 띠뽀 데 꾸엔딸 레 아브로?

보통 예금 계좌를 개설해 주십시오.

Ábrame una cuenta de ahorro(s).

아브라메 우나 꾸엔따 데 아오로(스)

보통 예금 계좌는 자유롭게 입출금이 가능합니다.

Es posible depositar y retirar dinero libremente de una cuenta de ahorro(s).

에스 뽀씨블레 데뽀씨따르 이 레띠라르 디네롤 리브레멘떼 데 우나 꾸엔따 데 아오로(스)

그럼 이 신청서에 표시된 부분을 써 주십시오. 오늘은 얼마를 입금하시겠습니까?

Entonces rellene los espacios marcados en esta solicitud. ¿Cuánto va a depositar hoy?

엔똔쎄쓰 레예넬 로스 에스빠씨오스 마르까도스 엔 에스따 쏠리씨뚣. 꾸안또 바 아 데뽀씨따르 오이?

오늘은 100달러를 입금하겠습니다.

Hoy depositaré cien dólares.

오이 데뽀씨따레 씨엔 돌라레스

외환을 보통 예금 계좌에서 입출금할 때는 수수료를 지불하셔야만 합니다.

Hay que pagar una comisión cuando deposita o retira divisa extranjera de una cuenta de ahorro(s).

아이 께 빠가르 우나 꼬미씨온 꾸안도 데뽀씨따 오 레띠라 디비사 엑쓰트랑헤라 데 우나 꾸엔따 데 아오로(스)

외환계좌를 개설하면 외환을 자유롭게 입출금하실 수 있습니다.

Si abre una cuenta en moneda extranjera, puede depositar y retirar divisas libremente.

씨 아브레 우나 꾸엔따 엔 모네다 엑쓰트랑헤라, 뿌에데 데뽀씨따르 이 레띠라르 디비사스 리브레멘떼

외환을 보통 예금 계좌에서 입출금할 때는 수수료가 붙습니다. 외환을 자주 사용하실 거면, 외환을 그대로 보관할 수 있는 외환계좌가 있는데 그것을 개설해 드릴까요?

Se carga una comisión cuando deposita o retira moneda extranjera de una cuenta de ahorro(s). Si va a utilizar frecuentemente divisa extranjera, hay una cuenta en donde puede guardar dinero extranjero, ¿se la abro?

세 까르가 우나 꼬미씨온 꾸안도 데뽀씨따 오 레띠라 모네다 엑쓰트랑헤라 데 우나 꾸엔따 데 아오로(스). 씨 바 아 우띨리싸르 프레꾸엔떼멘떼 디비사 엑쓰트랑헤라. 아이 우나 꾸엔따 엔 돈데 뿌에데 구아르다르 디네로 엑쓰트랑헤로, 셀 라 아브로?

그래요? 그 계좌는 외환 수수료가 없습니까?

¿Ah, sí? ¿Esa cuenta no tiene comisión?

아, 씨? 에사 꾸엔따 노 띠에네 꼬미씨온?

네, 외환 그대로 입출금하는 계좌입니다.

No, puede depositar o retirar directamente en moneda extranjera.

노, 뿌에데 데뽀씨따르 오 레띠라르 디렉따멘떼 엔 모네다 엑쓰트랑헤라

그럼, 그 계좌도 개설해 주십시오.

Entonces, ábrame esa cuenta también.

엔똔쎄쓰, 아브라메 에사 꾸엔따 땀비엔

외환계좌를 개설하고 싶은데 무엇이 필요합니까?

¿Qué se necesita para abrir una cuenta en moneda extranjera?

께 세 네쎄씨따 빠라 아브리르 우나 꾸엔따 엔 모네다 엑쓰트랑헤라?

신청서의 표시한 부분을 작성해 주십시오.

Rellene los espacios marcados en la solicitud.

레예넬 로스 에스빠씨오스 마르까도스 엔 라 쏠리씨뚣

신청서를 어떻게 쓰는지 가르쳐 주시겠습니까?

Podría usted indicarme cómo hacer la solicitud?

뽀드리아 우스뗃 인디까르메 꼬모 아쎄르 라 쏠리씨뚣?

안녕하십니까. 무엇을 도와 드릴까요?

Buenos días. ¿En qué puedo servirle?

부에노스 디아스. 엔 께 뿌에도 쎄르비를레?

환전하러 왔습니다.

He venido a cambiar dinero.

에 베니도 아 깜비아르 디네로

얼마를 환전해 드릴까요?

¿Cuánto quiere cambiar?

꾸안또 끼에레 깜비아르?

50유로를 엔화로 환전하고 싶습니다.

Cámbieme cincuenta euros en moneda japonesa.

깜비에메 씽꾸엔따 에우로스 엔 모네다 하뽀네사

여권을 보여 주십시오.

Muéstreme el pasaporte.

무에스트레메 엘 빠사뽀르떼

지금 없습니다.

No lo tengo ahora.

놀 로 뗑고 아오라

죄송하지만, 여권이 없
으시면 환전해 드릴 수
없습니다.

Lo siento, pero si no
tiene el pasaporte,
no puedo cambiarle.

로 씨엔또, 뻬로 씨 노 띠에
네 엘 빠사뽀르떼. 노 뿌에도
깜비아를레

죄송하지만, 여권이 없
으시면 돈을 환전해 드
릴 수 없습니다. 여권
을 가지고 다시 오시겠
습니까?

Disculpe, pero si no
tiene el pasaporte,
no le puedo cambiar
dinero. ¿Podría
venir de nuevo con
el pasaporte?

디스꿀뻬, 뻬로 씨 노 띠에네
엘 빠사뽀르떼. 놀 레 뿌에도
깜비아르 디네로. 뿌드리아
베니르 데 누에보 꼰 엘 빠사
뽀르떼?

그래요? 그럼 여권을 가
지고 다시 오겠습니다.

¿De verdad?
Entonces vendré
de nuevo con el
pasaporte.

데 베르닫? 엔똔쎄스 벤드레
데 누에보 꼰 엘 빠사뽀르떼

500달러를 유로로 바
꿔 주십시오.

Cámbieme
quinientos dólares
en euros.

깜비에메 끼니엔또스 돌라레
스 엔 에우로스

여권을 보여 주십시오.

Muéstreme el
pasaporte.

무에스트레메 엘 빠사뽀르떼

여권과 500달러 여기
있습니다. 그런데 오늘
환율이 어떻게 됩니까?

Aquí tiene el
pasaporte y
quinientos dólares.
¿Pero a cuánto
está el tipo de
cambio hoy?

아끼 띠에네 엘 빠사뽀르떼
이 끼니엔또스 돌라레스. 뻬
로 아 꾸안또 에스따 엘 띠뽀
데 깜비오 오이?

사실 때는 1달러에
1.14유로이고 파실 때
는 1.05유로입니다.

Si va a comprar está
a uno punto catorce
euros y si va a vender
a uno punto cero cinco
euros./Un dólar está
a uno punto catorce
euros si compra y a
uno punto cero cinco
euros si vende.

씨 바 아 꼼쁘라르 에스따 아
우노 뿐또 까또르쎄 에우로
스 이 씨 바 벤데르 아 우노
뿐또 쎄로 씽꼬 에우로스/ 운
돌라르 에스따 아 우노 뿐또
까또르쎄 에우로스 씨 꼼쁘
라 이 아 우노 뿐또 쎄로 씽
꼬 에우로스 씨 벤데

(환전) 수수료는 얼마
입니까?

¿Cuánto es la
comisión (de
cambio)?

꾸안또 에슬 라 꼬미씨온 (데
깜비오)?

(환전) 수수료는 3%입
니다.

La comisión de
cambio es del tres
por ciento.

라 꼬미씨온 (데 깜비오) 에
스 델 트레스 뿌르 씨엔또

여기 509.25유로입니다.

Aquí tiene quinientos
nueve euros y [con]
veinticinco céntimos.

아끼 띠에네 끼니엔또스 누에
베 에우로스 이[꼰] 베인띠씽
꼬 쎈띠모스

네, 감사합니다.

Sí, gracias.

씨, 그라씨아스

전화

여보세요!	¡Oiga! / ¡Oígame! 오이가! / 오이가메! ＊전화 거는 쪽이	직장에 전화를 걸다	llamar al trabajo 야마르 알 트라바호
여보세요!, 말씀하세요!	¡Diga! / ¡Dígame! / ¿Dígame? / ((쿠바)) Oigo. 디가! / 디가메! / 디가메? / 오이고 ＊전화 받는 쪽이	집에 전화하다	llamar a casa 야마르 아 까사
여보세요!	¡Aló! 알로 ＊주로 중남미에서 전화 거는 측이	여보세요, 서울의 ⋯번을 부탁합니다.	¡Oiga, comuníqueme con Seúl ⋯! 오이가, 꼬무니께메 꼰 쎄울 ⋯!
말씀하세요.	¿Aló? 알로?	바르셀로나에 장거리 전화를 걸었으면 합니다.	Quisiera poner[hacer] una conferencia a Barcelona. 끼씨에라 뽀네르[아쎄르] 우나 꼰훼렌씨아 아 바르쎌로나
말씀하세요!, 여보세요!	¡Hola! 올라!	제 말씀 잘 들립니까?	¿Me oye bien? 메 오예 비엔?
전화를 걸다	hacer una llamada / llamar (por teléfono) / telefonear 아쎄르 우나 야마다/ 야마르 (뽀르 뗄레포노)/ 뗄레포네아르	잘 들리지 않습니다. 조금 더 큰 소리로 말씀해주십시오.	No le oigo bien. Haga el favor de hablar un poco más fuerte. 놀 레 오이고 비엔, 아가 엘 화보르 데 아블라르 운 뽀꼬 마쓰 후에르떼
미리 전화를 걸어 두다	telefonear[llamar (por teléfono)] de antemano 뗄레포네아르[야마르 (뽀르 뗄레포노)] 데 안떼마노	내 말 잘 들리니?	¿Me oyes? 메 오예스?
		아니, 네 말이 잘 들리지 않아.	No, no te oigo bien. 노, 노 떼 오이고 비엔
		잘 들립니까?	¿Se oye bien? 세 오예 비엔?

잘 들리지 않습니다.	No se oye bien. 노 세 오예 비엔	부에노스아이레스에 도착하자마자 나한테 전화해.	Telefonéame en cuanto llegues a Buenos Aires. 뗄레포네아메 엔 꾸안또 예 게스 아 부에노스 아이레스
지금은 잘 들립니다.	Ahora se oye bien. 아오라 세 오예 비엔		
너한테 온 전화다.	Te llaman. 떼 야만	마드리드에 도착하자 마자 제게 전화하십쇼.	En llegando a Madrid, telefonéeme. 엔 예간도 아 마드리드, 뗄레 포네에메
내일 오전에 나한테 전 화해.	Llámame mañana por la mañana. 야마메 마냐나 뽀를 라 마 냐나		
언제든지 나한테 전화 해.	Llámame cuando quieras[a cualquier hora]. 야마메 꾸안도 끼에라스[아 꾸알끼에르 오라]	누구한테 전화 거시는 겁니까?	¿Por quién llama? 뽀르 끼엔 야마? *수화기를 든 사람에게
뭐 필요하면 나한테 전 화해.	Si necesitas algo, llámame. 씨 네쎄씨따스 알고, 야마메	담당자가 없어서 대답 해 드릴 수 없어 (대단 히) 죄송합니다.	Siento (mucho) no poder contestarle a usted porque no está la persona encargada. 씨엔또 (무초) 노 뽀데르 꼰 떼스따를레 아 우스뗃 뽀르 께 노 에스딸 라 뻬르쏘나 엔 까르가다
한가하면 나한테 전화해.	Si estás libre, llámame. 씨 에스따스 리브레, 야마메		

일반전화 *최근엔 휴대전화 보편화로 공중전화부스가 급감하고 있음

공중전화는 어디에 있 습니까?	¿Dónde hay un teléfono público? 돈데 아이 운 뗄레포노 뿌블리꼬?	전화 카드는 어디서 판 매합니까?	¿Dónde se venden las tarjetas telefónicas? 돈데 세 벤덴 라스 따르헤따 스 뗄레포니까스?
공중전화	teléfono público (m.) 뗄레포노 뿌블리꼬		
공중 전화 부스	cabina de teléfono(s) (f.)/ cabina telefónica (f.) 까비나 데 뗄레포노(스)/ 까비나 뗄레포니까	급히 전화를 해야만 합 니다.	Tengo que llamar por teléfono urgentemente. 뗑고 께 야마르 뽀르 뗄레포 노 우르헨떼멘떼

중요한 전화를 해야만 합니다.

Tengo que hacer una llamada importante.

뗑고 께 아쎄르 우나 야마다 임뿌르딴떼

어디서 전화 걸 수 있습니까?

¿En dónde puedo llamar por teléfono?

엔 돈데 뿌에도 야마르 뽀르 뗄레포노?

전화기를 써도 되겠습니까?

¿Podría usar el teléfono?

뽀드리아 우사르 엘 뗄레포노?

이 전화는 고장이 나있습니다.

Este teléfono no anda bien.

에스떼 뗄레포노 노 안다 비엔

네, 물론입니다. 통화는 짧게 해주십시오.

Sí, por supuesto. Haga la llamada corta, por favor.

씨, 뽀르 쑤뿌에스또. 아갈 라 야마다 꼬르따. 뽀르 화보르

감사합니다. 짧게 전화하겠습니다.

Gracias. Voy a hacer una llamada corta.

그라씨아스, 보이 아 아쎄르 우나 야마다 꼬르따

이 전화로 걸려면 어떻게 해야 합니까?

¿Qué hay que hacer para llamar por este teléfono?

께 아이 께 아쎄르 빠라 야마르 뽀르 에스떼 뗄레포노?

이 전화의 사용법을 가르쳐 주십시오.

Dígame cómo usar este teléfono, por favor.

디가메 꼬모 우사르 에스떼 뗄레포노, 뽀르 화보르

먼저 돈을 넣습니까?

¿En primer lugar se mete dinero?

엔 쁘리메르 루가르 세 메떼 디네로?

동전이 필요합니다.

Necesito monedas.

네쎄씨또 모네다스

시내 통화는 얼마입니까?

¿Cuánto cuesta una llamada local?

꾸안또 꾸에스따 우나 야마달 로깔?

시내 전화[통화]를 하려면 몇 번을 눌러야 합니까?

¿Qué número tengo que marcar para hacer una llamada local/una llamada urbana?

께 누메로 뗑고 께 마르까르 빠라 아쎄르 우나 야마달 로깔/우나 야마다 우르바나?

전화번호부 있으십니까?

¿Tiene una guía telefónica?

띠에네 우나 기아 뗄레포니까?

안내 서비스의 전화번호가 어떻게 됩니까?

¿Cuál es el número de teléfono del servicio de información?

꾸알 에스 엘 누메로 데 뗄레포노 델 쎄르비씨오 데 인포르마씨온?

*호텔 같은 곳에서

11850입니다.

Es 11850.

에스 우노 우노 오초 씽꼬 쎄로

여보세요. 호텔 프라도입니까?

Oiga, ¿es el Hotel Prado?

오이가, 에스 엘 오뗄 프라도?

누구십니까?

¿Quién habla?

끼엔 아블라?

저는 김후안입니다.

Aquí habla el señor Juan Kim.

아끼 아블라 엘 쎄뇨르 후안 낌

여보세요, 저는 김이라고 합니다.

Oiga, aquí Kim.

오이가, 아끼 낌

페레스 씨와 통화하고 싶습니다.	Quisiera hablar con el señor Perez. 끼씨에라 아블라르 꼰 엘 쎄뇨르 뻬레쓰	여보세요. 거기 세비야 대학교 어학원입니까?	¿Hola? ¿Hablo con el Instituto de Idiomas Universidad de Sevilla? 올라? 아블로 꼰 엘 인스띠뚜또 데 이디오마스 우니베르씨닫 데 쎄비야?
영어를 하십니까?	¿Habla usted inglés? 아블라 우스뗃 잉글레스?		
영어를 하시는 분과 통화할 수 있을까요?	¿Puedo hablar con alguien que hable inglés? 뿌에도 아블라르 꼰 알기엔 께 아블레 잉글레스?	네. 무엇을 도와 드릴까요?	Sí. ¿En qué puedo ayudarle? 씨 엔 께 뿌에도 아유다를레?
조금 천천히 말씀해주십시오.	Hable más despacio, por favor. 아블레 마쓰 데스빠씨오, 뽀르 화보르	여보세요.	¿Hola? 올라?
페레스 씨는 지금 여기에 안 계십니다.	El señor Perez no está aquí. 엘 쎄뇨르 뻬레쓰 노 에스따 아끼	여보세요, 세비야대학교 어학원 알리시아 마차도입니다.	¿Hola? Soy Alicia Machado del Instituto de Idiomas Universidad de Sevilla. 올라? 쏘이 알리씨아 마차도 델 인스띠뚜또 데 이디오마스 우니베르씨닫 데 쎄비야
언제 돌아오십니까?	¿Cuándo vuelve? 꾸안도 부엘베?		
제가 전화했었다고 말씀해주십시오. 제 이름은 …입니다.	Dígale que le he llamado, por favor. Mi nombre es …. 디갈레 껠 레 에 야마도, 뽀르 화보르, 미 놈브레 에스 …	여보세요, 저는 마리솔이라고 합니다. 후안 가브리엘 선생님하고 통화하고 싶습니다.	¿Hola? Mi nombre es Marisol. Quisiera hablar con el profesor Juan Gabriel. 올라? 미 놈브레 에스 마리솔. 끼씨에라 아블라르 꼰 엘 프로훼쏘르 후안 가브리엘
제게 전화해 달라고 말씀해주십시오.	Dígale que me llame, por favor. 디갈레 께 메 야메, 뽀르 화보르	후안 가브리엘 선생님 좀 바꿔 주십시오.	Póngame con el profesor Juan Gabriel, por favor. 뽕가메 꼰 엘 프로훼쏘르 후안 가브리엘, 뽀르 화보르
제게 전화하라고 해주시겠습니까?	¿Querría pedirle que me llame? 께리아 뻬디를레 께 메 야메?		
제가 나중에 전화하겠습니다.	Volveré a llamar más tarde. 볼베레 아 야마르 마쓰 따르데	잠시만 기다리십시오	Espere un momento. 에스뻬레 운 모멘또
		잠시만요.	Un momento. 운 모멘또

기다려주십시오.	Espere, por favor.
	에스뻬레, 뽀르 화보르

후안 가브리엘 선생님은 지금 통화중이십니다.	El profesor Juan Gabriel está hablando por teléfono ahora.
	엘 프로훼쏘르 후안 가브리엘 에스따 아블란도 뽀르 뗄레포노 아오라

후안 가브리엘 선생님은 지금 자리에 안 계십니다.	El profesor Juan Gabriel no se encuentra en este momento.
	엘 프로훼쏘르 후안 가브리엘 노 세 엔꾸엔트라 엔 에스떼 모멘또

지금 안계십니다.	No está ahora.
	노 에스따 아오라

언제 돌아오십니까?	¿Cuándo estará de vuelta?
	꾸안도 에스따라 데 부엘따?

그러면 언제쯤 그분과 통화할 수 있을까요?	¿Entonces, cuándo podré hablar con él?
	엔똔쎄쓰, 꾸안도 뽀드레 아블라르 꼰 엘?

글쎄요. 아마 10분 후에 통화하실 수 있을 겁니다.	Pues…. Quizá pueda hablar con él dentro de diez minutos.
	뿌에쓰…. 끼싸 뿌에다 아블라르 꼰 엘 덴트로 데 디에스 미누또스

그럼 나중에 다시 전화하겠습니다.	Entonces volveré a llamar más tarde.
	엔똔쎄쓰 볼베레 아 야마르 마쓰 따르데

후안 가브리엘 선생님이 돌아오시면 마리솔이 전화했다고 전해 주십시오.	Cuando vuelva el profesor Juan Gabriel, dígale que lo ha llamado Marisol.
	꾸안도 부엘바, 엘 프로훼쏘르 후안 가브리엘, 디갈레 껠 로 아 야마도 마리솔

오시면 제가 전화했다고 전해 주십시오.	Cuando venga, dígale que lo he llamado.
	꾸안도 벵가, 디갈레 껠 로 에 야마도

네, 알겠습니다. 그럼 전화번호를 남겨 주십시오.	Sí, entendido. Déjeme su número de teléfono.
	씨, 엔뗀디도. 데헤메 쑤 누메로 데 뗄레포노

제 번호는 1234-5678 입니다.	Mi número es el uno dos tres cuatro - cinco seis siete ocho.
	미 누메로 에스 엘 우노 도스 트레스 꾸아트로 – 씽꼬 쎄이스 씨에떼 오초

네, 알겠습니다. 메시지 전해 드리겠습니다.	Sí, de acuerdo. Le transmitiré el mensaje.
	씨, 데 아꾸에르도. 레 트란스미띠레 엘 멘사헤

누구시라고 전할까요?	¿De parte de quién?
	데 빠르떼 데 끼엔?

메시지 남기시겠습니까?	¿Quiere dejarle un mensaje?
	끼에레 데하를레 운 멘사헤?

메시지 남기십시오.	Deje su mensaje.
	데헤 쑤 멘싸헤

한국어	스페인어	발음
성함(이름)과 전화번호를 남겨주십시오.	Déjeme su nombre y el número de teléfono.	데헤메 쑤 놈브레 이 엘 누메로 데 뗄레포노
죄송하지만, 다시 한 번 크게 말씀해 주십시오.	Disculpe, ¿podría decirlo otra vez más alto?	디스꿀뻬, 뽀드리아 데씨를로 오트라 베스 마쓰 알또?
죄송하지만, 천천히 말씀해 주십시오.	Disculpe, ¿podría hablar más lentamente?	디스꿀뻬, 뽀드리아 아블라르 마쓰 렌따멘떼?
여보세요, 거기 세비야 대학교 어학원인가요?	¿Hola? ¿Es el Instituto de Idiomas Universidad de Sevilla?	올라? 에스 엘 인스띠뚜또 데 이디오마스 우니베르씨닫 데 쎄비야?
아닙니다, 전화 잘못 거셨습니다.	No, se ha equivocado (de número).	노, 세 아 에끼보까도 (데 누메로)
죄송합니다.	Disculpe.	디스꿀뻬
네, 맞습니다, 무엇을 도와 드릴까요?	Sí, así es. ¿En qué puedo ayudarle?	씨, 아씨 에스. 엔 께 뿌에도 아유다를레?
포르투갈어 담당자를 부탁합니다.	Póngame con la persona encargada de (las clases de) portugués, por favor.	

한국어	스페인어	발음
		뽕가메 꼰 라 뻬르쏘나 엔까르가다 데 (라스 끌라세스 데) 뽀르뚜게스, 뽀르 화보르
포르투갈어를 담당하시는 루이스 미겔 선생님과 통화하고 싶습니다.	Quisiera hablar con el profesor Luis Miguel que está a cargo de (las clases de) portugués.	끼씨에라 아블라르 꼰 엘 프로훼쏘르 루이스 미겔 께 에스따 아 까르고 데 (라스 끌라세스 데) 뽀르뚜게스
루이스 미겔 선생님 바꿔주십시오.	Diga al profesor Luis Miguel que se ponga al teléfono.	디가 알 프로훼쏘르 루이스 미겔 께 세 뽕가 알 뗄레포노
누구십니까?	¿Quién habla?	끼엔 아블라?
김입니다.	Habla Kim.	아블라 낌
네, 잠시만 기다리세요. 바꿔 드리겠습니다.	Sí, espere un momento. Ahora le paso.	씨, 에스뻬레 운 모멘또. 아오랄 레 빠소
네, 전화 바꿨습니다. 포르투갈어 담당 루이스 미겔입니다.	Sí, me he puesto al teléfono. Soy Luis Miguel, el encargado de (las clases de) portugués.	씨, 메 에 뿌에스또 알 뗄레포노. 쏘이 루이스 미겔, 엘 엔까르가도 데 (라스 끌라세스 데) 뽀르뚜게스

전화하기

세비야대학교 어학원에서 포르투갈어를 배우고 싶은데 어떻게 하면 되나요?

Quiero aprender portugués en el Instituto de Idiomas Universidad de Sevilla. ¿Qué tengo que hacer?

끼에로 아프렌데르 뽀르뚜게스 엔 엘 인스띠뚜또 데 이디오마스 우니베르씨닫 데 쎄비야. 께 뗑고 께 아쎄르?

저희 사무실 홈페이지를 방문하시면 자세한 내용을 보실 수 있습니다. 거기서 신청서를 다운로드 하신 후 작성하셔서 우편으로 보내주십시오.

Si visita la página web de nuestra oficina, encontrará información detallada. Baje el formulario de solicitud y envíenoslo por correo después de rellenarlo.

씨 비씨딸 라 빠히나 웹 데 누에스트라 오휘씨나, 엔꼰트라라 인포르마씨온 데따야다. 바헤 엘 포르물라리오 데 쏠리씨뚣 이 엔비에노슬로 뽀르 꼬레오 데스뿌에스 데 레예나를로

신청서를 팩스로 보내주십시오.

Envíe la solicitud por fax.

엔비엘 라 쏠리씨뚣 뽀르 확쓰

네, 알겠습니다. 감사합니다.

Sí, entiendo. Gracias.

씨, 엔띠엔도, 그라씨아스

전화벨이 울린다. 전화 좀 받아.

Está sonando el teléfono. Contesta al teléfono.

에스따 쏘난도 엘 뗄레포노. 꼰떼스따 알 뗄레포노

전화벨이 울려요. 전화 좀 받아주십쇼.

Está sonando el teléfono. Conteste al teléfono, por favor.

에스따 쏘난도 엘 뗄레포노. 꼰떼스떼 알 뗄레포노, 뽀르 화보르

여보세요!

¡Aló!

알로

＊주로 중남미에서 전화 거는 측이

(전화에서) 말씀하세요. 누구십니까?

¿Aló? ¿Quién habla?

알로? 끼엔 아블라?

김이라고 합니다. 산체스 선생님과 통화할 수 있을까요?

Habla Kim. ¿Podría hablar con el Sr. Sánchez?

이블라 낌. 뽀드리아 아블라르 꼰 엘 쎄뇨르 싼체스?

잠시만 기다리세요. 이봐요, 당신에게 전화 왔습니다.

Un momento, por favor. ¡Oiga! El teléfono para Ud.

운 모멘또, 뽀르 화보르. 오이가! 엘 뗄레포노 빠라 우스뗃

당신에게 전화 왔습니다.

Hay una llamada para usted.

아이 우나 야마다 빠라 우스뗃

누가 전화했습니까?

¿Quién llama?

끼엔 야마?

김 선생님이 당신에게 전화했습니다.

El Sr. Kim le llama.

엘 쎄뇨르 낌 레 야마

여보세요! 김 선생님? 산체스입니다. 기다리게 해서 죄송합니다.

¡Aló! ¿Señor Kim? Habla Sánchez. Dispénseme que le haya hecho esperar.

알로! 쎄뇨르 낌? 아블라 싼체스. 디스뻰세메 껠 레 아야 에초 에스뻬라르

괜찮습니다, 선생님.	No importa, señor. 노 임뽀르따, 쎄뇨르	여보세요?	¿Hola? 올라?
여보세요!	¡Aló! 알로	여보세요. 카시야스 씨 와 통화하고 싶습니다.	Hola, quiero hablar con el señor Casillas, por favor. 올라, 끼에로 아블라르 꼰 엘 쎄뇨르 까씨야스, 뽀르 화보르
(전화에서) 말씀하세 요. 누구십니까?	¿Aló? ¿Quién habla? 알로? 끼엔 아블라?		
김이라고 합니다.	Habla Kim. 아블라 킴	(전화 거신 분은) 누구 십니까?	¿De parte de quién?/ ¿Con quién hablo?/ ¿Quién habla? 데 빠르떼 데 끼엔?/ 꼰 끼 엔 아블로?/ 끼엔 아블라?
누구와 통화하시길 원 합니까[누구 바꿔 드릴 까요]?	¿Con quién quiere hablar? 꼰 끼엔 끼에레 아블라르?		
김 양과 통화하고 싶습 니다[김 양 바꿔 주십 시오].	Con la señorita Kim, por favor. 꼰 라 쎄뇨리따 킴, 뽀르 화보 르	박입니다.	(De parte) de Park./ Con[Habla con] Park./Habla Park. (데 빠르떼) 데 빠르끄/ 꾄아블 라 꾄] 빠르끄/ 아블라 빠르끄
아르헨타 부인 계십니까?	¿Está la señora Argenta, por favor? 에스딸 라 쎄뇨라 아르헨따, 뽀르 화보르?	어디로 연결해 드릴까요?	¿Dónde quiere que le pase? 돈데 끼에레 껠 레 빠세?
전데요. 말씀하십시오.	Soy yo. Dígame. 쏘이 요. 디가메	잠시만 기다려 주십시오.	Espere un momento. 에스뻬레 운 모멘또
마르케스 씨와 통화할 수 있을까요?[마르케 스 씨 부탁드립니다.]	¿Me permite hablar con el Sr. Márquez? 메 뻬르미떼 아블라르 꼰 엘 쎄뇨를 마르께스?	전화를 끊지 마십시오. 잠시만 기다려 주십시오.	No cuelgue. Espere un momento, por favor. 노 꾸엘게. 에스뻬레 운 모멘 또, 뽀르 화보르
네, 저입니다.	Sí, él está hablando. 씨, 엘 에스따 아블란도	카시야스 씨에게 전화 돌려 드리겠습니다.	Le paso al señor Casillas. 레 빠소 알 쎄뇨르 까씨야스
저는 호세입니다.	Este es José. 에스떼 에스 호세		
안녕하세요! 호세, 어 떻게 지내셨어요?	¡Hola! José, ¿cómo ha estado? 올라! 호세, 꼬모 아 에스따도?	연결하는 사이에 통화가 끊기면 다시 전화해주십 시오.	Por favor, vuelva a llamarnos si se corta la llamada mientras lo comunico. 뽀르 화보르, 부엘바 아 야마 르노스 씨 세 꼬르딸 라 야마 다 미엔트라슬 로 꼬무니꼬
잘 지냈습니다.	Bien. 비엔		

전화하기

당신에게 온 전화입니다. 3번 전화 받으십시오.	Tengo una llamada para usted. Reciba una llamada por la línea tres. 뗑고 우나 야마다 빠라 우스뗄. 레씨바 우나 야마다 뽀를 랄 리네아 트레스	다시 걸어 주시겠습니까?	¿Podría volver a llamar? 뽀드리아 볼베르 아 야마르?
여보세요. 저는 가브리엘 카시야스입니다.	Dígame, soy Gabriel Casillas. 디가메, 쏘이 가브리엘 까씨야스	5분 후 다시 걸겠습니다.	Volveré a llamar en cinco minutos. 볼베레 아 야마르 엔 씽꼬 미누뜨스
이글레시야스 씨 계십니까?	¿Está el señor Iglesias? 에스따 엘 쎄뇨르 이글레시야스?	나중에 걸겠습니다.	Voy a llamar más tarde. 보이 아 야마르 마쓰 따르데
자리에 안계십니다.	Él no está. 엘 노 에스따	무슨 말씀이라도 남기시겠습니까?	¿Quiere dejar algo dicho? 끼에레 데하르 알고 디초?
외근 중이십니다.	Está trabajando fuera. 에스따 트라바한도 후에라	그분에게 메모를 남기시겠습니까?	¿Quiere dejarle un recado? 끼에레 데하를레 운 레까도?
그분은 다른 전화를 받고 계십니다.	Esa persona está hablando por otra línea. 에사 뻬르쏘나 에스따 아블란도 뽀르 오트랄 리네아	그분에게 무슨 메모라도 남기시겠습니까?	¿Quiere usted dejarle algún recado? 끼에레 우스뗄 데하를레 알군 레까도?
지금 회의 중이십니다.	Ahora está en una reunión. 아오라 에스따 엔 우나 레우니온	메시지를 남기겠습니다.	Voy a dejar un mensaje. 보이 아 데하르 운 멘사헤
그분은 지금 회의 중이십니다.	En este momento, esa persona está en una reunión. 엔 에스떼 모멘또, 에사 뻬르쏘나 에스따 엔 우나 레우니온	죄송하지만, 메모 좀 해주시겠습니까?	¿Por favor, quiere tomar un recado? 뽀르 화보르, 끼에레 또마르 운 레까도?
		메시지를 적어주시겠습니까?	¿Podría tomar un mensaje, por favor? 뽀드리아 또마르 운 멘사헤, 뽀르 화보르?

이름을 말씀해주십시오. 바로 전화 드리라고 전하겠습니다.

Dígame su nombre. Le diré que le devuelva la llamada inmediatamente.

디가메 쑤 놈브레. 레 디레 껠 레 데부엘발 라 야마다 인메디아따멘떼

김후안이 전화했었다고 메시지를 남겨 주시겠습니까?

¿Podría dejarle a usted mi mensaje que Juan Kim le ha llamado, por favor?

뽀드리아 데하를레 아 우스뗄 미 멘사헤 께 후안 킴 레 아 야마도, 뽀르 화보르?

제가 다시 전화하겠다고 전해주십시오.

Por favor, dígale que le voy a volver a llamar.

뽀르 화보르, 디갈레 껠 레 보이 아 볼베르 아 야마르

제가 전화했었다고 전해주십시오.

Avísele que he llamado.

아비셀레 께 에 야마도

제게 전화하라고 말씀해주십시오.

Dígale que me llame, por favor.

디갈레 께 메 야메, 뽀르 화보르

빨리 전화해 달라고 말씀해주십시오.

Dígale que me llame rápido, por favor.

디갈레 께 메 야메 라삐도, 뽀르 화보르

급한 일이라고 말씀해주십시오.

Dígale que es un asunto urgente.

디갈레 께 에스 운 아순또 우르헨떼

당신에게 전할 메시지가 있습니다.

Hay un mensaje para usted.

아이 운 멘싸헤 빠라 우스뗄

제게 전화하셨습니까?

¿Me ha llamado?

메 아 야마도?

네, 사무실에 안 계셔서 메시지 남겼습니다.

Sí, como usted no estaba en la oficina, le he dejado un mensaje.

씨, 꼬모 우스뗄 노 에스따바 엔 라 오휘씨나, 레 에 데하도 운 멘사헤

전화를 못 받아 죄송합니다.

Lo siento por no haberle contestado la llamada.

로 씨엔또 뽀르 노 아베를레 꼰떼스따돌 라 야마다

전화해달라는 메시지를 받고 전화드렸습니다.

Le he llamado después de recibir el mensaje que le llamara.

레 에 야마도 데스뿌에쓰 데 레씨비르 엘 멘사헤 껠 레 야마라

거기 로페스 씨 댁 아닙니까?

¿Allá no es la casa del señor López?

아야 노 에슬 라 까사 델 쎄뇨를 로뻬스?

몇 번으로 거셨습니까?

¿A qué número ha llamado?

아 께 누메로 아 야마도?

몇 번으로 거신 겁니까?

¿A qué número llama?

아 께 누메로 야마?

번호는 맞지만, 전화번호를 잘못 아신 것 같습니다.

El número es correcto, pero creo que usted tiene el número equivocado.

엘 누메로 에스 꼬렉또, 뻬로 크레오 께 우스뗄 띠에네 엘 누메로 에끼보까도

전화번호를 다시 확인해 보십시오.

Compruébe el número de teléfono otra vez.

꼼쁘루에베 엘 누메로 데 뗄레포노 오트라 베스

말씀하신 전화번호가 아닙니다.

No es el número de teléfono que me ha dicho.

노 에스 엘 누메로 데 뗄레포노 께 메 아 디초

전화를 잘못 거셨습니다[전화번호가 틀렸습니다].

Tiene el número equivocado.

띠에네 엘 누메로 에끼보까도

죄송합니다. 제가 잘못 걸었습니다.

Perdón. Me he equivocado.

뻬르돈. 메 에 에끼보까도

죄송합니다. 제가 전화를 잘못 걸었습니다.

Discúlpeme, me he equivocado de número.

디스꿀뻬메, 메 에 에끼보까도 데 누메로

귀찮게 해서 죄송합니다.

Lo siento por las molestias.

로 씨엔또 뽀를 라스 몰레스띠아스

(전화에서, 번호를) 돌리다, 누르다

marcar

마르까르

번호를 잘못 누르다[돌리다], 틀린 번호를 누르다[돌리다]

marcar un número equivocado

마르까르 운 누메로 에끼보까도

잘 안 들립니다.

No le oigo bien.

놀 레 오이고 비엔

연결 상태가 안 좋습니다. 다시 전화드리겠습니다.

Hay una mala conexión. Volveré a llamarle.

아이 우나 말라 꼬넥씨온. 볼베레 아 야마를레

바쁘신 것 같으니 이만 끊겠습니다.

Creo que usted está ocupado(-a). Así que voy a colgar.

크레오 께 우스뗄 에스따 오꾸빠도(-다). 아씨 께 보이 아 꼴가르

죄송합니다. 전화를 끊어야겠습니다.

Lo siento. Creo que tengo que colgar.

로 씨엔또. 크레오 께 뗑고 께 꼴가르

알겠습니다. 다시 전화드리겠습니다.

De acuerdo, Volveré a llamarle.

데 아꾸에르도, 볼베레 아 야마를레

내일 다시 전화 걸겠습니다.

Le volveré a telefonear[llamar por teléfono] mañana.

레 볼베레 아 뗄레포네아르[야마르 뽀르 뗄레포노] 마냐나

전화 주셔서 감사합니다.

Gracias por su llamada.

그라씨아스 뽀르 수 야마다

문자 메시지 주십시오.

Envíeme un mensaje de texto.

엔비에메 운 멘사헤 데 떽쓰또

이 전화로 국제통화가
가능합니까?

¿Se puede hacer
una llamada
internacional con
este teléfono?
세 뿌에데 아쎄르 우나 야마
다 인떼르나씨오날 꼰 에스
떼 뗄레포노?

국제전화를 걸고 싶습
니다.

Deseo hacer
una llamada
internacional.
데쎄오 아쎄르 우나 야마다
인떼르나씨오날

한국으로 국제전화를
하고 싶습니다.

Quiero hacer una
llamada internacional
a Corea (del Sur).
끼에로 아쎄르 우나 야마다
인떼르나씨오날 아 꼬레아
(델 쑤르)

한국에 전화하고 싶습
니다.

Quisiera telefonar a
Corea (del Sur).
끼씨에라 뗄레포나르 아 꼬
레아 (델 쑤르)

남한 서울에 장거리 전
화를 걸었으면 합니다.

Quisiera poner[hacer]
una conferencia a
Seúl, Corea del Sur.
끼씨에라 뽀네르[아쎄르] 우
나 꼰훼렌씨아 아 쎄울, 꼬레
아 델 쑤르

한국은 지금 몇 시입
니까?

¿Qué hora es
ahora en Corea (del
Sur)?
께 오라 에스 아오라 엔 꼬레
아 (델 쑤르)?

한국의 국가번호를 말씀
해주십시오.

Dígame el código
para llamar a Corea
(del Sur).
디가 메 엘 꼬디고 빠라 야마
르 아 꼬레아 (델쑤르)

한국에 수신자 요금부담
전화로 하고 싶습니다.

Quiero hacer
una llamada
[conferencia] a
cobro revertido a
Corea (del Sur).
끼에로 아쎄르 우나 야마다
[꼰훼렌씨아] 아 꼬브로 레베
르띠도 아 꼬레아 (델 쑤르)

한국으로 지명 통화를
하고 싶습니다.

Quiero hacer
una llamada
[conferencia] de
persona a persona
a Corea (del Sur).
끼에로 아쎄르 우나 야마다
[꼰훼렌씨아] 데 뻬르쏘나 아
뻬르쏘나 아 꼬레아 (델 쑤르)

요금은 제가 지불하겠습
니다.

Yo voy a pagar.
요 보이 아 빠가르

한국 교환원을 통해서
하고 싶습니다.

A través de la
telefonista de
Corea (del Sur),
por favor.
아 트레베스 델 라 뗄레포니
스따 데 꼬레아 (델 쑤르), 뽀
르 화보르

전화하기

국제전화 교환원입니다.	Habla la telefonista del Servicio Telefónico internacional. 아블랄 라 뗄레포니스따 델 쎄르비씨오 뗄레포니꼬 인떼르나씨오날
전화번호 말씀하십시오.	Número de teléfono, por favor. 누메로 데 뗄레포노, 뽀르 화보르
전화번호가 무엇입니까?	¿Cuál es su número de teléfono? 꾸알 에스 쑤 누메로 데 뗄레포노?
123-4567-890입니다.	Es el uno dos tres - cuatro cinco seis siete - ocho nueve cero. 에스 엘 우노 도스 트레스 – 꾸아트로 씽꼬 쎄이스 씨에떼 – 오초 누에베 쎄로
잠시만 기다립시오, 끊지 마십시오.	Un momento, por favor, no cuelgue. 운 모멘또, 뽀르 화보르, 노 꾸엘게
(전화를) 끊고[(수화기를) 내려놓고] 기다려 주십시오. 나중에 호출하겠습니다.	Cuelgue y espere, por favor. Le llamaré más tarde. 꾸엘게 이 에스뻬레, 뽀르 화보르, 레 야마레 마쓰 따르데

수화기[전화기]를 내려놓고, 잠시만 기다려 주십시오.	Por favor, cuelgue el auricular[el teléfono] y espere un momento. 뽀르 화보르, 꾸엘게 엘 아우리꿀라르[엘 뗄레포노] 이 에스뻬레 운 모멘또
수화기를 놓다, 전화를 끊다	colgar el teléfono[el auricular] 꼴가르 엘 뗄레포노[엘 아우리꿀라르]
서울로 전화했지만, 응답이 없습니다.	Estoy llamando a Seúl, pero nadie contesta. 에스또이 야만도 아 쎄울, 뻬로 나디에 꼰떼스따
신호는 가는데, 받지 않습니다.	Hay tono de llamada, pero nadie contesta. 아이 또노 데 야마다, 뻬로 나디에 꼰떼스따
응답이 없습니다[전화를 안 받습니다].	No contestan. 노 꼰떼스딴
통화중입니다.	Comunica. 꼬무니까
통화를 취소해주십시오.	Por favor, cancele la llamada. 뽀르 화보르, 깐쎌렐 라 야마다
연결되었습니다. 말씀하십시오.	Se ha conectado. Hable, por favor. 세 아 꼬넥따도, 아블레, 뽀르 화보르
통화가 끝났습니까?	¿He terminado? 에 떼르미나도?

전화가 끊겼습니다. 다시 연결해주십시오.

La llamada se ha cortado. Conéctela otra vez.

라 야마다 세 아 꼬르따도. 꼬넥뗄라 오트라 베스

여보세요, 교환양!

¡Aló, señorita!

알로, 쎄뇨리따

＊전화 교환원에게

네, 선생님.

Sí, señor.

씨, 쎄뇨르

한국, 서울에 전화할 수 있을까요?

¿Puedo telefonear a Seúl, Corea (del Sur)?

뿌에도 뗄레포네아르 아 쎄울, 꼬레아 (델 쑤르)?

네, 선생님. 몇 번입니까?

Sí, señor. ¿Qué número?

씨, 쎄뇨르. 께 누메로?

서울 7428–7714 부탁드립니다.

Seúl siete cuatro dos ocho - siete siete uno cuatro, por favor.

쎄울 씨에떼 꾸아트로 도스 오초 – 씨에떼 씨에떼 우노 꾸아트로, 뽀르 화보르

서울 7428–7714 이라고요?

¿Seúl 7428-7714?

쎄울 씨에떼 꾸아트로 도스 오초 – 씨에떼 씨에떼 우노 꾸아트로?

네, 그렇습니다.

Sí, diga.

씨, 디가

연결되었습니다.

Tiene Ud. conexión.

띠에네 우스뗄 꼬넥씨온

여보세요. 김 선생님이십니까?

¡Aló! ¿Sr. Kim?

알로! 쎄뇨르 낌?

(전화 거신 분은) 누구십니까?

¿De parte de quién?/ ¿Con quién hablo?/ ¿Quién habla?

데 빠르떼 데 끼엔?/ 꼰 끼엔 아블로?/ 끼엔 아블라?

가르시아 크루스입니다.

(De parte) De Garcia Cruz./ (Habla) Con Garcia Cruz./ Habla Garcia Cruz.

(데 빠르떼) 데 가르씨아 크루스/ (아블라) 꼰 가르씨아 크루스/ 아블라 가르씨아 크루스

안녕하십니까?

¿Cómo está Ud.?

꼬모 에스따 우스뗄?

이 통화료가 얼마였습니까?

¿Cuál ha sido el coste de esa llamada?

꾸알 아 씨도 엘 꼬스떼 데 에사 야마다?

통화료를 지불하고 싶습니다.

Quiero pagar la llamada.

끼에로 빠가를 라 야마다

병원 · 약국

병원예약

제게 일반의(醫)/소아과 의사/안과 의사/산부인과 의사 한 분 추천해 주시겠습니까?

¿Me puede recomendar a un(una) generalista/pediatra/oculista/ginecólogo(-a)?

메 뿌에데 레꼬멘다르 아 운(우나) 헤네랄리스따/뻬디아트라/오꿀리스따/히네꼴로고(-가)?

제게 좋은 치과의사 한 분 추천해주시겠습니까?

¿Puede recommendarme un buen dentista?

뿌에데 레꼬멘다르메 운 부엔 덴띠스따?

의원[진료소]는 어디에 있습니까?

¿Dónde es la consulta?

돈데 에슬 라 꼰쑬따?

의원[진료소]의 진료시간이 어떻게 됩니까?

¿Cuáles son las horas de consulta?

꾸알레스 쏜 라스 오라스 데 꼰쑬따?

모레노 선생님께 진료 예약하고 싶습니다.

Quisiera pedir una cita con el médico Moreno.

끼씨에라 뻬디르 우나 씨따 꼰 엘 메디꼬 모레노

… 선생님과 (긴급한) 진찰약속을 잡을 수 있을까요?

¿Puedo pedir cita (urgente) para ver al Doctor …?

뿌에도 뻬디르 씨따 (우르헨떼) 빠라 베르 알 독또르?

언제 진료를 받을 수 있을까요?

¿Cuándo podría recibir tratamiento?

꾸안도 뽀드리아 레씨비르 트라따미엔또?

오늘로 시간을 잡고 싶습니다.

Quisiera pedir[tomar] hora para hoy.

끼씨에라 뻬디르[또마르] 오라 빠라 오이

(즉시/내일/가능한 한 빨리) 진찰약속을 잡아주실 수 있습니까?

¿Me puede dar una cita (inmediatamenta/mañana/tan pronto como sea posible)?

메 뿌에데 다르 우나 씨따 (인메디아따멘따/마냐나/딴 쁘론또 꼬모 쎄아 뽀씨블레)?

모레노 선생님과 월요일 10시로 예약하고 싶습니다.

Quisiera una cita con el médico Moreno el lunes a las diez.

끼씨에라 우나 씨따 꼰 엘 메디꼬 모레노 엘 루네스 알 라스 디에스

잠깐만 기다려 주십시오. 죄송합니다. 그날은 예약이 꽉 찼습니다.

Espere un momento. Lo siento. No hay disponibilidad ese día.

에스뻬레 운 모멘또. 로 씨엔또. 노 아이 디스뽀니빌리닫 에쎄 디아

그날은 병원이 문 닫습니다.
El hospital está cerrado ese día.
엘 오스삐딸 에스따 쎄라도 에쎄 디아

오늘 휴진함 ((게시))
No hay consulta hoy
노 아이 꼰쑬따 오이

화요일 10시는 어떠십니까?
¿Qué le parece el martes a las diez?
껠 레 빠레쎄 엘 마르떼스 알 라스 디에스?

진찰하다
pasar[tener] consulta
빠사르[떼네르] 꼰쑬따

그것보다 더 빨리 안 될까요?
No sería posible antes?
노 쎄리아 뽀씨블레 안떼스?

사전에 아무런 상담도 없이
sin previa consulta
씬 프레비아 꼰쑬따

네, 괜찮습니다.
Sí, está bien.
씨, 에스따 비엔

전화로 예약했습니다.
He reservado por teléfono.
에 레쎄르바도 뽀르 뗄레포노

성함이 어떻게 되십니까?
¿Cuál es su nombre y apellido?
꾸알 에스 쑤 놈브레 이 아뻬이도?

진찰을 받고 싶습니다.
Quisiera ver al médico.
끼씨에라 베르 알 메디꼬

제 이름은 마누엘입니다.
Mi nombre es Manuel.
미 놈브레 에스 마누엘

모레노 선생님께 진료[치료]를 받고 싶습니다.
Quisiera recibir el tratamiento del médico Moreno.
끼씨에라 레씨비르 엘 트라따미엔또 델 메디꼬 모레노

진료[치료] 받으러 왔습니다.
He venido aquí a recibir tratamiento.
에 베니도 아끼 아 레씨비르 트라따미엔또

예약하셨습니까?
¿Ha hecho reserva?
아 에초 레쎄르바?

아니오.
No.
노

검진[진찰] 받으러 왔습니다.
He venido aquí para un examen médico.
에 베니도 아끼 빠라 운 엑싸멘 메디꼬

여기서 치료받으신 적이 있으십니까?
¿Alguna vez ha sido atendido aquí?
알구나 베스 아 씨도 아뗀디도 아끼?

정기 검진
examen médico periódico (m.)
엑싸멘 메디꼬 뻬리오디꼬

저는 여기에 처음 왔습니다.
Es la primera vez que vengo aquí.
에슬 라 쁘리메라 베스 께 벵고 아끼

종합 검진
examen médico completo (m.)
엑싸멘 메디꼬 꼼쁠레또

내과
medicina interna (f.)
메디씨나 인떼르나

무료 진찰 ((게시))
Consulta libre
꼰쑬따 리브레

내과의사
internista (m.),(f.)
인떼르니스따

안과	oftalmología (f.) 옾따몰로히아	외과의사	cirujano(-a) (m.),(f.)/ médico(-a) cirujano (-a) (m.),(f.) 씨루하노(-나)/ 메디꼬(-까) 씨루하노(-나)
안과의사	oftalmólogo(-a) (m.),(f.)/ oculista (m.),(f.) 옾따몰로고(-가)/ 오꿀리스따	성형외과	cirugía plástica (f.) 씨루히아 쁠라스띠까
피부과	dermatología (f.) 데르마똘로히아	성형외과의사	cirujano(-a) plástico(-a) (m.),(f.) 씨루하노(-나) 쁠라스띠꼬(-까)
피부과 의사	dermatólogo(-a) (m.),(f.) 데르마똘로고(-가)	정형외과	ortopedia (f.)/ cirugía ortopédica (f.) 오르또뻬디아/ 씨루히아 오르또뻬디까
치과	odontología (f.) 오돈똘로히아		
치과의사	odontólogo(-a) (m.),(f.)/ dentista (m.),(f.) 오돈똘로고(-가)/ 덴띠스따	정형외과의사	ortopedista (m.),(f.)/ cirujano(-a) ortopédico(-a) (m.),(f.) 오르또뻬디스따/ 씨루하노(-나) 오르또뻬디꼬 (-까)
이비인후과	otorrinolaringología (f.) 오또리놀라린골로히아	미용 성형외과	cirugía cosmética (f.) 씨루히아 꼬스메띠까
이비인후과의사	otorrinolaringólogo (-a) (m.),(f.) 오또리놀라린골로고(-가)	미용 성형외과의사	cirujano(-a) cosmético(-a) (m.),(f.) 씨루하노(-나) 꼬스메띠꼬(-까)
산부인과	ginecología (f.) 히네꼴로히아		
산부인과의사	ginecólogo(-a) (m.),(f.) 히네꼴로고(-가)	미용 정형외과	cirugía estética (f.) 씨루히아 에스떼띠까
		미용 정형외과의사	cirujano(-a) estético(-a) (m.),(f.) 씨루하노(-나) 에스떼띠꼬(-까)
소아과	pediatría (f.) 뻬디아트리아		
소아과의사	pediatra (m.),(f.) 뻬디아트라	신경과	neurología (f.) 네우롤로히아
외과	cirugía (f.) 씨루히아	신경과의사	neurólogo(-a) (m.),(f.) 네우롤로고(-가)

신경외과	neurocirugía (f.) 네우로씨루히아	의사를 부르게 하다, 의사의 내진(來診)을 청하다.	mandar llamar a un doctor / mandar a buscar a un doctor 만다르 야마르 아 운 독또르 / 만다르 아 부스까르 아 운 독또르
신경외과의사	neurocirujano(-a) (m.),(f.) 네우로씨루하노(-나)		
방사선과	departamento de radiología (m.) 데빠르따멘또 데 라디올로히아	제가 어디에서 영어를 하는 의사를 만날 수 있을까요?	¿Dónde puedo encontrar un médico que hable inglés? 돈데 뿌에도 엔꼰트라르 운 메디꼬 께 아블레 잉글레스?
방사선과의사	radiólogo(-a) (m.)(f) 라디올로고(-가)		
마취과	sección anestésica [de anestesia] (f.) 쎅씨온 아네스떼씨까[데 아네스떼씨아]	그 의사가 저를 진찰하러 올 수 있을까요?	¿Podría venir el médico a reconocerme? 뽀드리아 베니르 엘 메디꼬 아 레꼬노쎄르메?
마취과의사	anestesista (m.),(f.)/ anestesiólogo(-a) (m.),(f.) 아네스떼씨스따 / 아네스떼씨올로고(-가)	그 의사는 몇 시에 올 수 있습니까?	¿A qué hora puede venir el doctor? 아 께 오라 뿌에데 베니르 엘 독또르?

증상 말하기

안녕하세요, 모레노 박사님.	Buenos días, Dr. Moreno. 부에노스 디아스, 독또르 모레노	저는 몸의 컨디션이 나쁩니다.	Me siento mal. 메 씨엔또 말
안녕하세요, 선생님. 무슨 일이십니까? 피곤하신 것 같습니다.	Buenos días, señor. ¿Qué tiene Ud.? Parece que está cansado. 부에노스 디아스, 세뇨르, 께 띠에네 우스뗃? 빠레쎄 께 에스따 깐싸도	요즘 저는 몸의 컨디션이 좋지 않습니다.	No me siento bien estos días. 노 메 씨엔또 비엔 에스또스 디아스
		어디 좀 봅시다. 진맥을 해보겠습니다. 맥은 정상입니다.	A ver. Déjeme tomarle el pulso. Su pulso es normal. 아 베르, 데헤메 또마를레 엘 뿔소, 쑤 뿔소 에스 노르말

제 가슴은 아무런 증상도 없습니까?	¿Mi pecho no presenta ningún síntoma? 미 뻬초 노 쁘레쎈따 닝군 씬또마?	온몸이 욱신욱신 쑤십니다[온몸에 근육통이 있습니다].	Tengo dolores musculares en todo el cuerpo. 뗑고 돌로레스 무스꿀라레스 엔 또도 엘 꾸에르뽀
걱정하지 마십시오. 중병이 아닙니다.	No se preocupe. Su enfermedad no es grave. 노 세 프레오꾸뻬. 쑤 엔훼르메닫 노 에스 그라베	온몸이 찌뿌드드합니다.	Siento pesadez en todo el cuerpo. 씨엔또 뻬사데스 엔 또도 엘 꾸에르뽀
무슨 일이십니까?	¿Qué le pasa (a usted)? 껠 레 빠사 (아 우스뗃)?	아야!, 아이고 아파라!, 아이고 골치야!	¡Ay, qué dolor! 아이, 께 돌로르!
		아이고 죽겠다!	¡Ay, me muero! 아이, 메 무로!
저는 며칠 전부터 아픕니다.	Estoy enfermo(-a) [malo(-a)/mal] desde hace unos días. 에스또이 엔훼르모(-마)[말로(-라)/말] 데스데 아쎄 우노스 디아스	어디가 아프십니까?	¿Dónde le duele?/ ¿Qué le duele (a usted)? 돈델 레 두엘레?/ 껠 레 두엘레 (아 우스뗃)?
		저는 …가 아픕니다.	Me duele …. 메 두엘레 …
저는 병에 걸렸습니다.	Caí enfermo(-a)./ Me he puesto enfermo(-a). 까이 엔훼르모(-마)/ 메 에 뿌에스또 엔훼르모(-마)	저는 (머리/이/가슴/배/어깨/팔/다리)가 아픕니다.	Me duele (la cabeza/ la muela/el pecho/ el estómago/ el hombro/ el brazo/la pierna). 메 두엘레 (라 까베사/라 무엘라/엘 뻬초/엘 에스또마고/엘 옴브로/엘 브라소/라 삐에르나)
몸이 아파 꼼짝도 할 수 없습니다.	Estoy enfermo y no me puedo mover. 에스또이 엔훼르모 이 노 메 뿌에도 모베르		
온몸이 아픕니다[삭신이 쑤십니다].	Me pica todo el cuerpo./ Me duele todo el cuerpo. 메 삐까 또도 엘 꾸에르뽀/ 메 두엘레 또도 엘 꾸에르뽀	여기가 아픕니다.	Me duele aquí. 메 두엘레 아끼
		아무 곳도 아프지 않습니다.	No me duele nada. 노 메 두엘레 나다
		저는 열이 많이 납니다. 아마도 감기에 걸린 것 같습니다.	Tengo mucha fiebre. Tal vez, me acatarré. 뗑고 무차 휘에브레. 딸 베스, 메 아까따레

저는 감기에 걸린 상태입니다.	Estoy con resfrío. / Estoy resfriado(-a). 에스또이 꼰 레스프리오/ 에스또이 레스프리아도(-다)
저는 독감에 걸린 것 같습니다.	Creo que tengo gripe. 크레오 께 뗑고 그리뻬
재채기가 계속 나옵니다.	Estoy estornudando seguido. 에스또이 에스또르누단도 쎄기도 *재채기하는 사람에게는 '¡Salud(쌀룻)!'라고 말해주는데, '건강에 유의하십시오!'라는 뜻임
가래가 나옵니다.	Me sale flema. 메 쌀레 플레마
오한이 납니다.	Tengo escalofríos. 뗑고 에스깔로프리오스
오한/현기증/구역질이 느껴집니다.	Me siento con escalofríos / mareado(-a) / con náuseas. 메 씨엔또 꼰 에스깔로프리오스/마레아도(-다)/꼰 나우세아스
저는 열이 (약간) 있습니다.	Tengo (un poco de) fiebre. 뗑고 (운 뽀꼬 데) 휘에브레
저는 제가 열이 높습니다.	Tengo fiebre alta. / Tengo mucha fiebre. 뗑고 휘에브레 알따/ 뗑고 무차 휘에브레
저는 열이 났습니다.	Me ha dado fiebre. 메 아 다도 휘에브레
저는 열이 내리지 않습니다.	No se me quita la fiebre. 노 세 메 끼딸 라 휘에브레

제 체온은 38도입니다.	Tengo treinta y ocho grados de temperatura. 뗑꼬 트레인따 이 오초 그라도스 데 뗌뻬라뚜라
다른 증상은 없으십니까?	¿No tiene otro síntoma? 노 띠에네 오트로 씬또마?
머리가 무겁습니다.	Tengo pesadez de cabeza. 뗑고 뻬사데스 데 까베사
머리가 아픕니다[두통이 있습니다].	Me duele la cabeza. / Tengo dolor de cabeza. 메 두엘렐 라 까베사/ 뗑고 돌로르 데 까베사
머리가 깨질 것 같습니다. 어젯밤에 과음했습니다.	Me duele muchísimo la cabeza. Ayer por la noche, bebí mucho. 메 두엘레 무치씨몰 라 까베사. 아예르 뽀를 라 노체, 베비 무초
쉽게 피곤해집니다.	Me canso fácilmente. 메 깐쏘 화씰멘떼
숨이 찹니다.	Me quedo sin aliento. 메 께도 씬 알리엔또
가슴이 답답합니다.	Siento opresión en el pecho. 씨엔또 오프레씨온 엔 엘 뻬초
숨쉬기가 힘듭니다[호흡이 곤란합니다].	Tengo dificultades respiratorias. 뗑고 디휘꿀따데스 레스삐라또리아스
저는 가슴이 아픕니다 [흉통이 있습니다].	Tengo un dolor en el pecho. 뗑고 운 돌로르 엔 엘 뻬초

현기증이 납니다.	Tengo vértigo. 뗑고 베르띠고
아, 어지럽습니다.	Ah, estoy mareado(-a). 아, 에스또이 마레아도(-다)
자주 어지럽습니다.	A menudo me siento mareado(-a). 아 메누도 메 씨엔또 마레아도(-다)
어지러워서 쓰러질 것 같습니다.	Creo que voy a caerme por el mareo. 크레오 께 보이 아 까에르메 뽀르 엘 마레오
거의 죽을 것 같습니다.	Casi me muero. 까씨 메 무에로
식은땀이 납니다.	Estoy sudando frío. 에스또이 쑤단도 프리오
심호흡 해보십시오.	Intente respirar profundamente. 인뗀떼 레스삐라르 쁘로푼다멘떼
잠이 안 옵니다.	No me da sueño. 노 메 다 수에뇨
저는 불면증인 것 같습니다.	Creo que tengo insomnio. 크레오 께 뗑고 인쏨니오
트림이 많이 납니다.	Eructo mucho. 에룩또 무초
배가 아픕니다[복통이 있습니다].	Me duele el estómago. / Tengo dolor de estómago. 메 두엘레 엘 에스또마고 / 뗑고 돌로르 데 에스또마고
복통	dolor de vientre (m.) 돌로르 데 비엔트레
복통, 배앓이, 배탈	dolor de estómago (m.) 돌로르 데 에스또마고
속이 메스껍습니다.	Siento náuseas. 씨엔또 나우세아스
술 때문에 속이 울렁거립니다.	Siento náuseas por el alcohol. 씨엔또 나우세아스 뽀르 엘 알꼴
토할 것 같습니다.	Creo que voy a vomitar. 크레오 께 보이 아 보미따르
저는 토했습니다.	He tenido vómito. 에 떼니도 보미또
상한 음식을 먹은 것 같습니다.	Creo que he comido algo en mal estado. 크레오 께 에 꼬미도 알고 엔 말 에스따도
위가 거북합니다.	Siento malestar estomacal. 씨엔또 말레스따르 에스또마깔
속이 항상 거북합니다.	Siempre se me hincha el estómago. 씨엠쁘레 세 메 인차 엘 에스또마고
명치 위가 아픕니다.	Me duele encima del estómago. 메 두엘레 엔씨마 델 에스또마고
식욕이 없습니다.	Pierdo el apetito. 삐에르도 엘 아뻬띠또
저는 설사를 합니다.	Tengo diarrea. 뗑고 디아레아
설사가 멈추지 않습니다.	La diarrea no para. 라 디아레아 노 빠라

저는 변비에 걸렸습니다.	Estoy estreñido(-a). 에스또이 에스트레니도(-다)
저는 변비가 심합니다.	Tengo estreñimiento severo. 뗑고 에스트레니미엔또 쎄베로
혈변이 나옵니다.	Hago deposición con sangre. 아고 데뽀씨씨온 꼰 쌍그레
저는 치질인 것 같습니다.	Creo que tengo hemorroides. 크레오 께 뗑고 에모로이데스
제 피부에 이상한 게 생겼습니다.	Me ha aparecido algo raro en la piel. 메 아 아빠레씨도 알고 라로 엔 라 삐엘
언제부터 보였습니까?	¿Desde cuándo le apareció? 데스데 꾸안돌 레 아빠레씨오?
이틀 됐습니다.	Hace dos días. 아쎄 도스 디아스
저는 옻이 올랐습니다.	Fui envenenado por la laca. 후이 엔베네나도 뽀를 랄 라까
제 온 몸에 두드러기가 났습니다.	Me salió urticaria[sapullido] en todo el cuerpo. 메 쌀리오 우르띠까리아[싸뿌이도] 엔 또도 엘 꾸에르뽀
제 얼굴에 여드름이 났습니다.	Me salen granos en la cara. 메 쌀렌 그라노스 엔 라 까라
제게 흉터가 남을까요?	¿Me quedará cicatriz? 메 께다라 씨까트리스?
제 눈에 뭐가 들어갔습니다.	Me ha entrado algo en el ojo. 메 아 엔트라도 알고 엔 엘 오호
눈이 침침합니다.	La visión se me debilita. 라 비씨온 세 메 데빌리따
눈이 아픕니다.	Me duelen los ojos. 메 두엘렌 로스 오호스
양쪽 눈이 아픕니다.	Me duelen ambos ojos. 메 두엘렌 암보스 오호스
눈이 따끔거립니다.	Me pican[escuecen/arden] los ojos. 메 삐깬[에스꾸에쎈/아르덴] 로스 오호스
눈이 가렵습니다.	Me pican los ojos. 메 삐깐 로스 오호스
눈이 스멀거립니다[근시럽습니다].	Me pican los ojos. 메 삐깐 로스 오호스
눈이 쓰립니다[빠득빠득합니다].	Mis ojos escuecen. 미스 오호스 에스꾸에쎈
제 눈이 건조합니다.	Mis ojos están secos. 미스 오호스 에스딴 쎄꼬스
이중으로 보입니다.	Veo doble. 베오 도블레
얼룩져서 보입니다.	Veo manchas. 베오 만차스
제 눈에 멍이 들었습니다.	Tengo un moretón en el ojo. 뗑고 운 모레똔 엔 엘 오호
제 눈은 충혈되었습니다.	Tengo los ojos congestionados. 뗑골 로스 오호스 꽁헤스띠오나도스

제 눈에 염증이 있습니다[제 눈이 따끔따끔 아픕니다]. Tengo los ojos irritados.
떼골 로스 오호스 이리따도스

제 눈에 다래끼가 났습니다. Tengo un orzuelo en el ojo.
떼고 운 오르쑤엘로 엔 엘 오호

제 코가 막혔습니다. Mi nariz está tapada.
미 나리스 에스따 따빠다

제 귀가 아픕니다. Me duelen los oídos./Tengo dolor de oídos.
메 두엘렌 로스 오이도스/떼고 돌로르 데 오이도스

잘 안 들립니다. No puedo oír bien.
노 뿌에도 오이르 비엔

귀가 울립니다. Me zumban los oídos.
메 쑴반 로스 오이도스

귀에 물이 들어갔습니다. Me ha entrado agua en el oído.
메 아 엔트라도 아구아 엔 엘 오이도

제 귀에 염증이 생긴 것 같습니다. Creo que tengo una inflamación en el oído.
크레오 께 떼고 우나 인플라마씨온 엔 엘 오이도

귀에서 고름이 납니다. Me sale pus de los oídos.
메 쌀레 뿌스 델 로스 오이도스

귀에 벌레가 들어갔습니다. Un insecto ha entrado en mi oído.
운 인쎅또 아 엔트라도 엔 미 오이도

저는 냄새를 잘 못 맡겠습니다. No puedo oler bien.
노 뿌에도 올레르 비엔

저는 입 냄새가 있습니다. Tengo mal aliento.
떼고 말 알리엔또

제 입에서 고약한 냄새가 납니다. Me huele la boca.
메 우엘렐 라 보까

제 발에서 고약한 냄새가 납니다. Me huelen los pies.
메 우엘렌 로스 삐에쓰

제 목구멍에 염증이 생겼습니다[제 목구멍이 부었습니다]. Mi garganta está inflamada.
미 가르간따 에스따 인플라마다

목구멍이 아픕니다. 소리를 너무 질렀나 봅니다. Me duele la garganta. Creo que he gritado demasiado.
메 두엘렐 라 가르간따. 크레오 께 에 그리따도 데마씨아도

목이 쉬었습니다. Tengo la voz ronca.
떼골 라 보쓰 롱까

저는 (천식/요통[등의 통증]/감기/기침/경련/귓병[귀통증]/두통/소화불량/코피/심계항진[심장두근거림]/류마티즘/편도선염[인후염]/뻔 목[목의 통증]/위통/일사병)이(가) 있습니다. Tengo (asma/dolor de espalda/un resfriado/tos/calambres/dolor de oídos/dolor de cabeza/una indigestión/una hemorragia nasal/palpitaciones/reumatismo/anginas/tortícolis/dolor de estómago/insolación).
떼고 (아스마/돌로르 데 에스빨다/운 레스프리아도/또스/깔람브레스/돌로르 데 오이도스/돌로르 데 까베사/우나 인디헤스띠온/우나 에모라히아 나쌀/빨삐따씨오네스/레우마띠스모/앙히나스/또르띠꼴리스/돌로르 데 에스또마고/인쏠라씨온)

저는 (물집/부스럼/멍/화상/베인 상처/찰과상/곤충자상/혹/두드러기/쏘임/부기/상처[부상])이(가) 있습니다.	Tengo (una ampolla/un forúnculo/un cardenal/una quemadura/una cortadura/un arañazo/una picadura de insecto/un chichón/un sarpullido/una picadura/una hinchazón/una herida)
	뗑고 (우나 암뽀야/운 포룬꿀로/운 까르데날/우나 께마두라/우나 꼬르따두라/운 아라냐쏘/우나 삐까두라 데 인쎅또/운 치촌/운 싸르뿌이도/우나 삐까두라/우나 인차쏜/우나 에리다)
그것 좀 봐주시겠습니까?	¿Podriá mirarlo?
	뽀드리아 미라를로?
저는 …을 움직일 수 없습니다. 아픕니다.	No puedo mover el/la …. Me duele.
	노 뿌에도 모베르 엘/라 …. 메 두엘레.
목덜미가 아픕니다.	Me duele la nuca./Tengo dolor de nuca.
	메 두엘렐 라 누까/뗑고 돌로르 데 누까
목을 삐었습니다.	Me ha dado tortícolis.
	메 아 다도 또르띠꼴리스
목이 뻣뻣합니다.	Tengo tortícolis.
	뗑고 또르띠꼴리스
어깨가 탈구되었습니다[팔이 빠졌습니다].	Tengo una luxación en el hombro.
	뗑고 우날 룩싸씨온 엔 엘 옴브로

저는 등과 목에 근육통이 있습니다.	Tengo dolor muscular en la espalda y el cuello.
	뗑고 돌로르 무스꿀라르 엔 라 에스빨다 이 엘 꾸에요
근육통	dolor muscular (m.)/miodinia (f.)/mialgia (f.)
	돌로르 무스꿀라르/미오디니아/미알히아
저는 근육이 결립니다.	Tengo un músculo distendido.
	뗑고 운 무스꿀로 디스뗀디도
허리가 너무 아픕니다.	Me duele mucho la cintura.
	메 두엘레 무촐 라 씬뚜라
자주 허리가 아픕니다.	Me duele la cintura a menudo.
	메 두엘렐 라 씬뚜라 아 메누도
관절들이 쑤십니다.	Siento dolor en las articulaciones.
	씨엔또 돌로르 엔 라스 아르띠꿀라씨오네스
왼쪽 무릎에 신경통이 있습니다.	Tengo neuralgia en la rodilla izquierda.
	뗑고 네우랄히아 엔 라 로디야 이스끼에르다
끓는 물에 데었습니다.	Me quemé con agua hervida.
	메 께메 꼰 아구아 에르비다
물집이 잡혔습니다.	Tengo una ampolla.
	뗑고 우나 암뽀야
(가벼운) 동상에 걸렸습니다.	Tengo un sabañón.
	뗑고 운 싸바뇬
저는 베었습니다.	Me he cortado.
	메 에 꼬르따도

제 손가락이 문에 끼었습니다.	Me cogí un dedo en la puerta. 메 꼬히 운 데도 엔 라 뿌에르따
제 손에 염증이 많이 생겼습니다.	Se me irritó mucho la mano. 세 메 이리또 무촐 라 마노
오른쪽 손목을 삐었습니다.	Me torcí la muñeca derecha. / Me he torcido la muñeca derecha. / Se me ha torcido la muñeca derecha. / Se me ha abierto la muñeca derecha. 메 또르씨 라 무녜까 데레차/ 메 에 또르씨돌 라 무녜까 데레차/ 세 메 아 또르씨돌 라 무녜까 데레차/ 세 메 아 아비에르똘 라 무녜까 데레차
왼쪽 발목을 삐었습니다[접질렸습니다].	Me torcí el tobillo izquierdo. / Me he torcido el tobillo izquierdo. / Se me ha torcido el tobillo izquierdo. / Se me ha abierto el tobillo izquierdo. 메 또르씨 엘 또비요 이스끼에르도/ 메 에 또르씨도 엘 또비요 이스끼에르도/ 세 메 아 또르씨도 엘 또비요 이스끼에르도/ 세 메 아 아비에르또 엘 또비요 이스끼에르도
계단에서 발을 헛딛었습니다.	Me caí por la escalera al pisar mal. 메 까이 뽀르 라 에스깔레라 알 삐사르 말
계단에서 미끄러졌습니다.	Me resbalé en las escaleras. 메 레스발레 엔 라스 에스깔레라스
제 한쪽 다리가 부러졌습니다[골절되었습니다].	Me fracturé una pierna. / Me he fracturado una pierna. 메 프락뚜레 우나 삐에르나/ 메 에 프락뚜라도 우나 삐에르나
오른쪽 다리가 부러진[골절된] 것 같습니다.	Creo que se fracturó la pierna derecha. 크레오 께 세 프락뚜롤 라 삐에르나 데레차
저는 다리가 부었습니다.	Se me han hinchado las piernas. 세 메 안 인차돌 라스 삐에르나스
제 왼쪽 다리가 팅팅 부어올랐습니다.	Se me hinchó mucho la pierna izquierda. 세 메 인초 무촐 라 삐에르나 이스끼에르다
제 다리 근육이 마비되었습니다.	Se me entumecen los músculos de las piernas. 세 메 엔뚜메쎈 로스 무스꿀로스 델 라스 삐에르나스
제 다리가 나른합니다.	Siento pesadez [languidez] en las piernas. 씨엔또 뻬사데스[랑기데스] 엔 라스 삐에르나스
제 장딴지가 아픕니다.	Tengo dolor de pantorrilla. 뗑고 돌로르 데 빤또리야

저는 아침이면 손발이 저립니다[마비됩니다].

Se me entumecen las manos y los pies por la mañana.

세 메 엔뚜메쎈 라스 마노스 일 로스 삐에쓰 뽀를 라 마냐나

저는 오른쪽 발이 가끔 저립니다[마비됩니다].

A veces, se me entumece el pie derecho.

아 베세쓰, 세 메 엔뚜메쎄 엘 삐에 데레초

저는 생리통이 있습니다.

Tengo dolores menstruales [turbaciones de la menstruación].

뗑고 돌로레스 멘스트루알레스[뚜르바씨오네스 델 라 멘스트루아씨온]

저는 생리 불순이 있습니다.

Tengo un desarreglo fisiológico.

뗑고 운 데사레글로 휘씨올로히꼬

저는 생리가 불규칙합니다.

Mi menstruación es irregular.

미 멘스트루아씨온 에스 이레굴라르

저는 생리를 안 한지 두 달 됐습니다.

Hace dos meses que no tengo reglas.

아쎄 도스 메쎄스 께 노 뗑고 레글라스

저는 생리를 안 한 지 오래되었습니다.

Llevo mucho tiempo sin menstruar.

예보 무초 띠엠뽀 씬 멘스트루아르

저는 생리가 없습니다.

No tengo menstruación.

노 뗑고 멘스트루아씨온

저는 생리 기간이 아닌데도 출혈이 있습니다.

No es mi período menstrual, pero tengo hemorragia.

노 에스 미 뻬리오도 멘스트루알, 뻬로 뗑고 에모라히아

제 이가 한 대 부러졌습니다.

Me he roto un diente.

메 에 로또 운 디엔떼

저는 충치가 있습니다.

Tengo caries (dentera).

뗑고 까리에스 (덴떼라)

충치를 충전하다

obturar una caries

옵뚜라르 우나 까리에스

저는 충치가 한 대 있습니다.

Tengo un diente picado[cariado]/ una muela picada[cariada].

뗑고 운 디엔떼 삐까도[까리아도]/우나 무엘라 삐까다[까리아다]

썩은 어금니

diente molar cariado [picado] (m.)/muela cariada[picada] (f.)

디엔떼 몰라르 까리아도[삐까도]/ 무엘라 까리아다[삐까다]

저는 치통이 있습니다 [이가 아픕니다].

Me duele la muela./ Tengo dolor de muelas.

메 두엘렐 라 무엘라/ 뗑고 돌로르 데 무엘라스

치통

dolor de muela(s) (m.)/dolor de diente(s) (m.)/ odontalgia (f.)/ dentalgia (f.)

돌로르 데 무엘라(스)/ 돌로르 데 디엔떼(스)/ 오돈딸히아/ 덴딸히아

한국어	스페인어	한국어	스페인어
치통 때문에 씹을 수가 없습니다.	No puedo masticar por el dolor de dientes. 노 뿌에도 마스띠까르 뽀르 엘 돌로르 데 디엔떼스	충치에 봉을 박다	empastar el diente 엠빠스따르 엘 디엔떼
언제 이가 아프기 시작했습니까?	¿Cuándo comenzó a dolerle la muela? 꾸안도 꼬멘쏘 아 돌레를렐라 무엘라?	충치의 신경을 죽이다	matar los nervios de una muela picada 마따를 로스 네르비오스 데 우나 무엘라 삐까다
일주일 전부터 아프기 시작했습니다.	La pena comenzó antes de una semana. 라 뻬나 꼬멘쏘 안떼스 데 우나 쎄마나	제 이 한 대가 흔들거립니다.	Se me mueve un diente. 세 메 무에베 운 디엔떼
어디 좀 봅시다.	A ver. 아 베르	이를 한 대 뽑고 싶습니다.	Quiero que me saque un diente. 끼에로 께 메 사께 운 디엔떼
얼마나 나쁜가요?	¿Cómo mal? 꼬모 말	제게 부분[국부, 국소] 마취를 해주시겠습니까?	¿Puede ponerme anestesia local? 뿌에데 뽀네르메 아네스떼씨아 로깔?
치료가 필요합니다. (충치로) 구멍이 있습니다.	Es necesario el tratamiento. Es cavidad. 에스 네쎄싸리오 엘 트라따미엔또. 에스 까비닫	이 이가 아픕니다.	Me duele este diente. 메 두엘레 에스떼 디엔떼
치통이 있습니다, 이[어금니]가 아픕니다.	Me duele una muela. 메 두엘레 우나 무엘라	위에	arriba 아리바
치통을 앓고 있습니다, 이[어금니]들이 아픕니다.	Tengo dolor de muelas. / Me duelen las muelas. 뗑고 돌로르 데 무엘라스 / 메 두엘렌 라스 무엘라스	아래에	abajo 아바호
		앞에	delante 델란떼
		뒤에	detrás 데트라스
저는 (이에 생긴 구멍에 박는) 봉[충전물]을 한 개 잃어버렸습니다.	He perdido un empaste. 에 뻬르디도 운 엠빠스떼	임시로 그것을 고쳐주시겠습니까?	¿Puede usted arreglarlo temporalmente? 뿌에데 우스뗃 아레글라를로 뗌뽀랄멘떼?
제 어금니 한 대를 충전하고 싶습니다.	Quiero empastarme una muela. 끼에로 엠빠스따르메 우나 무엘라	저는 그것을 뽑기를 원치 않습니다.	No quiero que me lo saque. 노 끼에로 께 멜 로 사께

저는 잇몸궤양이 있습니다.	Tengo un flemón. 뗑고 운 플레몬
잇몸이 매우 아픕니다 [따갑습니다, 화끈거립니다]/피가 납니다.	La encía está muy inflamada/sangra. 라 엔씨아 에스따 무이 인플라마다/쌍그라
제 잇몸에서 피가 납니다.	Me sangran las encías. 메 쌍그란 라스 엔씨아스
스케일링하러 왔습니다.	Vengo para hacerme una limpieza dental. 뱅고 빠라 아쎄르메 우날 림삐에사 덴딸
입 안을 헹구고 싶습니다.	Quiero enjuagarme la boca. 끼에로 엔후아가르멜 라 보까
치열교정에 얼마나 듭니까?	¿Qué precio tiene una ortodoncia? 께 쁘레씨오 띠에네 우나 오르또돈씨아?
제 의치(義齒)가 부서[깨]졌습니다.	Se me ha roto la dentadura. 세 메 아 로또 라 덴따두라
이 의치를 고쳐주시겠습니까?	¿Puede usted arreglar esta dentadura? 뿌에데 우스뗃 아레글라르 에스따 덴따두라?
언제 다 됩니까?	¿Cuándo estará lista? 꾸안도 에스따라 리스따?

특이사항 미리 말하기

저는 …년 전에 심장마비가 있었습니다.	Tuve un ataque al corazón hace … años. 뚜베 운 아따께 알 꼬라손 아쎄 … 아뇨스
제 혈압은 너무 높/낮습니다.	Mi presión sanguínea es demasiado alta/baja. 미 프레씨온 쌍기네아 에스 데마씨아도 알따/바하
저는 당뇨병이 있습니다 [당뇨병 환자입니다].	Soy diabético(-a). 쏘이 디아베띠꼬(-까)
저는 굴 알레르기가 있습니다.	Soy alérgico(-a) a ostra. 쏘이 알레르히꼬(-까) 아 오스트라
저는 복숭아 알레르기가 있습니다.	Tengo alergia al melocotón. 뗑고 알레르히아 알 멜로꼬똔
저는 페니실린 알레르기가 있습니다.	Tengo alergia a la penicilina. 뗑고 알레르히아 알 라 뻬니씰리나
저는 색맹입니다.	Soy daltónico(-a). 쏘이 달또니꼬(-까)
저는 경구 피임약을 복용합니다.	Tomo la píldora. 또몰 라 삘도라
저는 질감염이 있습니다.	Tengo infección vaginal. 뗑고 인훽씨온 바히날

(지금) 저는 임신했습니대[임신 중입니다].	(Ahora) Estoy embarazada. 에스또이 엠바라사다	저는 혈압약을 먹고 있습니다.	Tomo una medicina para la tensión [presión] arterial. 또모 우나 메디씨나 빠랄 라 뗀씨온[프레씨온] 아르떼리알
저는 생리 중입니다.	Estoy enferma[mala]. 에스또이 엔훼르마[말라]	저는 같은 병을 앓는 친척들이 있습니다.	Tengo unos parientes que tienen la misma enfermedad. 뗑고 우노스 빠리엔떼스 께 띠에넨 라 미스마 엔훼르메닫
생리 중이다, 생리가 있다.	tener la regla [el mes/ la menstruación]/ estar enferma [mala]/ ponerse mala 떼네를 라 레글래[엘 메쓰/라 멘스트루아씨온]/ 에스따르 엔훼르마[말라]/ 뽀네르세 말라		
		제 혈액형은 B형입니다.	Mi grupo sanguineo es B. 미 그루뽀 쌍기네오 에스 베
저는 맹장 수술을 받았습니다.	Me han operado de apendicitis. 메 안 오뻬라도 데 아뻰디씨띠스	저는 술을 자주 마십니다.	A menudo tomo licor. 아 메누도 또모 리꼬르
저는 B형 간염에 걸린 적이 있습니다.	He tenido hepatitis B. 에 떼니도 에빠띠띠스 베	저는 밤늦게 자곤 합니다.	Suelo acostarme tarde. 수엘로 아꼬스따르메 따르데

진찰 · 처방 받기

안녕하십니까?	Hola. 올라	몸의 컨디션이 나쁘십니까?	¿Se siente mal? 세 씨엔떼 말? *환자에게
들어오십시오[어서 오십시오]. 어디가 아프십니까?	Adelante. ¿Dónde le duele?/ ¿Qué le duele (a usted)? 아델란떼. 돈델 레 두엘레?/ 껠 레 두엘레 (아 우스뗄)?	몸의 컨디션이 나쁩니다.	Me siento mal. 메 씨엔또 말
		몸은 어떠십니까?	¿Cómo[Qué tal] se encuentra usted? 꼬모[께 딸] 세 엔꾸엔트라 우스뗄?
몸의 컨디션이 어떠십니까?	¿Cómo se siente? 꼬모 세 씨엔떼?	웬 일인지 몸이 좋지 않습니다.	No sé por qué pero no me encuentro bien. 노 쎄 뽀르 께 뻬로 메 엔꾸엔트로 비엔
몸의 컨디션이 좋지 않습니다.	No me siento bien. 노 메 씨엔또 비엔		

몸이 아직도 좋지 않습니다.	Todavía no me encuentro bien. 또다비아 노 메 엔꾸엔트로 비엔	이런 경우가 이번이 처음이십니까?	¿Es la primera vez que ha tenido esto? 에스 라 쁘리메라 베스 께 아 떼니도 에스또?

몸이 조금 나아졌습니다.
Me encuentro un poco mejor.
메 엔꾸엔트로 운 뽀고 메호르

증상을 말씀해주십시오.
Dígame los síntomas.
디가멜 로스 씬또마스

열이 나고 기침이 납니다.
Tengo fiebre y tos.
뗑고 휘에브레 이 또스

재채기가 나고 코가 막힙니다.
Estornudo y se me tapa la nariz.
에스또르누도 이 세 메 따빨라 나리스

이가 아프고 피가 납니다.
Me duele y me sangra el diente.
메 두엘레 이 메 쌍그라 엘 디엔떼

눈이 아프고 눈물이 납니다.
Me duelen los ojos y lagrimeo.
메 두엘렌 로스 오호스 일 라 그리메오

머리가 아프고 어지럽습니다.
Me duele la cabeza y tengo mareos.
메 두엘렐 라 까베사 이 뗑고 마레오스

어디 좀 봅시다.
A ver.
아 베르

그렇게 느끼신 지 얼마나 되었습니까?
¿Cuánto tiempo hace que se siente así?
꾸안또 띠엠뽀 아쎄 께 세 씨엔떼 아씨?

이런 경우가 이번이 처음이십니까?
¿Es la primera vez que ha tenido esto?
에스 라 쁘리메라 베스 께 아 떼니도 에스또?

언제부터 이런 증상이 있습니까?
¿Desde cuándo tiene estos síntomas?
데스데 꾸안도 띠에네 에스또스 씬또마스?

다른 증상들이 있습니까?
¿Tiene otros síntomas?
띠에네 오트로스 씬또마스?

언제부터 아프셨습니까?
¿Desde cuándo le duele?
데스데 꾸안돌 레 두엘레?

사흘 전부터 아픕니다.
Me duele desde hace tres días.
메 두엘레 데스데 아쎄 트레스 디아스

언제부터 아프기 시작했습니까?
¿Desde cuándo empezó a dolerle?
데스데 꾸안도 엠뻬쏘 아 돌레를레?

오늘 아침부터입니다.
Desde esta mañana.
데스데 에스따 마냐나

어제부터 머리가 아프고 열이 납니다.
Tengo dolor de cabeza y fiebre desde ayer.
뗑고 돌로르 데 까베사 이 휘에브레 데스데 아예르

어디 좀 봅시다…. 감기입니다.
Veamos…. Es un resfriado.
베아모스 …. 에스 운 레스프리아도

목구멍이 많이 부었으니 미지근한 물을 자주 드십시오.

Tiene la garganta muy inflamada, así que tome agua tibia a menudo.

띠에넬 라 가르간따 무이 인플라마다, 아씨 께 또메 아구아 띠비아 아 메누도

아침부터 눈이 아프고 충혈이 되었습니다.

Desde la mañana me duelen los ojos y los tengo enrojecidos.

데스델 라 마냐나 메 두엘렌 로스 오호스 일 로스 뗑고 엔로헤씨도스

어디 좀 봅시다. 요즘 유행하는 눈병입니다.

Veamos…. Es una afección ocular que es epidemia en estos días.

베아모스…. 에스 우나 아훽씨온 오꿀라르 께 에스 에삐데미아 엔 에스또스 디아스

그런가요? 외출해도 될까요?

¿Sí? ¿Puedo salir de casa?

씨? 뿌에도 쌀리르 데 까사?

외출하시면 안 됩니다.

No, no puede salir.

노, 노 뿌에데 쌀리르

친구들을 만나도 될까요?

¿Puedo reunirme con mis amigos?

뿌에도 레우니르메 꼰 미스 아미고스?

아무도 만나시면 안 됩니다.

No puede encontrarse con nadie.

노 뿌에데 엔꼰트라르세 꼰 나디에

이 눈병은 매우 전염되기 쉬우니 다른 사람들과 접촉을 피하십시오.

Esta afección ocular es muy contagiosa, así que evite el contacto con otras personas.

에스따 아훽씨온 오꿀라르 에스 무이 꼰따히오사, 아씨 께 에비떼 엘 꼰딱또 꼰 오트라스 뻬르쏘나스

배가 아프고 소화가 안 됩니다.

Me duele el estómago y tengo problemas en la digestión.

메 두엘레 엘 에스또마고 이 뗑고 프로블레마스 엔 라 디헤스띠온

배가 아픕니다.

Me duele el estómago.

메 두엘레 엘 에스또마고

배가 무척 아팠습니다.

Me dolía mucho el estómago.

메 돌리아 무초 엘 에스또마고

전에도 자주 아팠습니다.

Antes también me dolía a menudo.

안떼스 땀비엔 메 돌리아 아 메누도

과식하지 않도록 조심하시고, 운동을 좀 하십시오. 그러면 곧 좋아질 겁니다.

Tenga cuidado de no comer demasiado y haga algún ejercicio. Así mejorará pronto.

뗑가 꾸이다도 데 노 꼬메르 데마씨아도 이 아가 알군 에헤르씨씨오. 아씨 메호라라 쁘론또

아! 네, 알겠습니다.

¡Ah! Sí, entiendo.

아! 씨, 엔띠엔도

체온을 재겠습니다.	Permítame tomarle la temperatura. 뻬르미따메 또마를렐 라 뗌뻬라뚜라	움직이지 마십쇼.	No se mueva. 노 세 무에바
당신의 혈압/체온을 재 보겠습니다.	Le voy a tomar la presión/la temperatura. 레 보이 아 또마를 라 프레씨온/라 뗌뻬라뚜라	숨을 깊게 쉬십시오.	Respire profundo. 레스삐레 쁘로푼도
소매를 걷어 올리십시오.	Súbase la manga, por favor. 쑤바셀 라 망가, 뽀르 화보르	숨을 깊이 들이마십시오.	Respire profundamente, por favor. 레스삐레 쁘로푼다멘떼, 뽀르 화보르
입을 여십시오.	Abra la boca. 아브랄 라 보까	숨을 멈추십시오.	Aguante la respiración, por favor. 아구안뗄 라 레스삐라씨온, 뽀르 화보르
입에 이 체온계를 무십시오.	Ponga este termómetro en la boca. 뽕가 에스떼 떼르모메트로 엔 라 보까	숨을 내쉬십시오.	Expulse el aire, por favor. 엑쓰뿔세 엘 아이레, 뽀르 화보르
맥박 좀 봅시다.	A ver el pulso. 아 베르 엘 뿔소	기침해 보십시오.	Tosa, por favor. 또싸, 뽀르 화보르
혈압을 재겠습니다.	Permítame tomarle la tensión[presión] sanguínea. 뻬르미따메 또마를렐 라 뗀씨온[프레씨온] 쌍기네아	어디가 아프십니까?	¿Dónde le duele? 돈델 레 두엘레?
		어떤 종류의 고통입니까?	¿Qué clase de dolor es? 께 끌라세 데 돌로르 에스?
귀 좀 보겠습니다.	Déjeme ver sus oídos. 데헤메 베르 쑤스 오이도스	약한/심한/욱신[지끈]거리는/끊임없는/단속적[간헐적]인	apagado/agudo/palpitante/constante/intermitente 아빠가도 / 아구도 / 빨삐딴떼/꼰스딴떼/인테르미뗀떼
팔을 올려 보십시오.	Levante el brazo, por favor. 레반떼 엘 브라소, 뽀르 화보르	옷을 걷어 올려 주십시오.	Súbase la ropa, por favor. 쑤바셀 라 로빠, 뽀르 화보르
무릎을 구부리십시오.	Doble la rodilla, por favor. 도블렐 라 로디야, 뽀르 화보르		

허리까지 옷을 벗으십시오.	Desvístase (hasta la cintura), por favor. 데비스따세 (아스딸 라 씬뚜라), 뽀르 화보르
여기/저기/거기 누우십시오.	Acuéstese aquí/allí/ahí, por favor. 아꾸에스떼세 아끼/아이/아이, 뽀르 화보르
제가 여기를 만지면 아프십니까?	¿Le duele cuando le toco aquí? 레 두엘레 꾸안돌 레 또꼬 아끼?
네, 아픕니다.	Si, me duele. 씨, 메 두엘레
어떻게 아프십니까?	¿Cómo es el dolor? 꼬모 에스 엘 돌로르?
바늘로 찌르는 듯이 아픕니다.	Me duele como si me pinchara con agujas. 메 두엘레 꼬모 씨 메 삔차라 꼰 아구하스
엄청나게 아픕니다.	Tengo un dolor espantoso. 뗑고 운 돌로르 에스빤또소
격통	dolor intenso (m.) 돌로르 인뗀쏘
날카로운 통증, 예리한 통증, 격심한 고통	dolor agudo (m.) 돌로르 아구도
찌르는 듯한 통증	dolor punzante (m.) 돌로르 뿐싼떼
비틀어 꼬는 듯이 아픕니다.	Me da un retortijón. 메 다 운 레또르띠혼
밤에는 더 아픕니다.	Me duele más por la noche. 메 두엘레 마쓰 뽀를 라 노체
이따금 아픕니다.	A veces me duele. 아 베세쓰 메 두엘레
아침에 일어날 때가 제일 아픕니다.	El dolor es más fuerte al levantarme en la mañana. 엘 돌로르 에스 마쓰 후에르떼 알 레반따르메 엔 라 마냐나
당신은 머리뼈에 골절이 있습니다.	Tiene una fractura en un hueso de la cabeza. 띠에네 우나 프락뚜라 엔 운 우에소 델 라 까베사
당신에게 엑스선 사진 촬영을 했으면 합니다.	Quiero le hagan una radiografía. 끼에롤 레 아간 우나 라디오그라휘아
2층 방사선실에서 X선 촬영하고 다시 오십시오.	Vaya a que le saquen una radiografía en la sala de rayos X del primer piso y vuelva de nuevo. 바야 아 껠 레 사껜 우나 라디오그라휘아 엔 라 쌀라 데 라요스 에끼스 델 쁘리메르 삐소 이 부엘바 데 누에보
혈액/대변/소변 샘플이 필요합니다.	Necesito una muestra de sangre/heces/orina. 네쎄씨또 우나 무에스트라 데 쌍그레/에세쓰/오리나
여기 왼쪽 어금니에 충치가 있으십니다.	Usted tiene una caries en la muela aquí a la izquierda. 우스뗃 띠에네 우나 까리스 엔 라 무엘라 아끼 알 라 이스끼에르다

(맹장염/방광염/성병/위염/독감/황달/ …의 염증/중독/폐렴/홍역)이 있으십니다.	Tiene (un/una) apendicitis (f.)/ cistitis (f.)/ enfermedad venérea (f.)/ gastritis (f.)/ gripe (f.)/ ictericia (f.)/ inflamación de … (f.)/ intoxicación (f.)/ neumonía (f.)/ sarampión (m.) 띠에네 (운/우나) 아뻰디씨띠스 / 씨스띠띠스 / 엔훼르메딴 베네레아/가스트리띠스/그리뻬/익떼리씨아/인플라마씨온 데 …/인똑씨까씨온/네우모니아/사람삐온
식중독	intoxicación alimenticia (f.)/ intoxicación por alimentos (f.)/ envenenamiento alimenticio (m.) 인똑씨까씨온 알리멘띠씨아 / 인똑씨까씨온 뽀르 알리멘또스/ 엔베네나미엔또 알리멘띠씨오
위경련	convulsión estomacal (f.) 꼰불씨온 에스또마깔
(급성) 위염	gastritis (aguda) (f.) 가스트리띠스 (아구다)
(급성) 맹장염	apendicitis (aguda) (f.) 아뻰디씨띠스 (아구다)

그것은 감염되었습니다.	Está infectado. 에스따 인훽따도
그것은 부러졌습니다/삐었습니다[접질렸습니다]/탈구되었습니다/찢어졌습니다.	Está roto/torcido/dislocado/desgarrado. 에스따 로또/또르씨도/디스로까도/데스가라도
깁스를 하시게 될 겁니다.	Lo van a enseyar. 로 반 아 엔쎄야르
중병[큰 병]입니까?	¿Es una enfermedad grave? 에스 우나 엔훼르메닫 그라베?
제가 입원해야만 합니까?	¿Tengo que estar en el hospital?/ ¿Tengo que hospitalizarme? 뗑고 께 에스따르 엔 엘 오스삐딸?/ 뗑고 께 오스삐딸리사르메?
입원해서 정밀 진단을 받으셔야겠습니다.	Tiene que internarse para que le hagan un examen minucioso. 띠에네 께 인떼르나르세 빠라 껠 레 아간 운 엑싸멘 미누씨오소
원무과에 가서 수납하시고 다시 오십시오.	Vuelva después de pagar en la oficina administrativa. 부엘바 데스뿌에쓰 데 빠가르 엔 라 오휘씨나 아드미니스트라띠바
수술을 받으셔야만 합니다.	Tiene que operarse. 띠에네 께 오뻬라르세
그것을 수술해야만 할 것입니다.	Tendrán que operarlo. 뗀드란 께 오뻬라를로

저는 전문의 진찰을 받고 싶습니다.

Quiero que consulte a un especialista.

끼에로 께 꼰쑬떼 아 운 에스뻬씨알리스따

병원에 가셔서 종합검진을 받으시길 바랍니다.

Quiero que vaya al hospital para un reconocimiento general.

끼에로 께 바야 알 오스삐딸 빠라 운 레꼬노씨미엔또 헤네랄

제가 여행을 계속해도 되겠습니까?

¿Puedo continuar mi viaje?

뿌에도 꼰띠누아르 미 비아헤

제가 여행을 계속할 수 있을까요?

¿Puedo seguir viajando?

뿌에도 쎄기르 비아한도?

제가 얼마 동안이나 절대 안정을 취해야만 합니까?

¿Cuánto tiempo tengo que guardar reposo completo?

꾸안또 띠엠뽀 뗑고 께 구아르다르 레뽀소 꼼쁠레또?

…일 동안 침대에 누워 계셔야만 합니다.

Debe quedarse en cama durante … días.

데베 께다르세 엔 까마 두란떼 … 디아스

제가 완쾌되려면 얼마나 걸리겠습니까?

¿Cuánto tiempo tardaré en curarme?

꾸안또 띠엠뽀 따르다레 엔 꾸라르메?

제가 무엇을 먹을 수 있습니까?

¿Qué puedo comer?

께 뿌에도 꼬메르?

담배 피우십니까?

¿Fuma usted?

후마 우스뗃?

예, 아주 이따금씩(만) 피웁니다.

Sí, (sólo) muy de vez en cuando.

씨, (쏠로) 무이 데 베스 엔 꾸안도

술을 마셔도 될까요?

¿Puedo beber alcohol?

뿌에도 베베르 알꼴?

술을 마시면 안 됩니다.

No, no debe beber alcohol.

노, 노 데베 베베르 알꼴

저는 담배를 좋아하는데, 담배 피워도 될까요?

Me gusta el cigarrillo, ¿puedo fumar?

메 구스따 엘 씨가리요, 뿌에도 후마르?

아니오, 담배도 피우면 안됩니다.

No, tampoco puede fumar.

노, 땀뽀꼬 뿌에데 후마르

술과 담배는 당분간 하지 마십시오.

No tome ni fume por un tiempo.

노 또메 니 후메 뽀르 운 띠엠뽀

상처 부위에 물이 들어가면 안 됩니다.

La herida no debe tener contacto con el agua.

라 에리다 노 데베 떼네르 꼰딱또 꼰 엘 아구아

주사를 놓아 드리겠습니다.

Le pondré una inyección.

레 뽄드레 우나 인옉씨온

주사실에 가서 주사를 맞으십시오.

Vaya a la sala de inyecciones y que le den una inyección.

바야 알 라 쌀라 데 인옉씨오네스 이 껠 레 덴 우나 인옉씨온

주사실에 가서 주사를 맞고 가십시오.

Diríjase a la sala de inyecciones y váyase después de recibir la inyección.
디리하세 알 라 쌀라 데 인옉씨오네스 이 바야세 데스뿌에쓰 데 레씨비르 라 인옉씨온

애! 저는 주사를 싫어하는데 안 맞으면 안 될까요?

¡Ah! No me gustan las inyecciones, ¿no podríamos dejarlo?
이! 노 메 구스딴 라스 인옉씨오네스, 노 뽀드리아모스 데하를로?

주사를 맞아야 더 빨리 나을 것이니, 맞으십시오.

Se curará más rapido con la inyección, así que vaya a ponérsela.
세 꾸라라 마쓰 라삐도 꼰 라 인옉씨온, 아씨 께 바야 아 뽀네르셀라

네, 알겠습니다.

Sí, entiendo.
씨, 엔띠엔도

알레르기가 있으십니까?

¿Tiene alguna alergia? / ¿Es usted alérgico(-a) a algo?
띠에네 알구나 알레르히아? / 에스 우스뗄 알레르히꼬(-까) 아 알고?

저는 항생제/페니실린에 알레르기가 있습니다.

Soy alérgico(-a) a los antibióticos / la penicilina.
쏘이 알레르히꼬(-까) 알 로스 안띠비오띠꼬스/라 뻬니씰리나

파상풍 예방접종을 하셨습니까?

¿Lo han vacunado contra el tétanos?
로 안 바꾸나도 꼰트라 엘 떼따노스?

어떤 치료를 받고 계십니까?

¿Qué tratamiento está siguiendo?
께 트라따미엔또 에스따 씨기엔도?

정기적으로 복용하는 약이 있습니까?

¿Toma usted alguna medicina regularmente?
또마 우스뗄 알구나 메디씨나 레굴라르멘떼?

어떤 약을 복용하고 계십니까?

¿Qué medicina está tomando?
께 메디씨나 에스따 또만도?

통상적 복용량이 얼마나 되십니까?

¿Qué dosis utiliza normalmente?
께 도씨스 우띨리싸 노르말멘떼?

주사인가요 경구인가요?

¿En inyección u oral?
엔 인옉씨온 우 오랄?

이것이 제가 통상적으로 복용하는 약입니다.

Esta es la medicina que tomo normalmente.
에스따 에스 라 메디씨나 께 또모 노르말멘떼

제게 이것에 대한 처방전을 주시겠습니까?

¿Puede darme una receta para esto?
뿌에데 다르메 우나 레쎄따 빠라 에스또?

제게 항우울제/수면제를 처방해 주시겠습니까?

¿Puede recetarme un antidepresivo / un somnífero?
뿌에데 레쎄따르메 운 안띠데프레씨보/운 쏨니훼로?

저는 너무 센 것은 아무것도 원치 않습니다.

No quiero nada demasiado fuerte.
노 끼에로 나다 데마씨아도 후에르떼

그것을 하루에 몇 번 복용해야만 합니까?

¿Cuántas veces al día tengo que tomarlo?

꾸안따스 베세쓰 알 디아 뗑고 께 또마를로?

알약 한 알을 물 한 컵과 (1시간마다/…시간 마다/하루에 …번/식전마다/식후마다/아침에/밤에/아플 때/…일 동안) 복용하십시오.

Tome una píldora con un vaso de agua (cada una hora/cada … horas/… veces por día/antes de cada comida/después de cada comida/por la mañana/por la noche/en caso de dolor/durante … días).

또메 우나 삘도라 꼰 운 바소 데 아구아 (까다 우나 오라/까다 … 오라스/… 베세쓰 뽀르 디아/안떼스 데 까다 꼬미다/데스뿌에쓰 데 까다 꼬미다/뽀를 라 마냐나/뽀를 라 노체/엔 까소 데 돌로르/두란떼 … 디아스)

이 약을 … 티스푼씩 복용하십시오.

Tome … cucharillas de esta medicina.

또메 … 꾸차리야스 데 에스따 메디씨나

처방전을 드리겠습니다.

Voy a darle la prescripción.

보이 아 다를렐 라 프레스크립씨온

이것은 당신을 위한 처방전입니다.

Esta es la receta para usted.

에스따 에슬 라 레쎄따 빠라 우스뗃

약국에 이 처방전을 가지고 가십시오.

Lleve esta receta a la farmacia.

예베 에스따 레쎄따 알 라 화르마씨아

처방전을 써 드릴 테니 약국에 가서 약을 사십시오.

Le daré una receta médica, así que vaya a la farmacia y compre el medicamento[los medicamentos].

레 다레 우나 레쎄따 메디까, 아씨 께 바야 알 라 화르마씨아 이 꼼쁘레 엘 메디까멘또 [로스 메디까멘또스]

뿐만 아니라 내일 병원에 다시 오십시오.

Además vuelva mañana a la consulta.

아데마쓰 부엘바 마냐나 알 라 꼰쑬따

내일 오실 때는 24시간 동안 식사하지 말고 오십시오.

Venga mañana tras permanecer veinticuatro horas en ayunas.

벵가 마냐나 트라스 뻬르마네쎄르 베인띠꾸아트로 오라스 엔 아유나스

…일 후에 다시 오시기 바랍니다.

Quiero que venga a verme dentro de … días.

끼에로 께 벵가 아 베르메 덴트로 데 … 디아스

네, 감사합니다. 안녕히 계십시오.[다음에 또 뵙겠습니다.]

Sí, gracias. Adiós. [Hasta luego.]

씨, 그라씨아스. 아디오스[아스딸 루에고]

건강에 주의하십시오.	Cuídese usted de su salud. 꾸이데세 우스뗄 데 쑤 쌀루드		
이제부터는 건강에 유의하십시오.	Tenga usted de su salud de aquí[de ahora] en adelante. 뗑가 우스뗄 데 쑤 쌀루드 데 아끼[데 아오라] 엔 아델란떼	진단서를 주시겠습니까?	뿌에데 다르메 운 레씨보 빠라 미 쎄구로? ¿Me puede dar un certificado médico? 메 뿌에데 다르 운 쎄르띠휘까도 메디꼬?
얼마를 드리면 됩니까?	¿Cuánto le debo? 꾸안뜰 레 데보?	이 건강보험 서류에 기입해 주시겠습니까?	¿Quiere llenar esta hoja de seguro, por favor? 끼에레 예나르 에스따 오하 데 쎄구로, 뽀르 화보르?
제 건강보험 용 영수증을 주시겠습니까?	¿Puede darme un recibo para mi seguro?		

입원 시

면회시간이 어떻게 됩니까?	¿Cuáles son las horas de visita? 꾸알레스 쏜 라스 오라스 데 비씨따?	저는 아픕니다.	Me duele. 메 두엘레
저는 언제 일어날 수 있습니까?	¿Cuándo puedo levantarme? 꾸안도 뿌에도 레반따르메?	소독약을/진통제를 주시겠습니까?	¿Me pude dar un antiséptico/ un analgésico? 메 뿌에데 다르 운 안띠쎕띠꼬 / 운 아날헤씨꼬?
의사는 언제 오십니까?	¿Cuándo viene el médico? 꾸안도 비에네 엘 메디꼬?	소독약을/진통제를 드리겠습니다.	Le daré un antiséptico/ un analgésico. 레 다레 운 안띠쎕띠꼬/운 아날헤씨꼬
저는 식사를 할/잠을 잘 수가 없습니다.	No puedo comer/dormir. 노 뿌에도 꼬메르/도르미르	(환자용) 변기	silleta (f.) 씨예따

신체부위 관련 단어들

한국어	스페인어	한국어	스페인어
몸	cuerpo (m.) 꾸에르뽀	귀	oreja (f.)/oído (m.) 오레하/ 오이도
몸통	tronco (m.) 트롱꼬	목	cuello (m.) 꾸에요
머리	cabeza (f.) 까베사	목구멍	garganta (f.) 가르간따
머리카락	cabello (m.)/ pelo (m.) 까베요/ 뻴로	어깨	hombro (m.) 옴브로
얼굴	cara (f.) 까라	쇄골	hueso de la alacena (m.) 우에소 델 라 알라쎄나
이마	frente (f.) 프렌떼	가슴	pecho (m.) 뻬초
눈썹	ceja (f.) 쎄하	유방	seno (m.) 쎄노
속눈썹	pestaña (f.) 뻬스따냐	갈비뼈	costilla (f.) 꼬스띠야
눈[目]	ojo (m.) 오호	팔	brazo (m.) 브라소
코	nariz (f.) (narices (pl.)) 나리스(복수: 나리세쓰)	팔꿈치	codo (m.) 꼬도
입	boca (f.) 보까	손목	muñeca (f.) 무녜까
입술	labio (m.) 라비오	손	mano (f.) 마노
이, 치아	diente (m.) 디엔떼	손가락	dedo (m.) 데도
혀	lengua (f.) 렝구아	엄지손가락	dedo gordo (m.)/ (dedo) pulgar (m.) 데도 고르도/ (데도) 뿔가르
턱	mandíbula (f.) 만디불라	손톱, 발톱	uña (f.) 우냐

명치	epigastrio (m.) 에삐가스트리오	복사뼈	maléolo (m.)/ tobillo (m.)/ astrágalo (m.)/ taba (f.) 말레올로/ 또비요/ 아스트라갈로/ 따바
배, 복부	vientre (m.) 비엔트레		
하복부	hipogastrio (m.) 이뽀가스트리오	발가락	dedo del pie (m.) 데도 델 삐에
배꼽	ombligo (m.) 옴블리고	엄지발가락	dedo gordo del pie (m.)/ pulgar del pie (m.) 데도 고르도 델 삐에/ 뿔가르 데 삐에
등	espalda (f.) 에스빨다		
척추, 등골	espina dorsal (f.)/ columna vertebral [espinal] (f.)/ vértebra (f.)/ espinazo (m.) 에스삐나 도르살/ 꼴룸나 베르떼브랄[에스삐날]/ 베르떼브라/ 에스삐나쏘	피부	piel (f.)/ cutis (주로 얼굴의) (m.) 삐엘/ 꾸띠스
		신경	nervio (m.) 네르비오
허리	cintura (f.) 씬뚜라	신경계(통)	sistema nervioso (m.) 씨스떼마 네르비오소
둔부, 엉덩이, 히프	caderas (f.pl.)/ nalgas (f.pl.)/culo (m.)/trasero (m.) 까데라스/ 날가스/ 꿀로/ 트라쎄로	건(腱), 힘줄	tendón (m.) 뗀똔
		근육	músculo (m.) 무스꿀로
넓적다리	muslo (m.) 무슬로	심장	corazón (m.) 꼬라손
무릎, 무릎 관절	rodilla (f.) 로디야	허파	pulmón (m.) (pulmones (pl.)) 뿔몬(복수: 뿔모네스)
다리, 하체	pierna (f.) 삐에르나		
발	pie (m.) 삐에	기관지	bronquio (m.) 브롱끼오
장딴지	pantorrilla (f.) 빤또리야	편도선	amígdala (f.) (주로 복수) 아미그달라

위(胃)	estómago (m.) 에스또마고	쓸개, 담낭	vesícula (f.) 베씨꿀라
간, 간장	hígado (m.) 이가도	동맥	arteria (f.) 아르떼리아
내장	intestinos (m.pl.)/ entrañas (f.pl.) 인떼스띠노스/ 엔트라냐스	정맥	vena (f.) 베나
신장, 콩팥	riñón (m.) 리뇬	피	sangre (f.) 쌍그레
방광	vejiga (f.) 베히가	뼈	hueso (m.) 우에소
맹장	apéndice (m.) 아뻰디쎄	관절	articulación (f.) 아르띠꿀라씨온

약국

이 근처에 약국이 어디에 있습니까?	¿Dónde hay una farmacia por aquí cerca? 돈데 아이 우나 화르마씨아 뽀르 아끼 쎄르까?	독감약을 원합니다[독감약 주십시오].	Quiero una medicina contra la gripe. 끼에로 우나 메디씨나 꼰트랄 라 그리뻬
안녕하십니까?	¡Hola! 올라!	아침부터 머리가 아픕니다. 두통약 좀 주십시오.	Me duele la cabeza desde la mañana. Déme un analgésico para el dolor de cabeza, por favor. 메 두엘렐 라 까베사 데스델 라 마냐나. 데메 운 아날헤씨꼬 빠라 엘 돌로르 데 까베사, 뽀르 화보르
어서 오십시오.	Bienvenido(-a). 비엔베니도(-다)		
약을 사러 왔습니다.	He venido a comprar un medicamento. 에 베니도 아 꼼쁘라르 운 메디까멘또		
감기약 있습니까?	¿Tiene medicamento para el resfriado? 띠에네 메디까멘또 빠라 엘 레스프리아도?	편두통, 심한 두통	migraña (f.) 미그라냐

복통	dolor de estómago [de vientre / de abdomen / de barriga] (m.) 돌로르 데 에스또마고[데 비엔트레/데 압도멘/데 바리가]		

복통 — dolor de estómago [de vientre / de abdomen / de barriga] (m.)
돌로르 데 에스또마고[데 비엔트레/데 압도멘/데 바리가]

요즘 저는 피곤은 한데 잠이 안 옵니다. 수면제 좀 주십시오. — Estoy cansado(-a) estos días, pero no puedo dormir. Déme un somnífero [un dormitivo], por favor.
에스또이 깐싸도(-다) 에스또스 디아스, 뻬로 노 뿌에도 도르미르, 데메 운 쏨니훼로[운 도르미띠보] 뽀르 화보르

며칠 전에 귀를 뚫었는데 염증이 생겨 항생제를 사러 왔습니다. — Me perforé la oreja hace unos días, pero se me inflamó, por eso he venido por un antibiótico.
메 뻬르포렐 라 오레하 아쎄 우노스 디아스, 뻬로 세 메 인플라모, 뽀르 에소 에 베니도 뽀르 운 안띠비오띠꼬

항생제 사러 왔습니다. — He venido a comprar un antibiótico.
에 베니도 아 꼼쁘라르 운 안띠비오띠꼬

아! 그럼 처방전을 보여 주십시오. — Ah!, entonces muéstreme la receta (médica).
아, 엔똔쎄쓰 무에스트레멜 라 레쎄따 (메디까)

저는 처방전이 없습니다. — No tengo la receta.
노 뗑골 라 레쎄따

저는 그것이 없습니다. — No la tengo.
놀 라 뗑고

*receta (f.)를 대명사 la 로 받음

항생제는 처방전 없이 약국에서 살 수 없습니다. — No se puede comprar antibióticos en las farmacias sin receta médica.
노 세 뿌에데 꼼쁘라르 안띠비오띠꼬스 엔 라스 화르마씨아스 씬 레쎄따 메디까

처방전 없이는 약을 사실 수 없습니다. — No puede comprar medicina sin prescripción.
노 뿌에데 꼼쁘라르 메디씨나 씬 프레스크립씨온

이 약은 처방전 없이는 살 수 없습니다. — Este medicamento no se puede comprar sin receta (médica).
에스떼 메디까멘도 노 세 뿌에데 꼼쁘라르 씬 레쎄따 (메디까)

저희는 처방전이 없으면 팔지 않습니다. — No vendemos sin receta.
노 벤데모스 씬 레쎄따

그럼 어떻게 해야 합니까? — Entonces, ¿qué debo hacer?
엔똔쎄쓰, 께 데보 아쎄르?

의사한테 가십시오[의사의 진찰을 받으십시오]. — Vaya al médico.
바야 알 메디꼬

병원에 가서 의사의 진찰을 받은 후 처방전을 받아 오십시오. — Vaya al hospital y traiga la receta después de que le examine el médico.
바야 알 오스삐딸 이 트라이갈 라 레쎄따 데스뿌에쓰 데 껠 레 엑싸미네 엘 메디꼬

(개인) 병원에 가서 진찰을 받고 처방전을 받아 오십시오.

Vaya a la clínica a que le examine y traiga la receta médica.

바야 알 라 끌리니까 아 껠레 엑싸미네 이 트라이갈 라 레쎄따 메디까

그래요? 그럼 어떤 의사에게[어떤 병원에] 가야 합니까?

¿Sí? ¿A qué médico tengo que ir?

씨? 아 께 메디꼬 뗑고 께 이르?

맞은편에 있는 피부과 의사에게[피부과에] 가시면 됩니다.

Vaya al dermatólogo que está enfrente.

바야 알 데르마똘로고 께 에스따 엔프렌떼

네, 알겠습니다. 감사합니다.

Sí, entendido. Gracias.

씨, 엔뗀디도. 그라씨아스

안녕히 가십시오.

Que le vaya bien./ Que se vaya bien./ Adiós.

껠 레 바야 비엔/ 께 세 바야 비엔/ 아디오스

처방전 없이 살 수 있는 약이 있습니까?

¿Tiene alguna medicina que pueda comprar sin receta?

띠에네 알구나 메디씨나 께 뿌에다 꼼쁘라르 씬 레쎄따?

이것이 어떻겠습니까?

¿Qué le parece esto?

껠 레 빠레세 에스또?

제게 처방전이 있습니다.

Tengo receta.

뗑고 레쎄따

그럼 처방전을 보여 주십시오.

Entonces muéstreme la receta (médica).

엔똔쎄쓰 무에스트레멜 라 레쎄따 (메디까)

네, 여기 있습니다.

Sí, aquí la tiene.

씨 아낄 라 띠에네

이 처방전대로 약을 지어 주십시오.

Por favor, prepáreme el medicamento según esta prescripción (médica).

뽀르 화보르, 프레빠레메 엘 메디까멘또 쎄군 에스따 프레스크립씨온 (메디까)

약을 조제해 드릴 테니까 잠시만 기다리십시오.

Espere un momento que le dispenso [dispensaré] la receta (médica).

에스뻬레 운 모멘또 껠 레 디스뻰쏠[디스뻰싸렐] 라 레쎄따 (메디까)

선생님, 약 여기 있습니다.

Señor, aquí está su medicamento.

쎄뇨르, 아끼 에스따 쑤 메디까멘또

이 약은 어떻게 복용해야만 합니까?

¿Cómo tengo que tomar este medicamento[esta medicina]?

꼬모 뗑고 께 또마르 에스떼 메디까멘또[에스따 메디씨나]?

알약, 정제

pastilla (f.)/píldora (f.)/tableta (f.)/(작은) comprimido (m.)

빠스띠야/ 삘도라/ 따블레따/ 꼼쁘리미도

시럽

jarabe (m.)

하라베

연고	ungüento (m.)/ pomada (f.) 운구엔또/ 뽀마다

하루에 3번 한 알씩 복용하시오.	Tome una pastilla tres veces al día. 또메 우나 빠스띠야 트레스 베세쓰 알 디아

식전에	antes de las comidas 안떼스 델 라스 꼬미다스

식후에	después de las comidas 데스뿌에쓰 델 라스 꼬미다스

하루에 3번 식전에 복용하시오.	Tres veces por día, antes de las comidas, por favor. 트레스 베세쓰 뽀르 디아, 안떼스 델 라스 꼬미다스, 뽀르 화보르

그것을 (=este medicamento) 하루에 3번 식후에 복용하십시오.	Tómelo tres veces al día después de las comidas. 또멜로 트레스 베세쓰 알 디아 데스뿌에쓰 델 라스 꼬미다스

그것을 (=este medicamento) 식후 30분 후에 복용하십시오.	Tómelo treinta minutos después de las comidas. 또멜로 트레인따 미누또스 데스뿌에쓰 델 라스 꼬미다스

매일 아침 알약 한 정씩 복용하십시오.	Tome un comprimido todos los días a la mañana. 또메 운 꼼쁘리미도 또로슬로스 디아스 알 라 마냐나

매일 밤 시럽 5ml를 복용하고 주무십시오.	Tome cinco mililitros de jarabe todas las noches y duerma. 또메 씽꼬 밀리리트로스 데 하라베 또다슬 라스 노체스 이 두에르마

안에 알약과 가루약이 들어 있습니다. 하루에 3번 식후에 바로 복용하십시오.	Adentro hay pastillas y medicina en polvo. Tóméselas inmediatamente después de las comidas tres veces al día. 아덴트로 아이 빠스띠야스 이 메디씨나 엔 뽈보. 또메셀 라스 인메디아따멘떼 데스뿌에쓰 델 라스 꼬미다스 트레 스 베세쓰 알 디아

안약을 드릴 테니, 1시간마다 한두 방울씩 넣으십시오.	Le daré un colirio, así que póngase una o dos gotas cada hora. 레 다레 운 꼴리리오, 아씨 께 뽕가세 우나 오 도스 고따 스 까다 오라

네, 알겠습니다.	Sí, entiendo. 씨, 엔띠엔도

감사합니다. 안녕히 가십시오.	Gracias, adiós. 그라씨아스, 아디오스

멀미약/멀미 알약 있습니까?	¿Tiene algún medicamento para el mareo/alguna pastilla[píldora] contra el mareo? 띠에네 알군 메디까멘또 빠라 엘 마레오/알구나 빠스 띠야[삘도라] 꼰트라 엘 마레오?

네, 얼마만큼의 약을 드릴까요?	Sí, ¿cuánto medicamento quiere? 씨, 꾸안또 메디까멘또 끼에레?	벌레 물린 데에 연고를 2시간마다 한 번씩 골고루 바르십시오.	Extienda uniformemente el ungüento sobre las picaduras de insecto(s) cada dos horas. 엑스띠엔다 우니포르메멘떼 엘 운구엔또 쏘브렐 라스 삐까두라스 데 인쎅또(스) 까다 도스 오라스
2인분의 약을 주십시오.	Déme medicamento para dos personas, por favor. 데메 메디까멘또 빠라 도스 뻬르쏘나스, 뽀르 화보르		
이 멀미약은 승차 30분 전에 복용하십시오.	Tómese este medicamento para el mareo treinta minutos antes de subir al coche. 또메세 에스떼 메디까멘또 빠라 엘 마레오 트레인따 미누또스 안떼스 데 쑤비르 알 꼬체	운동하다 넘어져서 상처가 났습니다.	Me lastimé al caerme mientras hacía gimnasia. 멜 라스띠메 알 까에르메 미엔트라스 아씨아 힘나씨아
이 약의 권고 복용량을 알려 주십시오.	Indíqueme la dosis sugerida de este medicamento, por favor. 인디께멜 라 도씨쓰 쑤헤리다 데 에스떼 메디까멘또, 뽀르 화보르	연고를 바른 후 이 일회용 반창고를 붙이면 상처가 빨리 나으니, 꼭 붙여 주십시오.	Se le curará más rápido la herida si después de ponerse el ungüento se coloca esta tirita, así que póngaselo sin falta. 셀 레 꾸라라 마쓰 라삐돌 라 에리다 씨 데스뿌에쓰 데 뽀네르세 엘 운구엔또 세 꼴로까 에스따 띠리따, 아씨 께 뽕가셀로 씬 활따
두통 진통제는 한 번에 두 알 이상 복용하지 마십시오.	No tome más de dos comprimidos del analgésico para el dolor de cabeza. 노 또메 마쓰 데 도스 꼼쁘리미도스 델 아날헤씨꼬 빠라 엘 돌로르 데 까베사	네, 알겠습니다.	Sí, entiendo. 씨, 엔띠엔도
		몸조리 잘 하십시오.	Cuídese bien. 꾸이데쎄 비엔
		감사합니다.	Gracias. 그라씨아스
모기들에게 물렸는데 물린 데에 염증이 생겼습니다[부었습니다].	Me picaron los mosquitos y se me inflamaron las picaduras. 메 삐까론 로스 모스끼또스 이 세 메 인플라마론 라스 삐까두라스	저는 두통을 멈추는 알약을 복용했습니다.	Me tomé una tableta para el dolor de cabeza. 메 또메 우나 따블레따 빠라 엘 돌로르 데 까베사

상처가 저절로 나았습니다.

La herida se curó sola.
라 에리다 세 꾸로 쏠라

아스피린/	aspirina (f.)/
비타민/	vitamina (f.)/
옥도정기/	tintura de yodo (f.)/
소독약/	desinfectante (m.)
소염제/	[antiséptico (m.)]/
거즈/	antiflogístico (m.)/
일회용반창고/	gasa (f.)[compresa
반창고/	(f.)]/
(탄력)붕대/	tirita (f.)/
안약/	esparadropo (m.)/
진통제/	vendaje (elastizado)
진정제/	(m.)[venda
좌약/	(elastizada) (f.)]/
생리대/	colirio (m.)[gotas
탐폰/	para los ojos (f.)]/
체온계/	analgésico (m.)
변비약/	[anodino (m.)]/
설사약[지사제]/	calmante (m.)/
항생제	supositorio (m.)

[cala (f.)]/
compresa higiénica
(f.)[paño higiénico
(m.)]/
tampón higiénico
(m.)/
termómetro
(clínico) (m.)/
laxativo (m.)
[medicamento
contra el
estreñimiento (m.)]/
medicamento
contra la diarrea (m.)/
antibiótico (m.)

아스삐리나/
비따미나/
띤뚜라 데 요도/
데쓰인훼딴떼[안띠쎕띠꼬]/
안띠플로히스띠꼬/
가사[꼼프레사]/
띠리따/
에스빠라드로뽀/
벤다헤 (엘라스띠싸도)[벤다
(엘라스띠싸다)]/
꼴리리오[고따스 빠랄 로스
오호스]/
아날헤씨꼬[아노디노]/
깔만떼/
쑤뽀씨또리오[칼라]/
꼼프레사 이히에니까[빠뇨
이히에니꼬]/
땀뽄 이히에니꼬/
떼르모메트로 (끌리니꼬)/
락싸띠보[메디까멘도 꼰트라
엘 에스트레니미엔또]/
메디까멘또 꼰트랄 라 디아
레아/
안띠비오띠꼬

감기약

medicamento para
[contra] el resfriado
(m.)/medicina para
[contra] el resfriado
(f.)/medicina para
[contra] el
constipado (f.)/
anticatarrhal (m.)/
antigripal (m.)/
antitusígeno (m.)

메디까멘또 빠라[꼰트라] 엘
레스프리아도/
메디씨나 빠라[꼰트라] 엘 레
스프리아도/ 메디씨나 빠라
[꼰트라] 엘 꼰스띠빠도/
안띠까따랄/ 안띠그리빨/
안띠뚜씨헤노

독감약	medicamento para [contra] la gripe (m.)/ medicina para [contra] la gripe (f.) 메디까멘또 빠랄[콘트랄] 라 그리뻬/ 메디씨나 빠랄[꼰트랄] 라 그리뻬	구토약	medicamento contra las náuseas (m.) 메디까멘또 꼰트랄 라스 나우세아스
		멀미약	medicamento para el mareo (m.) 메디까멘또 빠라 엘 마레오
기침약, 해수약(咳嗽藥)	pastilla para la tos (f.)/jarabe para [contra] la tos (m.) 빠스띠야 빠랄 라 또스/ 하라베 빠랄[꼰트랄] 라 또스	멀미 알약	pastilla[píldora] contra el mareo (f.) 빠스띠야[삘도라] 꼰트라 엘 마레오
		해열제	antipirético (m.)/ febrífugo (m.) 안띠삐레띠꼬/훼브리후고
기침 감기약	medicamento para [contra] la tos y el resfrío (m.)/ medicina para [contra] la tos y el resfrío (f.) 메디까멘또 빠랄[꼰트랄] 라 또스 이 엘 레스프리오/ 메디씨나 빠랄[꼰트랄] 라 또스 이 엘 레스프리오	수면제	medicamento contra el insomnio (m.)/ remedio para el insomnio (m.)/ medicamento soporífero (m.)/ soporífero (m.)/ dormitivo (m.) 메디까멘또 꼰트라 엘 인쏨니오/ 레메디오 빠라 엘 인쏨니오/ 메디까멘또 쏘뽀리훼로/ 쏘뽀리훼로/ 도르미띠보
두통약	medicamento contra el dolor de cabeza (m.) 메디까멘또 꼰트라 엘 돌로르 데 까베사		
두통 진통제	analgésico para el dolor de cabeza (m.) 아날헤씨꼬 빠라 엘 돌로르 데 까베사	복통약	medicamento contra el dolor de estómago [de vientre/de abdomen/de barriga] (m.) 메디까멘또 꼰트라 엘 돌로르 데 에스또마고[데 비엔트레/데 압도멘/데 바리가]
편두통약	medicamento contra la migraña (m.) 메디까멘또 꼰트랄 라 미그라냐		

소화제	digestivo (m.) 디헤스띠보	경구 피임약	píldora (f.)/ pastilla[píldora] anticoncepcional (f.)/anticonceptivo oral (m.) 삘도라/ 빠스띠얘[삘도라] 안띠꼰쎕씨오날/ 안띠꼰쎕띠보 오랄
위장약	medicamento gastrointestinal (m.) 메디까멘또 가스트로인떼스 띠날		
습포제	compresa húmeda (f.) 꼼프레사 우메다	피임약	medicina anticonceptiva [contraconceptiva] (f.) 메디씨나 안띠꼰쎕띠배[꼰트 라꼰쎕띠바]
찜질요법, 습포	cataplasma (f.) 까따쁠라쓰마		
파스	cataplasma (f.) 까따쁠라쓰마	피임 알약	tableta anticonceptiva (f.) 따블레따 안띠꼰쎕띠바
탈지면	algodón hidrófilo (m.)/algodón absorbente (m.)/ absorbente higiénico (m.)/ compresa (f.) 알고돈 이드로휠로/ 알고돈 압소르벤떼/ 압쏘르벤떼 이 히에니꼬/ 꼼프레사	콘돔	condón (m.)/ preservativo (m.)/ profiláctico (m.)/ ((속어)) goma (f.) 꼰돈/ 쁘레쎄르바띠보/ 쁘로휠락띠꼬/ 고마
(하드/소프트) 콘택트렌 즈용 용액	solución para lentes de contacto duros[rígidos] / blandos) (f.) 쏠루씨온 빠랄 렌떼스 데 꼰 딱또 (두로스[리히도스]/브 란도스)	살충제	insecticida (m.) 인쎅띠씨다

긴급 상황 알리기

위험해(요)!	¡Peligro! 뻴리그로!	도와주세요!	¡Ayuda! 아유다!
조심해(요)!, 위험해(요)!, 주의해(요)!	¡Cuidado! 꾸이다도!	절 도와주세요!	¡Ayúde(n)me! 아유데(덴)메!
도둑 조심!	¡Cuidado con los ladrones! 꾸이다도 꼰 로슬 라드로네스!	사람 살려!, 살려 주세요! 구해주세요!, 도와주세요!	¡Socorro! 소꼬로!
불이야!	¡Fuego!/¡Incendio! 후에고!/ 인쎈디오!	도와주세요!	¡SOS! 에쓰오에쓰!
불이 났어요!	¡Hay fuego! 아이 후에고!	저 물에 빠졌어요!	¡Me ahogo! 메 아오고!
가스야!	¡Gas! 가스!	누구 없어요?	¿No hay nadie? 노 아이 나디에?
문 여세요!	¡Abra! 아브라	꼼짝 마, 움직이면 쏜다!	¡No te muevas, o disparo! 노 떼 무에바스, 오 디스빠로!
밖으로 나가세요!	¡Afuera! 아후에라	손들어!	¡Levanta las manos! 레반딸 라스 마노스!
소방서에 전화해주세요!	¡Llame(n) a los bomberos! 야메(멘) 알 로스 봄베로스!	손들어! 가지고 있는 거 다 내놔!	¡Arriba las manos![¡Manos arriba!] ¡Dame todo lo que llevas! 아리발 라스 마노스[마노스 아 리바]! 다메 또돌 로 께 예바스!
소방서가 몇 번입니까?	¿Cuál es el número de los bomberos? 꾸알 에스 엘 누메로 델 로 스 봄베로스?	다 가져가고, 목숨만 살 려주세요!	¡Lléveselo todo, pero no me mate! 예베셀로 또도, 뻬로 노 메 마떼!
빨리 도움 요청하세요!	¡Busque ayuda rápido! 부스께 아유다 라삐도!		

도둑이야, 강도야!	¡Ladrón! /¡Hay un ladrón! /¡Al ladrón! /¡Ladrones! 라드론/ 아이 운 라드론! /알 라드론! / 라드로네스!	112입니다.	Es el 112. 에스 엘 우노 우노 도스
도둑이야! 잡아라!	¡Un ladrón! ¡Agárrenlo! 운 라드론! 아가렌로!	절 도와주세요! 제 아들을 잃어버렸어요!	¡Ayúdenme! ¡He perdido a mi hijo! 아유덴메! 에 뻬르디도 아 미 이호!
거기 서라!	¡Alto ahí! 알또 아이!	함께 갑시다!	¡Que venga conmigo! 께 벵가 꼰미고!
경찰 불러 주세요.	Llame(n) a la policía, por favor. 야메(멘) 알 라 뽈리씨아, 뽀르 화보르	미아 찾기 방송은 어디서 합니까?	¿Dónde hacen el anuncio radial de niños perdidos? 돈데 아쎈 엘 아눈씨오 라디알 데 니뇨스 뻬르디도스?

분실 · 도난

맙소사! (무엇을 잃어버리고)	¡Adiós mi dinero! 아디오스 미 디네로!	저는 여기에 마드리드발 12시 50분 기차로 도착했습니다.	He llegado aquí en el tren que salia a la una menos diez de Madrid. 에 예가도 아끼 엔 엘 트렌 께 쌀리아 알 라 우나 메노스 디에스 데 마드릳
유실물 보관소[분실물 취급소]는 어디에 있습니까?	¿Dónde está la oficina de objetos perdidos? 돈데 에스딸 라 오휘씨나 데 옵헤또스 뻬르디도스?		
유실물 센터는 어디에 있습니까?	¿Dónde está el centro de objetos perdidos? 돈데 에스따 엘 쎈트로 데 옵헤또스 뻬르디도스?	어떤 종류의 가방을 두고 내리셨습니까?	¿Qué clase de bolsa ha dejado? 께 끌라세 데 볼사 아 데하도?
		흰 숄더백입니다.	Una bandolera blanca. 우나 반돌레라 쁠랑까
여보세요, 기차에 가방을 두고 내렸습니다.	Oiga, he dejado mi bolsa en el tren. 오이가, 에 데하도 미 볼사 엔 엘 트렌	무엇이 들어 있습니까?	¿Qué contiene? 께 꼰띠에네?
어느 기차예요?	¿En qué tren? 엔 께 트렌?	가이드북이 있습니다.	Una guía. 우나 기아

도와주세요! 핸드백을 분실했어요!	¡Ayúdenme! ¡He perdido mi bolso!
	아유덴메! 에 뻬르디도 미 볼소!

그것을 오늘 아침에 버스에서 분실했습니다.	Lo perdí en el autobús esta mañana.
	로 뻬르디 엔 엘 아우또부스 에스따 마냐나
	*bolso (m.)를 대명사 lo 로 받음

지하철에서 핸드백을 분실했습니다.	He extraviado mi bolso en el metro.
	에 엑쓰트라비아도 미 볼소 엔 엘 메트로

장갑을 잃어버렸습니다.	He perdido los guantes.
	에 뻬르디돌 로스 구안떼스

저는 캠핑[야영] 중에 시계를 분실했습니다.	He extraviado el reloj durante el campamento.
	에 엑쓰트라비아도 엘 렐로흐 두란떼 엘 깜빠멘또

유실물 신고서를 작성하십시오. 곧 연락드리겠습니다.	Rellene el formulario de objetos perdidos. Le llamaremos pronto.
	레예네 엘 포르물라리오 데 옵헤또스 뻬르디도스. 레 야마레모스 쁘론또

전화 기다리겠습니다. 제 전화번호 여기 있습니다.	Espero su llamada. Aquí tiene mi número de teléfono.
	에스뻬로 쑤 야마다. 아끼 띠에네 미 누메로 데 뗄레포노

경찰서가 어디에 있습니까?	¿Dónde está la estación de policía[la comisaría de policía]?
	돈데 에스딸 라 에스따씨온 데 뽈리씨아[라 꼬미싸리아 데 뽈리씨아]?

도난 사건을 신고하고 싶습니다.	Quiero denunciar un robo. / Quiero hacer una declaración de robo.
	끼에로 데눈씨아르 운 로보/ 끼에로 아쎄르 우나 데끌라라씨온 데 로보

제 지갑을 소매치기 당했습니다.	Me han robado la cartera.
	메 안 로바돌 라 까르떼라

어디서 그것(=지갑)을 잃어버렸는지 기억이 나지 않습니다.	No me acuerdo dónde la perdí.
	노 메 아꾸에르도 돈델 라 뻬르디
	*cartera (f.)를 대명사 la 로 받음

도난 신고서를 한 부 주십시오.	Por favor, déme una copia de mi formulario de declaración de robo.
	뽀르 화보르, 데메 우나 꼬삐아 데 미 포르물라리오 데 데끌라라씨온 데 로보

사고 신고서를 한 부 주시겠습니까?	Por favor, ¿me da una copia del formulario de incidente?
	뽀르 화보르, 메 다 우나 꼬삐아 델 포르물라리오 데 인씨덴떼?

저희가 당신과 연락을 취할 수 있는 곳을[연락처] 여기에 적어주십시오.

Escribe aquí donde podemos ponernos en contacto con usted.
에스크리베 아끼 돈데 뽀데모스 뽀네르노스 엔 꼰딱또 꼰 우스뗄

어디에 서명해야 합니까?

¿Dónde hay que firmar?
돈데 아이 께 휘르마르?

이 줄에 해 주십시오.

En esta línea, por favor.
엔 에스따 리네아, 뽀르 화보르

언제쯤 어디서 그것(=지갑)을 되찾을 수 있을까요?

¿Cuándo y en dónde puedo recobrarla?
꾸안도 이 엔 돈데 뿌에도 레꼬브라를라?

저는 금요일까지 머무를 것입니다. 꼭 연락 주십시오.

Voy a permanecer hasta el viernes. Por favor, no olviden llamarme.
보이 아 뻬르마네쎄르 아스따 엘 비에르네스, 뽀르 화보르, 노 올비덴 야마르메

알아보고 연락드리겠습니다.

Después de averiguar, voy a contactarle.
데스뿌에쓰 데 아베리구아르, 보이 아 꼰딱따를레

당신 지갑을 찾게 되면, 연락드리겠습니다.

Si encontramos su cartera, le avisaremos.
씨 엔꼰트라모스 쑤 까르떼라, 레 아비사레모스

감사합니다.

Gracias.
그라씨아스

한국어를 하는 사람을 불러주십시오.

Llame a alguien que hable coreano, por favor.
야메 아 알기엔 께 아블레 꼬레아노, 뽀르 화보르

여권을 분실했습니다.

He perdido mi pasaporte.
에 뻬르디도 미 빠사뽀르떼

여권 번호가 기억나지 않습니다.

No me acuerdo del número de pasaporte.
노 메 아꾸에르도 델 누메로 데 빠사뽀르떼

분실 증명서를 만들어주십시오.

Hágame un certificado de pérdida, por favor.
아가메 운 쎄르띠휘까도 데 뻬르디다, 뽀르 화보르

어디서 그것(=여권)을 분실하셨습니까?

¿En dónde lo ha perdido?
엔 돈델 로 아 뻬르디도?
*pasaporte (m.)를 대명사 lo로 받음

모르겠습니다. 어디선가 도난당했습니다.

No sé. Me lo han robado en alguna parte.
노 쎄. 멜 로 안 로바도 엔 알구나 빠르떼

지금 대한민국대사관[남한대사관]에 연락 부탁드립니다.

Por favor, llame ahora a la Embajada de la República de Corea[la Embajada de Corea del Sur].
뽀르 화보르, 야메 아오라 알 라 엠바하다 델 라 레뿌블리까 데 꼬레아[라 엠바하다 데 꼬레아 델 쑤르]

대한민국대사관[남한대사관]에는 어떻게 가는지 말씀해 주십시오.	Dígame cómo se va a la Embajada de la República de Corea[la Embajada de Corea del Sur], por favor. 디가메 꼬모 세 바 알 라 엠바하다 델 라 레뿌블리까 데 꼬레아[라 엠바하다 데 꼬레아 델 쑤르], 뿌르 화보르	곧 해주실 수 있습니까?	¿Podría hacerlo pronto? 뽀드리아 아쎄를로 쁘론또?
여권을 재발급 받고 싶습니다.	Quiero que me expida un nuevo pasaporte. 끼에로 께 메 엑쓰삐다 운 누에보 빠사뽀르떼	여기서는 할 수 없습니다.	No podemos aquí. 노 뽀데모스 아끼
		여기서 가까운 어느 역에서 그것을 재발행해 줍니까[그것을 재발행해줄 수 있는 여기서 가까운 역이 어디입니까]?	¿En qué estación cerca de aquí pueden hacerlo? 엔 께 에스따씨온 쎄르까 데 아끼 뿌에덴 아쎄를로?
다행히도 저는 도둑맞은 여권을 찾았습니다.	Afortunadamente recobré el pasaporte que me habían robado. 아포르뚜나다멘떼 레꼬브레 엘 빠사뽀르떼 께 메 아비안 로바도	발렌시아입니다.	Valencia. 발렌씨아
여보세요, 유레일패스를 분실했습니다.	Oiga, he perdido el 'Eurailpass'. 오이가, 에 뻬르디도 엘 '에우라일빠스'	신용 카드를 분실했습니다. 그것을 정지해주시겠습니까?	He perdido mi tarjeta de crédito. ¿La puede bloquear, por favor? 에 뻬르디도 미 따르헤따 데 크레디또. 라 뿌에데 블로께아르 뽀르 화보르? *tarjera (f.)를 대명사 la로 받음
그것을(=유레일패스) 재발행해주시겠습니까?	¿Podría emitirlo de nuevo? 뽀드리아 에미띠를로 데 누에보? *Eurailpass (m.)를 대명사 lo로 받음	카드 번호는 적어 두지 않았습니다.	No tengo apuntado el número de la tarjeta. 노 뗑고 아뿐따도 엘 누메로 델 라 따르헤따
사본을 가지고 계십니까?	¿Tiene la copia? 띠에넬 라 꼬삐아?	카드를 재발급해 주시겠습니까[새 카드를 발급해 주시겠습니까]?	¿Me puede emitir una tarjeta nueva? 메 뿌에데 에미띠르 우나 따르헤따 누에바?
네, 여기 있습니다.	Sí, aquí está. 씨, 아끼 에스따	제 여행자 수표들을 분실했습니다.	He perdido mis cheques de viajero. 에 뻬르디도 미스 체께스 데 비아헤로

그것들을 다시 발행해 주시겠습니까?	¿Podría emitarlos de nuevo? 뽀드리아 에미따를로스 데 누에보? ＊cheques (m.pl)를 대명사 los로 받음	발행사본도 도난당했습니다.	Me han robado la copia también. 메 안 로바돌 라 꼬뻬아 땀비엔
어디서 언제 그것들을 분실했습니까?	¿En dónde y cuándo he los perdido? 엔 돈데 이 꾸안도 엘 로스 뻬르디도?	난처한 일이군요! 어느 은행에서 그것들을 구입하셨습니까?	¡Qué problema! ¿En qué banco los ha comprado? 께 프로블레마! 엔 께 방꼴로스 아 꼼쁘라도?
어제 지하철에서 그것들을 도난당했습니다.	Me los han robado en el metro ayer. 멜 로스 안 로바도 엔 엘 메트로 아예르	어디서 그것들을 구입하셨습니까?	¿En dónde los ha comprado? 엔 돈델 로스 아 꼼쁘라도?
발행 사본이 있습니까?	¿Tiene la copia de emisión? 띠에넬 라 꼬뻬아 데 에미씨온?	아메리칸 익스프레스 서울지점입니다.	En la sucursal del 'American Express' en Seúl. 엔 라 수꾸르쌀 델 '아메리칸 엑쓰프레쓰' 엔 쎄울
네, 여기 있습니다.	Sí, aquí está. 씨, 아끼 에스따?	서울에 있는 한국외환은행입니다.	En el Banco de 'Korea Exchange Bank' en Seúl. 엔 엘 방꼬 데 꼬리아 익스체인지 뱅크 엔 쎄울
이 번호에서 이 번호까지 사용했습니다.	He usado de este número a este(=éste). 에 우사도 데 에스떼 누메로 아 에스떼	잠시만 기다려 주십시오.	Un momento, por favor. 운 모멘또, 뽀르 화보르
여행자 수표 재발급 받으려면, 구매자 확인 증명서가 필요합니까?	Para la reemisión del cheque de viajero, ¿se necesita el documento de verificación del comprador? 빠랄 라 레에미씨온 델 체께 데 비아헤로, 세 네쎄씨따 엘 도꾸멘또 데 베리휘까씨온 델 꼼쁘라도르?	저희가 확인했으니 그것들을 다시 발행해 드리겠습니다.	Lo hemos confirmado y los emitiremos de nuevo. 로 에모스 꼰휘르마도 일 로스 에미띠레모스 데 누에보
		감사합니다.	Gracias. 그라씨아스

사고가 났습니다.	Ha habiado un accidente. 아 아비아도 운 악씨덴떼	숨을 쉬지 않습니다. 누구 심폐 소생술을 하실 줄 아는 분 없으세요?	¡No respira! ¿Alguien sabe hacer una reanimación cardiopulmonar (RCP)? 노 레스삐라! 알기엔 싸베 아쎄르 우나 레아니마씨온 까르디오뿔모나르(에레쎄뻬)?
…로부터 약 2킬로미터 거리입니다.	Está a unos dos kilómetros de … 에스따 아 우노스 도스 낄로메트로스 데 …		
부상자가 있습니다.	Hay gente herida. 아이 헨떼 에리다	아이가 넘어졌습니다.	Se ha caído el niño/la niña. 세 아 까이도 엘 니뇨/라 니냐
여기 부상자 있어요!	¡Aquí hay un herido!/una herida! 아끼 아이 운 에리도!/우나 에리다!	그(녀)는 머리를 부딪쳤습니다.	Se ha dado un golpe en la cabeza. 세 아 다도 운 골뻬 엔 라 까베사
여기, 사람이 차에 치었어요.	Aquí una persona ha sido atropellada por un coche. 아끼 우나 뻬르쏘나 아 씨도 아트로뻬야다 뽀르 운 꼬체	그(녀)는 의식이 없습니다.	Está inconsciente. 에스따 인꼰씨엔떼
그는 차에 치었습니다.	Él fue atropellado por un vehículo. 엘 후에 아트로뻬야도 뽀르 운 베이꿀로	그(녀)는 피를 흘리고 있습니다.	Está sangrando. 에스따 쌍그란도
		그(녀)는 출혈이 심합니다.	Está sangrando mucho. 에스따 쌍그란도 무초
그는 칼에 찔렸습니다.	Él fue apuñalado con un cuchillo. 엘 후에 아뿌냘라도 꼰 운 꾸치요	그(녀)는 (매우 심한) 부상을 입었습니다.	Tiene una herida (muy seria). 띠에네 우나 에리다 (무이 쎄리아)
그(녀)는 의식을 잃고 실신했습니다.	Perdió la conciencia y se desmayó. 뻬르디올 라 꼰씨엔씨아 이 세 데스마요	그(녀)의 팔이 부러졌습니다.	Su brazo está roto. 쑤 브라소 에스따 로또
		그(녀)의 발목이 부어올랐습니다.	Su tobillo está hinchado. 쑤 또비요 에스따 인차도
심장 발작 같습니다.	Creo que es un ataque cardiaco. 크레오 께 에스 운 아따께 까르디아꼬	저는 움직일 수가 없습니다.	No puedo moverme. 노 뿌에도 모베르메

제 팔이 부러졌습니다.	Se me rompió el brazo. 세 메 롬삐오 엘 브라소	의사를 불러주시겠습니까?	¿Puede llamar a un médico? 뿌에데 야마르 아 운 메디꼬?
구조대는 어디에 있나요?	¿Dónde está la patrulla de rescate? 돈데 에스딸 라 빠트루야 데 레스까떼?	의사가 빨리 필요합니다.	Necesito un médico rápidamente. 네쎄씨또 운 메디꼬 라삐다멘떼
구조대 좀 불러주세요.	Llame a la patrulla de rescate, por favor. 야메 알 라 빠트루야 데 레스까떼, 뽀르 화보르	이 근처에 병원 있습니까?	¿Hay algún hospital por aquí cerca? 아이 알군 오스삐딸 뽀르 아끼 쎄르까?
구급차 좀 불러주세요.	Llame a la ambulancia, por favor. 야메 알 라 암불란씨아, 뽀르 화보르		
의사/구급차 불러주세요!	¡Llame(n) a un doctor[un médico]/ una ambulancia! 야메(멘) 아 운 독또르[운 메디꼬]/우나 암불란씨아!		
경찰 좀 불러 주세요.	Llame(n) a la policía, por favor. 야메(멘) 알 라 뽈리씨아, 뽀르 화보르		
여기에 의사 있습니까?	¿Hay un médico aquí? 아이 운 메디꼬 아끼?		
여기에 의사나 간호사 있습니까?	¿Hay aquí algún médico o enfermero? 아이 아끼 알군 메디꼬 오 엔훼르메로?		
의사 데려 오세요!	¡Busque un doctor! 부스께 운 독또르!		

PARTE
III

부 록

개인신상자료

성(姓)	apellido (m.) 아뻬이도		현주소	domicilio (actual) (m.) 도미씰리오 (악뚜알)
이름	nombre (m.) 놈브레		회사이름	nombre de la compañía (m.) 놈브레 델 라 꼼빠니아
성명(姓名)	nombre y apellido 놈브레 이 아뻬이도		직업	ocupación (f.)/ profesión (f.) 오꾸빠씨온/ 프로훼씨온
생년월일	fecha de nacimiento (f.) 훼차 데 나씨미엔또		여권번호	número de pasaporte (m.) 누메로 데 빠사뽀르떼
성별(性別)	sexo (m.) 쎅쏘		여권발급일	fecha de expedición del pasaporte (f.) 훼차 데 엑쓰뻬디씨온 델 빠사뽀르떼
남성, 남자	hombre (m.) 옴브레		여권만료일	fecha de expiración de pasaporte (f.) 훼차 데 엑쓰삐라씨온 데 빠사뽀르떼
여성, 여자	mujer (f.) 무헤르		출발 시간/도착 시간	hora de partida[salida] (f.)/ hora de llegada (f.) 오라 데 빠르띠다[쌀리다]/ 오라 데 예가다
혈액형	grupo sanguineo (m.) 그루뽀 쌍기네오			
키, 신장	estatura (f.)/ altura (f.)/talla (f.) 에스따뚜라/ 알뚜라/ 따야		출발 날짜/도착 날짜	fecha de partida[salida] (f.)/ fecha de llegada (f.) 훼차 데 빠르띠다[쌀리다]/훼차 데 예가다
국적	nacionalidad (f.) 나씨오날리닫		출발일/도착일	día de partida[salida] (m.)/día de llegada (m.) 디아 데 빠르띠다[쌀리다]/ 디아 데 예가다
본적	domicilio permanente (m.)/domicilio legal (m.) 도미씰리오 뻬르마넨떼/ 도미씰리올 레갈			

직업	ocupación (f.)/ profesión (f.) 오꾸빠씨온/ 프로풰씨온		교수	profesor(-a) (m.),(f.) 프로풰쏘르(–라)
무직의	sin ocupación/sin trabajo/ sin empleo 씬 오꾸빠씨온/ 씬 트라바호/ 씬 엠쁠레오		작가	autor(-a) (m.),(f.)/ escritor(-a) (m.),(f.) 아우또르(–라)/ 에스크리또르(–라)
학생	estudiante (m.),(f.) 에스뚜디안떼		시인/여류시인	poeta (m.)/poetisa (f.) 뽀에따/ 뽀에띠사
가정주부	ama de casa (f.)/madre de familia (f.) 아마 데 까사/ 마드레 데 화밀리아		화가	pintor(-a) (m.),(f.) 삔또르(–라)
농부	agricultor(-a) (m.),(f.)/ labriego(-a) (m.),(f.) 아그리꿀또르(–라)/ 라브리에고(–가)		의사	médico(-a) (m.),(f.)/ doctor(-a) (m.),(f.) 메디꼬(–까)/ 독또르(–라)
어부	pescador(-a) (m.),(f.) 뻬스까도르(–라)		간호사	enfermero(-a) (m.),(f.) 엔풰르메로(–라)
회사원	empleado(-a) de oficina (m.),(f.)/oficinista (m.),(f.) 엠쁠레아도(–다) 데 오휘씨나/ 오휘 씨니스따		건축가	arquitecto(-a) (m.),(f.) 아르끼떽또(–따)
			엔지니어, 기사	ingeniero(-a) (m.),(f.) 인헤니에로(–라)
은행원	empleado(-a) bancario (m.),(f.)/empleado(-a) de banca (m.),(f.) 엠쁠레아도(–다) 방까리오/ 엠쁠레 아도(–다) 데 방까		조종사	piloto (m.),(f.) 삘로또
			가수	cantante (m.),(f.)/ cantor(-a) (m.),(f.) 깐딴떼/ 깐또르(–라)
공무원	funcionario(-a) (m.),(f.) 푼씨오나리오(–아)		지휘자	director(-a) (m.),(f.) 디렉또르(–라)
사업가	hombre de negocios (m.) 옴브레 데 네고씨오스		연극배우	comediante (m.),(f.) 꼬메디안떼
교사	instructor(-a) (m.),(f.)/ profesor(-a) (m.),(f.)/ maestro(-a) (m.),(f.) 인스트룩또르(–라)/ 프로풰쏘르(– 라)/ 마에스트로(–라)		연출가(연극의)	director(-a) (de teatro) (m.),(f.) 디렉또르(–라) (데 떼아트로)
			연출가(영화 · 텔레비전 · 연극의)	productor(-a) (m.),(f.) 프로둑또르(–라)

참고단어 및 표현

영화배우	actor(-a) (de cine) (m.),(f.) 악또르(-라) (데 씨네)
영화감독	director(-a) de cine (m.),(f.) 디렉또르(-라) 데 씨네
경찰관	policía (m.),(f.)/agente de policía (m.),(f.) 뽈리씨아/ 아헨떼 데 뽈리씨아
소방관	bombero(-a) (m.),(f.) 봄베로(-라)
양재사	modisto(-a) (m.),(f.) 모디스또(-따)
이발사, 미용사	peluquero(-a) (m.),(f.)/ peinador(-a) (m.),(f.) 뻴루께로(-라)/ 뻬이나도르(-라)
우편집배원, 우체부	cartero(-a) (m.),(f.) 까르떼로(-라)
운전기사	chófer (m.),(f.)/ conductor(-a) (m.),(f.) 초페르/ 꼰둑또르(-라)

점원	dependiente (m.),(f.)/ empleado(-a) de tienda (m.),(f.)/ayudante (m.),(f.) 데뻰디엔떼/ 엠쁠레아도(-다) 데 띠엔다/ 아유단떼
매니저, 지배인	director(-a) (m.),(f.)/ gerente (m.),(f.) 디렉또르(-라)/ 헤렌떼
가이드, 안내자	guía (m.),(f.) 기아
파출부, 가정부	empleada (f.) 엠쁠레아다
(대외) 무역	comercio (exterior) (m.) 꼬메르씨오 (엑쓰떼리오르)
무역회사	sociedad comercial (f.)/ compañía de comercio exterior (f.) 쏘씨에닫 꼬메르씨알/ 꼼빠니아 데 꼬메르씨오 엑쓰떼리오르
운수(運輸)	transporte (m.) 트란스뽀르떼

가족 · 친지

가족	familia (f.) 화밀리아
배우자	cónyuge (m.),(f.)/ esposo(-a) (m.),(f.) 꽁유헤/ 에스뽀소(-사)
남편	esposo (m.)/marido (m.) 에스뽀소/ 마리도
아내	esposa (f.)/mujer (f.) 에스뽀사/ 무헤르
부부	marido y mujer/ cónyuges (m.pl.)/

	matrimonio (m.)/ esposos (m.pl.)/pareja (f.) 마리도 이 무헤르/ 꽁유헤스/ 마트리모니오/ 에스뽀소스/ 빠레하
양친	padres (m.pl.)/ padre y madre 빠드레스/ 빠드레 이 마드레
자식	hijos (m.pl.)/hijo e hija/ niños (m.pl.) 이호스/ 이호 에 이하/ 니뇨스
아버지/어머니	padre (m.)/madre (f.) 빠드레/ 마드레

아들/딸	hijo (m.)/hija (f.) 이호/ 이하
장남	hijo mayor (m.)/ primogénito (m.) 이호 마요르/ 쁘리모헤니또
장녀	hija mayor (f.)/ primogénita (f.) 이하 마요르/ 쁘리모헤니따
차남/차녀	segundo hijo (m.)/ segunda hija (f.) 쎄군도 이호/ 쎄군다 이하
막내 아들/막내 딸	hijo menor (m.)/ hija menor (f.) 이호 메노르/ 이하 메노르
친할아버지/ 외할아버지	abuelo paterno (m.)/ abuelo materno (f.) 아부엘로 빠떼르노/ 아부엘로 마떼르노
친할머니/외할머니	abuela paterna (f.)/ abuela materna (f.) 아부엘로 빠떼르나/ 아부엘로 마떼르나
손자/손녀	nieto (m.)/nieta (f.) 니에또/ 니에따
형[오빠]/남동생	hermano mayor (m.)/ hermano menor (m.) 에르마노 마요르/ 에르마노 메노르
언니[누나]/여동생	hermana mayor (f.)/ hermana menor (f.) 에르마나 마요르/ 에르마나 메노르
아저씨/아주머니	tío (m.)/tía (f.) 띠오/ 띠아
남자 조카/ 여자 조카	sobrino (m.)/sobrina (f.) 쏘브리노/ 쏘브리나
남자 사촌/ 여자 사촌	primo (m.)/prima (f.) 쁘리모/ 쁘리마
약혼자	novio(-a) (m.),(f.)/ prometido(-a) (m.),(f.)/ comprometido(-a) (m.),(f.)/

	futuro(-a) (m.),(f.) 노비오(-아)/ 프로메띠도(-다)/ 꼼프로메띠도(-다)/ 후뚜로(-라)
시가, 처가, 처갓집	familia política (f.) 화밀리아 뽈리띠까
매형, 매부, 매제, 처남, 시동생, 시숙, 동서	hermano político (m.) 에르마노 뽈리띠꼬
처형, 처제, 계수(季嫂), 제수	hermana política (f.) 에르마나 뽈리띠까
사위	hijo político (m.) 이호 뽈리띠꼬
며느리	hija política (f.) 이하 뽈리띠까
장인, 시아버지, 의붓 아버지, 양아버지	padre político (m.) 빠드레 뽈리띠꼬
장모, 시어머니, 의붓 어머니, 양어머니	madre política (f.) 마드레 뽈리띠까
이복형제, 이부형제	hermanastro (m.) 에르마나스트로
이복자매, 이부자매	hermanastra (f.) 에르마나스트라
소년	chico (m.)/niño (m.)(주로 12세까지)/muchacho (m.) (주로 18세까지) 치꼬/ 니뇨/ 무차초
소녀	chica (f.)/niña (f.)/ muchacha (f.) 치까/ 니냐/ 무차차
갓난아이	bebé (m.)(주로 한 살 미만의)/ bebe (m.),(f.) 베베/ 베베
어린 아이	niño(-a) (m.),(f.) 니뇨(-나)
친구	amigo(-a) (m.),(f.) 아미고(-가)

1월	enero 에네로		월말에	a finales de mes 아 휘날레스 데 메쓰
2월	febrero 훼브레로		지난 주	la semana pasada 라 쎄마나 빠사다
3월	marzo 마르소		이번 주	esta semana 에스따 쎄마나
4월	abril 아브릴		다음 주	la próxima semana/ la semana próxima/ la semana entrante/ la semana venidera/ la semana que viene [entra] 라 프록씨마 쎄마나/ 라 쎄마나 프 록씨마/ 라 쎄마나 엔트란떼/ 라 쎄 마나 베니데라/ 라 쎄마나 께 비에 네[엔트라]
5월	mayo 마요			
6월	junio 후니오			
7월	julio 훌리오			
8월	agosto 아고스또		지난달	el mes pasado 엘 메쓰 빠사도
9월	septiembre 쎕띠엠브레		이번 달	este mes 에스떼 메쓰
10월	octubre 옥또브레		다음달	el próximo mes/ el mes próximo/ el mes entrante/ el mes venidero/ el mes que viene[entra] 엘 프록씨모 메쓰/ 엘 메쓰 프록씨 모/ 엘 메쓰 엔트란떼/ 엘 메쓰 베 니데로/ 엘 메쓰 께 비에네[엔트라]
11월	noviembre 노비엠브레			
12월	diciembre 디씨엠브레			
…월에	en … 엔 📕 7월에 en julio 엔 훌리오		윤달	mes intercalar (m.) 메쓰 인떼르깔라르
			해, 연, 연도	año (m.) 아뇨
월초에	a principios de mes 아 쁘린씨삐오스 데 메쓰		작년	el año pasado 엘 아뇨 빠사도

올해	este año (m.)/ año en curso (m.) 에스떼 아뇨/ 아뇨 엔 꾸르쏘	1년 후에	un año después 운 아뇨 데스뿌에쓰

올해 | este año (m.)/ año en curso (m.)
에스떼 아뇨/ 아뇨 엔 꾸르쏘

내년 | el año próximo/
el próximo año/
el año entrante/
el año venidero/
el año que viene[entra]
엘 아뇨 프록씨모/ 엘 프록씨모 아뇨/
엘 아뇨 엔트란떼/ 엘 아뇨 베니데로/
엘 아뇨 께 비에네[엔트라]

윤년 | bisiesto (m.)/
año bisiesto (m.)/
año intercalar (m.)
비씨에스또/ 아뇨 비씨에스또/
아뇨 인떼르깔라르

회계연도 | año fiscal[financiera/
económico] (m.)
아뇨 휘스깔[휘난씨에라/에꼬노미꼬]

상반기 | primer semestre (m.)
쁘리메르 쎄메스트레

하반기 | segundo semestre (m.)
쎄군도 쎄메스트레

10년간 | decenio (m.)
데쎄니오

1987 | mil novecientos ochenta
y siete
밀 노베씨엔또스 오첸따 이 씨에떼

2018 | dos mil diez y ocho
[dieciocho]
도스 밀 디에스 이 오초[디에씨오초]

2020 | dos mil veinte
도스 밀 베인떼

3년 전에 | hace tres años
아쎄 트레스 아뇨스

1년 후에 | un año después
운 아뇨 데스뿌에쓰

90년대에 | en los años noventa
엔 로스 아뇨스 노벤따

세기 | el siglo
엘 씨글로

17세기 | el siglo diecisiete
엘 씨글로 디에씨씨에떼

21세기 | el siglo veintiuno
엘 씨글로 베인띠우노

당신은 몇 살입니까? | ¿Cuántos años tiene
usted?
꾸안또스 아뇨스 띠에네 우스뗄?

저는 45세[마흔다섯 살]입니다. | Tengo cuarenta y cinco
años.
뗑고 꾸아렌따 이 씽꼬 아뇨스

저는 1992년 12월 3일에 태어났습니다. | Nací el 3 de diciembre
de 1992.
나씨 엘 트레스 데 디씨엠브레 데
밀 노베씨엔또스 노벤따 이 도스

그(그녀)는 몇 살입니까? | ¿Qué edad tiene él(ella)?/
¿Cuántos años tiene
él(ella)?
께 에닫 띠에네 엘(에야)?/ 꾸안또
스 아뇨스 띠에네 엘(에야)?

그(그녀)는 23세 [스물세 살]입니다. | Él(Ella) tiene veintitrés
años.
엘(에야) 띠에네 베인띠트레스 아뇨스

그(그녀)는 1992년에 태어났습니다. | Él(Ella) nació en mil
novecientos noventa y
dos.
엘(에야) 나씨오 엔 밀 노베씨엔또
스 노벤따 이 도스

계절	estación (f.) 에스따씨온	금요일	viernes (m.) 비에르네스
봄	primavera (f.) 쁘리마베라	토요일	sábado (m.) 싸바도
여름	verano (m.)/estío (m.) 베라노/ 에스띠오	일요일	domingo (m.) 도밍고
가을	otoño (m.) 오또뇨	이번 주 월요일	este lunes 에스뗄 루네스
겨울	ivierno (m.) 이비에르노	다음 주 월요일	el lunes de la semana próxima 엘 루네스 델 라 쎄마나 프록씨마
봄에/여름에/ 가을에/겨울에	en (la) primavera/en (el) verano/en (el) otoño/en (el) invierno 엔 (라) 쁘리마베라/ 엔 (엘) 베라노/ 엔 (엘) 오또뇨/ 엔 (엘) 인비에르노	지난 주 월요일	el lunes de la semana pasada 엘 루네스 델 라 쎄마나 빠사다
오늘이 무슨 요일입니까?	¿Qué día (de la semana) es hoy? 께 디아 (델 라 쎄마나) 에스 오이?	오늘이 며칠입니까?	¿A qué día estamos hoy? 아 께 디아 에스따모스 오이?
오늘은 월요일입니다.	Hoy es lunes. 오이 에스 루네스	오늘은 (2020년) 10월 21일입니다.	Hoy estamos a 21 de octubre (de dos mil veinte). 오이 에스따모스 아 베인띠우노 데 옥뚜브레 (데 도스 밀 베인떼)
오늘이 무슨 요일입니까?	¿A qué día estamos hoy? 아 께 에스따모스 오이?	오늘이 며칠입니까?	¿A cuántos estamos hoy? 아 꾸안또스 에스따모스 오이?
토요일입니다.	Estamos a sábado. 에스따모스 아 싸바도	오늘은 (2020년) 10월 9일입니다.	Hoy estamos a 9 de octubre (de dos mil veinte). 오이 에스따모스 아 누에베 데 옥뚜브레 (데 도스 밀 베인떼)
월요일	lunes (m.) 루네스	오늘은 2020년 3월 17일 화요일입니다.	Hoy estamos a martes el 17 de marzo de dos mil veinte. 오이 에스따모스 아 마르떼스 엘 디에씨씨에떼 데 마르소 데 도스 밀 베인떼
화요일	martes (m.) 마르떼스		
수요일	miércoles (m.) 미에르꼴레스		
목요일	jueves (m.) 후에베스		

오늘이 며칠입니까?	¿Qué día (del mes) es hoy?/¿Qué fecha es hoy?/¿Qué es la fecha de hoy? 께 디아 (델 메쓰) 에스 오이?/ 께훼차 에스 오이?/ 께 에슬 라 훼차 데 오이?		6일	día seis 디아 쎄이스
오늘은 1월 1일입니다.	Hoy es el 1[primero/uno] de enero. 오이 에스 엘 쁘리메로/우노 데 에네로 *1일은 서수를 사용하나, 기수도 사용 가능		7일	día siete 디아 씨에떼
			8일	día ocho 디아 오초
			9일	día nueve 디아 누에베
4월 17일입니다.	Es el (día de) 17 de abril. 에스 엘 (디아 데) 디에씨씨에떼 데 아브릴		10일	día diez 디아 디에스
오늘은 2020년 5월 25일 월요일입니다.	Hoy es lunes el 25 de mayo de dos mil veinte. 오이 에스 루네스 엘 베인띠씽꼬 데 마요 데 도스 밀 베인떼		11일	día once 디아 온쎄
			12일	día doce 디아 도쎄
			13일	día trece 디아 트레쎄
오늘이 음력 며칠입니까?	¿Qué fecha es hoy según el calendario lunar? 께 훼차 에스 오이 쎄군 엘 깔렌다리올 루나르?		14일	día catorce 디아 까또르쎄
			15일	día quince 디아 낀쎄
4월 11일입니다.	Es el 11 de abril. 에스 엘 온쎄 데 아브릴		16일	día dieciséis 디아 디에씨쎄이스
날짜	fecha (f.) 훼차		17일	día diecisiete 디아 디에씨씨에떼
1일	día uno 디아 우노		18일	día dieciocho 디아 디에씨오초
2일	día dos 디아 도스		19일	día diecinueve 디아 디에씨누에베
3일	día tres 디아 트레스		20일	día veinte 디아 베인떼
4일	día cuatro 디아 꾸아트로		21일	día veintiuno 디아 베인띠우노
5일	día cinco 디아 씽꼬		22일	día veintidós 디아 베인띠도스

23일	día veintitrés 디아 베인띠트레스
24일	día veinticuatro 디아 베인띠꾸아트로
25일	día veinticinco 디아 베인띠씽꼬
26일	día veintiséis 디아 베인띠쎄이스
27일	día veintisiete 디아 베인띠씨에떼
28일	día veintiocho 디아 베인띠오초
29일	día veintinueve 디아 베인띠누에베
30일	día treinta 디아 트레인따
31일	día treinta y uno 디아 트레인따이우노
12월 1일	el 1[primero/uno] de diciembre 엘 쁘리메로/우노 데 디씨엠브레 *1일은 서수를 사용하나, 기수도 사용 가능
9월 5일	el 5 de septiembre 엘 씽꼬 데 쎕띠엠브레
금년이 몇 년입니까?	¿En qué año estamos? 엔 께 아뇨 에스따모스?
2020년입니다.	Estamos en dos mil veinte. 에스따모스 엔 도스 밀 베인떼
서력 2020년입니다.	Estamos en (el año) dos mil veinte de la era cristiana. 에스따모스 엔 (엘 아뇨) 도스 밀 베인떼 델 라 에라 크리스띠아나
지금 몇 월입니까?	¿En qué mes estamos? 엔 께 메쓰 에스따모스?

오늘이 몇 월입니까?	¿En qué mes estamos hoy? 엔 께 메쓰 에스따모스 오이?
11월입니다.	Estamos en noviembre. 에스따모스 엔 노비엠브레
아침, 오전	mañana (f.) 마냐나
정오	mediodía (m.) 메디오디아
오후	tarde (f.) 따르데
저녁	tarde (f.)/noche (f.) 따르데 (어두워지기 전)/ 노체 (해가 지고 밤이 되는 때)
밤	noche (f.) 노체
자정	medianoche (f.) 메디아노체
어제	ayer 아예르
그저께	anteayer 안떼아예르
오늘	hoy 오이
내일	mañana 마냐나
모레	pasado mañana 빠사도 마냐나
어제 아침, 어제 아침에	ayer por/en la mañana 아예르 뽀를/엔 라 마냐나
어제 오후[저녁], 어제 오후[저녁]에	ayer por/en la tarde 아예르 뽀를/엔 라 따르데
어제 저녁[밤], 어제 저녁[밤]에	ayer por/en la noche 아예르 뽀를/엔 라 노체

어젯밤에, 간밤에, 지난밤에	anoche 아노체
어젯밤의 ~	~ de anoche ~ 데 아노체 **예** 어젯밤의 콘서트 **el concerto de anoche** 엘 꼰쎄르또 데 아노체
그저께 아침, 그저께 아침에	anteayer por la mañana 안떼아예르 뽀를 라 마냐나
그저께 오후[저녁], 그저께 오후[저녁]에	anteayer por la tarde 안떼아예르 뽀를 라 따르데
그저께 저녁[밤], 그저께 저녁[밤]에	anteayer por la noche 안떼아예르 뽀를 라 노체
그젯밤	antes de anoche 안떼쓰 데 아노체
그저께 밤에, 그제 밤에	anteanoche 안떼아노체
오늘 아침, 오늘 아침에	esta mañana 에스따 마냐나
오늘 오후[저녁], 오늘 오후[저녁]에	esta tarde 에스따 따르데
오늘 저녁[밤], 오늘 저녁[밤]에	esta noche 에스따 노체
내일 아침, 내일 아침에	mañana por/en la mañana 마냐나 뽀르/엔 라 마냐나
내일 오후[저녁], 내일 오후[저녁]에	mañana por/en la tarde 마냐나 뽀를/엔 라 따르데
내일 저녁[밤], 내일 저녁[밤]에	mañana por/en la noche 마냐나 뽀를/엔 라 노체
모레 아침, 모레 아침에	pasado mañana por la mañana 빠사도 마냐나 뽀를 라 마냐나

모레 오후[저녁], 모레 오후[저녁]에	pasado mañana por la tarde 빠사도 마냐나 뽀를 라 따르데
모레 저녁[밤], 모레 저녁[밤]에	pasado mañana por la noche 빠사도 마냐나 뽀를 라 노체
하루, 1일, 하루의 노동 시간, 하루의 여정	la jornada 라 호르나다
아침 동안	durante la mañana 두란뗄 라 마냐나
오후[저녁] 동안	durante la tarde 두란뗄 라 따르데
저녁[밤] 동안	durante la noche 두란뗄 라 노체
전날, (축제 등의) 전야	vispera (f.) 비스뻬라
다음 날	el día siguiente 엘 디아 씨기엔떼
다음 주	la semana siguiente 라 쎄마나 씨기엔떼
다음 달	el mes siguiente 엘 메쓰 씨기엔떼
다음 해	el año siguiente 엘 아뇨 씨기엔떼
4일 전(에)	hace cuatro días 아쎄 꾸아트로 디아스
3일 후(에)	en tres días 엔 트레스 디아스
일주일 후(에)	en una semana 엔 우나 쎄마나
한 달 후(에)	en un mes 엔 운 메쓰
일 년 후(에)	en un año 엔 운 아뇨

15일[보름]동안	durante quince días 두란떼 낀쎄 디아스
평일	día laborable (m.)/ día de trabajo (m.) 디알 라보라블레/ 디아 데 트라바호
비번, 쉬는 날	día libre (m.) 디알 리브레
휴가	vacaciones (f.pl.) 바까씨오네스
주(週)	semana (f.) 쎄마나
주말	fin de semana (m.) 휜 데 쎄마나
공휴일	día feriado (m.)/ día de fiesta (m.)/ día festivo (m.)/día de descanso (regular) (m.) 디아 훼리아도/ 디아 데 휘에스따/ 디아 훼스띠보/ 디아 데 데스깐쏘 (레굴라르)
국경일	día de fiesta nacional (m.) 디아 데 휘에스따 나씨오날
기념일, 생일	aniversario (m.) 아니베르싸리오
생일, 탄생일	cumpleaños (m.) 꿈쁠레아뇨스
새해 첫날(1월 1일)	el día de Año Nuevo 엘 디아 데 아뇨 누에보
부활절 월요일	el lunes de Pascua 엘 루네스 데 빠스꾸아
근로자의 날(5월 1일)	el Día del Trabajo 엘 디아 델 트라바호
스페인 국경일(10월 12알: 콜롬부스가 아메 리카 대륙 발견한 날)	Fiesta Nacional de España 휘에스따 나씨오날 데 에스빠냐
성모승천대축일 (8월 15일)	la Asunción de la Virgen Santísima 라 아순씨온 델 라 비르헨 싼띠씨마
만성축일(11월 1일)	el Día de Todos los Santos 엘 디아 데 또도슬 로스 싼또스
휴전 기념일(11월 11일)	el Día de Armisticio 엘 디아 데 아르미스띠씨오
크리스마스(12월 25일)	la Navidad/las Pascuas 라 나비닫/ 라스 빠스꾸아스
오늘이 무슨 특별한 날입니까?	¿Es hoy algún día especial? 에스 오이 알군 디아 에스뻬씨알?
제헌절입니다. *12월 6일은 스페인의 헌법 을 제정한 제헌절임	Hoy es el Día de la Constitución. 오이 에스 엘 디아 델 라 꼰스띠뚜씨온
제헌절은 법정 휴일입니다.	El Día de la Constitución es un día festivo oficial. 엘 디아 델 라 꼰스띠뚜씨온 에스 운 디아 훼스띠보 오휘씨알
그 날, 모두들 집에서 쉽니다.	Ese día, todos descansan en casa. 에쎄 디아, 또도스 데스깐싼 엔 까사
시간	hora (f.) 오라
실례합니다. 시간 좀 가르쳐주시겠습니까?	Disculpe. ¿Podría decirme qué hora es?/ ¿Podría decirme la hora?/ ¿Me puede decir la hora? 디스꿀뻬. 뽀드리아 데씨르메 께 오 라 에스?/ 뽀드리아 데씨르멜 라 오 라?/ 메 뿌에데 데씨를 라 오라?
지금 몇 시입니까?	¿Qué hora es ahora?/ ¿Qué horas son ahora? 께 오라 에스 아오라?/ 께 오라스 쏜 아오라?

정확히 몇 시입니까?	¿Qué horas son en punto? 께 오라스 쏜 엔 뿐또?	(오전/오후) 3시 15분입니다.	Son las tres y cuarto [quince] (de la mañana/ de la tarde). 쏜 라스 트레스 이 꾸아르또[낀세] (델 라 마냐나/델 라 따르데) *15분을 quince로는 잘 사용 안함
정각 10시입니다.	Son las diez en punto. 쏜 라스 디에스 엔 뿐또		
당신 시계로 몇 시입니까?	¿Qué hora es en su reloj? 께 오라 에스 쑤 렐로흐?	(오전/오후) 3시 10분 전입니다.	Son las tres menos diez (de la mañana/de la tarde). 쏜 라스 트레스 메노스 디에스 (델 라 마냐나/델 라 따르데)
실례지만, 몇 시입 니까? *당신 시계 로 몇 시냐는 뜻임	Perdone, ¿qué hora tiene usted?/Perdone, ¿tiene hora? 뻬르도네, 께 오라 띠에네 우스뗃?/ 뻬르돈, 띠에네 오라?		
		(오전/오후) 7시 반입니다.	Son las siete y media (de la mañana/de la tarde). 쏜 라스 씨에떼 이 메디아 (델 라 메 냐나/델 라 따르데)
죄송하지만, 저는 시계가 없습니다.	Perdón, pero no tengo reloj. 뻬르돈, 뻬로 노 뗑고 렐로흐		
시계가 멎어서 몇 시 인지 모르겠습니다.	Se me ha parado el reloj y no sé qué hora es. 세 메 아 빠라도 엘 렐로흐 이 노 쎄 께 오라 에스	7시 30분입니다.	Son las siete y treinta. 쏜 라스 씨에떼 이 트레인따
		정오입니다.	Es (el) mediodía. 에스 (엘) 메디오디아
(오전/오후) 5시 입니다.	Son las cinco (de la mañana/de la tarde). 쏜 라스 씽꼬 (델 라 마냐나/델 라 따르데)	자정입니다.	Es (la) medianoche. 에스 (라) 메디아노체
		(오전/오후) 12시 5분 전입니다.	Son las doce menos cinco (de la mañana/de la tarde). 쏜 라스 도쎄 메노스 씽꼬 (델 라 마 냐나[델 라 노체]/델 라 따르데)
정각 5시입니다.	Son las cinco en punto. 쏜 라스 씽꼬 엔 뿐또		
1시 5분입니다.	Es la una (hora) y cinco (minutos). 에슬 라 우나 (오라) 이 씽꼬 (미누또스)		
(오전/오후) 1시 5분입니다.	Es la una y cinco (de la mañana/de la tarde). 에슬 라 우나 이 씽꼬 (델 라 마냐 나/델 라 따르데)	밤 12시 5분 전입니다.	Son las doce menos cinco de la noche. 쏜 라스 도쎄 메노스 씽꼬 델 라 노체
		(오전/오후) 12시입니다.	Son las doce (de la mañana/de la tarde). 쏜 라스 도쎄 (델 라 마냐나/델 라 따르데)
(오전/오후) 2시 10분입니다.	Son las dos y diez (de la mañana/de la tarde). 쏜 라스 도스 이 디에스 (델 라 마냐 나/델 라 따르데)	낮 12시입니다.	Son las doce del mediodía. 쏜 라스 도쎄 델 메디오디아

밤 12시입니다.	**Son las doce de la noche.** 쏜 라스 도쎄 델 라 노체
0시 40분입니다.	**Son las cero y cuarenta.** 쏜 라스 쎄로 이 꾸아렌따
4시 20분입니다.	**Son las cuatro (horas) y veinte (minutos).** 쏜 라스 꾸아트로 (오라스) 이 베인 떼 (미누또스)
5시 25분입니다.	**Son las cinco (horas) y veinticinco (minutos).** 쏜 라스 씽꼬 (오라스) 이 베인띠씽 꼬 (미누또스)
6시 반[30분]입니다.	**Son las seis y media [treinta].** 쏜 라스 쎄이스 이 메디아[트레인따]
7시 35분[8시 25분 전]입니다.	**Son las siete y treinta y cinco[Son las ocho menos veinticinco/Son veinticinco para las ocho].** 쏜 라스 씨에떼 이 트레인따 이 씽 꼬[쏜 라스 오초 메노스 베인띠씽 꼬/쏜 베인띠씽꼬 빠랄 라스 오초]
저녁 8시입니다.	**Son las ocho de la noche.** 쏜 라스 오초 델 라 노체
밤 9시 5분 전입니다.	**Son las nueve menos cinco de la noche.** 쏜 라스 누에베 메노스 씽꼬 델 라 노체
밤 12시 15분 전입니다.	**Son las doce menos cuarto[quince] de la noche.** 쏜 라스 도쎄 메노스 꾸아르또[낀 쎄] 델 라 노체
8시 40분[9시 20분 전]입니다.	**Son las ocho y cuarenta [Son las nueve menos veinte/Son veinte para las nueve].** 쏜 라스 오초 이 꾸아렌때[쏜 라스
	누에베 메노스 베인떼/쏜 베인떼 빠 랄 라스 누에베]
9시 45분[10시 15분 전]입니다.	**Son las nueve y cuarenta y cinco[Son las diez menos cuarto[quince]/ Son cuarto para las diez].** 쏜 라스 누에베 이 꾸아렌따 이 씽꼬 [쏜 라스 디에스 메노스 꾸아르또[낀 쎄]/쏜 꾸아르또 빠랄 라스 디에스]
10시 50분[11시 10분 전]입니다.	**Son las diez y cincuenta [Son las once menos diez].** 쏜 라스 디에스 이 씽꾸엔따 [쏜 라스 온쎄 메노스 디에스]
11시 45분입니다.	**Son las once cuarenta y cinco[Son las doce menos cuarto[quince]/ Son cuarto para las doce].** 쏜 라스 온쎄 꾸아렌따 이 씽꼬[쏜 라스 도쎄 메노스 꾸아르또[낀쎄]/ 쏜 꾸아르또 빠랄 라스 도쎄]
정오 15분 전입니다.	**Son un cuarto para las doce del mediodía.** 쏜 운 꾸아르또 빠랄 라스 도쎄 델 메디오디아
(오전[밤]/오후) 12시 15분 전입니다.	**Son las doce menos cuarto (de la mañana [de la noche]/de la tarde).** 쏜 라스 도쎄 메노스 꾸아르또(델라 마냐나[델 라 노체]/델 라 따르데)
11시 55분[12시 5분 전]입니다.	**Son las once y cincuenta y cinco[Son las doce menos cinco].** 쏜 라스 온쎄 이 씽꾸엔따 이 씽꼬 [쏜 라스 도쎄 메노스 씽꼬]

22시 50분 [23시 10분 전/ 밤 11시 10분 전] 입니다.	Son las veintidós cincuenta[Son diez para las veintitrés horas/Son diez para las once de la noche/Son las once menos diez de la noche]. 쏜 라스 베인띠도스 씽꾸엔따[쏜 디에스 빠랄 라스 베인띠트레스 오라스/쏜 디에스 빠랄 라스 온쎄 델 라 노체/쏜 라스 온쎄 메노스 디에스 델 라 노체]	16:43	Son las dieciséis cuarenta y tres. 쏜 라스 디에씨쎄이스 꾸아렌따 이 트레스
		17:48	Las diecisiete cuarenta y ocho. 라스 디에씨씨에떼 꾸아렌따 이 오초
23시 45분 [0시 15분 전/ 밤 12시 15분 전입니다.	Son las veintitrés cuarenta y cinco./ Son un cuarto para las cero horas./Son un cuarto para las doce de la noche. 쏜 라스 베인띠트레스 꾸아렌따 이 씽꼬/ 쏜 운 꾸아르또 빠랄 라스 쎄로 오라스/ 쏜 운 꾸아르또 빠랄 라스 도쎄 델 라 노체	20:15	Son las veinte y cuarto [quince]. 쏜 라스 베인떼 이 꾸아르또[낀쎄]
		21:12	Son las veintiuna (horas y) doce (minutos). 쏜 라스 베인띠우나 (오라스 이) 도쎄 (미누또스)
		23:30	Las veintitrés (horas y) treinta (minutos) 라스 베인띠트레스 (오라스 이) 트레인따 (미누또스)
12시 50분입니다.	Son las doce y cincuenta [Es la una menos diez]. 쏜 라스 도쎄 이 씽꾸엔따 [에슬 라 우나 메노스 디에스]	23:55	Son las veintitrés cincuenta y cinco. 쏜 라스 베인띠트레스 씽꾸엔따 이 씽꼬
12:00	Las doce cero cero. 라스 도쎄 쎄로 쎄로	00:32	Son las cero cero treinta y dos. 쏜 라스 쎄로 쎄로 트레인따 이 도스
13:07	Las trece cero siete. 라스 트레쎄 쎄로 씨에떼	지금	ahora 아오라
14:25	Son las catorce veinticinco. 쏜 라스 까또르쎄 베인띠씽꼬	5분 후에	en cinco minutos 엔 씽꼬 미누또스
15:47	Son las quince (horas y) cuarenta y siete (minutos). 쏜 라스 낀쎄 (오라스 이) 꾸아렌따 이 씨에떼 (미누또스)	15분 후에	quince minutos después [más tarde] 낀쎄 미누또스 데스뿌에씨[마쓰 따르데]
		식후 30분 후에	treinta minutos después de las comidas 트레인따 미누또스 데스뿌에쓰 델 라스 꼬미다스

반시간 전에	**hace media hora** 아쎄 메디아 오라 🖭 그녀는 반시간 전에 무사히 도착했다. **Ella llegó sin ningún incidente hace media hora.** 에야 예고 씬 닝군 인씨덴떼 아쎄 메디아 오라
반시간 전에	**media hora antes** 메디아 오라 안떼스 🖭 수험생은 반시간 전에 시험 장소에 도착해야 한다. **Los examinandos deben estar media hora antes en el lugar de la prueba.** 로스 엑싸미난도스 데벤 에스따르 메디아 오라 안떼스 엔 엘 루가르 델 라 프루에바
반시간 후에	**media hora después/ después de media hora** 메디아 오라 데스뿌에쓰/ 데스뿌에쓰 데 메디아 오라 🖭 경찰이 반시간 후에 현장에 도착했다. **La policía llegó a la escena media hora después.** 라 뽈리씨아 예고 알 라 에스쎄나 메디아 오라 데스뿌에쓰
일주일 후에	**después de una semana/ pasada una semana/ ocho días después/ después de ocho días** 데스뿌에쓰 데 우나 쎄마나/ 빠사다 우나 쎄마나/ 오초 디아스 데스뿌에쓰/ 데스뿌에쓰 데 오초 디아스 🖭 그녀는 일주일 후에 왔다. **Ella llegó ochos días después.** 에야 예고 오초 디아스 데스뿌에쓰

약 ⋯시간	**aproximadamente[más o menos] ⋯ hora(s)** 아프록씨마다멘떼[마쓰 오 메노스] ⋯ 오라(스)
정확히 ⋯시간	**exactamente ⋯ hora(s)** 엑싹따멘떼 ⋯ 오라(스)
⋯분 이상	**más de ⋯ minuto(s)** 마쓰 데 ⋯ 미누또(스)
⋯초 이하	**menos de ⋯ segundo(s)** 메노스 데 ⋯ 쎄군도(스)
오전에, 아침에	**por[en] la mañana** 뽀르[엔] 라 마냐나
오후에, (어두워지기 전의) 저녁에	**por[en] la tarde** 뽀르[엔] 라 따르데
밤에, 야간에	**por[en] la noche** 뽀르[엔] 라 노체
오전 7시에	**a las siete de la mañana** 알 라스 씨에떼 델 라 마냐나
오후 3시 반[30분]에	**a las tres y media [treinta] de la tarde** 알 라스 트레스 이 메디아[트레인따] 델 라 따르데
밤 9시 15분에	**a las nueve y cuarto [quince] de la noche** 알 라스 누에베 이 꾸아르토[낀쎄] 델 라 노체
⋯시부터 ⋯시까지	**desde la(las) ⋯ hasta la(las) ⋯/de ⋯ a ⋯** 데스델 라(라스) ⋯ 아스딸 라(라스) ⋯/ 데 ⋯ 아 ⋯ 🖭 9시부터 12시까지 **desde las nueve hasta las doce** 데스델 라스 누에베 아스딸 라스 도쎄 🖭 9시부터 4시까지 **de nueve a cuatro** 데 누에베 아 꾸아트로

1시간	una hora 우나 오라
10분	diez minutos 디에스 미누또스
10초	diez segundos 디에스 쎄군도스
시계를 보다	mirar[consultar] el reloj 미라르[꼰쑬따르] 엘 렐로흐
시계가 빠르다	adelantar(se) el reloj 아델란따르(세) 엘 렐로흐
시계가 늦다	atrasarse/retrasar el reloj 아트라싸르세/ 레트라싸르 엘 렐로흐
시계가 멈추다	parar(se) el reloj 빠라르(세) 엘 렐로흐 예 내 시계가 멈췄다. **Mi reloj se paró.** 미 렐로흐 세 빠로 예 시계가 멈춘다. **Se para el reloj.** 세 빠라 엘 렐로흐
시계를 (2분) 빠르게 하다	adelantar el reloj (dos minutos) 아델란따르 엘 렐로흐 (도스 미누또스)
시계를 (5분) 늦추다	atrasar[retrasar] el reloj (cinco minutos) 아트라싸르[레트라싸르] 엘 렐로흐 (씽꼬 미누또스)
이 자명종은 (30초) 빠르다.	Este despertador (se) adelanta (treinta segundos). 에스떼 데스뻬르따도르 (세) 아델란따 (트레인따 쎄군도스)
내 손목시계는 (8분) 늦다.	Mi reloj de pulsera retrasa[se atrasa] (ocho minutos). 미 렐로흐 데 뿔쎄라 레트라싸[세 아트라싸] (오초 미누또스)
시계를 (2분) 빠르게 해야만 한다.	Hay que adelantar el reloj (dos minutos). 아이 께 아델란따르 엘 렐로흐 (도스 미누또스)
시계를 (5분) 늦춰야만 한다.	Hay que atrasar[retrasar] el reloj (cinco minutos). 아이 께 아트라싸르[레트라싸르] 엘 렐로흐 (씽꼬 미누또스)
시계가 멈췄다.	El reloj (se) paró. 엘 렐로흐 (세) 빠로
몇 시에 …?	¿A qué hora …? 아 께 오라 …?
몇 시간 동안 …?	¿Cuántas horas …? 꾸안따스 오라스 …?
며칠/몇 달/ 몇 년 동안 …?	¿Cuántos días/meses/años …? 꾸안또스 디아스/메쎄스/아뇨스 …?
…한 지 얼마나 됩니까?	¿Cuánto tiempo hace que …? 꾸안또 띠엠뽀 아쎄 께 …?
…한 지 몇 시간 되었습니까?	¿Cuántas horas hace que …? 꾸안따스 오라스 아쎄 께 …?
…한 지 며칠/몇 달/ 몇 년 되었습니까?	¿Cuántos días/meses/años hace que …? 꾸안또스 디아스/메쎄스/아뇨스 아쎄 께 …?
…한 지 ~ 되었습니다.	Hace ~ que …. 아쎄 ~ 께 ….
(시간이) 얼마나 걸립니까?	¿Cuánto (tiempo) se tarda? 꾸안또 (띠엠뽀) 세 따르다?
…하는데 (시간이) 얼마나 걸립니까?	¿Cuánto (tiempo) se tarda en (+inf.)? 꾸안또 (띠엠뽀) 세 따르다 엔 (+부정법)?

방위 · 방향 · 위치

동/서/남/북	este (m.)/oeste (m.)/ sur (m.)/norte (m.) 에스떼/ 오에스떼/ 쑤르/ 노르떼	앞에, 앞으로, 전방에	avante/adelante 아반떼/ 아델란떼
오른쪽	derecha (f.) 데레차	뒤에, 뒤로	arredro/atrás 아레드로/ 아트라스
오른쪽으로	a la derecha 알 라 데레차	(무엇의) 바로 근처에 [가까이에], 옆에	junto a ~/cerca de ~ 훈또 아 ~/ 쎄르까 데 ~
왼쪽	izquierda (f.) 이스끼에르다	옆, 곁, 측면	lado (m.) 라도
왼쪽으로	a la izquierda 알 라 이스끼에르다	(바로) 옆에, 가까이에	al lado 알 라도
앞에, 정면에, 전면에	delante 델란떼	이쪽/저쪽	este lado/aquel lado 에스뗄 라도/ 아껠 라도
정면에, 맞은편에	enfrente 엔프렌떼	맞은편(쪽), 건너편, 반대편	lado opuesto (m.) 라도 오뿌에스또
뒤에(서), 배후에(서)	detrás 데트라스	(무엇의) 건너편에, 맞은편에	al otro lado de/ al lado opuesto de ~ 알 오트롤 라도 데 ~/ 알 라도 오뿌에스또 데 ~

색깔 · 농담(濃淡)

흰색의	blanco(-a) 블랑꼬(–까)	연두색의	acijado(-a) 아씨하도(–다)
베이지색의	beis(=beige) 베이스(=베이헤)	초록색의	verde 베르데
노란색의	amarillo(-a) 아마리요(–야)	파란색의	azul 아쑬
핑크색의, 장미빛의,	rosa 로사	보라빛이 도는	cárdeno(-a) 까르데노(–나)
빨간색의	rojo(-a) 로호(–하)	연보라색의	violeta 비올레따

자주색의	purpúreo(-a)	회색의	gris
	뿌르뿌레오(-아)		그리스
연자줏빛의	malva	검정색의	negro(-a)
	말바		네그로(-라)
밤색의	marrón	흐린, 엷은, 밝은	claro(-a)
	마론		끌라로(-라)
갈색의	castaño(-a)	진한, 짙은, 어두운	oscuro(-a)
	까스따뇨(-냐)		오스꾸로(-라)

숫자[數]

● 기수

0	cero	10	diez
	쎄로		디에스
1	uno	11	once
	우노		온쎄
2	dos	12	doce
	도스		도쎄
3	tres	13	trece
	트레스		트레쎄
4	cuatro	14	catorce
	꾸아트로		까또르쎄
5	cinco	15	quince
	씽꼬		낀쎄
6	seis	16	diez y seis[dieciséis]
	쎄이스		디에스 이 쎄이스[디에씨쎄이스]
7	siete	17	diez y siete[diecisiete]
	씨에떼		디에스 이 씨에떼[디에씨씨에떼]
8	ocho	18	diez y ocho[dieciocho]
	오초		디에스 이 오초[디에씨오초]
9	nueve	19	diez y nueve[diecinueve]
	누에베		디에스 이 누에베[디에씨누에베]

20	veinte 베인떼		500	quinientos 끼니엔또스
21	veintiuno 베인띠우노		600	seiscientos 쎄이스씨엔또스
30	treinta 트레인따		700	setecientos 쎄떼씨엔또스
40	cuarenta 꾸아렌따		800	ochocientos 오초씨엔또스
50	cincuenta 씽꾸엔따		900	novecientos 노베씨엔또스
60	sesenta 쎄쎈따		1,000	mil 밀
70	setenta 쎄뗀따		10,000	diez mil 디에스 밀
80	ochenta 오첸따		십만	cien mil 씨엔 밀
90	noventa 노벤따		백만	un millón 운 미욘
100	ciento/cien 씨엔또/ 씨엔 ＊명사와 mil 앞에서		천만	diez millones 디에스 미요네스
200	doscientos 도스씨엔또스		억	cien millones 씨엔 미요네스
300	trescientos 트레스씨엔또스		십억	mil millones 밀 미요네스
400	cuatrocientos 꾸아트로씨엔또스		백억	diez mil millones 디에스 밀 미요네스

● 서수

첫 번째의	primero(-a) 쁘리메로(—라)		네 번째의	cuarto(-a) 꾸아르또(—따)
두 번째의	segundo(-a) 쎄군도(—다)		다섯 번째의	quinto(-a) 낀또(—따)
세 번째의	tercero(-a) 떼르쎄로(—라)		여섯 번째의	sexto(-a) 쎅스또(—따)

일곱 번째의	séptimo(-a) 쎕띠모(-마)		열여덟 번째의	decimoctavo(-a) 데씨목따보(-바)
여덟 번째의	octavo(-a) 옥따보(-바)		열아홉 번째의	decimonoveno(-a) 데씨모노베노(-나)
아홉 번째의	noveno(-a) 노베노(-나)		스무 번째의	vigésimo(-a) 비헤씨모(-마)
열 번째의	décimo(-a) 데씨모(-마)		스물한 번째의	vigésimo primero(-a) 비헤씨모 쁘리메로(-라)
열한 번째의	undécimo(-a) 운데씨모(-마)		서른 번째의	trigésimo(-a) 트리헤씨모(-마)
열두 번째의	duodécimo(-a) 두오데씨모(-마)		마흔 번째의	cuadragésimo(-a) 꾸아드라헤씨모(-마)
열세 번째의	decimotercio(-a) 데씨모떼르씨오(-아)		백 번째의	centésimo(-a) 쎈떼씨모(-마)
열네 번째의	decimocuarto(a) 데씨모꾸아르또(-따)		이백 번째의	ducentésimo(-a)/ doscientos(-as) 두쎈떼씨모(-마)/ 도스씨엔또스(-따스)
열다섯 번째의	decimoquinto(a) 데씨모낀또(-따)		천 번째의	milésimo(-a) 밀레씨모(-마)
열여섯 번째의	decimosexto(-a) 데씨모쎅스또(-따)			
열일곱 번째의	decimoséptimo(-a) 데씨모쎕띠모(-마)			

● 회수 · 배(倍) · 분수 외

한 번/두 번/세 번	una vez/dos veces/ tres veces 우나 베스/ 도스 베세쓰/ 트레스 베세쓰		절반	mitad (f.)/medio (m.) 미땃/ 메디오
(두/세/네) 배(倍)	(dos/tres/cuatro) veces (도스/트레스/꾸아트로) 베세쓰		절반의	medio(-a) 메디오(-아)
2배	doble (m.)/duplo (m.) 도블레/ 두쁠로		…의 절반	la mitad de … 라 미땃 데 …
3배	triple (m.)/triplo (m.) 트리쁠레/ 트리쁠로		2분의 1	medio (m.)/mitad (f.) 메디오/ 미땃
			3분의 1	tercio (m.) 떼르씨오

4분의 1	cuarto (m.)
	꾸아르또
5분의 1	quinto (m.)
	낀또
10분의 1	décimo (m.)
	데씨모
4분의 3	tres cuartos
	트레스 꾸아르또스

…한 쌍[짝]의	un par de …
	운 빠르 데
…한 다스[12개]의	una docena de …
	우나 도쎄나 데 …
5 퍼센트	cinco por ciento
	씽꼬 뽀르 씨엔또

축하인사

축하해(합니다)!	¡Felicidades!
	휄리씨다데스!
대단히 감사합니다.	Muchas gracias.
	무차스 그라씨아스
생일 축하해(합니다)!	¡Feliz cumpleaños!/ ¡Cumpleaños feliz!
	휄리스 꿈쁠레아뇨스!/ 꿈쁠레아뇨스 휄리스!
너(당신)의 생일을 축하해(합니다)!	¡Felicitaciones de tu(su) cumpleaños!
	휄리씨따씨오네스 데 뚜(쑤) 꿈쁠레 아뇨스!
생일을 축하드립니다.	Le felicito por su cumpleaños.
	레 휄리씨또 뽀르 쑤 꿈쁠레아뇨스
메리 크리스마스!, 즐거운 크리스마스 되길 바랍니다!	¡(Deseo a usted una) Feliz Navidad!/ ¡Felices Pascuas!
	(데쎄오 아 우스뗄 우나) 휄리스 나 비닫! / 휄리세쓰 빠스꾸아스!
즐거운 크리스마스와 복된 새해가 되라 (되시길)!	¡Feliz Navidad[Felices Pascuas] y Próspero Año Nuevo!
	휄리스 나비닫[휄리세쓰 빠스꾸아 스] 이 프로스뻬로 아뇨 누에보!

새해 복 많이 받아라 (받으십시오)!	¡Feliz Año Nuevo!/ ¡Próspero Año Nuevo!
	휄리스 아뇨 누에보!/ 프로스뻬로 아뇨 누에보!
당신도 새해 복 많이 받으시길 바랍니다!	¡Le deseo a usted también feliz año nuevo!
	레 데쎄오 아 우스뗄 땀비엔 휄리스 아뇨 누에보!
올 한해 만사형통 하시길 빕니다.	Espero que le vaya todo muy bien este año.
	에스뻬로 껠 레 바야 또도 무이 비 엔 에스떼 아뇨
당신도요.	Igualmente.
	이구알멘떼
축하해! 너 이제 성년이구나!	¡Felicidades! ¡Ya eres mayor de edad!
	휄리씨다데스! 아 에레스 마요르 데 에닫!
결혼 축하해 (합니다)!	¡Felicidades por el matrimonio!
	휄리씨다데스 뽀르 엘 마트리모니오!
당신의 결혼을 축하 합니다.	Felicidades por su matrimonio.
	휄리씨다데스 뽀르 쑤 마트리모니오

결혼하신다니 기쁩니다.	Me alegro de su boda. 메 알레그로 데 쑤 보다	최종 합격을 축하합니다.	Felicidades por su selección final. 휄리씨다데스 뽀르 쑤 쎌렉씨온 휘날
출산을 축하해 (합니다)!	¡Felicidades por el bebé! 휄리씨다데스 뽀르 엘 베베!	대단히 감사합니다. 다 염려해 주신 덕분입니다.	Muchas gracias. Ha sido todo gracias a usted. 무차스 그라씨아스, 아 씨도 또도 그 라씨아스 아 우스뗄
새로운 일[일자리/ 직업]을(를) 축하해 (합니다)!	¡Felicidades por el nuevo trabajo! 휄리씨다데스 뽀르 엘 누에보 트라바호!	축하합니다! 퇴원하 셨다니 잘 됐습니다!	¡Felicidades! ¡Qué bien que le hayan dado de alta! 휄리씨다데스! 께 비엔 껠 레 아얀 다 도 데 알따!
당신의 새로운 일 [일자리/직업]에 행운이 있길 바랍니다.	Le deseo mucha ventura en su nuevo trabajo. 레 데쎄오 무차 벤투라 엔 쑤 누에보 트라바호	축하합니다! 완쾌하 셔서 기쁩니다.	¡Felicidades! Me alegro de que usted haya recobrado la salud completamente. 휄리씨다데스! 메 알레그로 데 께 우 스뗄 아야 레꼬브라도 라 쌀룻 꼼쁠 레따멘떼
승진 축하해 (합니다)!	¡Felicidades por la promoción! 휄리씨다데스 뽀를 라 프로모씨온!	축하합니다! 저도 정말로 기쁩니다!	¡Felicidades! ¡Yo también me alegro de verdad! 휄리씨다데스! 요 땀비엔 메 알레그로 데 베르닷!
성공[합격] 축하해 (합니다)!	¡Felicidades por el éxito! 휄리씨다데스 뽀르 엘 엑씨또!		
졸업 축하해 (합니다)!	¡Felicidades por la graduación! 휄리씨다데스 뽀를 라 그라두아씨온!		
합격을 축하합니다!	¡Felicidades por su aprobación! 휄리씨다데스 뽀르 쑤 아프로바씨온!		

약어

기원전	a. de J.C. (=antes de Jesucristo) 안떼스 데 헤수크리스또	남자 이름 앞에 붙이는 경칭	D. (=Don) 돈
기원후	d. de J.C. (=después de Jesucristo) 데스뿌에쓰 데 헤수크리스또	여사, 부인	D.a. (=Doña) 도냐
회사	c./c.a./Cía./cía./Compa. (=compañía) 꼼빠니아	아메리카 합중국, 미국	EEUU/EE UU/EE. UU. (=Estados Unidos (de América)) 에에우우/에에 우우/ 에에 우우 (=에스따도스 우니도스 (데 아메리까))

예를 들면	p.ej. (=por ejemplo) 뽀르 에헴쁠로	귀중(貴中)	Sres./Srs. (=Señores) 쎄뇨레스
성(聖)	S. (=San: santo의 남성고유 명사 앞에서의 어미탈락형), Sta. (=Santa) 싼, 싼따	··· 양(孃)	Srta. (=Señorita) 쎄뇨리따
··· 씨	Sr. (=Señor) 쎄뇨르	당신, 귀하	Ud./Vd. (=Usted) 우스뗄
··· 여사, ··· 부인	Sra. (=Señora) 쎄뇨라	당신들, 귀하들	Uds./Vds. (=Ustedes) 우스떼데스

게시 · 표시

표지판, 안내판	señalizador (m.) 쎄냘리사도르	금연(禁煙)	Se prohibe fumar/ Prohibido fumar/No fumar/No fume(n) 세 프로이베 후마르/ 프로이비도 후 마르/ 노 후마르/ 노 후메(멘)
위험 표지판	señal de aviso[alerta] (f.) 쎄냘 데 아비소[알레르따]	담배꽁초 투기 금지	Prohibido tirar colillas/ No tirar colillas 프로이비도 띠라르 꼴리야스 / 노 띠라르 꼴리야스
개장(開場)	Abierto 아비에르또		
폐장(閉場)	Cerrado 쎄라도	위험	Peligro 뻴리그로
입구	Entrada 엔트라다	주의, 조심	Cuidado 꾸이다도
출구	Salida 쌀리다	개 조심	Cuidado con el perro 꾸이다도 꼰 엘 뻬로
비상구	Salida de emergencia 쌀리다 데 에메르헨씨아	불조심[화기 엄금]	Cuidado con fuego 꾸이다도 꼰 후에고
화장실	Servicios 쎄르비씨오스	페인트 주의	Cuidado con la pintura 꾸이다도 꼰 라 삔뚜라
대기실[대합실]	Sala de espera 쌀라 데 에스뻬라	칠 주의	Pintura fresca/Ojo, pinta/Ojo, mancha 삔뚜라 프레스까/오호, 삔따/ 오호, 만차
구호소	Puesto de socorro 뿌에스또 데 소꼬로		

소변금지	Se prohíbe orinar/ Prohibido orinar/ No orinar/No (se) orine 세 프로이베 오리나르/ 프로이비도 오리나르/노 오리나르/ 노 (세) 오리네
진입금지	Prohibido entrar 프로이비도 엔트라르
입장금지	¡Prohibido entrar!/¡No entre(n)!/¡No entrar! 프로이비도 엔트라르!/ 노 엔트레(렌)!/ 노 엔트라르!
출입금지	Prohibido entrar/Se prohíbe entrar/No entrar 프로이비도 엔트라르/ 세 프로이베 엔트라르/ 노 엔트라르
통행금지	Paso prohibido/ Circulación prohibida 빠소 프로이비도/ 씨르꿀라씨온 프로 이비다
공사 중	En obras 엔 오브라스
공사로 통행금지	Prohibido[Cerrado] el paso por obra 프로이비도[쎄라도] 엘 빠소 뽀르 오브라
공사 현장 출입금지	Prohibido entrar en la obra 프로이비도 엔트라르 엔 라 오브라
공사 관계자 이외 출입금지	Se prohíbe la entrada a toda persona ajena a la obra 세 프로이벨 라 엔트라다 아 또다 뻬 르쏘나 아헤나 알 라 오브라
무용자(無用者) 입장을 금함	No se permite[Prohibido/ No] entrar excepto sobre negocios 노 세 뻬르미떼[프로이비도/노] 엔트 라르 엑쎕또 쏘브레 네오씨오스
허가받은 자 외 출입금지	Prohibida la entrada a personas no autorizadas

	프로이비달 라 엔트라다 아 뻬르쏘나 스 노 아우또리싸다스
선로 내 출입금지	Se prohíbe entrar en la vía 세 프로이베 엔트라르 엔 라 비아
구내 출입금지	Se prohíbe entrar en este recinto 세 프로이베 엔트라르 엔 에스떼 레씬또
무단출입금지	No se puede entrar sin permiso 노 세 뿌에데 엔트라르 씬 뻬르미소
사유지 무단출입금지	Prohibido el paso, propiedad privada 프로이비도 엘 빠소, 프로삐에닫 쁘 리바다
보행자	Peatones 뻬아또네스
보행자 우선	Ceda el paso a peatones 쎄다 엘 빠소 아 뻬아또네스
(도로의) 안전지대	zona[isla] de seguridad 쏘나[이슬라] 데 쎄구리닫
(도로의 한가운데에 있는) 교통안전지대	isla de peatón (f.) 이슬라 데 뻬아똔
(철도의) 건널목	Paso a nivel 빠소 아 니벨
차량 통행금지	Prohibido el paso de los vehículos 프로이비도 엘빠소 델 로스 베이꿀로스
모든 차량 통행금지	Prohibido el paso a todo vehículo 프로이비도 엘 빠소 아 또도 베이꿀로
(모든 차량) 통행금지	Prohibido el paso (a cualquier tipo de vehículo) 프로이비도 엘 빠소 (아 꾸알끼에르 띠뽀 데 베이꿀로)
정지!, 일단 정지!	¡Alto! 알또!

서행!	¡Marcha lenta! 마르차 렌따!	견인되었음	Se lo llevó la grúa 셀 로 예볼 라 그루아
서행	Despacio 데스빠씨오	자전거 도로	Sendero para bicicletas 쎈데로 빠라 비씨끌레따스
양보	Ceda el paso 쎄다 엘 빠소	잔디를 밟지 마시오.	No pisar el césped / No se permite pisar el césped 노 삐사르 엘 쎄스뻳/ 노 세 뻬르미떼 삐사르 엘 쎄스뻳
우회로	Desviación 데스비아씨온
일방통행	Dirección única / Sentido único 디렉씨온 우니까/ 쎈띠도 우니꼬
진입금지	Dirección prohibida 디렉씨온 프로이비다	나체수영금지	No está permitido bañarse desnudo 노 에스따 뻬르미띠도 바냐르세 데 스누도
추월금지	Prohibido adelantar 프로이비도 아델란따르
커브에서 추월금지	Está prohibido adelantar en las curvas 에스따 프로이비도 아델란따르 엔 라스 꾸르바스	초인종[벨]을 누르시오.	Toque el timbre, por favor. 또께 엘 띰브레, 뽀르 화보르
노크 없이 들어오시오.	Entre[Pasar] sin llamar 엔트레[빠사르] 씬 야마르
미시오.	Empujar 엠뿌하르
주차금지	Prohibido aparcar / No aparcar / Prohibido estacionarse / Prohibido el estacionamiento / Estacionamiento prohibido / No estacionarse / No se estacione / No estacione / No estacionar 프로이비도 아빠르까르/ 노 아빠르 까르/ 프로이비도 에스따씨오나르 세/ 프로이비도 엘 에스따씨오나미 엔또/ 에스따씨오나미엔또 프로이 비도/ 노 에스따씨오나르세/ 노 세 에스따씨오네/ 노 에스따씨오네/ 노 에스따씨오나르	당기시오.	Tirar 띠라르
문을 닫으시오.	Cierre la puerta 씨에레 라 뿌에르따
방해하지 마시오.	No molestar 노 몰레스따르
방은 12시에 체크 아웃 함. (호텔에서)	El cuarto vence a las doce horas. 엘 꾸아르또 벤쎄 알 라스 도쎄 오라스
오후 6시 이후에는 병문안할 수 없음. (병원에서)	No se puede visitar a los pacientes después de las seis de la tarde. 노 세 뿌에데 비씨따르 알 로스 빠 씨엔떼스 데스뿌에쓰 델 라스 쎄이 스 델 라 따르데
주차금지, 견인함	No aparcar, avisamos [llamamos] grúa 노 아빠르까르, 아비사모스[야마모 스] 그루아
촬영금지	Prohibido hacer fotos 프로이비도 아쎄르 포또스

플래시사용금지	Prohibido usar flash 프로이비도 우사르 플라쉬	
손대지 마시오.	Prohibido tocar/ Se prohíbe tocar/ No toque/No tocar 프로이비도 또까르/ 세 프로이베 또 까르/ 노 또께/ 노 또까르	
취급주의	Trato con cuidado/ Condúzcase con el cuidado/Manéjese con cuidado 트라또 꼰 꾸이다도/ 꼰두스까세 꼰 엘 꾸이다도/ 마네헤세 꼰 꾸이다도	
파손주의	Frágil 프라힐	
파손되기 쉬운 물건. 취급주의	MANEJESE CON CUIDADO. MUY FRAGIL 마네헤세 꼰 꾸이다도. 무이 프라힐	
오늘 휴진함	No hay consulta hoy 노 아이 꼰쑬따 오이	
위급한 경우가 아닌 한 일요일은 휴진함	No hay consulta los domingos, salvo casos de emergencia 노 아이 꼰쑬딸 로스 도밍고스, 쌀 보 까소스 데 에메르헨씨아	
임대합니다, 세(貰) (를) 놓습니다 ((게시))	Se alquila/Se renta 세 알낄라/ 세 렌따	
집 임대함, 세놓음	Se alquila la casa/ Se renta la casa 세 알낄랄 라 까사/세 렌딸 라 까사	
매물	En venta/Se vende 엔 뻰따/ 세 벤데	
비매품	No se vende 노 세 벤데	
(화장실 등에서) 사용 중/ (버스 좌석 등에) 사람 있음	Ocupado 오꾸빠도	

비어있음	Libre 리브레	
예약석	Reservado 레쎄르바도	
미성년자 사절(謝絕)	Sólo para adultos 쏠로 빠라 아둘또스	
미성년자 금지	Prohibido a los menores 프로이비도 알 로스 메노레스	
미성년자에게는 판매금지	Venta prohibida a menores/ Prohibida la venta a los menores de edad 벤따 프로이비다 아 메노레스/프로이비 달 라 벤따 알 로스 메노레스 데 에닫	
무료입장	Entrada Libre/Entrada Gratuita/Entrada gratis/ Entrada Franca/ Admisión libre 엔트라달 리브레/ 엔트라다 그라뚜 이따/ 엔트라다 그라띠스/ 엔트라 다 프랑까/ 아드미씨온 리브레	
좌석 매진 (극장에서)	Agotadas las localidades 아고따다스 라슬 로깔리다데스	
만원사례	No hay billetes 노이 아이 비예떼스	
만원사례	Completo 꼼쁠레또	
홍등가, 적선지대, 집창촌	zona de tolerancia 쏘나 데 똘레란씨아	
시가지	zona de urbana 쏘나 데 우르바나	
출입금지구역	zona de exclusión 쏘나 데 엑쓰끌루씨온	
출입금지	Prohibido la entrada/ Se prohíbe la entrada 프로이비돌 라 엔트라다/ 세 프로이벨 라 엔트라다	

비무장지대	zona desmilitarizada 쏘나 데스밀리따리싸다	금어	Vedado de pesca 베다도 데 뻬스까
국경지대	zona fronteriza 쏘나 후론떼리싸	사냥 금지 구역, 금렵구	coto (privado) de caza 꼬또 (쁘리마도) 데 까사
(군사) 금지구역	zona restringida 쏘나 레스트링히다	어로 금지 구역, 낚시질 금지 구역	coto (privado) de pesca 꼬또 (쁘리마도) 데 뻬스까
작전지역	zona de operación 쏘나 데 오뻬라씨온	살생 금지 지역	vedado de caza y pesca 베다도 데 까사 이 뻬스
금렵	Vedado de caza 베다도 데 까사		

메뉴읽기

● 요리법 – Receta   레쎄따

소금에 절인	en salazón 엔 쌀라쏜	구운	asado(-a) 아싸도(–다)
훈제의	ahumado(-a) 아우마도(–다)	덜 구운	poco hecho 뽀꼬 에초
튀긴, 로마식의	a la romana 알 라 로마나	알맞게 구운	regular 레굴라르
프라이 한, 기름에 튀긴	frito(-a) 프리또(–따)	잘 구워진	muy hecho 무이 에초
센 불로 튀긴 (버터나 끓는 기름에)	salteado(-a) 쌀떼아도(–다)	찐	cocido(-a) al vapor 꼬치도(–다) 알 바뽀르
뜨거운 철판 위에 구운[볶은]	a la plancha 알 라 쁠란차	데친, 삶은	hervido(-a) 에르비도(–다)
철판구이 고기	carne a la plancha (f.) 까르네 알 라 쁠란차	물과 설탕으로 끓여 만든 (과실을)	de compota 데 꼼뽀따
석쇠에 구운	a la parrilla 알 라 빠리야	약한 불로 찐[삶은]	estofado(-a) 에스또화도(–다)
구운 (오븐이나 레인지에)	al horno 알 오르노	스튜 요리로 한 (쇠고기 등을)	estofado(-a)/ guisado(-a) 에스또화도(–다)/ 기사도(–다)

에스까베체에 재운	en escabeche
	엔 에스까베체

*에스까베체는 생선과 다른 식료품을 보존하고 맛을 내기 위해, 끓인 올리브유, 와인이나 식초, 월계수 잎과 다른 재료로 만든 소스

에스또화도	estofado (m.)

*기름, 포도주나 식초, 마늘, 양파 및 여러 향료로 양념하며, 물 없이 재료를 한꺼번에 음식 고유의 국물로 요리한 스튜

기소	guiso (m.)

*고기나 생선을 먼저 약간 볶고 다른 재료를 첨가해 물, 포도주, 맥주를 붓고 뚜껑을 열고 요리한 스튜

● 맛 관련 표현

맛이 짠	salado(-a)
	쌀라도(-다)
맛이 쓴, 쓴 맛의	amargo(-a)
	아마르고(-가)
단단한, 딱딱한, 질긴	duro(-a)
	두로(-라)
부드러운, 연한	blando(-a)
	블란도(-다)
단, 단맛이 도는	dulce
	둘세
부드러운, 단맛이 도는	suave
	쑤아베

(차[茶] 등이)강한, (술이) 독한	fuerte
	후에르떼
숙성된	añejo(-a)
	아녜호(-하)
너무 익힌[구운]	demasiado hecho(-a)
	데마씨아도 에초(-차)
덜 익은[구운]	poco hecho(-a)
	뽀꼬 에초(-차)
너무 덜 익은[구운]	demasiado crudo(-a)
	데마씨아도 트루도(-다)
너무 질긴	demasiado duro(-a)
	데마씨아도 두로(-라)

● 아페리티프 – Apertivos 아뻬리띠보스

베르무트	vermut (m.)/vermú (m.)
	베르뭇/ 베르무

*화이트 와인에 다북쑥 및 다른 쓴 물질과 강장제로 맛을 낸 리큐어의 일종

셰리, 헤레스	jerez (m.)
	헤레스

*스페인의 헤레스 델 라 후론떼라(Jerez de la Frontera) 산의 질 좋은 화이트 와인

헤레스 포도주	fino (m.)
	휘노

*단맛이 없고 알코올 도수가 15도에서 17도인 화이트 와인

올로로소	oloroso (m.)
	올로로소

*진한 금빛이 나고 향이 많은 18~20도의 스페인 남부 헤레스산 와인, 오래 묵히면 24~25도까지도 올라감

● 전채 – Entremeses 엔트레메쎄스

오르되브르	entremeses (m.pl.)
	엔트레메쎄스
	＊입맛을 돋워 주는 전채 요리로, 일반적으로 치즈와 하몽, 햄, 소시지와 샐러드 등

| 오르되브르를 먹다 | tomar un entremés |
| | 또마르 운 엔트레메쓰 |

| 전채 요리 (오르되브르나 수프) | entrantes (m.pl.) 엔트란떼스 |

올리브	aceituna (f.)
	아쎄이뚜나
# 속을 채운 올리브	aceituna rellena (f.)
	아쎄이뚜나 레예나

| 아보카도 | aguacate (m.) |
| | 아구아까떼 |

| 아티초크, 엉겅퀴 | alcachofa (f.) |
| | 알까초파 |

| 바지락, 바지락조개 | almeja (f.) |
| | 알메하 |

| (소금에 간한) 멸치 (주로 복수) | anchoa (f.) |
| | 안초아 |

뱀장어	anguila (f.)
	안길라
# 훈제 뱀장어	anguila ahumada (f.)
	안길라 아우마다

청어(靑魚)	arenque (m.)
	아렝께
# 훈제 청어	arenque ahumado (m.)
	아렝께 아우마도

| 참치, 다랑어 | atún (m.) |
| | 아뚠 |

헤드치즈	cabeza (f.)
	까베사
# 새끼양 헤드치즈	cabeza de cordero (f.)
	까베사 데 꼬르데로

| # 송아지 헤드치즈 | cabeza de ternera (f.) |
| | 까베사 데 떼르네라 |

깔라마레스 프리토스	calamares fritos (m.pl.)
	깔라마레스 프리토스
	＊오징어 튀김

깔라마레스 알 라 로마나	calamares a la romana (m.pl.)
	깔라마레스 알 라 로마나
	＊오징어 링 튀김

깔라마레스 델 깜뽀	calamares del campo (m.pl.)
	깔라메레스 델 깜뽀
	＊밀가루를 입혀 튀긴 양파와 피망 링

까요스	callos (m.pl.)
	까요스
	＊소, 송아지 혹은 양의 곱창전골; 스페인의 일부 지방에서는 술안주로 많이 먹음

| 달팽이 | caracol (m.) |
| | 까라꼴 |

| 게살 | carne de cangrejo (f.) |
| | 까르네 데 깡그레호 |

| 식용버섯 | champiñón (m.) |
| | 참삐뇬 |

| 돼지 소시지 | chorizo (m.) |
| | 초리쏘 |

| 작은 바닷가재 | cigala (f.) |
| | 씨갈라 |

| 모둠 전채 | entremeses variados (m.pl) |
| | 엔트레메쎄스 바리아도스 |

| 아스파라거스 | espárrago (m.) |
| | 에스빠라고 |

| 냉육 (햄, 소시지 등) | fiambre (m.) |
| | 휘암브레 |

왕새우의 일종	gamba (f.)
	감바
# 감바스 알 아히요	gambas al ajillo (f.pl.)
	감바스 알 아히요
	*마늘 소스와 함께 올리브 오일로
	요리한 새우
# 새우 철판구이	gambas a la plancha (f.pl.)
	감바스 알 라 쁠란차

| 닭 간 | higaditos de pollo (m.pl.) |
| | 이가디또스 데 뽀요 |

| 완숙 달걀 | huevo duro (m.) |
| | 우에보 두로 |

햄, (소금에 절이거나	jamón (m.)
통째 훈제한) 돼지	하몬
뒷다리 고기	
# 화이트 와인에	jamón en dulce (m.)
삶아 차게 먹는 햄	하몬 엔 둘쎄
# 소금에 절인 햄	jamón serrano (m.)
	하몬 쎄라노

| 바닷가재, 대하 | langosta (f.) |
| | 랑고스따 |

가재, 중하	langostino (m.)
	(=langostín (f.))
	랑고스띠노(=랑고스띤)

| 홍합 | mejillón (m.) |
| | 메히온 |

| 멜론 | melón (m.) |
| | 멜론 |

| 굴, 석화 | ostra (f.) |
| | 오스트라 |

| 치즈스틱 | palito de queso (m.) |
| | 빨리또 데 께소 |

| 작은 오이의 변종 | pepinillo (m.) |
| | 뻬삐니요 |

| 오이 | pepino (m.) |
| | 뻬삐노 |

| 삿갓조개 | percebe (m.) |
| | 뻬르쎄베 |

| 피망 | pimiento (m.) |
| | 삐미엔또 |

| 새우 | quisquilla (f.) |
| | 끼스끼야 |

| 무 | rábano (m.) |
| | 라바노 |

살치촌	salchichón (m.)
	쌀치촌
	*향신료가 들어 있는 큰 소시지

연어	salmón (m.)
	쌀몬
# 훈제 연어	salmón ahumado (m.)
	쌀몬 아우마도

| 정어리 | sardina (f.) |
| | 싸르디나 |

과일즙, 과일 주스	jugo[zumo] de fruta (m.)
	후고[쑤모] 데 프루따
# 파인애플 주스	jugo[zumo] de piña (m.)
	후고[쑤모] 데 삐냐
# 토마토 주스	jugo[zumo] de tomate (m.)
	후고[쑤모] 데 또마떼
# 자몽 주스	jugo[zumo] de pomelo
	[toronja] (m.)
	후고[쑤모] 데 뽀멜로[또롱하]
# 오렌지 주스	jugo[zumo] de naranja (m.)
	후고[쑤모] 데 나랑하

참고

간단한 안주, 꼬치안주	**banderilla (f.)** 반데리야	
	*각종 채소 절임 등을 여러 모양으로 꽂은	
크로켓	**buñuelo (m.)** 부뉴엘로	
작은 크로켓	**buñuelito (m.)** 부뉴엘리또	
작은 만두, 작은 엠빠나다	**empanadilla (f.)** 엠빠나디야	

참고 표 내용:

banderilla (f.) 반데리야 — 간단한 안주, 꼬치안주
*각종 채소 절임 등을 여러 모양으로 꽂은

buñuelo (m.) 부뉴엘로 — 크로켓

buñuelito (m.) 부뉴엘리또 — 작은 크로켓

empanadilla (f.) 엠빠나디야 — 작은 만두, 작은 엠빠나다
*엠빠나다(empanada)는 고기, 생선, 채소 등을 밀가루 반죽에 채워 넣어 오븐에 찐 만두의 일종

palito (m.) 빨리또 — 꼬치 음식
*햄, 치즈, 빠떼, 훈제 멸치, 송어, 장어 등을 꼬치에 꿴 것

pinchito (m.) 삔치또 — 꼬치구이

tartaleta (f.) 따르딸레따 — (고기나 생선으로 만든) 작은 파이, 작은 케이크

pan con tomate (m.) 빤 꼰 또마떼 — 판 콘 토마테
*바게트에 잘 읽은 토마토를 얹고, 올리브 오일을 바른 카탈루냐 지방 음식. 하몽을 얹어 먹기도 함

papas arrugadas (f.pl.) 빠빠스 아루가다스 — 파파스 아루가다스
*작은 크기의 감자를 소금물에 삶은 것

papas arrugadas con salsa mojo (f.pl.) 빠빠스 아루가다스 꼰 살사 모호 — 파파스 아루가다스 콘 살사 모호
*'모호(mojo)'라는 소스를 뿌려 먹는 파파스 아루가다스

albóndigas (f.pl.) 알본디가스 — 알본디가스
*잘게 다진 쇠고기나 생선 미트볼 요리로, 주로 토마토소스와 같이 조리함

● 샐러드 – Ensaladas 엔쌀라다스

새우 샐러드	ensalada de gambas (f.) 엔쌀라다 데 감바스	제철 샐러드	ensalada del tiempo (f.) 엔쌀라다 델 띠엠뽀
채소 샐러드, 그린 샐러드	ensalada de lechuga (f.) 엔쌀라다 델 레추가	토마토 샐러드	ensalada de tomate (f.) 엔쌀라다 데 또마떼
감자 샐러드	ensalada de patata (f.) 엔쌀라다 데 빠따따	발렌시아식 샐러드	ensalada valenciana (f.) 엔쌀라다 발렌씨아나 *피망, 양상추, 오렌지 등을 넣은 샐러드
오이 샐러드	ensalada de pepino (f.) 엔쌀라다 데 뻬삐노		

● 오믈렛 – Tortillas 또르띠야스

아티초크 오믈렛	tortilla de alcachofa (f.) 또르띠야 데 알까초파	감자, 완두콩, 새우 또는 햄을 넣은 오믈렛	tortilla paisana (f.) 또르띠야 빠이싸나
양파 오믈렛	tortilla de cebolla (f.) 또르띠야 데 쎄보야	감자 오믈렛	tortilla de patatas (f.) 또르띠야 데 빠따따스
아스파라거스 오믈렛	tortilla de espárragos (f.) 또르띠야 데 에스빠라고스	치즈 오믈렛	tortilla de queso (f.) 또르띠야 데 께소
갈리시아식 오믈렛	tortilla gallega (f.) 또르띠야 가예가 ＊햄, 고추, 완두콩을 넣은 감자 오믈렛	럼주 오믈렛	tortilla al ron (f.) 또르띠야 알 론
햄 오믈렛	tortilla de jamón (f.) 또르띠야 데 하몬	버섯 오믈렛	tortilla de setas (f.) 또르띠야 데 쎄따스

그 밖의 달걀요리들 – Platos a base de huevo 쁠라또스 아 바세 데 우에보

우에보스 알 라 플라멩까 **huevos a la flamenca (m.pl.)**
＊토마토와 양파, 깍둑썰기 한 햄을 넣은 달걀 요리. 종종 고명으로 아스파라거스, 붉은 피망[고추], 또는 양념 맛이 강한 돼지고기 소시지를 얇게 썬 조각을 얹음

우에보스 알 니도 **huevos al nido (m.pl.)**
＊작은 둥근 빵 가운데를 파고 달걀을 깨어 넣고 구운 요리

우에보스 알 트로떼 **huevos al trote (m.pl.)**
＊참치를 채워 넣은 삶은 달걀에 마요네즈 뿌린 요리

우에보스 레부엘또스 알 삐스또 **huevos revueltos al pisto (m.pl.)**
＊채소를 넣고 휘저어 부친 달걀 요리

● 수프 – Sopas 쏘빠스

채소 수프	sopa de legumbres (f.)/ sopa de verduras (f.) 쏘빠 델 레굼브레스/ 쏘빠 데 베르두라스	양파 수프	sopa de cebolla (f.) 쏘빠 데 쎄보야
		감자 수프	sopa de patatas (f.) 쏘빠 데 빠따따스
잘게 썬 채소들을 넣어 만든 맑은 수프	sopa juliana (f.) 쏘빠 훌리아나	토마토 수프	sopa de tomate (f.) 쏘빠 데 토마떼
마늘 수프	sopa de ajo (f.) 쏘빠 데 아호	아스파라거스 수프	sopa de espárragos (f.) 쏘빠 데 에스빠라고스

라이스 수프	sopa de arroz (f.) 쏘빠 데 아로스		(고기, 절인 돼지고기 및 채소를 넣은) 걸쭉한 수프	sopa de cocido (f.) 쏘빠 데 꼬씨도
국수 수프	sopa de fideos (f.) 쏘빠 데 휘데오스		갈리시아식 수프	caldo gallego (m.) 깔도 가예고 ＊스페인의 갈리시아(Galicia) 지방 특유의 채소와 고기 수프
셰리주를 넣은 닭고기 국물 콘소메	consomé al jerez (m.) 꼰쏘메 알 헤레스		가스빠초	gazpacho (m.) 가스빠초 ＊빵 조각, 올리브유, 식초, 소금, 토 마토, 오이, 피망, 마늘, 양파 및 다 른 첨가물로 만든 냉 수프
닭고기 수프	sopa de gallina (f.) 쏘빠 데 가이나			
해산물 수프	sopa de mariscos (f.) 쏘빠 데 마리스꼬스		파바다	fabada (f.) 화바다 ＊강낭콩, 소시지 및 선지 순대를 넣은 스페인 아스뚜리아스(Asturias) 의 대표적인 짙은 수프
바닷게 수프	sopa de cangrejos (f.) 쏘빠 데 깡그레호스			
생선 수프	sopa de pescado (f.) 쏘빠 데 뻬스까도			
거북 수프	sopa de tortuga (f.) 쏘빠 데 또르뚜가			

● 빠에야 – Paella   빠에야

＊스페인의 발렌시아(Valencia) 지방에서 전통적으로 사용된 넓고 평평한 금속 팬에 쌀, 고기, 생선, 해산물, 채소 등을 넣고
만든 요리

해산물 빠에야	paella marinera (f.) 빠에야 마리네라 ＊생선과 해산물을 넣은 빠에야		발렌시아식 빠에야	paella valenciana[paella a la valenciana] (f.) 빠에야 발렌씨아나[빠에야 알 라 발 렌씨아나] ＊전통적인 빠에야로 닭고기, 새우, 홍합, 가재, 오징어, 완두콩, 토마토, 고추, 마늘을 넣은 빠에야
고기와 해산물이 든 빠에야	paella mixta (f.) 빠에야 믹스따			
카탈루냐식 빠에야	paella catalana (f.) 빠에야 까딸라나 ＊양념 맛이 강한 돼지고기 소시지, 돼지고기, 오징어, 토마토, 고추, 완 두콩을 넣은 빠에야		사모라식 빠에야	paella zamorana (f.) 빠에야 싸모라나 ＊햄, 돼지허리고기, 돼지 족발, 고 추를 넣은 빠에야

● 생선과 해산물 − Pescados y mariscos 뻬스까도스 이 마리스꼬스

청어(靑魚)	arenque (m.) 아렝께
참치, 다랑어	atún (m.) 아뚠
대구	bacalao (m.)/merluza (f.) 바깔라오/ 메를루사
대구 새끼	pescadilla (f.) 뻬스까디야
도미	besugo (m.) 베쑤고
가다랑어 (다랑어 비슷 하지만 더 작은 어류)	bonito (m.) 보니또
고등어	caballa (f.) 까바야
붕장어	congrio (m.) 꽁그리오
민물장어의 일종	lamprea (f.) 람쁘레아
혀가자미	lenguado (m.) 렝구아도
메로	mero (m.) 메로
숭어	mújol (m.) 무홀
농어	perca (f.) 뻬르까
바다 송어	perca (f.)(=raño (m.)) 뻬르까(=라뇨)
황새치	pez espada (m.) 뻬스 에스빠다
아귀	rape (m.) 라뻬

가자미	rodaballo (m.) 로다바요
연어	salmón (m.) 쌀몬
(지중해산(産)의) 노랑촉수	salmonete (m.) 쌀모네떼
송어	trucha (f.) 트루차
정어리	sardina (f.) 싸르디나
청어과의 작은 유럽산 바닷고기	sardina pequeña (f.) 싸르디나 뻬께냐
멸치	anchoa (f.)/boquerón (m.) 안초아/ 보께론
오징어	calamar (m.) 깔라마르
작은 오징어	chipirón (m.) 치삐론
꼴뚜기	chopito (m.)/chopo (m.) 초삐또/ 초뽀
낙지	pulpito (m.) 뿔삐또
문어	pulpo (m.) 뿔뽀
바닷가재, 대하	langosta (f.) 랑고스따
가재, 중하	langostino (m.) (=langostín (f.)) 랑고스띠노(=랑고스띤)
왕새우/새우	gamba (f.)/quisquilla (f.) 감바/ 끼스끼야

바닷게	cangrejo (m.)	국자가리비	venera (f.)
	깡그레호		베네라
작은 바닷가재	cigala (f.)	삿갓조개	percebe (m.)
	씨갈라		뻬르쎄베
굴, 석화	ostra (f.)	바지락, 바지락조개	almeja (f.)
	오스트라		알메하

참고

사르쑤엘라	**zarzuela (f.)**
	*소스로 양념한 여러 가지 생선과 해물로 만든 스페인의 카탈루냐(Cataluña) 지방의 스튜
마리스까다	**mariscada (f.)**
	*주로 풍부하고 다양한 어패류로 된 요리, 해산물 요리, 해물 요리
마리스까다 엔 쌀사 베르데	**Mariscada en Salsa Verde (f.)**
	*랍스터와 새우, 굴, 조개 등에 마늘과 파슬리 피시스톡으로 맛을 낸 요리

● 육류 – Carne 까르네

소고기	carne de buey (f.)	(돼지고기) 소시지, 순대	salchicha (f.)
	까르네 데 부에이		쌀치차
송아지 고기	carne de ternera (f.)	(선지, 양파, 향신료, 쌀 등을 넣은) 순대, 소시지	morcilla (f.)
	까르네 데 떼르네라		모르씨야
돼지고기	carne de cerdo (f.)		
	까르네 데 쎄르도	베이컨	tocino (m.)
아직 젖이 떨어지지 않은 새끼 돼지	lechón (m.)		또씨노
	레촌	햄, 돼지 뒷다리 고기	jamón (m.)
양, 수양, 양고기	carnero (m.)		하몬
	까르네로	뇌, (복수) 뇌수	seso (m.)
새끼 양 고기	carne de cordero (f.)		쎄소
	까르네 데 꼬르데로	심장	corazón (m.)
새끼 염소	cabrito(-a) (m.),(f.)		꼬라손
	까브리또(–따)	간(肝)	hígado (m.)
돼지 안심	solomillo de cerdo (m.)		이가도
	쏠로미요 데 쎄르도		*(작은 동물, 특히 조류의) 간(肝)
			higadillo (m.) 이가디요

콩팥, 신장(腎臟)	riñón (m.) 리뇬	소꼬리	rabo de buey (m.) 라보 데 부에이
고환, 불알	criadilla (f.) 크리아디야	기계로 갈거나 저민 고기	carne picada (f.) 까르네 삐까다
(양 같은 짐승의) 몸의 앞부분	paletilla (f.) 빨레띠야	비프스테이크	bistec (m.)/bife (m.)/ filete (m.) 비스떼끄/ 비훼/ 휠레떼
(동물의) 발과 다리	pata (f.) 빠따		
(네발짐승과 조류의) 넓적다리	pierna (f.) 삐에르나	(소, 양 혹은 돼지 등 의) 살이 붙은 갈비	chuleta (f.) 출레따

참고

새끼 돼지 통구이	**cochinillo asado (m.)** 꼬치니요 아싸도
마드리드식 까요스	**callos a la madrileña (m.pl.)** 까요스 알 라 마드릴레냐 ＊양념 맛이 강한 돼지고기 소시지와 토마토가 들어간 매운 소스의 곱창전골
새끼 양이나 새끼 염소로 만든 양념을 많이 한 스튜	**cochifrito de cordero (m.)** 꼬치프리또 데 꼬르데로
엠빠나다	**empanada (f.)** 엠빠나다 ＊고기, 생선, 채소 등을 밀가루 반죽에 채워 넣어 오븐에 찐 만두의 일종
갈리시아식 엠빠나다	**empanada gallega (f.)** 엠빠나다 가예가
아라곤식 햄 요리	**magras al estilo de Aragón (f.pl.)** 마그라스 알 에스띨로 데 아라곤 ＊소금에 절인 햄을 토마토소스로 요리한 것
다진 고기를 채워 넣은 피망	**pimientos a la riojana (m.pl.)** 삐미엔또스 알 라 리오하나
셰리주를 끼얹어 요리한 콩팥요리	**riñones al jerez (m.pl.)** 리뇨네스 알 헤레스

● 가금류 고기 – Aves y carne de caza 아베스 이 까르네 데 까사

암탉	gallina (f.) 가이나	닭 간	higadito de pollo (m.) 이가디또 데 뽀요
수탉	gallo (m.) 가요	닭다리	muslo de pollo (m.) 무슬로 데 뽀요
거세한 수탉	capón (m.) 까뽄	닭 가슴살	pechuga de pollo (f.) 뻬추가 데 뽀요
닭, 닭고기, 병아리	pollo (m.) 뽀요	거위	ganso (m.) 간소

오리	pato (m.) 빠또		누른도요 (도욧과의 새)	becada (f.) 베까다
들오리	lavanco (m.) 라반꼬		토끼; (특히) 집토끼	conejo (m.) 꼬네호
꿩, 장끼	faisán (m.) 화이싼		산토끼	liebre (m.)/ conejo de monte (m.) 리에브레/ 꼬네호 데 몬떼
메추라기	codorniz (f.) 꼬도르니스		노루	corzo (m.) 꼬르소
칠면조	pavo (m.) 빠보		사슴	venado (m.) 베나도
자고새	perdiz (f.) (perdices (pl.)) 뻬르디스 (복수: 뻬르디세쓰)		멧돼지, 산돼지	jabalí (m.) 하발리
집비둘기 새끼	pichón (m.) 삐촌			

참고

통닭구이	**pollo asado (m.)** 뽀요 아싸도
숯불구이 닭	**pollo a la brasa (m.)** 뽀요 알 라 브라사
닭과 채소를 넣은 찌개나 찜 비슷한 요리	**menestra de pollo (f.)** 메네스트라 데 뽀요
마늘로 요리한 토끼	**conejo al ajillo (m.)** 꼬네호 알 아히요
화이트와인 소스 자고새 요리	**perdices estofadas (m.pl.)** 뻬르디세쓰 에스또화다스

● 채소 – Verduras y Legumbres 베르두라스 이 레굼브레스

감자	patata (f.) 빠따따		작은 호박 (껍질이 푸르고 살이 하얀, 둥근 통 모양의)	calabacín (m.) 깔라바씬
양파	cebolla (f.) 쎄보야		가지	berenjena (f.) 베렝헤나
당근	zanahoria (f.) 싸나오리아		시금치	espinaca (f.) 에스삐나까
오이	pepino (m.) 뻬삐노		상추	lechuga (f.) 레추가
작은 오이의 변종	pepinillo (m.) 뻬삐니요			

무	rábano (m.) 라바노	
대파	puerro (m.) 뿌에로	
토마토	tomate (m.) 또마떼	
피망	pimentón (m.) (=pimiento (m.)) 삐멘똔(=삐미엔또)	
(다른 변종 피망보다 더 두껍고 모든 피망 중) 맛이 제일 단 피망	pimiento morrón (m.) 삐미엔또 모론	
양배추	berza (f.) 베르사	
양배추의 일종	repollo (m.) 레뽀요	
방울 양배추	col de bruselas (m.) 꼴 데 부루쎌라스	
꽃양배추	coliflor (f.) 꼴리플로르	
호배추 비슷한 양배추의 일종	lombarda (f.) 롬바르다	
식용버섯	champiñón (m.) 참삐뇬	
(식용이건 아니건 양산 모양의) 버섯의 일종	seta (f.) 쎄따	
송로버섯	trufa (f.) 트루화	
옥수수	maíz (m.) 마이스	
셀러리	apio (m.) 아삐오	
비트	remolacha (f.) 레몰라차	

아스파라거스	espárrago (m.) 에스빠라고	
치커리, 꽃상추	achicoria (f.) 아치꼬리아	
아티초크, 엉겅퀴	alcachofa (f.) 알까초파	
파스닙	chirivía (f.) 치리비아 ＊배추 뿌리처럼 생긴 채소	
대황(大黃), 대황의 뿌리	ruibarbo (m.) 루이바르보	
혼합 채소	macedonia de legumbres (f.) 마쎄도니아 델 레굼브레스	
쌀, 벼	arroz (m.) (arroces (pl.)) 아로스 (복수: 아로세쓰)	
렌즈콩	lenteja (f.) 렌떼하	
이집트콩	garbanzo (m.) 가르반쏘	
완두, 완두콩	guisante (m.) 기싼떼	
잠두, 누에콩	haba (f.) 아바	
회향풀	hinojo (m.) 이노호	
강낭콩	judía (f.) 후디아	
흰강낭콩	judía blanca (f.) 후디아 블랑까	
꼬투리째 먹는 강낭콩, 풋 강낭콩	judía verde (f.) 후디아 베르데	

참고

베스또   **pisto (m.)**

* 피망, 토마토, 양파, 호박 등을 넣은 스튜로 스페인의 카탈루냐 지방에서는 '쌈화이나(samfaina)'라고 불림. '채소 프라이(frito de verduras 프리또 데 베르두라스)'를 지칭하기도 함

● 양념과 향신료 – Condimentos y especias 꼰디멘또스 이 에스뻬씨아스

조미료, 향신료, 양념	condimento (m.) 꼰디멘또	향신료용 여러 허브 들의 혼합물	hierbas finas (f.pl) 이에르바스 휘나스
(양념으로 쓰는) 향신료	especia (f.) 에스뻬씨아	월계수 잎	hoja de laurel (f.) 오하 델 라우렐
소금	sal (m.) 쌀	로즈메리	romero (m.) 로메로
후추, 호초	pimienta (f.) 삐미엔따 * 후추나무의 열매	샐비어	salvia (f.) 쌀비아 * 약용 · 향료용 허브
겨자	mostaza (f.) 모스따사	박하	menta (f.) 멘따
네덜란드 겨자	berro (m.) 베로	박하의 일종	orégano (m.) 오레가노
마늘	ajo (m.) 아호	커민	comino (m.) 꼬미노 * 미나릿과의 식물
생강	jengibre (m.) 헨히브레	계피	canela (f.) 까넬라
양파 비슷한 식물	cebolleta (f.) 쎄보예따	바닐라	vainilla (f.) 바이니야
긴디야	guindilla (f.) 긴디야 *guindillo de Indias의 열매; 고추의 일종	사프란	azafrán (m.) 아사프란
파슬리, 미나리	perejil (m.) 뻬레힐	아니스	anís (m.) 아니스 * 미나리과의 한해살이풀
파슬리	pachulí (m.) 빠출리	전호, 사양채	perifollo (m.) 뻬리포요 * 미나릿과의 여러해살이풀

알바아까	albahaca (f.)
	알바아까
	*박하 비슷한 향기 짙은 식물

사철쑥	estragón (m.)
	에스트라곤
	*허브의 일종

백리향	tomillo (m.)
	또미요

풍접초	alcaparra (f.)
	알까빠라

육두구의 열매	nuez moscada (f.)
	누에스 모스까다

정향나무 꽃의 마른 꽃봉오리	clavo (m.)
	끌라보
	*약용과 여러 양념에서 향신료로 사용됨

딜(영어로 dill), 시라(蒔蘿), 소회향(小茴香)	eneldo (m.)(=aneldo (m.))
	에넬도(=아넬도)
	*허브의 일종으로, 흔히 채소 피클 만들 때 넣음

● **소스 – Salsas** 쌀사스

마늘 소스, 마늘과 붉은 피망 소스	ajillo (m.)
	아히요

알리올리(=아히아쎄이떼) 소스	salsa alioli(=ajiaceite) (f.)
	쌀사 알리올리(=아히아쎄이떼)
	*지중해 연안의 대표적인 소스, 마늘과 올리브오일이 주재료. 레몬, 식초, 달걀, 소금이 첨가 됨

카탈루냐식 소스	salsa catalana (f.)
	쌀사 까딸라나
	*토마토와 피망으로 만든 소스

카탈루냐식 소스로 요리한	a la catalana
	알 라 까딸라나

로마네스코 소스	salsa romanesco (f.)
	쌀사 로마네스꼬
	*토마토, 피망, 마늘로 만든 스페인 카탈루냐 지방의 타라고나(Tarragona) 주(州) 주변 동부 해안에서 생선요리 에 사용되는 차가운 소스

녹색 소스	salsa verde (f.)
	쌀사 베르데
	*파슬리, 완두콩, 마늘로 만든 스페인 바스크 지방에서 생선요리에 사용되는 소스

에스까베체	escabeche (m.)
	에스까베체
	*생선과 다른 식료품을 보존하고 맛을 내기 위해, 끓인 올리브유, 와인이나 식초, 월계수 잎과 다른 재료로 만든 소스

● **과일 – Fruta** 프루따

사과	manzana (f.)
	만싸나

배	pera (f.)
	뻬라

살구	albaricoque (m.)
	알바리꼬께

복숭아	melocotón (m.)
	멜로꼬똔

오렌지	naranja (f.)
	나랑하

탄제린	mandarina (f.)
	만다리나
	*껍질이 잘 벗겨지는 작은 오렌지

레몬	limón (m.)
	리몬
라임	lima (f.)
	리마
바나나	plátano (m.)
	쁠라따노
파인애플	piña (f.)
	삐냐
수박	sandía (f.)
	싼디아
멜론	melón (m.)
	멜론
자몽	pomelo (m.)/toronja (f.)
	뽀멜로/ 또롱하
포도	uva (f.)
	우바
백포도	uva blanca (f.)
	우바 블랑까
흑포도	uva negra (f.)
	우바 네그라
블루베리, 덩굴 왕귤	arándano (m.)
	아란다노
블랙베리, 가시나무의 열매	zarzamora (f.)
	싸르싸모라
붉은 구즈베리, 붉은까치밥나무	grosella roja (f.)
	그로쎄야 로하
검은 구즈베리, 까막까치밥나무	grosella negra (f.)
	그로쎄야 네그라
버찌	cereza (f.)
	쎄레사
딸기	fresa (f.)
	프레사

산딸기	frambuesa (f.)
	프람부에사
무화과	higo (m.)/breva (f.)
	이고/ 브레바
석류	granada (f.)
	그라나다
코코넛	coco (m.)
	꼬꼬
자두	ciruela (f.)
	씨루엘라
말린 자두	ciruela pasa
	씨루엘라 빠사
대추야자	dátil (m.)
	다띨
건포도	pasa (f.)
	빠사
밤	castaña (f.)
	가스따냐
땅콩	cacahuete (m.)
	까까우에떼
호두	nuez (f.) (nueces (pl.))
	누에스 (복수: 누에세쓰)
아몬드	almandra (f.)
	알만드라
개암	avellana (f.)
	아베야나
갖은 견과	nueces variadas (f.pl.)
	누에세쓰 바리아다스

라이스 푸딩	arroz con leche (m.) 아로스 꼰 레체
카스텔라	bizcocho (m.) 비스꼬초
캐러멜 푸딩	crema catalana (f.) 크레마 까딸라나
플란, 커스터드	flan (m.) 플란
튀김	frito (m.) 프리또
비스킷, 크래커	galleta (f.) 가예따
쵸콜릿 아이스크림	helado de chocolate (m.) 엘라도 데 초꼴라떼
딸기 아이스크림	helado de fresa (m.) 엘라도 데 프레사
레몬 아이스크림	helado de limón (m.) 엘라도 데 리몬
모카 아이스크림	helado de moka (m.) 엘라도 데 모까
바닐라 아이스크림	helado de vainilla (m.) 엘라도 데 바이니야
(커스터드 비슷한) 아이스크림	mantecado (m.) 만떼까도
마사빵	mazapán (m.) 마사빤 ＊빵은 편도와 가루 설탕으로 만들 어진 반죽
시럽에 담긴 복숭아	melocotón en almíbar (m.) 멜로꼬똔 엔 알미바르
시럽, 당밀	almíbar (m.) 알미바르

마르멜로	membrillo (m.) 멤브리요 ＊마르멜로는 모과 비슷한 열매로 잼 등을 만드는데 사용되는데, 후식 으로 먹는 마르멜로로 만든 페이스 트를 일컫기도 함
메렝게	merengue (m.) 메렝게 ＊달걀 흰자위와 설탕으로 만들어 오븐에 구운 달걀 모양의 과자
거품이 이는 생크림	nata batida (f.) 나따 바띠다
쿠키	pasta (f.) 빠스따
케이크	pastel (m.) 빠스뗄
치즈 케이크	pastel de queso (f.) 빠스뗄 데 께소
아몬드 파이	tarta de almendras (f.) 따르따 데 알멘드라스
사과 파이	tarta de manzana (f.) 따르따 데 만싸나
모카 케이크	tarta de moka (f.) 따르따 데 모까
아이스크림 케이크	tarta helada (f.) 따르따 엘라다
작은 파이, 작은 케이크	tartaleta (f.) 따르딸레따
와플	tortita (f.) 또르띠따
누가	turrón (m.) 뚜론

● 와인 – Vino 비노

레드 와인	tinto (m.)/vino tinto (m.) 띤또/ 비노 띤또	단맛이 도는 와인	vino dulce (m.) 비노 둘쎄
화이트 와인	blanco (m.)/ vino blanco (m.) 블랑꼬/ 비노 블랑꼬	감칠맛 나는 와인	vino de cuerpo (m.) 비노 데 꾸에르뽀
로제 와인	rosado (m.)/ vino rosado (m.) 로싸도/ 비노 로싸도	라이트 와인	vino liviano (m.) 비놀 리비아노 *알코올 도수가 낮은 포도주
단맛이 없는 포도주 맛이 쌉쌀한 포도주	vino seco (m.) 비노 쎄꼬	발포 와인	espumoso (m.)/vino espumoso[espumante] (m.) 에스뿌모소/ 비노 에스뿌모소 [에스뿌만떼]
단맛이 전혀 없는 와인	vino muy seco (m.) 비노 무이 쎄꼬		

● 맥주 – Cerveza 쎄르베사

순한 맥주	cerveza rubia (f.) 쎄르베사 루비아	외제 맥주	cerveza extranjera (f.) 쎄르베사 엑쓰트랑헤라
흑맥주	cerveza negra (f.) 쎄르베사 네그라		

● 술 – Licores 리꼬레스

아니스 술	anís (m.) 아니스	진토닉	ginebra con tónica (f.) 히네브라 꼰 또니까
버번위스키	whisky americano (m.) 위스끼 아메리까노	알코올 음료; 술	licor (m.) 리꼬르
코냑	coñac (m.) 꼬냑	오뽀르또	oporto (m.) 오뽀르또 *주로 포르투갈의 도시 오뽀르또 (Oporto)에서 제조된 레드 와인
진	ginebra (f.) 히네브라		
진피즈	ginebra con limón (f.) 히네브라 꼰 리몬 *진에 탄산수 · 레몬 등을 탄 칵테일	럼, 럼주(酒)	ron (m.) 론

꾸바리브레	cuba libre (f.)/ cubalibre (f.) 꾸발 리브레/ 꾸발리브레 ＊보통 럼주와 코카콜라를 혼합한 칵테일의 일종	베르무트	vermut (m.)/vermú (m.) 베르뭇/ 베르무 ＊화이트 와인에 다북쑥 및 다른 쓴 물질과 강장제로 맛을 낸 리큐어의 일종
스카치위스키	whisky escocés (m.) 위스끼 에스꼬쎄쓰	보드카	vodka (m.),(f.) 보드까
셰리, 헤레스	jerez (m.) 헤레스 ＊스페인의 헤레스 델 라 후론떼라 (**Jerez de la Frontera**) 산의 질 좋은 화이트 와인	위스키	whisky (m.) 위스끼
		위스키소다	whisky con soda (m.) 위스끼 꼰 쏘다

관련 용어

한 컵[잔]	**un vaso** 운 바소
한 병	**una botella** 운 보떼야
더블	**doble** 도블레
(술이) 아무것도 타지 않은 [스트레이트의]	**solo** 쏠로
온더락스, 얼음을 넣은	**con hielo** 꼰 이엘로

● 무알콜 음료 – Bebidas sin alcohol 베비다스 씬 알꼴

(따뜻한) 코코아, 쵸콜릿 차 한 잔	un chocolate (caliente) 운 초꼴라떼 (깔리엔떼)	# 에스프레소	café exprés (m.) 까페 엑쓰프레쓰
커피 한 잔	un café/ una taza de café 운 까페/ 우나 따사 데 까페	# 무카페인 커피	café descafeinado (m.) 까페 데스까페이나도
		# 진한 커피 한 잔	**un corto** 운 꼬르또
커피	café (m.) 까페	과일주스 한 잔	un jugo[zumo] de fruta 운 후고[쑤모] 데 프루따
# 블랙커피	**café solo (m.)** 까페 쏠로	# 사과	**manzana (f.)** 만싸나
# 밀크커피	**café con leche (m.)** 까페 꼰 레체	# 자몽	**pomelo (m.)/toronja (f.)** 뽀멜로/또롱하
# 크림을 넣은 커피	**café con crema (m.)** 까페 꼰 크레마	# 레몬	**limón (m.)** 리몬

참고단어 및 표현

# 오렌지	naranja (f.)
	나랑하
# 파인애플	piña (f.)
	삐냐
# 토마토	tomate (m.)
	또마떼

| 레모네이드 한 잔[컵] | una limonada |
| | 우날 리모나다 |

| 우유 | leche (f.) |
| | 레체 |

| 밀크세이크 한 컵 | un batido |
| | 운 바띠도 |

| 광천수 | agua mineral (f.) |
| | 아구아 미네랄 |

| 오렌지에이드 한 잔 | una naranjada |
| | 우나 나랑하다 |

| 소다수[탄산수] 한 잔 | una soda |
| | 우나 쏘다 |

차[茶] 한 잔	un té
	운 떼
# 우유 넣은 차 한 잔	un té con leche
	운 떼 꼰 레체
# 레몬 곁들인 차 한 잔	un té con limón
	운 떼 꼰 리몬
# 아이스 티 한 잔	un té helado
	운 떼 엘라도

| 토닉 워터 한 잔 | una tónica |
| | 우나 또니까 |

| (얼음) 물 | agua (helada) (f.) |
| | 아구아 (엘라다) |

| 광천수 | agua mineral (f.) |
| | 아구아 미네랄 |

ㄱ

가까운, 가까이에 있는 근처의, 부근의	cercano(-a) 쎄르까노(-나)
가까운, 멀지 않은, 다음의, 오는	próximo(-a) 프록씨모(-마)
가까이(에)	cerca 쎄르까
가까이 가다, 가까이 하다	arrimarse 아리마르세
가까이 하다, 접근시키다, 옆에 놓다	arrimar 아리마르
가까이 하다, 접근시키다, 다가오다, 가깝게 닥쳐 오다, 가까워지다	acercar 아쎄르까르
가격, 값, 요금, 비용	precio (m.) 쁘레씨오
가격, 요금, 가격표, 요금표	tarifa (f.) 따리화
가격을 인상하다	aumentar el precio 아우멘따르 엘 쁘레씨오
가격을 인하하다	reducir[bajar/rebajar/ disminuir] el precio/ hacer una rebaja del precio 레두씨르[바하르/레바하르/ 디스미누이르] 엘 쁘레씨오/ 아 쎄르 우나 레바하 델 쁘레씨오
가격표	lista de precios (f.)/ etiqueta de precio (f.) 리스따 데 쁘레씨오스/ 에띠께따 데 쁘레씨오

가게, 상점, 천막, 텐트	tienda (f.) 띠엔다
가게, 상점, (일반적으로) 도매점, (복수) 백화점	almacén (m.) 알마쎈
가계(家系), 종류	linaje (m.) 리나헤
(움직일 수 있는) 가구, 세간	mueble (m.) 무에블레
가난, 빈곤	pobreza (f.) 뽀브레사
가난한, 가엾은, 가난한 사람	pobre (a.),(m.),(f.) 뽀브레
(몸이) 가냘파지다, 여위다, (체중을) 줄이다.	adelgazarse 아델가사르세
가는, 잔, 세밀한, 질이 좋은, (금속이) 순수한	fino(-a) 휘노(-나)
가는 끈[줄], (전기 기구의) 코드, 줄	cordón (m.) 꼬르돈
가다	irse 이르세
가득 찬, 충만한, (음식 으로) 포식한, (극장이나 서커스 등의) 만원	lleno(-a) (a.),(m.) 예노(-나)
가득 찬, 터지도록 채워 진, 속에 채워진 물건, 소	relleno(-a) (a.),(m.) 레예노(-나)
가득 채우다, 메우다, 써넣다, 기입하다, 채우 다, 충족시키다	llenar 예나르
가득 채우다, 다시 채우다, (서류 등의 공란에 필요한 자료를) 채우다	rellenar 레예나르

가라앉다, 진정되다	calmarse/quietarse 깔마르세/ 끼에따르세
가라앉히다, 진정시키다	calmar/quietar 깔마르/ 끼에따르
가락이 흐트러지다, 장단이 맞지 않다	desafinar 데싸휘나르
가래, 담	flema (f.) 플레마
가로(街路)	calle (f.) 까예
가루 눈	nieve fina (f.) 니에베 휘나
가르마	raya (del cabello/del pelo) (f.) 라야 (델 까베요/ 델 뻴로)
(자기의 머리털의) 가르마를 타다	hacerse la raya 아쎄르셀 라 라야
가르마를 태우다	partir la raya (del cabello)/hacer la raya 빠르띠를 라 라야 (델 까베요)/ 아쎄를 라 라야
가르치다, 깨닫게 하다, 보이다, 나타내다	enseñar 엔쎄냐르
가리키다, 나타내다, 지시 하다 가르치다, 알리다	indicar 인디까르
(기구가 양이나 크기를) 가리키다, 표시하다, 표를 하다, 표로 나타내다	marcar 마르까르
가벼운, 민첩한, 날쌘, 경솔한, 경박한	ligero(-a) 리헤로(-라)
가벼운, 엷은, 가는, 사소한, 하찮은, 경미한	leve 레베
가솔린	gasolina (f.) 가솔리나
가수	cantante (m.),(f.)/ cantor(-a)(m.),(f.) 깐딴떼/ 깐또르(-라)
가스, 기체	gas (m.) 가스
가스[공기]가 빠지다	desinflarse 데씬플라르세

가슴, 흉부, (여성의) 가슴, 유방	pecho (m.) 뻬초
(요리) (닭의) 가슴살	pechuga (f.) 뻬추가
가슴쓰림	acedia en el estómago (f.) 아쎄디아 엔 엘 에스또마고
가슴 아파하는, 속이 상한	dolido(-a) 돌리도(-다)
(음식물로) 가슴이 막히다[메다]	sentir pesadez de estómago/hacer mal la digestión 쎈띠르 뻬사데스 데 에스또마고/ 아쎄르 말 라 디헤스띠온
가용성(可用性),사용권, 처분권, (복수) 유동 재산	disponibilidad (f.) 디스뽀니블리닫
가위	tijeras (f.pl.) 띠헤라스
가을	otoño (m.) 오또뇨
가이드, 안내원, 안내자, 길잡이, 지도자	guía (m.),(f.) 기아
가이드북, 안내서, 안내	guía (f.) 기아
가이드 있는 관광 여행	tour guiado (m.) 뚜르 기아도
가장(家長), 임자, 주인, 소유자, 고용주	amo (m.) 아모
가장자리, 테, 테두리	orla (f.) 오를라
가정주부(主婦)	ama de casa (f.) 아마 데 까사
가져오다, 가지고 오다	traer 트라에르
가족, 가정, 세대, 친족, 일가, 일족, 자녀, 자식	familia (f.) 화밀리아
가족의, 가정의, 익숙해진, 낯익은	familiar 화밀리아르
가족적으로, 친밀하게, 몇명안되는 사람들과함께	en familia 엔 화밀리아
가죽끈, 혁대, 가죽 벨트	correa (f.) 꼬레아

가죽물통	cantimplora de piel (f.) 깐띰쁠로라 데 삐엘
가죽 제품, 피혁 제품	artículo de piel [cuero] (m.) 아르띠꿀로 데 삐엘[꾸에로]
가죽제품점	tienda de artículos de cuero (f.) 띠엔다 데 아르띠꿀로스 데 꾸에로
(음식물을 사서 식당에서 먹지 않고) 가지고 가는, 테이크아웃 하는	para llevar 빠라 예바르
가지고 가다, 가지고 있다, 휴대하고 있다, 지니다, 데리고 가다	llevar 예바르
가치, 값어치, 액(額), 가격, 값	valor (m.) 발로르
(…)의 가치가 있는, (…) 할 만한, 위엄이 있는, 당당한, 의연한	digno(-a) 디그노(-나)
가파른, 급경사의	escarpado(-a) 에스까르빠도(-다)
각각의, …마다, 매(每), 마다	cada 까다
각설탕	azúcar en cubos (m.),(f.)/ azúcar en terrones (m.),(f.) 아쑤까르 엔 꾸보스/ 아쑤까르 엔 떼로네스
각설탕, 설탕 덩이	terrón de azúcar (m.) 떼론 데 아쑤까르
각자 부담으로, 각추렴으로	a escote 아 에스꼬떼
각자 부담하다, 각추렴하다	pagar a escote/pagar [ir] a la americana/ pagar[ir] a la inglesa 빠가르 아 에스꼬떼/ 빠가르[이르] 알 라 아메리까나/ 빠가르[이르] 알 라 잉글레사
[요리] 간(肝), [해부] 간장	hígado (m.) 이가도
(작은 동물, 특히 조류의) 간(肝)	higadillo (m.) 이가디요

((구어)) 간식, 가벼운 식사	tentempié (m.) 뗀뗌삐에
(오후의) 간식, 가벼운 식사, (소풍 등의) 점심 도시락	merienda (f.) 메리엔다
간염	hepatitis (m.) 에빠띠띠스 *B형 간염: hepatitis B (m.) 에빠띠띠스 베
간원, 청원, 신청, 신청서, 구애, 요구, 요청	solicitación (f.) 쏠리씨따씨온
간원[청원, 간청]하다. 신청하다, 구애하다, (무엇의) 수속을 밟다	solicitar 쏠리씨따르
(배, 기차, 병영, 침실 등의) 간이침대, 2단 침대	litera (f.) 리떼라
간장	salsa de soja[soya] (f.) 쌀사 데 쏘하[쏘야]
간청, 애원, 청원, 탄원	súplica (f.) 쑤쁠리까
간청, 청원, 부탁, 애원, 소망, 의원	ruego (m.) 루에고 *…의 간청[부탁]에 의해[따라]: a ruego de … 아 루에고 데
간청하다, 기원하다, 기도하다, 빌다	rogar 로가르
간청하다, 애원하다, 탄원하다	suplicar 쑤쁠리까르
간호사, 간호인	enfermero(-a) (m.),(f.) 엔훼르메로(-라)
갈색	marrón (m.) 마론
(탈것의) 갈아타기, 바꿔 타기, (짐의) 옮겨 싣기	transbordo (m.)/ trasbordo (m.) 트란스보르도/ 트라스보르도
갈아타는 역, 환승역	estación de trasbordo [transbordo] (f.)/estación de cambio (f.)/estación de conexión (f.)/ estación de empalme (f.)

한서사전

	에스따씨온 데 트라스보르도 [트란스보르도]/ 에스따씨온 데 깜비오/ 에스따씨온 데 꼬넥씨온/ 에스따씨온 데 엠빨메
(탈것을) 갈아타다, 바꿔 타다, (짐을) 옮겨 싣다	transbordar 트란스보르다르
(A에서 B로) 갈아타다	hacer trasbordo [transbordo] (de A a B)/ transbordar(se)(de A a B) 아쎄르 트라스보르도[트란스보르도] (데 A 아 B)/ 트란스보르다르(세) (데 A 아 B)
갈증, 목마름, 갈망, 욕구	sed (f.) 쎄드
감각, 감각기능, 의식, 의미, 뜻	sentido (m.) 쎈띠도
감기, 식히기, 냉각. 시원하게 함	resfrío (m.) 레스프리오
감기, 냉각, (발한의 중단 때문에 생기는) 몸의 이상, 몸의 나쁜 상태	resfriado (m.) 레스프리아도
감기, 코감기	constipado (m.) 꼰스띠빠도
감기 걸린	resfriado(-a) 레스프리아도(-다)
감기약	medicamento para [contra] el resfriado (m.)/ medicina para[contra] el resfriado (f.)/ medicina para[contra] el constipado (f.)/ anticatarrhal (m.)/ antigripal (m.)/ antitusígeno (m.) 메디까멘또 빠라[꼰트라] 엘 레스프리아도/ 메디씨나 빠라[꼰트라] 엘 레스프리아도/ 메디씨나 빠라[꼰트라] 엘 꼰스띠빠도/ 안띠까따랄/ 안띠그리빨/ 안띠뚜씨헤노

감기에 걸려 있다, 감기에 걸린 상태이다, 감기를 앓고 있다	estar con resfrío/ estar resfriado(-a) 에스따르 꼰 레스프리오/ 에스따르 레스프리아도(-다)
감기에 걸리게 하다	acatarrar 아까따라르
감기에 걸리다, 감기가 들다	pillar[coger] un enfriamiento/resfriarse/ coger[contraer/agarrar/ atrapar/pescar/pillar/ tener] un resfriado/ coger[pescar/agarrar] un constipado/agarrar [coger/tomar] frío/ acatarrarse 삐야르[꼬헤르] 운 엔프리아미엔또/ 레스프리아르세/ 꼬헤르 [꼰트라에르/아가라르/아트라빠르/뻬스까르/삐야르/떼네르] 운 레스프리아도/ 꼬헤르 [뻬스까르/아가라르] 운 꼰스띠빠도/ 아가라르[꼬헤르/또마르] 프리오/ 아까따라르세
감동시키다, (누구의) 마음을 동요시키다, (강하게) 진동하다	conmover 꼰모베르
감동적인, 마음을 동요하게 하는, 마음을 동요시키는	conmovedor(-a) 꼰모베도르(-라)
감미료	edulcorante (m.) 에둘꼬란떼
감사를 느끼다, 고맙게 여기다, 감사하다, 사의를 표하다	agredecer 아그레데쎄르
감상적인, 정에 약한, 다감한, (지성보다는) 감정에 바탕을 둔, 감정적인, 정서적인, 다감한 사람	sentimental (a.), (m.),(f.) 쎈띠멘딸
감사하는, (한 일이나 노력에) 보수를 주는, 호의적으로 보답하는	agredecido(-a) 아그레데씨도(-다)

감자	patata (f.)/ ((중남미)) papa (f.) 빠따따/ 빠빠	강한, 강렬한, (색이나 맛이) 진한	fuerte 후에르떼
감자 칩	patatas chips (f.pl.) 빠따따스 칩스	같은, 동일한, 동등한, 똑같은, 대등한 사람, 동등한 사람	igual (a.),(m.),(f.) 이구알
감자튀김	patata frita (f.) 빠따따 프리따	개념, 의견, 판단, 경구, 금언	concepto (m.) 꼰쎕또
감정을 상하게 하다	herir/ofender/lastimar 에리르/ 오휀데르/ 라스띠마르	(날, 날씨 혹은 하늘 등이) 개다, 구름이 걷히다	despearse 데스뻬아르세
감정의, 감정적인; 감정에 움직이기 쉬운; 정에 무른, 감수성이 강한	emocional 에모씨오날	(영화를) 개봉하는	de estreno 데 에스트레노
		개봉 영화관	cine de estreno (m.) 씨네 데 에스트레노
감정적인	sentimental/emocional 쎈띠멘딸/ 에모씨오날	개시, 첫 사용, 초연, 개봉, 데뷔, 첫 등장	estreno (m.) 에스트레노
감추다, 어둡게 하다, 흐려지다	nublar 누블라르	개울	arroyo (m.) 아로요
감히 …하다; 주제넘게도 …하다; 과감히 …하다	atreverse 아트레베르세	개인 소지품	efectos[objetos] personales (m.pl.) 에휀또스[옵헤또스] 뻬르쏘날레스
(담배) 갑, 꾸러미, 다발, 뭉치, 단, 묶음, 뭇, 속	paquete (m.) 빠께떼	개인의, 사적인, 직원, (집합 명사) 인원, (집합명사) 사람들	personal (a.),(m.) 뻬르쏘날
값, 가격, 요금, 비용	precio (m.) 쁘레씨오	개인적인, 사적인, 빼앗긴, 상실한, 개인 소유의, 비공식의	privado(-a) 쁘리바도(-다)
값을 깎아 달라고 하다, 할인을 요청하다	pedir descuento [rebaja] 뻬디르 데스꾸엔또[레바하]	개인적인, 사적인, 주관 적인, 주관의, 주관	subjetivo(-a) (a.),(m.) 쑵헤띠보(-바)
값을 내리다	bajar[rebajar/ disminuir] el precio 바하르[레바하르/디스미누이 르] 엘 쁘레씨오	개장(改裝)	renovación (f.)/ reforma (f.)/ modificación (f.)/ transformación (f.) 레노바씨온/ 레포르마/ 모디휘 까씨온/ 트란스포르마씨온
값을 올리다	aumentar el precio 아우멘따르 엘 쁘레씨오		
(사는 사람과 파는 사람의) 값의 흥정	regateo (m.) 레가떼오	개찰구	portillo de andén (m.) 뽀르띠요 데 안덴
값이 …이다, 비용이 들다	costar 꼬스따르	(열차 등의) 개찰원, 검표원, 차장	revisor(-a) (m.),(f.)/ ((남미)) conductor(-a) (m.),(f.) 레비쏘르(-라)/ 꼰둑또르(-라)
강, 하천	río (m.) 리오		
강의, 강좌, 과정, 학년, (집합명사) (한 학년의) 학생, 생도	curso (m.) 꾸르쏘		

개천절	el Día de Fundación de Corea 엘 디아 데 푼다씨온 데 꼬레아
개혁, 개선, 개정, 개수, 개축, 개장(改裝)	reforma (f.) 레포르마
개혁하다, 변경하다, 개정하다, 개장하다, 개축하다	reformar 레포르마르
개회식	inauguración (f.) 인아우구라씨온
객실, 방	habitación (f.) 아비따씨온
객실 요금	tarifa de la habitación (f.) 따리화 델 라 아비따씨온
(여성의) 갱년기, 폐경기	menopausia (f.) 메노빠우씨아
갱신, 개작, (서류의) 개서	renovación (f.) 레노바씨온
갱신하다, 되살리다, 부활시키다, 회복시키다, (건물 등을) 개장하다, 수선하다, 새롭게 하다, 재개하다	renovar 레노바르
거기에, 그쪽에	ahí 아이
거래할 수 있는, 교섭의 여지가 있는, 매매의 대상이 되는	negociable 네고씨아블레
거북	tortuga (f.) 또르뚜가
거스름돈	vuelta (f.)/vuelto (m.) 부엘따/ 부엘또
거스름돈, 잔돈	cambio (m.) 깜비오
거울, 반영, 모범, 귀감	espejo (m.) 에스뻬호
거울을 보다	mirarse al[en el] espejo 미라르세 알[엔 엘] 에스뻬호
거의, 대략	casi 까씨
(무엇을) 거절[거부]하다, 원하지 않다, 받아들이지 않다	rehusar 레우사르

거절하다, 물리치다, 기각하다, 각하하다, 격퇴하다, 물리치다	rechazar 레차사르
거주(居住), 주거, 가옥, 주택	habitación (f.) 아비따씨온
거주자, 주민	habitante (m.) 아비딴떼
거주자, 직장 소재지에서 사는 공무원[종업원]	residente (m.),(f.) 레씨덴떼
거주하다, 살다, 서식하다	habitar 아비따르
거주하다, 살다, 주재하다, (난점이나 문제 등이 무엇에)있다, 존재하다	residir 레씨디르
거즈, 가제	gasa (f.) 가사
거즈, 가제, 탈지면, 습포	compresa (f.) 꼼프레사
거짓말, 거짓	mentira (f.) 멘띠라
거짓말을 잘 하는, 거짓말을 밥 먹듯 하는, 거짓말쟁이	mentiroso(-a) (a.),(m.),(f.) 멘띠로소(-사)
거짓의, 허위의, 거짓말쟁이	falso(-a) (a.),(m.),(f.) 활소(-사)
거행, 개최, (복수) 축하 행사, 기념행사	celebración (f.) 쎌레브라씨온
거행하다, 올리다, 축하하다, 기리다, 기념하다	celebrar 쎌레브라르
걱정, 근심, 걱정거리, (정신적인) 노고, 관심사, 편견, 선입관	preocupación (f.) 프레오꾸빠씨온
걱정시키다, 마음을 쓰게 만들다, 마음을 사로잡다, 편견[선입관]을 가지게 하다	preocupar 프레오꾸빠르
(+con, de, por) (무엇에) 걱정하는, 걱정하고 있는, 마음을 쓰는	preocupado(-a) 프레오꾸빠도(-다)
격언, 속담	probervio (m.)/ refrán (m.) 프로베르비오/ 레프란
건강, 건전(健全),복지, 번영, 행복	salud (f.) 쌀룬

(자신의) 건강에 신경을 쓰다[건강에 주의하다]	cuidarse bien/ cuidar de su salud/ mirar por su salud 꾸이다르세 비엔/ 꾸이다르 데 쑤 쌀룻/ 미라르 뽀르 쑤 쌀룻	건네주다, 인계하다	hacer la entrega 아쎄를 라 엔트레가
건강을 소홀히 하다	descuidarse de su salud/jugar con su salud 데스꾸이다르세 데 쑤 쌀룻/ 후가르 꼰 쑤 쌀룻	건물, 빌딩	edificio (m.) 에디휘씨오
		건배하다, 축배를 들다 (무엇 때문에)	brindar (+por) 브린다르 (+뽀르)
		건배하다	echar un brindis 에차르 운 브린디스
건강[재산]을 회복하다 [되찾다], 마음이 가라 앉다, 마음이 진정되다	reponerse 레뽀네르세	건설되다, 세워지다, 설립 되다, 창설되다, (무엇에) 기초[근거]를 두다, 입각하다	fundarse 푼다르세
건강의 불안정 상태, 난잡함, 무질서, 방종	desarreglo (m.) 데싸레글로	건설하다, 세우다, 설립 하다, 창설하다, (+en, sobre)(무엇에)기초[근 거]를 두다	fundar 푼다르
건강이 나쁘다	encontrarse mal 엔꼰트라르세 말	건전지	pila (f.) 삘라
건강하다	encontrarse bien 엔꼰트라르세 비엔	건조기, 헤어드라이어	secador (m.) 쎄까도르
건국 기념일	el Día de la Fundación Nacional 엘 디아 델 라 푼다씨온 나씨오날	걷다, 걸어가다, (기계가) 움직이다, 가다, 운행하다	andar 안다르
		걷다, 나아가다	caminar 까미나르
건기(乾期)	temporada[estación/ época] seca (f.) 뗌뽀라다[에스따씨온/에뽀까] 쎄까	걸다, 내기를 하다, 내기를 걸다	apostar 아뽀스따르
		(병에) 걸리다, (습관 등을) 붙이다, (못된 버릇이) 생기다, 제한하다, 한정하다, 수축시키다	contraer 꼰트라에르
건너다, 횡단하다, 가로 지르다 교차하다	cruzar 크루사르	(병 등에) 걸리다, 걸려 있다, (+de) (…병을) 앓다, (…가) 아프다, (+de, con, por)(무엇으로) 괴로워하다, 번민하다, 마음고생을 하다, 정신적인 고통을 받다, (정신 적이고 육체적으로, 무엇에 해나 고통을) 입다[받다, 받고 있다]	padecer 빠데쎄르
(철도의) 건널목	paso a nivel (m.) 빠소 아 니벨		
(길의) 건널목	paso de peatones (m.)/ cruce peatonal (m.)/ cruce de peatones (m.) 빠소 데 뻬아또네스/ 크루세 뻬 아또날/ 크루세 데 뻬아또네스	걸음, 걸음걸이, 통과, 통행, 통로	paso (m.) 빠소
		검, 칼, 검객, [어류] 청새치	espada (f.) 에스빠다
건네다, 건네주다, 인도하다	entregar 엔트레가르	검사, 테스트, 증거, 증명, 실험, 시험	prueba (f.) 프루에바

검사, 점검, 시찰, 감찰	inspección (f.) 인스뻭씨온	견적하다, 예산을 세우다, 미리 가정하다, 미리 추정 하다, 예상하다	presuponer 쁘레쑤뽀네르
검사하다, 검열하다, 시찰하다	inspeccionar 인스뻭씨오나르	결과, 성과, (시험 등의) 결과, 성적	resultado (m.) 레술따도
검사하다, 검토하다, 조사하다, 점검하다	examinar 엑싸미나르	(무엇의) 결과다, (무엇에서) 생기다, …의 결과로 되다, (일반적으로) 결과가 좋다	resultar 레술따르
검색대	escáner de control (m.) 에스까네르 데 꼰트롤	결단력이 있는, 결연한, 단호 한, 결정된, 결심한, 확정한	dicidido(-a) 데씨디도(–다)
검역	inspección sanitaria (f.) 인스뻭씨온 싸니따리아	결정하다, 정하다, 결심하다	decidir 데씨디르
		결코[절대로] …이 아니다	de ningún modo 데 닝군 모도
검은	negro(-a) 네그로(–라)	결함, 결점, 단점, 부족, 결핍, 결여	defecto (m.) 데훽또
검정, 검은색	negro (m.) 네그로	결함, 결락, 흠	fallo (m.) 화요
검진	examen médico (m.) 엑싸멘 메디꼬	결합된, 연대의, 관계가 있는, 집합, 집단, (복식) 세트, 앙상블, 한 벌	conjunto (a.),(m.) 꼰훈또
겁을 먹은, 소심한, 소심 한 사람, 내성적인 사람	tímido(-a) (a.),(m.),(f.) 띠미도(–다)	결혼, 결혼식, 결혼 피로연	boda (f.) 보다
겨드랑이	axila (f.) 악씰라	결혼, 혼인, 결혼식, 부부	matrimonio (m.) 마트리모니오
겨울	invierno (m.) 인비에르노		
겨자	mostaza (f.) 모스따사	결혼반지	anillo de boda (m.) 아니요 데 보다
격렬한, 강한, 열렬한, 격한, (색이) 매우 짙은	intenso(-a) 인뗀소(–사)	결혼 선물	regalo de boda (m.) 레갈로 데 보다
격통	dolor intenso (m.) 돌로르 인뗀소	(… 을) 결혼시키다	casar (a …) 까사르 (아 …)
견디다, 참다, 견디어 내다, (좋지 않은 일을) 경험하다, 당하다, (괴로움 등을) 받다, 괴로워하다	sufrir 쑤프리르	결혼식	ceremonia de bodas (f.) 쎄레모니아 데 보다스
견본, 샘플	muestra (f.) 무에스트라	결혼 케이크	pastel de boda (m.) 빠스뗄 데 보다
견인차, 레커차, 기중기, 크레인	grúa (f.) 그루아	(…와) 결혼하다	casarse (con …)/contraer matrimonio (con …) 까사르세 (꼰 …)/ 꼰트라에르 마트리모니오 (꼰 …)
견인하다(차량을)	remolcar 레몰까르		
견적, 예산, 가정, 예상	presupuesto (m.) 쁘레쑤뿌에스또		

결혼한, 기혼의, 기혼자	casado(-a) (a.),(m.),(f.) 까사도(-다)
겸손한, 검소한, 비천한, 신분이 낮은	humilde 우밀데
경감하다, 줄이다, 덜다	aligerar 알리헤라르
경감하다, 줄이다, 덜다, 완화시키다, 진정시키다, (질병을)호전시키다	aliviar 알리비아르
경감하다, 완화시키다, 누그러뜨리다, 덜어주다, 진정시키다, 달래다	mitigar 미띠가르
경구 피임약	píldora (f.)/ pastilla[píldora] anticoncepcional (f.)/ anticonceptivo oral (m.) 삘도라/ 빠스띠야[삘도라] 안띠꼰쎕씨오날/ 안띠꼰쎕띠보 오랄
경기, 시합, 겨루기, (대전하는) 팀, (정치적) 파, 당파, 정당	partido (m.) 빠르띠도
경기자, 선수, 노름꾼, 도박꾼	jugador(-a) (m.),(f.) 후가도르(-라)
경기장	estadio (m.) 에스따디오
경기하는, 도박하는 나쁜 버릇이 있는	jugador(-a) 후가도르(-라)
경상(輕傷), 가벼운 상처	herida leve (f.) 에리달 레베
경우, 사건, 사례, 케이스	caso (m.) 까소
경유, 가스유, 디젤 오일(=diésel)	gasóleo (m.) 가솔레오
경이, 경탄, 놀라운 일. 굉장한 것, (식물) 금잔화	maravilla (f.) 마라비야
경이적인, 훌륭한, 근사한, 멋진, 굉장한, 불가사의한	maravilloso(-a) 마라비요소(-사)
경쟁자, 적수, 상대, 적	adversario(-a) (m.),(f.) 아드베르싸리오(-아)

경적	bocina (f.) 보씨나
경제의, 경제적, 절약이 되는, 싼, 검소한, 알뜰한	económico(-a) 에꼬노미꼬(-까)
경찰	policía (f.) 뽈리씨아
경찰관	policía (m.),(f.)/ agente de policía (m.),(f.) 뽈리씨아/ 아헨떼 데 뽈리씨아
경찰서	puesto de policía (m.) 뿌에스또 데 뽈리씨아
경찰의, 범인을 수색하는, 형사물의, 탐정물의	policiaco(-a)/ policíaco(-a) 뽈리씨아꼬(-까)/ 뽈리씨아꼬(-까)
경치, 풍경, 경관, 풍경화	paisaje (m.) 빠이싸헤
곁들임 요리	aderezo (de un plato) (m.)/ guarnición (f.) 이데레소 (데 운 쁠라또)/ 구아르니씨온
게시판	tablón[tablero] de anuncio (m.) 따블론[따블레로] 데 아눈씨오
계단, 사다리	escalera (f.) 에스깔레라
계산, 계산서, 청구서, 회계, (은행 등의) 계좌	cuenta (f.) 꾸엔따
계산, 예측, 추측, 추정	cálculo (m.) 깔꿀로
계산기	computador (m.) 꼼뿌따도르
계산기	máquina calculadora (f.) 마끼나 깔꿀라도라
계산대, 카운터, 스탠드, 진열대	mostrador (m.) 모스트라도르
계산서, 전표, (짧은) 기록, 메모, (학업 등의) 성적, 점수, (복수) 성적표	nota (f.) 노따
계산을 지불하다, 계산하다	pagar la cuenta 빠가를 라 꾸엔따

계산 착오	error de cálculo (m.) 에로르 데 깔꿀로	고무풀을 붙이다, 녹인 고무풀로 붙이다, 방수 가공을 하다	engomar 엔고마르
계산하다, 세다	contar 꼰따르	고생하다	pasar penurias 빠사르 뻬누리아스
계산하다, 예측[추측]하다	calcular 깔꿀라르		
(시간적·공간적) 계속의, 연속의, 연달은, 연속, 계속	seguido(-a) (a.),(f.) 쎄기도(-다)	고속도로	autopista (f.) 아우또삐스따
계속하다, 계속되다	continuar 꼰띠누아르	고속버스	autobús exprés (m.) 아우또부스 엑쓰프레쓰
계속하다, 지속하다, 시간이 걸리다(tardar)	durar 두라르	고용, 일, 일자리, 사용, 사용법	empleo (m.) 엠쁠레오
계약, 계약서	contrato (m.) 꼰트라또	고용인, 머슴, 하인, 하녀	criado(-a) (m.),(f.) 크리아도(-다)
계약을 취소하다	cancelar el contrato 깐쎌라르 엘 꼰트라또	고용주	empleador(-a) (m.),(f.) 엠쁠레아도르(-라)
계약하다, 고용 계약을 맺다, 조정하다	contratar 꼰트라따르	고용하다, 쓰다, 사용하다, 소비하다, 소모하다, 돈을 사용하다	emplear 엠쁠레아르
계절, 철, 시기, 시즌	estación (f.) 에스따씨온		
(은행 등의) 계좌	cuenta (f.) 꾸엔따	고원	altiplanicie (f.) 알띠쁠라니씨에
계획	plan (m.) 쁠란		
고객, 손님	cliente (m.),(f.) 끌리엔떼	고유의, 본래의, 자기 자신의, (명사의 앞에서) … 본인의, … 자신의; … 자체의	propio(-a) 프로삐오(-아)
고궁	palacio antiguo (m.) 빨라씨오 안띠구오		
고급반	clase superior (f.) 끌라세 쑤뻬리오르	고장나다	averiarse 아베리아르세
		고장 난, 손상을 입은	averiado(-a) 아베리아도(-다)
고급의, 사치스러운, 호화로운	de lujo 데 루호		
고기, 육류, 살(동물의)	carne (f.) 까르네	고장내다	averiar 아베리아르
고르게, 골고루, 균일하게, 일률적으로, 획일적으로	uniformemente 우니포르메멘떼	고전음악	música clásica (f.) 무씨까 끌라씨까
고름	pus (m.) 뿌스	고정된, 일정한, 정해진, 단단한	fijo(-a) 휘호(-하)
고름을 짜다	sacar el pus 사까르 엘 뿌스	고체	sólido (m.) 쏠리도
고무, 고무나무	caucho (m.) 까우초	고체의, 고형의	sólido(-a) 쏠리도(-다)
고무, 고무줄, 고무 끈	goma (f.) 고마	고치다, 수리하다, 교정 하다, 정리하다, 정돈하다	arreglar 아레글라르
고무를 입힌	engomado(-a) 엔고마도(-다)	고통, 괴로움, 벌, 형벌	pena (f.) 뻬나

고통, 아픔, (정신적인) 괴로움, 고통, 고뇌	dolor (m.) 돌로르	골프	golf (m.) 골프
(태어난) 고향	tierra natal (f.)/ pueblo natal (m.)/ país natal (m.) 띠에라 나딸/ 뿌에블로 나딸/ 빠이스 나딸	골프공	pelota de golf (f.) 뻴로따 데 골프
		골프를 치다	jugar al golf 후가르 알 골프
고혈압	hipertensión (arterial) (f.)/alta tensión[presión] (arterial) (f.) 이뻬르뗀씨온 (아르떼리알)/ 알따 뗀씨온[프레씨온] (아르떼리알)	골프 바지	pantalones de golf (m.pl.) 빤딸로네스 데 골프
		골프복	ropa de golf (f.) 로빠 데 골프
곤충, 벌레	insecto (m.) 인쎅또	골프 선수	golfista (m.),(f.)/ jugador(-a) de golf (m.),(f.) 골휘스따/ 후가도르(-라) 데 골프
곧, 머지않아, 즉시, 바로	pronto 쁘론또		
곧, 바로, 즉시, 요약하면, 간단히 말하면	en breve 엔 브레베	골프장	campo de golf (m.)/ cancha de golf (f.)/ terreno de golf (m.) 깜뽀 데 골프/ 깐차 데 골프/ 떼레노 데 골프
곧은, 똑바른, 청렴결백한, 공정한	recto 렉또		
곧잘[자주, 늘] …하다, …하기 일쑤다, …하는 습관이 있다.	soler (+inf.) 쏠레르 (+부정법)		
		골프장 카트	carrito[cochecito] de golf (m.) 까리또[꼬체씨또] 데 골프
곧장, 똑바로	(todo) derecho/ (todo) recto (또도) 데레초/ (또도) 렉또	골프채	palo[bastón] de golf (m.) 빨로[바스똔] 데 골프
골 (축구나 다른 운동에서), 득점 (골에 넣어서 얻은)	gol (m.) 골	골프 클럽	club de golf (m.) 끌룹 데 골프
골동품	objeto antiguo (m.) 옵헤또 안띠구오	골프화	zapatos de golf (m.pl.) 싸빠또스 데 골프
골동품점	tienda de antigüedades (f.) 띠엔다 데 안띠구에다데스	곱슬곱슬하게 하기	rizado (m.) 리싸도
		곱슬머리	cabello rizado (m.) 까베요 리싸도
((의학)) 골절, 절골, 파괴, 분열	fractura (f.) 프락뚜라	(소, 송아지 혹은 양의) 곱창, (복수)[요리] 까요스(소, 송아지 혹은 양의 곱창전골; 스페인의 일부 지방에서는 술안주로 많이 먹음)	callo (m.) 까요
골절되다	sufrir[tener] una fractura 쑤프리르[떼네르] 우나 프락뚜라		
골절되다, 삐다, 부서지다, 깨지다	fracturarse 프락뚜라르세		

한서사전

곳, 장소	lugar (m.) 루가르	공원, 유원지, (성 등의) 정원	parque (f.) 빠르께
공, 볼	pelota (f.) 뻴로따	공인환전상	oficina de cambio autorizada (f.) 오휘씨나 데 깜비오 아우또리싸다
공, 볼, 구슬, 구슬치기	bola (f.) 볼라		
공격(攻擊), 습격, 공격 개시	ataque (m.) 아따께		
공격하다, 습격하다, 덮치다	atacar 아따까르	공장, 제작소, 제조, 제작	fábrica (f.) 화브리까
공기, 대기(大氣), 바람	aire (m.) 아이레	공정한, 공평한	equitable 에끼따블레
공기의, 기체의, 타이어	neumático(-a) (a.),(m.) 네우마띠꼬(-까)	공중전화	teléfono publico (m.) 뗄레포노 뿌블리꼬
공기의, 대기의, 공중의, 공중에 관한, 항공의, 항공에 관한	aéreo(-a) 아에레오(-아)	공중전화 박스[부스]	cabina telefónica (f.)/ caseta telefónica (f.)/ cabina de teléfono(s) (f.) 까비나 뗄레포니까/ 까쎄따 뗄레포니까/ 까비나 데 뗄레포노(스)
공부, 학습, 연구, 스튜디오, 원룸맨션	estudio (m.) 에스뚜디오		
공부하다, 연구하다, 익히다, 배우다, 조사하다	estudiar 에스뚜디아르		
공사, 공사 현장, 작품, 저서	obra (f.) 오브라	공포, 두려움, 무서움	miedo (m.) 미에도
공사 중	en construcción 엔 꼰스트룩씨온	공포의, 무서운, 굉장한, 심한	espantoso(-a) 에스빤또소(-사)
공상적인, 공상상의, 터무니없는, 도가 지나친, 놀라운, 경이적인, 막대한	fabuloso(-a) 화불로소(-사)	공항	aeropuerto (m.) 아에로뿌에르또
공식의, 공적인, 공인된	oficial 오휘씨알	공항버스	autobús del aeropuerto (m.) 아우또부스 델 아에로뿌에르또
공식적인, 형식적인, 의례적인	formulario(-a) 포르물라리오(-라)	공항세	tasas de aeropuerto (f.pl.) 따사스 데 아에로뿌에르또
공연	representación (f.) 레쁘레쎈따씨온	공휴일	día feriado (m.)/ día de fiesta (m.)/ día festivo (m.)/ día de descanso (regular) (m.) 디아 훼리아도/ 디아 데 휘에스따/ 디아 훼스띠보/ 디아 데 데스깐쏘 (레굴라르)
공연 (오페라, 연극, 뮤지컬, 서커스 등의)	función (f.) 푼씨온		
공연장	salón de conciertos (m.) 쌀론 데 꼰씨에르또스		
공연하다 (연극 작품을), 상영하다 (극장이나 텔레비전에서 영화를)	poner 뽀네르		
공용하다, 공유하다, 나누다, 분배하다	compartir 꼼빠르띠르	곶	cabo (m.) 까보
공원	parque (m.) 빠르께	(약의) 과다 복용, 환각제[마약]의 난용	sobredosis (m.) 쏘브레도씨스

과도하게, 지나치게, 너무, 과잉으로	excesivamente 엑쎄씨바멘떼
과도한, 과잉의, 부당한, 터무니없는	excesivo(-a) 엑쎄씨보(–바)
과식하다	comer demasiado 꼬메르 데마씨아도
과음하다	beber demasiado 베베르 데마씨아도
과일	fruta (f.) 프루따
과일 파이	tarta de frutas (f.) 따르따 데 프루따스
(무게나 가치 등의) 과잉, 초과, 과도, 여분, 나머지, 남은 것	sobra (f.) 쏘브라
과자나 카스텔라 만드는 반죽덩이, 밀크세이크	batido (m.) 바띠도
관, 파이프, 튜브	tubo (m.) 뚜보
관계, 관련, 교제, 교류	relación (f.) 렐라씨온
관계, 연결, (교통 기관의) 접속, 연결, 결혼(식)	enlace (m.) 엔라쎄
관광, 관광 여행	turismo (m.) 뚜리스모
관광	excursión (f.) 엑쓰꾸르씨온
관광 가이드, 관광 안내원	guía de turismo (m.),(f.) 기아 데 뚜리스모
관광 명소	lugar turístico (m.) 루가르 뚜리스띠꼬
관광버스	autocar de turismo (m.) 아우또까르 데 뚜리스모
관광 안내서	folleto turístico (m.) 포예떼 뚜리스띠꼬
관광 안내소	oficina[centro] de información turística/ oficina[agencia/ información] de turismo 오휘씨나[쎈트로] 데 인포르마씨온 뚜리스띠까/ 오휘씨나[아헨씨아/인포르마씨온] 데 뚜리스모
관광의, 관광에 대한, 관광 여행의	turístico(-a) 뚜리스띠꼬(–까)
관광 일정	agenda de turismo (f.) 아헨다 데 뚜리스모
관광 정보	información turística (f.) 인포르마씨온 뚜리스띠까
관광지, 휴양지	estación (f.) 에스따씨온
관광하다, 관광 여행을 하다	hacer turismo / viajar por turismo/ir a visitar los lugares de interés 아쎄르 뚜리스모/ 비아하르 뽀르 뚜리스모/ 이르 아 비씨따를 로스 루가레스 데 인떼레쓰
관람석, 좌석, 입장권, 거주 지역	localidad (m.) 로깔리닫
관세의	arancelario 아랑쎌라리오
관심을 끌다, 흥미를 가지게 하다, 재미있게 하다	interesar 인떼레싸르
[해부] 관절, 또렷한 발음, 연결, [기계] 연결부	articulación (f.) 아르띠꿀라씨온
관절을 삠[접질림]	torcedura (f.) 또르쎄두라
관절의	articular 아르띠꿀라르
관점, 견지, 견해	punto de vista (m.) 뿐또 데 비스따
관찰, 관측, 소견, 비평; 의견	observación (f.) 옵쎄르바씨온
관통상	herida penetrante (f.) 에리다 뻬네트란떼

관통하는, 꿰뚫는, 날카로운, 예민한, 통찰력이 있는	penetrante 뻬네트란떼
관통하다, 들어박히다, 꽂히다, (+en) (무엇을) 깊이 이해하다	penetrar 뻬네트라르
…광(狂), 마니아, 편애, 열중, 열광	manía (f.) 마니아
광산, 광맥	mina (f.) 미나
광장	plaza (f.) 쁠라사
교수	profesor(-a) (m.),(f.) 프로훼쏘르(-라)
교외	afueras (m.pl.)/ alrededores (m.pl.) 아후에라스/ 알레데도레스
교외, 근교, 주위, 주위에, 주위를	alrededor (m.),(ad.) 알레데도르
교차, 횡단, (도로의) 교차점	intersección (f.) 인떼르쎅씨온
교차로	cruce (m.)/intersección (f.)/encrucijada (f.)/ calle traviesa (f.) 크루세/ 인떼르쎅씨온/ 엔크루씨하다/ 까예 트라비에사
교차점, 네거리, 사거리, 십자로, 횡단보도, 교차, 횡단, 엇갈림	cruce (m.) 크루세
교차하다, 가로지르다, 건너다, 횡단하다	cruzar 크루사르
교통, 교통량, 매매, 거래, 밀매	tráfico (m.) 트라휘꼬
교통기관, 수송수단	medios de transporte (m.pl.) 메디오스 데 트란스뽀르떼
교통법규	reglamento de la circulación (m.) 레글라멘또 델 라 씨르꿀라씨온
교통사고	accidente de tráfico (m.) 악씨덴떼 데 트라휘꼬
교통수단, 탈것, 전달 수단, 매개물	vehículo (m.) 베이꿀로
교통 신호(등)	semáforo (m.) 쎄마포로
교통 신호등	luz de tráfico (f.) 루스 데 트라휘꼬
교통이 막히다[정체되다, 밀리다]	embotellarse 엠보떼야르세
교통체증	atasco (m.) 아따스꼬
교통카드	tarjeta de transporte (f.) 따르헤따 데 트란스뽀르떼
교환, 변화, 변경	cambio (m.) 깜비오
교환율, 시세	cotización (f.) 꼬띠싸씨온
교환하다	cambiar/ hacer el cambio 깜비아르/ 아쎄르 엘 깜비오
교회	iglesia (f.) 이글레씨아
구급차, 앰뷸런스	ambulancia (f.) 암불란씨아
(주로 복수) 구두, 단화, 신발	zapato (m.) 싸빠또
구두끈	cordones de zapatos (m.pl.) 꼬르도네스 데 싸빠또스
구두쇠, 노랑이, 수전노, 인색한 사람	tacaño(-a) (m.),(f.)/ mezquino(-a) (m.),(f.) 따까뇨(-냐)/ 메스끼노(-냐)
구두의, 구술의, 구전의, [해부] 입의	oral 오랄
구름, 많은 수[양], 다수, 무리, 떼, 구름 같은 것	nube (f.) 누베
구름 낀, 구름으로 덮인	nublado(-a) 누블라도(-다)
구멍 뚫기, 천공, 시추	perforación (f.) 뻬르포라씨온

구멍을 뚫다, 착암하다	perforar 뻬르포라르	구토약	medicamento contra las náuseas (m.)
구명조끼	chaleco salvavidas (m.) 찰레꼬 쌀바비다스		메디까멘또 꼰트랄 라스 나우세아스
(고고학) 구석기 시대의, (고고학)(P-)구석기 시대	paleolítico(-a) (a.),(m.) 빨레오리띠꼬(-까)	구토용 봉지	bolsa de vómito (f.) 볼사 데 보미또
구역(이) 나다	tener náusea / sentir náuseas 떼네르 나우세아/ 쎈띠르 나우세아스	구토하다	vomitar 보미따르
		구혼하다, 구애하다	pretender 쁘레뗀데르
		국가, 정부	estado (m.) 에스따도
구역질, 욕지기, 외욕질, 토기, 혐오감, 불쾌감	náusea (f.) 나우세아	국가, 나라, 지방(región)	país (m.) 빠이스
구운	asado(-a) 아싸도(-다)	국경역	estación fronteriza (f.) 에스따씨온 후론떼리싸
구입하는, 사는, 매입하는, 구매자, 바이어, 구매 담당자	comprador(-a) (a.),(m.),(f.) 꼼쁘라도르(-라)	국경일	día de fiesta nacional (m.) 디아 데 휘에스따 나씨오날
구조, 구원, 원조, 원조 식량, 구해 주세요!	socorro (m.),(interj.) 소꼬로	국경일, 공휴일	fiesta nacional (f.) 휘에스따 나씨오날
구조대	patrulla de rescate (f.) 빠트루야 데 레스까떼	국경일, 휴일, 교회의 축제일, 성일	fiesta (f.) 휘에스따
구체적인	concreto(-a) 꼰크레또(-따)	국경일, 휴일	día festivo (m.) 디아 훼스띠보
구체적으로	concretamente 꼰크레따멘떼	국군의 날	el Día de las Fuerzas Armadas / el Día del Ejército Nacional
구출, 되찾음, (포로나 인질의) 신병 인수	rescate (m.) 레스까떼		엘 디아 델 라스 후에르싸스 아르마다스/ 엘 디아 델 에헤르씨또 나씨오날
구토, 구역질, 외욕질, 구토한 것	vómito (m.) 보미또	국내선	(aero)línea nacional [doméstica] (f.)/ vuelo nacional [doméstico] (m.)
구토대	bolsa para mareo (f.) 볼사 빠라 마레오		
구토를 일으키게 하는, 언짢은, 메스꺼운, 토할 듯한, 구토제	vomitivo(-a) (a.),(m.) 보미띠보(-바)		(아에로)리네아 나씨오날[도메스띠까]/ 부엘로 나씨오날[도메스띠꼬]
구토를 일으키는, 토제, 최토제	emético(-a) (a.),(m.) 에메띠꼬(-까)		

국민, 민족, 도시, 마을, 소도시, 읍, 인민, 민중, 대중, 서민	pueblo (m.) 뿌에블로
국산품	géneros del país (m.pl.) 헤네로스 델 빠이스
(주로 복수) 국수, 면, 따야린	tallarín (m.) 따야린
국수(수프용의 가는 실 모양의), 피데오	fideo (m.) 휘데오
국적	nacionalidad (f.) 나씨오날리닫
국제등기우편물	correo certificado internacional (m.) 꼬레오 쎄르띠휘까도 인떼르나씨오날
국제면허증	licencia internacional (f.) 리쎈씨아 인떼르나씨오날
국제선	(aero)línea internacional (f.)/ vuelo internacional (m.) (아에로)리네아 인떼르나씨오날/ 부엘로 인떼르나씨오날
국제소포	paquete internacional (m.) 빠께떼 인떼르나씨오날
국제우편물	correo internacional (m.) 꼬레오 인떼르나씨오날
국제운전면허증	carnet de conducir internacional (m.) 까르넷 데 꼰두씨르 인떼르나씨오날
국제적인, 국제의, 국제간의, (국제 경기의) 국가 대표 선수, 국제 경기 출전 선수	internacional (a.),(m.) 인떼르나씨오날

국제전화[통화]	llamada internacional (f.) 야마다 인떼르나씨오날
국제특급우편(EMS)	Servicio de Correo Expreso (m.) 쎄르비씨오 데 꼬레오 엑쓰프레소
군, 군대, 육군, 조직 집단	ejército (m.) 에헤르씨또
굳은, 경직된, 엄격한, 엄한, 융통성이 없는 완고한	rígido(-a) 리히도(-다)
[조개] 굴, 석화	ostra (f.) 오스트라
굶주린, 허기진, 배고픈, 먹고 싶은, 굶주린[허기진] 사람	hambriento(-a) (a.),(m.),(f.) 암브리엔또(-따)
굶주린(=hambriento), 말라빠진, 홀쭉해진, 앙상한	famélico(-a) 화멜리꼬(-까)
(구두의) 굽, 뒤축, 높은 굽, 굽이 높은 신발	tacón (m.) 따꼰
굽은	curvo(-a) 꾸르보(-바)
궁전	palacio (m.) 빨라씨오
권고, 권유, 제안, 충고, 암시, 암시 작용, 시사, 넌지시 비춤	sugestión (f.) 쑤헤스띠온
권고 복용량	dosis sugerida (f.) 도씨쓰 쑤헤리다
권하다, 충고하다, 제안하다(proponer), 상기시키다, 연상시키다	sugerir 쑤헤리르
궤양	úlcera (f.) 울쎄라
(해어진 곳을) 꿰매다, 고치다, 깁다	zurcir 쑤르씨르
규격봉투	sobre estándar (m.) 쏘브레 에스딴다르

규칙, 규범	norma (f.) 노르마	귀찮음, 폐	molestia (f.) 몰레스띠아
규칙적으로, 정기적으로	regularmente 레굴라르멘떼	귀환, 복귀	regreso (m.) 레그레소
규칙적인, 일정한, 정기의, 정기적인, 보통으로, 중간으로, 그럭저럭	regular (a.),(ad.) 레굴라르	그것, 그 일, 그곳	eso 에소 *중성지시대명사
		그늘, 그림자, (주로 복수) 어두움, 유령, 망령, 환영(幻影)	sombra (f.) 쏨브라
귀	oreja (f.)/oído (m.) 오레하/오이도	그래서, 그러므로, 고로, 그러하니까, 그러한즉	por eso 뽀르 에소
귀걸이	pendiente (m.) 뻰디엔떼	그래서, 그러므로, 그렇기 때문에, 고로	luego 루에고 때 나는 생각한다, 고로 존재한다. **Pienso, luego soy.** 삐엔소, 루에고 쏘이
귀금속	metal precioso (m.) 메딸 쁘레씨오소
귀금속점	platería (f.) 쁠라떼리아	그래서, 그러므로, 그러니	conque 꽁께
귀담아 듣다, 새겨듣다	escuchar con atención 에스꾸차르 꼰 아뗀씨온	그래프, 도표, 도형	gráfico (m.) 그라휘꼬
		그래프[도형, 사진, 기호] 로 표시한[나타낸]	gráfico(-a) 그라휘꼬(-까)
귀머거리	sordo(-a) (m.),(f.) 쏘르도(-다)	그램	gramo (m.) 그라모
귀족 신분, (집합명사) 귀족 (계급), 양반, 고귀함, 기품; 위엄	nobleza (f.) 노블레사	그러면, 그렇다면, 그럼, 그래서, 그 다음에, 그리고 나서	entonces 엔똔쎄쓰
귀중품	objetos de valor [precio] (m.pl.)/ objetos preciosos (m.pl.)/artículos de valor (m.pl.)/artículos preciosos[valiosos] (m.pl.) 옵헤또스 데 발로르[쁘레씨오]/ 옵헤또스 쁘레씨오소스/ 아르 띠꿀로스 데 발로르/ 아르띠꿀 로스 쁘레씨오소스[발리오소스]	그런, 이런, 그러한 것[일, 사람, 물건], 그렇게, 그런 식으로	tal (a.),(pron.),(ad.) 딸
		그렇게, 이렇게	tanto 딴또 *형용사와 부사 앞에서 어미 '-to'가 탈락함
		그리다, 그림을 그리다, 칠하다	pintar 삔따르
		(선으로) 그리다, 스케치하다	dibujar 디부하르
		그리워하다, 회모하다	echar en falta 에차르 엔 활따
귀중품보관소	depósito de artículos de valor (m.) 데뽀씨또 데 아르띠꿀로스 데 발로르	그림, 회화(繪畵)	pintura (f.) 삔뚜라
		그림(액자에 넣어진)	cuadro (m.) 꾸아드로
귀찮게 하다, 못살게 굴다	molestar 몰레스따르	그림엽서	tarjeta postale ilustrada (f.) 따르헤따 뽀스딸레 일루스트라다

그림에 열중하다	ser aficionado a la pintura
	쎄르 아휘씨오나도 알 라 삔뚜라
그저께	anteayer 안떼아예르
(+de) (누구나 무엇에 대해) 극구 칭찬하다	elogiar 엘로히아르
극장, 오페라 극장, 연극	teatro (m.) 떼아트로
극적인, 감동적인, 연극의	dramático(-a) 드라마띠꼬(–까)
근거, 이유, 기본, 기초, (건물의) 토대	fundamento (m.) 푼다멘또
근무시간	horario de trabajo (m.) 오라리오 데 트라바호
근육	músculo (m.) 무스꿀로
근육의	muscular 무스꿀라르
근육통	dolor muscular (m.)/ miodinia (f.)/ mialgia (f.) 돌로르 무스꿀라르/ 미오디니아/ 미알히아
글자, 문자, (복수)[주로 대문자 Letras로 사용함] 문학, 문예, (복수) 학문, 학식	letra (f.) 레트라
금, 황금, 금화	oro (m.) 오로
금색의, 황금색의	oro(-a) 오로(–라)
금연 ((게시))	Se prohibe fumar 세 프로이베 후마르
금연석 (禁煙席)	asiento de no fumar (m.) 아씨엔또 데 노 후마르
금연석	reservado para no fumadores 레쎄르바도 빠라 노 후마도레스
금연칸 (철도)	coche para no fumadores (m.) 꼬체 빠라 노 후마도레스

＊스페인은 2011년 1월 2일부터 학교 · 운동장 · 병원 · 공항 · 레스토랑 등 모든 공공장소에서 전면적으로 흡연을 법적으로 금지했으므로, 참고로만 알아두기

금연하다	prescindir del tabaco 프레스씬디르 델 따바꼬
금주하다	prescindir de tomar licor 프레스씬디르 데 또마를 리꼬르
금지하다, 금하다	prohibir 프로이비르
금지된	prohibido(-a) 프로이비도(–다)
금지 물품	objeto prohibido (m.) 옵헤또 프로이비도
급료, 봉급, 임금(賃金)	sueldo (m.) 수엘도
급류, 격류, (감정 등의) 격발	torrente (m.) 또렌떼
급성 맹장염	apendicitis aguda (f.) 아뻰디씨띠스 아구다
급성 위염	gastritis aguda (f.) 가스트리띠스 아구다
((의학)) 급성의	agudo(-a) 아구도(–다)
급성 질환	enfermedad aguda (f.) 엔훼르메닫 아구다
급행열차	tren expreso (m.) 트렌 엑쓰프레소
급행의, 속달의, (커피가) 익스프레스의, 일부러, 고의로, 급행열차, 속달, 속달 우편	expreso(-a) (a.),(ad.),(m.) 엑쓰프레소(–사)
긍정적인, 적극적인, 건설적인	positivo(-a) 뽀씨띠보(–바)
기간, 시기, 시대, (물리) (천문) 기(期), 주기	período (m.) 뻬리오도

(부탁에 대해) 기꺼이 (하겠습니다), 좋습니다, 알았습니다	con mucho gusto 꼰 무초 구스또
기껏해야, 많아야, 고작해야	a lo más 알 로 마쓰
기계, 타자기, 재봉틀	máquina (f.) 마끼나
기계의, 기계적인, (기계의) 수리공, (자동차의) 정비공	mecánico(-a) (a.),(m.),(f.) 메까니꼬(-까)
기관지염	bronquitis (f.) 브롱끼띠스
기구, 기계, 기기, 장치	aparato (m.) 아빠라또
(경기 등에서) 기권하다, 퇴출하다, 퇴석하다, 자리에서 물러나다, 물러가다, 퇴각하다, 철수하다, 후퇴하다	retirarse 레띠라르세
기내식	comida en el avión (f.)/ comida a bordo (f.) 꼬미다 엔 엘 아비온/ 꼬미다 아 보르도
기념, 기념제, 기념식	conmemoración 꼰메모라씨온
기념비	monumento (m.) 모누멘또
기념사진	foto conmemorativa (f.) 포또 꼰메모라띠바
기념사진, 졸업 사진, 수료 사진	orla (f.) 오를라
기념사진을 찍다	sacar una foto como [de] recuerdo 사까르 우나 포또 꼬모[데] 레꾸에르도
기념우표	sello conmemorativo (m.) 쎄요 꼰메모라띠보
기념의	conmemorativo(-a) 꼰메모라띠보(-바)
기념품, 선물	recuerdo (m.) 레꾸에르도
기념품가게, 기념품점	tienda de recuerdos (f.) 띠엔다 데 레꾸에르도스
기념하다, 축하하다	conmemorar 꼰메모라르
기념할 만한	conmemorable 꼰메모라블레
기다란, 키가 큰	largo(-a) 라르고(-가)
기다리다, 기대하다, 바라다, 희망하다, 예상하다	esperar 에스뻬라르
기다림, 대기	lista (f.) 리스따
기대어 놓다, 기대다	reclinar 레끌리나르
기독교	cristianismo (m.) 크리스띠아니스모
기독교의[에 관한], 기독교도	cristiano(-a) (a.),(m.),(f.) 크리스띠아노(-나)
기록, 카드, 토큰, 코인, 패, 칩, 말	ficha (f.) 휘차
기록에 의한, 다큐멘터리의, 문서의, 기록 영화, 다큐멘터리	documental (a.),(m.) 도꾸멘딸
기록 영화	película documental (f.) 뻴리꿀라 도꾸멘딸
기름, 식용유, 올리브유, 올리브 기름	aceite (m.) 아쎄이떼
기름기가 많은, 지방분이 많은. 비계가 많은	grasiento(-a) 그라씨엔또(-따)
기름기가 있는, 살갗이 기름진, 지방질이 많은, 살찐	graso(-a) 그라소(-사)

기름에 튀긴, 프라이한	frito(-a) 프리또(-따)
기발한, 독창적인, 독특한, 독자적인, 창의성이 풍부한, 참신한	original 오리히날
기분, 유머	humor (m.) 우모르
기분이 불쾌하다[나쁘다]; 몸 상태가 나쁘다	sentir malestar 쎈띠르 말레스따르
기쁘게 하다, 즐겁게 하다	alegrar 알레그라르
(de+부정법/que+접속법) (…해서) 기쁘다, (+de, por, con) …을 기뻐하다, 좋아 하다, 기쁘다, 기쁨을 느끼다	alegrarse 알레그라르세
기쁜, 행복한	feliz 휄리스
기쁨, 환희	alegría (f.) 알레그리아
기쁨[즐거움]을 주다, 기쁘게 하다	dar gusto 다르 구스또
기사, 논설, 논문, 조항, 조목, 항, 항목	artículo (m.) 아르띠꿀로
기상의[에 관한], 기상 현상의	meteorológico(-a) 메떼오롤로히꼬(-까)
기상 특보	boletín meteorológico (m.) 볼레띤 메떼오롤로히꼬
기성품의	de confección 데 꼰훽씨온
기수, 말 타는 사람	jinete (m.) 히네떼
기어오르기, ((구어)) 공중제비	trepa (f.) 트레빠
기어오르다, (식물이) 나무에 덩굴을 뻗어 올라가다	trepar 트레빠르
기어오르다, 등반하다, (서열을) 오르다	escalar 에스깔라르
기억, (복수) 안부	recuerdo (m.) 레꾸에르도

기억, 기억력, 추억, 연구보고, 논문, 리포트	memoria (f.) 메모리아
기억하다	recordar/acordarse (de)/retener/ rememorar/ tener memoria (de)/ tener presente/ traer a la memoria 레꼬르다르/ 아꼬르다르세 (데)/ 레떼네르/ 레메모라르/ 떼네르 메모리아 (데)/ 떼네르 쁘레쎈 떼/ 트라에르 알 라 메모리아
기업, 회사	empresa (f.) 엠쁘레사
기온, 온도, 체온	temperatura (f.) 뗌뻬라뚜라
기와	teja (f.) 떼하
기질, 성질, 급한 성미, 기분	genio (m.) 헤니오
기차, 열차	tren (m.) 트렌
기체, 가스	gas (m.) 가스
기체의, 가스의	gaseoso(-a) 가세오소(-사)
기침, 해수	tos (f.) 또스
기침 감기약	medicamento para [contra] la tos y el resfrío (m.)/medicina para[contra] la tos y el resfrío (f.) 메디까멘또 빠랄[꼰트랄] 라 또스 이 엘 레스프리오/ 메디씨나 빠랄[꼰트랄] 라 또 스 이 엘 레스프리오
기침약, 해수약(咳嗽藥)	pastilla para la tos (f.)/jarabe para[contra] la tos (m.) 빠스띠야 빠랄 라 또스/ 하라베 빠랄[꼰트랄] 라 또스

기침을 하다, 호흡을 거칠게 하다, 헛기침을 하다	toser 또쎄르	긴급통화	llamada urgente (f.) 야마다 우르헨떼
[악기] 기타	guitarra (f.) 기따라	긴급한, 다급한, 절박한, 속달의, 지급 전보의	urgente 우르헨떼
기타를 연주하다[치다]	tañer[tocar] la guitarra 따녜를[또까를] 라 기따라	긴급히, 다급하게	urgentemente 우르헨떼멘떼
기한, 기간, 지불기한, 만기, 지불, 분할불	plazo (m.) 쁠라소	(고대 로마 시민의) 긴 도포, (교수나 법관 등의) 예복	toga (f.) 또가
(이자나 다른 채무 등의) 기한, 만기, 승리	vencimiento (m.) 벤씨미엔또	(정신적으로) 긴장이 풀리다, 완화되다	relajarse 렐라하르세
기한(期限)	fecha fija (f.)/fecha limitada (f.)/fecha de expiración (f.)/ vencimiento (de un plazo) 훼차 휘하/ 훼찰 리미따다/ 훼차 데 엑쓰삐라씨온/ 벤씨미엔또 (데 운 쁠라소)	긴팔의	de manga larga 데 망갈 라르가
		길, 일정, 도정	camino (m.) 까미노
		길, 거리, 가로	calle (f.) 까예
		길, 도로, 경로, 경유, …로, …에 의해, … 경유로	vía (f.), (prep.) 비아
기한 마감, 기한 만료	expiración (f.) 엑쓰삐라씨온	길모퉁이, 모서리, 코너	esquina (f.) 에스끼나
기한이 된, 만기의, 패배한	vencido(-a) 벤씨도(-다)	길을 잃다, 길을 잘못 들다, 분실하다, 정도에서 벗어나다, 악에 물들다	extraviarse 엑쓰트라비아르세
기한이 오다, 만기가 되다, (계약이) 끝나다, 마감이 되다	vencer 벤쎄르	길을 잃은, 분실한, 잃어버린, 사람의 왕래가 적은, 교통량이 적은	extraviado(-a) 엑쓰트라비아도(-다)
기항, 기항지, 사다리	escala (f.) 에스깔라	길의 구획	manzana (f.) 만싸나
기회, 호기, 찬스, 안성맞춤, (복수) 할인 판매 매장, 바겐세일 매장	oportunidad (f.) 오뽀르뚜니닫	길이, 세로, 경도	longitud (f.) 롱히뚣
		길이	largo (m.) 라르고
기회, 호기, 찬스, (특수한) 경우, (특정한) 때, 싼 물건, 특가품, 특매품	ocasión (f.) 오까씨온	깊게, 깊이	profundamente 쁘로푼다멘떼
		(깊이가) 깊은, 깊이, 바닥	hondo(-a) (a.),(m.) 온도(-다)
기혼의, 기혼자	casado(-a) (a.),(m.),(f.) 까사도(-다)	깊은, 마음에서 우러나는	profundo(-a) 쁘로푼도(-다)
기후, 풍토	clima (f.) 끌리마	깊이, 심연	profundidad (f.) 쁘로푼디닫
긴	largo(-a) 라르고(-가)		

깊이 감사하다	agradecer infinitamente [sinceramente] 아그라데쎄르 인휘니따멘떼 [씬쎄라멘떼]
…까지 (장소, 시간, 수량, 행동)	hasta 아스따
(머리털을) 깎게 하다, 이발하다, 이발소에 가다	cortarse 꼬르따르세
(값을) 깎아주다	hacer un descuento 아쎄르 운 데스꾸엔또
깨끗하게 하다, 말끔하게 하다, 청소하다, 소제하다, (방 등을) 치우다	asear 아쎄아르
깨끗한, 청결한	limpio(-a) 림삐오(-아)
깨어나다	despertarse 데스뻬르따르세
깨우다, 잠을 깨우다, (요구 등을)불러일으키다	despertar 데스뻬르따르
깨진, 부서진, 부러진 찢어진, 닳아 해진, 매우 지친, 매우 피곤한	roto(-a) 로또(-따)
꺼내다	sacar 사까르
껌, 추잉검	chicle (m.) 치끌레
껴안다, 부둥켜안다, 내포하다, 포함하다	abarcar 아바르까르
(특히, 몸의 어떤 부분을) 꼬기, 비틀기, 곱실곱실 하게 하기	retortijón (m.) 레또르띠혼
꼬다, 비틀다, 꼬다	torcir 또르씨르
(동물의) 꼬리	rabo (m.) 라보
꼬이다, 틀어지다. 삐다, 접지르다	torcirse 또르씨르세
꼬인, 비틀어진, 구부러진	torcido(-a) 또르씨도(-다)

꼬치프리또(향료, 식초 및 후추를 넣고 양념하여 목장 주인이나 목동들이 만들어 먹는 설익힌 양고기를 기름에 튀긴 요리)	cochifrito (m.) 꼬치프리또
꽃	flor (f.) 플로르
꽃병	florero (m.)/ vaso de flores (m.) 플로레로/ 바소 데 플로레스
꽉 잡다, 꼭 붙잡다	agarrar 아가라르
꿈, 잠, 수면, 졸음	sueño (m.) 수에뇨
꿈, 환상, 몽상	ensueño (m.) 엔수에뇨
꿈꾸다, 몽상하다, 백일몽을 꾸다	soñar 쏘냐르
(불이나 전깃불을) 끄다	apagar 아빠가르
(불을) 끄다, 진화하다	extinguir 엑쓰띵기르
끈적끈적한, 귀찮게[성가시게] 하는	pegajoso(-a) 뻬가호소(-사)
(+de) (…하는 것을) 끊다, 삼가다, (무엇을) 떼어 내다	prescindir 프레스씬디르
(…하는 것을) 끊다, 삼가다, 자제하다	abstenerse 압스떼네르세
(+de) (좋아하는 것의 무엇이나 하는 것을) 끊다, 그만두다, 중지하다	privarse 쁘리바르세
끓는 물	agua hervida (f.) 아구아 에르비다
(액체가) (펄펄) 끓다. (발효되어) 거품이 일다, (액체를) 끓게 하다, 끓이다, 데치다, 삶다	hervir 에르비르
(펄펄) 끓여진, 거품이 인, 끓음, 비등	hervido(-a) (a.),(m.) 에르비도(-다)
끝, 마지막, 결말	fin (m.)/final (m.) 휜/ 휘날
끝나다, 만기가 되다, 숨을 거두다, 죽다, 사망하다	expirar 엑쓰삐라르

끝나다	acabar(se)/terminarse 아까바르(세)/ 떼르미나르세	끝내다	acabar/terminar 아까바르/ 떼르미나르
끝나다, 종결되다, 끝내다, 종결시키다, 완료하다	terminar 떼르미나르	끝을 못 쓰게 하다 [부러뜨리다]	despuntar 데스뿐따르
끝나다, 끝마치다, 다 써버리다, 마무리 짓다, 죽이다	acabar 아까바르	끼다	cogerse 꼬헤르세

ㄴ

나가다, 나오다	salir 쌀리르	나오기, 나가기, 출발, 출구	salida (f.) 쌀리다
나누다, 가르다, 분리하다, 떼어놓다, 격리시키다	apartar 아빠르따르	나이, 연령, 연세, (역사 구분의) 시대, (나이 구분의) 기(期)	edad (f.) 에닫
(여럿이서) 나누다, 분할하다	dividir 디비디르		
나누다, 쪼개다, 분배하다	partir 빠르띠르	나이가 많은, 연로한, 늙은, 노인, 노파	anciano(-a) (a.),(m.),(f.) 안씨아노(-나)
나누어 주다, 분배하다, 배달하다	repartir 레빠르띠르	(겉보기에, 어떤) 나이로 보이다	aparentar/representar 아빠렌따르/ 레쁘레쎈따르
나누어진, 분할된, 갈라진	partido(-a) 빠르띠도(-다)	나이트클럽	club nocturno (m.) 끌롭 녹뚜르노
나라, 국가, 지방(región)	país (m.) 빠이스		
나라를 통치하다[지배 하다/다스리다], 지배 적이다, 횡행하다	reinar 레이나르	나이프, 식칼, 부엌칼	cuchillo (m.) 꾸치요
		나일론	nilón (m.)/nailon (m.)/nylón (m.) 닐론/ 나일론/ 닐론
나머지, 남은 부분, 잔액, 잔금	resto (m.) 레스또		
나무, 수목	árbol (m.) 아르볼	나중에	en el futuro/después/ luego/más tarde 엔 엘 후뚜로/ 데스뿌에쓰/ 루 에고/ 마쓰 따르데
나무 이쑤시개, 뜨개바늘, 보빈(실을 감는 막대 모양 의 물건), (복수) 젓가락	palillo (m.) 빨리요		
나비	mariposa (f.) 마리뽀사	나중에, 후에, 조금 있으면, 곧, 바로, 당장	despuesito 데스뿌에씨또
나비넥타이	pajarita (f.)/moñita (f.) 빠하리따/ 모니따	나중에, 그 후, 그 뒤	ulteriormente 울떼리오르멘떼
나쁜	malo(-a) 말로(-라) *남성단수명사 앞에서 'o'가 탈락함	나중에, 뒤에, 즉시, 당장, 바로, 곧	ahorita 아오리따

나중에, 뒤에, 후에, 다음에	en ancas 엔 안까스
나중에, 후에, 뒤에, 다음에; 계속해서, 잇달아, 그 후에, 다음에, 그리고 나서	después 데스뿌에쓰
나체 사진, 누드 사진	foto de desnudo (f.) 포또 데 데스누도
나체의, 벌거벗은, 숨김 없는, 노골적인	desnudo(-a) 데스누도(-다)
나체화, 나체상	desnudo (m.) 데스누도
나타나다, 보이다	parecer 빠레쎄르
나타나다, 발견되다, 있다, 출현하다	aparecer 아빠레쎄르
낙관, 낙천주의, 낙관론	optimismo (m.) 옵띠미스모
낙관적인, 낙천적인, 낙관주의의, 낙관론자	optimista (a.),(m.),(f.) 옵띠미스따
낙상(落傷)	herida de la caída (f.) 에리다 델 라 까이다
낙하; 탈락, 넘어짐, 쓰러짐, 붕괴, 몰락	caída (f.) 까이다
낚시, 어로, 어업	pesca (f.) 뻬스까
낚시질하다, 잡다	pescar 뻬스까르
낚시질하러 가다, 낚시질 가다	ir de pesca 이르 데 뻬쓰까
난방	calefacción (f.) 깔레확씨온
낟알, 곡물, 작은 열매, 작은 씨	grano (m.) 그라노
날다, 비행하다	volar 볼라르
날마다의, 매일의, 일상의	cotidiano(-a) 꼬띠디아노(-나)
(몸을) 날씬하게 하다, 가냘프게 하다. (체중을) 줄이다, (물건을) 가늘게 하다, 뾰족하게 하다	adelgazar 아델가사르
날씬한, 가는, 엷은, 얇은	delgado(-a) 델가도(-다)

날짜	fecha (f.) 훼차
날카로운 통증, 예리한 통증, 격심한 고통	dolor agudo (m.) 돌로르 아구도
남(南)	sur (m.) 쑤르
남동생	hermano menor [pequeño] (m.) 에르마노 메노르[뻬께뇨]
남성용 화장품	cosméticos para hombres (m.pl.) 꼬스메띠꼬스 빠라 옴브레스
(주로 복수) (모든 것의) 남은 물건, 찌꺼기, 성유물, (성자 등의) 유품, 유골, 전 시대의 유물	reliquia (f.) 렐리끼아
남자, 사람, 인간, 인류, 남편	hombre (m.) 옴브레
남자의, 남성의, 남자다운, 남성다운	masculino(-a) 마스꿀리노(-나)
남자 인형	muñeco (m.) 무녜꼬
남편	marido (m.)/esposo (m.)/hombre (m.) 마리도/ 에스뽀소/ 옴브레
남한	Corea del Sur (f.)/ Sudcorea (f.) 꼬레아 델 쑤르/ 쑫꼬레아
남한의[에 관한], 남한 출신의, 남한 태생의, 남한 사람	surcoreano(-a) (a.),(m.), (f.)/sudcoreano(-a) (a.),(m.),(f.) 쑤르꼬레아노(-나)/ 쑫꼬레아노(-나)
(화학) 납, 연(鉛)	plomo (m.) 쁠로모
낭만적인, 로맨틱한, 감상적인, 낭만주의[낭만파]의	romántico(-a) 로만띠꼬(-까)
낮, 주간, 날, 일(日), 하루, 일일	día (m.) 디아
낮 공연[상연], 주간(晝間) 흥행	matinée (f.) 마띠네

낮은, 키가 작은, 굽이 없는, 굽이 낮은	bajo(-a) 바호(-하)	내일	mañana (ad.) 마냐나
낮잠	siesta (f.) 씨에스따	냄비, 솥	olla (f.) 오야
낮잠을 자다	dormir una siesta/ tomar la siesta/ sestear/echar(se) siesta/hacer siesta 도르미르 우나 씨에스따/ 또마를 라 씨에스따/ 쎄스떼아르/ 에차르(세) 씨에스따/ 아쎄르 씨에스따	냄새, 향기	olor (m.) 올로르
		냄새를 맡다, 탐색하다, 눈치 채다, 알아차리다, 냄새가 나다, (+a+무관사 명사) (무엇의) 냄새가 나다, …인 듯 싶다	oler 올레르
		냅킨	servilleta (f.) 쎄르비예따
낱개로 팔다	vender por pieza/ vender al granel/ vender en piezas sueltas 벤데르 뽀르 삐에사/ 벤데르 알 그라넬/ 벤데르 엔 삐에사스 수엘따스	냅킨 꽂는 링	anillo de servilleta (m.) 아니요 데 쎄르비예따
		냅킨으로 입을 닦다	limpiarse con la servilleta 림삐아르세 꼰 라 쎄르비예따
내과	medicina interna (f.) 메디씨나 인떼르나	냉각기, 라디에이터, (복사) 난방기, 방열기, 히터	radiador (m.) 라디아도르
내과의사	internista (m.),(f.) 인떼르니스따	냉동고	congelador (m.) 꽁헬라도르
내리다, 낮게 하다, 내려가(오)다	bajar 바하르	냉동식품	alimento congelado (m.) 알리멘또 꽁헬라도
(+de)(탈것에서) 내리다, (낮은 곳으로) 내려가다, (바지나 치마 등을) 내리다	bajarse 바하르세	냉동하다	congelar 꽁헬라르
		냉방	acondicionador de aire (m.) 아꼰디씨오나도르 데 아이레
내리다, 내려가다, (+de 높은 곳에서, 탈것에서; +por …을; +a …로) 내려가다, 내려오다, 하강하다	descender 데스쎈데르	냉육(햄, 소시지 등)	fiambre (m.) 휘암브레
		냉장고	frigorífico (m.)/ nevera (f.)/ refrigerador (m.)/ heladera (f.) 프리고리휘꼬/ 네베라/ 레프리헤라도르/ 엘라데라
(차량용) 내비게이션	sistema de navegación (m.) 씨스떼마 데 나베가씨온		
내 생각[의견]에는, 내가 보기에는, 내 판단으로는	a mi parecer 아 미 빠레쎄르	냉장하다	refrigerar 레프리헤라르
내용, 내용물, 함유량	contenido (m.) 꼰떼니도	냉차	té helado (m.) 떼 엘라도
내의	ropa interior (f.) 로빠 인떼리오르	냉커피	café helado (m.) 까페 엘라도

한사사전

너무 많은, 지나친, 너무나, 지나치게	demasiado 데마씨아도
넋을 잃은, 얼이 빠진	aturdido(-a) 아뚜르디도(-다)
넓은, (의복이) 낙낙한, 느긋한, 여유 있는, 널찍한	ancho(-a) 안초(-차)
넓이	anchura (f.) 안추라
넓적다리	muslo (m.) 무슬로
넣다, 놓다	meter 메떼르
네거리, 사거리	encrucijada (f.)/ cruce (m.) 엔크루씨하다/ 크루세
네글리제	camisón (m.) 까미손
넥타이	corbata (f.) 꼬르바따
넥타이핀	alfiler de corbata (m.) 알휠레르 데 꼬르바따
노년, 노령, 노년기	vejez (f.) 베헤쓰
노란, 노란색의, 황색의	amarillo(-a) 아마리요(-야)
노란색, 노랑, 노란빛, 황색(黃色)	amarillo (m.) 아마리요
노래, 가요, 가곡	canción (f.) 깐씨온
노래, 노래 부르기	canto (m.) 깐또
노래하는, 가수	cantante (a.),(m.),(f.) 깐딴떼
노래하다	cantar/cantar una canción 깐따르/ 깐따르 우나 깐씨온
노력	esfuerzo (m.) 에스후에르쏘
노상강도, 산적(山賊), 사악한 사람, 악질	bandolero(-a) (m.),(f.) 반돌레로(-라)
노선, 경유지	vía (f.) 비아
노인(노파)	anciano(-a) (m.),(f.) 안씨아노(-나)
노트북 컴퓨터, 휴대용 컴퓨터	ordenador portátil (m.) 오르데나도르 뽀르따띨
녹색	verde (m.) 베르데
녹음기	magnetófono (m.) 마그네또포노
녹음테이프	cinta magnética [magnetofónica] (f.) 씬따 마그네띠까[마그네또포니까]
놀다, 경기를 하다, 게임을 하다, 시합을 하다, 도박[노름]을 하다	jugar 후가르
놀라움, (까닭 없는) 불안, 걱정	susto (m.) 쑤스또
놀람, 생각지도 않은 선물, 놀랄 만한 물건, (군사) 기습 공격	sorpresa (f.) 쏘르쁘레사
[구어] (누구를) 놀리다, 놀려대다, 놀려주다, 야유하다	tomar el pelo a alguien 또마르 엘 뻴로 아 알기엔
놀이, 유희, 게임, 내기, 도박	juego (m.) 후에고
농구	baloncesto (m.)/ ((라틴아메리카)) básquetbol (m.) 발론쎄스또/ 바스껫볼
농구를 하다	jugar al baloncesto 후가르 알 발론쎄스또
농담을 하다	bromear 브로메아르
농장	granja (f.) 그랑하
농장, 농원, 토지, 대지, 땅; 부동산,	finca (f.) 휜까
농장, 파종된 땅, (밭의) 파종	labranza (f.) 라브란싸
높은, 키가 큰, (신발이) 굽이 높은	alto(-a) 알또(-따)
높이	altura (f.) 알뚜라
놓다, 놓아두다, 놓아주다, 남기다, 남겨두다, 맡기다, 위임하다	dejar 데하르
놓다, 넣다, 두다, 얹다, 설치하다, 기입하다, 마련하다	poner 뽀네르

놓다, 두다, 배치하다, 늘어놓다, 정렬시키다	colocar 꼴로까르		[de los ojos] (f.)/ dolor de ojo (m.)/ enfermedad de ojos (f.)/infección ocular[de los ojos] (f.)/ sufusión (f.)/mal de ojo (m.)/daño (m.) 옾딸미아/ 인플라마씨온 오꿀라르[델 로스 오호스]/ 아휄씨온 오꿀라르[델 로스 오호스]/ 돌로르 데 오호/ 엔훼르메닫 데 오호스/ 인휄씨온 오꿀라르 [델 로스 오호스]/ 쑤후씨온/ 말 데 오호/ 다뇨	
(수화기를) 놓다, (+de, en) (무엇에) 매달다, 걸치다, 걸다, (직업이나 활동 등을) 그만두다, 포기하다	colgar 꼴가르			
(사람이나 물건이 장소에) 놓이다, (의복 등 몸에 붙이는 것을) 입다, 신다, 끼다, 쓰다, 달다, 차다, 붙이다	ponerse 뽀네르세			
뇌의[에 관한], 지적인, 이지적인	cerebral 쎄레브랄		눈병을 앓고 있다	padecer de los ojos 빠데쎄르 델 로스 오호스
뇌일혈	hemorragia cerebral (f.) 에모라히아 쎄레브랄		눈병이 나다	tener dolor de ojo/ sufrir de la afección ocular[de los ojos] 떼네르 돌로르 데 오호/ 쑤프 리르 델 라 아휄씨온 오꿀라르 [델 로스 오호스]
뇌진탕	conmoción cerebral (f.) 꼰모씨온 쎄레브랄			
누구	quién 끼엔		눈사태	alud (m.) 알룯
(긍정문에서) 누구든지, 아무라도, 아무나, (의문 문이나 조건문에서) 어떤 사람, 누군가	alguien 알기엔		눈송이, 실타래	copo (m.) 꼬뽀
			눈으로 덮인, 눈이 쌓인	nevado(-a) 네바도(-다)
			눈이 오다, 눈이 내리다	nevar 네바르
(버튼을) 누르다, (옷 등이) 꽉 끼다, 꼭 조이다, 압박 하다, 강제하다	apretar 아프레따르		눕다, 잠자리에 들다	acostarse 아꼬스따르세
			눕히다, (배를) 옆으로 대다	acostar 아꼬스따르
누름단추, 단추, (식물의) 싹, 순, 꽃봉오리	botón (m.) 보똔		느끼다, 알아차리다, 낌새채다	sentir 쎈띠르
누름단추를 누르다, (무엇 을) 손[손가락의 끝부분] 으로 누르다[만지다]	pulsar 뿔싸르		느슨히 하다, (무엇의 압력이나 팽팽함을) 늦추다, 완화하다	aflojar 아플로하르
누리다, 향유하다, 향수 하다 (+de)	gozar 고싸르		늘이다, 펴다, 잡아당기다, 팽팽히 당기다	estirar 에스띠라르
눈[目]	ojo (m.) 오호		늪, 소택지, 수렁, 저수지, 연못	pantano (m.) 빤따노
눈[雪]	nieve (f.) 니에베			
눈먼, 맹목적인, 시각 장애인, 맹인	ciego(-a) (a.),(m.),(f.) 씨에고(-가)		니트	géneros de punto (m.pl.) 헤네로스 데 뿐또
눈병	oftalmía (f.)/ inflamación ocular [de los ojos] (f.)/ afección ocular			

((의학)) 다래끼, 흔들리는 덫, 올가미	orzuelo (m.) 오르쑤엘로	회춘시키다, 다시 활기를 띄게 하다	
다른, 차이가 있는	diferente 디훼렌떼	다시 채우다, 가득 채우다, (서류 등의 공란을) 채우다	rellenar 레예나르
다른, 딴, 그 이외의, 그밖의	otro(-a) 오트로(-라)	다시 태어나다	renacer/ volver a nacer 레나쎄르/ 볼베르 아 나쎄르
다른 날에, 다음 날에, 언제인가	otro día/al otro día 오트로 디아/ 알 오트로 디아		
다른 사람들, 다른 것들 (정관사와 함께 쓰임)	demás (pron.) 데마쓰	다시 …하다, 반복하다, 되풀이하다	volver a (+inf.) 볼베르 아 (+부정법)
다리, 하체(넓적다리 이하 하지 전체)	pierna (f.) 삐에르나	다음 날	el día siguiente 엘 디아 씨기엔떼
다리[橋]	puente (m.) 뿌엔떼	(이) 다음 번(에)	la próxima vez/ la vez próxima 라 프록씨마 베스/ 라 베스 프록씨마
다리가 골절되다, 다리가 부러지다	fracturarse[romperse] una pierna/sufrir[tener] una fractura en una pierna 프락뚜라르세[롬뻬르세] 우나 삐에르나/ 쑤프리르[떼네르] 우나 프락뚜라 엔 우나 삐에르나	다음의, 오는, (공간이나 시간에서) 가까운, 멀지 않은	próximo(-a) 프록씨모(-마)
		다음의, 나중의, 다음 사람	siguiente (a.),(m.),(f.) 씨기엔떼
다리다, 다림질하다, 주름을 없애다	planchar 쁠란차르	다이빙	zambullida (f.) 쌈부이다
다리미, 다림질, 금속판, 철판	plancha (f.) 쁠란차	다이빙하다, 물속에 들어가다[뛰어들다], 잠수하다, (어디에) 숨다, 몸을 감추다	zambullirse 쌈부이르세
다시, 재차, 한 번 더, 새로	de nuevo 데 누에보	다이빙하다	tirarse de cabeza 띠라르세 데 까베사
다시, 또, 재차, 또 한 번, 앙코르!, 재청, 재청!	otra vez 오트라 베스	다이아몬드, 금강석	diamante (m.) 디아만떼
(원상으로) 다시 놓다, (사람을) 복직시키다	reponer 레뽀네르	다이어트, 식이요법	dieta (f.)/régimen (m.) 디에따/ 레히멘
다시 잡다[줍다], 줍다, 주워 모으다, (열매를) 따다, (농작물을) 수확하다, 거두어들이다, 채집하다, (있는 곳을 알고 데리러 누구나 무엇을) 찾으러 가다	recoger 레꼬헤르	다이어트를[식이요법을] 하고 있다, 절식 중이다	estar a dieta/ estar a régimen 에스따르 아 디에따/ 에스따르 아 레히멘
다시 젊어지게 하다, 젊음을 되찾게 하다,	rejuvenecer 레후베네쎄르	다치게 하다, 상처를 입히다, 아프게 하다, 모욕하다, 창피를 주다	lastimar 라스띠마르

다치게 하다	herir / lesionar / lastimar 에리르/ 레씨오나르/ 라스띠마르
다치다, 상하다, 상처가 나다	lastimarse 라스띠마르세
(+en) (어디에) 다치다, 부상당하다, (정신적으로) 상처를 입다	herirse 에리르세
다친, 부상당한, 타박 상을 입은, 부상자	herido(-a) (a.),(m.),(f.) 에리도(−다)
다침, 부상, 모욕, (정신 적인) 심한 타격[손해]	herida (f.) 에리다
다투다, 말다툼하다, 언쟁 하다, 싸우다, 전투하다	pelear 뻴레아르
다행히, 운[운수] 좋게	afortunadamente 아포르뚜나다멘떼
단, 감미로운, (성격이) 온화한, 온순한	dulce 둘쎄
단골손님	parroquiano(-a) (m.),(f.)/ cliente (habitual) (m.), (f.)/(집합적) clientela (f.) 빠로끼아노(−나)/ 끌리엔떼 (아비뚜알)/ 끌리엔뗄라
단단한, 고정된, 일정한, 정해진	fijo(-a) 휘호(−하)
단단한, 견고한, 오래가는	sólido(-a) 쏠리도(−다)
단단한, 딱딱한, 굳은, 질긴, 혹심한, 엄격한, 냉혹한, 무정한	duro(-a) 두로(−라)
단단히 맨, 꽉 조여진	apretado(-a) 아프레따도(−다)
(교통카드 등의) 단말기	validador (m.) 발리다도르
단맛이 도는, 달착지근한	dulce 둘쎄
단맛이 없는	seco(-a) 쎄꼬(−까)
단맛이 전혀 없는	muy seco 무이 쎄꼬
단발머리	melena corta (f.) 멜레나 꼬르따
단번에, 단숨에, 한 번에	de un tirón 데 운 띠론

단순한, 간소한, 소박한, 일인용의	sencillo(-a) 쎈씨요(야)
단순히, 간단히, 다만, 오직, 단지, 검소하게, 꾸밈없이	sencillamente 쎈씨야멘떼
(대형으로 양쪽 손잡이 가 달린) 단지, 물 단지, 작은 항아리	cántaro (m.) 깐따로
단지, 다만, 오직	sólo / solamente / meramente / simplemente 쏠로/ 쏠라멘떼/ 메라멘떼/ 씸쁠레멘떼
단추, 누름단추, (식물의) 싹, 순, 꽃봉오리	botón (m.) 보똔
(길이나 기간을) 단축 하다, 짧게 하다, 줄이다, 감소하다	acortar 아꼬르따르
단편 영화	película corta (f.)/ corto metraje (m.) 뻴리꿀라 꼬르따/ 꼬르또 메트라헤
단풍나무	arce (m.) 아르쎄
닫다, 덮다, 가리다, 차단 하다, 막다, 틀어막다, 뚜 껑을 덮다, 감추다, 숨겨 두다, 은닉하다	tapar 따빠르
닫다	cerrar 쎄라르
닫히다, 잠기다	cerrarse 쎄라르세
닫힌, 폐쇄된, 완고한	cerrado(-a) 쎄라도(−다)
달, 1개월	mes (m.) 메쓰
달걀	huevo (m.) 우에보
달걀 모양의 말랑말랑 한 빵, 롤빵	mollete (m.) 모예떼
달걀 프라이	huevo frito (m.) 우에보 프리또
(착) 달라붙다	pegarse 뻬가르세
달러	dólar (m.) 돌라르

달력, 캘린더, 예정표, 스케줄	calendario (m.) 깔렌다리오	담요	manta (f.) 만따
달리기, 경주, 경쟁	carrera (f.) 까레라	답하다, 대답하다, 회답 하다, 답장하다, (전화를) 받다, 반론하다, 항변하다	contestar 꼰떼스따르
달리다, 뛰다	correr 꼬레르	당근	zanahoria (f.) 싸나오리아
달성하다, 성취하다	lograr 로그라르		
닭, 닭고기, 병아리	pollo (m.) 뽀요 (cf.) 수탉/ 암닭 gallo (m.)/gallina (f.) 가요/ 가이나	당뇨병	diabetes (f.) 디아베떼스
		당일치기 여행	viaje de un día (m.)/ excursión de un día (f.) 비아헤 데 운 디아/ 엑쓰꾸르씨 온 데 운 디아
(+a)(누구를) 닮다, (누구와) 비슷하다, (복수형에서) 서로 닮다	parecerse 빠레쎄르세		
		당좌 계좌	cuenta corriente (f.) 꾸엔따 꼬리엔떼
담당자	encargado(-a) (m.),(f.) 엔까르가도(-다)	당좌 예금	depósito a[en] cuenta corriente (m.) 데뽀씨또 아[엔] 꾸엔따 꼬리엔떼
담배, 궐련	cigarrillo (m.) 씨가리요		
담배 가게	estanco (m.)/ tabaquería (f.)/ tienda (f.) de artículos para fumador/((라틴 아메리카)) cigarrería (f.) 에스땅꼬/ 따바께리아/ 띠엔다 데 아르띠꿀로스 빠라 후마도 르/ 씨가레리아	대, 대나무	bambú (m.) 밤부
		대강, 대개, 대부분	aproximadamente 아프록씨마다멘떼
		대기자	persona en espera (f.) 뻬르쏘나 엔 에스뻬라
		대기자 명단	lista de espera (f.) 리스따 데 에스뻬라
담배 가게 주인	estanquero(-a) (m.),(f.) 에스땅께로(-라)	대기자 명단에 있다	estar en lista de espera 에스따 엔 리스따 데 에스뻬라
담배꽁초	colilla (f.) 꼴리야	대단히, 매우, 몹시, 중대 하게, 심각하게; 진지하게	gravemente 그라베멘떼
담배꽁초 투기 금지((게시))	Prohibido tirar colillas/ No tirar colillas 프로이비도 띠라르 꼴리야스/ 노 띠라르 꼴리야스		
		대답	contestación (f.)/ respuesta (f.)/ réplica (f.)/ contesto (m.) 꼰떼스따씨온/ 레스뿌에스따/ 레쁠리까/ 꼰떼스또
담배를 끊다	dejar el cigarrillo/ dejar de fumar el cigarrillo 데하르 엘 씨가리요/ 데하르 데 후마르 엘 씨가리요		
담배의	tabaquero(-a) 따바께로(-라)	대답하다	contestar/responder/ replicar 꼰떼스따르/ 레스뽄데르/ 레쁠리까르

대략, 약(約), 대체로, 대충	más o menos 마쓰 오 메노스	댄스파티	velada de baile (f.) 벨라다 데 바일레
대량 구매	compra a granel (f.) 꼼쁘라 아 그라넬	댄스홀	sala de baile (f.) 쌀라 데 바일레
대로, 큰길	avenida (f.)/ avenido (m.)/ bulevar (m.) 아베니다/ 아베니도/ 불레바르	(시계가) 더 가다, 빠르다, 앞으로 움직이다[내밀다], 전진시키다, 진행시키다, 전진하다, 재촉하다, 추월하다	adelantar 아델란따르
대 바겐세일, 파격적 염가 대매출	gran venta de saldos (f.)/grandes saldos (m.pl.)/ grandes rebajas (f. pl.)/gran ganga (f.) 그란 벤따 데 쌀도스/ 그란데스 쌀도스/ 그란데스 레바하스/ 그란 강가	(시계가) 더 가다, 전진하다, 앞으로 나서다[가다], (기일이나 시간이) 예정보다 일찍 온다	adelantarse 아델란따르세
대부분, 대다수, 대다수 사람, 과반수	mayoría (f.) 마요리아	더 나쁜	peor 뻬오르
		더러운, 지저분한, 불결한	sucio(-a) 쑤씨오(-아)
대사관, 대사의 직, 대사관저	embajada (f.) 엠바하다	더블룸, 이인실, 더블베드 객실	habitación doble (f.) 아비따씨온 도블레
대성공, (노래나 영화 등 의) 대 히트, 대 히트 작	exitazo (m.) 엑씨따쏘	더블 침대	cama doble (f.) 까마 도블레
대성당	catedral (f.) 까떼드랄	더빙 (영화 · 텔레비전의)	doblaje (m.) 도블라헤
대양	océano (m.) 오쎄아노	더빙하다	doblar/hacer una doblaje 도블라르/ 아쎄르 우나 도블라헤
대여자전거	bicicleta de alquiler (f.) 비씨끌레따 데 알낄레르	더빙하다, 재녹음하다, 외국 영화의 대사를 자국어로 녹음하다	doblar 도블라르
대학	universidad (f.) 우니베르씨닫	(누구의) 더빙을 하다	ser el doble de alguien 쎄르 엘 도블레 데 알기엔
대한민국	la República de Corea 라 레뿌블리까 데 꼬레아	더욱이, 게다가, 그밖에	además 아데마쓰
		(…보다 ~을) 더 좋아하다	preferir (~ a …) 쁘레훼리르 (~ 아 …)
대합실	sala de espera (f.) 쌀라 데 에스뻬라	(~보다) 더 좋은	mejor (+que) 메호르 (+께)
대화, 대담, 회화, 회담, (연극 · 영화) 대사	diálogo (m.) 디알로고	덕, 미덕, 선, 선행	virtud (f.) 비르뚣
		(운동) (공을) 던지다, 강타하다	tirar 띠라르
대화, 대담, 회화	conversación (f.) 꼰베르싸씨온	던지다, 버리다, 발하다, 풍기다	echar 에차르

덤핑, 바겐세일, 투매, (주로 복수) 투매품, 덤핑 물건	saldo (m.) 쌀도
덩어리, 괴(塊), (거리의) 콘크리트의) 블록, (아파트의) 동(棟)	bloque (m.) 블로께
덩어리, 괴, 반죽덩이, 전체, 전부, 다수, 다량, 대량, (주로 복수) 군중, 대중	masa (f.) 마사
(무엇의) 덮개, 씌우개, 천, 장막	velo (m.) 벨로
덮개, 커버, 씌우개	cubierta (f.) 꾸비에르따
덮다, 씌우다, 가리다, (보험) (위험에 대해) 보증하다	cubrir 꾸브리르
덮다, 닫다, 씌우다, (무엇에) 뚜껑을 덮다	tapar 따빠르
덮인, 지붕이 있는, (하늘이) 흐린, 구름으로 덮인	cubierto(-a) 꾸비에르또(-따)
데다	quemarse/escaldarse 께마르세/ 에스깔다르세
데리고 가다(사람을), 태우다(탈것에), 휴대하다, 가지고 가다, 운반하다	llevar 예바르
데뷔, 첫 등장, 처녀작 발표	debut (m.) 데붓
데우다, 뜨겁게 하다, 가열하다	calentar 깔렌따르
도(度), 정도, 단계, 촌수(寸數)	grado (m.) 그라도
(식물) 도관, 물관(管) (동물) 맥관	vaso (m.) 바소
도교(道教)	taoísmo (m.) 따오이스모
도교의, 도학자, 도교 신자	taoísta (a.),(m.),(f.) 따오이스따
도구, 기구, 기계, 수단, 도구	instrumento (m.) 인스트루멘또
도금된, (무엇을) 댄, 붙인	chapado(-a) 차빠도(-다)
도금하다, 금속판으로 장식하다	chapadar 차빠다르
도난 신고	declaración de robo (f.) 데끌라라씨온 데 로보
도난 신고서	formulario de declaración de robo (m.) 포르물라리오 데 데끌라라씨온 데 로보
…도 …도 아니다	ni … ni … 니 … 니 …
도둑, 도적, 여적(女賊), 도둑년	ladrón(-drona) (m.),(f.) 라드론(-드로나)
도둑질, 강탈	robo (m.)/hurto (m.) 로보/ 우르또
도둑질하다, 훔치다, 빼앗다, 강탈하다	robar 로바르
도로	camino (m.) 까미노
도로 지도	mapa de carreteras (m.) 마빠 데 까레떼라스
도서관	biblioteca (f.) 비블리오떼까
도시, 마을, 소도시, 읍	pueblo (m.) 뿌에블로
도시, 시, 도회지	ciudad (f.) 씨우닫
도시의, 예의 바른, 정중한	urbano(-a) 우르바노(-나)
도시 지도	mapa de la ciudad (m.) 마빠 델 라 씨우닫
도와주다, 돕다	ayudar 아유다르
도움	ayuda (f.) 아유다
도자기, 자기 제품	porcelana (f.) 뿌르쎌라나
도중에(서), 중도에(서)	en la mitad 엔 라 미땀
도중하차, 여행 중지	interrupción del viaje (f.) 인떼룹씨온 델 비아헤

도착, 도래	llegada (f.) 예가다	독신의, 미혼의, 독신자, 총각, 처녀	soltero(-a) (a.),(m.),(f.) 쏠떼로(-라)
도착 시간	hora de llegada (f.) 오라 데 예가다	독신의, 미혼의, 독신 (주의)자	célibe (a.),(m.),(f.) 쎌리베
도착지	destino (m.) 데스띠노	독을 타다, 독살하다	envenenar 엔베네나르
도착하다, 도달하다, 닿다, 도래하다, 오다	llegar 예가르	독이 있는, 유독한, 악의에 찬, 독설의, 유해한, 해로운	venenoso(-a) 베네노소(-사)
도착하자마자	al llegar/en llegando 알 예가르/ 엔 예간도 (cf.) 내가/당신이/그(그녀)가 도착하자마자 en cuanto llegue/ tant pronto como llegue 엔 꾸안또 예게/ 딴 쁘론또 꼬모 예게	독이 있는, 유독한, 해로운, 악의가 있는	ponzoñoso(-a) 뽄쏘뇨소(-사)
		독자	hijo único (m.) 이호 우니꼬
		독특한, 특이한, 유일한, 오직 하나의, 오직 한 사람의	único(-a) 우니꼬(까)
독, 독물, 독소	veneno (m.) 베네노	돈	dinero (m.) 디네로
독감	influenza (f.)/ gripe (f.)/resfriado severo (m.) 인플루엔싸/ 그리뻬/ 레스프리아도 쎄베로	돈주머니, 포켓, 호주머니	bolsillo (m.) 볼씨요
		돌, 바위, 암석, 암벽, (성서) 반석	roca (f.) 로까
독감, 유행성 감기, 인플루엔자	gripe (f.) 그리뻬	돌, 석재, 비석, ((의학)) 결석	piedra (f.) 삐에드라
독감약	medicamento para[contra] la gripe (m.)/medicina para [contra] la gripe (f.) 메디까멘또 빠랄[꼰트랄] 라 그리뻬/ 메디씨나 빠랄[꼰트랄] 라 그리뻬	(길모퉁이를) 돌다, 구부러지다, 꺾어지다	doblar 도블라르
		(전화에서, 번호를) 돌리다, 누르다	marcar 마르까르
		돌소금, 소금 덩이	terrón de sal (m.) 떼론 데 쌀
		돌아서가다, 우회하다	dar un rodeo 다르 운 로데오
독감[유행성 감기]에 걸려 있다	estar con gripe 에스따르 꼰 그리뻬	돌아오다, 돌아가다, 제자리로 가다, 반환하다, 뒤집다, (길이나 직선이) 꺾어지다	volver 볼베르
독감[유행성 감기]에 걸리다	coger[tener] la gripe 꼬헤르[떼네르] 라 그리뻬	돌연, 불시에, 갑자기, 별안간, 느닷없이, 불의에	repentinamente 레뻰띠나멘떼
독녀	hija única (f.) 이하 우니까		
독서, 읽기, 낭독, 독해	lectura (f.) 렉뚜라	돌잔치	fiesta del primer cumpleaños (f.) 휘에스따 델 쁘리메르 꿈쁠레아뇨스
독서를 좋아하다	ser aficionado a la lectura 쎄르 아휘씨오나도 알 랄 렉뚜라		

돎, 회전, 선회	vuelta (f.) 부엘따	동봉하다, 부가하다, 첨가하다, (+a) (누구에게, 조수 등을) 동행시키다	adjuntar 아두훈따르
동(東)	este (m.) 에스떼		
동갑	la misma edad (f.) 라 미스마 에닫	동산(動産)	bienes muebles (m.pl.) 비에네스 무에블레스
동거	convivienda (f.)/ cohabitación (f.) 꼰비비엔다/ 꼬아비따씨온	(가벼운) 동상	sabañón (m.) 싸바뇬
		(가벼운) 동상에 걸리다	tener sabañones 떼네르 싸바뇨네스
(드묾) 동거, 내연 관계, 불의, 정교	amancebamiento (m.) 아만쎄바미엔또	…동안, 계속, 쭉, …중(中)	durante 두란떼
		동의, 일치, 합의	acuerdo (m.) 아꾸에르도
동거 중이다	estar casado(-a) a media carta 에스따르 까사도(-다) 아 메디아 까르따	(주로 부정문에서) 동의하다, 승낙하다, 용인하다, 허용하다	consentir 꼰쎈띠르
동거하다	vivir en amancebamiento 비비르 엔 아만쎄바미엔또	동전, 경화, ((구어)) 화폐, 돈	moneda (f.) 모네다
		동행하다, 수행하다, 함께 가다, (음악)반주하다	acompañar 아꼼빠냐르
동기히디	convivir/cohabitar/ vivir en una misma casa/vivir[habitar] con otra persona/ residir con otro 꼰비비르/ 꼬아비따르/ 비비르 엔 우나 미스마 까사/ 비비르[아비따르] 꼰 오트라 뻬르쏘나/ 레씨디르 꼰 오트로	돼지, 수퇘지, 돼지고기	cerdo (m.) 쎄르도
		돼지, 수퇘지	puerco (m.) 뿌에르꼬
		(등 가까이에 있는 비계 없는) 돼지 살코기	magra (f.) (=magro (m.)) 마그라(=마그로)
		되돌리다, 되돌려 놓다, 돌려주다, 반환하다	devolver 데볼베르
		되돌아가다, (자동차가) 후진하다, 뒷걸음치다, 후퇴하다	retroceder 레트로쎄데르
동결, 얼어붙음, 빙결	helada (f.) 엘라다		
동굴, 지하실	cueva (f.) 꾸에바	되찾다, 회수하다, 회복하다	recuperar 레꾸뻬라르
동기, 동인, 자극, 이유, 목적, 진의	motivo (m.) 모띠보	되풀이하다, 반복하다	repetir 레뻬띠르
		된서리	escarcha muy severa[pesada] (f.) 에스까르차 무이 쎄베라[뻬싸다]
동등하게, 평등하게, 역시, 또한, (인사에서) 당신도	igualmente 이구알멘떼		
동맥의	arterial 아르떼리알	된장	pasta de soja[soya] (f.) 빠스따 데 쏘하[쏘야]
동물원	parque zoológico (m.) 빠르께 쏘올로히꼬	두꺼운	grueso(-a) 그루에소(-사)
동반하는, 수행하는	acompañante 아꼼빠냔떼	(발판용의) 두꺼운 판자, ((구어)) 대취, 만취, 술에 취함	tablón (m.) 따블론

두다, 놓다, 배치하다	colocar 꼴로까르
두드러기	urticaria (f.)/ sarpullido (m.) 우르띠까리아/ 싸르뿌이도
두드러기가 나다	salir urticaria [sarpullido]/sarpullirse 쌀리르 우르띠까리아[싸르뿌이도]/ 싸르뿌이르세
두려움, 공포, 불안	miedo (m.) 미에도
두루마리 필름	película en rollo (f.) 뻴리꿀라 엔 로요
두 배, (호텔 등에서) 2인용 방	doble (m.) 도블레
두 배로 하다[만들다], 두 배로 늘리다	doblar 도블라르
두 배의, 이중의, 아주 닮은 사람, (영화 · 텔레비전) 더빙하는 사람, 이중으로, 두 가지로	doble (a.),(m.),(f.), (ad.) 도블레
두유	leche de soja[soya] (f.) 레체 데 쏘하[쏘야]
두통	dolor de cabeza (f.) 돌로르 데 까베사
두통약	medicamento contra el dolor de cabeza (m.)/ analgésico para el dolor de cabeza (m.) 메디까멘또 꼰트라 엘 돌로르 데 까베사/ 아날헤씨꼬 빠라 엘 돌로르 데 까베사
둘러보다	mirar/ver/ inspeccionar 미라르/ 베르/ 인스뻭씨오나르
둥지, 보금자리	nido (m.) 니도
(장소) 뒤에, (시간) 뒤에, 후에, 나중에, 다음에,	después 데스뿌에쓰

(순서나 공간) 그 후에, 다음에, 그리고 나서, (+de) …뒤에, 후에, 다음에	
(순서) 뒤에, 후에, 나중에, 다음에, (시간) 빨리, 곧, 속히, 지체 없이	luego 루에고
뒤에, 등 뒤에, 뒤쪽에, 뒤로, 등 뒤로	atrás 아트라스
뒤에, 뒤로	arredro 아레드로
뒤에(서), 배후에(서)	detrás 데트라스
(…)의 뒤에	detrás de 데트라스 데
뒤의, 후의	posterior 뽀스떼리오르
드라이브, 자동차 여행, (경기나 운동으로) 자동차 운전, 자동차 열, 자동차 붐	automovilismo (m.) 아우또모빌리스모
드라이 클리닝	lavado en seco (m.)/ limpieza en seco (f.) 라바도 엔 쎄꼬/ 림삐에사 엔 쎄꼬
드레싱, 소스	salsa (f.) 쌀사
드문, 희소한, 기묘한, 진기한, 괴짜, 기인	raro(-a) (a.),(m.),(f.) 라로(-라)
듣다, (…가) 들리다, (누가) …하고 있는 것을 듣다, (누가) …하고 있는 것이 들리다	oir 오이르
듣다, 청취하다, 듣기 위해 귀를 쫑긋하다, 귀를 기울이다	escuchar 에스꾸차르
듣지 못하는, 들리지 않는, 귀가 먼, 잘 듣지 못하는, 잘 들리지 않는, 귀머거리	sordo(-a) (a.),(m.),(f.) 쏘르도(-다)
들고 다닐 수 있는, 휴대용의, 이동식의, 이동할 수 있는	portátil 뽀르따띨
들다, 올리다, 높이다	alzar 알싸르
들어가다, 들어오다	entrar 엔트라르
들어박히다, 꽂히다, 뚫어 버리다, (누구나 무엇의 속을) 꿰뚫어보다	penetrarse 뻬네트라르세
등, 어깨의 등 쪽	espalda (f.) 에스빨다

한자사전

등기 속달 우편물	correo certificado urgente (m.) 꼬레오 쎄르띠휘까도 우르헨떼		escalar montañas/ subir a la montaña/ hacer andinismo 쁘라띠까르 엘 알삐니스모[엘 몬따니스모]/ 아쎄르 알삐니스모/ 에스깔라르 몬따냐스/ 쑤비르 알라 몬따냐/ 아쎄르 안디니스모
등기우편물	cerficado (m.)/correo certificado (m.) 쎄르휘까도/ 꼬레오 쎄르띠휘까도	등산화	botas de escalada [alpinista] (f.pl.) 보따나스 데 에스깔라다[알삐니스따]
(편지나 소포가) 등기의, 등기된, 등기우편물	certificado(-a) (a.),(m.) 쎄르띠휘까도(－다)	디너 재킷, 턱시도	chaqueta de smoking (f.) 차께따 데 스모낑
등대	faro (m.) 화로	디럭스룸	habitación de lujo (f.) 아비따씨온 데 루호
등록, 입학 수속, 명부, 등록부, (자동차의) 번호, 번호판	matrícula (f.) 마트리꿀라	디브이디(DVD)	DVD (m.) 데베데
등록금	matrícula del curso (f.)/derechos de registro (m.pl.)/ derechos de matrícula (m.pl.) 마트리꿀라 델 꾸르쏘/ 데레초스 데 레히스트로/ 데레초스 데 마트리꿀라	디브이디플레이어	jugador de DVD (m.) 후가도르 데 데베데
		디스켓	disco (m.) 디스꼬
		디스코텍	discoteca (f.) 디스꼬떼까
		디자이너, 제도가, 설계사	diseñador(-a) (m.),(f.) 디쎄냐도르(－라)
등록하다	registrar 레히스트라르	디자인, 제도, 설계, 입안(立案)	diseño (m.) 디쎄뇨
등반	trepa (f.)/subida (f.)/ (바위의) escalada (f.) 트레빠/ 쑤비다/ 에스깔라다	디자인하다, 제도하다, 설계하다	diseñar/hacer el diseño 디쎄냐르/ 아쎄르 엘 디쎄뇨
등반하다	trepar/escalar/subir 트레빠르/ 에스깔라르/ 쑤비르		
등산	alpinismo (m.)/ montañismo (m.)/ subida al monte (f.) 알삐니스모/ 몬따니스모/ 쑤비다 알 몬떼	디저트, 후식	postre (m.) 뽀스트레
		디젤 엔진, 디젤 자동차, 디젤 오일(=gasóleo)	diésel (m.) 디에쎌
		디카페인[카페인 없는] 커피	descafeinado (m.) 데스까페이나도
등산, 안데스 등산	andinismo (m.) 안디니스모	(상처 자리나 눈을) 따끔따끔하게 하다	escocer 에스꼬쎄르
등산하는 사람, (전문적인) 등산가	alpinista (m.),(f.) 알삐니스따	따끔따끔하다, 쑤시다, 불에 댄 듯한 느낌을 느끼다, 아릿아릿하다	escocerse 에스꼬쎄르세
등산하다	practicar el alpinismo [el montañismo]/ hacer alpinismo/		

따뜻하게 하다, (기후가) 따뜻해지다, 따뜻해지기 시작하다, 추위가 가시다	templar 뗌쁠라르	떠나다, 출발하다	marcharse 마르차르세
		떡	tarta de arroz (f.) 따르따 데 아로스
따뜻한(춥지도 덥지도 않고), 온난한, 온화한	templado(-a) 뗌쁠라도(-다)	떨어지다, 낙하하다, 추락하다, (경축일 등의 날짜가 …에) 들어맞다	caer 까에르
(장소) 따로, 별도로, 다른 곳에, (방법) 따로따로, 구별하여, 별도로	aparte 아빠르떼	떼, 무리, 집단, 단체	grupo (m.) 그루뽀
따로따로, 분리해서	separadamente 쎄빠라다멘떼	(+de)(무엇을) 떼어 내다, 벗어 던지다, 끊다, 삼가다 (=abstenerse, privarse de, evitar)	prescindir 프레스씬디르
따로따로	por separado 뽀르 쎄빠라도	또르띠야(옥수수 부침개), 오믈렛	tortilla (f.) 또르띠야
따르다, 따라가다, 계속하다	seguir 쎄기르	똑바로, 곧게, 곧장	(todo) derecho (또도) 데레초
(주로 복수) 따야린, 국수, 면, 마카로니	tallarín (m.) 따야린	똑바로 다시 세우다	enderezar 엔데레사르
딱딱한	duro(-a) 두로(-라)	뚜껑을 닫은, 막은, (여자가) 얼굴을 가린	tapado(-a) 따빠도(-다)
딸기	fresa (f.) 프레사	뚜렷하게, 분명히, 명확히, 똑똑히	claramente 끌라라멘떼
땀, (식물에서 나오는) 즙, 액, 수액	sudor (m.) 쑤도르	뚱뚱한, 비만한, 두꺼운, 굵은, 지방질이 많은, 비계가 많은	gordo(-a) 고르도(-다)
땀으로 적시다, 주다, 마지못해 주다, 땀을 흘리게 하다	sudar 쑤다르	뜨거운, 더운	caliente 깔리엔떼
땅, 토지	terreno (m.) 떼레노	뜨거움, 더움, 더위, 따뜻함, 열(熱)	calor (m.) 깔로르
… 때문에, …을 위해, …에 의해서, (통과) …을 통해서	por 뽀르		

ㄹ

라디에이터	radiador (m.) 라디아도르	럭비	rugby (m.) 루그비
라디오 방송의(에 관한)	radial 라디알	런닝 셔츠	camiseta de tirantes (f.)/camiseta sin mangas (f.) 까미쎄따 데 띠란떼스/ 까미쎄따 씬 망가스
(골프) 라운드, (스키) 코스	recorrido (m.) 레꼬리도		
라이터	encendedor (m.) 엔쎈데도르		
램프, 전등, 전구	lámpara (f.) 람빠라	럼, 럼주(酒)	ron (m.) 론

레모네이드	limonada (f.) 리모나다
레몬	limón (m.) 리몬
레부엘또(아무렇게나 굳혀 달걀과 다른 재료를 섞어 만든 요리)	revuelto (m.) 레부엘또
레인코트	impermeable (m.) 임뻬르메아블레
레코드	disco (m.) 디스꼬
렌즈	lente (m.) 렌떼
로맨틱 코미디	comedia romántica (f.) 꼬메디아 로만띠까
로밍 서비스	servicio de roaming (m.) 쎄르비씨오 데 로밍
로비	vestibulo (m.) 베스띠불로
로션, 화장수	loción (f.) 로씨온
로스트 치킨	pollo asado (m.) 뽀요 아싸도
로우힐, 굽 낮은 구두	zapatos de tacón bajo (m.pl.)/zapatos bajos[planos/de piso] (m.pl.) 싸빠또스 데 따꼰 바호/ 싸빠또스 바호스[쁠라노스/데 삐소]
로커, 개인 물품 보관함	locker (m.) 로께르
로커, 옷장	armario (m.) 아르마리오
록, 로큰롤	rock (m.) 로끄
록 음악	música de rock (f.) 무씨까 데 로끄
(필름의) 롤, 통, 둥그렇게 만 것의 한 통	rollo (m.) 로요
롤러스케이트화 (주로 복수)	patín de ruedas (m.) 빠띤 데 루에다스 *복수는 patines de ruedas 빠띠네스 데 루에다스

롤러스케이트를 타다	patinar sobre ruedas 빠띠나르 쏘브레 루에다스
롤러스케이트장	pista de patinaje sobre ruedas (f.) 삐스따 데 빠띠나헤 쏘브레 루에다스
롤러스케이팅	patinaje sobre ruedas (m.) 빠띠나헤 쏘브레 루에다스
루비, 홍옥	rubí (m.) 루비 *복수는 rubies 루비에스
룸서비스	servicio de habitaciones (m.)/ servicio a las habitaciones (m.) 쎄르비씨오 데 아비따씨오네스/ 쎄르비씨오 알 라스 아비따씨오네스
리본, 테이프	cinta (f.) 씬따
리스트, 표, 명부	lista (f.) 리스따
(용량의 단위) 리터	litro (m.) 리트로
(스키) 리프트	telesilla (f.) 뗄레씨야
리프트 티켓	billete de telesilla (f.) 비예떼 데 뗄레씨야
립스틱, 루즈, 입술연지	pintalabios (m.)/ lápiz de labios (m.)/ barra de labios (f.)/ ((라틴 아메리카)) lápiz labial (m.) 삔딸라비오스/ 라삐쓰 델 라비오스/ 바라 델 라비오스/ 라삐쓰 라비알

마	lino (m.) 리노	마음의 상처	herida mental (f.)/ herida del corazón (f.) 에리다 멘딸/ 에리다 델 꼬라손
마늘	ajo (m.) 아호		
마늘 소스, 마늘과 붉은 피망 소스	ajillo (m.) 아히요	마음이 흔들리다[동요 하다], 감동하다	conmoverse 꼰모베르세
마른, 건조된, 말라붙은, (날씨가) 건조한, 비가 내리지 않은	seco(-a) 쎄꼬(-까)	마지막의, 최종의, 최후의, 궁극의, 궁극적인, 마지막 사람, 제일 뒷사람	último(-a) (a.),(m.),(f.) 울띠모(-마)
((의학)) 마비, 불수; 중풍, 무력, 무기력, 무능, (교통이나 거래 등의) 정체, 마비	parálisis (f.) 빠랄리씨스	마차	coche de caballos (m.) 꼬체 데 까바요스
마비시키다	paralizar / causar parálisis / entumecer 빠랄리사르/ 까우사르 빠랄리씨스/ 엔뚜메쎄르	마취과	sección anestésica [de anestesia] (f.) 쎅씨온 아네스떼씨까 [데 아네스떼씨아]
마셔 보다, 먹어 보다, 신어 보다, 입어 보다	probarse 프로바르세	마취과 의사	anestesista(m.),(f.) anestesiólogo (-a) (m.),(f.) 아네스떼씨스따/ 아네스떼씨올로고(-가)
마스카라	rímel (m.) 리멜		
마스크 팩	máscara facial (f.) 마스까라 화씨알	마취성의, 마취 상태의, 마취제, 마취약, 마약	narcótico(-a) (a.),(m.) 나르꼬띠꼬(-까)
마스터 키	llave maestra (f.) 야베 마에스뜨라	마취의[에 관한], 감각을 마취시키는, 마취제	anestésico(-a) (a.),(m.) 아네스떼씨꼬(-까)
마시다, 술을 마시다	beber 베베르	마침내, 결국, 드디어	por fin 뽀르 휜
마실 것, 음료, 알코올 음료, 주류	bebida(=bebido (m.)) (f.) 베비다 (=(m.) 베비도)	(연극) 막간, 휴게, 막간휴게	intermedio (m.) 인떼르메디오
마을	aldea (f.) 알데아	(구멍, 틈 혹은 관을) 막다, 틀어막다, 메우다, 밀폐시키다, 닫다	obturar 옵뚜라르
마음, 정신, 두뇌, 지력	mente (f.) 멘떼		
마음에 들다, 좋아하다	gustar 구스따르	((의학)) (가제나 솜 등 으로) 막다, (무엇에) 마개를 닫다[하다]	taponar 따뽀나르
마음으로부터의, 진심을 담은	sentido(-a) 쎈띠도(-다)		
마음을 동요시키다, 감동시키다, 흥분하게 하다, 감격하게 하다	conmover 꼰모베르	막다, 방해하다	impedir 임뻬디르

막다, 저지하다, 방해하다, 차단하다, (기계를) 움직이지 못하게 하다, 봉쇄하다, 포위하다	bloquear 블로께아르
막대기, 방망이, 홍두깨, 몽둥이	palo (m.) 빨로
막차(마지막 버스/기차)	último autobús/tren 울띠모 아우또부스/트렌
(수동 용법) (귀나 코 등이) 막히다	taponarse 따뽀나르세
(누구의 귀나 코 등이) 막히다, 닫히다, 감기다, (먼지, 추위, 햇빛 등에서 보호하기 위해, 자신의 몸의 일부를) 가리다, 몸을 감싸다[휩싸다]	taparse 따빠르세
만(灣)	bahía (f.) 바이아
…만, … 밖에 … 아니다	no … más que 노 … 마쓰 께
만고풍상을 겪다	sufrir todas las dificultades/ pasar todas penurias 쑤프리르 또다슬 라스 디휘꿀따데스/ 빠사르 또다스 뻬누리아스
만기일, 만료일	(día de) vencimiento (m.)/fecha de vencimiento (f.)/día de expiración (m.)/ fecha de expiración (f.)/plazo (final) (m.) (디아 데) 벤씨미엔또 / 훼차 데 벤씨미엔또/ 디아 데 엑쓰삐라 씨온/ 훼차 데 엑쓰삐라씨온/ 쁠라소 (휘날)
(우연히) 만나다, (찾고 있던 사람·물건을) 찾아내다, 발견하다, (성질 등을) 인정하다; 평가하다	encontrar 엔꼰트라르

(누구와) 만날 약속을 하다	citar 씨따르
만년필	pluma estilográfica (f.) 쁠루마 에스띨로그라휘까
(나이가) 만 …살이다	cumplir 꿈쁠리르
만족, 기쁨	contento (m.) 꼰뗀또
만족, 만족도, 만족감	satisfacción (f.) 싸띠스확씨온
만족한, 기뻐하는	satisfecho(-a) 싸띠스훼초(-차)
만족한, 만족, 기쁨	contento(-a) 꼰뗀또(-따)
만지다, 손대다, 대다, 닿다, 연주하다	tocar 또까르
만회하다, 되찾다, 소생시키다, 되살리다	recobrar 레꼬브라르
많다	haber mucho 아베르 무초
(~만큼) (그렇게) 많은 … (동등 비교)	tanto(-a) (… como ~) 딴또(-따) (… 꼬모 ~)
많은, 풍부한, 다량의, 숱한	mucho(-a) 무초(-마)
많이, 매우, 무척, 대단히, 몹시, 열심히, 빨리	mucho 무초
많이, 넉넉히, 다량으로, 낱개로, 용기에 넣지 않고	granel 그라넬
많이 먹는, 식욕이 왕성한, (집의) 식당	comedor(-a) (a.),(m.) 꼬메도르(-라)
말, 낱말, 단어, 약속	palabra (f.) 빨라브라
말[馬], 수말	caballo (m.) 까바요
말리다, 닦다, 훔치다	secar 쎄까르
말 못하는, 벙어리의, 말이 없는, 입을 다문, 벙어리	mudo(-a) (a.),(m.),(f.) 무도(-다)
말씨, 말투, 어법, 말	dicción (f.) 딕씨온

말이 없는, 침묵의, 조용한	callado(-a) 까야도(-다)
말 타는 사람	montador(-a) (m.),(f.) 몬따도르(-라)
말하다	decir 데씨르
맑게 하다, 묽게 하다, 해명하다, (비누칠을 한 뒤에 옷을) 물로만 헹구다, 물에만 씻다	aclarar 아끌라라르
(액체를) 맑게 함, 해명, 설명	aclaración (f.) 아끌라라씨온
맛, 미각, 기쁨, 즐거움	gusto (m.) 구스또
맛, 풍미(風味)	sabor (m.) 싸보르
맛없는, (말수가 적고) 무뚝뚝한, 뚱한, 상냥하지 못한	desabrido(-a) 데싸브리도(-다)
(담배의) 맛[향]이 순한	rubio(-a) 루비오(-아)
맛이 쓴, 쓴맛의	amargo(-a) 아마르고(-가)
맛이 좋다	saber bien/ser de buen sabor[gusto]/ dar buen gusto al paladar 싸베르 비엔/ 쎄르 데 부엔 싸보르[구스또]/ 다르 부엔 구스또 알 빨라다르
맛있는, 매우 맛좋은	delicioso(-a) 델리씨오소(-사)
맛있는, 맛이 좋은, 즐거운, 유쾌한	sabroso(-a) 싸브로소(-사)
맛좋은, 맛있는, 부유한, 풍부한	rico(-a) 리꼬(-까)
망가뜨리다, 부수다, 손상시키다, 파손시키다, 엉망으로 만들다	estropear 에스트로뻬아르
망가뜨리다, 손상하다, 흠내다, 못쓰게 만들다, 손해를 주다, 상처를 입히다	dañar 다냐르
망가지다, 못쓰게 되다, 피해를 입다, 손상되다, 상처를 입다, 손해를 입다	dañarse 다냐르세
맞은편[쪽], 건너편, 반대편	lado opuesto 라도 오뿌에스또
맞은편에, 정면에	frente 프렌떼
(기성품이 아니라) 맞춘, 맞춤의, 치수에 맞춘	a (la) medida 아 (라) 메디다
맞춤복	traje (hecho) a (la) medida (m.) 트라헤 (에초) 아 (라) 메디다
맡기다, 위임하다, 일임하다	encargar 엔까르가르
매년의, 매년 일어나는	anual 아누알
매니큐어	manicura (f.) 마니꾸라
매도(팔 때), 판매, 매각, 매출	venta (f.) 벤따
매력	encanto (m.) 엔깐또
매수(살 때), 매입, 구입, (식료품이나 일용품의) 장보기, 쇼핑	compra (f.) 꼼쁘라
매우 곱슬곱슬하게 만들다, 많이 얽히게 하다	retortijar 레또르띠하르
매운	picante 삐깐떼
매일, 날마다	cada día/todos los días/diariamente 까다 디아/ 또도슬 로스 디아스/ 디아리아멘떼
매일의, 날마다의	diario(-a) 디아리오(-아)
((구어)) 매입, 쇼핑	merca (f.) 메르까
(백화점 등의) 매장, 판매대, (도시 등의) 구획, 지구, (신문의) 난	sección (f.) 쎅씨온
(3인칭에서) 매진되다, 품절되다, 절판되다	agotarse 아고따르세
매표소, 매표구	taquilla (f.) 따끼야

한서사전

매혹되다, 넋을 잃다, 넋이 나가다	encantarse 엔깐따르세
매혹된, 넋을 잃은, 황홀경에 빠진, 매우 만족한	encantado(-a) 엔깐따도(–다)
매혹시키다, 넋을 빼다, 마법을 걸다, 현혹시키다	encantar 엔깐따르
맥, 맥박, 손목의 맥박이 뛰는 부분	pulso (m.) 뿔소
맥주	cerveza (f.) 쎄르베사
맨 위층 관람석	gallinero (m.) 가이네로
((의학)) 맹장염, 충수염	apendicitis (f.) 아뻰디씨띠스
(약속 등을) 맺다, 하다, (습관 등을) 붙이다, (병에) 걸리다, 수축시키다, 제한하다, 한정하다	contraer 꼰뜨라에르
머리	cabeza (f.) 까베사
머리를 깎다[자르다], 커트를 하다, 이발하다	cortar(se) el pelo 꼬르따르(세) 엘 뻴로
머리를 감다	lavar(se) el pelo 라바르(세) 엘 뻴로
머리를 다듬다	recortar las puntas 레꼬르따를 라스 뿐따스
머리를 말리다, 머리를 드라이 하다	secar(se) el pelo 쎄까르(세) 엘 뻴로
머리 모양, 헤어스타일, 머리의 형(型), 빗질하기, 이발하기	peinado (m.) 뻬이나도
머리부터, 일직선으로	de cabeza 데 까베사
머리 빗기, 머리 손질	peinada (f.) 뻬이나다
(한 가닥의) 머리카락, (집합명사) (사람의) 머리털, 머리	cabello (m.) 까베요
머리털, 털, 체모	pelo (m.) 뻴로
(자신의) 머리털을 빗다	peinarse 뻬이나르세

머리털[머리카락]의[에 관한]	capilar 까삘라르
머리털의 손질을 한, 곱게 빗은	peinado(-a) 뻬이나도(–다)
머물다, 남다, 잔류하다	quedar/quedarse 께다르/ 께다르세
머물다, 체류하다, 있다, (형용사나 부사와 함께) 그대로 있다, 꼼짝하지 않고 있다, …한 채로 있다	permanecer 뻬르마네쎄르
머플러	bufanda (f.) 부환다
(집합명사) 먹거리, 음식, 식물(食物), 영양물, 자양물, 자양품	alimento (m.) 알리멘또
먹다, 점심으로 먹다	comer 꼬메르
먹어 보다, 마셔 보다, 신어 보다, 입어 보다	probarse 프로바르세
먹어 보다, 마셔 보다, 시식하다, 시음하다, 옷을 입히다, 옷을 입혀 보다, 신을 신기다, 신을 신겨 보다	probar 프로바르
먹을거리	cosas que comer 꼬사쓰 께 꼬메르
먹을거리의, 식품의, 영양이 있는, 자양물의, 자양품의	alimenticio(-a) 알리멘띠씨오(–아)
먹을 수 있는, 식용의, (주로 복수) 식료품	comestible (a.),(m.) 꼬메스띠블레
(시간, 공간이) 먼, 아득한, (관계나 친척이) 먼	lejano(-a) 레하노(–나)
먼지, 가루, 분말, 가루약, (복수) 화장용의 분, 가루분, 파우더	polvo (m.) 뽈보
멀리(에)	lejos 레호스
멀미, 현기증, 화냄, 성냄, 노함	mareo (m.) 마레오

멀미알약	pastilla[píldora] contra el mareo (f.) 빠스띠야[삘도라] 꼰트라 엘 마레오		sin impuestos (f.) 띠엔달 리브레 데 임뿌에스또스/ 띠엔다 씬 임뿌에스또스
멀미약	medicamento para el mareo (m.) 메디까멘또 빠라 엘 마레오	면세품	artículo libre de impuestos (m.) 아르띠꿀롤 리브레 데 임뿌에스또스
멀미하다	marearse 마레아르세	명기하다, 명시하다	especificar 에스뻬씨휘까르
멈추다, 세우다, 정지 시키다, 저지하다, 막다	detener 데떼네르	명령, 지령, 훈령, ((상업)) 주문, 주문서, 수도회, 종파, 교단, 훈장	orden (f.) 오르덴 *복수는 órdenes 오르도네스
멈추다, 세우다, 정지하다, (+de +부정법)(…하는 것을) 중단하다, 그만 두다, 중지하다, 그치다	parar 빠라르	명령하다, 지시하다	mandar 만다르
(움직임을) 멈추다, 중지하다, (+a +부정법) 멈춰 서서 …하다	detenerse 데떼네르세	(무엇을 하라고) 명령 하다, 지시하다	mandar (+inf.)/ mandar (que+sub.) 만다르 (+부정법)/ 만다르 (께+ 접속법)
멋진, 근사한, 장대한, 호화로 운	magnífico(-a) 마그니휘꼬(-까)	명물요리	especialidad (f.) 에스뻬씨알리닫
멋진, 훌륭한, 굉장한	maravilloso(-a) 마라비요소(-사)	명부, 주소록, 지시, 지침, 규정	directorio (m.) 디렉또리오
(사물 관찰 시의) 면, 상(相), (다면체의) 면, (보석의) 모를 잘라낸 면	faceta (f.) 화쎄따	명성, 평판, 세평	fama (f.)/reputación (f.) 화마/ 레뿌따씨온
면(綿), 솜, 목화, 목면, 면화	algodón (m.) 알고돈		
면도	afeitado (m.) 아훼이따도	명성이 있다	tener fama[reputación] 떼네르 화마[레뿌따씨온]
면도기	navaja de afeitar (f.) 나바하 데 아훼이따르	명소	sitio famoso[célebre] (m.) 씨띠오 화모소[쎌레브레]
(자신이) 면도하다	afeitarse 아훼이따르세		
면도해 주다, 수염을 깎아 주다, (몸의 털을) 깎아 주다	afeitar 아훼이따르	명승지	sitio[lugar] interesante [de interés] (m.)/ lugar de hermoso paisaje (m.) 씨띠오[루가르] 인떼레싼떼[데 인떼레스]/ 루가르 데 에르모소 빠이싸헤
면세 구역[지역]	zona franca 쏘나 프랑까		
면세의	franco de derechos 프랑꼬 데 데레초스		
면세점	tienda libre de impuestos (f.)/tienda	명예, 영예, 명성	honor (m.) 오노르

명예를 훼손시키다	deshononar/herir [lastimar] el honor 데스오노나르/ 에리르[라스띠마르] 엘 오노르	멜론	melón (m.) 멜론
		멜빵	bandolera (f.) 반돌레라
명하다, 명령하다, 정리하다, 정돈하다, 질서를 세우다, 순서를 세우다, 차례로 늘어놓다	ordenar 오르데나르	(곤충) 모기	mosquito (m.) 모스끼또
명함	tarjeta de visita (f.)/ tarjeta de nombre (f.) 따르헤따 데 비씨따/ 따르헤따 데 놈브레	모기에게 물리다	ser picado(-a) por mosquitos 쎄르 삐까도(–다) 뽀르 모스끼또스
(업무용의) 명함	tarjeta de presentación (f.) 따르헤따 데 쁘레쎈따씨온	모닝콜	servicio de despertador (m.) 쎄르비씨오 데 데스뻬르따도르
명함판 사진	fotografía de tamaño de la tarjeta (de visita) (f.) 포또그라휘아 데 따마뇨 델 라 따르헤따 (데 비씨따)	모레	pasado mañana 빠사도 마냐나
		모르다, 모른 체하다, 무시[묵살]하다	ignorar 이그노라르
명확한, 분명한, 명백한, 명료한, 하늘이 갠, 맑은	claro(-a) 끌라로(–라)	모범, 본보기, 전형, (제품 등의) 형, 형식; 기종	modelo (m.) 모델로
메뉴, 차림표	carta (f.)/menú (m.)/ lista de platos (f.) 까르따/ 메누/ 리스따 데 쁠라또스	모으다, 합치다, 다시 합하다	reunir 레우니르
		(같은 장소에) 모으다, (양으로) 모으다, 축적하다	juntar 훈따르
(컴퓨터) 메모리, 기억 장치	memoria (f.) 메모리아		
메시지, 전언, 전갈, 교서	mensaje (m.) 멘싸헤	(같은 장소에) 모이다, (누구에게) 매우 가까이 가다	juntarse 훈따르세
메시지, 전갈, 전언, 쪽지, 전할 말, 인사, 안부, 경의	recado (m.) 레까도	모이다, (회의가) 열리다, 서로 만나다, (+con) (누구와) 만나다	reunirse 레우니르세
메시지를 남기다	dejar un mensaje[un recado] 데하르 운 멘싸헤[운 레까도]		
		모자	sombrero (m.) 쏨브레로
메시지를 전하다	transmitir un mensaje 트란스미띠르 운 멘싸헤	(차양이 있는) 모자, (테가 없는) 모자, 보닛	gorra (f.) 고라
메이드, (요리 이외의 가사를 돌보는) 가정부	camarera (f.) 까마레라	모터사이클	moto (f.)/ motocicleta (f.) 모또/ 모또씨끌레따
메인디시	plato principal (m.) 쁠라또 쁘린씨빨	모퉁이, 구석, 코너, 각(角), 각도, 관점	ángulo (m.) 앙굴로

모포	manta (f.) 만따
모피	piel (f.) 삐엘
모피 코트	abrigo de piel (m.) 아브리고 데 삐엘
목	cuello (m.) 꾸에요
목걸이	collar (m.) 꼬야르
목구멍, 협곡	garganta (f.) 가르간따
목덜미, 후두, 뒤통수	nuca (f.) 누까
목덜미가 아프다	doler (a uno) la nuca/tener dolor de nuca 돌레르 (아 우노) 라 누까/ 떼네르 돌로르 데 누까
목록, 카탈로그	catálogo (m.) 까딸로고
목쉰, 목이 잠겨 소리가 제대로 나지 아니한, 걸걸한	ronco(-a) 론꼬(-까)
목욕, 욕실, 욕조, 화장실	baño (m.) 바뇨
목욕타월	toalla de baño (m.)/ toalla para lavarse el cuerpo (m.) 또아야 데 바뇨/ 또아야 빠랄 라바르세 엘 꾸에르뽀
목욕탕	cuarto de baño (m.) 꾸아르또 데 바뇨
목욕하다, 미역을 감다	bañarse 바냐르세
목욕하다, 입욕하다	tomar un baño/ bañarse 또마르 운 바뇨/ 바냐르세
목이 길고 가는 둥그런 그릇	garrafa (f.) 가라파
목이 둥글게 파인	con cuello redondo 꼰 꾸에요 레돈도
목적, 목표, 대상, 물건, 사물, (복수) 물품, 도구	objeto (m.) 옵헤또
목적, 의도	propósito (m.) 프로뽀씨또
목적지, 행선지	destino (m.) 데스띠노

몫, 부분, 부위, 장소, 곳	parte (f.) 빠르떼
몫, 할당분, 배당분, 분할불의 매회 액수	cuota (f.) 꾸오따
몸, 신체, 육체	cuerpo (m.) 꾸에르뽀
(+a, sobre)(어디에) 몸을 던지다, 뛰어들다, 뛰어들어가다, 덤벼들다	tirarse 띠라르세
몸의, 신체의, 물리학의, 물질의[에 관한], 물질적인	físico(-a) 휘씨꼬
몸의 부조, 병고, 고통, 아픔	dolencia (f.) 돌렌씨아
몸의 상태가 나쁘다	estar en baja forma física/estar mal de salud 에스따르 엔 바하 포르마 휘씨까/ 에스따르 말 데 쌀룻
몸의 상태가 좋다	estar en buena forma física/estar bien de salud 에스따르 엔 부에나 포르마 휘씨까/ 에스따르 비엔 데 쌀룻
몸의 컨디션, 심신의 상태	forma (f.) 포르마
몸의 컨디션이 좋지 않다	estar mal (de salud)/ estar indispuesto/ no sentir bien 에스따르 말 (데 쌀룻)/ 에스따르 인디스뿌에스또/ 노 쎈띠르 비엔
몹시 서두름, 화급함, 조급함; 성급함; (기상) 강수(降水), (복수) 강수량	precipitación (f.) 프레씨삐따씨온
묘사하다, 서술하다	describir 데스크리비르
묘지	cementario (m.) 쎄멘따리오
무거운, 큰(grande), 중대한, 심각한, (병이) 중태의, 중증의	grave 그라베
무거운, 비만한, 살찐	pesado(-a) 뻬싸도(-다)
무거움, 답답함, 속이 거북함, 트릿함, 묵직함, 뻐근함	pesadez (f.) 뻬사데스

한서사전

무게, 중량, 체중	peso (m.) 뻬소	무료지도	mapa gratuito (m.) 마빠 그라뚜이또
무게가 나가다, 계량하다, 무게를 달다, 저울에 달다, 잘 생각하다, 심사숙고하다	pesar 뻬사르	무릎, 무릎 관절	rodilla (f.) 로디야
무게 제한	límite de peso (m.) 리미떼 데 뻬소	무분별, 지각없음, 신중하지 못함, 무분별한 행동, 무분별한 말	indiscreción (f.) 인디스크레씨온
무늬 없는	sin dibujo 씬 디부호	무선 전화	teléfono inalámbrico (m.) 뗄레포노 인알람브리꼬
무대, 연극, 희곡	escena (f.) 에스쎄나		
무료로, 무보수로, 공짜로	gratuitamente 그라뚜이따멘떼	무선의	inalámbrico 인알람브리꼬
무료 안내서	folleto gratis (m.) 포예또 그라띠스	무선 인터넷	internet inalámbrico (m.) 인떼르넷 인알람브리꼬
무료[무상] 애프터서비스	servicio posventa gratuito (m.) 쎄르비씨오 뽀스벤따 그라뚜이또	무성 영화	película muda (f.) 뻴리꿀라 무다
무료의, 무료로, 무보수로, 공짜로	gratis (a.),(ad.) 그라띠스	무알콜 음료	bebidas sin alcohol (f.pl.) 베비다스 씬 알꼴
무료의, 무보수의	gratuito(-a) 그라뚜이또(-따)	무언, 침묵, (해사)풍파가 가라앉음	callada (f.) 까야다
무료의	franco(-a) de todo gasto 프랑꼬(-까) 데 또도 가스또	무엇	qué 께
		무인보관함	consigna automática (f.) 꼰씨그나 아우또마띠까
무료입장	entrada libre (f.)/ entrada gratuita (f.)/ entrada franca (f.) 엔트라달 리브레/ 엔트라다 그라뚜이따/ 엔트라다 프랑까	무질서한, 난잡한	desordenado(-a) 데쏘르데나도(-다)
		무한의, 한이 없는, 무한한 곳, 허공, 한없이, 무척, 매우, 대단히, 퍽, 굉장히	infinito(-a) (a.),(m.), (ad.) 인휘니또(-따)
무료입장권	billete gratuito (m.)/ billete de favor (m.)/ entrada gratuita (m.)/ entrada de favor (m.) 비예떼 그라뚜이또/ 비예떼 데 화보르/ 엔트라다 그라뚜이따/ 엔트라다 데 화보르	무한히, 한없이, 훨씬, 매우	infinitamente 인휘니따멘떼
		무효	nulo (m.) 눌로
		묵다, 숙박하다	alojarse 알로하르세
무료 주차장	aparcamiento gratuito (m.) 아빠르까미엔또 그라뚜이또	묶기, 묶여진 것, 묶여진 물건, (주로 복수) 속박	atadura (f.) 아따두라

묶다, 동여매다, 엮다, 매다, 구속하다, 제한하다	atar 아따르	(환자에게 뜨겁게 제공하는) 묽은 닭고기 즙, 닭죽, (연설이나 글에서 이것저것 섞여진) 잡동사니	pisto (m.) 삐스또
문	puerta (f.) 뿌에르따	(연극 · 영화) 뮤지컬	musical (m.) 무씨깔
문구점	papelería (f.) 빠뻴레리아	뮤지컬 영화	filme musical (m.) 휠메 무씨깔
문방구	artículo de escritorio (m.) 아르띠꿀로 데 에스크리또리오	뮤지컬을 감상하다	ver musicales 베르 무씨깔레스
문서, 서류; 자료, 증명서, ((상업)) 증권, 어음	documento (m.) 도꾸멘또	뮤지컬코미디	revista musical (f.) 레비스따 무씨깔
(신분 증명이나 채무 등의) 문서, 서류, 증명서, 색인 카드, 투표용지	cédula (f.) 쎄둘라	뮤직박스	caja de música (f.) 까하 데 무씨까
문자 메시지	mensaje de texto (m.) 멘싸헤 데 떽쓰또	미(美), 아름다움, (집합명사) 미인, 미녀	belleza (f.) 베예사
문제, 문제점, 어려움, 난제	problema (f.) 프로블레마	미끄러지기 쉬운	resbaladizo(-a) 레스발라디쏘(–싸)
문제, 의문점, 문제점	cuestión (f.) 꾸에스띠온	미끄러지다, 미끄러져 넘어지다	resbalar 레스발라르
문제의, 화제로 되어 있는	en cuestión 엔 꾸에스띠온	미남, 미녀	guapo(-a) (m.),(f.) 구아뽀(–빠)
물	agua (f.) 아구아	미래, 장래	futuro (m.) 후뚜로
물건, 사물, 대상, 목적, 목표	objeto (m.) 옵헤또	미래의, 장래의, 앞으로 올. 약혼자, 미래의 남편[아내]	futuro(-a) (a.),(m.),(f.) 후뚜로(–라)
물고기, (강의) 물고기	pez (m.) 뻬쓰		
(벌레나 뱀 등이) 물다, 쏘다	picar 삐까르	미래의, 장래의	venturo(-a) 벤뚜로(–라)
물린[쏘인, 쪼인] 자국, (새, 곤충, 파충류의) 쪼기, 쏘기, 물기, 찌르기, (예리한 기구로) 찔린 상처	picadura (f.) 삐까두라	미리, 사전에	previamente/ de antemano 쁘레비아멘떼/ 데 안떼마노
물방울무늬의	de lunares 데 루나레스	미리, 앞서서, 먼저, 앞질러	por adelantado 뽀르 아델란따도
물빨래	aclarado (m.) 아끌라라도	미리, 앞서서, 느긋한 마음으로, 마음 편히	con tiempo 꼰 띠엠뽀
물속으로 집어 던지다	zambuillir 쌈부이르	미망인 생활, 홀아비 생활	viudez (f.) 비우데스
물수건	toalla húmeda (f.) 또아야 우메다	미성년	minoridad (f.)/ minoría de edad (f.) 미노리닫/ 미노리아 데 에닫
물집, (주사액 등의) 앰풀, 전구	ampolla (f.) 암뽀야		

미성년의	menor de edad 메노르 데 에닫
미소	sonrisa (f.) 쏜리사
미소를 짓다, 빙긋이 웃다	sonreír 쏜레이르
미술 공예품, 예술품	objeto de arte (m.) 옵헤또 데 아르떼
미술관	museo de bellas artes (m.) 무쎄오 데 베야스 아르떼스
미식가	gastrónomo(-a) (m.),(f.) 가스트로노모(−마)
미아	niño(-a) perdido(-a) (m.),(f.)/extraviado (-a) (m.),(f.) 니뇨(−냐) 뻬르디도(−다)/ 엑쓰트라비아도(−다)
미아 찾기 방송	anuncio radial de niños perdidos (m.) 아눈씨오 라디알 데 니뇨스 뻬르디도스
미용 성형외과	cirugía cosmética (f.) 씨루히아 꼬스메띠까
미용 성형외과 의사	cirujano(-a) cosmético(-a) (m.),(f.) 씨루하노(−나) 꼬스메띠꼬(−까)
미용실, 미용원, 미장원, 이발소	peluquería (f.) 뻴루께리아
미용 정형외과	cirugía estética (f.) 씨루히아 에스떼띠까
미용 정형외과 의사	cirujano(-a) estético(-a) (m.),(f.) 씨루하노(−나) 에스떼띠꼬(−까)
미워하다, 증오하다, 혐오하다	odiar 오디아르
미워함, 증오, 혐오	odio (m.) 오디오
미터 (길이의 단위)	metro (m.) 메트로

미풍, 북동풍, 무역풍	brisa (f.) 브리사
미혼모	madre soltera (f.) 마드레 쏠떼라
미혼부	padre soltero (m.) 빠드레 쏠떼로
민감한, 감수성이 예리한, 상처받기 쉬운	sensible 쎈씨블레
민박	alojamiento en casa de familia (m.) 알로하미엔또 엔 까사 데 화밀리아
민속무용	danza folclórica (f.) 단싸 폴끌로리까
민속음악	música folclórica (f.) 무씨까 폴끌로리까
민속촌	aldea[villa] folclórica (f.) 알데아[비야] 폴끌로리까
믿다, 생각하다, (+en) (무엇의 존재나 가치를) 믿다	creer 크레에르
믿음, 신뢰, 신용, 신앙, 신념	fe (f.) 훼
밀 (식물)	trigo (m.) 트리고
밀가루, 가루	harina (f.) 아리나
밀가루 반죽으로 만든 각종 국수	pasta (f.) 빠스따
밀다, 밀어젖히다	empujar 엠뿌하르
밀리그램	miligramo (m.) 밀리그라모
밀리리터	mililitro (m.) 밀리리트로
밀리미터	milímetro (m.) 밀리메트로
밀집한, 빽빽이 찬, 단단한	compacto(-a) 꼼빡또(−따)
밀크로션	loción de leche (f.) 로씨온 데 레체

바겐세일, 염가판매	venta de gangas (f.)/ venta de precios rebajados (f.)/venta de liquidación (f.)/ venta de saldo(s) (f.)/ saldos (m.pl.)/ chollo (m.)/ ganga (f.)/ liquidación (f.)/ rebajas (f.pl.)/ ofertas (f.pl.) 벤따 데 강가스/ 벤따 데 쁘레씨오스 레바하도스/ 벤따 데 리끼다씨온/ 벤따 데 쌀도(스)/ 쌀도스/ 초요/ 강가/ 리끼다씨온/ 레바하스/ 오훼르따스		쌀다르/ 리끼다르/ 벤데르 엔 리끼다씨온
		바겐세일 중이다	estar en rebaja 에스따르 엔 레바하
		바구니, 광주리	cesta (f.) 쎄스따
		바꾸다, 변경하다, (한 장소에서 다른 장소로) 옮기다	cambiar 깜비아르
		바나나	plátano (m.)/ banano (m.)/ banana (f.) 쁠라따노/ 바나노/ 바나나
바겐세일, 대매출	chollo (m.) 초요	바늘, 주사 바늘, 뜨개바늘	aguja (f.) 아구하
바겐세일, 싸구려, 의외로 싸게 산 물건	ganga (f.) 강가	바닐라 (식물)	vainilla (f.) 바이니야
바겐세일, 투매, 덤핑, (주로 복수) 투매품, 덤핑 물건	saldo (m.) 쌀도	바닐라 푸딩	pudin[pudín/budín] de vainilla (m.) 뿌딘[뿌딘/부딘] 데 바이니야
바겐세일, 투매, 덤핑, (부동산 등의) 매각, (관계의) 해소	liquidación (f.) 리끼다씨온	바다	mar (m.) 마르
		바다 속의, 해중(海中)의, 해저의	submarino(-a) 쑵마리노(-나)
바겐세일(복수), 바겐 세일 기간, 할인, 가격 인하, 에누리	rebaja (f.) 레바하	바다에 면한 방	habitación que da al mar (f.) 아비따씨온 께 데 알 마르
바겐세일, 특가, 특매, 특가품, 특매품, 바겐 세일 물건	oferta (f.) 오훼르따	바다의, 해상의, 해운상의, 해상 무역의, 연해의, 해변의; 바다에 면한[접한]	marítimo(-a) 마리띠모(-마)
바겐세일로 사다	comprar en liquidación 꼼쁘라르 엔 리끼다씨온	바닥, 밑바닥, 깊이	fondo (m.) 폰도
		바닥난, 고갈된, 지친, 절판된	agotado(-a) 아고따도(-다)
바겐세일을 하다	saldar/liquidar/ vender en liquidación	바닷게	cangrejo (m.) 깡그레호
		바람	viento (m.) 비엔또
		바람이 불다	ventar/soplar/correr [hacer/soplar] el viento

한서사전

	벤따르 / 쏘쁠라르 / 꼬레리[아쎄르/쏘블라르] 엘 비엔또
(+de, con) (무엇에, 기름이나 다른 기름진 물질을) 바르다	untar 운따르
(복수)(운동) 바벨, (시계의) 추, (저울의) 분동	pesa (f.) 뻬사
바보짓, 어리석은 짓, 하찮은 것, 시시한 것	tontería (f.) 똔떼리아
바쁜, 사용 중인, 점령된	ocupado(-a) 오꾸빠도(-다)
바야흐로 …하려고 하고 있다, …할 찰나에 있다, …할 참이다	estar a[en] punto de (+inf.)/estar al (+inf.) 에스따르 아[엔] 뿐또 데 (+부정법)/ 에스따르 알 (+부정법)
바이올린	violín (m.) 비올린
바이올린 연주가[연주자]	violinista (m.),(f.) 비올리니스따
바이올린을 연주하다	tañer[tocar] el violín 따녜르[또까르] 엘 비올린
바인딩	atadura (f.) 아따두라
바지	pantalón (m.) 빤딸론
바짓단, 옷자락, 가두리	dobladillo (m.) 도블라디요
바치다, 헌정하다, 헌신하다	dedicar 데디까르
바퀴(타이어 부분을 포함한, 차량의)	rueda (f.) 루에다
박물관, 미술관	museo (m.) 무쎄오
박수[박수갈채]를 보내다, 칭찬하다, 칭송하다	aplaudir 아쁠라우디르
박음질, 박음질로 꿰매기	pespunte (m.) 뻬스뿐떼
(…의) 밖에[에서, 으로]	fuera 후에라
밖에, 바깥에, 외부에, 밖으로, 바깥으로, 외부로	afuera 아후에라
반, 절반, 중간, 중앙, 한가운데	mitad (f.) 미딷
(누구를) 반가이 맞이하다	dar la bienvenida (a …)/ recibir (a …) con gusto 다를 라 비엔베니다 (아 …)/ 레씨비르 (아 …) 꼰 구스또
반격, 역습	contraataque (m.) 꼰트라아따께
반나절	de medio día 데 메디오 디아
반나절관광	excursión de medio día (f.) 엑쓰꾸르씨온 데 메디오 디아
반도	península (f.) 뻬닌술라
반란, 폭동	revuelta (f.) 레부엘따
반반으로, 절반으로	a medias 아 메디아스
반반으로, 절반씩	mitad y mitad 미딷 이 미딷
반반한, 납작한	plano(-a) 쁠라노(-나)
반 병	media botella (f.) 메디아 보떼야
반숙란	huevo pasado por agua (m.) 우에보 빠사도 뽀르 아구아
반시간 마다, 30분마다	cada media hora/ cada treinta minutos 까다 메디아 오라/ 까다 트레인따 미누또스
반신 사진	foto de medio cuerpo (f.) 포또 데 메디오 꾸에르뽀
반으로	por la mitad/ mitad por mitad 뽀를 라 미딷/ 미딷 뽀르 미딷
반의, 절반의, 중간의, 평균의, 보통의, 평범한	medio(-a) 메디오(-아)

반죽, 파스타, 덩어리	pasta (f.) 빠스따
반지, 고리	anillo (m.) 아니요
반찬	guarnición (f.)/plato de acompañamiento (m.)/plato acompañante (m.) 구아르니씨온/ 쁠라또 데 아꼼빠냐미엔또 / 쁠라또 아꼼빠냔떼
반창고	esparadrapo (m.) 에스빠라드라뽀
반칙, 파울 (운동)	falta (f.) 활따
반팔의	de manga corta 데 망가 꼬르따
반환, 반환금, 반송	devolución (f.) 데볼루씨온
반환하다, 돌려주다, 되돌리다, 되돌려 놓다, 반품하다, 반송하다	devolver 데볼베르
받다, 수락하다, 승낙하다, 인수하다, 떠맡다	aceptar 아쎕따르
받다, 수취하다, 영수하다, 받아들이다, 응대하다	recibir 레씨비르
받다, 수취하다, 징수하다, 거두어들이다	cobrar 꼬브라르
(상이나 벌 등을) 받아 마땅한	merecido(-a) 메레씨도(-다)
발	pie (m.) 삐에
발급기관	autoridades emisoras (f.pl.) 아우또리다데스 에미쏘라스
발급하다, 교부하다, 발행하다, 보내다, 발송하다, 파견하다	expedir 엑쓰뻬디르
발레	ballet (m.) 발레
((구어)) 발로 걷어차다, 마구 차다, 발로 몹시 세게 차다, 욕설을 퍼붓다, 심하게 비난하다.((구어)) 제대로 대우하지 않다	patear 빠떼아르
발명, 발명품 ,날조, 조작, 허구	invención (f.) 인벤씨온
발명하다, 창안하다, 고안하다	inventar 인벤따르
발목, [해부] 복사뼈	tobillo (m.) 또비요
발 삐는 것	torcedura (f.) 또르쎄두라
발사, 발포, 사격, 탄흔, 탄환의 상처, 총격, 한 발	tiro (m.) 띠로
발사, 사격, 강한 슛	disparo (m.) 디스빠로
발사하다, 발포하다, 쏘다, 쏘아 올리다	tirar 띠라르
발사하다, 발포하다, 쏘다	disparar 디스빠라르
발송, 송부, 송금, 발송품	envío (m.) 엔비오
발송, (신속한) 처리, 집무실, 사무실, 연구실	despacho (m.) 데스빠초
발송하다, 보내다, 부치다	enviar 엔비아르
발송하다, 보내다, 급히 하다, 처리하다, 신속히 처리하다	despachar 데스빠차르
발신인	remitente (m.) 레미뗀떼
발음	pronunciación (f.) 프로눈씨아씨온
발자국, 족적, 단서, 실마리	pista (f.) 삐스따
((의학)) 발작	ataque (m.) 아따께
발전, 발달, 전개, 발육, 전개, 진전	desarrollo (m.) 데싸로요
((의학)) (얼굴에 나는) 발진, 여드름	grano (m.) 그라노
발착 시간	hora de salida y llegada (f.) 오라 데 쌀리다 이 예가다

발착알림표	horario (m.) 오라리오
발코니석	tribuna (f.) 트리부나
발포성의	espumoso(-a)/ espumante 에스뿌모소(-사)/ 에스뿌만떼
발행, 방송, 방출, 방사, 배출	emisión (f.) 에미씨온
발행사본	copia de emisión (f.) 꼬삐아 데 에미씨온
발행하다, 방송하다, 배출하다, (빛이나 음 등을) 발하다, 방출하다, 방사하다	emitir 에미띠르
밝은, (색이) 연한, 하늘이 갠, 맑은, 투명한	claro(-a) 끌라로(-라)
밝히다, 폭로하다, (사진) 현상하다	revelar 레벨라르
밟다, 짓밟다, 발로 다지다, 밟아 굳히다	pisar 삐사르
밟다, 짓밟다, 밀쳐 넘어뜨리다, (탈것이 사람이나 동물을) 치다	atropellar 아트로뻬야르
밤, (해가 지고 밤이 되는 때의) 저녁	noche (f.) 노체
밤 공연, 야회(夜會), 야간 파티	velada (f.) 벨라다
밤색의, 갈색의, 밤색, 갈색	marrón (a.),(m.) 마론
밤에, 야간에	por la noche/de noche/ ((라틴아메리카)) en la noche 뽀를 라 노체/ 데 노체/ 엔 라 노체
밤의, 야간의	nocturno(-a) 녹뚜르노(-나)
방	cuarto (m.)/ habitación (f.) 꾸아르또/ 아비따씨온
방랑하는, 유랑하는, 방랑자, 유랑자	vagabundo(-a) (a.),(m.),(f.) 바가분도(-다)
(어디를) 방랑하다, 떠돌다, 여기저기 돌아다니다, 헤매다	vagar 바가르
방문, 방문객, 방문자	visita (f.) 비씨따
방문자	visitante (m.),(f.) 비씨딴떼
방문하다, 만나러 가다, (어떤 나라나 도시 등을) 가다, 구경 가다	visitar 비씨따르
방법, 꼴, 모양, 형, 형상, 형태, 표현방법, 표현 형식, (문서에서) 특별한 형식, 양식, 서식, 심신의 상태, 몸의 컨디션	forma (f.) 포르마
방사선과	departamento de radiología (m.) 데빠르따멘또 데 라디올로히아
방사선과 의사	radiólogo(-a) (m.f) 라디올로고(-가)
방식, 방법, 태도	manera (f.) 마네라
방전시키다 (전기), (에너지 등을) 방출하다, (짐을) 내리다, (+de) (의무나 책임 등을) (무엇에서) 면제하다	descargar 데스까르가르
방향, 감각, 인식 능력, 의식, 분별, 판단력, 의미, 뜻, 견해, 관점, 의의(意義)	sentido (m.) 쎈띠도
방향, 방위, 지도, 지휘, 관리, 경영, 주소	dirección (f.) 디렉씨온
방향을 바꾸다	hacer[dar] un viraje 아쎄르[다르] 운 비라헤
방향 전환, 선회, 방침의 전환	viraje (m.) 비라헤
방해, 장애, 장애물, 방해물, 걸림돌, (운동) 장애물	obstáculo (m.) 옵스따꿀로
방해하다	molestar 몰레스따르
배 (과일)	pera (f.) 뻬라

배, 복부	vientre (m.)/ abdomen (m.)/ barriga (f.) 비엔트레/ 압도멘/ 바리가
배, 선박	barco (m.) 바르꼬
배(가) 고프다	tener hambre 떼네르 암브레
배구	volibol (m.)/vóleibol (=voleibol) (m.)/ balonvolea (f.) 볼리볼/ 볼레이볼/ 발론볼레아
배구를 하다	jugar al volibol 후가르 알 볼리볼
(기술) 배기, 배기 장치, 탈출, 도주, 누출, 새어 나옴	escape (m.) 에스까뻬
배기관, 배출관, 송풍관	tubo de escape (m.) 뚜보 데 에스까뻬
배려, 주의, 조심	cuidado (m.) 꾸이다도
배로	a bordo/en barco/ por barco 아 보르도/ 엔 바르꼬/ 뽀르 바르꼬
배부른, 포식한, (무엇에) 물린, 싫증이 난, 신물이 난, 충분한, 넉넉한, 흔한, 여분으로, 많이, 충분히, 포식한 사람	harto(-a) (a.),(ad.),(m.),(f.) 아르또(-따)
배서(背書)하다 (수표나 어음에)	endosar 엔도사르
(수영) 배영, 송장헤엄	braza de espalda (f.) 브라사 데 에스빨다
배우, 인물, 등장인물	actor (m.) 악또르
배우다, 익히다, 습득하다, 학습하다	aprender 아프렌데르
배은망덕한, 은혜를 모르는	ingrato(-a) 인그라또(-따)
배[선박]의, 항해의,	naviero(-a) (a.),(m.),(f.)

선주(船主)	나비에로(-라)
배출, 추방, 강제 퇴거	expulsión (f.) 엑쓰뿔씨온
배출하다, 추방하다, 내쫓다, 나가게 하다, 내쫓다	expulsar 엑쓰뿔싸르
배터리	batería (f.) 바떼리아
백금	platino (m.) 쁠라띠노
백색	blanco (m.) 블랑꼬
백합	azucena (f.) 아쑤쎄나
백화점	grandes almacenes (m.pl.) 그란데스 알마쎄네스
뱃전	bordo (m.) 보르도
버라이어티쇼	función de variedades (f.) 푼씨온 데 바리에다데스
버리다(자기 자신으로부터 슬픔, 두려움, 의심 혹은 나쁜 생각을), 버리다(사용 하지 않은 물건을), 거절하다, 거부하다	desechar 데쎄차르
버섯, 버섯구름, 원자 구름, 균상종, 진균	hongo (m.) 옹고
버섯의 일종(식용이건 아니건 양산 모양의)	seta (f.) 쎄따
버스	autobús (m.) 아우또부스
버스 (운행) 시간표	horario de autobuses (m.)/horario del autobús (m.) 오라리오 데 아우또부세스/ 오라리오 델 아우또부스
버스 정거장	parada de[del] autobús (f.) 빠라다 데[델] 아우또부스
버스터미널	terminal de autobuses (f.) 떼르미날 데 아우또부세스

버터, 버터크림	mantequilla (f.) 만떼끼야	범주, 카테고리, 등급, 부류, 부문	categoría (f.) 까떼고리아
번, 회, 순번, 차례, 배(培)	vez (f.) 베스	법, 법규, 법규집	código (m.) 꼬디고
번역하다, 통역하다, 해석하다	interpretar 인떼르프레따르	법, 법률	ley (f.)/derecho (m.) 레이 / 데레초
번영하고 있는, 번창하는, 성장하는, 호황을 누리는	próspero(-a) 프로스뻬로(--라)	법정 휴일	día festivo oficial (m.)/ ((라틴 아메리카)) día feriado oficial (m.) 디아 훼스띠보 오휘씨알/ 디아 훼리아도 오휘씨알
번쩍번쩍 빛나는, 찬란히 빛을 내는, 걸출한, 뛰어난, 빼어난, 훌륭한	resplandeciente 레스쁠란데씨엔떼	(몸에 있는 의류, 장신구, 매니큐어 등을) 벗다, 떼다, 풀다	quitarse 끼따르세
번지점프	puénting (m.)/ puentismo (m.)/ góming (m.)/salto con elástico (m.)/ salto en bungee (m.)/ bungee jumping (m.)/ bungy jumping (m.) 뿌엔띵/ 뿌엔띠스모/ 고밍/ 쌀또 꼰 엘라스띠꼬/ 쌀또 엔 번지/ 번지 점삥/ 번지 점삥	벙어리	mudo(-a) (m.),(f.) 무도(--다)
		벙어리장갑	mitones (m.pl.) 미또네스
		벼룩시장	rastro (m.) 라스트로
		벽, 담, 담벼락	pared (f.) 빠렏
		벽걸이	tapiz (m.) 따삐쓰
		벽보, 포스터, 팻말, 도표, 그림표, 차트	cartel (m.) 까르뗄
번호, 수(數), 숫자	número (m.) 누메로	벽에 포스터를 붙이다	aplicar cartel a la pared 아쁠리까르 까르뗄 알 라 빠렏
번호를 잘못 누르다 [돌리다], 틀린 번호를 누르다[돌리다]	marcar un número equivocado 마르까르 운 누메로 에끼보까도	변(便), 똥, 배변(排便)	deposición (f.) 데뽀씨씨온
번호표	número (a la espera del turno) (m.) 누메로 (알 라 에스뻬라 델 뚜 르노)	변기(便器)	taza del servicio (f.) 따사 델 쎄르비씨오
		변명, 핑계, 구실, (복수) 사과(의 말), 유감의 뜻	excusa (f.) 엑쓰꾸사
번화가	centro de compras y diversiones (f.) 쎈트로 데 꼼쁘라스 이 디베 르씨오네스	변명하다, 구실을 대다, 핑계를 대다	excusar 엑쓰꾸사르
벌금	multa (f.) 물따	변비	estreñimiento (m.) 에스트레니미엔또

변비약	laxativo (m.)/ medicamento contra el estreñimiento 락싸띠보/ 메디까멘도 꼰트라 엘 에스트레니미엔또	병에 걸리다, 병이 나다	coger[contraer] una enfermedad/ caer[contraer/ ponerse] enfermo(-a)/ enfermarse 꼬헤르[꼰트라에르] 우나 엔 훼르메닫/ 까에르[꼰트라에 르/뽀네르세] 엔훼르모(−마)/ 엔훼르마르세
변비에 걸리게 하다, 변비를 일으키다	estreñir 에스트레니르		
변비에 걸리다, 변비가 되다	estreñirse 에스트레니르세		
변비에 걸린, 무지근한	estreñido 에스트레니도(−다)	병원	hospital (m.) 오스삐딸
		볕에 쪼이다, 볕에 말리다	solear 쏠레아르
변형, 변모, 변화	transformación (f.) 트란스포르마씨온	베개, 쿠션, 베갯잇	almohada (f.) 알모아다
		베레모	boina (f.) 보이나
변형시키다, 변모시키다, 바꾸다	transformar 트란스포르마르	베스트셀러 책	best seller (영어) (m.)/ libro más vendido (m.)/ libro de más[mayor] venta (m.) 베스트 쎌레르/ 리브로 마쓰 벤디도/ 리브로 데 마쓰[마요 르] 벤따
변호사	abogado(-a) (m.),(f.) 아보가도(−다)		
번호표	ficha (de número) (f.) 휘차 (데 누메로)		
변화, 변경, 교환, 교체, 거스름돈, 잔돈, ((상업)) 환전	cambio (m.) 깜비오		
		베이지	beige[beis] (m.) 베이헤[베이스]
변화시키다, 바꾸다, 변경하다, 교환하다, 환전하다	cambiar 깜비아르	베이컨 곁들인 에그	huevo con tocino (m.) 우에보 꼰 또씨노
별도요금	otro precio (m.) 오트로 쁘레씨오	베일, 면사포, 덮개, 씌우개	velo (m.) 벨로
		베트남의, 베트남 사람	vietnamita (a.),(m.),(f.) 비에뜨나미따
별명	apodo (m.) 아뽀도		
별자리	signo del zodíaco (m.) 씨그노 델 쏘디아꼬	벤치	banco (m.) 방꼬
병	botella (f.) 보떼야	벨트	cinturón (m.) 씬뚜론
병, 질병, 질환, 병폐	enfermedad (f.) 엔훼르메닫	보고, 공적 보고, (학생의) 성적표, 통지표	boletín (m.) 볼레띤
병마개	abridor (m.) 아브리도르	(하물의) 보관증, 수령증, 수취증	resguardo (m.) 레스구아르도
병아리, 닭, 닭고기	pollo (m.) 뽀요		
병에 걸리게 하다	enfermar 엔훼르마르	보관하다, 보호하다, 지키다, 감시하다, 준수하다	guardar 구아르다르

보내다, 발송하다	enviar / mandar 엔비아르 / 만다르
보내다, 파견하다, 발송하다, 심부름을 보내다	enviar 엔비아르
보내다, 파견하다, 발송하다, 주문하다, 명령하다, (+por) (누구를) 부르러 가다	mandar 만다르
(우편물의) 보낼 곳, 수신인의 주소	destino (m.) 데스띠노
보다, 보이다, 만나다	ver 베르
(주의해서) 보다, (차분히) 바라보다, 시선을 향하다	mirar 미라르
보도, 인도	acera (f.) 아쎄라
보물	tesoro (m.) 떼쏘로
보살피다, 돌보다, 도와주다, 신경을 쓰다	cuidar 꾸이다르
보석, 귀금속, 장신구	joya (f.) 호야
(주로) 보석(joya), 장신구, 가치가 있는 것, 보물	alhaja (f.) 알라하
보석상, 보석 장수, 보석 가공 기술자	joyero(-a) (m.),(f.) 호예로(-라)
보석으로[장신구로] 장식하다	alhajar 알라하르
보석함, 보석 상자	joyero (m.) 호예로
보스턴 백	bolsa de viaje (f.) 볼사 데 비아헤
보안 검색[검열]	inspección de seguridad (f.) 인스뻭씨온 데 쎄구리닫
보여주다	enseñar 엔쎄냐르
보여주다, 보이다, (감정) 나타내다, 지시하다, 증명하다	mostrar 모스트라르
보이기, 나타내기	mostración (f.) 모스트라씨온

보이다, (+형용사, 부사) (…라는) 상태에 있다, …이다, (…처럼) 보이다	verse 베르세
보이다, 나타내다, 드러내 보이다, 가르치다	enseñar 엔쎄냐르
보이다, 보여주다, 제시하다	mostrar 모스트라르
(양상을) 보이다, 나타내다	presentar 쁘레쎈따르
보증, 보증서, 보증금	garantía (f.) 가란띠아
보증금, 공탁금, 공탁물	depósito (m.) 데뽀씨또
보증금, 담보물, 담보금, 담보, 보증, (법률) 보석금	fianza (f.) 휘안싸
보증기간	duración de garantía (f.) 두라씨온 데 가란띠아
보증서	documento de garantía (m.) 도꾸멘또 데 가란띠아
보증하다	garantizar / dar garantía 가란띠싸르 / 다르 가란띠아
보통, 보통은, 흔히, 일반적으로, 통상	ordinariamente 오르디나리아멘떼
보통열차	tren ordinario (m.) 트렌 오르디나리오
보통 예금	depósito ordinario (m.) 데뽀씨또 오르디나리오
보통의, 통상의, 일반적인, 일상의, 매일의	ordinario(-a) 오르디나리오(-아)
보통통화	llamada ordinaria (f.) 야마다 오르디나리아
보트, 돛단배	bote (m.) 보떼
보트, 큰 돛단배, 거룻배	lancha (f.) 란차
보행자	peatón(-tona) (m.),(f.) 뻬아똔(-또나)
보험, 보험료, 보험금, 안전, 확신, 신뢰	seguro (m.) 쎄구로

보험에 가입하다, (+de que+직설법, 접속법) (무엇을) 확실히 하다, 분명히 하다, 확인하다	asegurarse 아쎄구라르세	복통약	medicamento contra el dolor de estómago [de vientre/ de abdomen/ de barriga] (m.) 메디까멘또 꼰트라 엘 돌로르 데 에스또마고[데 비엔트레/ 데 압도멘/데 바리가]
보험에 가입하다, 보험에 들다	asegurarse/hacer [efectuar] el seguro 아쎄구라르세/ 아쎄르[에휙뚜아르] 엘 쎄구로		
		본문, 텍스트, 원문, 원서, 원고, (문학) 작품, 텍스트	texto (m.) 떽쓰또
보험 회사	compañía de seguros (f.) 꼼빠니아 데 쎄구로스	본적	domicilio legal (m.) 도미씰리올 레갈
보호 지역, 출입 금지 구역, 경계석	coto (m.) 꼬또	볼거리	cosas que ver 꼬사쓰 께 베르
보호하는, 보호의, 보호자, 옹호자	protector(-a) (a.),(m.),(f.) 프로떽또르(-라)	볼륨[음량], 부피, 용량	volumen (m.) 볼루멘
		볼링	boliche (m.) 볼리체
복사, 카피, 더빙, (사진) 프린트, 인화(印畵), (같은 책, 신문, 편지, 사진 등 인쇄물의) …부(部), 책, 통, 장	copia (f.) 꼬삐아	볼연지	colorete (m.) 꼴로레떼
		볼펜	bolígrafo (m.) 볼리그라포
		봄	primavera (f.) 쁘리마베라
복사하다, 베끼다	copiar 꼬삐아르	봉사, 서비스, 섬김, 모심, 식사 시중, 봉사료, 서비스료	servicio (m.) 쎄르비씨오
복숭아	melocotón (m.) 멜로꼬똔		
복숭아, 복숭아나무	durazno (m.) 두라쓰노	봉제완구	animal de felpa (m.) 아니말 데 휄빠
(약의) 복용량, 1회 분량, (일정한) 분량, 정도	dosis (f.) 도씨스	봉투	sobre (m.) 쏘브레
		부(富), 재산, 풍요로움, 풍성함	riqueza (f.) 리께싸
복잡한, 뒤얽힌, 얽혀 복잡한	complicado(-a) 꼼쁠리까도(-다)	부드러운, 연한, 부드럽고 온화한	blando(-a) 블란도(-다)
복통	dolor de vientre (m.) 돌로르 데 비엔트레	부드럽게 하는, 연하게 하는	suavizante 쑤아비싼떼
		부드럽게 하다, 완화시키다	templar 뗌쁠라르
복통, 배앓이, 배탈	dolor de estómago (f.) 돌로르 데 에스또마고	부드럽고 순한, 온화한, 감촉이 부드러운	suave 쑤아베

(뼈를) 부러뜨리다, 억지로 부수다[깨다, 파괴하다]	fracturar 프락뚜라르	(시간) …부터, (장소) …로부터, (순서나 범위 등) …부터, …에서, … 후에, …한 후에, …한 뒤에	desde 데스데
부르다, 이름 붙이다, (이름으로) 부르다	llamar 야마르	(예비나 교환용의) 부품, (식량 등의) 비축	repuesto (m.) 레뿌에스또
(뼈가) 부서지다, 골절되다, 부서지다, 깨지다, 파괴되다	fracturarse 프락뚜라르세	북(北)	norte (m.) 노르떼
부서지다, 망가지다, 고장나다	descomponerse 데스꼼뽀네르세	북조선, 북한	Corea del Norte (f.) 꼬레아 델 노르떼
부서지다, 파괴되다, 다치다, 부상을 입다	estropearse 에스트로뻬아르세	북조선의[에 관한], 북한의[에 관한], 북한 태생의, 북조선 사람	norcoreano(-a) (a.),(m.),(f.) 노르꼬레아노(-나)
부서진, 피해를 입은	dañado(-a) 다냐도(-다)	분(分)	minuto (m.) 미누또
(몸을) 부어오르게 하다, 부풀리다, 부풀게 하다, (강물이나 냇물을) 붙게 [불어나게] 하다	hinchar 인차르	분(粉)(=얼굴용 가루분) (복수)	polvos para la cara (m.pl.) 뽈보스 빠랄 라 까라
부재(不在)의(↔presente), 결석의, 결근의, 부재자, 결석자, 결근자	ausente (a.),(m.),(f.) 아우쎈떼	분명히, 틀림없이, 필히, 의심 없이	sin duda 씬 두다
부정적인, 소극적인	negativo(-a) 네가띠보(-바)	분석하다	analizar 아날리싸르
부족, 결여, 결점, 잘못, 실수	falta (f.) 활따	분수	fuente (f.) 후엔떼
(생활필수품 등의) 부족, 결핍	penuria (f.) 뻬누리아	분실, 잃음, 상실, 죽음, 사망	pérdida (f.) 뻬르디다
(…이) 부족하다, 모자라다	carecer (+de)/ faltar/hacer falta 까레쎄르 (+데)/ 활따르/ 아쎄르 활따	분실된, (길을) 잃은, 잃어버린	perdido(-a) 뻬르디도(-다)
		분실물	objeto perdido (m.) 옵헤또 뻬르디도
부족한, 불충분한	insuficiente 인쑤피씨엔떼	분실물 센터	centro de objetos perdidos (m.) 쎈트로 데 옵헤또스 뻬르디도스
부채	abanico (m.) 아바니꼬		
부츠	botas (f.pl.) 보따스	분실 증명서	certificado de pérdida (m.) 쎄르띠휘까도 데 뻬르디다
부탁 받은, 의뢰 받은, 맡겨진 담당한, 인수받은	encargado(-a) 엔까르가도(-다)	분실하다, 잃다	perder 뻬르데르
부탁하다, 간청하다, 주문하다	pedir 뻬디르	분실하다, (길을) 잘못 들게 하다, 엉뚱한 데로 빠지게 하다, 생각을 헷갈리게 하다, 현혹시키다	extraviar 엑쓰트라비아르

분실한, 길을 잃은, 잃어버린	extraviado(-a) 엑쓰트라비아도(-다)	불쾌한, 불유쾌한, 싫은	desagradable 데싸그라다블레
분위기	ambiente (m.) 암비엔떼	(정신적이나 육체적인) 불쾌함, 불쾌감	malestar (m.) 말레스따르
불, 화재	fuego (m.) 후에고	불타다, (몸의 일부가) 열을 느끼다, 태우다, 굽다	arder 아르데르
불가능한	imposible 임뽀씨블레	불필요한, 쓸데없는, 무익한	innecesario 인네쎄싸리오
불가사의, 경이, 경이로움	prodigiosidad (f.) 쁘로디히오씨닫	붉은	rojo(-a) 로호(-하)
불가사의, 경이, 경이적인 일, 특별한 것, 진기한 것, 천재, 비범한 사람, (종교) 기적	prodigio (m.) 쁘로디히오	(몸이) 붓다, 부어오르다, (강물이나 냇물이) 불어나다	hincharse 인차르세
불가사의한, 놀랄 만한, 경이로운, 기적적인, 훌륭한, 뛰어난, 완벽한, 완전한	prodigioso(-a) 쁘로디히오소(-사)	붕대	vendaje (m.) 벤다헤
		붕대, 띠, 머리띠	venda (f.) 벤다
불고기, 바비큐, 바비큐 파티	asado (m.) 아싸도	붕대를 감다	vendar/ atar (con) la venda 벤다르/ 아따르 (꼰) 라 벤다
불꽃, 폭죽, 로켓, 불꽃놀이	cohete (m.) 꼬에떼	(자신의 몸의 일부에) 붕대를 감다	vendarse 벤다르세
불교	budismo (m.) 부디스모	붙어 있는 좌석	asientos juntos 아씨엔또스 훈또스
불교의[에 관한], 불교도, 불교 신자	budista (a.),(m.),(f.) 부디스따		
불규칙적으로, 고르지 않게, 부정기적으로	irregularmente 이레굴라르멘떼	붙이다, 바르다, 첨부하다 (pegar), (+a)(무엇에) 적용하다, 응용하다	aplicar 아쁠리까르
불규칙한, 변칙적인, 고르지 못한, 같지 않은	irregular 이레굴라르	붙이다, 부착하다, 첨부하다, 달라붙다	pegar 뻬가르
불면, 불면증	insomnio (m.) 인쏨니오	브래지어	sostén (m.) 쏘스뗀
불안, 초조	ansiedad (f.) 안씨에닫	브랜디	coñac (m.) 꼬냑
불안에 사로잡힌	ansioso(-a) 안씨오소(-사)	브러시, 솔, 붓	brocha (f.) 브로차
		브러시 세트	juego de brochas (m.) 후에고 데 브로차스
불안한, 걱정스러운	intranquilo(-a) 인트랑낄로(-라)	브레이크	freno (m.) 프레노
		브로치	broche (m.) 브로체
불을 지르다, 방화하다	incendiar 인쎈디아르	브이(V)네크의	con cuello de V 꼰 꾸에요 데 베

블라우스	blusa (f.) 블루사	비디오	vídeo (m.)/ video (m.),(f.) 비데오/ 비데오
블랙커피, 독주, 독창	solo (m.) 쏠로		
블랙커피	café solo /((라틴 아메리카)) café negro, café puro /((콜롬비아)) café tinto/solo (m.) 까페 쏠로/ 까페 네그로, 까페 뿌로/ 까페 띤또/쏠로	비디오 숍, 비디오 클럽	videoclub (m.) 비데오끌룹
		비디오시디(CD), 비디오 콤팩트디스크	VCD (m.) 베쎄데
		비디오시디플레이어	jugador de VCD (m.) 후가도르 데 베쎄데
비, 빗물	lluvia (f.) 유비아	비디오카세트	casete[casette/ cassette] de vídeo (m.),(f.)/vídeo casete [casette/ cassette] (m.),(f.)/ videocasete (f.) 까쎄떼 데 비데오/ 비데오 까쎄떼/ 비데오까쎄떼
비가 멎다, 중지되다, 그만두게 되다	escampar 에스깜빠르		
비가 오다	llover 요베르		
비가 잦은, 비가 많은	lluvioso(-a) 유비오소(−사)		
비거주자	no residente (m.),(f.) 노 레씨덴떼		
(동물의) 비계, 지방	gordo (m.) 고르도	비디오카세트, 비디오카세트테이프	videocasete [videocasette/ videocassette] (f.) 비데오까쎄떼
비공식의, 비공식적인, 사적인	extraoficial 엑쓰트라오휘씨알		
비관론, 비관주의, 염세(주의)	pesimismo (m.) 뻬씨미스모	비디오테이프	video (m.),(f.)/vídeo (m.)/cinta de vídeo (f.)/videocinta (f.) 비데오/ 비데오/ 씬따 데 비데오/ 비데오씬따
비관적인, 염세적인, 비관주의의, 염세주의의, 비관론자, 염세가	pesimista (a.),(m.),(f.) 뻬씨미스따		
비교, 대비	comparación (f.) 꼼빠라씨온	비디오테이프리코더, 비디오테이프	vídeo (m.)/ video (m.),(f.) 비데오/ 비데오
비교하다	comparar 꼼빠라르		
비누	jabón (m.) 하본	비만한, 뚱뚱한, 두꺼운, 굵은, 지방질이 많은, 비계가 많은	gordo(-a) 고르도(−다)
비누, 비누 덩어리, 비누 한 개	pastilla de jabón (f.) 빠스띠야 데 하본		
(물고기의) 비늘, 비늘 모양의 것	escama (f.) 에스까마	비밀	secreto (m.) 쎄크레또
		비번 날, 쉬는 날	día libre (m.) 디알 리브레
비닐	vinilo (m.) 비닐로		
비닐봉지	bolsa de plástico[vinilo] (f.) 볼사 데 쁠라스띠꼬[비닐로]	비사교적인	insociable 인쏘씨아블레
		비싸게, 고가로	caro 까로

비싼, 고가의, (+명사) 사랑하는, 친애하는	caro(-a) 까로(-라)	빈 택시	taxi libre (m.) 딱씰 리브레
비상구	salida de emergencia (f.) 쌀리다 데 에메르헨씨아	빌려주다	prestar 쁘레스따르
		빌리다, 임차하다, 빌려 주다, 임대하다	alquilar 알낄라르
비상사태, 긴급 상황	emergencia (f.) 에메르헨씨아	빗	peine (m.) 뻬이네
(관광의) 비수기	temporada baja (f.) 뗌뽀라다 바하	(머리털을) 빗다, 빗질하다, 빗겨 주다, 손질해 주다	peinar 뻬이나르
비서	secretario(-a) (m.),(f.) 쎄크레따리오(-아)	빙하	glaciar (m.) 글라씨아르
비스킷, 크래커	galleta (f.) 가예따	빛, 등불, 전깃불, 밝기, 밝음, 광명	luz (f.) 루스
비슷한, 닮은	parecido(-a) 빠레씨오(-다)	빠른, 신속한, 날랜, 민첩한, (시간이) 짧은, 시간이 걸리지 않는, 급류(=rabión), 특급열차 (=tren rápido), 빨리(=rápidamente)	rápido(-a) 라삐도(-다)
비어있음 ((표시))	Libre 리브레		
비예약석	asiento no reservado (m.) 아씨엔또 노 레쎄르바도		
비옷	impermeable (m.) 임뻬르메아블레		
비옷, 레인코트	gabardina (f.) 가바르디나	빠른 우편물, 속달 우편물	correo rápido (m.)/ correo urgente (m.)/ correo exprés (m.)/ correo expreso (m.) 꼬레오 라삐도/ 꼬레오 우르헨떼/ 꼬레오 엑쓰프레쓰/ 꼬레오 엑쓰프레소
비용, 경비	costo (m.) 꼬스또		
(주로 복수) 비용, 지출	gasto (m.) 가스또		
비용이 들다, 값이 …이다	costar 꼬스따르		
(무엇을) 비우다	vaciar 바씨아르	빠떼 (일반적으로 돼지나 조류의 고기나 간으로 만든 요리)	paté (m.) 빠떼
비자, 사증(査證)	visado (m.)/ visa (m.),(f.) 비싸도/ 비싸		
		빠에야, 빠엘라	paella (f.) 빠에야
비타민	vitamina (f.) 비따미나	빨간, 붉은	rojo(-a) 로호(-하)
비프스테이크	bistec (m.)/bife (m.)/ filete (m.) 비스떼끄/ 비훼/ 휠레떼	빨강, 빨간색, 붉은 빛	rojo (m.) 로호
		빨갛게 핀 숯불	brasa (f.) 브라사
비행, (비행기의) 편(便)	vuelo (m.) 부엘로	빨대	caña (f.)/pajita (f.)/ pajilla (f.)/ paja (f.)/ pitillo (m.)/popote (m.) 까냐/ 빠히따/ 빠히야/ 빠하/ 삐띠요/ 뽀뽀떼
비행기	avión (m.) 아비온		

한서사전

빨대로 마시다	beber algo con una caña[una pajita/una pajilla/una paja/un pitillo/un popote] 베베르 알고 꼰 우나 까냐[우나 빠히따/ 우나 빠히야/ 우나 빠하/ 운 삐띠요/ 운 뽀뽀떼]	(+de) (누구에게서, 무엇을) 빼앗다, 박탈하다, 금하다, 금지하다	privar 쁘리바르
		뼈(인간이나 척추동물의), 씨(복숭아나 올리브 등의 견과류의)	hueso (m.) 우에소
빨리, 신속하게, 즉시, 곧, 바로	rápidamente 라삐다멘떼	뽑다, 빼내다, 채취하다, 추출하다	extraer 엑쓰트라에르
빨아 마시다, 빨아들이다	sorber 쏘르베르	뽑아냄, 빼냄, 추출, 발췌, 태생, 혈통, 출신	extracción (f.) 엑쓰트락씨온
빵	pan (m.) 빤	(식물의) 뿌리	raíz (f.) 라이스
빵집	panadería (f.) 빠나데리아	((의학)) (뼈의) 삠, 접질림, 탈구	luxación (f.) 룩싸씨온
		(손목이나 발목 등을) 삐다, 접질리다	torcerse/abrirse 또르쎄르세/ 아브리르세

ㅅ

사격, 발사, 발포	tiro (m.) 띠로	사라지다, 없어지다	desparecer(se) 데스빠레쎄르(세)
((의학)) 사경(斜頸)	tortícolis 또르띠꼴리스	사람, 인간, 인물	persona (f.) 뻬르쏘나
(우발적) 사고, 재해, 재난, 사건	accidente (m.) 악씨덴떼	사람들 (집합명사)	gente (f.) 헨떼
사고 신고서	formulario de incidente (m.) 포르물라리오 데 인씨덴떼		*단수형 집합명사 gente는 '사람들'이라는 복수의 의미를 갖는데, 동사는 단수형을 취함. 복수형 gentes는 '민족들'이라는 의미가 됨
사과 (과일)	manzana (f.) 만싸나	사랑, 애정	afecto (m.) 아훽또
사과, 사죄	disculpa (f.) 디스꿀빠	사랑하는, 친애하는, (불륜 관계의) 연인, 애인, 정부	querido(-a) (a.),(m.),(f.) 께리도(-다)
사교적인, 교제를 잘하는, 교제술이 능한, 붙임성이 있는	sociable 쏘씨아블레	사막	desierto (m.) 데시에르또
(집합명사) 사기, 사기그릇, 도기, 도자기	cerámica (f.) 쎄라미까	사면(斜面), 비탈, 비탈면, 경사면	verdiente (m.),(f.) 베르디엔떼
사는, 매입하는, 구매자, 바이어	comprador(-a) (a.),(m.),(f.) 꼼쁘라도르(-라)	사무소, 사무실	oficina (f.) 오휘씨나
사다, 구입하다, 매입하다, 사 주다	comprar 꼼쁘라르		

사무원, 회사원	oficinista (m.),(f.) 오휘씨니스따
사무장	sobrecargo (m.) 쏘브레까르고
사슴, 수사슴, 암사슴	ciervo(-a) (m.),(f.) 씨에르보(−바)
사슴가죽/큰 사슴 가죽	piel de ciervo (f.)/ piel de ante (f.) 삐엘 데 씨에르보/ 삐엘 데 안떼
사업, 거래; (복수) 장사	negocio (m.) 네고씨오
사용, 이용, 사용법, 용법, 용도, 사용 목적	uso (m.) 우소
사용 중 ((표시))	Ocupado 오꾸빠도
사용하다, 쓰다, (+de) (무엇을) 이용하다	usar 우사르
사용하다, 쓰다, 소모하다, 소비하다, 낭비하다	gastar 가스따르
사우나, 한증욕, 사우나탕	sauna (f.) 싸우나
사원, 신전, 성당, 전당	templo (m.) 뗌쁠로
사이즈, 크기, 치수	tamaño (m.) 따마뇨
사이즈, 크기, 치수, 측정, 측량	medida (f.) 메디다
사이클링	ciclismo (m.) 씨끌리스모
(동물) 사자. (곤충) 잠자리	león (m.) 레온
사적지(史蹟地)	lugar[sitio] histórico (m.)/sitio de interés histórico (m.) 루가르[씨띠오] 이스또리꼬/ 씨띠오 데 인떼레스 이스또리꼬
사적인, 개인의	personal 뻬르쏘날
(…에 대해) 사죄하다	disculparse (+de[por] …) 디스꿀빠르세 (+데[뽀르] …)

사진	foto (f.) 포또 *fotografía (f.) '포또그라 휘아'의 생략형
사진관	tienda de artículos fotográficos (f.) 띠엔다 데 아르띠꿀로스 포또 그라휘꼬스
사진기, 카메라	cámara (f.) 까마라
(…의) 사진을 찍다	sacar[tomar/hacer] una foto[fotografía] (a …) 사까르[또마르/아쎄르] 우나 포또[포또그라휘아] (아 …)
(무엇의) 사진을 찍다	fotografiar 포또그라휘아르
사진을 찍다	fotografiarse 포또그라휘아르세
(보도 사진을 위해) 사진을 찍다	reportear 레뽀르떼아르
(누구의) 사진을 찍다, (무엇을) 촬영하다, (인물이나 풍물을) 정확히 묘사하다, 복사 하다, 베끼다, 모사하다	retratar 레트라따르
사치, 호화	lujo (m.) 루호
사치스러운, 호화로운, 고급의	de lujo 데 루호
사치품, (최)고급품	artículo de lujo (m.) 아르띠꿀로 데 루호
사파이어	zafiro (m.) 싸휘로
사혈(瀉血)	sangradura (f.) 쌍그라두라
사혈하다, 피를 뽑다	sangrar 쌍그라르
사혈하다, 자기의 피를 뽑다	sangrarse 쌍그라르세
사회, 협회, 학회, 단체, 회, 연합	sociedad (f.) 쏘씨에닫
(누구를) 사회 보험에 가입시키다, 퇴원시키다	dar de alta 다르 데 알따

사후 관리, 애프터서비스, 에이에스(AS)	servicio posventa (m.) 쎄르비씨오 뽀스벤따
사후 관리 기간, 애프터서비스 기간, 보증 기간	posventa (f.) 뽀스벤따
산, 산림	monte (m.) 몬떼
산, 산지, 산악 지방, (복수) 산맥, 산지	montaña (f.) 몬따냐
산맥, 연봉(連峰), (가까이 있는) 산, 고원	sierra (f.) 씨에라
산부인과	ginecología (f.) 히네꼴로히아
산부인과 의사	ginecólogo(-a) (m.),(f.) 히네꼴로고(-가)
산소마스크	mascarilla de oxigeno (f.) 마스까리야 데 옥씨헤노
산업의, 공업의	industrial 인두스트리알
산책, 산보, 산책길	paseo (m.) 빠세오
(장시간의) 산책, (오랜) 산책	paseata (f.) 빠세아따
산책하다	pasear(se)/dar un paseo/tomar el aire/dar una vuelta 빠세아르(세)/ 다르 운 빠세오/ 또마르 엘 아이레/ 다르 우나 부엘따
산책 나가다	salir[ir] de paseo 쌀리르[이르] 데 빠세오
산호	coral (m.) 꼬랄
살, 고기	carne (f.) 까르네
살다, 살아있다, 생활하다, 살아가다	vivir 비비르
살아가다, 지내다, 살다, 몸의 상태가 …이다	llevarse 예바르세
살충의, 곤충을 죽이는, 살충제	insecticida (a.),(m.) 인쎅띠씨다
살치촌 (향신료가 들어 있는 큰 소시지)	salchichón (m.) 쌀치촌
삶은, 찐	cocido(-a) 꼬씨도(-다)
(사이에) 삽입된, 삽입하다, 사이에 넣다	intercalar (a.),(tr.) 인떼르깔라르
(여성의 질에 넣는) 삽입식 생리 용구, 인주, 스탬프 잉크대	tampón (m.) 땀뽄
삽화, 도해	ilustración (f.) 일루스트라씨온
(책의) 삽화, 일러스트, 자태, 모습, 전형	estampa (f.) 에스땀빠
상고머리로 자르다	cortar(se) el pelo al rape 꼬르따르(세) 엘 뻴로 알 라뻬
상그리아 (레드 와인에 과일이나 과즙, 탄산수, 레몬, 설탕 등을 가미한 음료)	sangría (f.) 쌍그리아
상급의, 상질의, 상부의, 위의, (+a) …보다 좋은	superior 쑤뻬리오르
상단 (침대(열차)의)	litera superior (f.) 리떼라 쑤뻬리오르
상담, 협의, (의사의) 진찰	consulta (f.) 꼰쑬따
상담하다, 진찰을 받다, 의견[견해, 조언]을 구하다	consultar 꼰쑬따르
(소송의) 상대방; 상대 팀	parte contraria (f.) 빠르떼 꼰트라리아
상대 팀	equipo enemigo [adversario] (m.)/ partido contrario (m.) 에끼뽀 에네미고[아드베르싸리오]/ 빠르띠도 꼰트라리오
상상, 상상력, 공상	imaginación (f.) 이마히나씨온
상상의, 가상의	imaginario(-a) 이마히나리오(-아)

상세히, 자세히	detalladamente 데따야다멘떼
상승, 오르기, 오름	subida (f.) 쑤비다
상식에서 벗어난 말, 함부로 함, 과도한 것, 도리에서 벗어난 일	disparate (m.) 디스빠라떼
상아	marfil (m.) 마르휠
상업; 장사, 거래, 무역	comercio (m.) 꼬메르씨오
상연, 상영, 공연, 흥행, 연기	representación (f.) 레쁘레쎈따씨온
상연하다, 공연하다, 연기 하다, 대표하다, 대리하다, 나타내다, 표현하다	representar 레쁘레쎈따르
상의(上衣)	chaqueta (f.) 차께따
상자, 박스, 케이스, 금고, 회계[출납] 담당	caja (f.) 까하
상점가	barrio de tiendas (m.)/zona de tiendas (f.)/centro comercial (m.) 바리오 데 띠엔다스/ 쏘나 데 띠엔다스/ 쎈트로 꼬메르씨알
상정, 전제, 예상	presuposición (f.) 쁘레쑤뽀씨씨온
상처가 나다, 상하다, 다치다	lastimarse 라스띠마르세
상처를 내다	herir/lesionar/lasti- mar/hacer una herida 에리르/레씨오나르/라스띠마 르/아쎄르우나 에리다
상처를 붕대로 묶다	aplicar un vendaje a la herida 아쁠리까르 운 벤다헤 알 라 에리다
상처를[부상을] 입히다, 마음 아프게 하다	herir 에리르

상처를 치료하다	curar una herida/ remediar una herida 꾸라르 우나 에리다/ 레미디아르 우나 에리다
상처에 붕대를 감다	atar la herida con una venda 아따를 라 에리다 꼰 우나 벤다
상처에 연고를 바르다	aplicar un ungüento[una pomada] a la herida/untar una herida con[de] pomada 아쁠리까르 운 운구엔또[우나 뽀마다] 알 라 에리다/ 운따 르 우나 에리다 꼰[데] 뽀마다
상추	lechuga (f.) 레추가
상태, 신분, 지위	estado (m.) 에스따도
상품(商品)	artículo (m.)/ género (m.)/ mercancía (f.) 아르띠꿀로/ 헤네로/ 메르깐씨아
(때때로 복수)상품, 물건, 물품	género (m.) 헤네로
상품, 물품, (신문이나 잡지의) 기사	artículo (m.) 아르띠꿀로
(때때로 복수) 상품, 사고 파는 거래	mercancía (f.) 메르깐씨아
상품 구입서	formulario de la compra (m.) 포르물라리오 델 라 꼼쁘라
상품권	cupón de compras (m.) 꾸뽄 데 꼼쁘라스
상하기 시작한 (과실이나 식품이)	pasado(-a) 빠사도(-다)
샤워, 샤워 기, 샤워 실	ducha (f.) 두차

샤워 딸린 방	habitación con ducha (f.) 아비따씨온 꼰 두차
샤워 없는 방	habitación sin ducha (f.) 아비따씨온 씬 두차
샤워하다	ducharse/ tomar[darse] una ducha 두차르세/ 또마르[다르세] 우나 두차
샤프펜슬	lápiz de mina (m.) 라삐쓰 데 미나
샴페인	champán (m.) 참빤
샴푸	champú (m.) 참뿌
샴푸로 감다	lavar con champú 라바르 꼰 참뿌
새	pájaro (m.) 빠하로
(큰)새, (복수)조류	ave (f.) 아베
(한 살이 안 된) 새끼 양, 새끼 수양	cordero (m.) 꼬르데로
새로운	nuevo(-a) 누에보(-바)
새우	gamba (f.) 감바
새해	año nuevo (m.) 아뇨 누에보
색, 빛깔, 색채	color (m.) 꼴로르
색맹의[에 관한], 색맹에 걸린, 색맹	daltónico(-a) (a.),(m.),(f.)/ daltoniano(-a) (a.),(m.),(f.) 달또니꼬(-까)/ 달또니아노(-나)
색안경	anteojos de color (m.pl.) 안떼오호스 데 꼴로르

샌드위치	bocadillo (m.)/ sándwich [sandwich] (m.)/ emparedado (m.) 보까디요/ 싼드위치/ 엠빠레다도
샌들	sandalia (f.) 싼달리아
샐러드	ensalada (f.) 엔쌀라다
샐러드드레싱	salsa de ensalada (f.) 쌀사 데 엔쌀라다
샘, 분수	fuente (f.) 후엔떼
(시어) 샘, 샘물	fontana (f.) 폰따나
생가(生家)	casa natal (f.) 까사 나딸
생각하다, (+en, sobre) (무엇에 대해) 생각하다	pensar 뻰싸르
생각하다, 상상하다, 추측하다, 추정(推定)하다, 가정하다	suponer 쑤뽀네르
(일이) 생기다, 일어나다	producirse 프로두씨르세
생기[활기, 원기]를 돋우다, 고무하다	animar 아니마르
생년월일	fecha de nacimiento (f.) 훼차 데 나씨미엔또
생리, 월경, 월경의 출혈, 생리 기간, 월경 기간	menstruación (f.) 멘스트루아씨온
생리, 월경	menstruación (f.)/ menstruo (m.)/ regla (f.) 멘스트루아씨온/ 멘스트루오/ 레글라
생리 기간	período menstrual (m.) 뻬리오도 멘스트루알

생리대	compresa higiénica (f.)/ paño higiénico (m.) 꼼프레사 이히에니까/ 빠뇨 이히에니꼬	생산하다, 산출하다, (결과 등을) 가져오다, 낳다, 초래하다	producir 프로두씨르
생리를 하다, 생리가 있다, 월경하다, 월경이 있다, 월경 중이다	menstruar 멘스트루아르	생선	pescado (m.) 뻬스까도
		생선가게	pescadería (f.) 뻬쓰까데리아
생리 불순	desarreglo fisiológico (m.) 데싸레글로 휘씨올로히꼬	생수	agua mineral (f.) 아구아 미네랄
생리의, 월경의	menstrual 멘스트루알	생일, 탄생일	cumpleaños (m.) 꿈쁠레아뇨스
생리 중이다, 생리가 있다	tener la regla[el mes/ la menstruación]/ estar enferma[mala]/ ponerse mala 떼네를 라 레글라[엘 메쓰/ 라 멘스트루아씨온]/ 에스따르 엔훼르마[말라]/ 뽀네르세 말라	생일 선물	regalo de cumpleaños (m.) 레갈로 데 꿈쁠레아뇨스
		생일 케이크	tarta de cumpleaños (f.) 따르따 데 꿈쁠레아뇨스
		생일 파티	fiesta de cumpleaños (f.) 휘에스따 데 꿈쁠레아뇨스
생리통	dolores menstruales/ turbaciones de la menstruación 돌로레스 멘스트루알레스/ 뚜르바씨오네스 델 라 멘스트루아씨온	생크림, 유지(乳脂)	nata (f.)/crema de nata (f.) 나따/ 크레마 데 나따
		서(西)	oeste (m.) 오에스떼
		서두르다	darse prisa 다르세 쁘리사
생리학의[에 관한], 생리학적인, 생리학상의	fisiológico(-a) 휘씨올로히꼬(-까)	서둘러 …하다	apresurarse a[en] …/ precipitarse a …/ darse prisa en … 아프레쑤라르세 아[엔] …/ 프레씨삐따르세 아 …/ 다르세 쁘리사 엔 …
생머리	cabello lacio (m.) 까베욜 라씨오		
생명, 일생, 인생, 생활	vida (f.) 비다	서류, 문서	documento (m.) 도꾸멘또
생산, 제조; 생산고, 제품, 생산품, 생산물, (영화 등의) 제작	producción (f.) 프로둑씨온	서류 가방	portadocumentos (m.) 뽀르따도꾸멘또스

서류 가방, 네모난 소형 서류 가방	ataché (m.) 아따체	선(線), 줄, 금	raya (f.) 라야
서류 가방, (학생용의) 등에 지는 가방	cartera (f.) 까르떼라	선글라스	gafas[anteojos/lentes] de sol 가파스[안떼오호스/렌떼스] 데 쏠
서류 가방, (책이나 서류 등을 넣는) 손가방	portafolios (m.) 뽀르따폴리오스	선망, 시샘, 질투, 시기(심)	envidia (f.) 엔비디아
(소형) 서류 가방, 작은 가방, 손가방	maletín (m.) 말레띤	선망의 대상	objeto de envidia (m.) 옵헤또 데 엔비디아
서리	escarcha (f.)/helada blanca (f.) 에스까르차/ 엘라다 블랑까	선망하다, 부러워하다, 원하다, 탐내다	envidiar 엔비디아르
서리가 내리다	escarchar/caer la escarcha 에스까르차르/ 까에를 라 에스까르차	선물	obsequio (m.)/regalo (m.)/presente (m.) 옵쎄끼오/ 레갈로/ 쁘레쎈떼
서명, 사인	firma (f.) 휘르마	선물, 선물하기, 환대	obsequio (m.) 옵쎄끼오
서명하다	firmar 휘르마르	선물 가게	tienda de obsequios [regalos] (f.) 띠엔다 데 옵쎄끼오스[레갈로스]
서민, 평민	plebeyo(-a) (m.),(f.) 쁠레베이요(-야)		
서민의, 평민의	plebeyo(-a) 쁠레베이요(-야)	선물을 하다	hacer un obsequio 아쎄르 운 옵쎄끼오
서비스요금	servicio (m.) 쎄르비씨오	선박우편물	correo por barco (m.) 꼬레오 뽀르 바르꼬
서점	librería (f.) 리브레리아	선불	pago por adelantado (m.) 빠고 뽀르 아델란따도
서커스, 서커스장, 서커스단	circo (m.) 씨르꼬		
서핑	surfing (m.) 쑤르휭		
석쇠, 쇠꼬챙이	parrilla (f.) 빠리야	선불금	anticipo (m.) 안띠씨뽀
석쇠구이, 쇠꼬챙이구이	parrillada (f.) 빠리야다	선불하다	pagar por adelantado [por anticipado/anticipadamente/de antemano]/hacer[dar] un anticipo/adelantar[anticipar] el pago/pagar con anticipación 빠가르 뽀르 아델란따도[뽀르 안띠씨빠도/안띠씨빠다멘
석유	petróleo (m.)/aceite (de petróleo) (m.) 뻬트롤레오/ 아쎄이떼 (데 뻬트롤레오)		
섞다, 혼합하다, 뒤섞다	mezclar 메스끌라르		
선(線), (교통이나 통신의) 선, 전화선	línea (f.) 리네아		

떼/데 안떼마노]/ 아쎄르[다
르] 운 안띠씨뽀 / 아델란따르
[안띠씨빠르] 엘 빠고 / 빠가르
꼰 안띠씨빠씨온

선사품	objetos de regalo (m.pl.) 옵헤또스 데 레갈로
선약	cita previamente contraída (f.) 씨따 쁘레비아멘떼 꼰뜨라이다
선크림	protector solar (m.) 프로떽또르 쏠라르
선택, 선거, 선출	elección (f.) 엘렉씨온
선택, 선발, (집합명사) 선집, 수집, 컬렉션	selección (f.) 쎌렉씨온
선택하다, 선별하다, 선발하다, 고르다	seleccionar 쎌렉씨오나르
선택하다, 선출하다, 뽑다, 고르다	elegir 엘레히르
선탠크림	crema contra quemaduras del sol (f.) 크레마 꼰뜨라 께마두라스 델 쏠
선편 우편물	correo por barco (m.) 꼬레오 뽀르 바르꼬
선편으로	por vía marítima/por barco/por vapor/por servicio naviero 뽀르 비아 마리띠마/ 뽀르 바르꼬 / 뽀르 바뽀르 / 뽀르 쎄르비씨오 나비에로
선풍기, 환기 장치, 통풍구	ventilador (m.) 벤띨라도르
선호, 편애, 우선, 우위; 우선권	preferencia (f.) 쁘레훼렌씨아
선화(線畵), 선묘, 소묘, 데생	dibujo (m.) 디부호

설명, 해설	explicación (f.) 엑쓰쁠리까씨온
설명서	texto explicativo (m.) 떽스또 엑쓰쁠리까띠보
설명하다	explicar 엑쓰쁠리까르
설사	diarrea (f.) 디아레아
설사약, 지사제	medicamento contra la diarrea (m.) 메디까멘또 꼰뜨랄 라 디아레아
설사하게 하는, 완화제	laxativo(-a) (a.),(m.) 락싸띠보(─바)
설사하다	tener diarrea 떼네르 디아레아
설탕, (생리) 혈당	azúcar (m.),(f.) 아쑤까르
섬	isla (f.) 이슬라
섬기다, 봉사하다, 시중 을 들다, (고객에게) 어떤 상품을 배달하다[분배하다, 제공하다], 예배하다, (요리나 음식물을) 내어 오다, 제공하다, (접시에서, 요리나 음식물을) 각자에게 나누다, (상품을) 배달하다	servir 쎄르비르
섭씨 도(℃)	grado centígrado (m.) 그라도 쎈띠그라도
섭씨의, 백분도의	centígrado(-a) 쎈띠그라도(─다)
성(姓)	apellido (m.) 아뻬이도
성(城)	castillo (m.) 까스띠요
(사람의) 성격, 성질, 인격, 개성	carácter (m.) 까락떼르
성공, (시험 등의) 합격	éxito (m.) 엑씨또

성공적으로	exitosamente 엑씨또사멘떼		성스러운, 거룩한, 신성한, 초자연적인, 신통력이 있는 신성불가침의[에 관한], 경외[외경]할 만한, 범인의 도피장소, 안전한 장소	sagrado(-a) (a.),(m.) 싸그라도(-다)
성공하다	tener éxito 떼네르 엑씨또		성스러운, 신성한, 성인, 성자	santo(-a) (a.),(m.),(f.) 싼또(-따)
성공한, 성공적인	exitoso 엑씨또소		성인, 어른	adulto(-a) (m.),(f.) 아둘또(-따)
성급한, 조급한, 참을성 없는, 안달하는, 조바심하는	impaciente 임빠씨엔떼		성인 영화	película X (f.) 뻴리꿀라 에끼쓰
성냥	cerilla (f.)/fósforo (m.)/cerillo (m.) 쎄리야/ 포스포로/ 쎄리요		성장하다, 발육하다, 자라다, 크다, (식물이) 나다, 자라다	crecer 크레쎄르
성년(成年)	mayor edad (f.)/ mayoría de edad (f.)/ mayoridad (f.) 마요르 에닫/ 마요리아 데 에닫/ 마요리닫		성적증명서	certificado de calificaciones (m.) 쎄르띠휘까도 데 깔리휘까씨오네스
성년의, 법적 성년에 이른	mayor de edad 마요르 데 에닫		(학교의) 성적 통지서	boletín[boletines] de calificaciones (m.)/ boletín de notas (m.) 볼레띤[볼레띠네스] 데 깔리휘까씨오네스/ 볼레띤 데 노따스
성년이 된, 성인, 어른	adulto(-a) (a.),(m.),(f.) 아둘또(-따)			
성명, 성함(姓銜)	nombre y apellido (m.) 놈브레 이 아뻬이도		성주간(聖週間) (부활절 전의 1주일), 부활절, 수난 주간	la Semana Santa 라 쎄마나 싼따
성미가 까다로운, 많은 것을 요구하는	exigente (a.) 엑씨헨떼		(N-)성탄절, 크리스마스, 해, 연(年), (주로 복수) 나이, 연령	navidad (f.) 나비닫
성분, 재료, 원료, 원재료	ingrediente (m.) 잉그레디엔떼		(복수)성탄절, 크리스마스, (복수)부활절, (유대교) 유월절	pascua (f.) 빠스꾸아
(관광의) 성수기	temporada alta (f.)/ estación de alta[gran] demanda (f.) 뗌뽀라다 알따/ 에스따씨온 데 알따[그란] 데만다		성형외과	cirugía plástica (f.) 씨루히아 쁠라스띠까
(관광의) 성수기와 비수기의 중간 시기	temporada media (f.) 뗌뽀라다 메디아		성형외과 의사	cirujano(-a) plástico(-a) (m.),(f.) 씨루하노(-나) 쁠라스띠꼬(-까)

셔터	obturador (m.) 옵뚜라도르	세수타월	toalla de cara (f.) 또아야 데 까라
(두 도시간의) 셔틀버스, 순환 버스	lanzadera (f.) 란싸데라	세제, 가루비누	detergente (m.) 데떼르헨떼
셔틀버스	autobús de enlace (m.) 아우또부스 데 엔라쎄	세제곱미터, 입방미터	metro cúbico (m.) 메트로 꾸비꼬
세관	aduana (f.) 아두아나	세제곱센티미터	centímetro(s) cúbico(s) (m.)(pl.) 쎈띠메트로(스) 꾸비꼬(스)
세관 검사	inspección de aduanas (f.) 인스뻭씨온 데 아두아나스	세제곱의, 입방체의, 정육면체의	cúbico(-a) 꾸비꼬(-까)
세관 수속	procedimiento aduanero (m.) 프로쎄디미엔또 아두아네로	세차원	lavacoches (m.),(f.) 라바꼬체스
세관 신고서	formulario de declaración de aduanas (m.)/ declaración de aduanas (f.)/ declaración arancelaria (f.) 포르물라리오 데 데끌라라씨온 데 아두아나스/ 데끌라라씨온 데 아두아나스/ 데끌라라씨온 아랑쎌라리아	세탁, (세탁용의) 표백제, (집합명사) 세탁물	colada (f.) 꼴라다
		세탁, 세정, 세척	lavado (m.) 라바도
		세탁기	lavadora (f.) 라바도라
		세탁하다, 씻다	lavar 라바르
		세트 메뉴	set menú (m.) 쎗 메뉴
		센티미터	centímetro (m.) 쎈띠메트로
세관의, 세관원	aduanero(-a) (a.),(m.),(f.) 아두아네로(-라)	셀프 서비스	autoservicio (m.) 아우또쎄르비씨오
세금	impuesto (m.) 임뿌에스또	셀프 주유소	gasolinera de autoservicio (f.) 가솔리네라 데 아우또쎄르비씨오
세기(世紀), 100년, 시기, 시대	siglo (m.) 씨글로	셰리, 헤레스 (스페인의 헤레스 델 라 후론떼라 (Jerez de la Frontera) 산의 질 좋은 화이트 와인)	jerez (m.) 헤레스
세면, 화장, 몸차림, 몸치장, 정리, 소제, 치우기	aseo (m.) 아세오		
세면도구 주머니, 화장 그릇, 화장품 그릇	bolsa de aseo (f.) 볼사 데 아세오	소가죽	piel de vaca (f.) 삐엘 데 바까
세 번째의, 셋째의	tercero 떼르쎄로 *남성단수명사 앞에서 'o'가 탈락됨	소개; 자기소개, 제시, 제출, 전시, 진열, 진열 방법	presentación (f.) 쁘레쎈따씨온

소개하다, (후보자 등을) 세우다, 보이다, 제시하다, 제출하다, 발표하다, 공개하다; 상연하다, 공연하다, 방송하다, 방영하다	presentar 쁘레쎈따르
소견, 비평, 의견	observación (f.) 옵쎄르바씨온
소고기	carne de vaca (f.) 까르네 데 바까
소금	sal (f.) 쌀
소금 그릇, 소금병	salero (m.) 쌀레로
(고기나 생선의) 소금 절임	salazón (f.) 쌀라쏜
소년, 소녀(주로 18세까지; 사춘기에 이르지 않은), ((구어)) 청년, 젊은이 (때때로 30세까지 사용)	muchacho(-a) (m.),(f.) 무차초(-차)
소년의, 소년기의, 청년의, 청년기의	muchacho(-a) 무차초(-차)
소도시, 읍(邑)	pueblo (m.) 뿌에블로
소독약	desinfectante (m.)/ antiséptico (m.) 데쓰인훽딴떼 / 안띠쎕띠꼬
소름	piel[carne] de gallina (f.) 삐엘[까르네] 데 가이나
소리, 음(音), 음향	sonido (m.) 쏘니도
소리 나다, 울리다	sonar 쏘나르
소매	manga (f.) 망가
소모하다, (+en)(무엇에, 돈을) 쓰다, 사용하다	gastar 가스따르
소묘, 데생, 선화(線畵)	dibujo (m.) 디부호
소박한	apagado(-a) 아빠가도(-다)
소방관, (복수) 소방대, 펌프 담당자	bombero(-a) (m.).(f.) 봄베로(-라)
소변, 오줌	orina (f.) 오리나

소변보다	orinar 오리나르
소비, 낭비, 허비	gasto (m.) 가스또
소비하다	consumir 꼰쑤미르
((의학)) 소생, 부활, 기사회생, 의식 회복	resucitación (f.) 레쑤씨따씨온
((의학)) 소생, 원기를 돋움, 활기를 띄게 함	reanimación (f.) 레아니마씨온
소생되다, 다시 살아나다, 기운이 나다, 원기[기력]을 회복하다, 활기를 띄다	reanimarse 레아니메르세
소생시키다, 다시 살아나게 하다, 원기를 돋우다, (낙담되어 있는 사람에게) 활기를 띄게 하다	reanimar 레아니마르
소생[부활]시키다, ((구어)) (=restablecer, renovar, dar nuevo ser), 소생하다, 부활하다, 되살아나다	resucitar 레쑤씨따르
소생하다, 부활하다, 되살아나다	resucitarse 레쑤씨따르세
소설, (특히) 장편소설	novela (f.) 노벨라
소설가	novelista (m.),(f.) 노벨리스따
소설의, 소설 같은	novelesco(-a) 노벨레스꼬(-까)
소스, 드레싱	salsa (f.) 쌀사
소시지	salchicha (f.) 쌀치차
소아과	pediatría (f.) 뻬디아트리아
소아과 의사	pediatra (m.),(f.) 뻬디아트라
소음, 시끄러운 소리, (어떤) 소리, 소동, 혼잡	ruido (m.) 루이도
소책자, 팸플릿, 안내서	folleto (m.) 포예또
소포, 수화물, 소화물, 포장, 짐꾸러기, 꾸러미, 다발, 뭉치	paquete (m.) 빠께떼

소풍, 수학여행, 관광 여행, (조사나 견학 등의) 여행, 투어, 어슬렁어슬렁 여기저기 돌아다님	excursión (f.) 엑쓰꾸르씨온
소풍 가다, 피크닉 가다, 원족 가다, 견학 가다, 탐사 여행을 가다	ir de excursión 이르 데 엑쓰꾸르씨온
소프트 드링크	refresco (m.)/bebida no alcohólica (f.) 레프레스꼬/ 베비다 노 알꼬올리까
소프트 콘택트렌즈	lentillas blandas/ lentes de contacto blandos 렌띠야스 블란다스/ 렌떼스 데 꼰딱또 블란도스
소형의, 포켓 사이즈의, 휴대용의	de bolsillo 데 볼씨요
소화, 소화작용, 소화력	digestión (f.) 디헤스띠온
소화불량	indigestión (f.) 인디헤스띠온
소화제	digestivo (m.) 디헤스띠보
속달로[속달 우편으로, 빠른 우편으로]	por expreso[por correo expreso/por correo exprés/por correo urgente/por correo rápido] 뽀르 엑쓰프레소[뽀르 꼬레오 엑쓰프레소/ 뽀르 꼬레오 엑쓰프레쓰/ 뽀르 꼬레오 우르헨떼/ 뽀르 꼬레오 라삐도]
속달 우편물, 빠른 우편물	correo exprés (m.)/ correo expreso (m.)/ correo urgente (m.)/ correo rápido (m.)

	꼬레오 엑쓰프레쓰/ 꼬레오 엑쓰프레소/ 꼬레오 우르헨떼/ 꼬레오 라삐도
속담, 격언	probervio (m.)/ refrán (m.) 프로베르비오/ 레프란
손	mano (f.) 마노
손가락, 발가락	dedo (m.) 데도
손목시계	reloj de pulsera (m.) 렐로흐 데 뿔쎄라
손수건	pañuelo (m.) 빠뉴엘로
(공항이나 슈퍼마켓 등에서 사용하는) 손수레, 카트, 소형 자동차	carrito (m.) 까리또
손쉬움, 용이함, 평이함	facilidad (f.) 화씰리닫
솔	cepillo (m.) 쎄삐요
솔직한, 숨김없는, 자유로운, 방해 없는, 무세의, 무료의	franco(-a) 프랑꼬(-까)
솜, 면, 목화, 면직물	algodón (m.) 알고돈
송금, 발송, 송부, 발송물, 보내는 물건	remesa (f.) 레메사
송금하다, 발송하다, 보내다	hacer una remesa 아쎄르 우나 레메사
송료 무료로	franco de porte/ sin porte(s) 프랑꼬 데 뽀르떼/ 씬 뽀르떼(스)
송료를 지불하다, 우편요금을 지불하다, 우표를 붙이다	franquear 프랑께아르
송료 포함해서	con gasto de envío inclusive 꼰 가스또 데 엔비오 잉끌루씨베
송진, 역청, 갓난아이의 똥	pez (f.) 뻬쓰
쇼, 구경거리, 흥행, 볼만한 것	show (m.) 쇼우

쇼, 구경거리, 흥행, 흥행물, 광경, 경관, 볼만한 것	espectáculo (m.) 에스뻭따꿀로
쇼윈도, 진열장	vitrina (f.) 비트리나
쇼윈도, 진열장, 쇼케이스, 진열창	escaparate (m.) 에스까빠라떼
(…을) 쇼윈도에 진열하다	exponer[colocar] (…) en el escaparate 엑쓰뽀네르[꼴로까르] (…) 엔 엘 에스까빠라떼
쇼핑, 장보기 매입, 구입	compra (f.) 꼼쁘라
쇼핑가다, 쇼핑하러 가다, 장보러 가다	ir de compras 이르 데 꼼쁘라스
쇼핑 나가다	salir de compras 쌀리르 데 꼼쁘라스
쇼핑센터, 쇼핑몰	centro comercial (m.)/ shopping ((아르헨티나, 파라과이, 우루과이)) (m.) 쎈트로 꼬메르씨알/ 쇼핑
쇼핑 카트	carrito de la compra (m.) 까리또 델 라 꼼쁘라
쇼핑하다, 장을 보다	hacer una compra 아쎄르 우나 꼼쁘라
숄더백	bandolera (f.)/bolso bandolera (m.)/ bolso con correa (m.) 반돌레라/ 볼소 반돌레라/ 볼소 꼰 꼬레아
쇠고기 구이, 구운 쇠고기, 로스비프	rosbif (m.) 로스비프
(몸 닦는) 수건, 타월, 헝겊, 행주, 걸레, 털[양털] 천[옷감], 나사	paño (m.) 빠뇨
수공예품, 수공업, 수공예	artesanía (f.) 아르떼싸니아
(국고, 은행 및 회사 등의) 수납처, 출납과; 회계과, 회계[출납] 담당	caja (f.) 까하
수다스런, 말을 많이 하는, 내용 없는 말을 하는, 수다쟁이, 사기꾼, 경솔한 사람	charlatán(-tana) (a.),(m.),(f.) 차를라딴(-따나)
(주로 복수) 수단, 방법	medio (m.) 메디오
수단을 강구하다	poner remedio 뽀네르 레메디오
수도원	convento (m.) 꼰벤또
수동적으로, 소극적으로, 저항 없이, 순순히	pasivamente 빠씨바멘떼
수동적인, 소극적인	pasivo(-a) 빠씨보(-바)
수리, 수선, 보수공사	reparación (f.) 레빠라씨온
(자동차의) 수리 공장, 차고	garaje (m.) 가라헤
(자동차의) 수리 공장, (수작업을 하는) 공장, 제작소	taller (m.) 따예르
수리 공장	taller de reparación (m.) 따예르 데 레빠라씨온
수리하다, 수선하다	reparar 레빠라르
수리하다, 고치다, 정리하다, 정정하다	arreglar 아레글라르
수리하다, 수선하다, (예술 작품을) 만들다, 창작하다	componer 꼼뽀네르
수면제	medicamento contra el insomnio (m.)/ remedio para el insomnio (m.)/ medicamento soporífero (m.)/ soporífero (m.)/ dormitivo (m.) 메디까멘또 꼰트라 엘 인쏨니오/

	레메디오 빠라 엘 인쏨니오/ 메디까멘또 쏘뿌리훼로/ 쏘뿌리훼로/ 도르미띠보	수신자 요금부담 전화, 콜렉트 콜	llamada[conferencia] a cobro revertido (f.) 야마다[꼰훼렌씨아] 아 꼬브로 레베르띠도
수분 크림	crema hidratante (f.) 크레마 이드라딴떼	수영	natación (f.) 나따씨온
수색, 탐구, 추구	búsqueda (f.) 부스께다	수영법	modo de natación (m.) 모도 데 나따씨온
(거세된) 수소, 황소	buey (m.) 부에이		
(거세하지 않은) 수소, 황소	toro (m.) 또로	수영장, 풀장, 풀	piscina (f.) 삐스씨나
수속, 처리, (복수) (법률) 소송 수속	trámite (m.) 트라미떼	수영하다	nadar/ practicar la natación 나다르/ 프락띠까를 라 나따씨온
수속, 수속을 밟음, 수속 절차	tramitación (f.) 트라미따씨온	수위, (어떤 기준점에서의) 높이, 고도	nivel (m.) 니벨
수속을 밟다, 처리하다	tramitar 트라미따르		
수속을 하다	hacer una tramitación 아쎄르 우나 트라미따씨온	수입인지	timbre fiscal (m.) 띰브레 휘스깔
		수입품	géneros extranjeros (m.pl.) 헤네로스 엑스트랑헤로
수수께끼, 불가사의, 불가사의한 것, 수수께끼의 인물	enigma (f.) 에니그마	수정, 변경	modificación (f.) 모디휘까씨온
((상업)) 수수료, 구전, 커미션, 비용, 위원회, 위임, 위탁, 임무	comisión (f.) 꼬미씨온	수정하다, 변경하다	modificar 모디휘까르
		수제의, 수공의, 수세공의, 수직(手織)의	hecho(-a) a mano 에초(-차) 아 마노
수수료 할인 쿠폰	vale de descuento de comisión (m.) 발레 데 데스꾸엔또 데 꼬미씨온	수족관	acuario (m.) 아꾸아리오
		수중안경	gafas submarinos (f.pl.)/gafas de bucear (f.pl.) 가파스 쑵마리노스/ 가파스 데 부쎄아르
수술, (기계 등의) 운전, 작동, 조작, (열차 등의) 운행, 운항	operación (f.) 오뻬라씨온		
수술하다, 움직이다, 작동하다	operar 오뻬라르	수집하다, 채집하다	coleccionar 꼴렉씨오나르
수신인	destinatario (m.) 데스띠나따리오	수첩, 메모장, 통장, 예금 통장	libreta (f.) 리브레따
수신인불명	Destinatario no encontrado 데스띠나따리오 노 엔꼰트라도	수축, (문법) 축약	contracción (f.) 꼰트락씨온

한서사전

수축시키다, (약속 등을) 맺다, 하다, (문법) 축약하다	contraer 꼰트라에르
수취, 환영, 환대, 영접, 접대	recibimiento (m.) 레씨비미엔또
수취하다, 받다, (손님을) 맞다, 맞아들이다, 응접하다	recibir 레씨비르
수치, 부끄러움, 창피	vergüenza (f.) 베르구엔사
(동물) 수컷	macho (m.) 마초
수표	cheque (m.) 체께
수프, 국	sopa (f.) 쏘빠
수필, 에세이, 연습, 리허설, 시험, 테스트, 시도	ensayo (m.) 엔싸요
수필가	ensayista (m.),(f.)/ autor(-a) de ensayos (m.),(f.) 엔싸이스따/ 아우또르(-라) 데 엔싸요스
수필의	ensayístico(-a) 엔싸이스띠꼬(-까)
수하물, 짐	equipaje (m.) 에끼빠헤
수하물보관소, 수하물 예치소, 훈령, 지령, 표어, 슬로건	consigna (f.) 꼰씨그나
수하물 영수증	recibo del equipaje (m.) 레씨보 델 에끼빠헤
수하물 탁송증	talón de equipaje (m.) 딸론 데 에끼빠헤
수화기, 이어폰	auricular (m.) 아우리꿀라르
수화기를 놓다, 전화를 끊다	colgar el teléfono [el auricular] 꼴가르 엘 뗄레포노[엘 아우리꿀라르]
숙녀화	zapatos de mujeres (m.pl.) 싸빠또스 데 무헤레스
숙박, 숙소, 숙박 시설	alojamiento (m.) 알로하미엔또
숙박객	huésped (m.) 우에스뼫
숙박부	ficha (f.)/registro de hotel (m.)/ registro de huéspedes (m.)/registro de hospedaje (m.)/ registro de viajeros (m.) 휘차/ 레히스트로 데 오뗄/ 레히스트로 데 우에스뻬데스/ 레히스트로 데 오스뻬다헤/ 레히스트로 데 비아헤로스
숙박비	costo de alojamiento (m.) 꼬스또 데 알로하미엔또
숙박시키다, 묵게 하다	hospedar 오스뻬다르
숙박하다, 묵다, 체류하다	hospedarse 오스뻬다르세
순금	oro puro[fino] (m.) 오로 뿌로[휘노]
순도(純度)	grado de pureza (m.) 그라도 데 뿌레사
순모	lana pura (f.)/ pura lana (f.) 라나 뿌라/ 뿌라 라나
순서, (사회 등의) 질서, 정리, 정돈	orden (m.) 오르덴 *복수는 órdenes 오르데네스
순수한, 깨끗한, 청순한, 순결한, 순전한	puro(-a) 뿌로(-라)
순수함, 깨끗함, 순결, 동정, 처녀성	pureza (f.) 뿌레사

순은	plata pura (f.) 쁠라따 뿌라
순찰병, 경비병, 순찰, 정찰, (집합명사) 순찰대, 경비대	patrulla (f.) 빠트루야
(경찰의) 순찰차, 패트롤카	patrulla (m.),(f.) 빠트루야
술과 음료수를 파는 카페	café bar (m.) 까페 바
숨, 호흡, 생명, 정신, (주로 복수) 기력, 힘, 원기	aliento (m.) 알리엔또
숨을 쉬다, 호흡하다, 숨을 내쉬다, 한숨 놓다, 숨을 돌리다, 잠깐 휴식을 취하다	respirar 레스삐라르
숲	bosque (m.) 보스께
쉐이빙 크림	crema de afeitar (f.) 크레마 데 아훼이따르
슈트케이스, 여행가방(휴대용의)	maleta (f.) 말레따
슈퍼마켓	supermercado (m.) 쑤뻬르메르까도
(일을) 쉽게 하다, 쉬다, 휴식을 취하다	descansar 데스깐싸르
쉬는 시간, 휴식 시간	hora de descanso (f.) 오라 데 데스깐쏘
쉬운, 용이한, …하기 쉬운	fácil 화씰
쉼, 휴식, 휴게	descanso (m.) 데스깐쏘
쉽게, 수월하게	fácilmente 화씰멘떼
스낵바	snack-bar (m.) 스낵 바르
스니커	sneakers (m.pl.)/ zapatos de lona (m.pl.) 스니커즈/ 싸빠또스 델 로나

스웨터	suéter (m.) 수에떼르
스카치테이프	cinta adhesiva de celofán tranparente (f.) 씬따 아데씨바 데 쎌로환 트 란스빠렌떼
스카프	pañuelo para cabeza (m.) 빠뉴엘로 빠라 까베사
스캐너	escáner (m.) 에스까네르
스커트, 치마, (여자의) 옷자락	falda (f.) 활다
스케이트를 타다	patinar 빠띠나르
스케이트장, 스케이트 링크, 빙상 경기장	patinadero (m.)/ patinódromo (m.)/ pista de patinaje [patinar] (f.) 빠띠나데로/ 빠띠노드로모/ 삐스따 데 빠띠나헤[빠띠나르]
스케이트 타기, 스케이팅	patinaje (m.) 빠띠나헤
스케이트화 (주로 복수)	patín (m.) 빠띤 ＊복수는 patines 빠띠네스
스케일링	limpieza dental (f.) 림삐에사 덴딸
스쿠버 다이빙 (scuba diving)	buceo [submarinismo] con escafandra (m.)/ escafandrismo (m.) 부쎄오[쑵마리니스모] 꼰 에스 까환드라/ 에스까환드리스모
스키	esquí (m.) 에스끼
스키를 신다	ponerse los esquís 뽀네르셀 로스 에스끼스
스키를 타다	esquiar/practicar el esquí 에스끼아르/ 프락띠까르 엘 에스끼

스키스틱	bastones de esquiar 바스또네스 데 에스끼아르	스타킹을 신다	ponerse[calzarse] las medias 뽀네르세[깔싸르세] 라스 메 디아스
스키장, 스키 활주로, 스키 연습장	pista de esquí (f.) 삐스따 데 에스끼	스튜어드	auxiliar de vuelo (m.) 아욱씰리아르 데 부엘로
스키장	campo de esquí (m.)/ estación de esquí (f.) 깜뽀 데 에스끼/ 에스따씨온 데 에스끼	스튜어디스	azafata (f.) 아싸화따
		스티커	etiqueta engomada (f.) 에띠께따 엔고마다
스키학교	escuela de esquí (f.) 에스꾸엘라 데 에스끼		
스키화	botas de esquí[esquiar] (f.pl.) 보따스 데 에스끼[에스끼아르]	스파게티	espagueti (m.) 에스빠게띠
		스팸메일	correo basura (m.) 꼬레오 바쑤라
스킨 다이빙 (skin diving), 잠수	submarinismo (m.)/ buceo (sin escafandra) (m.)/ buceo de superficie (m.)/ exploración submarina (f.)/ natación submarina (f.) 쑵마리니스모/ 부쎄오 (씬 에 스까환드라)/ 부쎄오 데 쑤뻬 르휘씨에/ 엑쓰쁠로라씨온 쑵 마리나/ 나따씨온 쑵마리나	스페어타이어, 예비 바퀴	rueda de repuesto (f.) 루에다 데 레뿌에스또
		스포츠, 운동	deporte (m.) 데뽀르떼
		스포츠용품	artículo de deporte (m.) 아르띠꿀로 데 데뽀르떼
		스푼, 숟가락	cuchara (f.) 꾸차라
		스피드 스케이팅	patinaje de velocidad (m.) 빠띠나헤 데 벨로씨닫
스킨 다이빙하다, 스쿠버 다이빙하다	hacer submarinismo/ bucear/practicar buceo 아쎄르 쑵마리니스모/ 부쎄아 르/ 프락띠까르 부쎄오	슬라이드필름	película para diapositivas (f.) 뻴리꿀라 빠라 디아뽀씨띠바스
		슬로프	pista (f.) 삐스따
스킨로션	loción de la piel (f.) 로씨온 델 라 삐엘	슬립	camisa de mujer (f.) 까미사 데 무헤르
스타일, 양식, 방식, 풍(風), 타입, 모드	estilo (m.) 에스띨로	슬픈, 슬픔에 잠긴	triste 트리스떼
		슬픔, 비탄, 비애	tristeza (f.) 트리스떼사
스타킹	medias (f.pl.) 메디아스 *스타킹 한 켤레 un par de medias/ unas medias	습관, 관례, 풍습	usanza (f.) 우산싸
		습기, 습도	humedad (f.) 우메닫
		습포제	compresa húmeda (f.) 꼼프레사 우메다

습한, 축축한, 눅눅한, (지방, 기후 혹은 나라가) 비가 많이 내리는	húmedo(-a) 우메도(-다)
승강기, 엘리베이터	ascensor (m.) 아스쎈소르
(역의) 승강장, 플랫폼	andén (m.) 안덴
승객	pasajero(-a) (m.),(f.) 빠사헤로(-라)
승마, 마술	equitación (f.) 에끼따씨온
승마를 하다	montar/practicar (la) equitación 몬따르/ 프락띠까르 (라) 에끼따씨온
승마 모자	gorra de montar (f.) 고라 데 몬따르
승마화	botas de montar (f.pl.) 보따스 데 몬따르
(주로 개인적인) 승인, 찬성, 합격,	aprobación (f.) 아프로바씨온
(공적으로) 승인하다, 인가하다, 동의하다, 찬성하다, (시험에) 합격하다	aprobar 아프로바르
승진, 진급, 판매 촉진, 촉진, 진흥, 장려	promoción (f.) 프로모씨온
승진시키다, 승격시키다, 촉진[장려, 진흥, 증진, 조장]하다, 일으키다, 야기하다	promover 프로모베르
시(市), 도시	ciudad (f.) 씨우닫
(문학 장르로서의) 시(詩), 시문, 서정시	poesía (f.) 뽀에씨아
(일반적으로, 한 편의) 시(詩), 서사시	poema (m.) 뽀에마
시가, 여송연, 엽궐련	cigarro (m.)/puro (m.) 씨가로/ 뿌로
시각, 시력, 외모, 외견, 겉모습	vista (f.) 비스따
시각 장애인, 맹인, 장님	ciego(-a) (m.),(f.) 씨에고(-가)
시각표, 시간표	horario (m.) 오라리오
시간, 때, 기간	tiempo (m.) 띠엠뽀
시간, 시각, 시	hora (f.) 오라
((구어)) 시간을 절약하다, 시간을 벌다, ((구어)) 서두르다	ganar tiempo 가나르 띠엠뽀
시간의	horario(-a) 오라리오(-라)
시간이 걸리다, 지체하다, 늦어지다, (+시간+en+부정법) …하는데 시간이 걸리다	tardar 따르다르
시간이 걸리다(tardar), 계속하다, 지속하다	durar 두라르
시간표, 시각표, 근무 시간, 영업시간, 공부 시간, 수업 시간표	horario (m.) 오라리오
시계	reloj (m.) 렐로흐
시계가 늦다	atrasarse 아트라싸르세
시계가 늦다, (시계의 바늘을) 늦추다, 늦게 하다	retrasar 레트라싸르
(시계가) 더 가다, 빠르다, (시계바늘을) 앞[앞쪽]으로 돌리다	adelantar 아델란따르
(시계가) 더 가다	adelantarse 아델란따르세
시계의 바늘을 늦게 하다	atrasar 아트라싸르
시골, 농촌, 들, 들판, 장소, 곳, …장(場), 진영	campo (m.) 깜뽀
시기, 시대, 계절	época (f.) 에뽀까
시기상조의, 너무 이른, 조산의, 미숙아의, 조산아, 미숙아	prematuro(-a) (a.),(m.),(f.) 프레마뚜로(-라)
시내, 내, 개울	arroyo (m.) 아로요
시내 전화[통화]	llamada local (f.)/ llamada urbana (f.) 야마달 로깔/ 야마다 우르바나

시도하다, 의도하다, 꾀하다, (+부정법)(…할) 작정이다, (…하려고) 생각하다	intentar 인뗀따르
(무엇을) 시도해 보다, 시험 삼아 해보다, 해보려고 하다, … 하려고 하다	probar a (+inf.) 프로바르 아 (+부정법)
시동 걸다(엔진을), 출발하다(차량이), 발진(發進)하다, 시동을 걸다(기계가), 운전을 시작하다	arrancar 아랑까르
시디(CD), 콤팩트디스크, 시디플레이어	compacto (m.) 꼼빡또
시럽	jarabe (m.) 하라베
시사희극	revista (f.) 레비스따
시선, 눈초리	mirada (f.) 미라다
시세; 매매 기준 가격, 교환율, 견적, 회비	cotización (f.) 꼬띠싸씨온
시야, 시각, 시력, 보기, 봄, 목격, 관찰	visión (f.) 비씨온
시외국번	indicativo telefónico interurbano (m.) 인디까띠보 뗄레포니꼬 인떼루르바노
시원한, 서늘한, (식품이) 신선한, 갓 만든	fresco(-a) 프레스꼬(–까)
시의[에 관한], 시적인, 시정이 풍부한	poético(-a) 뽀에띠꼬(–까)
시인	poeta (m.),(f.) 뽀에따
시작, 개시, 근원, 근본 원인, 원리	principio (m.) 쁘린씨삐오
시작되다	empezarse/ comenzarse 엠뻬싸르세/ 꼬멘싸르세
시작하다, 개시하다, 시작되다	empezar/comenzar 엠뻬싸르/ 꼬멘싸르
(주로 어려운 일 등을) 시작하다, 착수하다, 개시하다	emprender 엠쁘렌데르
시장, 장	mercado (m.) 메르까도
시중들다, 봉사하다	serviciar 쎄르비씨아르
시중을 들다, 봉사하다, (상품을) 배달하다, (요리나 음식물을) 내어오다, 제공하다	servir 쎄르비르
시차	diferencia horaria (f.)/ diferencia de horas (f.) 디훼렌씨아 오라리아/ 디훼렌씨아 데 오라스
시찰, 감찰, 검사, 점검	inspección (f.) 인스뻭씨온
(…을) 시찰하다	hacer una inspección de 아쎄르 우나 인스뻭씨온 데
시청	ayuntamiento (m.) 아윤따미엔또
시트, 홑이불	sábana (f.) 싸바나
시티투어버스	Autobús Turístico de la Ciudad 아우또부스 뚜리스띠꼬 델 라 씨우닫
((구어)) (피부의) 시퍼런 멍, 피멍	moretón (m.) 모레똔
(주로 구기의) 시합, 겨루기, 경기, (대전하는) 팀, (정치적) 파, 당파, 정당	partido (m.) 빠르띠도
(성질이나 성능 등을) 시험하다, 테스트하다	probar 프로바르
식, 의식(儀式), 식전, (과도한) 예의, 의례	ceremonia (f.) 쎄레모니아
식권, 상환증, 수령증	vale (m.) 발레
식기류	servicio de mesa (m.) 쎄르비씨오 데 메사
식기세척기	lavaplatos (m.) 라바쁠라또스
식다, 싸늘해지다, 감기에 걸리다	resfriarse 레스프리아르세
식당 (집이나 학교 등의)	comedor (m.) 꼬메도르

식당, 레스토랑, 음식점	restaurante (m.) 레스따우란떼	식중독에 걸리다	envenenarse con un alimento 엔베네나르세 꼰 운 알리멘또
식당이 없는 호텔	hotel residencia (m.) 오뗄 레씨덴씨아	식초	vinagre (m.) 비나그레
식당차	coche comedor (f.) 꼬체 꼬메도르	식히다, 차게 하다, 냉각 시키다, 정열 등을) 식히다, 식게 하다, (날씨가) 추워 지기 시작하다	resfriar 레스프리아르
식당칸, 식당차	vagón restaurante (m.) 바곤 레스따우란떼	(맛이) 신	ácido(-a) 아씨도(-다)
식료품	artículos[productos] alimenticios (m.) 아르띠꿀로스[프로둑또스] 알 리멘띠씨오스	(D-) (일신교의) 신(神), 하느님, 하나님, (종교) 창조주, (신화 등의)신(神), 남자 신; (유일신 이외의) 신(神); 잡신, 잡귀	dios (m.) 디오스 *여신은 diosa (f.) 디오사
식료품 가게, 식료품점	almacén de comestibles (m.)/ tienda de comestibles (f.) 알마쎈 데 꼬메스띠블레스/ 띠엔다 데 꼬메스띠블레스	[해부] 신경, 건, 힘줄, 활력, 원기, 기력	nervio (m.) 네르비오
식물원	jardín botánico (m.) 하르딘 보따니꼬	신경과	neurología (f.) 네우롤로히아
식사, 음식, 먹을거리	comida (f.) 꼬미다	신경과민의, 신경질적인, 안절부절 못하는	nervioso(-a) 네르비오소(-사)
식사휴식	descanso para comer (m.) 데스깐쏘 빠라 꼬메르	신경과 의사	neurólogo(-a) (m.),(f.) 네우롤로고(-가)
식욕, (주로 복수) 욕망, 성욕	apetito (m.) 아뻬띠또	신경외과	neurocirugía (f.) 네우로씨루히아
식용유	aceite comestible [alimenticio] (m.) 아쎄이떼 꼬메스띠블레[알리 멘띠씨오]	신경외과 의사	neurocirujano(-a) (m.),(f.) 네우로씨루하노(-나)
식중독	intoxicación alimenticia (f.)/ intoxicación por alimentos (f.)/ envenenamiento alimenticio (m.) 인똑씨까씨온 알리멘띠씨아/ 인 똑씨까씨온 뽀르 알리멘또스/ 엔베네나미엔또 알리멘띠씨오	신경통	neuralgia (f.) 네우랄히아
		신고(申告), 공표, 성명, 선언, 선고	declaración (f.) 데끌라라씨온
		신고하다, 선언하다, 표명 하다; 언명하다, 진술하다	declarar 데끌라라르
		(구두 등을) 신다, 신발을 신기다	calzar 깔싸르

(구두를) 신다	calzarse 깔싸르세	신사화	zapatos de caballeros (m.pl.) 싸빠또스 데 까바예로스
신랑, 신부, 연인, 약혼자, 신참, 신출내기	novio(-a) (m.),(f.) 노비오(-아)	신상품	nuevo producto (m.)/ mercancía nueva (f.) 누에보 프로둑또/ 메르깐씨아 누에바
신문, 일간지, 정기간행물	periódico (m.) 뻬리오디꼬	신석기 시대	neolítico (m.) 네올리띠꼬
(집합명사) 신문, 잡지, (집합명사) 출판물, 보도 기관, 신문계, 출판계	prensa (f.) 쁘렌싸	신석기 시대의	neolítico(-a) 네올리띠꼬(-까)
신문 발행인, 저널리스트, (신문, 잡지, 방송의) 기자	periodista (m.),(f.) 뻬리오디스따	신속함, 서두름, 긴급성, 긴급을 요하는 일	prisa (f.) 쁘리사
신문사	periódico (m.)/ oficina de periódico (f.) 뻬리오디꼬/ 오휘씨나 데 뻬리오디꼬	신앙, 믿음, 신뢰; 신뢰성, 신용	fe (m.) 훼
		신앙을 가지다	tener (la) fe 떼네르 (라) 훼
신부복, 웨딩드레스	vestido[traje] de novia/ropa[vestido] de boda 베스띠도[트라헤]데 노비아/ 로빠[베스띠도] 데 보다	신어 보다, 입어 보다, 먹어 보다, 마셔 보다	probarse 프로바르세
		((상업)) (지불 능력의) 신용(信用)	crédito (m.) 크레디또
신분증	carnet[carné] de identificación [identidad] (m.)/ tarjeta de identidad [identificación] (f.)/ placa de identificación (f.)/((라틴 아메리카)) cédula de identidad (f.) 까르넷[까르네] 데 이덴띠휘까씨온[이덴띠닫] / 따르헤따 데 이덴띠닫[이덴띠휘까씨온]/ 쁠라까 데 이덴띠휘까씨온 / 쎄둘라 데 이덴띠닫	신용카드	tarjeta de crédito (f.) 따르헤따 데 크레디또
		신을 믿다, 하느님[하나님]을 신앙하다	creer en Dios/ tener fe en Dios 크레에르 엔 디오스/ 떼네르 훼 엔 디오스
		신중한, 주의 깊은, 조심성 있는	prudente 프루덴떼
		신청서, 용지	formulario (m.) 포르물라리오
		신청서, 청원서, 신청, 청원, 걱정, 염려, 배려, 정성을 다함	solicitud (f.) 쏠리씨뚣
신분증을 소지[휴대] 하지 않은, 자격이 없는	indocumentado(-a) 인도꾸멘따도(-다)	신청서[용지]를 채우다, 신청서[용지]에 써넣다	rellenar[contestar] un formulario 레예나르[꼰떼스따르] 운 포르물라리오
신사, 남자, 남성, (공손한 말씨로) 남자, 귀하, 신사, 분, (부를 때) 선생, 선생님	caballero (m.) 까바예로		

신청하다, 간원[청원, 간청]하다. 구애하다, (무엇의) 수속을 밟다	solicitar 쏠리씨따르	심장병, 심장마비	fallo cardiaco (m.) 화요 까르디아꼬
신축성[탄성]이 있는	elastizado(-a) 엘라스띠싸도(−다)	심장의[에 관한], 심장병을 앓은, 심장병의, 심장병 환자	cardiaco(-a) (a.),(m.),(f.) 까르디아꼬(−까)
신호, 표시	señal (f.) 쎄냘	심폐 기능 회복법	resucitación cardiopulmonar (f.) 레쑤씨따씨온 까르디오뿔모나르
신혼 부부	pareja recién casada (f.) 빠레하 레씨엔 까사다	심폐 소생술	reanimación cardiopulmonar (RCP) (f.) 레아니마씨온 까르디오뿔모나르(에레쎄뻬)
실내 수영장	piscina cubierta (f.) 삐스씨나 꾸비에르따		
실신, 기절; 졸도	desmayo (m.) 데스마요	(통증이) 심한, 찌르는 듯한, 예리한, 날카로운, 뾰족한, ((의학)) 급성의	agudo(-a) 아구도(−다)
실신하게 하다, 실신 시키다, 기절시키다	desmayar 데스마야르		
실신하다, 기절하다, 졸도하다	desmayarse 데스마야르세	심한 통증이 있다	punzar 뿐싸르
		심해 잠수 (=deep−sea diving)	buceo de altura (m.) 부쎄오 데 알뚜라
실신한, 기절한	desmayado(-a) 데스마야도(−다)	심호흡	respiración profunda (f.) 레스삐라씨온 쁘로푼다
실은, 저, 실은 …때문이다	es que 에스 께		
실존하는	real 레알	심호흡을 하다	respirar profundamente 레스삐라르 쁘로푼다멘떼
실크, 명주, 비단, 견직물	seda (f.) 쎄다		
심각하게, 진지하게, 중대하게	seriamente 쎄리아멘떼	싱거운, 소금기가 없는	soso(-a) 쏘소(−사)
심야 영화	película de media noche (f.) 뻴리꿀라 데 메디아 노체	싱글룸, 일인실, 일인용 방	habitación sencilla [simple] (f.) 아비따씨온 쎈씨야[씸쁠레]
심장, 마음, 심정, 사랑, 애정	corazón (m.) 꼬라손	싱글 침대	cama individual (f.) 까마 인디비두알
심장 마비	parálisis de corazón (f.)/cardioplejía (f.) 빠랄리씨스 데 꼬라손/ 까르디오쁠레히아	싸게, 헐값에	barato 바라또
		싸게 사다	comprar a bajo precio 꼼쁘라르 아 바호 쁘레씨오
심장 발작, 심장 마비	ataque cardiaco[al corazón] (m.) 아따께 까르디아꼬[알 꼬라손]	싸구려 호텔	fonda (f.) 폰다
		싸움, 전투, (격투기의) 시합, (동물의) 싸움	pelea (f.) 뻴레아

(식물) 싹, (알의) 노른자위, 난황	yema (f.) 예마	쓰다, 사용하다, 이용하다	usar 우사르
싼, 싸게 파는 [사는, 제공하는]	barato(-a) 바라또(-따)	쓰레기, 오물, 폐기물	basura (f.) 바쑤라
쌀, 벼, 밥	arroz (m.) (arroces (pl.)) 아로스(복수: 아로세스)	쓰레기 봉지	bolsa de basura (f.) 볼사 데 바쑤라
쌀밥	arroz cocido (m.) 아로스 꼬씨도	쓰인, 써진, 서면화 된, 서류, 편지, 문서, (복수) 저작, 작품	escrito(-a) (a.),(m.) 에스트리또(-따)
쌍둥이의, 쌍둥이	gemelo(-a) 헤멜로(-라)	쓴	amargo(-a) 아마르고(-다)
쌍안경, 코안경, 안경	anteojos (m.pl.) 안떼오호스		
쑤시다	picar 삐까르	씹다, 분쇄하다, 곰곰이 생각하다, 음미하다	masticar 마스띠까르
쓰다, (+a) (에게) 편지를 쓰다[내다], 저술하다	escribir 에스크리비르	씻다, 세탁하다	lavar 라바르
		(자신의 몸의 일부를) 씻다, 자신의 몸을 씻다	lavarse 라바르세

아내	esposa (f.)/mujer (f.) 에스뽀사/ 무헤르	((구어)) 아름다운, 귀여운, 사랑스러운, 멋진, 근사한, 귀중한, 고마운, 소중한, 매우 가치 있는	precioso(-a) 쁘레씨오소(-사)
아동복	ropa de niño (f.) 로빠 데 니뇨	아마, 어쩌면	tal vez 딸 베스
아들, 딸	hijo(-a) 이호(-하)	아마, 혹시, 어쩌면	quizá 끼싸
아래에, 아래	debajo 데바호	아마도	probablemente 프로바블레멘떼
아래에, 아래쪽으로, 아래 층에	abajo 아바호	(충치에) 이말감을 채워 넣다	empastar 엠빠스따르
아름다운, 예쁜, 고운	hermoso(-a)/ bello(-a)/lindo(-a)/ bonito(-a)/ precioso(-a) 에르모소(-사)/ 베요(-야)/ 린도(-다)/ 보니또(-따)/ 쁘레씨오소(-사)	아메리카노 (커피)	(un café) americano (m.) (운 까페) 아메리까노
		아빠, 아버지	papá (m.) 빠빠
		아버지, 부친, (복수)부모, 양친 (복수)조상, 선조	padre (m.) 빠드레
		아스피린, 아스피린 정제	aspirina (f.) 아스삐리나

아스피린 정	pastilla[píldora/ tableta] de aspirina (f.)/ comprimido de aspirina (m.) 빠스띠야[삘도라/따블레따] 데 아스삐리나 / 꼼쁘리미도 데 아스삐리나
아이라이너	lápiz de ojos (m.)/ delineador (m.) 라삐쓰 데 오호스 / 델리네아도르
아이 섀도	sombra de ojos (f.)/ sombreador de ojos (m.) 쏨브라 데 오호스 / 쏨브레아도르 데 오호스
아이스 링크	pista de (patinaje sobre) hielo (f.) 삐스따 데 (빠띠나헤 쏘브레) 이엘로
아이스 스케이트를 타다	patinar sobre hielo 빠띠나르 쏘브레 이엘로
아이스 스케이팅	patinaje sobre hielo (m.) 빠띠나헤 쏘브레 이엘로
아이스크림, 얼음 과자, 빙과	helado (m.) 엘라도
(골프) 아이언	hierro (m.) 이에로
아이크림	crema para ojos (f.) 크레마 빠라 오호스
아저씨, 아주머니, (외)삼촌, 숙모, 이모, 고모, 의붓아버지, 계부	tío(-a) (m.),(f.) 띠오(-아)
아주 가난한	pobrecito 뽀브레씨또
아지랑이	ola de calor (f.)/ bruma (f.)/niebla (f.)/ calina (f.)/neblina (f.) 올라 데 깔로르 / 브루마 / 니에블라 / 깔리나 / 네블리나

아직, 지금까지, 그래도, 그런데도, 여전히, 그럼에도 불구하고, (비교급과 함께 강조적으로) 한층, 더욱, 훨씬	todavía 또다비아
아침 식사	desayuno (m.) 데싸유노
아침 식사를 하다	desayunar 데싸유나르
아파트, 맨션	apartamento (m.) 아빠르따멘또
아편으로 조제된, 아편 연약, 아편제	opiato(-a) (a.),(m.),(f.) 오삐아또(-따)
아페리티프, 식전주	aperitivo (m.) 아뻬리띠보
아프다	estar enfermo(-a) [malo(-a)/mal]/caer enfermo(-a) 에스따르 엔훼르모(-마)[말로(-라)/말]/ 까에르 엔훼르모(-마)
(아픈 부위가 주어) 아프다, (사물이 주어) 마음 아프게 하다	doler 돌레르
(따끔따끔) 아프다[쑤시다], 얼얼하다, 근질근질하다	picar 삐까르
아픈, 병든, 병을 앓고 있는, (여성이) 생리 중인	malo(-a) 말로(-라)
아픈, 병에 걸린, 병약한, 약질의, 허약한	enfermo(-a) (a.) 엔훼르모(-마)
아히아쎄이떼(찧은 고추와 기름으로 만든 소스)	alioli (m.) (=ajiaceite (m.)) 알리올리(=아히아쎄이떼)
악기	instrumento músico (m.) 인수트루멘또 무씨꼬
악대, 악단, 밴드, 당파, 무장한 사람들의 무리	banda (f.) 반다
악마, 악인, 악한 사람	malo(-a) (m.),(f.) 말로(-라)

악명, 악평	mala fama (f.)/ mala reputación (f.) 말라 화마/ 말라 레뿌따씨온	안경을 끼다	ponerse las gafas[los anteojos/los lentes] 뽀네르셀 라스 가파스[로스 안떼오호스/로스 렌떼스]
악명이 높다, 악평이 자자하다	tener mala fama [reputación] 떼네르 말라 화마[레뿌따씨온]	안경을 벗다	quitarse las gafas[los anteojos/los lentes] 끼따르셀 라스 가파스[로스 안떼오호스/로스 렌떼스]
악몽	pesadilla (f.) 뻬싸디야	안과	oftalmología (f.) 옾따몰로히아
악보	partitura (f.) 빠르띠뚜라		
악어	cocodrilo (m.) 꼬꼬드릴로	안과의사	oftalmólogo(-a) (m.),(f.)/ oculista (m.),(f.) 옾따몰로고(-가)/ 오꿀리스따
악어가죽	piel de cocodrilo (f.) 삐엘 데 꼬꼬드릴로		
안개, 혼돈, ((의학)) 각막혼탁	niebla (f.) 니에블라	안내, 안내소, 정보, 뉴스	información (f.) 인포르마씨온
(바다의) 안개, 연무	bruma (f.) 브루마	안내, 안내서, 가이드북	guía (f.) 기아
안개	calina (f.) 깔리나	안내관람시스템	sistema de visita guiada (m.) 씨스떼마 데 비씨따 기아다
(별로 짙지 않고 낮게 깔린) 안개, 연무, 스모그	neblina (f.) 네블리나		
안개	niebla (f.)/bruma (f.)/ calina (f.)/neblina (f.) 니에블라/ 브루마/ 깔리나/ 네블리나	안내된	guiado(-a) 기아도(-다)
		안내서, 팸플릿, 소책자	folleto (m.) 포예또
안개가 끼다	aneblar/estar brumoso/velarse de niebla[bruma] 아네블라르/ 에스따르 브루모소/ 벨라르세 데 니에블라[브루마]	안내소	oficina de información (f.)/ centro de información (m.) 오휘씨나 데 인포르마씨온/ 쎈트로 데 인포르마씨온
안개가 자욱한	brumoso(-a) 브루모소(-사)	안내원, 가이드, 길잡이, 관광 안내원, 지도자	guía (m.),(f.) 기아
안경	gafas (f.pl.)/ anteojos (m.pl.)/ ((아메리카)) lentes (m.pl.) 가파스/ 안떼오호스/ 렌떼스	안내하다, 인도하다	guiar 기아르
		안락한, 편안한, 쾌적한	confortable 꼰포르따블레
안경을 끼고 있다	llevar gafas [anteojos/lentes] 예바르 가파스 [안떼오호스/렌떼스]	(누구에게) 안부를 전하다	dar recuerdos (a alguien) 다르 레꾸에르도스 (아 알기엔)
		안심, 안심 살	solomillo (m.) 쏠로미요

안약	colirio (m.)/gotas para los ojos (f.) 꼴리리오/ 고따스 빠랄 로스 오호스	알뜰한, 검소한, 절약이 되는, 싼, 경제의, 경제적	económico(-a) 에꼬노미꼬(─까)
안약을 넣다	ponerse[echarse] colirio 뽀네르세[에차르세] 꼴리리오	알레르기, 과민성, 이상 과민성	alergia (f.) 알레르히아
안에, 안으로, (명사의 뒤에서) 속에, 속으로, 가운데에, 가운데로	adentro 아덴트로	알레르기의[에 관한], 알레르기성의, 알레르기 체질의, 이상 과민성의, 알레르기에 걸린 사람	alérgico(-a) (a.),(m.),(f.) 알레르히꼬(─까)
안전, 보장, 확실함, 확신, 신뢰	seguridad (f.) 쎄구리닫	알리다, 보고하다, 통지하다, 정보를 주다	informar 인포르마르
안전벨트	cinturón de seguridad (m.) 씬뚜론 데 쎄구리닫	알리다, 통지하다, 통보하다, 경고하다, 부르다	avisar 아비사르
안전벨트 착용 ((게시))	Abróchese el cinturón de seguridad 아보로체세 엘 씬뚜론 데 쎄구리닫	알리다, 통지하다, (방문을) 알리다, 광고하다	anunciar 아눈씨아르
		알림, 통보, 통지, 낌새, 징조, 징후, 주의, 경고, 경보	aviso (m.) 아비소
안전한, 위험이 없는, 확실한, 신뢰할 만한	seguro(-a) 쎄구로(─라)	알약, 정제	pastilla (f.)/píldora (f.)/tableta (f.)/(작은) comprimido (m.) 빠스띠야/ 삘도라/ 따블레따/ 꼼쁘리미도
안주를 먹다	tomar tapas 또마르 따빠쓰		
앉다, (어느 곳에) 정착하다	sentarse 쎈따르세	알약, 정제, ((속어)) 경구 피임약, ((속어)) 환각제, (둥글거나 네모난) 덩어리, 매우 작은 덩이	pastilla (f.) 빠스띠야
앉히다, 착석시키다	sentar 쎈따르		
알다, 알고 있다	conocer/saber 꼬노쎄르/ 싸베르 *conocer는 사람, 지역, 지식 등을 안다는 것이고, saber는 …한 사실을 안다는 뜻임. '저는 모릅니다' 라는 말은 일반적으로 'Yo no sé.'로 쓰임	알약, 환약, 정제, 환(丸), …정(錠), 경구 피임약, 알약처럼 생긴 것	píldora (f.) 삘도라
		알약, 정제, 환약	tableta (f.) 따블레따
		알코올음료; 술, 독주; 증류주(위스키, 브랜디, 럼주 등), 액체	licor (m.) 리꼬르
알다, 알고 있다, (+부정법)…할 줄 알다	saber 싸베르	알코올음료, 주류, 술	alcohol (m.) 알꼴
알다, 알고 있다, 경험하다, 맛보다	conocer 꼬노쎄르	암벽 등반	escalada en roca[paredes] (f.)/ 에스깔라다 엔 로까[빠레데스]

암소(hembra del toro), 쇠고기, 소고기(carne de vaca o buey)(다 자란 소의 질긴 고기. 보통의 쇠고기는 ternera)	vaca (f.) 바까	야구선수	jugador(-a) de béisbol (m.),(f.)/ beisbolista (m.),(f.) 후가도르(-라) 데 베이스볼/ 베이스볼리스따
암송아지, 송아지 고기	ternera (f.) 떼르네라	야구선수의 모자	gorra de un beisbolista (f.) 고라 데 운 베이스볼리스따
(동물) 암컷, 여성 (성별의 기입 등, 특히 여성인 것을 나타낼 때 사용)	hembra (f.) 엠브라 (cf.) 남성 varón (m.) 바론 ＊서류에 성별을 기입할 때, 특히 남성임을 나타내야 할 경우에 사용	야구장	campo de béisbol (m.) 깜뽀 데 베이스볼
암탉	gallina (f.) 가이나	야만성, 무지한 말[행동]	barbaridad (f.) 바르바리닫
압력, 기압, 혈압, (정신적인) 압박, 압력, 중압	presión (f.) 프레씨온	야영, 캠핑, 노영, 캠프, 야영지	campamento (m.) 깜빠멘또
압박, 압제, 압박감, 우울	opresión (f.) 오프레씨온	야채, 채소, 청과류	legumbre (f.) 레굼브레
(이마에 늘어뜨린) 앞머리	flequillo (m.) 플레끼요	(특히, 녹색 잎의) 야채, 채소	verdura (f.) 베르두라
앞에, 정면에, 전면에	delante 델란떼	약, 약제	medicamento (m.) 메디까멘또
(…의) 앞에	delante de 델란떼 데	약, 약품, 의학, 의료	medicina (f.) 메디씨나
앞에, 앞으로	avante/adelante 아반떼/ 아델란떼	약국	farmacia (f.)/ drug store (m.) 화르마씨아/ 드러그 스토어
앞에, 앞으로, 앞을 향해	al frente 알 프렌떼	약사, 약제사	farmacéutico(-a) (m.),(f.) 화르마쎄우띠꼬(-까)
(장소) 앞에, (시간) 조금 전에 (순서) 먼저	antes 안떼스	약속	prometido (m.)/ promesa (f.) 프로메띠도/ 프로메사
(자동차 등의) 앞 유리	parabrisas (m.) 빠라브리사스	(만날) 약속, 데이트, 랑데부, (진찰이나 면회 등의) 예약, 인용, 인용문	cita (f.) 씨따
앞의	anterior 안떼리오르	(주로 사람과 만나는) 약속, 서약, 언질, 약속, 타협, 타결	compromiso (m.) 꼼프로미소
압축된	comprimido(-a) 꼼쁘리미도(-다)	(누구와 만날) 약속을 하다	citar 씨따르
야간 파티, 밤샘, 철야, 야회, 밤 모임, 야간 공연, 야간 음악회, 야간 문학의 밤, 야간 스포츠 경기	velada (f.) 벨라다		
야구	béisbol (m.) 베이스볼		
야구를 하다	jugar al béisbol 후가르 알 베이스볼		

(누구와) 약속이 있다	tener una cita con alguien 떼네르 우나 씨따 꼰 알기엔	얇은	delgado(-a) 델가도(-다)
		양, 수량, 분량, 금액	cantidad (f.) 깐띠닫
약속하다, (장래가) 촉망되다, 전도유망하다	prometer 프로메떼르	(남자용의) 양말 (주로 복수)	calcetín (m.) 깔쎄띤 *calcetines (m.pl.) 깔쎄띠네스
약을 복용하다	tomar el medicamento 또마르 엘 메디까멘또	양말을 벗다	quitarse los calcetines 끼따르셀 로스 깔쎄띠네스
약을 처방하다	recetar[prescribir] un medicamento 레쎄따르[프레스크리비르] 운 메디까멘또	양말을 신고 있다	llevar los calcetines 예바를 로스 깔쎄띠네스
약하게[허약하게] 만들다	debilitar 데빌리따르	양말을 신다	ponerse[calzarse] los calcetines 뽀네르세[깔싸르세] 로스 깔쎄띠네스
약학의, 제약의, 조제의	farmacéutico(-a) (m.).(f.) 화르마쎄우띠꼬(-까)	양모, 양털	lana (f.) 라나
		양배추	berza (f.) 베르사
약해지다, 허약해지다, 쇠약해지다	debilitarse 데빌리따르세	양배추, 캐비지	col (m.) (coles (pl.)) 꼴 (복수: 꼴레스)
약혼	promesa de matrimonio (f.)/ palabra de matrimonio (f.)/ compromiso (matrimonial) (m.) 프로메사 데 마트리모니오/ 빨라브라 데 마트리모니오/ 꼼프로미소 (마트리모니알)	양복, 옷, 의복, (여성용의) 드레스, 원피스	traje (m.) 트라헤
		양복걸이	colgador (m.) 꼴가도르
		양복점	sastrería (f.)/ camisería (f.) 싸스트레리아 / 까미쎄리아
		양식	comida occidental (f.) 꼬미다 옥씨덴딸
약혼을 발표하다	anunciar compromiso de boda 아눈씨아르 꼼프로미소 데 보다	양쪽의, 쌍방의, (복수) 양쪽, 양자, 두 사람	ambos(-as) (a.),(pro.) 암보스(-바스)
		양지바른	soleado(-a) 쏠레아도(-다)
약혼하다	prometerse/ comprometerse 프로메떼르세/ 꼼프로메떼르세	양치질	gárgara (f.) 가르가라
		양치질, 양치질하다	gargarizar/gargarear/ hacer gárgaras 가르가리싸르/ 가르가레아르/ 아쎄르 가르가라스
약혼한, 약혼자	prometido(-a)/ comprometido(-a) (a.),(m.),(f.) 프로메띠도(-다)/ 꼼프로메띠도(-다)	양탄자, 융단, 태피스트리	tapiz (m.) 따삐쓰

양파	cebolla (f.) 쎄보야
양화점	zapatería (f.) 싸빠떼리아
애도, 조의, 조사	pésame (m.) 뻬사메
애정, 애착	cariño (m.) 까리뇨
애프터쉐이브로션	loción para después de afeitarse[del afeitado] (f.) 로씨온 빠라 데스뿌에쓰 데 아훼이따르세[델 아훼이따도]
(+a)(무엇의) 애호가, 팬, 아마추어	aficionado(-a) (m.),(f.) 아휘씨오나도(-다)
(주로 복수) 액세서리, 부속품, 도구	accesorio (m.) 악쎄쏘리오
액셀러레이터	acelerador (m.) 아쎌레라도르
액체	líquido (m.) 리끼도
액체의, 유동성이 있는	líquido(-a) 리끼도(-다)
어깨	hombro (m.) 옴브로
어깨 위로 늘어뜨린 머리털, (얼굴 옆, 특히 눈 위에) 늘어뜨린 머리털	melena (f.) 멜레나
어금니, 맷돌	muela (f.) 무엘라
어금니의, 맷돌의, 어금니	molar (a.),(m.) 몰라르
(미래의) 어느 날, 언제인가	algún día 알군 디아
어댑터	adaptador (m.) 아답따도르
어떤, 어느, 아무런, 얼마간의	alguno(-a) 알구노(-나) *부정형용사, 남성 단수 명사 앞에서 algún이 됨
어떤 것, 무엇인가	algo 알고
(부정 대명사) 어떤 것이라도, 어떤 사람이라도, 누구라도	cualquiera 꾸알끼에라
어떤 것이라도	cualquier cosa 꾸알끼에르 꼬사

(사람이) 어떤 나이로 보이다	representar 레쁘레쎈따르
어떤 사람, 누군가, 누가	alguien 알기엔
어떤 …이라도, 어느 것이라도 (좋은), 누구라도 (괜찮은)	cualquiera 꾸알끼에라 *단수명사 앞에서 'a'가 탈락한 형태인 'cualquier(꾸알끼에르)'가 됨
어떻게	cómo 꼬모
어두운	obscuro(-a) 옵스꾸로(-라)
어디, 어디에	dónde 돈데
어린, 미숙한, 어린이, 어린아이, 아동	niño(-a) (a.),(m.),(f.) 니뇨(-냐)
어린, 작은	chico(-a) 치꼬(-까)
어린 시절에, 유년기에	de pequeño(-a) 데 뻬께뇨(-냐)
어린이	niño(-a) (m.),(f.) 니뇨(-냐)
어린이, 소년, 소녀, (나이가 매우 많지 않은) 남자, 여자	chico(-a) (m.),(f.) 치꼬(-까)
(연극) 어릿광대역, 익살꾼	gracioso(-a) (m.),(f.) 그라씨오소(-사)
어머니, 모친	madre (f.) 마드레
(+a …에) 어울리다, 적당하다	convenir 꼰베니르
(~와) 어울리다	quedar bien (con ~)/ combinarse (con ~) 께다르 비엔 (꼰 ~)/ 꼼비나르세 (꼰 ~)
어제	ayer 아예르
어조, 말투, 말씨	tono (m.) 또노
어지간한, 상당한, (+para) (무엇에) 충분한, 제법, 어지간히, 상당히	bastante 바스딴떼
어패류	pescados y mariscos (m.pl.) 뻬쓰까도스 이 마리스꼬스

어학연수	curso de idiomas (m.) 꾸르쏘 데 이디오마스
억수처럼, 좍좍	a cántaros 아 깐따로스
(감정이나 정열 등을) 억제하다, 만류하다, 말리다, (돈을) 공제하다, 유지하다, 보유하다	retener 레떼네르
언, 동결된, 차게 한, 얼음을 넣은, 냉(冷)…	helado(-a) 엘라도(-다)
언니, 누나	hermana mayor [grande] (f.) 에르마나 마요르[그란데]
언덕	colina (f.) 꼴리나
언어, 혀	lengua (f.) 렝구아
언제	cuándo 꾸안도
언제나, 항상, 늘	siempre 씨엠쁘레
언제든, 언제라도	en cualquier momento 엔 꾸알끼에르 모멘또
언제인가, 어느 때, 어쩌다가, 가끔, 이따금	alguna vez 알구나 베스
얻다, 획득하다, 가지고 있다, 소유하다	obtener 옵떼네르
얻다, 취득하다, 획득하다, 타다, 받다, 벌다, 이기다	ganar 가나르
얻다, 획득하다, 달성하다, 성취하다	conseguir 꼰쎄기르
얻다, 획득하다, 취득하다, 사다, 구입하다	adquirir 아드끼리르
얼굴, 얼굴 생김새, 표정, 안색, 용모	cara (f.) 까라
얼굴의, 안면의, 얼굴용의, ((상업)) 액면의, (통화 등의) 표시 가격, 액면 가격	facial (a.),(m.) 화씨알
얼룩, 더러움, (몸의) 반점	mancha (f.) 만차
얼룩을 묻히다, 더럽히다, 명예[명성]을 더럽히다	manchar 만차르

얼룩이 지다, 때가 묻다, 더러워지다, (명예, 명성 혹은 체면이) 더러워지다, 더럽혀지다, 오점을 남기다	mancharse 만차르세
얼리다, 동결시키다, 오싹하게 만들다	helar 엘라르
얼마나, 얼마나 많은, 얼마만큼의, 몇 개의	cuánto 꾸안또
얼마나 자주	cada cuándo 까다 꾸안도
얼음	hielo (m.) 이엘로
얼음 넣은 청량 음료수, 빙수	granizado (m.) 그라니싸도
얼음물	agua con hielo (f.) 아구아 꼰 이엘로
얼음주머니	bolsa de hielo (f.) 볼사 데 이엘로
엄마	mama (f.) 마마
엄한, 엄격한, 심각한, 막대한, 가혹한, 혹한의, 혹서의	severo(-a) 쎄베로(-라)
엄히, 호되게, 엄격히	severamente 쎄베라멘떼
업무 차	de trabajo 데 트라바호
없애다, 제거하다, 치우다, 벗기다	quitar 끼따르
… 없이, … 없는, … 이외에, …은 계산에 포함시키지 않고, (+부정법)…하지 않고 (조건) …이 없이는, …이 없으면	sin 씬
엉덩이(의 한쪽)	nalga (f.) 날가 *양쪽 엉덩이는 nalgas (f.pl.) 날가스
여가, 한가한 시간	tiempo libre (m.) 띠엠뽈 리브레
여가, 레저, 자유 시간, 한가한 시간, 시간 보내기, 심심풀이	ocio (m.) 오씨오

한자사전

여가가 있다, 짬이 있다	tener tiempo libre[desocupado] 떼네르 띠엠쁠 리브레[데스오꾸빠도]
여가를 즐기다	gozar[disfrutar] del tiempo libre 고싸르[디스프루따르] 델 띠엠쁠 리브레
여권, 통행증	pasaporte (m.) 빠사뽀르떼
여권검사	control de pasaportes (m.) 꼰트롤 데 빠사뽀르떼스
여권번호	número de pasaporte (m.) 누메로 데 빠사뽀르떼
여권을 발급하다	expedir el pasaporte 엑쓰뻬디르 엘 빠사뽀르떼
여기, 이쪽에, 이곳에	aquí 아끼
여기로, 이쪽으로	por aquí 뽀르 아끼
여동생	hermana menor [pequeña] (f.) 에르마나 메노르[뻬께냐]
여러 가지의, 가지각색의, (복수) 여러 사람	vario(-a) (a.),(m.),(f.) 바리오(-아)
여러 가지 채소와 고기를 혼합한 요리	menestra (f.) 메네스트라
여러 번, 수차	varias veces 바리아스 베세쓰
여류 시인	poetisa (f.) 뽀에띠사
여름	verano (m.)/ estío (m.) 베라노/ 에스띠오
여름의	veraniego(-a)/ estival/ de(l) verano/ de(l) estío 베라니에고(-가)/ 에스띠발/ 데(델) 베라노/ 데(델) 에스띠오
여름휴가[방학]	vacaciones de verano (f.pl.)/ vacaciones estivales (f.pl.) 바까씨오네스 데 베라노/ 바까씨오네스 에스띠발레스
여름휴가를 떠나다	marcharse de vacaciones de verano 마르차르세 데 바까씨오네스 데 베라노
여명(黎明), 동틀 때	amanecer (m.) 아마네쎄르
여명(黎明), 동틀 때, 자정 이후부터 동트기 이전까지의 시간, 새벽	madrugada (f.) 마드루가다
여비, 여행비용	precio del viaje (m.) 쁘레씨오 델 비아헤
여송연, 시가, 엽궐련	cigarro (m.)/puro (m.) 씨가로/ 뿌로
여왕, 왕비	reina (f.) 레이나
여윈	flaco(-ca) 플라꼬(-까)
여자, 여성, 아내, 처	mujer (f.) 무헤르
여자 가장, 여자 주인, 여자 소유자	ama (f.) 아마
여자 배우	actriz (f.) 악트리스
여자의, 여성의, 여성다운, [문법] 여성	femenino(-a) (a.),(m.) 훼메니노(-나)
여자의, 여성다운, 여성의	femenil 훼메닐
여정, 여행 스케줄	itinerario (m.) 이띠네라리오
여행, 항해, 여로, 여행기	viaje (m.) 비아헤
여행, 관광 여행, (극단이나 음악가 등의) 순회공연, 투어	tour (m.) 뚜르

여행 가방, 슈트케이스	maleta (f.) 말레따	연고, 바르는 약, 고약	ungüento (m.) 운구엔또
여행사	agencia de viajes (f.)/ agencia de turismo (f.) 아헨씨아 데 비아헤스/ 아헨씨아 데 뚜리스모	연고, 포마드	pomada (f.) 뽀마다
		(자기 자신에게) 연고를 바르다	aplicarse un ungüento[una pomada] 아쁠리까르세 운 운구엔또[우 나 뽀마다]
여행사 직원	agente de viajes (m.),(f.) 아헨떼 데 비아헤스	연극, 극장	teatro (m.) 떼아트로
		연금(年金), 연구기금	pensión (f.) 뻰씨온
여행자 수표	cheque de viajero (m.)/ cheque de viaje (m.) 체께 데 비아헤로로/ 체께 데 비아헤	연기, 증기, 김, 수증기	humo (m.) 우모
		연례행사	acto anual (m.) 악또 아누알
여행지	sitio turístico (m.) 씨띠오 뚜리스띠꼬	연로한, 성인의, 연상의	mayor 마요르
여행 프로그램	programa de viaje[tour] (m.) 프로그라마 데 비아헤[뚜르]	연료, 가연성 물질, 가연성의, 타기 쉬운	combustible (a.),(m.) 콤부스띠블레
		연못	lago (m.) 라고
(+por) (어디를) 여행하다	viajar 비아하르	(인공의) 연못, 저수지	estanque (m.) 에스땅께
역, 정거장, 계절, 철, 시기	estación (f.) 에스따씨온	연설, 강연, 인사, 추론, 추리	discurso (m.) 디스꾸루쏘
역사박물관	museo de historia (m.) 무쎄오 데 이스또리아	연소성의, 발화성의, 타기 쉬운, 연료, 가연물, 가연성	combustible (a.),(m.) 꼼부스띠블레
역습하다, 반격하다	contraatacar 꼰트라아따까르	연습, 운동, 체조, 연습 문제	ejercicio (m.) 에헤르씨씨오
역시, 또한, …도, 그밖에, 게다가, 그리고 또	también 땀비엔	연습시키다, 훈련시키다, 행사하다, 발휘하다, 종사 하다	ejercitar 에헤르씨따르
연결, 접속, 환승	conexión (f.) 꼬넥씨온		
(+a) (무엇에) 연결시키다, 매다, 묶어 놓다, 결합[접합]하다	conectar 꼬넥따르	연안의, 해안의	costero(-a) 꼬스떼로(-라)
연결하다, 이어 맞추다, 구성하다, (분명하고) 똑똑히 발음하다	articular 아르띠꿀라르	연장, 접속, 연결, 접속점, 연결점, 접속방법	empalme (m.) 엠빨메
		연장자, 선배, 어른, 성인	mayor (m.),(f.) 마요르
연결 항공편	vuelo de conexión (m.) 부엘로 데 꼬넥씨온	(관(管) 등을) 연장하다, 잇다, 연결하다, 접속하다, (탈것이) 접속되다, 연결되다	empalmar 엠빨마르

연주하다, 켜다, 치다, 불다, (특히, 종을) 치다	tañer 따녜르
연필, 흑연	lápiz (m.) 라삐쓰
연하, 후배, 미성년자 (스페인에서는 18세 이하)	menor (m.),(f.) 메노르
연한, 부드러운	tierno(-a) 띠에르노(-나)
열, 줄, (극장의) 열	fila (f.) 휠라
(병에 의한) 열(熱), 열병, 열중, 열광	fiebre (f.) 휘에브레
열다	abrir 아브리르
열람실	sala de lectura (f.) 쌀라 데 렉뚜라
열리다	abrirse 아브리르세
열린, 공개된, 개방된, 펼쳐진, 솔직한	abierto(-a) 아비에르또(-따)
열쇠, 키	llave (f.) 야베
(문제 해결의) 열쇠, 비결, (암호의) 풀이, 코드	clave (f.) 끌라베
열쇠고리	llavero (m.) 야베로
열심, 열중, 열의, 헌신	celo (m.) 쎌로
열이 나다, 열이 있다	tener fiebre 떼네르 휘에브레
열이 높다	tener fiebre alta/ tener mucha fiebre 떼네르 휘에브레 알따/ 떼네르 무차 휘에브레
열이 (약간) 있다	tener (un poco de) fiebre 떼네르 (운 뽀꼬 데) 휘에브레
(무엇에) 열중하다, 빠지다, 전념하다, 몰두하다, 홀딱 빠지다, (무엇에) 전념하다, 몸을 바치다	darse 다르세
열차 운행 시간표, 기차 시간표, 기차 타임테이블	horario de trenes (m.) 오라리오 데 트레네스
얇은 금속판을 붙이다	enchapadar 엔차빠다르

염가의	de ganga/de rebajas/ de oferta/ de oportunidad/ barato(-a)/ de bajo precio/ del precio bajo 데 강가/ 데 레바하스/ 데 오훼르따/ 데 오뽀르뚜니닫/ 바라또(-따)/ 데 바호 쁘레씨오/ 델 쁘레씨오 바호
염색, 색, 염료	tinte (m.) 띤떼
염색, 물들이기	teñido (m.) 떼니도
염색된, 물들인	teñido(-a) 떼니도(-다)
염색하다	teñir/colorear 떼니르/ 꼴로레아르
((의학)) 염증, 인화, 발화	inflmación (f.) 인플라마씨온
((의학)) 염증을 일으키게 하다, 따끔따끔 아프게 하다	irritar 이리따르
염증을 일으키다, 불태우다, 흥분시키다, 노하게 하다, (감정이나 식욕 등을) 자극하다, 부추기다, 선동하다	inflamar 인플라마르
((의학)) 염증이 생기다, 붓다, 빨갛게 부어 오르다	inflamarse 인플라마르세
((의학)) 염증이 일어나다, (상처가) 따끔따끔 아프다	irritarse 이리따르세
엽서에 우표를 붙이다	franquear una postal 프랑께아르 우나 뽀스딸
영구적인, 상설의, 상임의, [구어] (머리를) 파마한	permanente 뻬르마넨떼
[나라] 영국	Inglaterra (f.) 잉그라떼라
영리한, 똑똑한, 머리 회전이 빠른, 영리한 사람, 머리 회전이 빠른 사람	listo(-a) (a.),(m.),(f.) 리스또(-따)

영면	eterno descanso (m.) 에떼르노 데스깐쏘
영수증, 수취, 수령, 응접실, 접견실	recibo (m.) 레씨보
영양을 주는	nutriente 누트리엔떼
영양이 되는, 영양가가 높은	nutritivo(-a) 누트리띠보(-바)
영양이 있는, 자양물의, 자양품의, 식물의, 먹을거리의, 식품의	alimenticio(-a) 알리멘띠씨오(-아)
영양이 풍부한	alimentoso(-a) 알리멘또소(-사)
영양 크림	crema nutritiva (f.) 크레마 누트리띠바
영업소, 출장소, 지점	agencia (f.) 아헨씨아
영업시간, 개장 시간	horario de atención al público (m.) 오라리오 데 아뗀씨온 알 뿌 블리꼬
영원한, 영구의, 영원불변의, 불후의	eterno(-a) 에떼르노(-나)
영혼, 혼(魂), 정신, 기분, 마음, 원기, 활력, 활기, 힘	ánimo (m.) 아니모
영화, 영화 작품, (사진의, 영화의) 필름	película (f.) 뻴리꿀라
영화, 필름	filme (m.) 휠메
영화 가이드북	guía de películas (f.) 기아 데 뻴리꿀라스
영화관	cine (m.)/cinema (m.)/ cinematógrafo (m.) 씨네/ 씨네마/ 씨네마또그라포
영화를 보다	ver un filme [una película] 베르 운 휠메[우나 뻴리꿀라]

영화를 상영하다	dar[echar/proyectar] la película 다르[에차르/프로엑따르] 라 뻴리꿀라
영화를 제작하다	producir una película 쁘로두씨르 우나 뻴리꿀라
영화를 촬영하다	rodar[filmar] la película 로다르[휠마르] 라 뻴리꿀라
영화 보러 가다, 극장에 가다	ir al cine 이르 알 씨네
영화의 길이	metraje (m.) 메트라헤
옆, 곁, 측면, 옆구리	lado (m.) 라도
(바로) 옆에	al lado 알 라도
…에게 잘 어울리다	quedar bien a …/ sentir bien a … 께다르 비엔 아 …/ 쎈띠르 비엔 아 …
…에 관하여, …에 대해서	sobre/ acerca de/ con respecto a/ respecto a 쏘브레/ 아쎄르까 데/ 꼰 레스뻭또 아/ 레스뻭또 아
에끼스(문자 x의 이름) 미지수, 미지의, 부정의	equis (a.),(f.) 에끼쓰
에메랄드	esmeralda (f.) 에스메랄다
에스까베체(생선과 다른 식료품을 보존하고 맛을 내기 위해, 끓인 올리브유, 와인이나 식초, 월계수 잎과 다른 재료로 만든 소스), 에스까베체에 보존된 식료품	escabeche (m.) 에스까베체
에스컬레이터	escalera mecánica (f.) 에스깔레라 메까니까
에어컨, 냉난방장치	aire acondicionado (m.) 아이레 아꼰디씨오나도
…에 의해, …에 따라서, …에 의하면	según 쎄군

엔진, 모터	motor (m.) 모또르	예상, 예측, 예보, 조짐, 전조, ((의학)) 예후	pronóstico (m.) 프로노스띠꼬
엔진 오일	aceite del motor (m.) 아쎄이떼 델 모또르	예상, 예측, 예지	pronosticación (f.) 프로노스띠까씨온
엘리베이터	ascensor (m.) 아스쎈소르	예상, 예측, 예방, 예방 대책, 예방 조치, 예지, 선견, 예견	previsión (f.) 프레비씨온
엘피(LP)판	disco LP (m.) 디스꼬 엘레뻬	예술, 미술, 기술, 기예, (집합명사) 미술 작품	arte (m.),(f.) 아르떼
엠빠나다(고기, 생선, 채소 등을 밀가루 반죽에 채워 넣어 오븐에 찐 만두의 일종)	empanada (f.) 엠빠나다	예술의, 예술에 관한, 예술적인, 미술의, 미술에 관한	artístico(-a) 아르띠스띠꼬(-까)
예금, 예치물, 공탁금, 보증금	depósito (m.) 데뽀씨또	예술품	objeto artístico (m.) 옵헤또 아르띠스띠고
예금 계좌	cuenta de depósito (f.) 꾸엔따 데 데뽀씨또	예약	reservación (f.)/ reserva (f.) 레쎄르바씨온/ 레쎄르바
예금하다, 맡기다, 위임하다, (신뢰, 기대, 예정 등을) 두다, 걸다, 놓다, 얹다, 넣다	depositar 데뽀씨따르	예약금	adelanto (m.) 아델란또
((의학)) 예리하고 가는 도구[무기]에 의한 상처	herida punzante (f.) 에리다 뿐싼떼	예약된, ((표시)) 예약석	reservado(-a) (a.),(m.) 레쎄르바도(-다)
예매권	billete vendido con anticipación (m.) 비예떼 벤디도 꼰 안띠씨빠씨온	예약하다	reservar/ hacer una reserva/ hacer una reservación 레쎄르바르/ 아쎄르 우나 레쎄르바/ 아쎄르 우나 레쎄르바씨온
예방접종증명서	certificado de vacuna (m.) 쎄르띠휘까도 데 바꾸나	예언, 예지, 예보	predicción (f.) 프레딕씨온
예보, 전진, (운동) 공격	avance (m.) 아반쎄	예언하다, 예지하다, (무엇을) 예보하다	predecir 프레데씨르
예쁜, 귀여운, 고운, 아름다운	bonito(-a) 보니또(-따)	예의범절, 에티켓, 의례, 의식, 라벨, 명찰	etiqueta (f.) 에띠께따
예쁜, 고운, 아름다운, 귀여운, 사랑스러운	lindo(-a) 린도(-다)	오는, (주, 달, 해 등이) 다음의	entrante 엔트란떼
(특히, 아이나 작은 물건이) 예쁜, 귀여운, 고운	mono(-a) 모노(-나)	오늘의 수프	sopa del día (f.) 쏘빠 델 디아
예산, 견적, 예상, 상상, 상정, 가정	presupuesto (m.) 쁘레쑤뿌에스또	오다, 다가오다, 찾아오다	venir 베니르

오데콜론	agua de colonia (f.) 아구아 데 꼴로니아	오직, 다만, 단지, …만, …뿐, …밖에	solo 쏠로
오드뚜왈렛	agua de tocador (f.) 아구아 데 또까도르	오직, 다만, …뿐, 단지 …뿐, …만	solamente 쏠라멘떼
오디오 가이드	audioguía (f.) 아우디오기아	오직, 단지, …뿐, … 밖에,… 이상이 아닌, … 밖에 안 되는	no más 노 마쓰
오래된 상처	herida vieja (f.) 에리다 비에하	오징어	calamar (m.) 깔라마르
오랜, 낡은, 옛날의, 오래 전부터 존재한[있는]	antiguo(-a) 안띠구오(-아)	오페라	ópera (f.) 오뻬라
오렌지	naranja (f.) 나랑하	오픈티켓	billete abierto (m.) 비예떼 아비에르또
오렌지 주스, 오렌지 즙	jugo[zumo] de naranja (m.) 후고[쑤모] 데 나랑하	오해	malentendido (m.) 말엔뗀디도
(+a) (탈것에)오르다, (+a) …에 오르다, 올라 가다, 상승하다, 들어 올리다, 날라 올리다, 쳐들다	subir 쑤비르	오해하다	malinterpretar 말인떼르프레따르
		옥도정기	tintura de yodo (f.) 띤뚜라 데 요도
오르다, 상승하다, 승진하다	ascender 아스쎈데르	(건물의) 옥상, 테라스, (카페, 바, 식당 등의 앞에 손님들이 노천에 앉도록 만들어 놓은) 테라스	terraza (f.) 떼라사
오른손, 오른쪽, 우측	derecha (f.) 데레차		
오른쪽에[으로]	a la derecha 알 라 데레차	온도, 기온, 체온	temperatura (f.) 뗌뻬라뚜라
오른쪽의, 우측의	derecho(-a) 데레초(-차)	온도계, 체온계	termómetro (m.) 떼르모메트로
오름, 상승	ascensión (f.) 아스쎈씨온	온돌방	habitación "ondol" (f.) 아비따씨온 "온돌"
오믈렛, 또르띠야	tortilla (f.) 또르띠야	온종일	todo el día 또도 엘 디아
(요리용의) 오븐, 레인지	horno (m.) 오르노	온천의	termal 떼르말
오싹하게 하다, 소름 끼치게 하다, 오싹하다, 소름끼치다	escalofriar 에스깔로프리아르	온천장	estación termal (f.) 에스따씨온 떼르말
		온화한, 부드럽고 순한, 유한, 감촉이 부드러운	suave 쑤아베
오이	pepino (m.) 뻬뻬노	올, 장래의, 계승할, 후계자, 계승자, 자손, 후대	venidero(-a) (a.),(m.) 베니데로(-라)
오일, 기름, 석유	aceite (m.) 아쎄이떼		

올리기, 세우기, 기상, 일어나기, 봉기, 궐기	levantamiento (m.) 레반따미엔또	(자동차의) 와이퍼	limpiaparabrisas (m.) 림삐아빠라브리사스
올리다, 높게 하다, 높이다, 일으키다, 일으켜 세우다	levantar 레반따르	와인, 포도주	vino (m.) 비노 (cf.) 레드/화이트 와인 vino tinto/blanco 비노 띤또/블랑꼬
올리브 (열매)	aceituna (f.)/oliva (f.) 아쎄이뚜나/올리바	와인 리스트	lista de vinos (f.) 리스따 데 비노스
올리브 (나무)	olivo (m.)/oliva (f.) 올리보/올리바	와플	gofre (m.) 고프레
올리브유	aceite de oliva (m.) 아쎄이떼 데 올리바	(스키용의) 왁스	pasta (f.) 빠스따
옷	ropa (f.)/traje (m.)/ vestido (m.)/ prenda (f.) 로빠/트라헤/베스띠도/ 쁘렌다	완벽하게	perfectamente 뻬르훽따멘떼
		완벽한, 완전한	perfecto(-a) 뻬르훽또(-따)
옷, 의복, 양복, (여성용의) 드레스, 원피스	traje (m.) 트라헤	완수하다, 수행하다, 실행 하다, 이행하다, 달성하다	cumplir 꿈쁠리르
옷, 의복, 의류	ropa (f.) 로빠	완숙란	huevo duro (m.) 우에보 두로
옷, 의복, 의류	prenda (f.) 쁘렌다		
옷, 의복, 의류, (여자들의) 드레스, 원피스	vestido (m.) 베스띠도	완전한, (구성 요소가) 전부 있는, 만원의	completo(-a) 꼼쁠레또(-따)
옷을 입다, (어떤) 복장 [옷차림]을 하고 있다	vestirse 베스띠르세	완전한, 완벽한, 전체의	total 또딸
		완전히, 전(면)적으로	totalmente 또딸멘떼
옷을 입은	vestido(-a) 베스띠도(-다)	완전히	del todo 델 또도
옷을 입히다, 옷을 입다, 옷을 입고 있다	vestir 베스띠르	완전히, 전부, 아무것도 부족함이 없이	completamente 꼼쁠레따멘떼
(옷가게의) 옷 입어보는 곳, 탈의실	probador (m.) 프로바도르	완화되다, 긴장이 풀리다	relajarse 렐라하르세
		왕, 국왕, 임금	rey (m.) 레이
옷장, 벽장, 양복장, 찬장, 선반	armario (m.) 아르마리오	왕궁, 궁, 궁궐, 궁전, 대궐	palacio (m.) 빨라씨오
		왕복	ida y vuelta 이다 이 부엘따
옻	barniz (m.)/laca (f.) 바르니스/라까	왕복표, 왕복 승차권	billete de ida y vuelta (m.) 비예떼 데 이다 이 부엘따
와이셔츠, 셔츠	camisa (f.) 까미사		

왕진	consulta a domicilio (f.) 꼰쑬따 아 도미씰리오
왜?	¿Por qué? 뽀르 께?
요구르트	yogur (m.) 요구르
요구하다, 청구하다, (권리 등을) 주장하다	reclamar 레끌라마르
요구하다, 요청하다, 청구하다, 질문하다, 묻다	demandar 데만다르
요금, 가격	tarifa (f.) 따리화
(주로 복수) 요금, 법정 요금, 수수료; 세금	derecho (m.) 데레초
요금 수신인 지불 통화, 콜렉트 콜	llamada[conferencia] a cobro revertido (f.) 야마다[꼰훼렌씨아] 아 꼬브로 레베르띠도
요금을 상대편 지불로 전화하다	hacer una llamada telefónica a cobro revertido 아쎄르 우나 야마다 뗄레포니 까 아 꼬브로 레베르띠도
요금 후납[수취인 지불]	a franquear en destino 아 프랑께아르 엔 데스띠노
요리, 요리법, 주방, 부엌	cocina (f.) 꼬씨나
요리하다, 조리하다	cocinar 꼬씨나르
요약, 개요, 적요, 개론, 개설, 개론서, 개설서	resumen (m.) 레수멘
요점	punto esencial (m.) 뿐또 에쎈씨알
요즈음	(en) estos días (엔) 에스또스 디아스
요컨대, 요약하면	en resumen 엔 레수멘
요트	yate (m.) 야떼
요트, 돛대가 하나인 소형 범선	balandro (m.) 발란드로

욕실	cuarto de baño (m.) 꾸아르또 데 바뇨
욕실, 화장실	baño (m.) 바뇨
욕실 딸린 방	habitación con baño (f.) 아비따씨온 꼰 바뇨
용감한, 용기 있는, 용감한 사람	valiente (a.),(m.),(f.) 발리엔떼
용감한, 용맹한, 좋은, 우수한, 뛰어난, 훌륭한	bravo(-a) 브라보(-바)
용서	perdón (m.) 뻬르돈
용서하다	perdonar/disculpar/ excusar 뻬르도나르/ 디스꿀빠르/ 엑 쓰꾸사르
용암, 화산암	lava (m.) 라바
용지, 신청서	formulario (m.) 포르물라리오
외과	cirugía (f.) 씨루히아
외과의사	cirujano(-a) (m.),(f.)/ médico(-a) cirujano(-a) (m.),(f.) 씨루하노(-나)/ 메디꼬(-까) 씨루하노(-나)
외국	extranjero (m.) 엑스트랑헤로
외국의, 외국에서 온, 외국 제품의	extranjero(-a) 엑스트랑헤로(-라)
외국인	extranjero(-a) (m.),(f.) 엑스트랑헤로(-라)

외국인등록증	tarjeta de registro de extranjero (f.) 따르헤따 데 레히스트로 데 엑스트랑헤로
(주로 복수) 외국환, 외국환어음, 외국 통화, 외화	divisa (f.) 디비사
외국환을 교환하다, 외화를 교환하다	cambiar en divisas 깜비아르 엔 디비사스
외치다, 소리치다, 소리를 크게 지르다	gritar 그리따르
외투, 오버코트, 오버	abrigo (m.)/ gabán (m.) 아브리고/ 가반
외투, 바바리코트, 비옷	sobretodo (m.) 쏘브레또도
(몸의) 외형, 모습, 형체, 자태, 체형, 얼굴	figura (f.) 휘구라
외화(外貨)	divisas extranjeras (f.pl.)/ moneda extranjera (f.) 디비사스 엑쓰트랑헤라스/ 모네다 엑쓰트랑헤라
외화교환증명서	certificado para cambio de moneda extranjera (m.) 쎄르휘까도 빠라 깜비오 데 모네다 엑쓰트랑헤라
외환 교환	cambio de divisas (m.) 깜비오 데 디비사스
왼손, 왼쪽, 왼쪽 방향	izquierda (f.) 이스끼에르다
왼쪽에[으로]	a la izquierda 알 라 이스끼에르다
왼쪽의, 좌측의	izquierdo(-a) 이스끼에르도(-다)
우기(雨期)	temporada [estación/época]

	de (las) lluvias (f.)/ temporada[estación/época] lluviosa (f.) 뗌뽀라다[에스따씨온/에뽀까] 데 (라스) 유비아스/ 뗌뽀라다[에스따씨온/에뽀까] 유비오사
우대권, 초대권	billete de favor (m.) 비예떼 데 화보르
우박	granizo (m.) 그라니소
우박이 내리다	granizar 그라니사르
우산	paraguas (m.) 빠라구아스
우아한, 기품 있는, 품위 있는, (하는 짓이) 멋진, 근사한, 훌륭한	elegante 엘레간떼
우아한, 빼어난, 뛰어난, 훌륭한, 유행의	chic 치크
우아한, 품위 있는, 사랑스러운, 익살이 넘치는, 무료의, 무상의, 공짜의	gracioso(-a) 그라씨오소(-사)
우울한, 울적한	melancólico(-a) 멜랑꼴리꼬(-까)
우유, 젖	leche (f.) 레체
유유부단한, 결단력이 없는	irresoluto(-a) 이레쏠루또(-따)
우유부단한, 결단성이 없는, 아직 결정을 내리지 못한	indeciso(-a) 인데씨소(-사)
우체국	oficina[casa] de correos (f.) 오휘씨나[까사] 데 꼬레오스
우체국에 가다	ir a correos 이르 아 꼬레오스
우체통, (각 가정의) 우편함	buzón (m.) 부쏜
우체통	buzón de correos (m.) 부쏜 데 꼬레오스

(편지를) 우체통에 넣다	echar (una carta) al correo/al[en el] buzón 에차르 (우나 까르따) 알 꼬레오/알[엔 엘] 부쏜	우표를 붙이다	pegar el sello 뻬가르 엘 쎄요
우편, 우편물, 우체통, (복수) 우체국	correo (m.) 꼬레오	우화(雨靴), 고무장화	botas de agua [lluvia/goma] (f.pl.) 보따스 데 아구아[유비아/고마]
우편낭	bolsa del cartero (f.) 볼사 델 까르떼로	우회 도로, 우회로, 돌아서 가는 길	rodeo (m.) 로데오
우편물을 보내다	despachar el correo 데스빠차르 엘 꼬레오	우회전하다	girar a la derecha 히라르 알 라 데레차
우편번호	código postal (m.) 꼬디고 뽀스딸	우회하다, 돌아서가다	dar un rodeo 다르 운 로데오
우편번호부	guía de códigos postales (f.) 기아 데 꼬디고스 뽀스딸레스	운, 운명, 숙명	destino (m.) 데스띠노
		운, 행운, 운명	suerte (f.) 수에르떼
우편엽서	tarjeta postal (f.)/ postal (f.) 따르헤따 뽀스딸/ 뽀스딸	운동 가방, 스포츠 백	bolsa de deportes (f.) 볼사 데 데뽀르떼스
우편 요금, 우편 요금 지불, 통로 개방, 길을 엶	franqueo (m.) 프랑께오	운동의[에 관한], 스포츠의[에 관한]	deportivo(-a) 데뽀르띠보(–바)
우편요금을 지불하다, 우표를 붙이다, 개방하다, (장애 등을) 극복(克服)하다	franquear 프랑께아르	운동장, 경기장, (축구 등의) 필드, (테니스 등의) 코트	campo (m.) 깜뽀
(무엇을) 우편으로 보내다	enviar algo por[al] correo 엔비아르 알고 뽀르[알] 꼬레오	운동화, 실내화, 슬리퍼, 가볍고 바닥이 얇은 구두[신]	zapatilla (f.) 싸빠띠야
		운반, 운송, 운임, 운송료	porte (m.) 뽀르떼
우편의, 우편에 관계된	postal 뽀스딸	운송, 수송, 운임, 운송료, 수송 기관	transporte (m.) 트란스뽀르떼
우편집배원, 집배원	cartero(-a) (m.),(f.) 까르떼로(–라)		
(걸어 다니는) 우편집배원, 우체부	peatón (m.) 뻬아똔	운이 좋다	tener suerte 떼네르 수에르떼
우표, 증지, 인지, 도장, 인장	sello (m.) 쎄요	운임	pasaje (m.)/tarifa (f.) 빠사헤/ 따리파
우표	sello (de correo) (m.)/ sello postal (m.) 쎄요 (데 꼬레오)/ 쎄요 뽀스딸	(여객) 운임, 요금, 선임, 항공료, (여행의) 표, 승선권, 승차권	pasaje (m.) 빠사헤
		운전, 지휘, 지도, 전도, (집합명사) 관(管), 도관, 배관	conducción (f.) 꼰둑씨온
		(자동차의) 운전기사, 운전하는 사람, 운전자	chófer (m.),(f.) 초페르

운전 면허증	permiso de conducción [conducir] (m.)/ carnet [carné (m.)/ licencia (f.)] de conducir[conductor] (m.)/((쿠바)) licencia de conducción (f.) 뻬르미소 데 꼰두씨온[꼰두씨르]/ 까르넷[까르네/리쎈씨아] 데 꼰두씨르[꼰둑또르]/ 리쎈씨아 데 꼰둑씨온
운전하는, 지도하는, 전도하는 운전수, 지도자, 지휘자	conductor(-a) (m.),(f.) 꼰둑또르(-라)
운전하다, 운송하다, 지휘하다, 통솔하다, 통하다	conducir 꼰두씨르
운하	canal (m.) 까날
울다, 눈물을 흘리다	llorar 요라르
울렁거리다	nausear/sentir náusea/tener ganas de vomitar 나우세아르/ 쎈띠르 나우세아/ 떼네르 가나스 데 보미따르
울리다, 귀가 울리다, 놀리다, 야유하다	zumbar 쑴바르
(시계나 기계가) 움직이다, 운전하다	andar 안다르
(배를) 움직이다, 조종하다, 화나게[성나게] 하다, 귀찮게 하다, 괴롭히다, 성가시게 하다, 어지럽게 하다	marear 마레아르
움직이다, 위치를 옮기다, 이동시키다, (누구의) 마음을 움직이다	mover 모베르
움직이다, 흔들리다	moverse 모베르세
움직이지 않는, 평안한, 평온한, 침착한	quieto(-a) 끼에또(-따)
(고장 등으로) 움직이지 않다, 고장이 나다, (교통이나 통행이) 봉쇄되다, 방해되다, 막히다	bloquearse 블로께아르세
움직일 수 있는, 스스로 움직이는, 이동성의	móvil 모빌
움직일 수 있는, 옮길 수 있는, 동산의, 가구, 세간, 가장 집물, 비품	mueble (a.),(m.) 무에블레
(근육이나 관절 등의) 움직임을 나쁘게 하다, 부자유스럽게 하다, 마비시키다, 저리게 만들다	entumecer 엔뚜메쎄르
움푹 패인 곳, 구덩이, 굴, 동공(洞空), 강(腔)	cavidad (f.) 까비닫
웃다	reir 레이르
웃옷, 상의	chaqueta (f.) 차께따
웅대한, 장대한	grandioso(-a) 그란디오소(-사)
워셔액	líquido para limpiaparabrisas (m.) 리끼도 빠랄 림삐아빠라브리사스
원문, 원전, 원서, (회화나 사진의) 본인, 모델, 실물, (법) 원본	original (m.) 오리히날
원산지 증명서	certificado de origen (m.) 쎄르띠휘까도 데 오리헨
원피스	vestido (de una pieza) (m.) 베스띠도 (데 우나 삐에사)
원하다, 바라다	desear 데쎄아르
원하다, 바라다, 좋아하다, 사랑하다	querer 께레르
(여자들의) 월경	mala semana (f.) 말라 쎄마나
월계수	laurel (m.) 라우렐
월부를 지불하다	pagar una cuota 빠가르 우나 꾸오따

월부 판매	venta por cuota mensual (f.) 벤따 뽀르 꾸오따 멘쑤알
월세	alquiler mensual (m.) 알낄레르 멘쑤알
웨딩드레스, 신부복	vestido[traje] de novia/ ropa[vestido] de boda 베스띠도[트라헤]데 노비아/ 로빠[베스띠도] 데 보다
웨이터, 종업원	camarero(-a) (m.),(f.) 까마레로(−라)
웨이트 트레이닝	entrenamiento con pesas (m.) 엔트레나미엔도 꼰 뻬사스
유감스러움, 불쌍히 여김, 동정, 비참함, 슬픔	lástima (f.) 라스띠마
유교(儒敎)	confucianismo (m.) 꼰후씨아니스모
유교의, 공자의, 유교도, 유학자	confuciano(-a) (a.),(m.),(f.) 꼰후씨아노(−나)
유대교	judaísmo (m.) 후다이스모
유대인, 히브리 사람	judío(-a) (m.),(f.) 후디오(−아)
유대인의, 히브리의	judaico(-a) 후다이꼬(−까)
유동, 유출, 흘러넘침, 밀물	flujo (m.) 플루호
유람선	barco de excursión (m.)/ lancha de excursión (f.)/ barco de recreo (m.)/ lancha de recreo (m.)/ crucero turístico (m.)/ 바르꼬 데 엑쓰꾸르씨온/ 란차 데 엑쓰꾸르씨온/ 바르꼬 데 레크레오/ 란차 데 레크레오/ 크루쎄로 뚜리스띠꼬
유령, 도깨비, 환영, 환각, 죽은 사람의 환영	fantasma (f.) 환따스마
유로, 유로화 (유럽 연합 국가들의 통화 단위)	euro (m.) 에우로
유료도로	carretera de peaje (f.) 까레떼라 데 뻬아헤
유류세	cargo por combustible (m.) 까르고 뽀르 꼼부스띠블레
유리제품	cristalería (f.) 크리스딸레리아
유머, 익살, 해학, 기분, 마음, 기질, 성미	humor (m.) 우모르
유머 감각	sentido del humor (m.) 쎈띠도 델 우모르
유명한, 이름난, 유명인, 저명인사	famoso(-a) (a.),(m.),(f.) 화모소(−사)
(주로 복수) 유물, (주로 복수) 유적, 족적, 발자국, 흔적, 자국	vestigio (m.) 베스띠히오
유성 영화	película sonora (f.) 뻴리꿀라 쏘노라
유스호스텔	albergue juvenil (m.) 알베르게 후베닐
유실물 보관소 [분실물 취급소]	oficina de objetos perdidos (f.) 오휘씨나 데 옵헤또스 뻬르디도스
유실물 센터	centro de objetos perdidos (m.) 쎈트로 데 옵헤또스 뻬르디도스

유실물 신고서	formulario de objetos perdidos (m.) 포르물라리오 데 옵헤또스 뻬르디도스	유행하다	estar de moda 에스따르 데 모다
유연한	blando(-a) 블란도(-다)	유효기간	plazo de validez (m.) 쁠라소 데 발리데쓰
유원지	parque de atracciones (m.) 빠르께 데 아트락씨오네스	유효기간, 유효 날짜, 노쇠, 소멸, 실효	caducidad (f.) 까두씨닫
유일의, 혼자의, 단독의, 독주의, 독창의, (커피가) 블랙의	solo(-a) 쏠로(-라)	(법률적으로) 유효하게 하다	validar 발리다르
		유효한, 통용하는	válido(-a) 발리도(-다)
유적	ruinas (f.pl.) 루이나스	육교	viaducto (m.)/paso elevado (m.)/puente de ferrocarril elevado (m.)/pasarela (f.)/pasadero (m.) 비아둑또/ 빠소 엘레바도/ 뿌엔떼 데 훼로까릴 엘레바도/ 빠사렐라/ 빠사데로
유지(乳脂), 생크림	nata (f.) 나따		
유지, 보지(保持), 양육, 부양	mantenimiento (m.) 만떼니미엔또		
유지하다, 보존하다, 양육 하다, 부양하다, (행위를) 계속하다, 그치지 않다	mantener 만떼네르		
		육지	tierra (f.) 띠에라
유창하게, 막힘없이, 술술, 줄줄	de corrido 데 꼬리도 관 유창하게 말하다 hablar de corrido 아블라르 데 꼬리도	융숭한 접대를 받다, 환대를 받다,	recibir hospitalidad 레씨비르 오스삐딸리닫
		(누구를) 융숭히 접대하다	dar hospitalidad a alguien 다르 오스삐딸리닫 아 알기엔
유채꽃	flor de colza (f.) 플로르 데 꼴사	위(胃)	estómago (m.) 에스또마고
(액체의) 유출[유입]을 막다, (특히) 지혈시키다	restañar 레스따냐르	위가 (체한 듯) 트릿하다 [거북하다]	sentir pesadez de estómago 쎈띠르 뻬사데스 데 에스또마고
유통 기한, 유효 기한, 사용 기한, 만료일, 유효일	fecha de caducidad (f.) 훼차 데 까두씨닫		
		위경련	convulsión estomacal (f.) 꼰불씨온 에스또마깔
유턴, 방향 변경, U자형 선회	cambio de sentido (m.) 깜비오 데 쎈띠도	위로, 위안	consuelo (m.) 꼰쑤엘로
유턴하다	cambiar de sentido 깜비아르 데 쎈띠도	위로, 위에, 위쪽으로, 위에서	arriba 아리바
유행, 패션	moda (f.) 모다	위생의, 위생적인	higiénico(-a) 이히에니꼬(-까)
유행에 뒤떨어진	pasado(-a) de moda 빠사도(-다) 데 모다		
유행의	de moda 데 모다	위스키	whisky (m.) 위스끼

한국어	스페인어	한국어	스페인어
위엄 있는, 장엄한	majestuoso(-a) 마헤스뚜오소(-사)		bancario[de banco] (m.),(f.) 엠쁠레아도(-다) 방까리오[데 방꼬]
((의학)) 위염	gastritis (f.) 가스트리띠스	은행의[에 관한], 은행업의[에 관한]	bancario(-a) 방까리오(-아)
위(胃)의	estomacal 에스또마깔		
위임받은, 대표의, 대표, 대표자, 위임받은 사람	delegado(-a) (a.),(m.),(f.) 델레가도(-다)	(목적) …을 위해, (관여) …에 대해, (대비, 비교) …에 비해	para 빠라
위장약	medicina gastrointestinal (f.) 메디씨나 가스트로인떼스띠날	음료, 마실 것	bebida (f.) 베비다
		음료, 마실 것, 유동식, 액체	líquido (m.) 리끼도
위치한, 있는	situado(-a) 씨뚜아도(-다)	(조리한) 음식, 먹을거리, 식량, 식품, 음식물, 요리, 식사	comida (f.) 꼬미다
위험	peligro (m.) 뻴리그로	음악, 악곡, 곡, 악보, 악단, 밴드	música (f.) 무씨까
위험, 재해	riesgo (m.) 리에스고		
위험 표지판	señal de aviso (f.)/ señal de alerta (f.) 쎄냘 데 아비소/ 쎄냘 데 알레르따	음악의, 음악가, 악사, 악단원, 연주가, 연주자	músico(-a) (a.),(m.),(f.) 무씨꼬(-까)
		음악의, 음악적인, 뮤지컬의, (연극·영화) 뮤지컬	musical (a.),(m.) 무씨깔
윈드서핑	surfing con aire (m.) 쑤르휭 꼰 아이레	음악의 밤	velada de música (f.) 벨라다 데 무씨까
은, 은화	plata (f.) 쁠라따	음악회, 연주회, 콘서트	concierto (m.) 꼰씨에르또
은퇴, 퇴직, 은거	retiro (m.) 레띠로		
은퇴하다, 퇴직하다, 은둔하다	retirarse 레띠라르세	음(音)의, 소리의, 소리를 내는, 울리는, 울려퍼지는	sonoro(-a) 쏘노로(-라)
은행, 벤치, 긴 의자	banco (m.) 방꼬	응급처치	primeros auxilios (m.pl.) 쁘리메로스 아욱씰리오스
(집합명사) 은행; 은행업, 은행 업무, 나무 벤치	banca (f.) 방까		
은행 간 대체(對替), 은행 지로[지로 제도]	transferencia bancaria (f.) 트란스훼렌씨아 방까리아	응원 도구	instrumento para animar (m.) 인스트루멘또 빠라 아니마르
은행 계좌를 열다/닫다	abrir/cerrar una cuenta bancaria 아브리르/쎄라르 우나 꾸엔따 방까리아	응원하다 (선수 등을)	animar 아니마르
		응접실, 큰 방, 거실	sala (f.) 쌀라
		의견, 견해, 생각	opinión (f.) 오삐니온
은행 예금 통장	libreta bancaria (f.) 리브레따 방까리아	의견, 생각, 판단	parecer (m.) 빠레쎄르
은행원	empleado(-a)		

의견[견해, 조언]을 구하다, 상담하다, 진찰을 받다	consultar 꼰쑬따르
의도하다, 기도하다, (+부정법)(…할) 작정이다, (…하려고) 생각하다	intentar 인뗀따르
의뢰, 부탁, 위임, 사명, 주문	encargo (m.) 엔까르고
(학교 등의) 의무실, 병실	enfermería (f.) 엔훼르메리아
의사	médico(-a) (m.),(f.)/ doctor (m.) 메디꼬(-까)/ 독또르
의사당	parlamento (m.) 빠를라멘또
의식, 감각, 감각기능, 의미, 뜻	sentido (m.) 쎈띠도
의식, 자각, 양심, 도의심	conciencia (f.) 꼰씨엔씨아
의식, 지각, 앎, 알고 있는 일, 지식, 인식; 이해력, 판단력	conocimiento (m.) 꼬노씨미엔또
의식을 잃다	perder la conciencia [el sentido/el conocimiento] 뻬르데를 라 꼰씨엔씨아 [엘 쎈띠도/엘 꼬노씨미엔또]
의식을 회복하다	recobrar el sentido 레꼬브라르 엘 쎈띠도
의심, 의혹, 회의, 의문, 의문점	duda (f.) 두다
의심의 여지없이, 아주 명백히	fuera de duda 후에라 데 두다
(무엇을) 의심하다, 추측하다, 혐의를 두다	sospechar 쏘스뻬차르
의욕, 욕망, 식욕	gana (f.) 가나
…의 위에	sobre 쏘브레

의자	silla (f.) 씨야
의혹, 의심, 의심스러움, 혐의	sospecha (f.) 쏘스뻬차
이, 치아	diente (m.) 디엔떼
이	este(esta) 에스떼(에스따)
(신 물질이나 불쾌감 등에 의한) 이가 솟는 듯한 느낌, 시기, 질투, 선망, ((구어)) 갈망	dentera (f.) 덴떼라
이가 아프다, 이앓이를 하다	tener dolor de muela/ doler (a uno) la muela/ doler las muelas/ doler los dientes 떼네르 돌로르 데 무엘라/ 돌레르 (아 우노) 라 무엘라/ 돌레를 라스 무엘라스/ 돌레를 로스 디엔떼스
이것	este(=éste) (m.)/ esta(=ésta) (f.) 에스떼/ 에스따
이것, 이곳	esto 에스또
이 근처[부근]에	por aquí cerca 뽀르 아끼 쎄르까
이기다, 극복하다, 이겨내다, (적을) 타파하다, (감정 등을) 억제하다, 억누르다	vencer 벤씨르
(전쟁이나 승부 등을) 이기다, (누구에게) 이기다	ganar 가나르
이동, 이전, 옮기기, 양도, 대체, 지로	transferencia (f.) 트란스훼렌씨아
이동시키다, 옮기다, 이전하다, 대체하다, 송금하다	transferir 트란스훼리르
이등석	asiento de segunda clase (m.) 아씨엔또 데 쎄군다 끌라세

이류, 이급	segunda clase (f.) 쎄군다 끌라세	이쑤시개	mondadientes (m.) 몬다디엔떼스
이륙	despegue (m.) 데스뻬게	이슬람교, 마호메트교, 회교	islamismo (m.) 이슬라미스모
이륙하다, (+de) (무엇 에서) 벗기다, 떼다, 떼어내다, 뜯어내다	despegar 데스뻬가르	이슬람교도	islamita (m.),(f.) 이슬라미따
(시기적으로)이른, (열매가)이른, 조생종의, (꽃이)일찍 핀, (사람이) 조숙한	precoz 쁘레꼬쓰	이슬람교의, 이슬람교도의, 이슬람 세계의	islámico(-a) 이슬라미꼬(-까)
(시간적으로) 이른, 조생의, 조생종의	temprano(-a) 뗌쁘라노(-나)	이슬람교의, 이슬람교를 믿는, 이슬람교도, 회교도, 마호메트교도	musulmán(-a) (a.),(m.),(f.) 무술만(-마나)
이름, 명성, 명사	nombre (m.) 놈브레	이슬람교의, 마호메트의, 이슬람교를 신봉하는, 이슬람교도, 회교도, 마호메트교도	mahometano(-a) (a.),(m.),(f.) 마오메따노(-나)
이름이 …이다, …이라는 이름이다, …라 불리다	llamarse 야마르세		
이리, 늑대	lobo (m.) 로보	이슬비, 가랑비, 보슬비 세우	llovizna (f.) 요비스나
이마, (건물의) 정면	frente (f.) 프렌떼	이슬비[가랑비, 보슬비] 가 내리다	lloviznar 요비스나르
이메일	correo electrónico (m.) 꼬레오 엘렉트리꼬	이야기, 콩트, 단편 소설	cuento (m.) 꾸엔또
이메일로	por correo electrónico 뽀르 꼬레오 엘렉트리꼬	이어폰	auricular (m.) 아우리꿀라르
이미, 벌써, 지금은, 이제는	ya 야	이용하다, 활용하다	utilizar 우띨리싸르
이발소, 미용실, 미용원, 미장원	peluquería (f.) 뻴루께리아	이용하다	usar/utilizar/ aprovechar/hacer uso (de)/utilizarse (de)/servirse (de) 우사르/ 우띨리싸르/ 아프로베차르/ 아쎄르 우소 (데)/ 우띨리싸르세 (데)/ 쎄르비르세 (데)
이비인후과	otorrinolaringología (f.) 오또리노라린골로히아		
이비인후과 의사	otorrinolaringólogo (-a) (m.),(f.) 오또리노라린골로고(-가)		
이사, 이전, 옮기기	mudanza (f.) 무단사		
이사하다	hacer la mudanza 아쎄를 라 무단사	이유, 이성	razón (f.) 라쏜
…이상(以上)	más de … 마쓰 데 …	이의(異議)	objeción (f.) 옵헤씨온
이성, 분별, 도리, 이유, 원인, 동기	razón (f.) 라쏜	이의, 잇소리의, 치음의	dental 덴딸
이성적인, 이성의, 합리적인	racional 라씨오날	이의 신청, 항의, (정당한 권리의) 요구, 청구; 주장	reclamación (f.) 레끌라마씨온

이익, 이점, (복수) 이해, 이해관계, 중요성, 가치	interés (m.) 인떼레쓰
이전, 이동, 옮기기, 지로	transferencia (f.) 트란스훼렌씨아
이전처럼, 그전처럼, 종전처럼, 예전대로	como antes 꼬모 안떼스
이점, 이익, 이득, 유리한 점, 장점, 유리한 입장, 우위, 우세, 우월	ventaja (f.) 벤따하
이쪽	este lado 에스뗄 라도
이쪽으로, 여기로	por aquí 뽀르 아끼
이주, 이민	emigración (f.) 에미그라씨온
이주, 이입, 입국	inmigración (f.) 인미그라씨온
이층	primer piso (m.)/ primera planta (f.)/ ((남미)) segundo piso (m.) 쁘리메르 삐소/ 쁘리메라 쁠란따/ 쎄군도 삐소
이층 정면좌석	butaca en el primer piso (f.) 부따까 엔 엘 쁘리메르 삐소
이탈리안 드레싱	salsa italiana (f.) 쌀사 이딸리아나
이해하다, 알아듣다, 들리다	entender 엔뗀데르
이혼	divorcio (m.)/ separación (f.) 디보르씨오/ 쎄빠라씨온
(…와) 이혼하다	divorciarse (de)/ separarse (de) 디보르씨아르세 (데)/ 쎄빠라르세 (데)
이혼한, 이혼한 사람, 이혼남, 이혼녀	divorciado(-a) (a.),(m.),(f.) 디보르씨아도(-다)
익스프레스 커피	café expreso (m.) 까페 엑쓰프레소
인격, 개성, 성격, 명사, 중요 인물	personalidad (f.) 뻬르쏘날리닫
인구, (집합명사) 주민 (住民), 시민	población (f.) 뽀블라씨온
인권	derechos humanos (m.pl.) 데레초스 우마노스
인기 있는, 평판이 좋은, 대중적인, 통속적인, 국민 [인민]의, 민중[대중]의	popular 뽀뿔라르
인내하다, 참다, 견뎌내다	aguantar 아구안따르
인도, 인계, 교부, 수교	entrega (f.) 엔트레가
인도교	puente peatonal (m.) 뿌엔떼 뻬아또날
인사, 절	saludo (m.) 쌀루도
인상적인, 감명을 주는, 감동적인	impresionante 임쁘레씨오난떼
인색한, 노랑이 같은	tacaño(-a) 따까뇨(-냐)
인색한, 째째한	mezquino(-a) 메스끼노(-나)
인쇄, 인쇄술, 인쇄업	imprenta (f.) 임쁘렌따
인쇄된, (우편에서) 인쇄물, 서적 소포, 기입 용지	impreso(-a) (a.),(m.) 임쁘레소(-사)
인쇄하다, 출판하다	imprimir 임쁘리미르
(+de)(무엇을) 인수하다, 받다, 수취하다	entragarse 엔트라가르세
인스턴트커피, 즉석커피	café instantáneo (m.) 까페 인스딴따네오
(예금의) 인출, 출금, 은거, 은퇴	retiro (m.) 레띠로
(예금의) 인출, 퇴직, 은퇴	retirada (f.) 레띠라다
(예금 등을) 인출하다	retirar 레띠라르

인치 (길이의 단위, 25.4 밀리미터)	pulgada (f.) 뿔가다
인터넷	internet (m.) 인떼르넷
인터넷 뱅킹	banca electrónica (f.) 방까 엘렉뜨로니까
인형, 여자 인형	muñeca (f.) 무녜까
인형극	marioneta (f.) 마리오네따
일, 것	cosa (f.) 꼬사
일, 것, 문제, 사건	asunto (m.) 아순또
일괄하여	en bloque/ en conjunto/en masa/ en resumen/en bulto/ a granel 엔 블로께/ 엔 꼰훈또/ 엔 마사/ 엔 레수멘/ 엔 불또/ 아 그라넬
일기, 일지(日誌)	diario (m.) 디아리오
일기 예보	pronóstico[avance] del tiempo (m.)/ predicción[previsión/ notificación] del tiempo (f.)/boletín meteorológico (m.)/ pronosticación meteorológica (f.) 프로노스띠고[아반쎄] 델 띠엠뽀/ 프레딕씨온[프레비씨온/노띠휘까씨온] 델 띠엠뽀/ 볼레띤 메떼오롤로히꼬/ 프로노스띠까씨온 메떼오롤로히까
일등석	asiento de primera clase (m.) 아씨엔또 데 쁘리메라 끌라세
일반석[이코노미석]	asiento económico (m.) 아씨엔또 에꼬노미꼬
일반우편물	correo ordinario (m.) 꼬레오 오르디나리오
일반적으로, 보통, 대개	generalmente 헤네랄멘떼
일방교통	circulación de sentido único (f.) 씨르꿀라씨온 데 쎈띠도 우니꼬
일방통행 ((게시))	Dirección única 디렉씨온 우니까
일방통행 길	calle de sentido único (f.)/ calle de un solo sentido (f.) 까예 데 쎈띠도 우니꼬/ 까예 데 운 쏠로 쎈띠도
일별(一瞥), 한 번 흘낏 봄	ojeada (f.)/ vistazo (m.)/vista (f.) 오헤아다/ 비스따소/ 비스따
일별하다, 일람하다	echar[dar] una ojeada (a)/ dar[echar] un vistazo (a)/echar una mirada (sobre) 에차르[다르] 우나 오헤아다 (아)/ 다르[에차르] 운 비스따소 (아)/ 에차르 우나 미라다 (쏘브레)
일상생활	vida cotidiana (f.) 비다 꼬띠디아나
일상의	cotidiano(-a)/ diario(-a)/ de todos días 꼬띠디아노(-나)/ 디아리오(-아)/ 데 또도스 디아스
(자리에서) 일어나다, (환자나 침대에 누워 있는 사람이) 일어나다	levantarse 레반따르세

일용품	artículo de uso diario (m.) 아르띠꿀로 데 우소 디아리오	일품요리	plato a la carta (m.) 쁠라또 알 라 까르따
일으키다, 올리다, 높이다, (을) 위로 향하다	leventar 레벤따르	일하는, 부지런한, 근면한, 노동자, 일꾼, 날품팔이, 일급 노동자	trabajador(-a) 트라바하도르(-라)
[드묾](축제 때문에) 일을 하루나 며칠 중지하다, 장에서 사다, 물건을 사다, 물건을 팔다	feriar 훼리아르	일하다, 공부하다, 근무하다, 직업을 가지고 있다	trabajar 트라바하르
		일할 수 있는, 경작할 수 있는, 경작이 가능한	laborable 라보라블레
일인당	por persona/ per cápita/por capita/por barba/ por cabeza 뽀르 뻬르쏘나/ 뻬르 까삐따/ 뽀르 까삐따/ 뽀르 바르바/ 뽀르 까베사	일화, 기담(奇談), (역사상의) 비화	anécdota (f.) 아넥도따
		일회용 반창고, 구급 반창고	tirita (f.) 띠리따
		일회용 반창고를 붙이다	ponerse[colocarse] una tirita 뽀네르세[꼴로까르세] 우나 띠리따
일인당 비용	gasto por persona (m.) 가스또 뽀르 뻬르쏘나		
일인분, 배분되는 양, 배급량, 한 접시	ración (f.) 라씨온	읽다, 소리내어 읽다, 낭독하다	leer 레에르
일인분의 식량, 부분, 몫, 할당, 배분	porción (f.) 뽀르씨온	잃다, 잃어버리다, 분실하다, (기회를, 탈것을) 놓치다, 지다, 패하다 (시간이나 노력 등을) 쓸모없게 만들다, 못쓰게 만들다, 무효로 만들다, 허비하다	perder 뻬르데르
일일권	billete válido por un día (f.) 비예떼 발리도 뽀르 운 디아	(길을) 잃은, 잃어버린, 분실된	perdido(-a) 뻬르디도(-다)
일정(日程), 계획표, 의제(議題), 협의 사항, 수첩, 메모장, 비망록(備忘錄)	agenda (f.) 아헨다	임대, 리스, 임대료, 임차료	alquiler 알낄레르
일층	piso bajo (m.)/ planta baja (f.)/((남미)) primer piso (m.) 삐소 바호/ 쁠란따 바하/ 쁘리메르 삐소	임대스키	esquís de alquiler (m.pl.) 에스끼스 데 알낄레르
		임신한, 임산부	embarazado(-a) (a.),(f.) 엠바라사도(-다)
일층 정면좌석	butaca en la planta baja 부따까 엔 라 쁠란따 바하	입, 입구, 틈, 구멍	boca (f.) 보까

입과 이를 가시다[헹구다], 물로 헹구다[씻다], 가볍게 씻다	enjuagar 엔후아가르
입구, 입장, 입회, 입학, 입장권, 입장료	entrada (f.) 엔트라다
입국 신고서	tarjeta de embarque y desembarque (f.)/ formulario de inmigración (m.) 따르헤따 데 엠바르께 이 데쎔바르께/ 포르물라리오 데 인미그라씨온
입국심사	control de inmigración (m.) 꼰트롤 데 인미그라씨온
입국 카드	tarjeta de inmigración (f.) 따르헤따 데 인미그라씨온
입 냄새	mal aliento (m.) 말 알리엔또
입다, 신다, 끼다, 쓰다, 달다, 차다, 붙이다	ponerse 뽀네르세
입 맞추다, 키스하다	besar 베사르
입방체, 정육면체, 세제곱	cubo (m.) 꾸보
입석	localidades de pie (f.pl.) 로깔리다데스 데 삐에
입어 보다, 신어 보다, 먹어 보다, 마셔 보다	probarse 프로바르세
입원시키다, 병원에서 치료하다	hospitalizar 오스삐딸리사르
입원하다	hospitalizarse 오스삐딸리사르세

입장, 입회, 입학, 입구, 입장권, 입장료	entrada (f.) 엔트라다
입장권을 사다	sacar una localidad 사까르 우날 로깔리닫
입장권 판매; 입장권 판매소	venta de localidades (f.) 벤따 데 로깔리다데스
입장 무료 ((게시))	Entrada Libre/ Entrada Gratuita/ Entrada gratis/ Entrada Franca/ Admisión libre 엔트라달 리브레/ 엔트라다 그라뚜이따/ 엔트라다 그라띠스/ 엔트라다 프랑까/ 아드미씨온 리브레
입회하다, 가입하다, 입원하다, 입금하다, 수취하다	ingresar 잉그레싸르
입힌, 바른, 흠뻑 젖은, 흥건히 젖은	bañado(-a) 바냐도(-다)
잇몸	encía (f.) 엔씨아
잇몸의	gingival 힌히발
있다, 남다, 남기다, 머물다	quedar 께다르
(장소에) 있다, (…의 상태에) 있다	encontrarse 엔꼰트라르세
(어떤 기간 동안, 어떤 장소에) 있다, 머물다, 체류하다	permanecer 뻬르마네쎄르
잉크	tinta (f.) 띤따
잊다, 망각하다, 잊어버리다	olvidar 올비다르
잊어버리다	olvidarse 올비다르세
잎, 나뭇잎, 꽃잎, 얇은 조각, 박편	hoja (f.) 오하

자기(磁器), 자기제품	porcelana (f.) 뽀르쎌라나
(…을) 자기의 것으로 만들다, (…이) 있다, 가지고 있다	quedarse (con …) 께다르세 (꼰 …)
자기 자신의, 고유의	propio(-a) 프로삐오(-아)
자다, 잠자다, 재우다, 잠들게 하다	dormir 도르미르
자다, 잠들다	conciliar el sueño 꼰씰리아르 엘 수에뇨
자동 수하물 예치소	consigna automática (f.) 꼰씨그나 아우또마띠까
자동의, 자동식의, 자동적인	automático(-a) 아우또마띠꼬(-까)
자동차, 마차, (여객용의) 차량, 객차	coche (f.) 꼬체
자동차를 운전하다, 지휘 하다, 통솔하다, 인도하다	conducir 꼰두씨르
자동차보험	seguro de accidentes del automóvil (m.) 쎄구로 데 악씨덴떼스 델 아 우또모빌
자동차 사고	accidente automovilístico (m.) 악씨덴떼 아우또모빌리스띠꼬
자동차 여행, 드라이브	excursión en coche (f.) 엑쓰꾸르씨온 엔 꼬체
자동차의, automovilismo 의[에 관한]	automovilístico(-a) 아우또모빌리스띠꼬(-까)
자동차의 연료 탱크, 석유탱크, 물탱크, 탱크로리	tanque (m.) 땅께

자동 현금 출납기	cajero automático (m.)/ caja automático (f.) 까헤로 아우또마띠꼬/ 까하 아우또마띠꼬
자랑, 긍지, 자존심, 오만, 거만	orgullo (m.) 오르구요
(+de, con) (누구를) 자랑 으로 여기는, 자존심이 강한, 오만한, 거만한	orgulloso(-a) 오르구요소(-사)
자료, 데이터, (주소나 전화번호 등의) 연락처	dato (m.) 다또
자루, 배낭	morral (m.) 모랄
자르기, 절단	corte (m.) 꼬르떼
자르다, 베다	cortar 꼬르따르
자릿세[좌석요금]	precio extra por la mesa 쁘레씨오 엑쓰트라 뽀를 라 메사
자명종, 괘종시계	despertador (m.) 데스뻬르따도르
자몽	pomelo (m.)/ toronja (f.) 뽀멜로/ 또롱하
자물쇠, 자물통	cerradura (f.) 쎄라두라
자물쇠로 잠그다	cerrar con llave 쎄라르 꼰 야베
자산, 재산	caudal (m.) 까우달
자석의	magnético(-a) 마그네띠꼬(-까)
자성 녹음기의, 테이프 레코더의	magnetofónico(-a) 마그네또포니꼬(-까)
자수 놓은	bordado(-a) 보르다도(-다)

자수정, 짙은 보랏빛, 짙은 보랏빛의	amatista (f.),(a.) 아마띠스따		엑쓰꾸르씨온 엔 비씨끌레따 [비씨]
자신에게 …을 바르다	aplicarse 아쁠리까르세	자정, 한밤중, 심야, 밤 12시, 오전 영시	medianoche (=media noche) (f.) 메디아노체(=메디아 노체)
자신의 몸[건강]에 신경을 쓰다, (+de) 마음을 쓰다, 신경을 쓰다	cuidarse 꾸이다르세	자존심이 강한, 긍지가 대단한	orgulloso(-a) 오르구요소(−사)
자신의 …을 부러뜨리다 [깨뜨리다], 결렬되다, 깨지다, 쪼개지다, 박살 나다, 부러지다, 찢어지다	romperse 롬뻬르세	자주, 빈번히, 누차	frecuentemente 프레꾸엔떼멘떼
자연, 자연계	naturaleza (f.) 나뚜랄레싸	자주, 여러 번, 누차, 여러 차례	a menudo 아 메누도
자연의, 천연의; 자연 그대로의, 타고난, 선천적인, 날 때부터의	natural 나뚜랄	자택, 집, 주소, 소재지, 거주지	domicilio (m.) 도미씰리오
(머리털이) 자연적으로 곱슬곱슬해지는 경향이 있는	rizado(-a)/rizoso(-a) 리싸도(−다)/리쏘소(−사)	자택으로	a domicilio 아 도미씰리오
자유	libertad (f.) 리베르딸	자화자찬하다	magnificarse 마그니휘까르세
자유 공항	aeropuerto franco (m.) 아에로뿌에르또 프랑꼬	작가, 저술가, 글을 쓰는 사람	escritor(-a) (m.),(f.) 에스크리또르(−라)
자유로운, 한가한, (공간이나 장소가) 빈, (+de) (무엇이) 무료의	libre 리브레	작가, 저자; 제작자, 장본인, 일을 일으킨 사람	autor(-a) (m.),(f.) 아우또르(−라)
자유로이 사용[처분] 할 수 있는	disponible 디스뽀니블레	((구어)) (포도주용의) 작고 넓적한 잔	chato (m.) 차또
자유 시간, 한가한 시간, 여가, 틈, 짬	tiempo libre (m.)/ horas libres (f.pl.) 띠엠뽈 리브레/ 오라스 리브 레스	작동하다, 작용하다, 움직이다, 기능을 하다	funcionar 푼씨오나르
자유항	puerto franco (m.) 뿌에르또 프랑꼬	작은, 가는, 하찮은, 소액의	menudo(-a) 메누도(−다)
(수영) 자유형	estilo libre (m.) 에스띨롤 리브레	작은, 어린, 짧은, 꼬마, 어린이	pequeño(-a) (a.),(m.),(f.) 뻬께뇨(−냐)
자전거	bicicleta (f.)/bici (m.) 비씨끌레따/ 비씨	작은, 어린, 어린이, 소년, 소녀	chico(-a) (a.),(m.),(f.) 치꼬(−까)
자전거 하이킹	excursión en bicicleta[bici] (f.)	작은 가죽 돈지갑, 가방, 핸드백, 주머니, 지갑, 쌈지, 봉지, 전대	bolsa (f.) 볼사

작은 덩어리, 덩이	terrón (m.) 떼론
작은 빵	penecillo (m.) 뻬네씨요
작은 숟가락에 들어갈 수 있는 분량, 티스푼으로 하나(의 양)	cucharadita (f.) 꾸차라디따
작은 오이	cohombrillo (m.) 꼬옴브리요
작은 오이의 변종	papinillo (m.) 빠삐니요
작은 정제[알약]	comprimido (m.) 꼼쁘리미도
작은 집[단층집], 움막, (임시로 만든 전시장 등의) 전시장	caseta (f.) 까쎄따
작은 호텔	hostel (m.) 오스뗄
작품; 저서, 저작	obra (f.) 오브라
(다리가 달린) 잔, 술잔, 글라스, 컵(vaso con pie)	copa (f.) 꼬빠
잔, 컵, 물잔, 찻잔	taza (f.) 따사
잔, 컵, (대가 없는) 글라스, 유리잔, 유리컵	vaso (m.) 바소
잔고증명서	certificado de saldo bancario (m.) 쎄르띠휘까도 데 쌀도 방까리오
잔돈	suelto (m.)/ menudo (m.)/ dinero suelto (m.)/ moneda suelta (f.) 수엘또/ 메누도/ 디네로 수엘또/ 모네다 수엘따
잔돈, 동전	sencillo (m.) 쎈씨요
잔돈, 잔돈의, 민첩한, 능숙한, 헐렁한, 낱개의, 포장되어 있지 않은, 풀린, 자유롭게 된	suelto(-a) (m.),(a.) 수엘또(-따)
잔디	césped (m.) 쎄스뻳
잔디 코트	pista de hierba (f.) 삐스따 데 이에르바
잘, 정확하게, 유창하게, 능숙하게	bien 비엔
(요리) 잘게 썬, 잘게 다진	picado(-a) 삐까도(-다)
잘못, 실수, 탓	culpa (f.) 꿀빠
잘못, 틀림, 실수, 과실, 실책, 착오, 잘못된 판단	error (m.) 에로르
잘못하다, 실수하다, 틀리다	equivocar 에끼보까르
잘생긴, 미남, 미녀	guapo(-a) (a.),(m.),(f.) 구아뽀(-빠)
잘 환영받은, (감탄사적으로) 잘 오셨습니다!, 환영(합니다)!	bienvenido(-a) 비엔베니도(-다)
잠, 수면(睡眠), 졸음, 꿈	sueño (m.) 수에뇨
잠깐	un momento/ un rato/ un instante/ un minuto/ un segundo/ muy poco rato 운 모멘또/ 운 라또/ 운 인스딴떼/ 운 미누또/ 운 쎄군도/ 무이 뽀꼬 라또
잠깐, 짧은 시간, 짧은 동안, 단시간	rato (m.) 라또
잠깐 쉬다	tomar un rato de descanso 또마르 운 라또 데 데스깐쏘
(단추, 훅, 브로치 등을) 잠그다, 채우다	abrochar 아브로차르
잠수	buceo (m.) 부쎄오
잠수, 다이빙	submarinismo (m.) 쑵마리니스모
잠수복	escafandra (f.) 에스까환드라
잠수용 안경	antiparras de buceo (f.) 안띠빠라스 데 부쎄오

잠수하다, 물속에 잠겨 들어가다	bucear 부쎄아르
잠시 후	después de un rato/ al cabo de un rato 데스뿌에쓰 데 운 라또/ 알 까보 데 운 라또
잠자다	dormir 도르미르
잡다, 붙들다, 쥐다, 포착하다	coger 꼬헤르
잡다, 붙잡다, 훔치다, 약탈하다, ((구어)) 병에 걸리다	pillar 삐야르
잡다, 얻다, 획득하다	atrapar 아트라빠르
잡다, 쥐다, 먹다, 마시다	tomar 또마르
잡다, 쥐다, 붙잡다	asir 아씨르
(자기 앞으로) 잡아당기다, 던지다, 내던지다, 집어던지다, 넘어뜨리다, 쓰러뜨리다	tirar 띠라르
잡은 새, 잡은 새고기	caza (f.) 까사
잡지	revista (f.) 레비스따
장갑	guantes (m.pl.) 구안떼스
장거리 버스	autobús de línea (m.)/ autobús de larga distancia (m.) 아우또부스 델 리네아/ 아우 또부스 델 라르가 디스딴씨아
장거리버스	autobús de línea (m.) 아우또부스 델 리네아
장거리 전화, 시외 전화, 시외 통화	conferencia (f.) 꼰훼렌씨아
장난감	juguete (m.) 후게떼
장난감가게	juguetería (f.) 후게떼리아
장난감 자동차, (상자형의) 유모차	cochecito (m.) 꼬체씨또
장딴지	pantorrilla (f.) 빤또리야

장면, 광경, 현장, 무대, 연극, 희곡	escena (f.) 에스쎄나
장밋빛의	rosado(-a) 로싸도(-다)
장보기, 쇼핑, 산 물건, 매입한 물건	compra (f.) 꼼쁘라
장보다	hacer la compra/ ((아르헨티나)) hacer las compras/ ((베네수엘라)) hacer el mercado 아쎄를 라 꼼쁘라/ 아쎄를 라 스 꼼쁘라스/ 아쎄르 엘 메르 까도
장사를 하다, 거래를 하다, 교섭을 하다	negociar 네고씨아르
장소, 곳	lugar (m.) 루가르
장소, 곳, 위치, 지위, 신분	sitio (m.) 씨띠오
장애물이 없는, 홀가분한, 맑은, 쾌청한	despejado(-a) 데스뻬하도(-다)
장을 보다, 쇼핑하다	hacer una compra 아쎄르 우나 꼼쁘라
장편 영화	película de largo metraje (f.)/largo metraje (m.) 뻴리꿀라 델 라르고 메트라 헤/ 라르고 메트라헤
장학금	beca (f.) 베까
장학금을 타다	ganar la beca 가나를 라 베까
장화, 부츠	bota (f.) 보따 *주로 복수형 'botas(보따 스)'로 사용됨
재검토, 검사, 점검, 교정(校正), 개정, 교열	revisión (f.) 레비씨온
재검토하다, 개정하다, 교정[교열]하다, 조사하다, 점검하다	revisar 레비싸르

(복수)[상업] 재고품	existencia (f.)	엑씨스뗀씨아
재고품	existencias en almacén (f.pl.)/ mercaderías (existentes) en almacén (f.pl.)	엑씨스뗀씨아스 엔 알마쎈/ 메르까데리아스 (엑씨스뗀떼스) 엔 알마쎈
재고품 일소 세일	liquidación de existencias (f.)	리끼다씨온 데 엑씨스뗀씨아스
재능, 소질, 능력, 적성, 재능이 있는 사람	talento (m.)	딸렌또
재다, 측량[계량]하다	medir	메디르
재떨이	cenicero (m.)	쎄니쎄로
재미있는, 흥미 있는	interesante	인떼레싼떼
재발행	reemisión (f.)	레에미씨온
재발행하다	reemitir/ emitir de nuevo	레에미띠르/ 에미띠르 데 누에보
재빠른, 날쌘, 신속한, 기민한, 조속한, ((구어)) 갑작스러운 결정, 충동, (감정의) 격발, 재빨리, 날쌔게, 신속히, 민첩하게, 곧, 머지않아, 즉시, 바로	pronto(-a) (a.),(m.),(ad.)	쁘론또(-따)
재생, 부활, (R-) 르네상스(기), 문예부흥(기)	renacimiento	레나씨미엔또
(음이나 영상의) 재생, 재현, 재생[재현]하기, (주로 예술 작품의) 복제, 모사, 복사, 복각, 복제품	reproducción (f.)	레프로둑씨온
(음이나 영상을) 재생하다, 재현하다, (주로 예술 작품을) 복사하다, 복제하다; 모사하다	reproducir	레프로두씨르
재즈	jazz (m.)	자쓰
재채기	estornudo (m.)	에스또르누도
재채기를 하다	estornudar	에스또르누다르
재촉하다, 서두르게 하다	precipitar	프레씨삐따르
재확인하다	reconfirmar	레꼰휘르마르
쟁반, 트레이	bandeja (f.)	반데하
저, 그, 저것, 저 사람	aquel(aquella)	아껠(아께야)
저것, 저 일, 그곳	aquello	아께요 *중성지시대명사
저금, 저축, 절약, 검약, 저축된 물건, 절약된 물건	ahorro (m.)	아오로
저기, 저쪽에, 저곳에	allí (ad.)	아이
저기로, 저쪽으로	por allí	뽀르 아이
저녁 식사, 저녁밥	cena (f.)	쎄나
저녁 식사를 하다, 저녁밥을 먹다, (무엇을) 저녁밥으로 먹다	cenar	쎄나르
저리, 저쪽으로, 저곳으로	allá	아야
저리게 만들다, 마비시키다, (근육이나 관절 등의) 움직임을 나쁘게 하다, 부자유스럽게 하다	entumecer	엔뚜메쎄르
(근육이나 관절 등이) 저리다, 마비되다, 잘 움직이지 않다	entumecerse	엔뚜메쎄르세
저명한, 유명한, 뛰어난, 고명하신	ilustre	일루스트레
저울, 천칭	balanza (f.)	발란싸
저자, 작가; 제작자, 장본인, 일을 일으킨 사람	autor(-a) (m.),(f.)	아우또르(-라)

저쪽	aquel lado 아껠 라도
저축 예금 계좌, 보통 예금 계좌	cuenta de ahorro(s) (f.) 꾸엔따 데 아오로(스)
저혈압	hipotensión (arterial) (f.)/ tensión[presión] (arterial) (f.) 이뽀뗀씨온 (아르떼리알)/ 뗀씨온[프레씨온] (아르떼리알)
적 (자기와 원수인 사람)	enemigo(-a) (m.),(f.) 에네미고(-가)
적 (싸움의 상대)	adversario(-a) (m.),(f.) 아드베르싸리오(-아)
적극적으로	positivamente/ activamente 뽀씨띠바멘떼/ 악띠바멘떼
적극적인, 긍정적인, 건설적인	positivo(-a) 뽀씨띠보(-바)
적극적인, 진취적이 기질이 풍부한, 적극적인 사람	emprendedor(-a) 엠쁘렌데도르(-라)
적다, 기장하다, 메모하다, (장부, 명부 혹은 등록부에) 등기[등록]하다, 겨냥하다, 조준하다, 지적하다	apuntar 아뿐따르
적색	rojo (m.) 로호
적시다, 축이다, 축축하게 하다	mojar 모하르
적의, 적대하는, 상대하는, 적, 원수	enemigo(-a) (m.),(f.) 에네미고(-가)
전경, 전망	panorama (m.) 빠노라마
전구	bombilla (f.) 봄비야
전기 스위치를 넣다, 점등 하다, 켜다, 불을 붙이다, 불을 켜다, 불을 지르다	encender 엔쎈데르
전날	el día anterior 엘 디아 안떼리오르

(+a) (무엇에) 전념하다, 종사하다, 헌신하다	dedicarse 데디까르세
전달하다, 전하다, 알리다, 통보하다, 연락을 취하다, 보고를 하다, 통신하다, 연락하다, 의사를 소통하다, 서로 이해하다	comunicar 꼬무니까르
전등	luz (m.) 루스
전망대	mirador (m.) 미라도르
전망 좋은 방	habitación con buena vista (f.) 아비따씨온 꼰 부에나 비스따
전보	telegrama (m.) 뗄레그라마
전보로	por telegrama 뽀르 뗄레그라마
전보를 치다, 전보를 보내다	enviar[expedir/ mandar/poner] un telegrama 엔비아르[엑쓰뻬디르/만다르/뽀네르] 운 뗄레그라마
전보용지	formulario para telegrama (m.) 포르물라리오 빠라 뗄레그라마
전세	alquiler por depósito (m.) 알낄레르 뽀르 데뽀씨또
전시되다	exhibirse 엑쓰비르세
전시실, 전시회장	sala[salón] de exposición 쌀라[쌀론] 데 엑쓰뽀씨씨온
전시품	objeto expuesto (m.) 옵헤또 엑쓰뿌에스또
전시하다, 전람하다, 공개 하다, 출품하다, 진열하다	exhibir 엑씨비르
전시하다, (상품 등을) 진열하다, (신체를, 위험 등에) 내맡기다, 내놓다, (바람이나 햇볕 등에) 쬐다, 맞히다	exponer 엑쓰뽀네르

한서사전

전시회, 전람회, 전시, 진열, (햇볕 등에) 쬠, 맞힘, (사진) 노출	exposición (f.) 엑쓰뽀씨씨온
…전에, …의 앞에	antes de 안떼스 데
전염, 감염	contagio (m.)/ infección (f.) 꼰따히오/ 인훽씨온
전염되다, 감염되다	contagiarse 꼰따히아르세
전염병	epidemia (f.) 에삐데미아
전염성의, 전염병의, 옮기기 쉬운, 전염되기 쉬운	contagioso(-a) 꼰따히오소(-사)
전염시키다, 감염시키다	contagiar 꼰따히아르
전용석, 우대석, (식당이나 차량의) 개인용 좌석[방]	reservado (m.) 레쎄르바도
전자의[에 관한]	electrónico(-a) 엘렉트로니꼬(-까)
전자제품, 전자기기	aparato electrónico (m.) 아빠라또 엘렉트로니꼬
전재해 보험	seguro a[contra] todo riesgo (m.) 쎄구로 아[꼰트라] 또도 리에스고
(주로 복수) 전채, 오르되브르	entremés (m.) (entremeses (pl.)) 엔트레메쓰 (복수: 엔트레메쎄스)
전체의, 전부의, 총계의, 결국, 요컨대, 말하자면, 요약하면	total 또딸
전통 결혼식	boda tradicional (f.) 보다 트라디씨오날
전통 마을	villa tradicional (f.) 비야 트라디씨오날
전하다, 전달하다, 옮기다, 전염시키다, 물려주다, (라디오나 텔레비전으로 프로그램을) 방송하다, 중계하다	transmitir 트란스미띠르

전형적인, 대표적인, 독특한	típico(-a) 띠삐꼬(-까)
전화, 전화번호, 전화기	teléfono (m.) 뗄레포노
전화 교환원	telefonista (m.),(f.) 뗄레포니스따
전화기	aparato telefónico (m.) 아빠라또 뗄레포니꼬
전화로 말하다, 통화하다	hablar al[por] teléfono 아블라르 알[뽀르] 뗄레포노
전화로 알리다	avisar por teléfono/ telefonear 아비사르 뽀르 뗄레포노/ 뗄레포네아르
전화를 걸다	llamar (por teléfono)/ telefonear 야마르 (뽀르 뗄레포노)/ 뗄레포네아르
전화번호	número de teléfono (m.)/número (del) teléfono (m.)/número telefónico (m.) 누메로 데 뗄레포노/ 누메로 (델) 뗄레포노/ 누메로 뗄레포니꼬
전화번호부	anuario telefónico (m.)/ directorio telefónico (m.)/ guía telefónica [de teléfonos] (f.)/ guía de número de teléfono (f.) 아누아리오 뗄레포니꼬/ 디렉또리오 뗄레포니꼬/ 기아 뗄레포니까[데 뗄레포노스]/ 기아 데 누메로 데 뗄레포노
전화 쇼핑, 텔레비전 쇼핑 (TV에 나온 물건을 보고 주문하기)	telecompra (f.) 뗄레꼼쁘라
전화의[에 관한]	telefónico(-a) 뗄레포니꼬(-까)

전화 카드	tarjeta telefónica (f.) 따르헤따 뗄레포니까	접속역	estación de enlace (f.) 에스따씨온 데 엔라쎄
전화 호출, 통화, 호출, 부르기; 부르는 소리, 출석 부르기, 점호	llamada (f.) 야마다	(호텔이나 회사 등의) 접수 담당자, 접수처 직원, 프런트 직원, 접대 담당자	recepcionista (m.),(f.) 레쎕씨오니스따
절상[베인상처]	cortadura (f.) 꼬르따두라	(호텔이나 회사 등의) 접수처, 프런트, 접수, 응대, 환영회	recepción (f.) 레쎕씨온
절판되다	agotarse una edición 아고따르세 우나 에디씨온	접시, (접시에 수북이 담은) 요리	plato (m.) 쁠라또
젊은	joven/ juvenil 호벤/ 후베닐	(수영) 접영, 버터플라이	mariposa (f.)/ braza mariposa (f.) 마리뽀사/ 브라사 마리뽀사
젊은 시절에, 청년기에	de joven 데 호벤	접착제	adhesivo (m.) 아데씨보
젊은이, 청년, 청소년	joven (m.),(f.) 호벤	(주로 사람과) 접촉; 연락, 교신, 교제, 관계, 교섭	contacto (m.) 꼰딱또
점(點), 점수, 장소, 지점, (어떤 문제의) 본질적인 것, 주요한 것	punto (m.) 뿐또	접촉하다, 접촉시키다	contactar 꼰딱따르
점검비	costo de inspección (m.) 꼬스또 데 인스뻭씨온	(…와) 접촉하다, 연락을 취하다	ponerse en contacto (con …) 뽀네르세 엔 꼰딱또 (꼰 …)
점검하다, 조사하다, 교정하다, 수정하다	revisar 레비사르	젓가락(복수), 뜨개바늘, 나무 아쑤시개, 보빈(실을 감는 막대 모양의 물건)	palillo (m.) 빨리요
점심 식사	almuerzo (m.) 알무에르소	정각, 꼭, 딱, 때마침 (잘)	en punto 엔 뿐또
점심을 먹다	almorzar 알모르사르	(버스, 택시 혹은 전차의) 정거장, 정류장, 정류소	parada (f.) 빠라다
점심 후의 휴식 (시간)	descanso para comer 데스깐쏘 빠라 꼬메르	정규의, 보통의, 정기적인, 규칙적인	regular 레굴라르
점원	dependiente (m.),(f.) 데뻰디엔떼	정기 검진	examen médico periódico (m.) 엑싸멘 메디꼬 뻬리오디꼬
점원, 판매원, 세일즈맨, 장수	vendedor(-a) (m.),(f.) 벤데도르(–라)	정기 예금	depósito a plazo [término] fijo (m.) 데뽀씨또 아 쁠라소[떼르미노] 휘호
(엔진의) 점화 플러그	bujía (f.) 부히아		
접다, 개다, 접어 개다, 접어 작게 하다, 접어 구부리다	doblar 도블라르	정기적인, 주기적인	periódico(-a) 뻬리오디꼬(–까)
(교통 기관의) 접속, 연결	enlace (m.) 엔라쎄		

한서사전

정력적인, 강건한, 원기 왕성한, 씩씩한, 생기 있는, 힘 찬	vigoroso(-a) 비고로소(-사)
정리, 정돈, 수리, 수선	arreglo (m.) 아레글로
정리하는, 정돈하는, 정리[정돈]하기 좋아하는, 명령하는, 정리를 좋아하는 사람, 명령자	ordenador(-a) (a.),(m.),(f.) 오르데나도르(-라)
정리하다, 정돈하다, 고치다, 수리하다, 교정하다	arreglar 아레글라르
(건물 등의) 정면, 전선, 싸움터, (동전의) 표면, (정당이나 조직체 등의) 동맹, 연합	frente (m.) 프렌떼
정면에, 맞은편에	enfrente 엔프렌떼
(…)의 정면에, (…)의 맞은편에	enfrente de 엔프렌떼 데
정면에 있는, (주로 복수) 정반대의, 역방향의	encontrado(-a) 엔꼰트라도(-다)
정문, 프런트도어, 대문	puerta principal (f.) 뿌에르따 쁘린씨빨
정부	gobierno (m.) 고비에르노
정상, 꼭대기	cima (f.) 씨마
정상적인, 보통의, 통상의, 규격대로의, 정규의	normal 노르말
정식(定食) (식당이나 호텔의)	cubierto (m.) 꾸비에르또
정신, 마음, (인간의) 혼, 영혼, 혼령	espíritu (m.) 에스삐리뚜
정오, 낮12시, 정오경의 애매한[부정확한] 시간, 점심 때 (오후 0시부터 2시, 3시 경까지)	mediodía (m.) 메디오디아
정원	jardín (m.) 하르딘

정육점	carnicería (f.) 까르니쎄리아
정장하다	vestirse de etiqueta 베스띠르세 데 에띠께따
정찰가격	precio fijo (m.) 쁘레씨오 휘호
정찰제	sistema de precio fijo (m.) 씨스떼마 데 쁘레씨오 휘호
정찰 판매	venta a precio fijo (f.) 벤따 아 쁘레씨오 휘호
정형외과	ortopedia (f.)/ cirugía ortopédica (f.) 오르또뻬디아/ 씨루히아 오르또뻬디까
정형외과 의사	ortopedista (m.),(f.)/ cirujano(-a) ortopédico (-a) (m.),(f.) 오르또뻬디스따/ 씨루하노 (-나) 오르또뻬디꼬(-까)
정확한, 틀림이 없는	correcto 꼬렉또
정확히, 마침, 막, 꼭, 꼭 맞게, 꼭 들어맞게	justo 후스또
젖은, 습한, 축축한	mojado(-a) 모하도(-다)
제거하다, 없애다, 치우다, (옷 등을) 벗기다	quitar 끼따르
제곱미터	metro cuadrado (m.) 메트로 꾸아드라도
제공, 제안, ((상업)) 공급	oferta (f.) 오훼르따
제목, 타이틀, 자격, 학위, 칭호, 작위, 자격, 권리, 명목, 구실	título (m.) 띠뚤로
제목[칭호, 타이틀]을 붙인, 자격이 있는, 정식의, 유자격자	titulado(-a) (a.),(m.),(f.) 띠뚤라도(-다)
제비	golondrina (f.)

제안, 권유, 조언, 암시, 귀띔	sugerencia (f.) 쑤헤렌씨아
제안, 권유, 권고, 충고, 암시, 암시 작용, 시사, 넌지시 비춤	sugestión (f.) 쑤헤스띠온
제안하다	proponer 프로뽀네르
제안하다, 권하다, 권유하다, 권고하다, 충고하다, 상기시키다, 연상시키다, 생각나게 하다	sugerir 쑤헤리르
제어하다, 통제하다, 억제하다	controlar 꼰트롤라르
제품, 산물, 생산물	producto (m.) 프로둑또
제한이 있는, 한정된, 끝이 있는	limitado(-a) 리미따도(-다)
제한하다, (…의) 범위 안으로 한정시키다, (…의) 경계를 정하다	limitar 리미따르
제한하다, 제약하다	restringir 레스트링히르
제한하다, 한정하다	contraer 꼰트라에르
조각, 단편, 부분, 일부	trozo (m.) 트로소
조각, 예술 작품, 극작품, 희곡, 음악 작품, 곡, (단위로서의) 한 개	pieza (f.) 삐에사
조각, 토막, 부스러기, (모든 육체적이나 도덕적인) 부분	pedazo (m.) 뻬다쏘
조각, 조각술, 조각 작품	escultura (f.) 에스꿀뚜라
조각상	estatua (f.) 에스따뚜아
조각하다, 새기다, 수록하다, 녹음하다	grabar 그라바르
조개, 갑각류, (주로 복수)해산물, 해산물 요리	marisco (m.) 마리스꼬
조끼	chaleco (m.) 찰레꼬
조미료, 향신료, 양념	condimento (m.)

조사, 수사	averiguación (f.) 아베리구아씨온
조사하다, 확인하다	averiguar 아베리구아르
조선민주주의인민공화국	la República Democrática Popular de Corea 라 레뿌블리까 데모크라띠까 뽀뿔라르 데 꼬레아
조심, 주의, 배려	cuidado (m.) 꾸이다도
(무엇에) 조심하다, 주의하다; 신경을 쓰다, (누구를) 보살펴 주다	tener cuidado 떼네르 꾸이다도
조용한 방	habitación tranquila (f.) 아비따씨온 트랑낄라
조용한, 고요한, 침착한, 차분한	tranquilo(-a) 트랑낄로(-라)
(악기를) 조율하다	templar 뗌쁠라르
조의, 애도	condolencia (f.) 꼰돌렌씨아
조이다, 조여 매다, 수축시키다, 줄이다(옷 등이) 꽉 끼다, 꼭 조이다	apretar 아프레따르
조정하다, 조절하다, 죄다, 조이다, 꼭 맞추다	ajustar 아후스따르
(약을) 조제하다, 시약하다, (명예나 은혜 등을)주다, 부여하다, 베풀다, 면제받다	dispensar 디스뻰싸르
조화(調和), 하모니, 화합, 일치	armonía (f.) 아르모니아
존경, 경의, 존중, 중시	respeto (m.) 레스뻬또
존경하다, 존중하다	respetar(=respectar) 레스뻬따르(=레스뻭따르)
(철학) 존재, 존재물, 사람, 인간	ser (m.) 쎄르

존재, 실재, (철학) 실존	existencia (f.) 엑씨스뗀씨아
존재하다, 실재하다, 살다, 생존하다, 있다	existir 엑씨스띠르
졸업, 학위 수여, 알코올 도	graduación (f.) 그라두아씨온
졸업식	ceremonia de graduación (f.) 쎄레모니아 데 그라두아씨온
졸업증명서	certificado de graduación (m.) 쎄르띠휘까도 데 그라두아씨온
졸음, 반수상태	somnolencia (f.) 쏨놀렌씨아
좀 더	un poco más 운 뽀꼬 마쓰
좀먹다, 좀이 물건을 쏠다, 충치가 생기다, (물건이) 상처가 나다, 상하다	picarse 삐까르세
좁은 뒷골목, 소로(小路)	callejuela (f.) 까에후엘라
종	campana (f.) 깜빠나
종교. 신앙	religión (f.) 렐리히온
종료, 폐쇄	clausura (f.) 끌라우쑤라
종류, 등급, 학급, 교실, 수업, 계급, 계층, 기품, 우아함	clase (f.) 끌라세
종류, 분야	género (m.) 헤네로
종류, (생물) 종	especie (f.) 에스뻬씨에
((의학)) 종양, 종기	absceso (m.) 압쎄소
종업원, 웨이터 (웨이트리스)	camarero(-a) (m.) 까마레로(−라)
종업원, 직원, 사원	empleado(-a) (m.),(f.) 엠쁠레아도(−다)
종을 치다	tañer la campana 따녜를 라 깜빠나

종이	papel (m.) 빠뻴
종이 냅킨	servilleta de papel (f.) 쎄르비에따 데 빠뻴
종이봉지	bolsa de papel (f.) 볼사 데 빠뻴
종합 검진	examen médico completo (m.) 엑싸멘 메디꼬 꼼쁠레또
좋아지다, 향상되다, 병이 나아지다, 개량하다	mejorar 메호라르
좋아하는, 친애하는, 그리운	afecto(-a) 아훽또(−따)
(+a) (…을) 좋아하는, (…에) 열중하는, 아마추어의, (+a) 애호가, 팬	aficionado(-a) (a.),(m.),(f.) 아휘씨오나도(−다)
좋아하다, 마음에 들다, 기쁨을 주다	agradar 아그라다르
좋아하다, 마음에 들다, 맛보다, 경험하다	gustar 구스따르
좋아하다, 사랑하다, 원하다, 바라다	querer 께레르
좋은, 양호한, 적절한, 좋은 사람	bueno(-a) (a.),(m.),(f.) 부에노(−나) *형용사일 때 남성단수명사 앞에서 'o'가 탈락함
좌석, (열차나 극장 등의) 지정석, (법정이나 위원 회의) 자리	asiento (m.) 아씨엔또
좌석 등급	clase de asiento (f.) 끌라세 데 아씨엔또
좌석번호	número de asiento (m.) 누메로 데 아씨엔또
((의학)) 좌약	supositorio (m.)/ cala (f.) 쑤뽀씨또리오/ 깔라

좌약을 넣다	ponerse un supositorio
	뽀네르세 운 쑤뽀씨또리오
좌회전하다	girar a la izquierda
	히라르 알 라 이스끼에르다
주(州)	provincia (f.)
	프로빈씨아
주(週), 1주일간, 7일간	semana (f.) 쎄마나
주권자, 군주, 국왕, 여왕	soberano(-a) (m.),(f.)
	쏘베라노(-나)
주다, 공급하다	dar 다르
주다, 제공하다, 내놓다, 주기[해 주기, 말하기]로 약속하다, 바치다, 올리다, 봉헌하다	ofrecer 오프레쎄르
(해를) 주다, 입히다, (벌을) 주다, 과하다	infligir 인플리히르
주된, 주요한, 중요한	mayor 마요르
주류	licores (m.pl.) 리꼬레스
주말	fin de semana (m.)
	휜 데 쎄마나
주말에	a fines de semana
	아 휘네스 데 쎄마나
주먹, 쥔 손, (와이셔츠나 다른 옷의) 소맷부리	puño (m.) 뿌뇨
주문, 주문품, 주문서, 부탁, 요청, 의뢰	pedido (m.) 뻬디도
주문 받은, 부탁 받은	pedido(-a) 뻬디도(-다)
주문품을 배달하다	servir un pedido
	쎄르비르 운 뻬디도
주문하다, 부탁하다, 간청하다, 요구하다, 필요로 하다	pedir 뻬디르
주문하다	pedir/hacer un

	pedido/encargar/ hacer un encargo/ mandar/hacer una demanda
	뻬디르/ 아쎄르 운 뻬디도/ 엔까르가르/ 아쎄르 운 엔까르고/ 만다르/ 아쎄르 우나 데만다
주발, 사발, 밥그릇	cuenco (m.) 꾸엔꼬
주방, 부엌, 요리, 요리법	cocina (f.) 꼬씨나
주사(注射)	inyección (f.) 인옉씨온
주사를 맞다	recibir una inyección
	레씨비르 우나 인옉씨온
주소, 방향, 방위, 지도, 지휘, 관리, 경영	dirección (f.) 디렉씨온
주스	zumo (m.)/ jugo (m.)
	쑤모/ 후고
주유소	gasolinera (f.)
	가솔리네라
주위, 윤곽, (주로 복수) (도시 등의) 주변, 교외, 근교	contorno (m.)
	꼰또르노
주위에, 주위를, (주로 복수) 주위, 교외, 근교	alrededor (ad.), (m.)
	알레데도르
주의, 배려, 조심	cuidado (m.) 꾸이다도
주의, 주목	atención (f.) 아뗀씨온
(무엇을) 주의해서 취급하다	tratar algo con consideración
	트라따르 알고 꼰 꼰씨데라씨온
주인, 소유자, 고용주, 가장(家長)	amo (m.) 아모
(의심스러운 것을) 주장하다, 바라다, 희구하다, (+부정법) (…하려고) 하다, 해보다, 시도하다	pretender 쁘레뗀데르
주제, 제목, 테마, 화제	tema (m.) 떼마

주차, 주차장	aparcamiento (m.)/ estacionamiento (m.) 아빠르까미엔또/ 에스따씨오나미엔또	죽음, 사망	muerte (f.) 무에르떼
		죽이다, 살해하다	matar 마따르
주차금지 ((게시))	Prohibido aparcar/ No aparcar/Prohibido estacionarse/ Prohibido el estacionamiento/ Estacionamiento prohibido/ No estacionarse/ No se estacione/ No estacione/ No estacionar 프로이비도 아빠르까르/ 노 아빠르까르/ 프로이비도 에스 따씨오나르세/ 프로이비도 엘 에스따씨오나미엔또/ 에스따 씨오나미엔또 프로이비도/ 노 에스따씨오나르세/ 노 세 에 스따씨오네/ 노 에스따씨오 네/ 노 에스따씨오나르	준비, 준비하기	preparación (f.) 프레빠라씨온
		(…할) 준비가 된, 늘어 놓여진, 배치된	dispuesto(-a) 디스뿌에스또(-따)
		준비된	preparado(-a)/listo(-a) 프레빠라도(-다)/ 리스또(-따)
		준비하다, 조리하다, (무엇에 마음의) 준비를 하게 하다	preparar 프레빠라르
		줄, 열	fila (f.) 휠라
		줄거리, 의견	argumento (m.) 아르구멘또
		줄무늬의	de rayas 데 라야스
		줄이다, 축소하다, 단축하다, 깎다, 내리다	reducir 레두씨르
		줍다, 모으다, 찾으러 가다	recoger 레꼬헤르
		중간의, 평균의, 절반의, 보통의, 평범한	medio(-a) 메디오(-아)
주차기, 시간 자동 표시기, 주차 기록기	parquímetro (m.) 빠르끼메트로	중간의, 크지도 작지도 않은, 중질의, ((구어)) 범용한, 중간보다 못한	mediano(-a) 메디아노(-나)
주차장	aparcamiento (m.) 아빠르까미엔또	중간의(장소, 시간, 품질, 크기 등의)	intermedio(-a) 인떼르메디오(-아)
주차하다	aparcar 아빠르까르	중국어	chino (m.) 치노
주화	moneda (f.) 모네다	중국의, 중국인의, 중국 태생의, 중국사람	chino(-a) (a.),(m.),(f.) 치노(-나)
죽다, 죽이다	morir 모리르		
(강조) 죽다, 죽어 버리다, 무척 좋아하다, 몹시 원하다, (de+)(…로) 죽을 지경이다	morirse 모리르세	중급반	clase media (f.) 끌라세 메디아
(사고로) 죽다, 사망하다, 자살하다	matarse 마따르세	중년기	edad madura (f.) 에닫 마두라
죽은, 사망한, 죽은 사람, 사망자	muerto(-a) (a.),(m.),(f.) 무에르또(-따)	중단 (침대(열)차의)	litera intermedia (f.) 리떼라 인떼르메디아

중독	intoxicación (f.) 인똑씨까씨온		인스딴따네오(-아)
중독, 독살	envenenamiento (m.) 엔베네나미엔또	즉시, 즉각, 곧, 바로	inmediatamente / en seguida / en el acto 인메디아따멘떼 / 엔 쎄기다 / 엔 엘 악또
중독되다, 독살되다	envenenarse 엔베네나르세	(현금이나 그와 동등한 것으로) 즉시불로	al contado 알 꼰따도
중병, 큰 병	enfermedad grave[seria] (f.) 엔훼르메달 그라베[쎄리아]	즐거운, 기분 좋은, 유쾌한, 상쾌한, 붙임성 있는, 상냥한	agradable 아그라다블레
중상, 깊은 상처	herida grave[seria] (f.) 에리다 그라베[쎄리아]	증기, 수증기, 김, 기선	vapor (m.) 바뽀르
중상을 입다	herirse gravemente [seriamente] / resultar gravemente herido / recibir herida grave[seria] 에리르세 그라베멘떼[쎄리아 멘떼] / 레술따르 그라베멘떼 에리도 / 레씨비르 에리다 그 라베[쎄리아]	증명된, 보증된, 증명서, 인가증, 인증서	certificado(-a) (a.),(m.) 쎄르띠휘까도(-다)
		증명사진, 증명서 크기의 사진	foto de carné (f.) 포또 데 까르네
		(신분) 증명서, 수첩, 회원증	carnet (m.) / carné (m.) 까르넷 / 까르네
		증명서를 가진, 필요한 서류를 가진, 필요한 자료가 첨부된	documentado(-a) 도꾸멘따도(-다)
중심, 중앙, (도시의) 중심부, 도심부, 중심지, 본부, 센터	centro (m.) 쎈트로		
중요하다, 관계가 [상관이] 있다	importar 임뽀르따르	증명하다, 입증하다, 입증[증명]해 보이다	probar 프로바르
중요한, 중대한	importante 임뽀르딴떼	((의학)) 증상, 증후, 증세; 징후, 징조, 조짐, 전조	síntoma (f.) 씬또마
중요한, 중대한, 위대한	magno(-a) 마그노(-나)	((구어)) 증오, 증오감, 적대감, 적의	hincha (m.),(f.) 인차
중편 영화	medio metraje (m.) 메디오 메트라헤	(접는) 지갑, 서류 가방, (학생용의) 등에 지는 가방	cartera (f.) 까르떼라
즉석 사진, 스냅 사진, 즉석에서 만들어진 사진 프린트	instantánea (f.) 인스딴따네아	지갑, 봉지, 전대, 가방, 핸드백	bolsa (f.) 볼사
즉석 사진[스냅 사진]을 찍다	sacar una instantánea 사까르 우나 인스딴따네아	지구, 구, 구체, 구형(球形)	globo (m.) 글로보
		지구, 땅, 육지, 대지, 나라, 지방, 고향	tierra (f.) 띠에라
즉석의, 인스턴트의, 즉시의, 순간적인, 잠시의	instantáneo(-a) (a.),(f.)	지금, 지금은	ahora 아오라

지금 곧, 지금 당장, 지금 즉시	ahora mismo 아오라 미스모	지방; 비계, 기름기	grasa (f.) 그라사
지금 막	justo ahora 후스또 아오라	지방, 지역, [해부] 부위	región (f.) 레히온
지금은, 이제는, 벌써, 이미	ya 야	지배하다, 내려다보다, 굽어보다, 통달하다, 마스터하다	dominar 도미나르
지금부터, 이제부터	desde ahora 데스데 아오라	지배인	gerente (m.),(f.) 헤렌떼
지급전보	telegrama urgente (m.) 뗄레그라마 우르헨떼	지불, 지불금, 보상, 보복	pago (m.) 빠고
지나가다, 지나가게 하다, 통과하다, 통과하게 하다	pasar 빠사르	지불하다, 내다	pagar 빠가르
(…을) 지나가다, (…에) 다녀가다	pasar por … 빠사르 뽀르	지붕, 천장	techo (m.) 떼초
지나치게	excesivamente 엑쎄씨바멘떼	지붕, (일반적으로) 기와지붕	tejado (m.) 떼하도
지대, 지역, 범위, 영역, 구역, (도시 계획 등의) 지구	zona (f.) 쏘나	지속, 지속성, 계속, 기간	duración (f.) 두라씨온
지도	mapa (m.) 마빠	지속하다, 계속하다, 시간이 걸리다(tardar)	durar 두라르
(시가의) 지도, 도면, 설계도	plano (m.) 쁠라노	지시하다, 명령하다, 규정하다, 지정하다, 지시하다	prescribir 프레스크리비르
지도자, 리더	lider (m.),(f.) 리데르	지역, 지방	comarca (f.) 꼬마르까
지루하다, 따분하다, 무료하다	tener aburrimiento 떼네르 아부리미엔또	지연, 지체, 늦음, 지각	retraso (m.) 레트라소
지루한, 따분한, 무료한, 피곤하게 하는, 진저리나는, 넌더리나는	aburrido(-a) 아부리도(-다)	지연, 지체	demora (f.) 데모라
지루함[따분함, 무료함]을 느끼다	sentir aburrimiento 쎈띠르 아부리미엔또	(3인칭에서)지연되다, 연기되다, 늦다, (어떤 곳에) 늦게 도착하다, 지각하다	retrasarse 레트라싸르세
지름길	atajo (m.) 아따호	지연되다, 지체하다, 연기되다	demorarse 데모라르세
지명 통화	llamada[conferencia] de persona a persona (f.)/ llamada personal (f.) 야마다[꼰훼렌씨아] 데 뻬르쏘나 아 뻬르쏘나/ 야마다 뻬르쏘날	지연시키다, 연기하다, (시계의 바늘을) 늦추다, 늦게 하다	retrasar 레트라싸르
		지연[지체]시키다, 지체하다, 미루다	demorar 데모라르
		지우개	goma de borrar (f.) 고마 데 보라르
		지위, 직책, 직무, 책임, 부담	cargo (m.) 까르고
		(회사나 은행 등의) 지점, 출장소, 영업소, 대리점	agencia (f.) 아헨씨아

지점의, 지사의, 지국의, 지점, 지사, 지국, 출장소	sucursal (a.),(m.),(f.) 수꾸르쌀
지정석, 예약석	asiento reservado (m.) 아씨엔또 레쎄르바도
지진	terremoto (m.) 떼레모또
지체, 지연	tardanza (f.) 따르단사
지체하다, 늦어지다, (+시간 +en+부정법) …하는데 시간이 (너무) 걸리다	tardar 따르다르
(주로 복수) 지출, 비용	gasto (m.) 가스또
지키다, 보호하다, 준수하다	guardar 구아르다르
지퍼	cremallera (f.) 크레마예라
지하도	paso[pasaje/camino] subterráneo (m.) 빠소[빠사헤/까미노] 쑵떼라네오
지하실	sótano (m.) 쏘따노
지하의, 지하에 있는, 지하실, 지하 창고	subterráneo(-a) (a.),(m.) 쑵떼라네오(-아)
지하 이층(二層)	segundo (piso del) sótano (m.)/ segundo del sótano (m.) 쎄군도 (삐소 델) 쏘따노/ 쎄군도 델 쏘따노
지하 일층(一層)	primer (piso del) sótano (m.)/ primero del sótano (m.)/ primer subsuelo (m.) 쁘리메르 (삐소 델) 쏘따노/ 쁘리메로 델 쏘따노/ 쁘리메르 쑵쑤엘로
지하철	metro (m.) 메트로
지하철 노선도	plano de metro (m.) 쁠라노 데 메트로

지하철역	estación de metro (f.) 에스따씨온 데 메트로
지하철 입구	boca de metro (f.)/ entrada del metro (f.) 보까 데 메트로/ 엔트라다 델 메트로
지혈하다	taponar la hemorragia 따뽀나를 라 에모라히아
지휘의, 지도의	directorio(-a) 디렉또리오(-아)
지휘자	director(-a) (m.),(f.) 디렉또르(-라)
(기하) 직각	recto (m.) 렉또
(기하) 직선	recta (f.) 렉따
직업	ocupación (f.) 오꾸빠씨온
직업, 전문직	profesión (f.) 프로훼씨온
직업의, 전문가의, 직업적인, 프로의	profesional 프로훼씨오날
직원, 사원, 종업원	empleado(-a) (m.),(f.) 엠쁠레아도(-다)
직접적인, 쭉 곧은, 직행의, 직통의, 솔직한, 직행 열차	directo(-a) (a.),(m.) 디렉또(-따)
직진하다	ir derecho/ir en dirección recta[directa] 이르 데레초/ 이르 엔 디렉씨온 렉따[디렉따]
직행버스	autobús directo (m.) 아우또부스 디렉또
직행 편, 논스톱 비행	vuelo directo (m.)/ vuelo sin escala (m.) 부엘로 디렉또/ 부엘로 씬 에스깔라
진료실, 진료소, 의원	consultorio (m.) 꼰쑬또리오
진리, 진실, 사실	verdad (f.) 베르닫

진맥하다	tomar el pulso 또마르 엘 뿔소
((구어)) (무엇을) 진심으로 감사하다	agradecer con[en] el alma algo 아그라데쎄르 꼰[엔] 엘 알마 알고
진심으로 충심으로, 성심성의껏, 마음으로부터, 솔직히, 진실로	sinceramente 씬쎄라멘떼
진심의, 마음에서 우러나온, 성실한	sincero(-a) 씬쎄로(-라)
진열장, 쇼윈도	vitrina (f.) 비트리나
진열장, 쇼케이스, 진열창, 쇼윈도	escaparate (m.) 에스까빠라떼
진정시키는, 진정 작용이 있는, 진정제, 진통제	sedante (a.),(m.) 쎄단떼
진정의, 고통을 완화시키는, 진통제, 진정제	lenitivo(-a) (a.),(m.) 레니띠보(-바)
진정제, 진통제	calmante (m.)/ lenitivo (m.)/ sedante (m.) 깔만떼/ 레니띠보/ 쎄단떼
진주	perla (f.) 뻬를라
진지[중대, 엄숙]하게	seriamente 쎄리아멘떼
진지한, 신뢰할 만한, 믿을 만한, 성실한, 중대한, 심각한, 우려할 만한	serio(-a) 쎄리오(-아)
진찰하다	examinar/ ver un paciente 엑싸미나르/ 베르 운 빠씨엔떼
진통의, 아픔을 진정시키는, 고요한, 잔잔한, 진통제, 진정제	calmante (a.),(m.) 깔만떼
진통의, 무통의[에 관한], 진통제	analgésico(-a) (a.),(m.) 아날헤씨꼬(-까)
진하지 않은, 연한, 묽은 가벼운	liviano(-a) 리비아노(-나)
(커피 등이) 진한, 무더운, 후텁지근한, (+de) 적재한, 장전된, 가득한, 만원의	cargado(-a) 까르가도(-다)
진한 커피	café cargado[fuerte] (m.) 까페 까르가도[후에르떼]
진행 중의, 현재의	en curso 엔 꾸르쏘
질, 품질, 특징, 특성, 장점, 강점	cualidad (f.) 꾸알리닫
질, 품질, 자질; 성능, (사람의) 품성, 성질, (무엇의) 중요성, 중대성, 심각성, (사회적인) 신분, 자격	calidad (f.) 깔리닫
질리다, 물리다, 싫증나다, 권태롭다, 넌더리가 나다, 진절머리가 나다 (무엇으로, 무엇에)	cansarse (de) 깐싸르세 (데)
질문	pregunta (f.) 쁘레군따
질문하다, 묻다	preguntar 쁘레군따르
질투	celos (m.)/ envidia (f.) 쎌로스/ 엔비디아
질투가 심한	celoso(-a)/ envidioso(-a) 쎌로소(-사)/ 엔비디오소(-사)
질투하는, 질투심이 강한	celoso(-a) 쎌로소(-사)
질투하는, 시새움하는, 부러워하는, 질투하는 사람, 시새움하는 사람, 부러워하는 사람	envidioso(-a) (a.),(m.),(f.) 엔비디오소(-사)
(여행용의) 짐, 수하물	equipaje (m.) 에끼빠헤
짐, 수화물, 꾸러미 (주로 복수)	bulto (m.) 불또
짐을 꾸리다, 포장하다 (=hacer paquetes)	empaquetar 엠빠께따르
집, 회사, 상점, 지점, 지사	casa (f.) 까사

집들이	estreno de una casa (m.) 에스트레노 데 우나 까사	찌르기, 찔린 상처, 쏘인 상처, 찌르는 듯한 통증	pinchazo (m.) 삔차소
집무실, 사무실, 연구실, (신속한) 처리, 접대, 응대	despacho (m.) 데스빠초	(고통이) 찌르는 듯한, (칼 등이) 예리한, 날카로운	punzante 뿐싼떼
짚, 지푸라기, 빨대	paja (f.) 빠하	찌르는 듯한 통증	dolor punzante (m.) 돌로르 뿐싼떼
(맛이) 짠, 소금기가 많은	salado(-a) 쌀라도(−다)		
짧은, 모자라는, 같은 종류의 다른 것과 비교해 작은	corto(-a) 꼬르또(−따)	찌르다, 찌르는 듯이 아프다, 빈정거리다, 비꼬다	punzar 뿐싸르
짧은 시간의, 짧은 동안의, 간결한, 간단한	breve 브레베	찌르다, 물다, 쏘다	picar 삐까르
짬이 있다, 여가가 있다	tener tiempo libre 떼네르 띠엠뽈 리브레	(가시, 핀 등 뾰족한 것으로) 찌르다, 주사를 놓다, 사주하다	pinchar 삔차르
쪼개다, 빠개다, 깨다, 어기다, (무엇을) 부수다, 조각내다	romper 롬뻬르	찔리다, (자기 몸에) 주사를 놓다	pincharse 삔차르세
		((의학)) 찜질 요법, 습포	cataplasma (f.) 까따쁠라쓰마
… 쪽으로, … 쪽에, … 경에	hacia 아씨아	찢어진, 부서진, 깨진, 닳아 해진	roto(-a) 로또(−따)

ㅊ

차[茶], 찻잎, 차나무	té (m.) 떼	(+en) (…에) 참가하다, 참여하다	participar 빠르띠씨빠르
차가운, 찬, 추운	frío(-a) 프리오(−아)	참사, 참혹한 사건, 대재(大災), 큰 불행, 큰 실패	catástrofe (f.) 까따스트로훼
차게 하다, 식히다, 냉각시키다	enfriar 엔프리아르	참석하다	asistir 아씨스띠르
(철도의) 차량	vagón (m.) 바곤	참을성 있는, 인내심 있는, 병환 중인, 앓고 있는, 고통을 겪는	paciente 빠씨엔떼
차례, 순번, 순서, 당번, 교대	turno (m.) 뚜르노		
차이, 다름, 상이함	diferencia (f.) 디훼렌씨아	참회하다	arrepentir 아레뻰띠르
착륙	aterrizaje (m.) 아떼리싸헤	창문, 창	ventana (f.) 벤따나
		창문, 차창, 창구	ventanilla (f.) 벤따니야
(알코올이 들어 있지 않는) 찬 음료수, 청량 음료수	refresco (m.) 레프레스꼬	창설, 설립, 건설, 기금, 법인, 조직, 단체, 시설, 재단	fundación (f.) 푼다씨온
참가, 참여, 가담, 관여	participación (f.) 빠르띠씨빠씨온		

한서사전

창설하다, 설립하다, 건설하다, 세우다, (+en, sobre) (무엇에) 기초[근거]를 두다	fundar 푼다르
창조하다, 창작하다, 생기다	crear 크레아르
창 쪽 좌석	asiento de la ventana (m.)/asiento a la ventanilla (m.) 아씨엔또 델 라 벤따나/ 아씨엔또 알 라 벤따니야
창측	a la ventanilla 알 라 벤따니야
찾다, 구하다	buscar 부스까르
찾아내다, 발견하다, 만나다	hallar 아야르
찾으러 가다, 줍다, 주워 모으다	recoger 레꼬헤르
채소, 야채	legumbre (f.)/ verdura (f.) 레굼브레/ 베르두라
채식주의의, 채식주의자	vegetariano(-a) (a.),(m.),(f.) 베헤따리아노(-나)
(서류 등의 공란에 필요한 자료를) 채우다, 다시 채우다, 가득 채우다	rellenar 레예나르
책, 기록, 자료집	libro (m.) 리브로
책상, 탁자, 식탁, 테이블	mesa (f.) 메사
처남, 매부, 매제, 아주버니, 시동생, 시누이, 올케, 처형, 처제, 계수, 제수	cuñado(-a) (m.),(f.) 꾸냐도(-다)
처방(전), 처방약, 규정, 지시, 지정, 명령	prescripción (f.) 프레스크립씨온
처방(전), 요리법, 조리법, (일반적으로) 비결, 방식, 방법	receta (f.) 레쎄따
(약제의) 처방(전), (정해진) 서식, 양식, 방식, 방책, 방법	fórmula (f.) 포르물라
처방, 처방전, 처방서	receta (médica) (f.)/ fórmula (médica) (f.)/ prescripción (médica) (f.) 레쎄따 (메디까)/ 포르물라 (메디까)/ 프레스크립씨온 (메디까)
처방에 의해 조합된 약	medicamento compuesto según la fórmula (m.) 메디까멘또 꼼뿌에스또 쎄군 라 포르물라
처방을 쓰다	escribir una receta (para)/recetar/ prescribir/formular 에스크리비르 우나 레쎄따 (빠라)/ 레쎄따르/ 프레스크 리비르/ 포르물라르
천, 직물	tela (f.) 뗄라
천문대	planetario (m.) 쁠라네따리오
천사	ángel (m.) 앙헬
천식	asma (f.) 아스마
천연색 영화, 천연색 필름	película en colores (f.) 뻴리꿀라 엔 꼴로레스
천재, 기질, 성질, 성격, (시대나 국민 등의) 정신, 풍조	genio (m.) 헤니오
천재, 비범한 사람, 불가 사의, 경이, 경이적인 일, 특별한 것, 진기한 것, (종교) 기적	prodigio (m.) 쁘로디히오
천재의, 천재적인, 기발한, 기지가 풍부한, 훌륭한, 멋진, 굉장한, 대단한	genial 헤니알
천천히	despacio 데스빠씨오
철, 시기, 시즌, 기간	temporada (f.) 뗌뽀라다
철, 쇠, 철분	hierro (m.) 이에로

철기 시대	la Edad de Hierro 라 에닫 데 이에로	청바지	jeans (m.) 진스
철도, 기차, 철도 시설	ferrocarril (m.) 훼로까릴	(부채의) 청산, 투매, 덤핑, 바겐세일	liquidación (f.) 리끼다씨온
철도역	estación de ferrocarril (f.) 에스따씨온 데 훼로까릴	청산하다, ((상업)) 싸게 팔다, 바겐세일을 하다, 덤핑하다, 투매하다	liquidar 리끼다르
철수시키다, 퇴각시키다, 제거하다, 치우다	retirar 레띠라르	청색	azul (m.) 아쑬
첨가하다, 보태다, 추가하다 증보하다	añadir 아냐디르	청소, 소제, 깨끗함, 청결함, 순수, 청정	limpieza (f.) 림삐에사
첨가하다, 추가하다, 부가하다, 보태다, 더하다	adicionar/añadir/ agregar/poner de más 아디씨오나르/ 아냐디르/ 아그레가르/ 뽀네르 데 마쓰	청소년기, 사춘기	adolescencia (f.) 아돌레스쎈씨아
		청소하다, 깨끗하게 하다, 닦다, 쓸다, 씻다	limpiar 림삐아르
첫눈	primera nieve (f.) 쁘리메라 니에베	청첩장	tarjeta de bodas (f.)/ (carta de) invitación de bodas (f.) 따르헤따 데 보다스/ (까르따 데) 인비따씨온 데 보다스
첫 번	primera vez (f.) 쁘리메라 베스		
첫 번째로	por primera vez 뽀르 쁘리메라 베스	청춘, 청춘 시대, 청춘기, 젊은 시절, 젊음, (집합명사) 청년	juventud (f.) 후벤뚣
첫째로, 우선 첫째로, 우선	en primer lugar 엔 쁘리메르 루가르		
첫차(첫 버스/기차)	primer autobús/tren 쁘리메르 아우또부스/트렌	청혼, 구혼	pedida (f.)/ propuesta de matrimonio (f.) 뻬디다/ 프로뿌에스따 데 마 트리모니오
청각의[에 관한]	auricular 아우리꿀라르		
청구서, 계산서	factura (f.)/cuenta (f.) 확뚜라/ 꾸엔따	청혼하다	proponer el matrimonio 프로뽀네르 엘 마트리모니오
(요금 등을) 청구하다, (목적지까지 하물을) 맡기다, 위탁하다, 탁송 수하물로 하다	facturar 확뚜라르		
		청혼을 승낙하다	aceptar la propuesta de matrimonio 아쎕따르 라 프로뿌에스따 데 마트리모니오
청년기	adolescencia (f.)/ juventud (f.) 아돌레스쎈씨아/ 후벤뚣		
		(여자의 가족에게) 청혼을 하다	pedir la mano de una mujer 뻬디를 라 마노 데 우나 무헤르
청동, 브론즈	bronce (m.) 브론쎄		
청동기 시대	la Edad de Bronce 라 에닫 데 브론쎄	체스	ajedrez (f.) 아헤드레스

체온	temperatura del cuerpo (f.) 뗌뻬라뚜라 델 꾸에르뽀	초대에 응하다	aceptar la invitación 아쎕따르 라 인비따씨온
체온계	termómetro (clínico) (m.) 떼르모메트로 (끌리니꼬)	초대장	tarjeta de invitación (f.)/ (carta de) invitación (f.) 따르헤따 데 인비따씨온/ (까르따 데) 인비따씨온
체육관, 실내 경기장	gimnasio (m.) 힘나씨오	초대하다, 초청하다, 한턱내다, 권유하다, 자극하다, 선동하다, 부추기다	invitar 인비따르
체재, 체류	estancia (f.) 에스딴씨아		
체중을 줄이다	adelgazar/ perder peso 아델가사르/ 뻬르데르 뻬소	초등학교, 초중등학교 (8년제), (사립의) 고등학교	colegio (m.) 꼴레히오
체크무늬의	de cuadros 데 꾸아드로스	초록색, 녹색	verde (m.) 베르데
		초록색의, 녹색의	verde 베르데
체크아웃하다	registrar la salida/ pagar la cuenta y marcharse (de un hotel) 레히스트라를 라 쌀리다/ 빠가를 라 꾸엔따 이 마르차르세 (데 운 오뗄)	초보자, 초심자	principiante (m.),(f.) 쁘린씨삐안떼
		초인종, 벨, 소인, 스탬프	timbre (m.) 띰브레
		초인종[벨]을 누르다	tocar el timbre 또까르 엘 띰브레
		초조	ansiedad (f.) 안씨에닫
		초콜릿, 초콜릿 차, 코코아	chocolate (m.) 초콜라떼
체크인하다	registrarse/ registrar la entrada 레히스트라르세/ 레히스트라를 라 엔트라다	초콜릿 케이크	tarta de chocolate (f.) 따르따 데 초콜라떼
		초콜릿 푸딩	pudin[pudín/budín] de chocolate (m.) 뿌딘[뿌딘/부딘] 데 초꼴라떼
…체하다, …척하다, …을 가장하다	fingir 휜히르		
		총, 총계, 합계, 모두, 전부	por todo 뽀르 또도
초(秒)	segundo (m.) 쎄군도	촬영금지	prohibido hacer fotos. 프로이비도 아쎄르 포또스
초가지붕	techo de paja (m.) 떼초 데 빠하		
초급반	clase elemental (f.) 끌라세 엘레멘딸	최근에	recientemente 레씨엔떼멘떼
초대, 초청, 초대장, 한턱냄	invitación (f.) 인비따씨온	최근의, 최근에 일어난	reciente 레씨엔떼
초대를 거절하다	rehusar [rechazar] la invitación 레우사르[레차사르] 라 인비따씨온	최면성의, 최면제	somnífero(-a) (a.),(m.)/ soporífero(-a) (a.),(m.)/ dormitivo(-a) (a.),(m.) 쏨니훼로(-라)/ 쏘뽀리훼로(-

라) / 도르미띠보(−바)

최신 유행, 최신 유행형	último estilo (m.) 울띠모 에스띨로
최신 유행의	a la última moda 알 라 울띠마 모다
최신의	de última moda 데 울띠마 모다
최초의, 본래의, 원래의, 독창적인	original 오리히날
최하급의, 최저의	ínfimo(-a) 인휘모(−마)
최후 수단으로	como último remedio 꼬모 울띠모 레메디오
최후의, 최종의, 마지막의, 궁극의, 궁극적인, 최근의, 최신의, 마지막 사람, 제일 뒷사람	último(-a) (a.),(m.),(f.) 울띠모(−마)
최후의, 최종의	final 휘날
추가, 보충	suplemento (m.) 쑤쁠레멘또
추가 비용	coste adicional (m.)/ carga adicional (f.)/ suplemento (m.)/ gasto(s) adicional (es) (m.)(m.pl.)/coste suplementario (m.)/ ((라틴 아메리카)) costo adicional (m.)/costo suplementario (m.) 꼬스떼 아디씨오날 / 까르가 아디씨오날 / 쑤쁠레멘또 / 가 스또(스) 아디씨오날(레스)/ 꼬스떼 쑤쁠레멘따리오 / 꼬스 또 아디씨오날 / 꼬스또 쑤쁠 레멘따리오
추가 침대	cama extra (f.) 까마 엑쓰뜨라
추가하다; 강화하다, 보강 하다, (무엇에) 짐을 싣다	cargar 까르가르

추구, 탐구, 수색	búsqueda (f.) 부스께다
추시계	reloj de pesas (m.) 렐로흐 데 뻬사스
추월금지 ((게시))	Prohibido adelantar 프로이비도 아델란따르
추천, 의뢰, 부탁(encargo), 간청, 청원(súplica)	recomendación (f.) 레꼬멘다씨온
추천장	carta de recomendación (f.) 까르따 데 레꼬멘다씨온
추천하다, 권하다, 충고 하다, 조언하다, 권하다	recomendar 레꼬멘다르
((구어)) 추측, 상상	suponer (m.) 쑤뽀네르
추측, 억측, 가정, 가설	suposición (f.) 쑤뽀씨씨온
축구	fútbol (m.) 훗볼
축구를 하다	jugar al fútbol 후가르 알 훗볼
축구선수	jugador(-a) de fútbol (m.),(f.)/ futbolista (m.),(f.) 후가도르(−라) 데 훗볼/ 훗볼리스따
(머리카락이) 축 늘어진, 약한, 힘이 없는, 시든	lacio(-a) 라씨오(−아)
축배, 축배의 말	brindis (m.) 브린디스
축소하다, 줄이다, 단축 하다, 삭감하다, 내리다	reducir 레두씨르
축적하다, 모으다	acumular 아꾸물라르
축전	telegrama de felicitación (m.) 뗄레그라마 데 휄리씨따씨온
축제, 파티, 연회. 휴일, 국경일, 교회의 축제일	fiesta (f.) 휘에스따
축제의, 제전의, 유쾌한, 명랑한, 익살맞은, 우스운	festivo(-a) 훼스띠보(−바)

한서사전

축하, 축하 엽서, 축하 전보, 축의, 축사	felicitación (f.) 휄리씨따씨온
축하하다, (+por) (무엇에 대해) 행운이 있기를 빌다, 행복을 빌다	felicitar 휄리씨따르
축하하다, 축하의 말을 하다, (+de)(무엇을) 기뻐하다	felicitarse 휄리씨따르세
출구, 출발, 나가기	salida (f.) 쌀리다
출국 심사	trámite de emigración (m.) 트라미떼 데 에미그라씨온
출국 카드	tarjeta de salida (f.) 따르헤따 데 쌀리다
출근하다	ir al trabajo 이르 알 트라바호
출발 시간	hora de salida (f.) 오라 데 쌀리다
출발하다, 떠나다	salir/partir 쌀리르/ 빠르띠르
출생[탄생]의, 출생지 [탄생지]의	natal 나딸
출석, 출가, 도움, 원조, 구제, 구호	asistencia (f.) 아씨스뗀씨아
출석증명서	certificado de asistencia (m.) 쎄르띠휘까도 데 아씨스뗀씨아
출석하고 있는(↔ausente 결석한), (어떤 장소에) 있는, 출석자	presente (a.),(m.),(f.) 쁘레쎈떼
출입국관리사무소	Oficina de Inmigración (f.) 오휘씨나 데 인미그라씨온
출입 자유	puerta franca 뿌에르따 프랑까
출판, 간행, 판, 총서	edición (f.) 에디씨온
출판사	casa[empresa/ compañía] editorial (f.) 까사[엠쁘레사/꼼빠니아] 에디또리알
출판하다, 발행하다, 발매하다, 제작하다	editar 에디따르
출혈	hemorragia (f.)/ sangradura (f.)/ sangría (f.)/ flujo de sangre (m.) 에모라히아/ 쌍그라두라/ 쌍그리아/ 플루호 데 쌍그레
춤, 춤추기, 무도회 (舞蹈會), 댄스 파티	baile (m.) 바일레
춤추다	bailar 바일라르
충고	consejo (m.) 꼰쎄호
충동구매	compra impulsiva (f.) 꼼쁘라 임뿔씨바
충동적인	impulsivo(-a) 임뿔씨보(-바)
충분하다, 족하다, (무엇이) 많다	bastar 바스따르
충실한, 성실한, 정확한, 사실에 충실한, 신자, 신도	fiel (a.),(m.),(f.) 휘엘
충치	caries (dentera) (f.) 까리에스 (덴떼라)
충치, 벌레 먹은 이, 삭은 이	diente picado[cariado] (m.)/muela picada [cariada] (f.) 디엔떼 삐까도[까리아도]/ 무엘라 삐까다[까리아다]
충치를 충전하다	obturar una caries 옵뚜라르 우나 까리에스
충치에 봉을 박다	empastar el diente 엠빠스따르 엘 디엔떼
충치의 신경을 죽이다	matar los nervios de una muela picada 마따르 로스 네르비오스 데 우나 무엘라 삐까다

충치의 최대 보호	máxima protección anticaries (f.) 막씨마 프로떽씨온 안띠까리에스	층이 지게 자르다	cortar en capas 꼬르따르 엔 까빠스
((의학)) 충혈	congestión (f.) 꽁헤스띠온	치과	odontología (f.) 오돈똘로히아
충혈되다, 울혈되다, 얼굴이 붉어지다, (교통이) 막히다, 체증을 일으키다	congestionarse 꽁헤스띠오나르세	치과의사	odontólogo(-a) (m.),(f.)/ dentista (m.),(f.) 오돈똘로고(-가)/ 덴띠스따
취급주의	Trato con cuidado ((표 시))/Condúzcase con el cuidado ((게시))/ Manéjese con cuidado 트라또 꼰 꾸이다도/ 꼰두스 까세 꼰 엘 꾸이다도/ 마네헤 세 꼰 꾸이다도	치다, 때리다, 때려 부수다, 싸우다, 전투하다	batir 바띠르
		치료, 치료법, 대우, 취급, 처리	tratamiento (m.) 트라따미엔또
		치료, 치료법, 요법, 대책, 수단, 방법, 교정(矯正)	remedio (m.) 레메디오
취급하다, 다루다, 대우하다, 대하다	tratar 트라따르	치료되다, 낫다	curarse 꾸라르세
취득, 획득	obtención (f.) 옵뗀씨온	치료되다, 교정되다, 해결되다	remediarse 레메디아르세
취미, 애호(愛好), 도락(道樂), 오락, 열중. 열심, 열의	afición (f.) 아휘씨온	치료를 받다	recibir tratamiento 레씨비르 트라따미엔또
취미	gusto (m.)/afición (f.)/ pasatiempo (m.)/ hobby (m.) 구스또/ 아휘씨온/ 빠사띠엠뽀/ 오비	치료하다, 고치다, 치유하다	curar 꾸라르
		치료하다, 고치다, 교정 하다, 구제하다, 해결하다	remediar 레메디아르
		(누구를) 치료하다, (전화를) 받다, 대접하다, 친절히 맞아들이다, 돌보다, 마음을 쓰다, 기다리다	atender 아뗀데르
취소하다, 무효로 하다, 해약하다, 해지하다	cancelar 깐쎌라르	치마, 스커트	falda (f.) 활다
취함, 만취	ebriedad (f.)/ embriaguez (f.) 에브리에닫/ 엠브리아게스	치약	dentífrico (m.)/ pasta dentífrica (f.)/ pasta de dientes (f.)/ crema dental (f.) 덴띠프리꼬/ 빠스따 덴띠프리 까/ 빠스따 데 디엔떼스/ 크 레마 덴딸
(문제를 생각하는) 측면, 관점	verdiente (f.) 베르디엔떼		
(건물의) 층(層), (집합명사) 아파트, 맨션	piso (m.) 삐소	치우다, 제거하다, (어디에서) 떠나다, 떠나가다, 물러가다	despejar 데스뻬하르
(건물의) 층(層), 식물, 풀	planta (f.) 쁠란따	치즈	queso (m.) 께소
층, (복식) 케이프; 소매 없는	capa (f.) 까빠	치즈 케이크	pastel de queso (m.) 빠스뗄 데 께소

치통	dolor de muela(s) (m.)/dolor de diente (s) (m.)/odontalgia (f.)/dentalgia (f.) 돌로르 데 무엘라(스)/ 돌로르 데 디엔떼(스)/ 오돈딸히아/ 덴딸히아	침대	cama (f.) 까마
		침대차	coche cama (f.) 꼬체 까마
		침대칸	litera (f.) 리떼라
(주로 복수) 치핵, 치질	hemorroide (f.) 에모로이데	침묵, 무언, 고요, 조용함	silencio (m.) 씰렌씨오
친밀한, 매우 긴밀한	íntimo(-a) 인띠모(-마)	침묵의, 말없는, 과묵한, 조용한, 고요한	silencioso(-a) 씰렌씨오소(-사)
친절, 친절한 행동, 친절성	amabilidad (f.) 아마빌리닫	침묵의, 조용한, 말이 없는, 무언, 침묵, (해사) 풍파가 가라앉음	callado(-a) (a.),(f.) 까야도(-다)
친절한, 다정한, 사랑스런, 상냥한	amable 아마블레	칩, 패, 말 (도미노, 마작 혹은 카지노의)	ficha (f.) 휘차
친척, 측근자, 가깝고 정다운 사람, 한집안 같은 사람	familiar (m.) 화밀리아르	칫솔	cepillo de dientes (m.) 쎄삐요 데 디엔떼스
		칭찬, 찬사	elogio (m.) 엘로히오
친척	pariente(-a) (m.),(f.) 빠리엔떼(-따)	칭찬을 받을 만하다, 벌을 받을 만하다, (…의) 가치가 있다	merecer 메레쎄르
친척의, 가까운, 비슷한, 닮은	pariente(-a) 빠리엔떼(-따)	칭찬[표창]할만 한, 공적이 있는, (+de)(…의) 가치가 있는, …할 만한	merecedor(-a) 메레쎄도르(-라)

ㅋ

카드, 엽서, 그림엽서, 명함	tarjeta (f.) 따르헤따	카세트	casete[casette/cassette] (m.),(f.) 까쎄떼
카메오, 돌을새김 조각을 한 보석	cameo (m.)/camafeo (m.) 까메오/ 까마훼오		
		카세트테이프	casete[casette/cassette] (m.),(f.)/cinta (de) casete [casette/cassette] (f.) 까쎄떼/ 씬따 (데) 까쎄떼
카모마일	manzanilla (f.) 만싸니야		
카모마일 차[茶]	té de manzanilla (m.) 떼 데 만싸니야		
카바레	cabaret (m.)/cabaré (m.) 까바렛/ 까바레	카세트테이프리코더	casete[casette/cassette] (m.),(f.)/magnetófono de casete[casette/
카뷰레터, 기화기	carburador (m.) 까르부라도르		

	cassette] (m.) 까쎄떼/ 마그네또포노 데 까쎄떼
카운터, 계산대, 스탠드, 진열대	mostrador (m.) 모스트라도르
카지노	casino (m.) 까씨노
카탈로그, 목록	catálogo (m.) 까딸로고
카페오레	café con leche (m.) 까페 꼰 레체
칼, 나이프, 식칼	cuchillo (m.) 꾸치요
(골프) 캐디	caddie (m.),(f.) 까디에
캐럿 (금의 순도나 보석의 무게의 단위), 순금 함유도	quilate (m.) 낄라떼
캐스터네츠	castañuelas (f.pl.) 까스따뉴엘라스
캐시미어	cachemir (m.)/ cachemira (f.)/ casimir (m.)/ casimira (f.) 까체미르/ 까체미라/ 까씨미르/ 까씨미라
캔디, 드롭스, 캐러멜	caramelo (m.) 까라멜로
캠프파이어	fuego de campamento (m.) 후에고 데 깜빠멘또
캠핑, 야영, 노영, 캠프, 야영지	campamento (m.) 깜빠멘또
(도로나 선로 등의) 커브 (의 한 구획), 선(線), 곡선, (야구) 커브	curva (f.) 꾸르바
커트머리	pelo corto (m.) 뻴로 꼬르또
커프스버튼	gemelos (m.pl.) 헤멜로스
커피	café (m.) 까페
커피를 마시다	tomar café 또마르 까페
커피에 설탕을 넣다	echar[poner] azúcar al[en el] café

	에차르[뽀네르] 아쑤까르 알 [엔 엘] 까페
커피의	cafetero(-a) 까페떼로(—라)
컬러 콘택트렌즈	lentillas de color (f.pl.)/lentes de contacto de color (m.pl.) 렌띠야스 데 꼴로르/ 렌떼스 데 꼰딱또 데 꼴로르
컬러필름, 천연색 필름	película en color[colores] (f.) 뻴리꿀라 엔 꼴로르[꼴로레스]
컴퓨터	ordenador (m.)/ computadora (f.) 오르데나도르/ 꼼뿌따도라
컵, (대가 없는) 글라스, 유리잔, 유리컵	vaso (m.) 바소
컵, (다리가 달린) 잔, 술잔, 글라스	copa (f.) 꼬빠
케이블카	funicular (m.)/ teleférico (m.) 후니꿀라르/ 뗄레훼리꼬
케이크, 파이	pastel (m.)/tarta (f.) 빠스뗄/ 따르따
케이크, 식빵	bollo (m.) 보요
(집합명사) 케이크류	pastelería (f.) 빠스뗄레리아
코	nariz (f.) (narices (pl.)) 나리스 (복수: 나리세쓰)
((의학)) 코감기	catarro (m.) 까따로
코감기 걸리다	contraer un catarro 꼰트라에르 운 까따로
코드, 신호, 약호, 암호, 부호	código (m.) 꼬디고
코르크, 코르크 병마개	corcho (m.) 꼬르초

(날마다 바뀌는 메뉴의) 코스 요리, 정식, 오늘의 식사, 오늘의 정식	menú del día (m.) 메누 델 디아		딱또 (두로스[리히도스]/브란 도스)
코의, 비음의, 콧소리, 비음	nasal (a.),(f.) 나쌀	콜라	cola (f.) 꼴라
코트	abrigo (m.) 아브리고	콜렉트 콜, 수신자 요금부담 전화	llamada a cobro revertido (f.) 야마다 아 꼬브로 레베르띠도
(테니스나 농구 등의) 코트, 시합장, 경기장, (울타리를 두른) 공지, 공터	cancha (f.) 깐차	콤파트먼트	compartimiento (m.) 꼼빠르띠미엔또
코피	hemorragia nasal (f.) 에모라히아 나쌀	콤팩트, 분갑	polvera (m.) 뽈베라
콘돔	condón (m.)/ preservativo (m.)/ profiláctico (m.)/ ((속어)) goma (f.) 꼰돈/ 쁘레쎄르바띠보/ 쁘로 휠락띠꼬/ 고마	콤팩트디스크, 시디(CD), 시디플레이어	compacto (m.) 꼼빡또
		콩, 대두(大豆)	soja (f.)/soya (f.) 쏘하/ 쏘야
		쿠폰, 할인권, 복권	cupón (m.) 꾸뽄
		크게 하다, 확대하다, 찬양하다, 찬미하다	magnificar 마그니휘까르
콘돔을 끼다	calzarse[ponerse] el condón 깔싸르세[뽀네르세] 엘 꼰돈	(의복의) 크기, 사이즈, 키, 신장	talla (f.) 따야
콘서트	concierto (m.) 꼰씨에르또	크기, 치수, 사이즈	tamaño (m.) 따마뇨
콘센트	base (f.) 바쎄	크기, 치수, 사이즈, 측정, 측량	medida (f.) 메디다
콘택트렌즈	lentilla (f.)/lente de contacto (m.) 렌띠야/ 렌떼 데 꼰딱또	크레바스	grieta (f.) 그리에따
		크루즈 여행, (여러 곳을 들리는) 배유람 여행	crucero (m.) 크루쎄로
콘택트렌즈를 끼고 있다	llevar[usar] lentillas [lentes de contacto] 예바르[우사르] 렌띠야스 [렌떼스 데 꼰딱또]	크리스마스 선물	aguinaldo (m.) 아기날도
		크림, 유지, (화장용 등의) 크림	crema (f.) 크레마
콘택트렌즈를 끼다	ponerse las lentillas [lentes de contacto] 뽀네르셀 라스 렌따야스 [렌떼스 데 꼰딱또]	큰, 커다란, 성인의, 위대한, 훌륭한, 대단한	grande 그란데 *단수명사 앞에서 끝의 -de 가 탈락되어 'gran(그란)'이 되고, 뜻은 '위대한'이 됨
(하드/소프트) 콘택트렌즈용 용액	solución para lentes de contacto (duros [rígidos]/blandos) (f.) 쏠루씨온 빠랄 렌떼스 데 꼰	큰사슴, 큰사슴 가죽	ante (m.) 안떼
		클럽, 모임, 동호회	club (m.) 끌룹
		키, 신장	estatura (f.) 에스따뚜라

키가 큰	alto(-a)/ largo(-a)/ espigado(-a) 알또(-따)/ 라르고(-가)/ 에스삐가도(-다)
키가 큰, 높은, (신발이) 굽이 높은	alto(-a) 알또(-따)
키가 작은, 낮은, 굽이 없는, 굽이 낮은	bajo(-a) 바호(-하)

(기계나 기구의) 키를 누르다, (악기의) 건을 누르다, 피아노를 치다	teclear 떼끌레아르
킬로그램 (무게의 단위)	kilogramo (m.) 킬로그라모
킬로미터 (길이의 단위)	kilómetro (m.)/ quilómetro (m.) 킬로메트로/ 킬로메트로

E

타고난, 선천적인, 태어날 때부터	de nacimiento 데 나씨미엔또
타다, 그을리다	quemarse 께마르세
타다, 오르다, 말을 타다, 승마하다	montar 몬따르
(탈것을) 타다	tomar 또마르
타박상	contusión (f.)/ herida contusa (f.)/ magulladura (f.) 꼰뚜씨온/ 에리다 꼰뚜사/ 마구야두라
타박상을 입은, 타박상을 입은 사람	contuso(-a) (a.),(m.),(f.) 꼰뚜소(-사)
타월, 수건	toalla (f.) 또아야
타이어	rueda (f.)/ neumático (m.)/ llanta (f.) 루에다/ 네우마띠꼬/ 얀따
타이핀	alfiler de corbata (m.) 알휠레르 데 꼬르바따
타파스, 스페인의 전채 요리 (음식명)	tapas (f.pl.) 따빠쓰

탁구	tenis de mesa (m.)/ ping-pong (m.)/ pimpón (m.) 떼니쓰 데 메사/ 삔뽄/ 삠뽄
탁구를 치다	jugar al tenis de mesa [ping-pong/pimpón] 후가르 알 떼니쓰 데 메사[삔뽄/삠뽄]
탁상시계	reloj de mesa (m.)/ reloj de sobremesa (m.) 렐로흐 데 메사/ 렐로흐 데 쏘브레메사
탁월한, 우수한, 뛰어난	excelente 엑쎌렌떼
탄, 그을린	quemado(-a) 께마도(-다)
탄력 붕대	vendaje elastizado (m.)/ venda elastizada (f.) 벤다헤 엘라스띠싸도/ 벤다 엘라스띠싸다
탄산음료, 소다수	gaseosa (f.) 가세오사

한서사전

탄생, 출생, (N–) 예수 그리스도의 탄생, 태생	nacimiento (m.) 나씨미엔또
탄생석	piedra de cumpleaños (f.) 삐에드라 데 꿈쁠레아뇨스
탈, 가면, 복면	máscara (f.) 마스까라
(옷가게의) 탈의실, 옷 입어보는 곳	probador (m.) 프로바도르
탈지면	algodón hidrófilo (m.)/ algodón absorbente (m.)/absorbente higiénico (m.)/ compresa (f.) 알고돈 이드로휠로/ 알고돈 압소르벤떼/ 압쏘르벤떼 이히에니꼬/ 꼼프레사
탐내다, 욕심을 내다	codiciar 꼬디씨아르
탐내다, 가지고 싶어 하다, 원하다	envidiar 엔비디아르
탐욕, 욕심, 인색함	avaricia (f.) 아바리씨아
탐을 내다, 가지고 싶어 하다, 좋아하다, 원하다	apetecer 아뻬떼쎄르
탐험, 원정, 원정대, 탐험대	expedición (f.) 엑쓰뻬디씨온
탐험, 답사, 탐사, 탐구	exploración (f.) 엑쓰쁠로라씨온
탐험하다, 답사하다, 조사하다, 탐사하다, 탐구하다	explorar 엑쓰쁠로라르
탑, 망루, 망대, 성루	torre (f.) 또레
(기차, 비행기 혹은 배에) 탑승, 승선, 승차, 짐 싣기	embarco (m.) 엠바르꼬
탑승, 승선, 선적, 짐 싣기, 선적	embarque (m.) 엠바르께
탑승구	puerta de embarque (f.) 뿌에르따 데 엠바르께
탑승권	billete de embarque (m.) 비예떼 데 엠바르께
탑승수속을 하다	tramitar el embarque 트라미따르 엘 엠바르께
탑승시키다, 승선시키다, 태우다, 싣다, 선적하다	embarcar 엠바르까르
탑승카드, 탑승권	tarjeta de embarque (f.) 따르헤따 데 엠바르께
탕진하다, 써서 없애다, (모든 액체를) 바닥을 내다, 극도로 피곤하게 하다	agotar 아고따르
태도, 자세, 포즈, 자태	actitud (f.) 악띠뚣
태양력	calendario solar (m.) 깔렌다리오 쏠라르
태어나다	nacer/ver la luz (del día)/venir al mundo 나쎄르/ 베를 랄 루스 (델 디아)/ 베니르 알 문도
(불로) 태우다, 많이 뜨겁게 하다[데우다, 가열하다], (부식성 물질이나 매우 뜨거운 물건이) 흔적[종양, 물집을] 만들다	quemar 께마르
태음력	calendario lunar (m.) 깔렌다리올 루나르
태풍	tifón (m.) 띠폰
택배, 문 앞 배달, 자택 배달	servicio a domicilio (m.)/ entraga a domicilio (f.)/ servicio puerta a puerta (m.) 쎄르비씨오 아 도미씰리오/ 엔트라가 아 도미씰리오/

	쎄르비씨오 뿌에르따 아 뿌에르따		떼니쓰따/ 후가도르(-라) 데 떼니쓰
택배[자택 배달] 해주다	dar servicio a domicilio/ servir a domicilio/ hacer el servicio a domicilio/ hacer la entrega a domicilio/ hacer el servicio puerta a puerta	테니스 코트, 테니스장	pista de tenis (f.)/ tenis (m.)/ campo de tenis (m.)
			삐스따 데 떼니쓰/ 떼니쓰/ 깜뽀 데 떼니쓰
		테니스화	zapatos de tenis (m.pl.)
	다르 쎄르비씨오 아 도미씰리오/ 쎄르비르 아 도미씰리오/ 아쎄르 엘 쎄르비씨오 아 도미씰리오/ 아쎄를 라 엔트레가 아 도미씰리오/ 아쎄르 엘 쎄르비씨오 뿌에르따 아 뿌에르따		싸빠또스 데 떼니쓰
		테라스, (건물의) 옥상, (카페, 바, 식당 등의 앞에 손님들이 노천에 앉게 만든) 테라스	terraza (f.) 떼라사
		테 없는 모자, 보닛	gorro (m.) 고로
택시	taxi (m.) 딱씨	텔레비전 쇼핑객	telecomprador(-a) (m.),(f.)
택시 기사	taxista (m.),(f.) 딱씨스따		뗄레꼼쁘라도르(-라)
택시미터기, 자동 요금 표시기	taxímetro (m.) 딱씨메트로	텔레비전 수리점	tienda para reparar la televisión (f.)
택시 승차장, 택시 정류장	parada de taxi(s) (f.) 빠라다 데 딱씨(스)		띠엔다 빠라 레빠라를 라 뗄레비씨온
택시 요금 표시기	taxímetro (m.) 딱씨메트로	텔레비전 수상기	televisor (m.) 뗄레비쏘르
터미널, 종착역	terminal (f.) 떼르미날	토닉로션	loción tonica (f.) 로씨온 또니까
턱시도	esmoquin (m.)/ smoking (m.) (smokings (pl.)) 에스모낀/ 스모낑 (복수: 스모낑스)	토닉로션, 강장제	tónico (m.) 또니꼬
		토마토	tomate (m.) 또마떼
		토마토소스, 케첩	salsa de tomate (f.) 쌀사 데 또마떼
털, 머리털, 체모	pelo (m.) 뻴로	토스트	tostada (f.) 또스따다
테니스, 테니스 코트, (복수) 스포츠 슈즈, 운동화	tenis (m.) 떼니쓰	토큰, 코인	ficha (f.) 휘차
테니스를 치다	jugar al tenis 후가르 알 떼니쓰	톤 (무게의 단위)	tonelada (f.) 또넬라다
테니스 선수	tenista (m.),(f.)/ jugador(-a) de tenis (m.),(f.)	톤, 어조, 말투, 말씨	tono (m.) 또노

(연장) 톱	sierra (f.) 씨에라
통고, 통지, 시달, 최고, 통지서, 통고서, 최고장	notificación (f.) 노띠휘까씨온
통과, 통행, 건너기, 통로, 통행료	pasaje (m.) 빠사헤
통과, 통행, 왕래, 교통	tránsito (m.) 트란씨또
통과시키다, 통과하다, (때를) 보내다, 지내다, (때가) 지나다, 경과하다	pasar 빠사르
통과 여객용의 카드	tarjeta de tránsito (f.) 따르헤따 데 트란씨또
통과패스	pase de tránsito (m.) 빠세 데 트란씨또
통관	tramitación de aduana (f.) 트라미따씨온 데 아두아나
통로, 복도 (기내의)	pasillo (m.) 빠씨요
통로 쪽 좌석	asiento del[al] pasillo (m.) 아씨엔또 델[알] 빠씨요
통로측	al pasillo 알 빠씨요
통신을 하다, 교신을 하다, 연락을 취하다, 교신하다	comunicarse 꼬무니까르세
통역관	intérprete (m.),(f.) 인떼르프레떼
통장, 예금 통장, 수첩, 메모장	libreta (f.) 리브레따
통증	dolor (m.) 돌로르
통증 멎는 알약을 복용하다	tomar una pastilla contra el dolor 또마르 우나 빠스띠야 꼰트라 엘 돌로르
통증을 진정시키다	aliviar[aligerar/mitigar] el dolor 알리비아르[알리헤라르/미띠가리] 엘 돌로르
(…을) 통하여, …너머로, …사이에서, 사이로	a través de … 아 트라베스 데 …
통행금지 ((게시))	Prohibido el paso 프로이비도 엘 빠소
(경제) 통화, 자산, 재산, ((구어)) 화폐, 돈	moneda (f.) 모네다
퇴근하다	salir del trabajo 쌀리르 델 트라바호
퇴원	salida[retirada] del hospital (f.) 쌀리다[레띠라다] 델 오스삐딸
퇴원하다	salir del hospital/ ser dado de alta/ dejar el hospital 쌀리르 델 오스삐딸/ 쎄르 다도 데 알따/ 데하르 엘 오스삐딸
투우	corrida (f.)/ corrida de toros (f.) 꼬리다/ 꼬리다 데 또로스
투우사	torero(-a) (m.),(f.) 또레로(-라)
투우장	plaza de toros (f.) 쁠라사 데 또로스
퉁명스럽게, 무뚝뚝하게, 무례하게, 거칠게	secamente 쎄까멘떼
튜브 치약	pasta dental (f.)/ tubo de dentífrico (m.) 빠스따 덴딸/뚜보 데 덴띠프리꼬
튤립	tulipán (m.) 뚤리빤
(경주의) 트랙, (테니스) 코트, (주로) 원형 경기장	pista (f.) 삐스따

트럭, 화물자동차	camión (m.) 까미온
트럼프	carta (f.) 까르따
(자동차의) 트렁크	maletero (m.) 말레떼로
트림을 하다	eructar 에룩따르
트윈베드룸 (=침대가 두 개인 객실)	habitación con dos camas (f.) 아비따씨온 꼰 도스 까마스
특가	precio especial (m.) 쁘레씨오 에스뻬씨알
특가, 싼값	precio de ganga (m.) 쁘레씨오 데 강가
특가, 특매, 바겐세일, 특가품, 특매품, 바겐세일 물건	oferta (f.) 오훼르따
특급열차	tren rápido (m.) 트렌 라삐도
(경기장의) 특별관람석, 자리, …석, (의회 등의) 연단, (교회의) 정면 창문 [발코니]	tribuna (f.) 트리부나
특별석	palco (m.) 빨꼬
특별 요리	plato especial (m.) 쁠라또 에스뻬씨알
특별한, 특수한, 특유의, 개인의, 개인적인, 개개의	particular 빠르띠꿀라르
특별한, 특수한	especial 에스뻬씨알
특별 할인	rebaja especial (f.) 레바하 에스뻬씨알
특별행사	acto especial (m.) 악또 에스뻬씨알
특별히, 특히	en especial 엔 에스뻬씨알
특산물	producto especial

	(m.)/(주로 음식물) especialidad de la región (f.) 프로둑또 에스뻬씨알/ 에스뻬씨알리닫 델 라 레히온
특선요리, 특별요리	plato especial (m.) 쁠라또 에스뻬씨알
특정의, 특유의, 고유의, 구체적인, ((의학)) (+para, de)(무엇에) 특효가 있는, 특효약	específico(-a) (a.),(m.) 에스뻬씨휘꼬(까)
틀리다	estar mal[equivocado]/ ser incorrecto 에스따르 말[에끼보까도]/ 쎄르 인꼬렉또
틀림, 오류, 잘못, 실수, 과실, 과오	equivocación (f.) 에끼보까씨온
틀림없이	sin falta/sin duda 씬 활따/ 씬 두다
(계획 등을) 틀어지게 하다, 난잡하게 하다, 문란하게 하다, 흐트러뜨리다	desarreglar 데싸레글라르
(계획 등이) 틀어지다, 난잡해지다, 흐트러지다, 문란해지다, 무절제하다	desarreglarse 데싸레글라르세
티셔츠, 속셔츠, 내의	camiseta (f.) 까미쎄따
티슈페이퍼	papel de seda (m.) 빠뻴 데 쎄다
티켓 (극장·박물관 등의)	entrada (f.) 엔트라다
티켓 (버스·기차·비행기의)	billete (m.) 비예떼
(운동 경기의) 팀, 장비, 비품, (조사나 정해진 봉사를 위해 조직된) 단체, 대, 반	equipo (m.) 에끼뽀
팁	propina (f.) 프로삐나

파견하다, 보내다, 발송하다	enviar 엔비아르	(초판이나 재판의) 판, 출판, 간행, 발행	edición (f.) 에디씨온
파나마 모자	panamá (m.) 빠나마 *복수는 **panamáes** 빠나마에스	판, 테이블의 평평한 표면	tablero (m.) 따블레로
파도, 물결	onda (f.) 온다	판, 표시판, 현판, 표찰, (차량의) 번호판	placa (f.) 쁠라까
(물 표면에서 일어나는) 파도, 물결, (기상)(기압 등의) 파(波), 변동	ola (f.) 올라	판단, 견해, 의견, 판단력	juicio (m.) 후이씨오
(곤충) 파리	mosca (f.) 모스까	판매, 매각, 매출, 매상	venta (f.) 벤따
파마	permanente (f.) 뻬르마넨떼	판탈롱	pantalones acampanados 빤딸로네스 아깜빠나도스
파마머리	cabello con permanente (m.) 까베요 꼰 뻬르마넨떼	팔	brazo (m.) 브라소
		팔다, 판매하다, 매각하다	vender 벤데르
파마하다	hacer(se) la permanente 아쎄르(셀) 라 뻬르마넨떼	(3인칭에서) 팔리다	venderse 벤데르세
파손되기 쉬운 물건, 취급주의 (화물의 표시)	MANEJESE CON CUIDADO. MUY FRAGIL 마네헤세 꼰 꾸이다도. 무이 프라힐	(재고를 싼 값에) 팔아 치우다, 재고품을 정리하다, 바겐세일을 하다, (빚을) 청산하다, 결재하다	saldar 쌀다르
		팔찌, (손목시계의) 줄	pulsera (f.) 뿔쎄라
파손주의 ((게시))	Frágil 프라힐	패럴렐	viraje paralelo (m.) 비라헤 빠랄렐로
파스	cataplasma (f.) 까따쁠라쓰마	패배	derrota (f.) 데로따
파운데이션	maquíllaje de fondo (m.) 마끼야헤 데 폰도	패션 디자이너	diseñador(-a) de moda[modas] 디쎄냐도르(-라) 데 모다[모다스]
(화폐 단위) 파운드, (액체 중량의 단위) 파운드	libra (f.) 리브라	패스트리	pastel (m.) 빠스뗄
파이프	pipa (f.) 삐빠	팩스, 팩스로 받은 서류	fax (m.) 확쓰
파인애플	piña (f.) 삐냐	팬, 서포터 (운동 팀 · 운동선수 · 배우 등의)	hincha (f.) 인차
(컴퓨터) (집합명사) 파일, (집합명사) 고문서	archivo (m.) 아르치보	(+a)(무엇의) 팬, 애호가, 아마추어	aficionado(-a) (m.),(f.) 아휘씨오나도(-다)
파자마	pijama (m.) 삐하마	팬던트	colgante (m.) 꼴간떼

팬벨트	correa del ventilador (f.) 꼬레아 델 벤띨라도르	편리한, 사용하기 간편한, 쾌적한, 안락한, 적합한, (사람의) 마음이 편한, 편안히 지내는	cómodo(-a) 꼬모도(-다)
팬션	pensión (f.) 뻰씨온	편명	vuelo número (m.) 부엘로 누메로
팬티	calzones (m.pl.)/ calzoncillos (m.pl.) 깔쏘네스/ 깔쏜씨요스	편의점	tienda de conveniencia (f.) 띠엔다 데 꼰베니엔씨아
팸플릿, 소책자, 안내서	folleto (m.) 포예또	편지	carta (f.) 까르따
팻말, 벽보, 포스터	cartel (m.) 까르뗄	편지를 받다	recibir una carta 레씨비르 우나 까르따
퍼센트(%)	porcentaje (m.)/ por ciento (부사적) 뽀르쎈따헤/ 뽀르 씨엔또	편지를 보내다	enviar[mandar/ remitir] una carta 엔비아르[만다르/ 레미띠르] 우나 까르따
퍼스널 컴퓨터, 피시(PC)	ordenador personal (m.) 오르데나도르 뻬르쏘날	편지를 쓰다	escribir una carta 에스크리비르 우나 까르따
(타이어가) 펑크 나다	pincharse 뻰차르세	편지지	papel de carta(s) (m.) 빠뻴 데 까르따(스)
(자동차가) 펑크가 나다	tener pinchazo 떼네르 삔차소	평가하다, (무엇이라) 생각[판단]하다, 믿다	estimar 에스띠마르
펴다, 펼치다, 확장하다, (기한을) 연장하다, (서류 등을) 만들다, 작성하다, 발행하다, 교부하다	extender 엑쓰뗀데르	평소의	cotidiano(-a)/ ordinario(-a) 꼬띠디아노(-나)/ 오르디나리오(-아)
(여행에서) 편도	ida (f.) 이다	(수영) 평영	braza (f.) 브라사
편도선염	amigdalitis (f.) 아미그달리띠스	평영으로 헤엄치다	nadar a braza 나다르 아 브라사
편도표, 편도 승차권	billete sencillo (m.)/ billete de ida (m.) 비예떼 센씨요/ 비예떼 데 이다	평온, 평화롭고 조용함, 잔잔함, 고요, 정적, 냉정, 침착함, 차분함, 바다의 잔잔함	calma (f.) 깔마
편두통, 심한 두통	migraña (f.) 미그라냐	평원	llano (m.) 야노
편두통약	medicamento contra la migraña (m.) 메디까멘또 꼰트랄 라 미그라냐	평일	día de semana (m.) 디아 데 쎄마나
편두통이 나다	tener la migraña/ sufrir de la migraña 떼네를 라 미그라냐/ 쑤프리르 델 라 미그라냐	평판이 나쁘다	tener mala fama[reputación] 떼네르 말라 화마[레뿌따씨온]

평판이 좋다	tener buena fama [reputación] 떼네르 부에나 화마[레뿌따씨온]	포함하다, 함유하다, 머금다; (용기 등에) 넣어져 있다, 들어 있다, 제지하다, 억제하다, 억누르다, 참다	contener 꼰떼네르
평행의, 나란한, 같은 종류의, 비슷한, 유사한	paralelo(-a) 빠랄렐로(-라)	포함하여, 한데 묶어	inclusive 잉끌루씨베
페니실린	penicilina (f.) 뻬니씰리나	폭, 넓이	ancho (m.) 안초
페니실린 알레르기	alergia a la penicilina (f.) 알레르히아 알 라 뻬니씰리나	폭발하다, 갑자기 달려 나가다, 폭주하다	dispararse 디스빠라르세
페이스북	facebook (m.) 화쎄부끄	폭신폭신한, 말랑말랑한	esponjoso(-a) 에스뽕호소(-사)
페이퍼나이프	plegadera (f.) 쁠레가데라	폭포	cascade (f.) 가스까데
페티코트	refajo (m.) 레화호	폭풍우, 태풍, 역경, 불운, (감정의) 폭발	tormenta (f.) 또르멘따
폐렴	pulmonía (f.) 뿔모니아	폴로셔츠	camisa de polo (f.) 까미사 데 뽈로
폐점, 폐업, 폐간, 휴업, 폐쇄	cierre (m.) 씨에레	표, 마크, 상표, 유명한 상표[브랜드], 기호, 부호	marca (f.) 마르까
포도	uva (f.) 우바		
포마드, 헤어 리퀴드	brillantina (f.) 브리얀띠나	표, 티켓, 승차권, 입장권, 탑승권, 지폐, 은행권	billete (m.) 비예떼
포장, 포장재료	empaque (m.)/ embalaje (m.) 엠빠께/ 엠발라헤	표시, 신호, 이정표, 경계표	señal (f.) 쎄냘
		표시, 표적, 징후(徵候), (눈에 보이는) 증상	signo (m.) 씨그노
포장, 짐을 꾸림, 포장 재료, 포장 용품 (상자, 종이, 덮개 등), 포장비, 포장비용	embalaje (m.) 엠발라헤	표시하다, 표를 하다	señalar 쎄냘라르
		표준의, 표준 규격의, 보통의, 무난한	estándar 에스딴다르
포장하다, 상자 안에 넣다	empacar 엠빠까르		
포장하다, 싸다, 끌어들이다, 끌어넣다	envolver 엔볼베르	표지판, 안내판	señalizador (m.) 쎄냘리사도르
포장하다, 짐을 꾸리다	embalar 엠발라르	표현하다, 나타내다	expresar 엑쓰프레싸르
포크	tenedor (m.) 떼네도르	푸딩	pudin[pudín/budín] (m.) 뿌딘[뿌딘/부딘]
포함, 함유, (광물) 함유물	inclusión (f.) 잉끌루씨온		
포함되다	incluirse 잉끌루이르세	푸른, 청색의, 푸른색, 청색	azul (a.),(m.) 아쑬
포함하는, 포함시킬 수 있는	inclusivo(-a) 잉끌루씨보(-바)		
포함하다, 포함시키다, 동봉하다, 함유하다	incluir 잉끌루이르	풀, 잔디, (집합명사) 잡초, 목초지, 약초, 허브, 향초	hierba (f.) 이에르바

풀린 (실밥이나 꿰맨 자리가), 타진 자리 (실밥 등이)	descosido(-a) (a.),(m.) 데스꼬씨도(-다)	플라스틱의, 플라스틱 제품의, 합성수지의	plástico(-a) 쁠라스띠꼬(-까)
(3인칭에서) 품절되다, 매진되다, 절판되다, 고갈되다, 바닥이 나다	agotarse 아고따르세	(사진) 플래시, 뉴스 속보	flash (m.) 플라쉬
품절된, 매진된, 절판된, 고갈된, 지친. 기진맥진한	agotado(-a) 아고따도(-다)	플래시를 터뜨려 사진을 찍다	sacar una foto con flash 사까르 우나 포또 꼰 플라쉬
풍경, 경치, 풍경화	paisaje (m.) 빠이싸헤	플래시사용금지 ((게시))	Prohibido usar flash 프로이비도 우사르 플라쉬
풍부히, 여유 있게, 과도히, 필요 이상으로, 너무, 헛되이, 필요 없이, 충분히	de sobra 데 쏘브라	플랫폼, 승강장	andén (m.) 안덴
(아이들이 가지고 노는) 풍선	globo (m.) 글로보	피, 혈액, 핏줄, 혈통	sangre (f.) 쌍그레
(사회의) 풍습, 습관, (개인의) 습관, 버릇, 습성, (복수) 관습, 습성, 풍습	costumbre (f.) 꼬스뚬브레	피겨 스케이팅	patinaje artístico (m.) 빠띠나헤 아르띠스띠꼬
풍차	molino (m.) 몰리노	피곤[피로]하게 하다, 질리게[싫증나게, 물리게, 넌더리나게, 진절머리 나게, 지긋지긋하게] 하다	cansar 깐싸르
프라이한 생선, 튀긴 생선	pescado frito (m.) 뻬스까도 프리또	피곤[피로]하다 (무엇으로, 무엇에)	cansarse (de) 깐싸르세 (데)
프런트	recepción (f.) 레쎕씨온	피곤한, 지친, 지긋지긋한, 진절머리가 난, (몹시) 싫증난	cansado(-a) 깐싸도(-다)
프로그램, 상연[상영, 공연] 소책자[팸플릿]	programa (m.) 프로그라마	피데오 (수프용의 가는 실 모양의 국수; 우리나라의 국수에 가까운 것은 tallarines)	fideo (m.) 휘데오
프로그램을 짜다, 계획을 세우다	programar 프로그라마르	피로, 피곤, 권태, 싫증, 지루함, 따분함, 무료함	aburrimiento (m.) 아부리미엔또
프로 데뷔	debut profesional (m.) 데붓 프로훼씨오날	피를 멈추다	restañar/detener la hemorragia 레스따냐르/ 데떼네를 라 에 모라히아
프린터, 인쇄기	impresora (f.) 임쁘레소라	피를 뽑다, 사혈하다	sangrar 쌍그라르
(사진) 프린트, 인화(印畵), 추가인화	copia (f.) 꼬삐아	피망	pimiento (m.) 삐미엔또
플라멩코 (플라멩코 노래와 춤), (조류) 홍학	flamenco (m.) 플라멩꼬	(사람의) 피부, 살갗, 가죽, (동물의) 가죽, 껍질, 무두 질한 가죽(cuero curtido)	piel (f.) 삐엘
플라멩코 무대, 따블라오 (플라멩코 쇼를 하는 식당)	tablao (m.) 따블라오	(사람의 주로 얼굴의) 피부	cutis (m.) 꾸띠스
플라스틱, 합성수지	plástico (m.) 쁠라스띠꼬		

한서사전

피부과	dermatología (f.) 데르마똘로히아	피하다, 회피하다	evitar 에비따르
피부과 의사	dermatólogo(-a) (m.),(f.) 데르마똘로고(-가)	피한지, 온실, 겨울 목장	invernadero (m.) 인베르나데로
		핀, 브로치	alfiler (m.) 알휠레르
피 빼기, 사혈, 상그리아 (적포도주에 설탕, 탄산수, 레몬 등 과일을 가미한 음료)	sangría (f.) 쌍그리아	필름, 영화	película (f.)/ filme (m.) 뻴리꿀라/ 휠메
피서지	estación veraniega (f.) 에스따씨온 베라니에가	필름 한 통	un rollo de película 운 로요 데 뻴리꿀라
피아노를 치다	tocar el piano. 또까르 엘 삐아노	필수품	artículos de primera necesidad 아르띠꿀로스 데 쁘리메라 네 쎄씨닫
(담배를) 피우다	fumar 후마르		
피의, 피를 함유한, 피가 많은[풍부한], 혈액의, (사람이) 다혈질의, 성을 잘 내는	sanguíneo(-a) 쌍기네오(-아)	필요, 필요성, 필연, 필연성, (주로복수) 필수품	necesidad (f.) 네쎄씨닫
		필요가 없다	no hacer falta 노 아쎄르 활따
피임약	medicina anticonceptiva [contraconceptiva] (f.)/(피임 알약) tableta anticonceptiva (f.) 메디씨나 안띠꼰쎕띠바[꼰트 라꼰쎕띠바]/ 따블레따 안띠 꼰쎕띠바	필요로 하다	necesitar/hacer falta/hacer necesario/exigir/ requerer 네쎄씨따르/ 아쎄르 활따/ 아 쎄르 네쎄싸리오/ 엑씨히르/ 레께레르
		필요하다	necesitarse 네쎄씨따르세
피임용의	anticoncepcional 안띠꼰쎕씨오날	필요한, 없어서는 안 될, 필연적인	necesario(-a) 네쎄싸리오(-아)
피임용의, 피임약, 피임 기구	anticonceptivo(-a) (a.),(m.)/ contraconceptivo(-a) (a.),(m.)/ contraceptivo(-a) (a.),(m.) 안띠꼰쎕띠보(-바)/ 꼰트라꼰쎕 띠보(-바)/ 꼰트라쎕띠보(-바)	필터, 여과기	filtro (m.) 휠트로
		핑크	rosa (m.) 로사
피자	pizza (f.) 삐싸		

…하기를 그만두다, …하기를 멈추다, …하기를 중지하다	dejar de (+inf.) 데하르 데 (+부정법)		excursionismo (m.)/ senderismo (m.) 까미나따/ 히라/ 엑쓰꾸르씨온/ 엑쓰꾸르씨오니스모/ 쎈데리스모
…하기 전에	antes de…/antes (de) que (+sub.) 안떼스 데…/ 안떼스 (데) 께 (+접속법)	하이킹 가다	dar una caminata/ ir de excursión 다르 우나 까미나따/ 이르 데 엑쓰꾸르씨온
…하는 것이 더 낫다	Más vale que (+접속법) 마쓰 발레 께 …	하이킹을 하다	hacer[dar] una caminata 아쎄르[다르] 우나 까미나따
하늘	cielo (m.) 씨엘로		
하다, 만들다, 제작하다. (날씨가) …하다	hacer 아쎄르	하이킹화	botas de senderismo (f.pl.) 보따스 데 쎈데리스모
하다, 행하다, 행사하다, 일하다, 종사하다	ejercer 에헤르쎄르	하이힐	zapatos de tacón (m.pl.)/zapatos de
하단 (침대(열)차의)	litera inferior (f.) 리떼라 인훼리오르		tacón alto (m.pl.) 싸빠또스 데 따꼰/ 싸빠또스 데 따꼰 알또
하드 콘택트렌즈	lentillas duras/ lentes de contacto duros[rígidos] 렌띠야스 두라스/ 렌떼스 데 꼰딱또 두로스[리히도스]	…하자마자	tan pronto como 딴 쁘론또 꼬모
		하층민	pueblo bajo (m.) 뿌에블로 바호
하루 걸러서, 격일로	un día sí y otro no 운 디아 씨 이 오트로 노	(악기) 하프, 수금(竪琴)	arpa (f.) 아르빠
하루에	por día/al día 뽀르 디아/ 알 디아	하프를 연주하다[켜다]	tañer[tocar] el arpa 따녜르[또까르] 엘 아르빠
하숙집, 하숙비, 팬션	pensión (f.)/ pupilaje (m.) 뻰씨온/ 뿌삘라헤	학교, (특히) 초등학교, 단과 대학, 대학원, 학파, 유파, 학설, 주의	escuela (f.) 에스꾸엘라
하얀	blanco(-a) 블랑꼬(-까)	학급, 반, 교실, 수업, 계급, 종류	clase (f.) 끌라세
하양, 하얀색	blanco (m.) 블랑꼬		
하위의, 하등의, (+a) …보다 못한	inferior 인훼리오르	학년, 과정, 강의, 강좌, 강습회	curso (m.) 꾸르쏘
하이킹	caminata (f.)/gira (f.)/ excursión (f.)/		

한국어	스페인어	한국어	스페인어
학생	estudiante (m.),(f.) 에스뚜디안떼	한 눈에 보다	abarcar con la vista 아바르까르 꼰 라 비스따
학생용 할인표[권]	billete con rebaja para estudiantes (m.) 비예떼 꼰 레바하 빠라 에스뚜디안떼스	(기구 등의) 한 벌, 한 세트, 일습	juego (m.) 후에고
학생증	carnet[carné] de estudiante (m.)/ tarjeta de estudiante (f.) 까르넷[까르네] 데 에스뚜디안떼/ 따르헤따 데 에스뚜디안떼	한복	traje tradicional coreano (m.) 트라헤 트라디씨오날 꼬레아노
		(사람의) 한 쌍, 남녀 한 쌍, 커플, 부부, 약혼자	pajeja (f.) 빠레하
		한 쌍, 두 개가 한 짝 [쌍, 벌]인 것, 2인조, 켤레	par (m.) 빠르
		한 쌍[켤레]의	un par de 운 빠르 데
학생 할인	descuento para estudiatntes (m.) 데스꾸엔또 빠라 에스뚜디안떼스	한식	comida coreana (f.) 꼬미다 꼬레아나
학식[지식]이 있는, 현명한, 학자, 현자	sabio(-a) (m.),(f.) 싸비오(-아)	한정판	la edición limitada 라 에디씨온 리미따다
학업 증명서	certificado de estudios (m.) 쎄르띠휘까도 데 에스뚜디오스	한정 판매	oferta limitada (f.) 오훼르딸 리미따다
(대학교의) 학장	rector (m.) 렉또르	…한 후에	después de … 데스뿌에쓰 데 …
한가운데, 복판, 중앙, 중간	medio (m.) 메디오	할당, 분배, 몫, 지정	asignación (f.) 아씨그나씨온
한가한, 빈, 실직자, 실업자	desocupado(-a) (a.),(m.),(f.) 데스오꾸빠도(-다)	할당하다, 지정하다	asignar 아씨그나르
		할아버지, 할머니	abuelo(-a) (m,),(f.) 아부엘로(-라)
한계, 한도, 제한, 경계, (복수) 국경, (도박의) 제한액	límite (m.) 리미떼	(+de+부정법) …할 예정이다, …할 것이다, …하기로 되어 있다	haber de (+inf.) 아베르 데 (+부정법) *haber 동사변화: (yo) he, (tú) has, (él/ella) ha, (nosotros) hemos, (vosotros) habéis, (ellos/ ellas) han
한국의, 한국 사람의, 한국 태생의, 한국어의, 한국인	coreano(-a) (a.),(m.),(f.) 꼬레아노(-나)		
한글, 한국어	coreano (m.) 꼬레아노		
한기, 오한, 오한으로 떪, 전율, 공포	escalofrío (m.) 에스깔로프리오	할인	rebaja (f.)/ descuento (m.)/ reducción del precio (f.) 레바하/ 데스꾸엔또/ 레둑씨온 델 쁘레씨오
한나절	mediodía (m.) 메디오디아		

할인, 할인액	descuento (m.) 데스꾸엔또		hacer una rebaja [reducción] 레바하르/ 데스꼰따르/ 레두씨르/ 바하르[레두씨르] 엘 쁘레씨오/ 아쎄르 운 데스 꾸엔또/ 아쎄르 우나 레바하 [레둑씨온]
할인, 가격 인하, 에누리, (복수) 바겐세일	rebaja (f.) 레바하		
할인 가격	precio rebajado (m.) 쁘레씨오 레바하도		
할인권, 할인표	billete con rebaja (m.)/billete de reducción (m.) 비예떼 꼰 레바하/ 비예떼 데 레둑씨온	할인해서	con descuento/ a precio reducido/ a un descuento/ a una rebaja/ con rebaja 꼰 데스꾸엔또/ 아 쁘레씨오 레두씨도/ 아 운 데스꾸엔또/ 아 우나 레바하/ 꼰 레바하.
할인된	rebajado(-a) 레바하도(-다)		
할인을 요청하다, 값을 깎아 달라고 하다	pedir descuento [rebaja] 뻬디르 데스꾸엔또[레바하]	할퀸 상처	arañazo (m.) 아라냐쏘
		(+con, a) (…과) 함께	junto 훈또
할인을 하다	hacer una rebaja [un descuento] 아쎄르 우나 레바하[운 데스 꾸엔또]	함께 일하는[하는], 다른 사람과 동시에 하는 (주로 복수)	junto(-a) 훈또(-따)
		함박눈	gran copo de nieve (m.)/grandes copos de nieve (m.pl.) 그란 꼬뽀 데 니에베/ 그란데스 꼬뽀스 데 니에베
할인 쿠폰	vale de descuento (m.) 발레 데 데스꾸엔또		
(복수) 할인 판매 매장, 바겐세일 매장	oportunidad (f.) 오뽀르뚜니닫	함유된, 억제된	contenido(-a) 꼰떼니도(-다)
할인 판매 매장 가격	precio de oportunidad (m.) 쁘레씨오 데 오뽀르뚜니닫	합격, (주로 개인적인) 승인, 찬성	aprobación (f.) 아프로바씨온
할인하다, 값을 내리다, 줄이다, 감소시키다, 내리다, 낮추다	rebajar 레바하르	(시험에) 합격하다, (공적 으로) 승인하다, 인가하다, 동의하다, 찬성하다	aprobar 아프로바르
할인하다, 깎아주다	descontar 데스꼰따르	합격하다	ser aprobado (en)/ tener buen éxito (en)/ salir bien (en)/ pasar/adecuarse 쎄르 아프로바도 (엔)/ 떼네르 부엔 엑씨또 (엔)/ 쌀리르 비엔 (엔)/ 빠사르/ 아데꾸아르세
할인하다	rebajar/descontar/ reducir/bajar [reducir] el precio/ hacer un descuento/		

합계, 총계, 전체, 전부	total (m.) 또딸
합석하다	sentarse juntos/ compartir la mesa 쎈따르세 훈또스/ 꼼빠르띠를 라 메사
합창, 코러스, 합창단, 합창곡	coro (m.) 꼬로
항공권	billete[pasaje/boleto] de avión (m.) 비예떼[빠사헤/볼레또] 데 아 비온
항공로, 항공 회사	aerolínea (f.) 아에로리네아
항공료	pasaje de avión (m.)/ precio del vuelo (m.) 빠사헤 데 아비온/ 쁘레씨오 델 부엘로
항공봉투	sobre aéreo (m.)/ sobre (de) vía aérea (m.) 쏘브레 아에레오/ 쏘브레 (데) 비아 아에레아
항공사 카운터	mostrador de la aerolínea (m.) 모스트라도르 델 라 아에로리 네아
항공엽서	aerograma (m.) 아에로그라마
항공 우편(물)	correo aéreo (m.) 꼬레오 아에레오
항공편으로	por avión 뽀르 아비온
항구	puerto (m.) 뿌에르또
(지출 등의) 항목, 비목, 품목	renglón (m.) 렌글론
항목, 조목, 조항, 종목, 품목, 세목	item (m.) 이뗌
항생제, 항생물질	antibiótico (m.) 안띠비오띠꼬

항행, 항해, 항공	navegación (f.) 나베가씨온
항행하다, 항해하다	navegar 나베가르
향, 향기, 방향, 향료	aroma (m.),(f.) 아로마
향기, 향내, 향수, 향료	perfume (m.) 뻬르후메
향기, 방향, 향기로움	fragancia (f.) 프라간씨아
향기로운	aromático(-ca) 아로마띠꼬(-까)
향수	perfume (m.) 뻬르후메
향수 가게	perfumería 뻬르후메리아
향신료(양념으로 쓰는)	especia (f.) 에스뻬씨아
향이 풍부한, 감칠맛 나는	de cuerpo 데 꾸에르뽀
향초, 허브, 향료 식물, 식용 식물	hierba (f.) 이에르바
해독하다, 판독하다, 알아차리다, 간파하다, 꿰뚫어 보다	descifrar 데스씨프라르
해로, 선편	vía marítima 비아 마리띠마
해로로	por mar/ por vía marítima 뽀르 마르/ 뽀르 비아 마리띠마
해변, 바닷가, 해안, 해수욕장	playa (f.) 쁠라야
해상편으로, 해로로	por mar/ por vía marítima 뽀르 마르/ 뽀르 비아 마리띠마
해시계	reloj solar (m.) 렐로흐 쏠라르
해안	costa (f.) 꼬스따
…해야 한다, …하지 않으면 안 된다	deber 데베르
해열제	antipirético (m.)/ febrífugo (m.) 안띠삐레띠꼬/ 훼브리후고

핸드백, 가방, 돈지갑, 호주머니	bolso (m.) 볼소
핸디캡, 불리한 조건, [경마] 핸디캡이 붙은 경주	handicap (m.) 안디깝
햄	jamón (m.) 하몬
햄버거, 암브르게사	hamburguesa (f.) 암부르게사
햄 샌드위치	bocadillo de jamón (m.) 보까디요 데 하몬
햄에그	jamón (m.) y huevos 하몬 이 우에보스
햇볕에 탐	quemadura de sol (f.) 께마두라 데 쏠
행동하다, 처신하다	conducirse 꼰두씨르세
행복, 만족, 경사, 요행, 행운	felicidad (f.) 휄리씨닫
행복한, 기쁜, 행복을 더하는, 행복을 낳는, 적절한, 현명한	feliz 휄리스
행복한, 기쁜, 행운을 갖다 주는, 적절한	dichoso(-a) 디초소(-사)
행사	acto (m.) 악또
행운, 운, 운명	suerte (f.) 수에르떼
허가, 인가, 허가서, 허가장, (군사) 휴가	licencia (f.) 리쎈씨아
허가, 허락	permisión (f.) 뻬르미씨온
허가, (노동이나 군 등의) 휴가, 휴직, 허가증, 면허증	permiso (m.) 뻬르미소
허가하다, 허락하다, 용인하다	permitir 뻬르미띠르
허리	cintura (f.) 씬뚜라
허리띠	cinturón (m.) (cinurones (pl.)) 씬뚜론 (복수: 씬뚜로네스)
허브, 향초, 약초, 풀, 잔디, 목초지	hierba (f.) 이에르바
헛된, 무익한, 쓸모없는, 공연한	vano(-a) 바노(-나)
혀를 자극하다, 혀를 쏘다 (후추나 고추 등 일부 자극 물질이), 얼얼하게[따끔따끔 하게, 톡톡 쏘게, 쑤시게] 만들다[하다]	picar 삐까르
혁대, 가죽 벨트, 가죽 끈	correa (f.) 꼬레아
현관, 로비	vestíbulo (m.) 베스띠불로
현금	efectivo (m.)/ dinero contante (m.) 에휙띠보/ 디네로 꼰딴떼
현금 상환	reembolso en efectivo (m.) 레엠볼소 엔 에휙띠보
현금으로 사다[팔다], 맞돈으로 사다[팔다]	comprar[vender] al contado 꼼쁘라르[벤데르] 알 꼰따도
현금으로 지불하다	pagar al contado/ pagar a toca teja/ pagar en dinero contante 빠가르 알 꼰따도/ 빠가르 아 또까 떼하/ 빠가르 엔 디네로 꼰딴떼
현금의	contante 꼰딴떼
현금 자동 입출금기	cajero automático (m.)/ caja automático (f.) 까헤로 아우또마띠꼬/ 까하 아우또마띠꼬
현금 출납 담당자; (상점의) 출납 담당자; (은행의) 창구[출납] 담당자	cajero(-a) (m.),(f.) 까헤로(-라)
현기증	vértigo (m.) 베르띠고
현상, 매우 좋은, 훌륭한, 멋진, 두드러진	fenómeno(-a) (m.),(a.)

	훼노메노(–나)
(사진) 현상	revelado (m.) 레벨라도
현재, 지금, 선물	presente (m.) 쁘레쎈떼
현재의, 지금의	presente 쁘레쎈떼
현저한, 명백한, 분명한, 강한	marcado(-a) 마르까도(–다)
현지시간	hora local (f.) 오라 로깔
혈관	vaso sanguíneo (m.) 바소 쌍기네오
혈당치	nivel de azúcar (m.)/ nivel de azúcar en la sangre (m.) 니벨 데 아쑤까르/ 니벨 데 아쑤까르 엔 라 쌍그레
혈변	deposición con sangre (f.) 데뽀씨씨온 꼰 쌍그레
혈압, 스트레스, 당기는 힘, 긴장, (물리) 압력, (전기) 전압	tensión (f.) 뗀씨온
혈압, 압력, 기압	presión (f.) 프레씨온
혈압	tensión (arterial) (f.)/ presión (arterial) (f.) 뗀씨온 (아르떼리알)/ 프레씨온 (아르떼리알)
혈압	tensión[presión] sanguínea (f.) 뗀씨온[프레씨온] 쌍기네아
혈압약	medicina para la tensión[presión] arterial (f.) 메디씨나 빠랄 라 뗀씨온[프레씨온] 아르떼리알
혈액형	grupo sanguineo (m.) 그루뽀 쌍기네오
협의, 협상, 교섭, 절충	negociación (f.) 네고씨아씨온

협조	colaboración (f.) 꼴라보라씨온
형, 오빠, 남동생; 누이, 언니, 여동생	hermano(-a) (m.),(f.) 에르마노(–나)
형, 오빠	hermano mayor [grande] (m.) 에르마노 마요르[그란데]
형, 타입, 유형, 종류, 전형, 모범, 본	tipo (m.) 띠뽀
형사물 영화	película policiaca (f.) 뻴리꿀라 뽈리씨아까
형태, 형상, 꼴, 모양, 양식, 방법, 표현 방법, 표현 형식, (문서에서) 특별한 형식, 양식, 서식, 심신의 상태, 몸의 컨디션	forma (f.) 포르마
헤매다	vagar perdido(-a) 바가르 뻬르디도(–다)
헤어 (토닉) 로션	loción (tonica) capilar (f.) 로씨온 (또니까) 까뻴라르
헤어린스	acondicionador capilar[de cabello] (m.)/suavizante capilar[para el pelo] (m.)/líquido para aclarar el cabello (m.) 아꼰디씨오나도르 까뻴라르 [데 까베요]/ 쑤아비싼떼 까뻴라르[빠라 엘 뻴로]/ 리끼도 빠라 아끌라라르 엘 까베요
헤어토닉	tónico capilar (m.) 또니꼬 까뻴라르
(자신의 입을) 헹구다, 양치질하다, (자신의 몸을) 간단히 씻다	enjuagarse 엔후아가르세
호감이 가는, 붙임성이 좋은, 친절한	simpático(-a) (a.),(m.),(f.) 심빠띠꼬(–까)

호기심	curiosidad (f.) 꾸리오씨닫
호두	nuez (f.) 누에스
호박(琥珀)	ámbar (m.) 암바르
호수	lago (m.) 라고
호의, 지지	favor (m.) 화보르
호주머니, 포켓, 돈주머니	bolsillo (m.) 볼씨요
호텔	hotel (m.) 오뗄
(작은) 호텔	hostal (m.) 오스딸
호흡, 숨, 호흡하는 공기, 통풍, 환기	respiración (f.) 레스삐라씨온
호흡을 정돈하다, 한숨을 돌리다, 잠깐 쉬다	tomar aliento 또마르 알리엔또
혹, 종기(腫氣), (주로 복수) 수화물, 꾸러미, 짐	bulto (m.) 불또
혼(魂), 영혼, 마음, 정신	alma (f.) 알마
혼란, 무질서, 동요, 당혹, 곤혹	turbación (f.) 뚜르바씨온
혼란한, 뒤범벅된	revuelto(-a) 레부엘또
혼자, 단독으로, 누구의 도움도 없이	a solas 아 쏠라스
혼합 과일	macedonia de frutas (f.) 마쎄도니아 데 프루따스
혼합한, 혼합의, 혼성의	mixto(-a) 믹쓰또(-따)
홀아비의, 과부의, 홀아비, 미망인, 과부	viudo(-a) (a.),(m.),(f.) 비우도(-다)
홀아비[홀어미]로 살다	vivir en viudez 비비르 엔 비우데스
홈그라운드	campo de casa (m.)/ campo propio (m.) 깜뽀 데 까사/ 깜뽀 프로삐오
홈스테이 (외국 유학생이 일반 가정에서 지내기)	residencia en familias (f.) 레씨덴씨아 엔 화밀리아스

홍차	té negro (m.) 떼 네그로
화, 분노, 격노, 노여움, 성	ira (f.) 이라
화가 나 있는, 성이 나 있는	sentido(-a) 쎈띠도(-다)
화나게 하다, 짜증나게 하다, (감정을) 일으키다, 자극하다	irritar 이리따르
화나다, 약이 오르다, 짜증이 나다, (감정이) 자극되다	irritarse 이리따르세
화내다, 성내다	enfadarse 엔화다르세
화려한, 지나치게 남의 주목을 끄는	llamativo(-a) 야마띠보(-바)
화려한, 훌륭한, 멋진, 근사한, 호화스러운	espléndido(-a) 에스쁠렌디도(-다)
화를 냄, 역정을 냄, 초조함, 애가 탐, ((의학)) 염증	irritación (f.) 이리따씨온
화를 잘 내는 성격이다, 걸핏하면 화를 내는 성질이다	tener (mal) genio 떼네르 (말) 헤니오
화물	equipaje (m.) 에끼빠헤
화산	volcán (m.) 볼깐
화살, 화살표, 화살 표시, (종루의) 첨탑	flecha (f.) 플레차
화상, 화상 흔적, 화상 자리	quemadura (f.) 께마두라
화상약, 볕에 탄 데 바르는 약	medicina para quemadura (f.) 메디씨나 빠라 께마두라
화상을 입다	sufrir quemaduras 쑤프리르 께마두라스
화상을 입다, 데다, (피부, 특히 살의 피부가) 벌겋게 붓다	escaldarse 에스깔다르세
화상을 입히다, (요리) (무엇을) 미지근한 물에 데치다	escaldar 에스깔다르

한서사전

화씨	grado Fahrenheit (m.)
	그라도 화렌에이트
화씨의	Fahrenheit 화렌에이트
화이트골드	oro blanco (m.)
	오로 블랑꼬
화장대, 경대, 화장하는 방	tocador (m.) 또까도르
화장실 (때때로 복수)	servicio (m.)
	쎄르비씨오
화장실, 욕실, 욕조, 목욕	baño (m.) 바뇨
화장지, 화장실용 화장지	papel higiénico (m.)
	빠뻴 이히에니꼬
화장용의, 화장품	cosmético(-a) (a.),(m.),(f.)
	꼬스메띠꼬(-까)
화장품	cosméticos (m.pl.)
	꼬스메띠꼬스
화장품 세트	juego de cosmésticos (m.)
	후에고 데 꼬스메띠꼬스
화창한 날	día claro[agradable]
	디아 끌라로[아그라다블레]
화해, 타협, 협의, 조정	conciliación (f.)
	꼰씰리아씨온
화해시키다, 양립시키다, (법률) 조정하다	conciliar 꼰씰리아르
확대하다, 확장하다, 넓히다	ampliar 암쁠리아르
확실하게, 안전하게, 틀림없이, 확신을 가지고	ciertamente
	씨에르따멘떼
확실한, 신뢰할 만한, 안전한, 위험이 없는	seguro(-a) 쎄구로(-라)
확실히, 분명히, 틀림 없이, 꼭	quizá y sin quizá
	끼싸 이 씬 끼싸
확인, 검사, 점검, (수학) 검산	verificación (f.)
	베리휘까씨온

확인	comprobación (f.)
	꼼프로바씨온
확인하는, 증명하는, 증명서, 영수증	comprobante (a.),(m.)
	꼼프로반떼
확인하다, 검사하다, 실증하다, 입증하다	verificar 베리휘까르
확인하다, 검사하다, 증명하다	comprobar 꼼프로바르
(어떤 것이 지정된 장소에 있는 가를) 확인하다, 조사하다, 알아보다	ver 베르
확인하다, 확증하다, 확실히 하다	confirmar 꼰휘르마르
환대, 친절한 접대, 자선, 입원	hospitalidad (f.)
	오스삐딸리닫
환락가	centro de diversiones (m.)
	쎈트로 데 디베르씨오네스
환불, 상환, 환불금, 상환금	reembolso (m.)
	레엠볼소
환불되다, 상환되다	reembolsarse
	레엠볼싸르세
환불받다	recibir el reembolso
	레씨비르 엘 레엠볼소
환불을 청구하다	reclamar[demandar] el reembolso
	레끌라마르[데만다르] 엘 레엠볼소
환불하다, 상환하다	reembolsar 레엠볼싸르
환상, 착각, 환각	ilusión (f.) 일루씨온
환상적인, 공상적인	fantástico(-a)
	환따스띠꼬(-까)
환승, 갈아탐, 우편물, 서신교환	correspondencia (f.)
	꼬레스뽄덴씨아
환승역, 갈아타는 역, 접속역	estación de conexión (f.)/estación de

	trasbordo[transbordo] (f.)/estación de cambio (f.)/estación de empalme (f.)/estación de enlace (f.) 에스따씨온 데 꼬넥씨온/ 에스따씨온 데 트라스보르도 [트란스보르도]/ 에스따씨온 데 깜비오/ 에스따씨온 데 엠빨메/ 에스따씨온 데 엔라쎄
확실한, 틀림없는	cierto(-a) 씨에르또(-따)
환영, 환대, 영접, 접대	recibimiento (m.) 레씨비미엔또
환율	tipo de cambio (m.) 띠뽀 데 깜비오
환자, 병자, 병인	enfermo(-a) (m.),(f.)/ paciente (m.),(f.) 엔훼르모(-마)/ 빠씨엔떼
환자를 진찰하다	examinar a un enfermo[una enferma]/examinar a un paciente [una paciente] 엑싸미나르 아 운 엔훼르모 [우나 엔훼르마]/ 엑싸미나르 아 운 빠씨엔떼 [우나 빠씨엔떼]
환전	cambio (m.) 깜비오
환전소	casa de cambio (f.) 까사 데 깜비오
환전소, 외화 교환소, 외환 사무소	oficina de cambio (f.) 오휘씨나 데 깜비오
환전 한도	límite de cambio de divisas (m.) 리미떼 데 깜비오 데 디비사스
활동적인, 활발한, 기민한, 민첩한	activo(-a) 악띠보(-바)

(천문) 황도, 황도대, (점성) 12궁, 12궁도	zodíaco (m.) 쏘디아꼬
황색, 노란색, 황색의, 노란색의	amarillo(-a) (m.),(a.) 아마리요(-야)
효과, 효능, 결과, (복수) 상품, 일상생활에 필요한 여러 가지 물건	efecto (m.) 에훽또
효과가 있는, 효과적인, 실제의, 현실의	efectivo(-a) 에훽띠보(-바)
(법적인) 효력, 유효성, 합법성, 정당성	validez (f.) 발리데쓰
회교사원	mezquita (f.) 메쓰끼따
(병, 통증 혹은 고통의) 회복, 호전, (날씨의) 회복, (조건 등의) 개선, 개량, 향상	mejoría (f.) 메호리아
회복, 부흥, 복귀, 부활	restablecimiento (m.) 레스따블레씨미엔또
(병이) 회복된, 다시 일어선	repuesto(-a) 레뿌에스또(-따)
회복시키다, (원상태로) 되돌리다	restablecer 레스따블레쎄르
회사, 동반, 동반자	compañía (f.) 꼼빠니아
회사원	empleado(-a) (de una compañía) (m.),(f.) 엠쁠레아도(-다) (데 우나 꼼 빠니아)
(사무계의) 회사원, 샐러리맨, 봉급생활자	empleado(-a) de oficina (m.),(f.) 엠쁠레아도(-다) 데 오휘씨나
회색의	gris/gríseo(-a)/ agrisado(-a) 그리스/그리세오(-아)/ 아그리싸도(-다)
(결함 상품의) 회수, 리콜, 퇴각, 철수, 후퇴, 철병	retirada (f.) 레띠라다

(결함 상품을) 회수하다, (진술이나 앞에 한 말 등을) 철회하다, 취소하다, 제거하다, 치우다, 철수시키다, 퇴각시키다,	retirar 레띠라르	후텁지근한, 무더운, 숨이 막히는, 숨이 막힐 듯한, 질식시키는, 질식할 듯한	sofocante 쏘포깐떼
회원, 멤버, 동료, 짝	socio(-a) (m.),(f.) 쏘씨오(-아)	훌륭한, 멋진, 근사한, 굉장한, 엄청난, 놀라운	estupendo(-a) 에스뚜뻰도(-다)
회원이 되다, 멤버가 되다	hacerse socio(-a) 아쎄르세 쏘씨오(-아)	훌륭히, 멋지게	estupendo 에스뚜뻰도
회원증, 회원 카드	tarjeta de socio (f.) 따르헤따 데 쏘씨오	(다른사람의 재산을) 훔치다, 사취하다	hurtar 우르따르
회의, 미팅, 집회, 회합	reunión (f.) 레우니온	훼손하다	difamar/herir/ lastimar/viciar/ menoscabar 디화마르/ 에리르/ 라스띠마르/ 비씨아르/ 메노스까바르
회의, 회견, 협의, 강연, 강연회	conferencia (f.) 꼰훼렌씨아		
회의실	sala de reuniones (f.) 쌀라 데 레우니오네스	휴가, 방학	vacaciones (f.pl.) 바까씨오네스
회의실, 회의장, 강연 회장	sala de conferencia (f.) 쌀라 데 꼰훼렌씨아	휴가 차	de vacaciones 데 바까씨오네스
회중시계	reloj de bolsillo (m.) 렐로흐 데 볼씨요	휴게실	sala de descanso 쌀라 데 데스깐쏘
회춘시키다, 다시 젊어지게 하다, 다시 활기를 띄게 하다	rejuvenecer 레후베네쎄르	휴관(休館)일, 폐관(閉館)일	día de cierre (m.) 디아 데 씨에레
회화, 그림	pintura (f.) 삔뚜라	휴대폰, 핸드폰	(teléfono) móvil (m.)/ (teléfono) celular (m.) (뗄레포노) 모빌/ (뗄레포노) 셀룰라르
회화, 대화, 대담	conversación (f.) 꼰베르싸씨온		
횡단보도	paso peatonal (m.)/ paso de peatones (m.)/paso de cebra (신호기 없는) (m.) 빠소 뻬아또날/ 빠소 데 뻬아또네스/ 빠소 데 쎄브라	휴대품 보관소, 의류 보관소	guardarropa (f.) 구아르다로빠
		휴식, 쉼, 휴게	descanso (m.) 데스깐쏘
		휴식, 쉼, 안정, 휴양	reposo (m.) 레뽀소
		휴식을 취하다, 쉬다	descansar/reposar 데스깐싸르/ 레뽀싸르
(신호가 없는) 횡단보도, 얼룩말	cebra (f.) 쎄브라	휴일, 안식일, (박물관 등의) 휴관일	día de descanso (m.) 디아 데 데스깐쏘
후추	pimienta (f.) 삐미엔따	휴지통	papelera (f.) 빠뻴레라

흉터, 상처 자국, (정신적인) 타격, 상처	cicatriz (f.) 씨까트리스			꼬체 빠라 후마도레스 ＊스페인은 2011년 1월 2일부터 학교·운동장·병원·공항·레스토랑 등 모든 공공장소에서 전면적으로 흡연을 법적으로 금지했으므로, 참고로만 알아두기
흑백 필름	película en blanco y negro (f.)/ filme en blanco y negro (m.) 뻴리꿀라 엔 블랑꼬 이 네그로/ 휠메 엔 블랑꼬 이 네그로		(값을) 흥정하다	regatear/baratear/recatear 레가떼아르/ 바라떼아르/ 레까떼아르
흑색, 검정, 검은색, 검은	negro(-a) (m.),(a.) 네그로(−라)		희극, 연극, 희극물	comedia (f.) 꼬메디아
(무엇을) 흘끗 보다, 흘깃흘깃 보다, 옆을 보다, 한 눈을 팔다	ojear 오헤아르		(몸의) 힘, 기운, 체력, 폭력, 완력, 정신력, 기력	fuerza (f.) 후에르싸
흘끗 보다	ojear/ echar una ojada/ echar[dar] un vistazo 오헤아르/ 에차르 우나 오하다/ 에차르[다르] 운 비스따소		힘, 능력, 역량, 영향력, 지배력, 권력, 권한, 권능	poder (m.) 뽀데르
			힘을 내다, 활기를 띄다	animarse 아니마르세
흡수성의, (생물) 수성의, (화학) 친수성의	hidrófilo(-a) 이드로휠로(−라)		힘을 돋우는, 기운이 나게 하는, 강하게 만드는, 악센트[강세]가 있는	tónico(-a) 또니꼬(−까)
흡수제, 촉진제, 탈지면	absorbente (m.) 압쏘르벤떼		힘이 없음, 정신이 없음, 맥이 없음	languidez (f.) 랑기데스
흡수하는, 흡수성의, 흡수력이 있는	absorbente 압쏘르벤떼		힘 있는, 권력이 있는, 강력한, 강대한, 힘있는 사람, 권력자, 유력자, 부자, 재력가	poderoso(-a) (a.),(m.),(f.) 뽀데로소(−사)
흡연석	asiento de fumar (m.) 아씨엔또 데 후마르			
흡연칸 (철도)	coche para fumadores (m.)		힘찬, 정력적인, 팔팔한	enérgico(-a) 에네르히꼬(−까)

조명애의
한 권으로 끝내는
스페인어 회화

2019년 1월 10일 인쇄
2019년 1월 15일 발행

지은이 : 조명애
펴낸이 : 이정일

펴낸곳 : 도서출판 **일진사**
www.iljinsa.com

04317 서울시 용산구 효창원로 64길 6
대표전화 : 704-1616, 팩스 : 715-3536
등록번호 : 제1979-000009호(1979.4.2)

값 28,000원

ⓒ 조명애, 2018

ISBN : 978-89-429-1563-7